中国《资本论》年刊

（第十六卷）

全国高等财经院校《资本论》研究会　编

2018 · · · · · · · Capital Yearbook of China

西南财经大学出版社
Southwestern University of Finance & Economics Press

中国·成都

图书在版编目(CIP)数据

中国《资本论》年刊.第十六卷 / 全国高等财经院校《资本论》研究会编.—成都:西南财经大学出版社,2019.5

ISBN 978-7-5504-3942-9

Ⅰ.①中… Ⅱ.①全… Ⅲ.①《资本论》—马克思著作研究—年刊②马克思主义政治经济学—年刊 Ⅳ.①A811.23-54

中国版本图书馆 CIP 数据核字(2019)第 095861 号

中国《资本论》年刊(第十六卷)

Zhongguo Zibenlun Niankan(Dishiliujuan)

全国高等财经院校《资本论》研究会 编

责任编辑:汪涌波
封面设计:何东琳设计工作室
责任印制:朱曼丽

出版发行	西南财经大学出版社(四川省成都市光华村街55号)
网 址	http://www.bookcj.com
电子邮件	bookcj@foxmail.com
邮政编码	610074
电 话	028-87353785
照 排	四川胜翔数码印务设计有限公司
印 刷	成都金龙印务有限责任公司
成品尺寸	185mm×260mm
印 张	30.25
字 数	719 千字
版 次	2019 年 5 月第 1 版
印 次	2019 年 5 月第 1 次印刷
书 号	ISBN 978-7-5504-3942-9
定 价	98.00 元

本刊编辑委员会组成人员

序　言

刘诗白

马克思的《资本论》不仅具有重大的理论意义，而且具有重大的实践意义，这已是不可否认的事实。一百多年来，《资本论》经历了许多风风雨雨，受到了许多责难乃至攻击，然而历史的考验、实践的检验，不断证明着《资本论》的真理性和科学性。

诚然，一百多年来，世界经济社会格局发生了巨大的变化，如今的世界状况与马克思时代相比已不可同日而语，西方发达国家在过去工业革命所创造的生产力的基础上，又实现了第二次技术革命和第三次技术革命，进入了后工业社会或知识经济、信息社会时代。然而，尽管资本主义国家经济社会中出现了许多新情况，资本主义基本矛盾仍然存在，马克思《资本论》中有关资本主义的基本理论仍然没有过时。

随着世界经济一体化进程的加快，商品、资本、货币更具有了全球性的意义。马克思《资本论》中揭示的商品社会或市场经济中的基本原理和规律，在更高层次和更大范围内得到了印证。当代纷繁的社会经济现象不仅成为我们进一步深入研究《资本论》的理由，也为我们继承和发展马克思主义政治经济学提供了鲜活的材料及新的经验。

我国目前正处于由计划经济到市场经济的转轨时期，建立社会主义市场经济的诸多方面都需要理论和实践的支持。马克思《资本论》中阐述的商品社会中的市场机制、市场运行原理等，在任何市场活动中都是具有普遍意义的必不可少的内容，是我们搞社会主义市场经济的重要理论基础。特别是面对我国当前从事的全面建设小康社会、构建现代化强国、坚持高质量发展的重大历史任务，我们更需要以《资本论》中阐述的马克思主义基本理论作为指导。

我们要坚持马克思主义，坚持认真学习《资本论》，也需要科学的方法论。要坚持唯物辩证法和历史唯物主义，既要坚持马克思主义和马克思《资本论》的基本原理和基本方法，又要与时俱进，立足于新时代的新情况、新实践进行理论创新，不断丰富和发展马克思主义。我们应以发展中的马克思主义来给青年一代特别是青年大学生以思想理论武装，并以马克思主义基本理论、习近平新时代中国特色社会主义思想来指导社会主义政治经济学的构建。在大学经济学理论的教材建设中，对《资本论》教学的研究对其也会起到重要的指导作用。

马克思《资本论》的重大理论与实践意义，需要更多的理论工作者和实践工作者来加以研究和阐发。可喜的是，全国高等财经院校《资本论》研究会汇集了一大批研究《资本论》的专家、学者。他们自研究会成立至今的 30 余年中，坚持传播《资本论》的思想，坚持学术研究与改革实践相结合，坚持学术研究与教学相结合，坚持学术研究与学科建设、人才培养相结合，有力地推动了《资本论》的学习和研究。30 余年来，全国高等财经院校《资本论》研究会成绩斐然。一是通过研究会的凝聚力，形成了一支颇具研究实力的老、中、青专家学者的理论队伍，这支队伍已成为在全国颇有影响的《资本论》研究力量。二是科研成果硕果累累，出版了一批颇具分量和水平的学术论著，如《〈资本论〉教程》《〈资本论〉与当代中国财经专题丛书》《〈资本论〉节选本导读》等。三是建立了财经大学《资本论》教学、研究的框架，奠定了学科建设坚实的学术基础。在全国高等财经院校《资本论》研究会 2018 年学术年会上，来自全国近 40 所高等院校的 100 多名代表交流了过去一年来研究马克思《资本论》的最新成果。这些成果紧扣时代主题，不仅进一步深入探讨了《资本论》的基本理论、中国特色社会主义政治经济学、"五大发展理念"、供给侧结构性改革、劳动价值理论、所有制理论、资本理论、分配理论等，而且还就中国经济发展的深层次问题、收入差距、"三农"问题、经济发展战略、《资本论》的研究与教学、马克思主义经济学与西方经济学的比较等问题进行了探讨与交流。这些成果与过去的成果相比，内容更丰富、更全面、更深入。

　　为了进一步推动对《资本论》的学习、研究，按照全国高等财经院校《资本论》研究会 2003 年做出的决定，对专家、学者们提供的研究成果，以《中国〈资本论〉年刊》形式汇集，并每年出版一卷，借以促进当代《资本论》的研究。本期《中国〈资本论〉年刊（第十六卷）》收录了《资本论》最新研究成果论文 46 篇。

　　通过《中国〈资本论〉年刊（第十六卷）》的出版，我们希望并相信能引起更多学术界同仁的关注和参与，引起社会更多的关注和反响，从而推动中国《资本论》研究与时俱进，为中国特色社会主义市场经济的发展提供更多更好的理论依据和决策支持。

　　是为序。

2018 年 6 月

目　录

第三编　改革开放 40 年理论与实践

第四编　中国特色社会主义政治经济学研究

第五编　中国经济发展研究

第六编　地方经济研究

第七编　当代资本主义研究

第八编　比较与争鸣

第一编 《资本论》基本理论研究

认真学习与研究马克思的
《资本论》及其手稿

胡世祯①

摘　要：在马克思主义理论队伍中，认真学习与研究马克思的《资本论》及其手稿十分必要。我国学术界由于长期忽视对《资本论》的学习与研究，以至于对政治经济学中许多基本范畴和基本原理存在误读与误解，亟须通过对《资本论》及其手稿的学习与研究进行辨正。

关键词：商品　货币　工资　资本循环　资本周转　劳动价值论　年剩余价值率　利润率　两大部类　《资本论》

一、对政治经济学理论中一些范畴的误读与误解

马克思建立政治经济学的科学体系采用的是从抽象到具体的写作方法，也就是从最简单的经济范畴开始，逐渐上升到越来越复杂的经济范畴。20世纪50年代以来我国多依赖苏联的政治经济学教科书，对《资本论》缺乏深入的学习与研究，以至于对《资本论》中涉及的不少经济范畴产生误读与误解，并以误传误，流行于我国的学术著作与教学工作中，在反马克思主义思潮袭击下缺少免疫力和战斗力。我在已出版的研究《资本论》著作中涉及许多这方面的内容，提出了自己的不同见解，其中不排除对个别问题如生产方式、生产劳动与非生产劳动等范畴的认识上，在马克思主义理论队伍中还存在争论。本文仅就以下三个关系方面的问题作为案例探讨其中的一些范畴。

（一）商品和货币的关系

商品和货币是相互依存的关系，谁也离不开谁，货币离不开商品，这一点大家都能理解，因为货币本身就是一种商品，马克思称之为一般商品，至于说商品也离不开货

---

① 胡世祯，暨南大学经济学院。

币，就不容易真正理解了。我在这里举两个例子来说明。

1. 商品

第一个例子是关于商品这个范畴，不少人给它下定义时说：商品就是用来交换的劳动产品。这一回答只能说答对了一半，因为作为商品必须是用来进行交换的劳动产品，但是用来交换的劳动产品是否就一定是商品呢？未必。例如在 20 尺麻布＝1 件上衣的交换中，无论麻布或上衣，均为劳动产品，并且均用来进行交换，但二者均不能称为商品，因为它们之间的交换是物物直接交换，没有通过货币这个中介物进行间接交换，而只有通过货币这个中介物进行间接交换，商品价值的社会性才算形成。人们忽略了马克思在《资本论》第 1 卷第 2 章中的一句话："随着劳动产品转化为商品，商品就在同一程度上转化为货币。"① 过去我们往往将产品转化为商品和商品转化为货币看作是两个完全不同的过程，先是劳动产品转化为商品，接着再由商品转化为货币，将商品与货币分裂开来，看来这种认识对马克思的《资本论》中这句话很可能不是误读而是无读或忽略。

2. 商品流通

第二个例子是关于商品流通这个经济学范畴，我国教科书普遍将商品流通解释成以货币为媒介的商品交换，言外之意是商品交换有以货币为媒介中进行和不以货币为媒介进行的区分，但是不以货币为中介进行的交换还能称为商品交换吗？另外，以货币为中介进行的商品交换就一定是商品流通吗？

马克思多次明确商品流通研究的是从交换总体上看的商品交换，即商品世界中形态变化的系列，从这一系列变化中我们可以看到商品流通是由无数个商品循环构成的，每个商品循环又包含有两个形态变化，在各个商品循环之间和两个形态变化之间存在着纵横交错极其复杂的商品交换关系，马克思通过对这一复杂的商品交换关系，分析商品生产者互相依存的密切联系，揭露出其中存在的矛盾。由于对商品流通范畴的误读与误解，对这些丰富的内容也就被完全忽略了。

（二）货币与纸币的关系

在《资本论》中，马克思对货币与纸币二者区分得十分清楚，货币就是固定并且统一由贵金属形式执行职能的一般等价物，而纸币只是货币的符号，由于货币是商品价值采取的价格形式，因此，纸币也可称为价格符号。货币和货币符号，价格和价格符号二者是不能混同的，可是不仅在现实生活中，而且在不少经济学著作中将二者混为一谈了，我在这里也举两个例子进行探讨。

1. 价格

第一个例子是关于价格这个范畴。凡是学习过马克思关于政治经济学一般常识的人都会懂得，价格就是商品价值的货币表现，或者说，商品价值用货币将它表现出来之后就取得了价格形式。懂得这一点是否就说明懂得价格是怎么回事了呢？未必如此。问题发生在对什么是货币这一范畴的认识上，不少经济学著作将纸币与货币混为一谈，也就

① 马克思. 资本论：第 1 卷［M］. 2 版. 北京：人民出版社，2003：106.

是将货币与货币符号、价格与价格符号混为一谈，表现在对商品价格的纸币表现称之为价格，在纸币超量发行使纸币贬值（代表的金量减少）时称之为物价上涨，将日常生活用语引入经济学著作中。将货币的纸币表现称之为价格就会产生出各种谬论，例如，在苏联的政治经济学教科书中称通货膨胀的后果会引起物价上涨，按照这种说法，商品价格可以由印钞机决定，由政府的意志和金融政策决定，这是早被马克思批判过的货币数量论，更确切地说甚至是纸币数量论。再如报刊上经常出现的所谓黄金价格用语，将100元或200元人民币兑换1克黄金说成是黄金价格为100元或200元人民币，黄金作为货币材料本身就是价格表现，将纸币说成是黄金价格等于说纸币是价格的价格，这是悖理的。有人辩解说，自1971年布雷顿森林会议取消用美元自由兑换黄金后，黄金作为货币已退出历史舞台，由纸币取而代之。这完全是假象，黄金的货币地位，能由美国政府宣布取消就取消了吗？它只是改变了兑换黄金的场所，在市场上用更多的美元去兑换黄金而已。

黄金至今仍被世界公认为硬通货，各国政府为稳定本国金融，都积极地在银行中大量储存黄金，宣布"废除"黄金的货币地位的美国的银行就储存了8 000多吨黄金，列世界首位。

2. 工资

第二个例子是关于工资范畴。在资本主义条件下，工资是劳动力商品的价值或价格，它以货币形式（价格形式）表现出来，在这货币量中包含有相应的价值量，在我国当今社会主义企业中，劳动力虽不再是商品，但是作为所获得的工资仍然是以货币形式出现，并代表一定的价值量，因此在研究工资时是不能离开价值或价格的，而我们许多学者在论述工资的具体形式——名义工资和实际工资时，却将价值和价格抛在一边。马克思认为名义工资就是劳动者所获得的货币量或用这一货币量所购得的商品量，实际工资则是这一货币量或商品量中所包含的价值量。在资本主义社会，由于劳动生产率不断地提高，名义工资虽呈现增长的趋势，而实际工资却会趋于下降。而在我国的许多教科书中由于将纸币与货币混为一谈，将工人劳动后获得的纸币量说成是名义工资，将这一纸币量所购得的商品量说成是实际工资，这是用货币符号或价格符号代替货币或价格，用使用价值代替价值，既错误地解释了名义工资，又错误地解释了实际工资，以至于出现这种混乱：明明是名义工资没有增加或少量增加，但由于纸币超量发行，工人得到了大量的纸币，就被说成名义工资有很大的提高；明明是用名义工资所购得的消费品虽增加了，但其中所包含的价值量却减少了，却被说成是实际工资提高了。这种认识以误传误，流行于学术界。

（三）资本循环与资本周转的关系

当我们的研究从资本循环转向资本周转时，二者的关系问题就立即提出来了。

什么是资本周转？许多教科书解释成不间断地周而复始的资本循环就是资本周转，它将完成第一次循环称之为"周"，接着进行第二次循环称之为"周而复始"，这种周而复始继续不断进行下去就称之为资本周转。

这是用资本循环的次数多少对资本循环与资本周转进行区分了，认为进行一两次循环称之为资本循环，进行两次以上的资本循环就形成资本周转了。而马克思认为资本循环与资本周转的本质区分不在于循环次数的多少，而在于研究的内容不同，如果只是研究资本循环经历了哪几个阶段，在每个阶段中采取什么资本形式，一共有哪些循环形式，这些就属于资本循环本身。按照这些内容进行研究，即使循环进行了1万次，仍只能称之为资本循环，而不是资本周转。资本周转是从周期性的角度去考察资本循环，如每次循环结束后预付资本能回流多少、全部回流需进行多少次循环、如何加快循环的速度，研究这些内容就属于资本周转。即使只研究了一次循环，只要考察的是这次循环用了多长时间、回流了多少资本，这一次循环不也是属于资本周转研究的内容吗？

二、对政治经济学理论中一些原理的误读与误解

在对马克思有关政治经济学基本原理方面的误读与误解同样也有许多，本文现举数例进行说明。

（一）什么样的劳动才能创造价值

马克思的劳动价值论告诉我们，只有在物质生产领域中直接进行物质生产的活劳动才能够创造价值，活劳动具有二重性、具体劳动和抽象劳动，具体劳动生产使用价值，抽象劳动物化在某种产品中就形成了价值。

按照马克思的生产劳动理论，在社会主义经济条件下，创造价值的物质产品必须是有益于人们身心健康的物质产品。那种损害人们身心健康的物质产品，或者以破坏自然资源和污染环境为代价生产出来的物质产品，不仅不能创造价值，反而是破坏价值的生产。

劳动价值论是马克思经济理论中最基础的部分，形形色色的反马克思主义的学者集中攻击马克思的劳动价值论和在此基础上建立的剩余价值论，抛出生产要素价值论、效用价值论、供求价值论等谬论否定马克思的劳动价值论，其核心内容是宣扬法国资产阶级庸俗经济学家萨伊的生产要素价值论，只不过有的人将它美化为资源贡献价值论，有的人如钱津将萨伊的生产要素价值论伪装成所谓的"整体劳动价值论"。

在马克思主义队伍中，都是肯定马克思的劳动价值论的，但有不少学者提出了并不创新并有对马克思理论误读误解之嫌的服务劳动价值论、管理劳动价值论等。

1. 对服务劳动价值论的质疑

作为纯粹的服务劳动是指向购买者直接提供一种服务性的活动，它不提供任何物质产品，如演员、教员、律师、医生等为人们进行的服务。这些人的劳动之所以不能生产价值，是因为这种劳动不能生产出商品，而离开商品也就离开了价值。这种劳动之所以没能生产出商品，首先是因为它没有生产出物质产品。作为商品必须是物质产品，因为商品价值是一般人类劳动的凝结，而不是一般人类劳动即抽象劳动本身，抽象劳动创造价值，但它本身并没有价值，否则就会出现所谓"劳动的价值"这种错误用语。劳动如果要凝结，就必须物化在一个物质产品中。只有这样，才能形成价值，才有商品的存

在。马克思认为："商品必须被看作一种和劳动本身不同的存在，"① "商品表现为过去的、对象化的劳动这个说法还是对的，因而，如果它不表现为物的形式，它就只能表现为劳动能力本身的形式，但永远不能直接表现为活劳动本身。"②

2. 对管理劳动价值论的质疑

管理劳动，即使是在物质生产部门中的管理劳动，也不能直接生产物质产品，从而不能生产出商品，谈不上价值的生产。

令人难以信服的是，如果说监督管理劳动能够创造价值，企业中的厂长室、经理室、财务室等科室中各种办公用具，从桌椅板凳、笔墨纸砚到电脑和复印机也和工业生产中的生产资料一样，作为不变资本转移它们的价值，加入所生产的商品价值中去。作为财务管理支出的簿记费用不再是纯粹流通费用。如果按照这种说法推理下去，奴隶社会中监督奴隶劳动的监工也在创造价值了，他手中的皮鞭也可作为不变资本加入产品的价值中去。

监督管理劳动能够创造价值的谬论来自资产阶级的辩护士，萨伊的创造价值三因素之一的劳动就是把资产阶级的监督管理劳动和雇佣工人的劳动混为一谈，从而将资本家进行剥削的劳动和雇佣工人被剥削的劳动混为一谈，我们必须与之划清界限，切莫将这种谬论说成是对马克思理论的创新。

早在19世纪末，英国资产阶级经济学家马歇尔在萨伊的所谓生产三要素之外，又将组织即经营管理列入第四个生产要素，进一步否定资本家对工人的剥削，我国学术界中有人认为经营管理也能创造价值，这如何与马歇尔的谬论划清界限呢？

（二）如何计算年剩余价值率和年利润率

马克思在《资本论》第2卷第16章论述了可变资本的周转对年剩余价值率的影响，在此基础上准备在第3卷第4章中论述资本周转对利润率的影响。

1. 如何计算年剩余价值率

年利润率是年剩余价值率的转化形式，正确计算年剩余价值率是正确计算年利润率的前提。

计算年剩余价值率的公式为 $M' = \dfrac{M}{v}$，M 代表年剩余价值量，v 代表预付可变资本量。$M = m' \times v \times n$，m' 代表实际剩余价值率，$m' = \dfrac{m}{v}$，这里的 m 代表在一个周转期间内生产的剩余价值量，v 代表在同一期间内投入实际使用的可变资本量，由此，年剩余价值率可具体化为：$M' = \dfrac{M}{预付 v} = \dfrac{预付 v \times m' \times n}{预付 v} = m' \times n$，其中 n 代表一年内预付可变资本的周转次数。

问题发生在当两个规模相同的企业（用代表雇工人数的可变资本量表示），由于可

① 马克思. 剩余价值理论：第1分册 [M]. 北京：人民出版社，1975：163.
② 马克思. 剩余价值理论：第1分册 [M]. 北京：人民出版社，1975：164.

变资本周转速度的不同而引起的年剩余价值率的不同是如何发生的？可变资本周转快的企业是通过年剩余价值量的增加还是预付可变资本量的减少使得年剩余价值率的提高？

马克思是通过预付可变资本量的变动来说明年剩余价值率的变动。

如甲、乙两个规模相同的企业，每周投入的可变资本均为 100 镑，在 1 年 50 周内投入使用的可变资本均为 5 000 镑，假定实际剩余价值率均为 100%，甲、乙两个企业年剩余价值量均为 5 000 镑。但是，如果这两个企业的周转速度不同，预付的可变资本量就会发生差别，周转速度越快的企业，周转期间就越短，预付可变资本量就越少，在获得同样的年剩余价值量的情况下，可以获得更高的年剩余价值率。在此例中，假定甲企业每 5 周就完成一次周转，预付可变资本只需 500 镑，假定流通期间 = 0，到了第 6 周就可用回流的预付可变资本投入使用，无须追加新的预付可变资本，如此可反复进行下去，年剩余价值率将会是 $M' = \dfrac{5\,000\ \text{镑}\ M}{500\ \text{镑}\ v} = 1\,000\%$。假定乙企业周转期间长达一年（50 周），预付的可变资本将是 5 000 镑，年剩余价值率 $M' = \dfrac{5\,000\ \text{镑}\ M}{5\,000\ \text{镑}\ v} = 100\%$。

长期流行在我们教科书中的却是在比较甲、乙两个企业因周转速度不同而引起年剩余价值率的差别时，假定预付可变资本量是不变的，周转速度快的企业之所以会有更高的年剩余价值率是因为它可以获得更多的年剩余价值量。

例如，在 1961 年人民出版社出版的由于光远和苏星二位学者主编的《政治经济学》教材中，就这样举例，先假定甲、乙两企业的预付可变资本同为 2 万元，$m' = 100\%$，然后再假定甲企业一年周转 1 次，乙企业 1 年周转 2 次，由此求得：

甲企业 $M = 2$ 万元 $v \times 100\%\ m' \times 1n = 2$ 万元

甲企业 $M' = \dfrac{2\ \text{万元}\ M}{2\ \text{万元}\ v} = 100\%$

乙企业 $M = 2$ 万元 $v \times 100\%\ m' \times 2n = 4$ 万元

乙企业 $M' = \dfrac{4\ \text{万元}\ M}{2\ \text{万元}\ V} = 200\%$

由此得出的结论是资本周转速度提高 1 倍，年剩余价值总量就会增加 1 倍。这一结论完全错误，因为在这一例子中，乙企业的年剩余价值总量之所以会比甲企业高出一倍，并非由于它的周转速度高出一倍，而是由于它的企业规模比甲企业大出一倍。下面我来分析一下上例。

甲企业拥有 2 万元预付可变资本，在一年（50 周）只能周转 1 次的限制下，每周投入生产使用的可变资本只能是 400 元，在实际剩余价值率为 100% 的条件下年剩余价值总量为 400 元 v/每周 $\times \dfrac{100m}{100v} \times 50$ 周 $= 2$ 万元。

乙企业拥有的预付可变资本量虽同为 2 万元，但由于它在一年内可周转 2 次，每周投入实际使用的可变资本可增加到 800 元，到第 25 周末时，2 万元预付可变资本已全部投入，在假定流通期间 = 0 的条件下，可变资本 2 万元也同时全部回流，用来投入本年度第二个周转期间。其结果是：年剩余价值总量为 800 元 V/每周 $\times \dfrac{100m}{100v} \times 50$ 周 $=$

4 万元。

由此可见，乙企业的年剩余价值量高出甲企业一倍是由于乙企业的规模比甲企业高出一倍。具体地说，是由于雇工人数高出一倍，从而生产的年剩余价值总量多出一倍。

必须明确，预付可变资本的周转是"和剩余价值的生产本身完全无关的事情"[①] 剩余价值的生产取决于投入生产中实际使用的可变资本量和剩余价值率，而不是预付可变资本的量。甲、乙两个企业在同等规模的条件下，周转快的企业改变的是预付可变资本量，而不是年剩余价值总量。周转越快的企业，在同样规模的条件下，获得同样的年剩余价值量，但却只需要有更少的预付资本。

上述举例的缺陷是作者自认为研究的是资本周转速度对年剩余价值率的影响，实际上研究的却是企业规模的大小对年剩余价值量的影响，不仅跑了题，而且对这个跑题的论述也是错误的。

2. 如何计算年利润率

什么是利润率？马克思认为："总资本的增殖率，即利润率"[②]，"利润率等于剩余价值和预付资本总额之比，"[③] 利润率是以年为单位进行计算的，称之为年利润率。利润率的计算公式为：$p' = \dfrac{m}{C}$，年利润率为：年 $p' = \dfrac{M}{C}$，其中 C 为预付总资本，M 为年剩余价值总量。利润率是剩余价值率的转化形式，年利润率是年剩余价值率的转化形式。

对《资本论》第 3 卷第 4 章马克思只留下一个标题："周转对利润率的影响，"后由恩格斯补写完成，遗憾的是恩格斯补写的这一章内容与马克思的资本周转理论有较大的出入。

恩格斯认为："一年内获得和实现的剩余价值或利润对总资本的以百分比计算的比率，就是利润率。"[④] 这一表述无疑是正确的，而且表述得更具体。首先，明确以年为单位计算利润率，而不是以资本周转的一个周期为单位计算利润率；其次，在计算利润率时不仅要考虑剩余价值的产出，而且还要考虑剩余价值或利润的实现。但是，他在以下三个问题上出现了偏差：

第一，利润率的计算公式是 $\dfrac{M}{C}$，马克思和恩格斯都认为分母 C 指的是总资本，但是什么是总资本呢？马克思正确地指出是"预付资本总额"，而恩格斯却认为是"所使用的总资本"："利润率是按照所使用的总资本计算的。"[⑤] 这是把周转这一因素对利润率的影响完全撇开了，甲、乙两个企业如果所使用的总资本相同，意味着这两个企业规模相同，如雇工人数相同，在剩余价值率相同的情况下利润率也必然相同，但是由于周转速度的不同，甲乙两个相同规模的企业所预付的总资本就不同，利润率是不会相同

① 马克思. 资本论：第 2 卷 [M]. 2 版. 北京：人民出版社，2003：346.
② 马克思. 资本论：第 2 卷 [M]. 2 版. 北京：人民出版社，2003：270.
③ 马克思. 剩余价值理论：第 2 分册 [M]. 北京：人民出版社，1975：12.
④ 马克思. 资本论：第 3 卷 [M]. 2 版. 北京：人民出版社，2003：252.
⑤ 马克思. 资本论：第 3 卷 [M]. 2 版. 北京：人民出版社，2003：252.

的。可见，用实际使用的总资本作分母计算利润率是不正确的。

第二，资本周转速度发生变化时，将会影响到利润率 $\frac{M}{C}$ 中的预付资本 C 还是年剩余价值量 M，马克思认为资本周转速度的变化只会影响到预付资本 C，而不是年剩余价值量 M，而恩格斯却认为资本周转速度的变化将会改变年剩余价值量，而预付资本 C 是一个不变量，它不因周转速度的变化而变化，他说："周转时间或它的两个部分（生产时间和流通时间）中的任何一个部分的缩短都会增加所生产的剩余价值量。"① 恩格斯在他补写的《资本论》第3卷第4章中还举例证明了他的观点。它和马克思在《资本论》第2卷第16章中论述的观点是不一致的。在那一章中，马克思说明剩余价值的生产只和代表劳动的可变资本有关，并且只和"实际能够使用的可变资本量有关"，只有在这个量发生变化时，"才影响到剩余价值的生产"②，而可变资本的周转是"和剩余价值的生产本身完全无关的事情"③。

资本周转速度的变化只对利润率 $\frac{M}{C}$ 中的预付资本 C 发生影响，而且是对预付资本 C 中的流动资本发生影响，资本周转速度越快。在企业规模不变的条件下，预付的流通资本就越少，反之则多。认为在资本周转中预付资本是一个不变量，这只有对其中的固定资本来说才是正确的。

第三，恩格斯在补写的《资本论》第3卷第4章中举例说明"利润率下降了一半，因为周转时间延长了一倍"④。这就是说，利润率和周转时间的长度成同量的反比，事实上利润率虽和周转时间的长短成反比，但并非同量的反比。这是因为一方面，在企业规模和剩余价值率不变的条件下，利润率 $\frac{M}{C}$ 中的年剩余价值总量 M 并不因周转速度的变化而发生改变；另一方面，在预付总资本 C 中只是其中的流通资本部分和周转期间的长短成反比，而固定资本部分却不会因为资本周转速度的变化而发生改变。

（三）两大部类产品相互之间是如何进行交换的

两大部类产品相互之间进行的交换分三方面进行，即两大部类之间进行的交换，第Ⅰ部类内部进行的交换和第Ⅱ部类内部进行的交换。我在本文中着重论述两大部类之间是如何进行交换的。

流行在教科书中的是将两大部类之间的交换列出三个公式：Ⅰ$(v+m)$＝Ⅱc，Ⅰ$(c+v+m)$＝Ⅰc＋Ⅱc，Ⅱ$(c+v+m)$＝Ⅰ$(v+m)$＋Ⅱ$(v+m)$，并将Ⅰ$(v+m)$＝Ⅱc称之为两大部类产品实现交换的基本公式，并列出以下图式：

① 马克思. 资本论：第3卷［M］. 2版. 北京：人民出版社，2003：83.
② 马克思. 资本论：第2卷［M］. 2版. 北京：人民出版社，2003：332.
③ 马克思. 资本论：第2卷［M］. 2版. 北京：人民出版社，2003：346.
④ 马克思. 资本论：第3卷［M］. 2版. 北京：人民出版社，2003：87.

$$Ⅰ\ 4\,000c + \boxed{1\,000v + 1\,000m} = 6\,000$$

$$Ⅱ\ \boxed{2\,000c} + 500v + 500m = 3\,000$$

有的教科书将第Ⅱ部类又做了具体分类后列出进一步的交换图式，但并未离开用 $Ⅰ(v+m)=Ⅱc$ 这一公式来说明两大部类之间的交换关系。

事实并非完全如此。

第Ⅰ部类所需的生活资料为以生产资料形式存在的 $Ⅰ(v+m)$，它所需要的生活资料只能由 $Ⅱc$ 供应，其公式为 $Ⅱc=Ⅰ(v+m)$，反之，以生活资料形式存在的 $Ⅱc$ 所需要补偿的生产资料是否全部要由 $Ⅰ(v+m)$ 供应呢？学术界普遍认为如此，这是不正确的。产生这一错误是由于没有对第Ⅰ部类进行具体分类，如果我们认真学习一下马克思写作的《资本论》第 2 卷第Ⅱ稿，就可以很容易地正确回答这一问题。第Ⅰ部类中包含两个分部类：一是为第Ⅱ部类生产提供生产资料的生产部门，我用Ⅰ乙代表这一分部类，分解为Ⅰ乙 $1\,000c+5\,000v+500m=2\,000$；二是为第Ⅰ部类自身提供生产资料的生产部门，我用Ⅰ甲代表这一分部类，分解为Ⅰ甲 $3\,000c+500v+500m=4\,000$。显然，第Ⅱ部类所需补偿的生产资料来自Ⅰ乙 $(c+v+m)$，用图式表示如下：

$$Ⅰ甲\ 3\,000c+500v+500m=4\,000$$

$$Ⅰ乙\ \boxed{1\,000c+500v+500m}=2\,000$$

$$Ⅱ\ \boxed{2\,000c}+500v+500m=5\,000$$

由此可见，第Ⅰ部类中有相当一部分的 $v+m$ 并不供应给 $Ⅱc$，反之，在第Ⅰ部类供应给 $Ⅱc$ 的生产资料除了一部分 $v+m$ 外，还包括一部分 $Ⅰc$。

由上所述，两大部类之间的交换必须用两个公式来表示：$Ⅱc=Ⅰ(v+m)$，Ⅰ乙 $(c+v+m)=Ⅱc$，举例时也必然会采用两个图式。

把 $Ⅰ(v+m)=Ⅱc$ 说成既是两大部类之间生活资料的交换，又是两大部类之间生产资料的交换，是将两大部类之间的商品交换变成是物物之间直接交换了。

对第Ⅰ部类如何补偿自身消耗的生产资料，还需对第Ⅰ部类再进一步具体分类，流行的教科书中由于没有对第Ⅰ部类进行具体分类，所以也就不能正确地回答这一问题。

本文涉及的内容很广，限于篇幅，只举数例加以说明。虽然只是数例，我想也足以反映本文想要说明的认真学习研究马克思的《资本论》及其手稿的必要性了。

参考文献：

[1] 马克思. 资本论：第 1-3 卷 [M]. 北京：人民出版社，2003.

[2] 马克思恩格斯全集：第 50 卷 [M]. 北京：人民出版社，1985.

[3] 胡世祯. 对第Ⅰ部类进行具体分类后两大部类的交换关系 [J]. 当代经济研究，2000（8）.

[4] 胡世祯. 可变资本的周转对年剩余价值率的影响 [J]. 当代经济研究，2001（9）.

[5] 胡世祯. 监督工资是一部分企业利润的转化形式 [J]. 重庆工商大学学报，2003（4）.

[6] 胡世祯. 评广义价值论和联合劳动价值论 [J]. 当代经济研究，2005（11）.

[7] 胡世祯. 对政治经济学若干范畴传统认识的质疑 [J]. 当代经济研究，2015（6）.

从帮助《资本论》的写作到整理修订《资本论》出版看恩格斯的学术品德与学术情怀

——纪念马克思诞辰 200 周年

柳思维 ①

摘　要： 与马克思出身与经历不同的恩格斯和马克思一样选择了献身人类解放的伟大事业，奠定了最动人的友谊和崇高学术品德的坚实基础；恩格斯在马克思写作《资本论》时给马克思提供了无私的经济援助和巨大的精神支持；马克思逝世后，恩格斯全身心投入整理修订《资本论》并予以出版。这些都充分体现了恩格斯无比崇高的学术品德与学术情怀。

关键词：《资本论》　整理修订　恩格斯　学术品德

革命导师列宁在谈到马克思与恩格斯的友谊时说："古老的传说中，有各种非常动人的友谊故事。欧洲无产阶级可以说，它的科学是由两位学者和战士创造的，他们的关系超过了古人关于人类友谊的一切最动人的传说。"② 2018 年 5 月 5 日是科学共产主义导师马克思诞辰 200 周年。作为一名哲学社会科学工作者，不但要坚持马克思主义和习近平新时代中国特色社会主义思想的基本原理，继续解放思想，努力推进学科体系、学术观点、科研方法的创新，为繁荣和发展有中国特色的社会主义理论体系做出新的贡献，而且在功利主义、利己主义、享乐主义、学术泡沫泛滥的今天，了解恩格斯在马克思因写作《资本论》而陷于经济困境时给马克思提供的无私的经济援助，特别是在马克思逝世后恩格斯又为其整理出版遗著《资本论》第 2 卷、第 3 卷所作出的艰苦努力与巨大牺牲，你会为马克思与恩格斯所缔造和培育的无比珍贵的战友情谊所感动，更为恩格斯忠于领袖、维护领袖、牺牲自己、成就他人的高尚学术品德与学术精神所震撼。这对我们社会科学工作者也是一种心灵的净化，让我们可以更好地投身于繁荣哲学社会科学的伟大事业中。

① 柳思维，1946 年生，男，汉族，湖南岳阳人，湖南商学院经济与贸易发展研究院院长，教授，博士生导师，研究方向：贸易与流通经济。

② 列宁. 论马克思和恩格斯 [M]. 北京：人民出版社，1972：42.

一、青年时代的恩格斯与马克思都选择了为全人类解放献身的伟大事业，奠定了战友情谊和崇高学术品德的坚实基础

19 世纪的德国和欧洲正处在自由资本主义市场经济阶段，整个社会充满着拜金主义的诱惑与市场竞争无序的混乱与血腥，正如马克思恩格斯在《共产党宣言》中所批判的"它使人和人之间除了赤裸裸的利害关系，除了冷酷无情的现金交易，就再也没有任何别的联系了"。"资产阶级撕下了罩在家庭关系上温情脉脉的面纱，把这种关系变成纯粹的金钱关系"①。但拜金主义、利己主义的世俗与诱惑没有蒙住青年马克思的双眼与心灵，大学毕业后出身律师世家的他便义无反顾地选择了为全人类解放献身的事业，选择了为工人运动而创立科学理论的伟大创新活动。

1835 年马克思进入波恩大学学习，1836 年 10 月他转入柏林大学学习。在柏林大学学习期间马克思参加了"博士俱乐部"活动，成为青年黑格尔派的成员，并由此投身于政治斗争，走向为人类解放而献身的伟大事业。1843 年马克思和燕妮结婚后不久便迁往法国巴黎，与一批志同道合的革命者创办了《德法年鉴》。后来马克思一家又先后迁往比利时布鲁塞尔和英国伦敦。为了心中的信仰，马克思放弃了固定的工作和稳定的收入来源。按照马克思的学历、才能和家庭背景，他完全可以谋取一官半职，让一家人过上体面的生活。但他拒绝了所有让他放弃革命斗争的物质与名利诱惑，坚定地朝着自己选择的道路走下去。马克思说："不管遇到什么障碍，我都要朝着我的目标前进，而不让资产阶级社会把我变成一架赚钱的机器。"②马克思的这种不忘初心的无私选择也注定了贫困必然伴随他的科学创新与革命活动历程。

与马克思不同的是，恩格斯没有上过大学，且家庭殷实，高中未毕业便参与经商。但是年轻时代的恩格斯也和马克思一样，不让资产阶级社会把自己变成"一架赚钱的机器"，义无反顾地选择了为全人类解放而献身的伟大事业，为他们后来结成举世无双的动人友谊奠定了深厚的基础。比马克思小两岁的恩格斯于 1820 年 11 月 28 日出生于德国巴门市，巴门是普鲁士莱茵省的纺织工业中心。恩格斯出身于当地一名门望族，比马克思家庭富有，他的祖父是个工厂主并担任过市政顾问官，父亲独立经营祖父的工厂，并与本家族的几个兄弟一道创立了纺织厂。作为家庭长子，父母亲期望恩格斯能经商致富。与马克思青年时代的学习经历不同，恩格斯尚未高中毕业，他的父亲就让他退学离开学校到父亲开办的商行事务所上班。1838 年 7 月，不到 17 岁的恩格斯就前往布来梅，在批发商兼萨克森领事亨利希·洛伊波德的商行里学习做生意。

不来梅是一个海港贸易城市，也是当时德国的四大"自由城市"之一。恩格斯每天到洛伊波德大商行的办事处上班，从事出口贸易的文书业务工作，主要是收发邮件，撰写书信，到海关领取进口样品，整理出口货物。恩格斯中断学业不到 18 岁就经商，

---

① 马克思恩格斯选集：第 1 卷 [M]. 2 版. 北京：人民出版社，1995：275.
② 弗·梅林. 马克思传 [M]. 樊集，译. 北京：人民出版社，1972：291.

实在是父命难违。所以他的心情并不舒畅，他青少年时是反对从事经商的，但他仍努力精通商业。同时，在工作之余刻苦学习各种知识，并广泛接触社会底层群众，短时间内他就熟练地掌握了英文、荷兰文、法文、西班牙文，并积极参与大学生社团活动，同论敌开展政治性的辩论，并逐步接受了进步思想。1939 年年底恩格斯就开始撰文公开向封建贵族的反动思想宣战。经历了 4 年的商务生涯，1841 年 9 月恩格斯离开故乡巴门到柏林服兵役。

1842 年 11 月恩格斯在德国科伦第一次见到马克思。1844 年 8 月，恩格斯从英国返回德国路过巴黎再次与马克思见面，两人朝夕相聚，共同的革命理想和理论上的见解完全一致，使他们从此结成了牢不可破的战友亲情与友谊。自从结识马克思后，恩格斯就义无反顾地投入了与马克思创立革命理论与领导工人阶级的伟大实践中。1845 年 2 月初恩格斯与马克思第一次合著的论战性著作《神圣家族》（原书名为：对批判所做的批判，驳布鲁诺·鲍威尔及其伙伴）出版。从此，献身人类解放事业的共同的革命理想就使恩格斯把自己的命运与马克思的命运紧紧连在一起，创立和发展马克思主义科学理论体系就成为恩格斯毕生的追求，也就奠定了恩格斯的博大学术胸怀和崇高学术品德的坚实基础。

二、恩格斯为经济贫困中的马克思专心创作巨著《资本论》及时给予了宝贵的无私的帮助

在为人类谋幸福为全世界无产阶级谋解放的伟大事业中，恩格斯与马克思两位革命导师结成了战友情谊，创造了世界上的最伟大友谊的范本。马克思十分敬佩恩格斯的才能，但恩格斯总是注意处处维护马克思的"第一提琴手"的领袖地位，自己甘当"第二提琴手"。在支持马克思创作《资本论》的过程中，恩格斯充分展现他"第二提琴手"的担当和奉献精神。《资本论》作为马克思用毕生的心血写成的一部光辉灿烂的科学巨著，既凝聚着马克思的全部心血和智慧，也凝聚着恩格斯无私的学术奉献和对马克思的深情厚谊。

作为革命导师的恩格斯在协助马克思领导工人运动创造科学理论的同时，又有一段不寻常的经商经历，并以最真挚的友情和经商的收益，从经济上支持和资助了马克思创作划时代的科学巨著《资本论》。恩格斯在经济上对马克思的帮助从来都是无条件的和自觉的。早在 1846 年马克思创办《新莱茵报》的过程中，因股东不够，注册资金不足，面临巨大困难。恩格斯毫不犹豫地从父亲给他的生活费中挤出了 600 塔勒，找人认了 14 股，每股 50 塔勒，终于使这张由马克思创立的第一份工人阶级的报纸成功发行。从此，从经济上支持和帮助马克思便成为恩格斯一生中一项神圣的责任。1847 年，共产主义同盟第二次代表大会委托马克思与恩格斯共同起草《共产党宣言》。《共产党宣言》是工人阶级的《圣经》，它以辩证唯物史观为指导，系统深刻地论述了资本主义必然灭亡、共产主义必然胜利的客观规律。

1849 年 8 月马克思及全家受到法国反动政府的驱逐和迫害，离开巴黎来到英国伦敦，

一家七口的生活十分拮据。在来英国之前，马克思一家几乎将值钱的家当全部交典当铺变现还债。到了伦敦，马克思仍然是身无分文，一次又一次地因为付不起房租而被迫举家迁移。由于贫病交加，无钱治病，马克思的三个小孩先后病逝。为了从经济上帮助在煎熬中的马克思，支持马克思进行《资本论》这部伟大经济学著作的创作，粉碎资产阶级对马克思的迫害，恩格斯毅然停下科学研究工作，去从事商业经营。1850 年恩格斯去曼彻斯特市，重新进入商务一线工作，在他父亲和别人开的一个合伙公司——"欧门—恩格斯公司"中担任职员。他作为公司的秘书兼经理助理，主要是从事棉纱线的贸易业务。开始，恩格斯在公司没有薪酬，由父亲每年给 200 英镑的交际费用和生活费用。正是由于恩格斯经商有收入来源，才能为经济陷入贫困的马克思撰写《资本论》和进行科研创新雪中送炭。这从马克思给恩格斯的信中可以看到。马克思在伦敦撰写《资本论》时正处于身无分文却债务缠身的阶段，经济上十分困难。1852 年 9 月 8 日马克思从伦敦发给恩格斯的信中写道："妻子病了，小燕妮病了……我没有买药的钱。8 至 10 天以来家里吃的是面包和土豆，今天能否弄到这些还成问题……我把向所有债权人付款的期限拖到了 9 月初……现在四面八方都在袭击我，讨债的有女房东、面包店老板、牛奶商、茶叶商、蔬菜商，还有欠肉铺老板的旧账，怎样才能还清所有这些鬼账呢？"①

　　收到马克思这封信的第二天，恩格斯即为马克思寄去了 4 英镑。由于马克思家常年处于贫困状态，从此每一个星期或每一个月都有一笔数目不小的汇款由恩格斯从曼彻斯特汇往伦敦。恩格斯资助马克思一家的款项常常超过了自己的家庭开支。恩格斯对于经商本不情愿，他称商业为"该死的商业"，但由于马克思面临巨大的经济困难，他却违心地留在父亲的合伙公司中当一名商务职员，而放弃了去伦敦与马克思一道从事政治理论研究的工作。为了支持马克思潜心写作《资本论》，为了支持自己心爱的朋友，他牺牲了自己的学术爱好与才能，放弃了可能在学术上取得的建树。而在马克思看来，恩格斯比他自己更适合做理论研究特别是政治研究工作，马克思曾评价恩格斯"是一部地地道道的百科全书。不分昼夜，不论饥饱，他都能写作，写得飞快，机灵得出奇"②。但为了马克思，恩格斯不但白天在交易所从事繁忙的商务活动，而且牺牲休息时间在晚上替马克思修改为《纽约每日论坛报》写的通讯，并把马克思的文章由德文译成英文（因马克思当时不能用英文写作）。

　　1854 年以后，马克思一家的生活处于极度困难之中，马克思有时也只好被迫中断经济学研究，挤出时间给一些报刊撰稿，以微薄的稿费来维持一家生活。但经济上的贫困导致无钱给小孩治病，仍给他带来了巨大的打击。1855 年 4 月初，马克思在给恩格斯的信中谈到他最小的孩子死在他怀中的情景："可怜的穆希已经不在世了。今天五六点钟的时候他在我的怀中睡着了（真正地睡着了）。我永远不会忘记，你的友谊在这个可怕的时刻怎样减轻了我们的痛苦。我对孩子有多大的悲伤，你是理解的。"后来，恩格斯开始独立经营他父亲留下的一家企业，才能倾力资助马克思，马克思一家的生活才

　　①　海因里希·格姆科夫，等. 恩格斯传 [M]. 易廷镇，侯焕良，译. 北京：生活·读书·新知三联书店，1975：235-236.

　　②　弗·梅林. 马克思传 [M]. 樊集，译. 北京：人民出版社，1965：296.

有所改善，但也从未达到当时伦敦的中产阶级的体面生活水平。

1862 年 9 月 25 日恩格斯与"欧门—恩格斯公司"签订协议，保证恩格斯每年得到 100 英镑的工资及 10% 的股息分红，而按协议，恩格斯则是"商业通讯员和办事员，要把全部时间和精力献给公司并准确执行哥特弗利德·欧门的一切正当合理的指示"。该协议规定恩格斯"把所有收入、支出、销售成交、订货和商务谈判都准确地按照规定作好记录"并"不能泄露雇主的业务秘密及往来关系"。该协议明白无误地表明，恩格斯必须全力投入交易所的商务工作。为了得到稳定收入更好地从经济上资助马克思一家，恩格斯不能违约，他认真负责地履行了协议上的规定。1864 年，恩格斯家族投入合伙公司的股本额达到 10 000 英镑，恩格斯也升为股东，他从公司分配纯利的比例上升到 20%，并可从公司纯利分配中得到 5% 的利息收入。与此同时，恩格斯在公司的权力及工作量也增加了，除了商业通讯外，他还主管办事处的全部业务及领导工作。对于繁重的商务工作，恩格斯本身是厌恶的。1867 年 4 月 27 日，恩格斯在写给马克思的信中说："这会把我彻底毁掉的，我最渴望不过的事情，就是摆脱这个鬼商业。""它占有了一切时间，使我的精神完全沮丧了。只要我还在经商，我就什么也不能干；尤其是我当上老板之后，我负的责任更大，情况也就更糟了。"① 但是那时正是马克思写作《资本论》最紧张的时候。为了支持马克思撰写这一经典著作，恩格斯也只好硬着头皮去继续经营他自己所戏称的"鬼商业"活动，用经商的收入全力帮助困难中的马克思。

恩格斯不仅在经济上源源不断地资助马克思，而且在紧张工作之余和马克思保持精神上的互相交流和互相鼓励。他们之间高度信任，相互尊重。在马克思恩格斯看来，任何人对他们的思想和著作的批评不及他们彼此交换意见那样意义重大。于是，一有机会，恩格斯便会摆脱商务，跑回伦敦和马克思见面，分析形势，讨论问题，交换意见。他们非常喜欢这种一对一的交流。有时，两人在屋子里，各自沿着一条对角线走来走去，边走边谈，一连谈上几个钟头。有时，两人一前一后，长时间不吭一声地踱步，各自思考双方的疑点，直到取得一致的意见为止。

对于恩格斯为马克思所做出的巨大牺牲，马克思十分清楚，也是由衷感激的。1867 年 5 月 7 日当《资本论》第 1 卷书稿基本完成准备交付印刷之前，马克思给恩格斯写信："没有你，我永远不会完成这部著作。要知道，每当我想到你主要为了我而把你那卓绝的才能浪费在商务上面，使它埋没，此外还要分担我的一切琐碎的烦恼，我的良心就总是感到噩梦一般的重压。"1867 年 8 月 16 日当马克思校完《资本论》第 1 卷最后一个印张，已是深夜两点，马克思又一次写信感谢恩格斯："这一卷能够完成，只是得力于你！没有你为我而做的牺牲，这样三大卷的大部头著作，我是不能完成的，我拥抱你，感激之至！"②马克思这封感谢信写得真切感人，绝不是偶然的，而是马克思在经历贫困时得到恩格斯无私援助的发自肺腑的感激。正如列宁指出的："侨居伦敦时，贫困简直要把马克思和他的一家置于死地，如果不是恩格斯在经济上舍己援助，马克思不但

---

① 海因里希·格姆科夫，等. 恩格斯传［M］. 易廷镇，侯焕良，译. 北京，生活·读书·新知三联书店，1975：236.

② 弗·梅林. 马克思传［M］. 樊集，译. 北京：人民出版社，1965：453.

不能写成《资本论》，而且定会死于贫困。"①

马克思原来期望在《资本论》第 1 卷出版后，可以"赢得一个像样的生活，从根本上改善我的生活状况"，但《资本论》的出版并未给马克思带来期望的财富收益和"资本"，经济上仍然困难。而恩格斯也不得不继续从事"倒霉的商务"，以便从经济上继续支持马克思。在恩格斯的资助和努力下，1868 年 6 月在 15 家德文报纸和杂志上发表了关于《资本论》第 1 卷的书评和简介，使《资本论》第 1 卷得到广泛的传播。为了使马克思一家的生活有一笔稳定的资金来源，恩格斯计划在离开公司后能有一笔稳定的补偿金，以便资助马克思一家。1868 年 11 月 29 日他写信给马克思询问："平常的正常开支，每年 350 英镑是否够用？"马克思回信作了肯定的回答，于是恩格斯在决定结束商务工作之前与欧门—恩格斯公司签署了一个离开后的补偿协议，条件是 5 年之内不得经营与欧门兄弟有竞争关系的业务，欧门公司同意支付一笔 1 750 英镑的补偿金，可支付马克思一家 5 年的生活费用。1869 年 8 月，恩格斯与哥特弗利德·欧门签订了结束共同经营的协议，撤出了全部股份及流动资金，恩格斯也终于在第二次连续在从事经商18 年之后离开了经商第一线。

恩格斯作为家庭长子，父母亲都希望他经商致富。恩格斯经商 18 年，父母的愿望虽未能实现，却能保证马克思一家过上一种有保障的生活，能帮助和支持马克思集中力量创立马克思主义理论。牺牲自己，无私奉献，成就他人，这正是恩格斯学术品德崇高而伟大之所在，这也是恩格斯心甘情愿的。恩格斯离开商业公司，摆脱具体商务活动，他十分高兴地给马克思写信："好！从今天起再不搞可爱的商业了。"他给自己的母亲写信："我刚刚获得了自由使我高兴极了。从昨天起，我已经完全变成另一个人，年轻了十岁。"②

三、马克思逝世后恩格斯精心整理马克思遗稿，
使宏篇巨著《资本论》持续面世

使我们感动的不仅是在马克思在世时恩格斯从经济上资助、精神上帮助马克思进行《资本论》的创作，使马克思的理论创新没有中断；更使我们感动的是在马克思逝世后，恩格斯为完成马克思的凤愿，亲自精心整理马克思《资本论》第 2 卷、第 3 卷的手稿。俗话有"人一走，茶就凉"之说，但我们在恩格斯身上感受的却是"人一走，茶更热"的温暖情怀与革命战友之间那种海枯石烂不变心的忠诚，感受的是恩格斯那种崇高的学术道德与学术情怀。1883 年马克思因劳累过度而逝世。马克思逝世时留下了尚未出版的《资本论》第 2 卷、第 3 卷的手稿。马克思逝世后，恩格斯不但肩负了领导国际工人运动的重任，还要继续自己的科学研究。但恩格斯更看重对马克思《资本论》

①　肖灼基. 马克思传［M］. 北京：中国社会科学出版社，2008：305.

②　海因里希·格姆科夫，等. 恩格斯传［M］. 易廷镇，侯焕良，译. 北京：生活·读书·新知三联书店，1975：321.

手稿的整理，恩格斯深知只有他才能辨认马克思的字迹，只有他才洞悉马克思写作《资本论》的过程及马克思的思想轨迹。

恩格斯以"舍我其谁"的伟大担当，承担马克思《资本论》遗稿的整理。为了准确完好地整理马克思的《资本论》手稿，恩格斯首先以一个工作秘书的细致，把马克思的文稿一字一句抄写一遍，变成一个完整的手抄本。恩格斯整理马克思手稿时已是60多岁的老人了。为了抄写好马克思《资本论》手稿，恩格斯夜以继日地工作，终于累病了。为了他的健康，医生禁止他夜间工作。为此，恩格斯请了一位秘书，自己则躺在沙发上，每天从上午10点到下午5点看原稿口述，由秘书笔录下来。

恩格斯不仅一字不差地将马克思《资本论》原稿抄正一篇，而且作了必要的增补。因为马克思1861—1880年的《资本论》各类原稿中除个别地方论述较详细外，不少地方都是用缩写字和速写符号写成的。恩格斯将手稿分类整理，使其系统化；并根据新的事实材料填补了无数空白，补充了许多注释和附件，使其形成一个完整的理论体系。为此，恩格斯决定将马克思余下的《资本论》手稿分成两卷。

1885年恩格斯完成了《资本论》第2卷的抄写、补充、订正和总纂工作，使此卷得以出版。恩格斯为《资本论》第2卷写了一个内容丰富的序言，强调《资本论》第2卷是揭示资本的流通过程。

《资本论》第2卷出版后，恩格斯为了应对反马克思主义者对马克思经济理论的曲解与怀疑，决定立即着手整理《资本论》第3卷。但在整理《资本论》第3卷时却遇到了新的困难，其一是恩格斯已是65岁出头的人，身体健康状况不佳，视力严重衰退，已不能在灯光下写作了；其二是马克思《资本论》第3卷的遗稿很不完全，许多章节都是一些片段的文字与提纲。这是因为马克思写作《资本论》时病情加重，写作困难，部分文稿的写作只是一个概要，或是一个大意。这样《资本论》第3卷文稿的整理就比第2卷更困难。但是恩格斯没有被困难吓倒，他通过口授再整理抄本的办法，细心地将《资本论》第3卷的每一章每一节手稿完整地整理出来，并增补了许多新的材料。正如恩格斯在《资本论》第3卷序言中写的："我的工作首先是按照原文把全部手稿口授一遍，弄出一个易读的抄本；这个手稿的原文，甚至我也会费很大劲才能辨认。这件事就花费了相当多的时间。"①

整理《资本论》第2卷的时候，经恩格斯亲手增补和添加的材料总计不到10个印刷页，而在整理《资本论》第3卷时，恩格斯亲手增补的材料有几十页，个别章节部分甚至是恩格斯重新写作的，如第四章"周转对利润率的影响"。又如恩格斯在整理《资本论》第3卷第5篇"利息分为利息和企业主收入、生息资本"时，马克思既未留下草稿，连一个完整的文字纲要也都没有，只是开了一个头，不少地方只是一堆未经整理的笔记、评述和摘录的资料，恩格斯重新加工了三次均失败了。为此他当机立断，在整理已有的材料上作了必不可少的补充，终于完成了这一篇文稿的修订整理。在恩格斯逝世前一年的1894年，《资本论》第3卷终于整理出版。说恩格斯是《资本论》最后的竣工者与最早的传播者，也不为过。《资本论》从第1卷的正式出版到第3卷的公开面

---

① 恩格斯.《资本论》第3卷序言［M］// 马克思恩格斯文集：第7卷. 北京：人民出版社，2009：7.

世，其间相距 27 年。纵观迄今所有的经济学著作，甚至世界上所有的有影响的学术著作，都没有如此漫长的问世经历。也正是由于恩格斯无比崇高的学术道德与学术情怀，才可以使马克思在穷困潦倒的环境中专心投入《资本论》的写作，并让《资本论》这部伟大的著作能在马克思逝世后持续面世。

2016 年 5 月 17 日，习近平总书记在哲学社会科学工作座谈会上的讲话中要求哲学社会科学工作者"自觉践行社会主义核心价值观。做真善美的追求者和传播者，以深厚的学识修养赢得尊重，以高尚的人格魅力引领风气，在为祖国为人民立德立言中成就自我、实现价值"①。《资本论》的写作及第二卷、第三卷的整理与出版，凝聚着恩格斯的心血，也是两位导师之间最纯洁友谊的结晶！更体现了恩格斯伟大高尚的人格魅力和崇高的学术道德情怀。黄金有价情无价，马克思与恩格斯两位导师的这种战友情谊无法用金钱来度量！恩格斯对战友遗著所付出的真诚与艰辛，恩格斯这种博大的学术胸怀和成就他人维护他人的学术品德，更是前无古人，后无来者，可真正称为感天动地，万世流芳。相比时下一些追名逐利的合作与联手，恩格斯的这种牺牲自己成就他人的精神，是何等的伟大与高尚！在当前拜金主义、功利主义、学术泡沫涌动的体制转轨时期和社会转型时代，我们需要继承和弘扬恩格斯这种宝贵的学术道德精神，也需要我们大力呼唤和倡导朋友间无私的情谊！

参考文献：

　　［1］习近平. 在哲学社会科学工作座谈会上的讲话［M］. 北京：人民出版社，2017.

　　［2］列宁. 论马克思和恩格斯［M］. 北京：人民出版社，1972.

　　［3］弗·梅林. 马克思传［M］. 樊集，译. 北京：人民出版社，1965.

　　［4］海因里希·格姆科夫，等. 恩格斯传［M］. 易廷镇，侯焕良，译. 北京：生活·读书·新知三联书店，1975.

　　［5］马克思恩格斯文集：第 7 卷［M］. 北京：人民出版社，2009.

　　［6］肖灼基. 马克思传［M］. 北京：中国社会科学出版社，2008.

---

　　①　习近平. 在哲学社会科学工作座谈会上的讲话［M］. 北京：人民出版社，2017：29.

服务性劳动理论进展及当代解读

——基于马克思劳动分工原理的分析

江　帆　谢元态①

摘　要：本文首先对马克思及其他学者关于服务性劳动理论进展进行梳理；通过对当代服务性劳动理论的解读得出部分服务性劳动属于生产劳动的结论；然后立足于马克思劳动分工原理，对当今社会服务性劳动在经济发展中的作用与意义作理论解读；接着从产业经济视角作中国现实解读——分析服务性劳动的地位和贡献；最后提出相关的对策建议。

关键词：服务性劳动　马克思　理论进展　当代解读

马克思在《资本论》中非常科学明确地界定了生产性劳动与服务性劳动，对创造价值的劳动作了深刻的阐述，从而构建了科学的劳动价值论。产业结构随着科技进步而不断高级化，服务性劳动的地位和作用越来越突出，生产劳动与服务性劳动的界限有逐渐模糊化的趋势。我国在计划经济时期，由于"重生产、轻流通"，对服务性劳动重视不够；改革开放以后，理论界和实践界都开始重视商品流通等服务型行业的发展；进入21世纪后，服务性劳动在经济社会中的地位日益凸显。因此，深入研究服务性劳动及其与生产性劳动的关系尤其是产业经济视角下我国服务性劳动的地位和贡献，是当今重要的理论与现实课题。

一、理论进展：关于服务性劳动的早期理论观点梳理

经济学界最初对劳动性质的基本认识，首先是基于对商品"价值"来源的认识，也就是对于"国民财富"来源的认识。这种认识又是随着经济实践的变化而变化的，对"服务性劳动"的认识也随着这一变化而变化。

---

① 谢元态，男，1955年3月出生，江西上犹人，江西农业大学经济管理学院教授。

（一）马克思之前经济学界对服务性劳动的认识

为探究一国财富的最终源泉，进而理解人类社会财富通过何种途径进行创造，人们在困扰了很长一段时间之后，开始关注劳动的生产性问题，也就是生产性与非生产性劳动即服务性劳动的差异问题。

1. 早期重商主义者视商业贸易活动为财富的源泉

16 世纪初期正处于资本原始积累时期，造船业与航海技术不断发展进步，英国、荷兰等国家海外贸易空前繁荣，通过海外商业贸易活动——低价买进，高价卖出（即贱卖贵卖）积累了大量财富。于是，早期重商主义学者通过对海外贸易积累了大量财富的经验总结，将流通领域中的商业贸易活动（非生产性劳动）看成财富的源泉。

2. 重农学派视服务性劳动为"非生产劳动"

18 世纪 50~70 年代，重农学派对财富源泉的探究从过去的流通领域转为生产领域。重农学派将"农业"视为财富的唯一源泉，并在此基础上将土地所有者、租地农场主、土地耕作者等划分为"生产阶级"，其他阶级如工匠、工业生产者等视为"非生产阶级"。由此可见，重农学派认为除"农业"之外的其他劳动都是属于"非生产劳动"，因而"服务性劳动"更是属于"非生产劳动"。这种认识无疑是非常片面且狭隘的。

3. 古典政治经济学代表人物将服务劳动定义为非生产性劳动

18 世纪中后期，由于工业革命的兴起，工业部门的劳动成为创造财富价值最重要的源泉。古典政治经济学首先创立并初步论证了劳动决定价值理论。威廉·配第认为劳动是一切生活资料的源泉。亚当·斯密试图区分生产劳动与非生产劳动。斯密的贡献在于否定了重农学派认为只有农业生产的劳动为生产性劳动这一结论，不但认为工业生产劳动也属于生产劳动，而且认为工业部门的生产劳动是比农业部门更为重要的生产劳动。斯密还试图对生产性劳动与非生产性劳动做出清晰地界定，他指出"若劳动未能固定或者物化在一特定或可以出卖的商品中时"，劳动则不具有生产性；如家仆的劳动是"非生产性劳动"，而君主和官吏、律师和教士、各种艺术家和文人等都是"非生产劳动者"。可见是亚当·斯密最先将服务劳动定义为"非生产性劳动"，其后大卫·李嘉图基本继承了这一观点。

（二）马克思对服务性劳动的经典阐述

马克思认为，生产劳动是直接生产物质资料的劳动，在资本主义生产方式下则是"直接生产剩余价值的劳动"①。但在《资本论》第三卷中又指出剩余价值是"总体工人"创造的。在这里，"总体工人"的劳动是否包括了"服务性劳动"或部分"服务性劳动"？这是值得探究的。

1. 马克思认为"服务性劳动"的属性与一般的商品具有内在同一性

马克思将劳动划分为生产劳动与非生产劳动。并认为在多数场合，可以将"非生产劳动"定义为"服务性劳动"。在《资本论》第三卷中，马克思认为服务"这种劳动所

① 马克思恩格斯全集：第 49 卷 [M]. 北京：人民出版社，1982：99.

提供的特殊使用价值，就像其他一切商品也提供自己的特殊使用价值一样……在这里取得了'服务'这个特殊名称，是因为劳动不是作为物，而是作为活动提供服务的"①；因而"服务本身有使用价值，由于它们的生产费用，也有交换价值"②，由于服务存在"特殊使用价值"和"也有交换价值"等属性与一般的商品具有内在同一性一样，因而可以将服务视同为一种特殊的"商品"。

2. 马克思将流通业的"服务性劳动"定义为"第四个物质生产领域"的劳动

在马克思时代，虽然服务型行业类别较少，对服务性劳动的研究缺乏，但是马克思却深刻认识到流通的重要性，并对流通领域中劳动的性质做出了阐释。

马克思对服务性劳动归属的论述散见于《资本论》和其他经济学文献中。值得注意的是，在《资本论》中，马克思将运输、邮政、仓储等行业定义为"追加的服务劳动"，并概括总结出这类"追加的服务劳动"的两个特点：一是从属于商品生产与流通，二是只针对商品的生产与流通提供附加的使用价值。马克思将服务业中的运输业定义为物质性生产活动，"表现为生产过程在流通过程内的继续，并且为了流通过程而继续"③，并将流通业定义为开采业、农业和加工制造业之外的"第四个物质生产领域"。在马克思时代，由于服务性劳动从属于实体商品的生产，种类较少，但这一观点体现出马克思极具理论洞察力。但是，当代社会服务性劳动的外延大大扩展，需要我们作出新的解释。

3. 马克思将服务性劳动分为"物化"的服务劳动与纯粹的服务劳动

关于"物化"的服务劳动，马克思认为，"即使资本家掌握了物质生产……叫到家里来缝制衬衣的女裁缝，或修理家具的工人……也完全和在工厂做工的女裁缝、修理机器的机械师……把自己的劳动固定在某种物上，并且确实使这些物的价值提高了。"④所以"这些使用价值，从可能性上来讲，也生产了产品"，因而这些服务劳动属于能够生产商品的劳动，即生产性劳动。但这些劳动者属于非生产劳动者中极为少数的一部分，对广大家仆、牧师、政府官员、音乐家等并不适用。

关于纯粹的服务劳动，马克思指出："这种服务劳动所提供的消费品是一种无形产品。"⑤马克思将纯粹的服务性劳动又分为三类：一是以音乐家为代表的艺术家，这些劳动者的劳动在一定程度上能够被物化（当演出被录制成唱片的时候），反之，其劳动在进行之后立即消失；二是以医生、教师为代表的具有专门性且特殊能力的劳动者，对这类劳动者的要求较高，且需具备很强的专业技能，因而马克思认为"这些服务应加入劳动能力的生产费用与再生产费用"⑥；三是以政府官员为代表的社会服务性人员。

4. 马克思关于资本积累过程服务性劳动不断扩展的论述

马克思所处的时代，工业革命推动机器生产代替手工劳作，生产效率不断提高，生

①　马克思恩格斯全集：第26卷［M］. 北京：人民出版社，1982：435.
②　马克思恩格斯全集：第26卷［M］. 北京：人民出版社，1982：26.
③　马克思恩格斯全集：第26卷［M］. 北京：人民出版社，1982：160.
④　马克思恩格斯全集：第26卷［M］. 北京：人民出版社，1982：435.
⑤　马克思恩格斯全集：第26卷［M］. 北京：人民出版社，1982：156.
⑥　马克思恩格斯全集：第26卷［M］. 北京：人民出版社，1982：149.

产的产品日益多样化，资本家对工人的剥削程度加深。资本家在加速资本积累的同时，会将剩余价值的一部分用于消费以满足自身服务性的需求。例如，为减少家庭劳务上的时间耗费，资本家可能会雇佣家仆来处理家务；为保证自己看上去更加体面，资本家可能会雇佣裁缝专门为其缝制衣裳，雇佣理发师剪发；为放松心情或者与增进家庭感情，资本家可能会到其他城市度假或者旅游；等等。因此，在资本家进行消费的过程中，无疑也会带动服务业的不断发展。消费需求的不断增加，服务业就会愈加发达，而服务性劳动的从业人员队伍会不断壮大。与此同时，资本家在消费过程中支付给如家仆、裁缝、理发师等人的报酬，又会转化为新的社会生产性需求。这些人从商品生产者手中购买食物、日常用品等以满足其自身生存所需，货币再从他们手中转移至资本家手里，资本家再将这些货币转化为资本投入产品生产。

5. 马克思关于运输业服务性劳动的专门论述

在商品经济发展到一定程度之后，受资源禀赋、生产技术等因素影响，某一区域的特定商品就满足不了当地居民的需要，这时不同区域甚至不同国家之间的商品交换就显得特别重要。而在这样的交换过程中，商品储藏、商品运输等行业开始发展并逐渐完善。马克思认为运输业能够改变商品的时空状态，摆脱时空的桎梏，因而在马克思的运输经济思想中，尤其重视运输业对资本主义大工业与商品经济的影响。"商品经济越发展……交换的物质条件——交通运输工具——对生产来说就越是重要"①。马克思论证了运输业对社会生产的影响，如运输业为工业生产带来廉价的生产原料，能够加强地区间的联系，扩大商品的市场范围，能够优化资源配置等。此外，运输业的发展离不开交通工具、道路建设等物质基础，而这些物质基础的需求反过来刺激了工业生产（如汽车制造业、炼铁厂等）的发展。

简要评述

纵观经济学术史，早期重商主义者把商业贸易活动（非生产性劳动）看成财富的源泉，重农学派对服务性劳动基本上还没有专门论述，古典政治经济学代表人物亚当·斯密则干脆将服务性劳动定义为非生产性劳动。首先对"服务性劳动"做出科学分析的马克思，对当时社会的各种服务性劳动作了非常细致地划分和阐述，认为生产性劳动具有相对独立性，而服务性劳动具有从属性，但是资本积累过程中服务性劳动具有不断扩展的趋势；认为"服务性劳动"的属性与一般的商品具有内在同一性，尤其是商业部门和运输业的"服务性劳动"是生产部门劳动必要的延伸。由此可见，马克思实际上是将服务性劳动视为"总体工人"劳动的一部分，而在资本主义生产方式下也是"直接增殖资本的劳动或直接生产剩余价值的劳动"的一部分。

---

① 马克思恩格斯全集：第 46 卷 [M]. 北京：人民出版社，1982：16.

二、当代理论解读：对服务性（非生产性）劳动的讨论

第三次科技革命促使世界上大部分国家的生产结构发生深刻调整，农业、制造业中的从业人员数量占就业总人口的比重逐年下降，服务业从业人员数量逐年上升，越来越多的国家进入"服务经济时代"。当代国内外学者对服务性（非生产性）劳动的研究日益深入。

（一）当代学术界对第三产业即服务业的界定

在当代，第三产业即服务业覆盖范围的行业越来越广泛。按照对象及性质不同，可以将服务性劳动划分为以下几个类别：一为生产性服务劳动，如农林牧渔服务业、批发零售业、交通运输、仓储和邮政业等为生产劳动的外延，是生产劳动的衍生产业，对促进生产水平与效率的提高具有重要意义；此外还有金融业、信息技术服务业是越来越重要的服务部门。金融业提供的服务是同资本相交换的劳动，具有商品属性，能够创造价值，且其形成的价值是国民经济的重要组成部分。二是生活性服务劳动，如住宿和餐饮业、旅游业、软件等。这些行业立足服务于生产劳动，能够丰富人民的生活或满足人们的精神需要；另外，这部分行业会带动生产劳动的发展，在内在需要得到弥补时，从事生产性劳动的就业者劳动的积极性会大为提高。三是素质性服务劳动，包括科教文卫相关行业。虽然科教文卫相关行业的服务性劳动不属于物质生产部门，但这些劳动在提高人民身体与精神素质之后，价值通过凝结在物质商品中或者通过提高劳动者身体健康水平，在其他劳动者的劳动中得以体现，因而这些劳动能够间接地创造更多价值。四是社会性服务劳动，包括政府部门、慈善机构、社会保障、国际组织等。这些非营利部门的职责主要是维护社会稳定，因而现代产业经济学认为这类劳动提供的服务不具有商品属性，不能够创造价值。

从发展趋势来看，在工业化进入中后期的国家：①制造业越来越服务化。制造业发展已经较为成熟，一是生产的产品本身的服务功能越来越凸显；二是随着产品销售规模越来越大，售后服务链条越来越长，因而越来越多的制造业部门将重心转移至服务性劳动。②新兴的咨询、设计、创意等服务业越来越发达。③服务性劳动所带来的资本流入越来越多。④服务业具备高附加值特点，服务性劳动占据了利润来源的制高点，利润最高的部分往往来自服务业。这些特点在欧美发达国家非常突出。

（二）国外学者对服务性（非生产性）劳动及其是否创造价值的研究

国外学者对生产性劳动与非生产性劳动之间的界限存在很大的争议。Simon（2002）明确提出生产性劳动与非生产性劳动存在明显区别，在其文章中以美国1948—1989年的资本积累为例，认为如果模糊生产性劳动与非生产性劳动有区别，则马克思的资本主义积累理论在美国就行不通。Gérard等（2011）认为马克思主义经济学家经常以负面的态度来看待"非生产性劳动"的概念，这显然是存在明显错误的。但他同时又认为，

企业内部的非生产性劳动并非无用，在马克思对资本的分析中，整个过程分为资本的价值化（剩余价值的提取）和资本的流通。非生产性劳动不会创造新的价值或剩余价值，而是对两个方面做出贡献，即增加剩余价值和加速资本流动。Bruce（2015）通过对谷歌网、脸谱网等公司广告收入的一种考察，基于对马克思价值流通理论与非生产性劳动的概念，得出非生产性劳动也能创造价值的结论。

（三）国内学者关于服务性劳动属性的研究

1. 从三大产业角度看当代服务性劳动

如前所述，马克思所说的"服务性劳动"主要对应于《产业经济学》第三产业中的第一、二、三层次。第三产业会促进第一、二产业的优化与提升。例如，信息技术的进步能够促进第一、二产业生产效率的提高；通过国际贸易可以优化不同国家之间的资源配置；旅游、餐饮等娱乐行业可以在很大程度上丰富人们的生活。而从历史发展顺序来看，在第一、二产业所提供的物质资料基本满足人们生存需求后，自然会有更高层次的需求，第三产业才能快速发展。因而，在工业化进入中后期的国家，服务业所覆盖的范围将不断扩大，越来越多的新行业会进入服务业，当代服务性劳动在社会总劳动中的意义和作用越来越重要。

2. 多数学者认为多数服务性劳动是"生产性劳动"

马克思将流通部门的"生产性劳动"认定为是能够创造价值的，是物质生产过程的继续，属于生产劳动。就此而言，国内外学术界的观点基本一致。除流通部门以外的其他服务业是否属于生产劳动，是需要重点讨论的问题。从全球范围来看，现代服务经济越来越成为生产性劳动与非生产性劳动的交叉地带，界限日趋模糊。国内有少数学者认为服务性劳动是"非生产性劳动"，如孙冶方教授指出只有物质生产领域的劳动才是形成价值的劳动，将科、教、文、卫等服务性部门的劳动视为精神生产的劳动而非物质生产的劳动；苏星教授指出，活劳动是价值创造的唯一源泉，因而只有物质生产部门的劳动才是生产劳动。针对孙、苏两位教授的看法，于光远和谷书堂教授提出了不同意见。于光远教授认为社会主义制度下的生产性劳动和非生产性劳动的划分，不应该以是否生产物质资料为标准，而是应当以是否满足社会日益增长的物质和文化需要为标准，指出一切能够满足社会消费需要的劳动都属于生产性劳动，都创造价值；谷书堂教授认为非物质生产领域劳动者的收入是通过交换而取得的，是自身劳动所创造的价值补偿，而非来自物质生产领域劳动者所创造的剩余价值的分配，因而得出非物质生产领域也能创造价值的结论。多数学者赞同这样的观点，认为服务性劳动也是"生产性劳动"。张迪（2011）等较多学者提出在新的历史条件下，必须科学地对待马克思劳动价值理论，要不断深化认识科技、知识、信息、管理等新的生产要素在价值创造和财富积累中的作用①。包亚钧（1995）、王述英（2002）等分别从"服务"具有特殊的使用价值，能够不断为社会创造新的价值，以及服务性劳动价值创造过程特点等不同角度，论证了"服

---

① 张迪. 马克思劳动价值论的当代解读 [J]. 商业时代，2011（20）：14-15.

务性劳动"也是生产性劳动①②。还有学者从行业细分角度，论证教育行业作为服务性劳动的典型代表，认为教育劳动是一种"可交换的劳动，具有间接的生产性"，其能够影响社会经济价值的形式，因而教育劳动"具有生产性劳动的全部功能"（张显吉，2005）③。

笔者认为，从价值创造的角度将部分服务性劳动视为生产性劳动具有深刻的意义：一是补充了马克思的劳动价值理论，为服务业发展提供了理论支撑，因而具有重要的学术意义；二是在这一理论框架下，将无形产品如服务产品、精神产品、信息咨询、旅游、文化创意等纳入产品的范畴，对构建现代产业经济指标体系、推动服务业经济发展具有重要的现实指导意义。

三、中国实践解读：产业经济视角下服务性劳动的地位和贡献

（一）产业经济视角下我国第三产业（服务业）发展现状

从第三产业（服务业）发展趋势来看，我国正处于经济发展转型升级的攻坚期，在第三产业对我国经济增长的推动作用日益增强的情况下，越来越多的人强调着重发展第三产业。在知识经济日益发展的时代背景下，第三产业所涵盖的服务性劳动必然会在社会经济中发挥越来越重要的作用，2016年我国第三产业占国民经济的比重已经达到51.6%。但是如果第三产业过度发展，又可能会造成结构性问题，如在经济实践中，许多省份立足于当地旅游业，进行"旅游大生产"，而忽视了第一产业与第二产业的发展，导致出现产业结构的畸形。

从第三产业内部结构来看，各层次发展也不平衡。据北京大学发布的《中国经济增长报告2017：新常态下的增长动力及其转换》称，虽然我国生产性服务业在第三产业中占有较高比重，但是从内部结构来看，我国金融业产值在第三产业总产值中的占比超过15%，而美国仅占9%；我国科学技术研究与技术服务业等产值占第三产业总产值的比重为9%，远远低于发达国家17%的平均水平。我国生产性服务业对制造业的推动作用仍有不足，从总体上看，我国的生产性服务水平明显偏低。

（二）我国服务性劳动在国民经济中的地位

第三产业（服务业）越来越成为独立的产业部门。与马克思所处时代不同，第三产业不再是第一产业与第二产业的附属，不再依托于第一产业与第二产业而存在。当前的三大产业之间在一定程度上具有相对独立性。在许多城市，第三产业成为带动地方经

---

① 包亚钧. 社会服务性劳动是创造价值的生产劳动 [J]. 社会科学，1995 (7)：25-26.
② 王述英. 服务劳动也是生产劳动 [J]. 经济学家，2002 (1)：22-23.
③ 张显吉. 教育经济功能：马克思主义经济学视角的阐述 [J]. 当代经济研究，2005 (1)：8-11.

济发展最重要的增长点。在农村，受困于环境、土壤、地形等因素的影响和资金与劳动力的大量流失，第一产业发展现代农业举步维艰，无奈之下借助于第三产业（如乡村旅游）带动地方经济增长。可见，第三产业已成为独立性越来越强的产业部门，并成为部分城市和乡村经济发展的主导产业。

（三） 我国第三产业服务性劳动对国民经济的贡献

1. 第三产业的贡献率超过了第一、二产业之和，成为推动我国经济增长的主导产业

首先从三大产业在近十几年的增长态势来看，第三产业对国民经济的贡献非常突出，见图1。

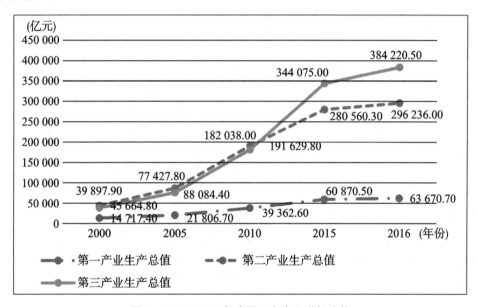

图1 2000—2016年我国三大产业增长趋势

数据来源：2000—2016年《中国统计年鉴》。

图1显示，三大产业一直保持着持续增长的态势。2000年，三大产业生产总值分别为14 717.40亿元、45 664.80亿元与39 897.90亿元，在这一时期，第二产业是我国国民经济的主导产业。2016年，三大产业生产总值迅猛增加，分别达到63 670.70亿元、296 236.00亿元与384 220.50亿元，第三产业生产总值超过了第一、二产业生产总值之和，其对我国经济的支撑作用不断增强。

其次从三大产业占GDP的比重来看，第三产业已成为推动我国经济增长的主导产业，见图2。

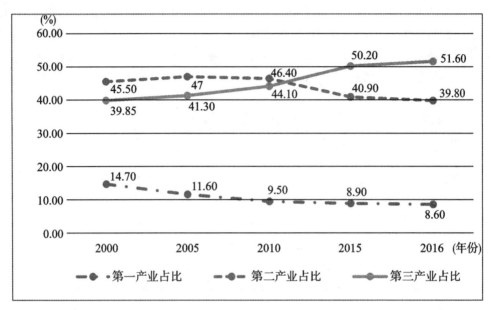

图2　2000—2016 年我国三大产业占 GDP 比值

数据来源：2000—2016 年《中国统计年鉴》。

图 2 显示，从 2000—2016 年我国三大产业占 GDP 的比值变化说明，遵循了工业化进程产业结构升级的一般规律，第一、二产业发展速度明显放缓，2015 年第三产业已成为推动我国经济增长的主导产业，对经济的贡献率超过了第一、二产业之和。我国经济结构正在发生重大改变，第三产业持续稳定发展成为我国经济新常态下的一道亮丽的风景线。从国际经验来看，第三产业的快速发展是国家总体经济由中低水平向中高水平发展的一个重要标志。2016 年，第三产业所占 51.6% 的贡献率反映出我国经济结构与经济增长动力发生了深刻变革，我国经济发展的"服务化"进程难以逆转且在稳步迈进。

2. 第三产业服务性劳动对就业的贡献最大

在 20 世纪后期，我国就业结构与产值结构存在严重的不匹配。但进入 21 世纪后这种现象有很大改观。第一产业对劳动力需求日益降低；第二产业 2010 年开始趋于饱和；第三产业由于新兴行业不断成长而吸纳劳动力的能力越来越强。

从图 3、图 4 可以直接看出，在三大产业中，第三产业就业人数增长速度最快，2011 年开始超过第一产业与第二产业，对就业的贡献最大。2016 年第三产业吸纳劳动力人数达 33 757 万人，就业人员数占比达 42.95%，并有逐年上升的趋势。第三产业的快速发展及其强大的兼容性，为我国剩余劳动力就业问题的解决做出了重大贡献。

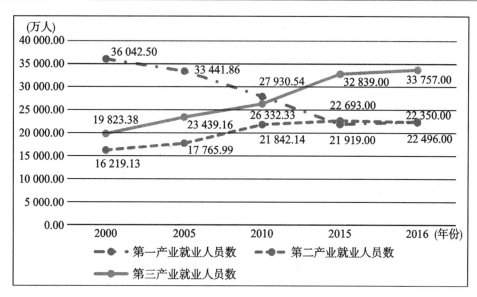

图3　2000—2016年我国三大产业就业人员数

数据来源：2000—2016年《中国统计年鉴》。

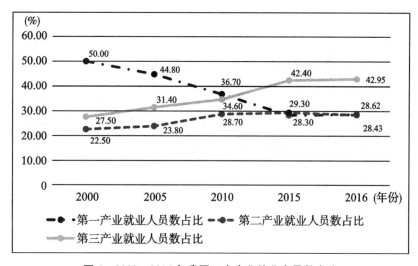

图4　2000—2016年我国三大产业就业人员数占比

数据来源：2000—2016年《中国统计年鉴》。

四、对我国发展服务性劳动的若干建议

　　本文遵循马克思关于服务性劳动的原则和思想，从价值创造的角度得出部分服务性劳动为生产性劳动的结论；从产业经济视角，论证了我国服务性劳动在国民经济中的重要地位和贡献。基于以上认识，提出我国发展服务性劳动的若干建议。

　　（1）顺应产业升级趋势，促进生产性服务业发展。我国正处于工业化中期，产业结构不断升级，第三产业逐渐超过第一产业与第二产业是必然趋势。我国是人口和劳动力大国，传统制造业是劳动力就业的主渠道。要通过生产性服务业来改造升级传统制造业，并带动其他服务业效率的提高。政府应加大对农林牧渔服务业、物流、仓储、运输业等行业的建设，加强直接为生产服务的基础设施建设，构建完善的生产性服务业产业部门。高校要顺应产业升级趋势，不断为生产性服务业部门输送合格人才。

（2）加大科技研发投入，大力发展新型服务业。在世界经济一体化的大环境中，国家软实力的竞争愈发激烈，科技越来越成为价值创造的第一生产力，因而政府要加大对科研创新与高等教育的投资力度，提升企业和劳动者的创新意识，从而推动新型服务业的大力发展，不断完善我国服务体系。一是不断完善新型商业服务业，以促进第一、二产业的不断进步；二是发展新型旅游业，尤其要重视全域旅游和乡村旅游以及与其他产业的有机结合，如江西的景德镇地区以发展旅游业来带动传统陶瓷制造产业发展就取得了明显的成效；三是推进家庭劳动的社会化，将为新型服务业拓展越来越大的发展空间；四是加快共享经济的发展，如普及共享单车、共享汽车等，将新成长出越来越多的新型服务业；五是推进社会福利业的发展；如我国老年人服务业是非常庞大的产业，政府要支持老年人服务业的发展，当前要重点推进医养结合模式的全覆盖；六是推进租赁业、IT业、体育业等服务型行业的发展。

（3）加强宏观政策调控，防止金融和虚拟经济泡沫化。政府在大力发展第三产业的同时，不能忽视第一产业与第二产业在国民经济中的重要地位，要时刻防范出现产业畸形发展问题，尤其要防止金融和虚拟经济泡沫化。我国应汲取美国金融危机的教训，加强对房地产业和金融创新风险的严格防控。

（4）制定相关法制规范，引导服务业与实体经济协调发展。近几年，政府不断出台政策降低实体经济的融资成本，实体经济的经营环境得到较大改善。但是服务业如何与实体经济协调发展还缺乏相关的法制规范。建议尽快出台"农村金融法典"和"产业投资法"，规定商业银行向实体经济放贷的比例，尤其是所有的农村金融机构应当像法国的信贷互助银行那样规定向"三农"放贷的比例，剩余资金才可以投向第二、三产业。

参考文献：

［1］马克思恩格斯全集［M］. 北京：人民出版社，1982.

［2］马克思. 资本论：第1-3卷［M］. 北京：人民出版社，2004.

［3］于光远. 社会主义制度下的生产劳动与非生产劳动［J］. 中国经济问题，1981（1）.

［4］孙冶方. 关于生产劳动和非生产劳动，国民收入和国民生产总值的讨论——兼论第三次产业这个资产阶级经济学范畴以及社会经济统计学的性质问题［J］. 经济研究，1981（8）.

［5］谷书堂，柳欣. 新劳动价值论一元论——与苏星同志商榷［J］. 中国社会科学，1993（6）.

［6］苏星. 再谈劳动价值论一元论［J］. 经济纵横，1995（7）.

［7］Simon Mohun. Productive and unproductive labor: a reply to Houston and Laibman［J］. Review of Radical Political Economics，2002，34（2）.

［8］Gérard Duménil，Dominique Lévy. Unproductive Labor as Profit-rate Maximizing Labor［J］. Rethinking Marxism，2011，23（2）.

［9］Bruce Robinson. With a Different Marx: Value and the Contradictions of Web 2.0 Capitalism［J］. The Information Society，2015，31（1）.

马克思劳动正义观视域下
体面劳动的基本内涵及其当代实践研究

贺汉魂①　　许银英②

摘　要： 在马克思劳动正义思想中，公正分配劳动的有用性与有害性是实质所在，生产资料所有制正义是根本前提，充分保障劳动者劳动权利的劳动过程正义是核心内容。马克思劳动正义观为我们揭示体面劳动的基本内涵提供了重要指导：从马克思劳动的实质正义观看劳动者因劳动应体面，从马克思劳动的前提正义观看劳动者有劳动才体面，从马克思劳动的过程正义观看劳动者应体面地劳动。马克思劳动正义观及其对资本主义社会不体面劳动的伦理批判为当代社会特别是当代中国实践体面劳动提供了重要的指导。

关键词： 马克思　劳动正义　体面劳动

体面劳动（Decent Work）是国际劳工组织（ILO）1999 年第 87 届国际劳工大会提出的极具伦理意蕴的劳动概念。此概念一提出便成为劳动伦理学、劳动关系学研究的热门话题。近年来，西方学者关于体面劳动的研究思路已从一般性问题的探讨转向关注战略层面和特定问题的解决。我国学者对体面劳动也从理论与实践两条路径进行了广泛的研究。揭示体面劳动的基本内涵是体面劳动研究的题中之义，这也是我们思索当代社会实践体面劳动根本路径的重要前提。但多数人对这一重要任务似乎有些冷漠，似乎国际劳工组织（ILO）已经讲得够清楚明了，毋需再论。实际上，当代社会实践体面劳动依然任重而道远，当代中国，充分实行体面劳动依然是劳动者的"中国梦"，理论现状与实践发展需要我们对什么是体面劳动、如何实践体面劳动进行新的思考与深层次的思索。马克思并未明确提出和具体阐述体面劳动，但是"回到马克思"可以发现其劳动正义观为我们对体面劳动进行新思考与深层次研究提供了重要的指导，值得当代解读与运用。

---

① 贺汉魂，湖南第一师范学院马克思主义学院。
② 许银英，湖南第一师范学院马克思主义学院。

一、从马克思劳动的实质正义观论劳动者因劳动应体面

"体面劳动"（Decent Work）的内涵，从 1999 年第 87 届国际劳工大会国际劳工局局长索马维亚向大会提交《体面的劳动》的报告来看，主要指劳动者在自由、公正、安全、尊严的条件下就业与劳动。我国学者，如何云峰先生的界定是：体面劳动是自愿的、自主选择的，为了体面生活，摆脱奴役和谋生枷锁的劳动。[1](P54) 可见，关于体面劳动的基本内涵，似乎已有了中外共识，那就是，劳动者的劳动应是体面的劳动，这是关键，劳动者有劳动才体面，这是前提。无疑，体面劳动的基本内涵肯定应涵盖此两大方面的规定，但是论及体面，人们往往会不由自主地追问：何人因何而体面？显然，此种追问落实到体面劳动的内涵便是劳动者因劳动应体面。

何谓体面？体面大体可言荣耀，不体面即耻辱，何人因何而体面之问可以从我国古代先哲荀子的荣辱观中寻求答案。荀子提出人们无非是因"义""势"而荣，"志意修，德行厚，知虑明，是荣之由中出者也，夫是之谓义荣"（《荀子·荣辱》），反之，"流淫、污漫、犯分、乱理、骄暴、贪利，是辱之由中出者也，夫是谓之义辱"（《荀子·荣辱》）；凡是由地位尊贵、俸禄丰厚、势位胜人、名声显赫而形成的光荣便是势荣，反之，詈侮、搏、捶笞、膑脚、斩断等形体上的耻辱便为势辱。荀子还提出"先义而后利者荣，先利而后义者辱；荣者常通，辱者常穷；通者常制人，穷者常制于人，是荣辱之大分也"（《荀子·荣辱》）。根据荀子的荣辱观，可以认为劳动者因劳动应体面的根本依据在于劳动是合"义"之举，劳动者应该因此得到社会"义"的肯定与"势"的享用。显然，荀子荣辱观所谓的"义"不能等同于正义，但十分契合正义的精神。何谓正义？亚里士多德说："公正就是在非自愿交往中的所得与所失的中庸，交往以前与交往以后所得相等"，[2](P103) 阿奎那认为"正义全在于某一内在活动与另一内在活动之间按照某种平等关系能够有适当的比例"[3](P951)。在此基础上，我国伦理学家王海明先生提出："公正是平等（相等、等同）的利害相交换的善的行为，是等利（害）交换的善行；不公正则是不平等（不相等、不等同）利害相交换的恶行，是不等利（害）交换的恶行。"[4](P303) 本文作者认可王海明先生的定义，同时认为有必要说明这里所谓的等利害交换之"等"既可指等量，也可指等质，因为并非所有的利益均是可以具体计量的，再说即便可以计量的交换也未必一定要等量，也就是说，等利害交换的实质是一种比例对等的正义精神，这一点亚里士多德说得很明确，"但这并不是说，这种成果不能高于那种成果，而是说应该使这些东西相互对等"[5](P98)。由此分析可以认为何人因何而体面之问落实于体面劳动内涵的分析，基本内涵便是按正义精神的要求，劳动者因劳动应得"义荣"，享"势荣"，实现体面的生活。

劳动成为劳动者应该体面的根本依据，根本而言是劳动的实质正义决定的。在马克思的思想中，劳动是体现人类实现自己的辩证运动，因而也是劳动者对人类社会做出的具有重大伦理意义的行为：劳动既是人类的生存之本，"是为了人类的需要而对自然物的占有，是人和自然之间的物质变换的一般条件，是人类生活的永恒的自然条件"；[6](P213)

也是人类历史生成,演进之基,"整个所谓世界历史不外乎是人通过人的劳动而诞生的过程,是自然界对人来说的生成过程"[7](P196)。劳动的意义实在重大,所以说"任何一个民族,如果停止劳动,不用说一年,就是几个星期,也要死亡"[8](P289)。马克思同时强调劳动对劳动者而言又意味着牺牲:劳动是对劳动者体力与脑力的消费,"个人在生产过程中发展自己的能力,也在生产行为中支出、消耗这种能力,这同自然的生殖是生命力的一种消费完全一样";[9](P31)劳动者为此必然要牺牲一些安宁、自由和幸福,"在工人的健康、精力和活动正常的情况下,他总是要牺牲同样多的安宁、自由和幸福";[6](P60,脚下注16)劳动过程中的规则、纪律及源于组织权威的强制性,特别是复杂化、体系化的机器会成为妨碍劳动者自由的因素,"在机器体系中,大工业具有完全客观的生产有机体,这个有机体作为现成的物质生产条件出现在工人面前"[6](P433)。

在马克思看来,劳动对人的"悖论"既是制度使然,如剥削社会必然导致异化劳动产生,也是劳动必然具有的特殊矛盾的表现,因为人类虽然可以减弱劳动的某些有害性,如减少劳动者在直接劳动中的体力与脑力付出,但绝对无法彻底根除劳动的一切有害性。在当代社会,现代劳动工具的使用使得体力的必要性的确降低了,但快速的生活节奏却使劳动者生活更紧张,劳动的整体过程秩序虽然多样性、富有,但很多职能却单调而令人疲劳。由此看来,一切时代、一切劳动,只要是有用的劳动,哪怕动机上是纯粹为己的劳动,均是劳动者通过自己的牺牲为人类做出贡献的道德行为,因为即便动机上是纯粹为己的劳动,站在人的本质实现的高度来理解也具有重要的社会意义:一切生产出了他人需要的产品的劳动意味我的劳动满足了他人的需要,一定意义上实现了人的某些本质。根据正义精神的基本要求,劳动者自然应该因为进行了劳动这一"义举"而体面,即受"义荣",得"势荣","劳动或许可以简单定义为一种向社会提供服务的活动,而提供这种服务的人,有权得到合理的补偿。"[10](P39)

所谓劳动者应该因劳动而"义荣"即指劳动是劳动者获得社会道义肯定的根本依据。劳动的根本之"义"在于只要不是有害劳动,劳动便是劳动者为社会做出了贡献。那些使劳动者付出牺牲的更大的劳动,自然更应该给予更大的"义"的肯定。所谓劳动者因劳动应享"势荣",首先指确保劳动者得到适当的物质利益回偿。马克思强调按劳分配,而且规定按劳分配的基本要求是多劳多得,不劳不得,其重要原因在于唯有如此方能确保分配给劳动者的财富足以补偿其体力与脑力付出,否则便是对劳动的实质正义的背离。马克思强调以价值量为基础实行等价交换,重要原因在于按价值量进行等价交换是确保劳动者生命力付出得到对等弥补的根本方式,"他们在交换中使他们的各种产品作为价值相等,也就是使他们的各种劳动作为人类劳动彼此相等。他们没有意识到这一点,但是他们这样做了"[6](P91)。其次指保障劳动者在劳动中的主体地位,确保劳动者成为社会文明的主导者,因为劳动者是生产劳动的根本主体,而且人不是经济动物,纯粹的物质利益等利害交换并不能真正确保劳动者实现真正的体面,这也是社会主义制度正义性的重要表现,"社会主义本质,必须明确劳动的人的主体性。社会主义从理论到运动到制度的全过程,无非一个目的:争取和保证劳动者即文明主体的社会主体地位,以促进其自由发展"[11](P43)。

马克思指出劳动者因劳动应体面这一合劳动的实质正义的要求在剥削阶级社会是无

法真正地实现的，相反，因为能劳动，劳动者成为剥削阶级"会说话"的工具，物质收入又不足以确保劳动者活得体面。马克思肯定劳动者在资本主义社会较之于前资本主义社会活得体面些，毕竟在交换领域，劳动者与资本家是"彼此作为身份平等的商品所有者发生关系"[6](P204)，而且劳动者的确可因更多的劳动，更好的劳动得到更多的收入，"这就把工人同奴隶、农奴等区别开了"[9](P242-243)。但是，在资本家眼中劳动者仅是成本而已，资产阶级经济学家也没有将劳动者视为真正的人，"国民经济学把工人只当作劳动的动物，当作仅仅有最必要的肉体需要的牲畜"[12](P233)，在马克思时代的资本主义社会，工人的工资收入仅能维持劳动力的再生产，而且往往是工人生产得越多，他失去的也越多。如此背离劳动的实质正义的制度与行为，资产阶级何曾不心知肚明，或是以资本主义社会实现了劳动力自由、平等交换而否定其不正义性，或干脆大胆地承认："这似乎是一个自然规律，穷人在一定程度上是轻率的，所以，总有一些人去担任社会上最卑微、最肮脏和最下贱的职务。于是，人类幸福基金大大增加，比较高雅的人们除了烦恼，可以不受干扰地从事比较高尚的职业等"[6](P745)。

当代发达资本主义社会，不少工人似乎已经活得体面了。但体面总是相对的，应该看到即便是发达资本主义国家，劳动者依然因劳动不体面。马克思早就指出："吃穿好一些，待遇高一些，特有财产多一些，不会消除奴隶的从属关系和对他们的剥削，同样，也不会消除雇佣工人的从属关系和对他们的剥削。由于资本积累而提高的劳动价格，实际上不过表明，雇佣工人为自己铸造的金锁链已经够长够重，允许把它略微放松一点"[6](P714)。当代资本主义社会，劳动者在资产阶级眼中依然是一种生产要素，充其量是人力资源或人力资本，资产阶级学者们大多也是本性使然，继续轻视劳动者，"包括马歇尔在内的西方主流经济学家的着眼点是'工人'中的'工'，'劳动者'中的'劳动'，至于其中的人，在他们看来似乎与经济学的学科本性进而与经济学研究无关。"[14](P35)资本主义社会劳资收入差距不是在缩小而是在不断扩大，关于这一点，皮凯蒂在《21世纪资本论》中作了非常详尽的分析。当然，更不能忽视的是西方资本主义主导下的经济全球化推动着第三世界劳动者更加贫困化。由此看来，国际劳工组织之所以倡导体面劳动本身就反映了在资本主义制度统治下劳动者依然活得不体面。

当代中国，建设幸福中国是中国人共同的梦想，"幸福不会从天而降，梦想不会自动成真。实现我们的奋斗目标，开创我们的美好未来，必须紧紧依靠人民、始终为了人民，必须依靠辛勤劳动、诚实劳动、创造性劳动"[15](P44)。确保劳动者因劳动而体面是鼓励人们愿意辛勤劳动、诚实劳动、创造性劳动的根本前提。对此，马克思劳动的实质正义观启示我们：其一，确保劳动者在生产劳动中的主导地位与社会发展中的主体地位，这是社会主义制度的本质要求，"坚持党的领导、人民当家做主、依法治国的有机统一是社会主义政治发展的必然要求"[16]。其二，让劳动光荣成为一种社会风尚，"让劳动最光荣、劳动最崇高、劳动最伟大、劳动最美丽的观念蔚然成风"，"特别是要加强对广大青少年的教育，让他们从小就树立起辛勤劳动、诚实劳动、创造性劳动的观念，不要养成贪吃懒做、好逸恶劳、游手好闲、投机取巧、坐享其成等错误观念"[17]。其三，保障劳动者有合理的收入，为此应着力"努力实现劳动报酬增长和劳动生产率提高同步，完善以税收、社会保障、转移支付为主要手段的再分配调节机制，完善收入分配调控体制机制和政策体系；保护合法收入，调节过高收入，清理规范隐性收入，取缔非法收入，增加低收入者收入，扩大中等收入者比重，努力缩小城乡、区域、行业收入分配差距，逐步形成橄榄型分配格局"[18](P217)。

从马克思劳动的实质正义观来看，劳动者因劳动应体面不等于因此可言劳动者只要进行了劳动就应该因此而体面，因为社会需要的是有用劳动，实际的具体劳动却可能是有害的。马克思明确提出："如果物没有用，那么其中包含的劳动也就没有用，不能算作劳动，"[6](P54)生产出有害使用价值的劳动则是有害劳动，"只要它的目的仅仅在于增加财富，它就是有害的、造孽的"[7](P123)。这样的有害劳动，一是指破坏自然由此招来自然报复的劳动，在资本主义社会这种有害劳动必然是极其普遍的，因为将自然资源资本化是资产阶级获利的重要方式，"资本主义生产发展了社会生产过程的技术和结合，只是由于它同时破坏了一切财富的源泉——土地和工人"[6](P580)；二是指生产对人体直接有害的物品，如生产不安全食品的劳动。马克思实际上还论述了在资本主义社会，劳动者因劳动不体面是导致劳动者的劳动是不体面劳动的重要原因，正是因为工人成为丧失目的性价值的工具，资产阶级才不关心工人消费食品的安全性，才将一些不安全食品分发给工人食用，"面包中含有一定量的人汗，并且混杂着脓血、蜘蛛网、死蟑螂和发霉的德国酵母，更不用提明矾、砂粒以及其他可口的矿物质了"[7](P289)。显然，对于进行有害劳动的劳动者是不能让其享"势荣"的，相反，社会应按等价交换的正义精神要求让其受"义辱""势辱"，活得不体面、不自在。

二、从马克思劳动的前提正义观论劳动者有劳动才体面

劳动者有劳动才体面，根本而言，也是由劳动的根本意义决定的，只不过言劳动者因劳动应体面是在强调劳动是劳动者对社会的"义"举，言劳动者有劳动才体面突出的则是劳动对劳动者本人而言的重要意义，同时也突出了"能劳动"是劳动的实质正义实现的前提：其一，劳动是人的本质活动，"有意识的生命活动把人同动物的生命活动直接区别开来。正是由于这一点，人才是类存在物"[7](P162)，这就意味无劳动将使劳动者失去了充分实现"人之为人"的机会，这样的人活得自然很不体面。其二，在生产力还未能高度发达的社会，劳动是主要的谋生手段，是劳动者体面生活的根本基础。马克思明确指出社会主义社会只能实行按劳分配原则，"在这里平等的权利按照原则仍然是资产阶级权利"[19](P434)。虽然"这些弊病，在经过长久阵痛刚刚从资本主义社会产生出来的共产主义社会的第一阶段，是不可避免的"[19](P435)。这也就意味在社会主义社会，确保体面生活的根本基础依然是劳动。马克思所言在当代社会有了更充分的证实：当代社会进入体面劳动时代后，社会福利事业的发展，谋生将逐渐变为体面劳动的附带性任务而已，赢得体面是劳动者自己的事情[1](P55)。其三，自由是人的一种本质需要，不自由必不体面，有能力实现的自由才是真实的自由，劳动是人的能力发展的基本途径，"当它通过这种运动作用于他身外的自然并改变自然时，也就同时改变他自身的自然，他使自身的自然中蕴藏着的潜力发挥出来，并且使这种力的活动受他

自己控制"[6](P208)。

　　劳动对劳动者的根本意义决定了劳动是劳动者的基本人权，正义的实质在于对基本权利的合理分配，"一个社会体系的正义，其本质依赖于如何分配基本的权利与义务，依赖于在社会不同阶层中存在着的经济机会和社会条件"[20](P7)。正义的社会应努力保障劳动者"有劳动"，因为"有劳动"是"能劳动"的根本前提，为此牺牲一些效率也应该不必太在乎，社会不正义的重要的表现则是本有实力保障劳动者有劳动却不愿如此作为。资本主义社会，相对人口过剩是常态，劳动者"能劳动"大多也是不体面地"能劳动"，"像在市场上出卖了自己的皮一样，只有一个前途——让人家来揉"[6](P205)。当代资本主义国家，资产阶级依然不愿意，事实上也没有真实地实践劳动者有劳动这一正义要求，资产阶级学者们也不会提出这种"不合理"的要求，如主张对资本主义经济运行机制进行重大修正的凯恩斯就坚持认为"就业（从而产出和收入）由雇主追求最大化，目前与未来利润（除去他所认为的生产者成本）的动机所决定"[21](P194)，却从来不谈为了劳动者"能劳动"应该牺牲雇主一定的利润。但是任何时候劳动者总得要活着，而且现在要活得比过去要好一些，毕竟时代不同了。于是实施高福利政策把一些劳动者"养起来"成为资产阶级的理性选择，因为这比保障他们"有劳动"更有利于资产阶级增加利润，且为一些人以慈善的名义赚取更大利益提供了方便。但是劳动依然是劳动者活得好的根本基础，"它（指工作——引者注）给人获得成功和展现雄心的机会"[22](P75-76)。高福利之下，失业者的最基本生活似乎得到了保障，劳动人权却被剥夺了，人格尊严自然也就丧失了，"寄生虫"何来体面？而且实行高福利政策要有资金保障，资金的主要来源是多印纸币，对富人征税对穷人实行转移支付和借债，由此引发了通货膨胀、资本外逃与主权债务危机。可见这些办法也许短暂有效而长远则必有害，特别是资金链断开时，资产阶级这种"以人道的名义"的游戏便玩不下去了，人民便会活得更不体面。

　　与资本主义社会不同，社会主义社会"人民对美好生活的向往，就是我们的奋斗目标"[15](P4)，今天，中国特色社会主义进入新时代，"我国社会主要矛盾已经转化为人民日益增长的美好生活需要和不平衡不充分的发展之间的矛盾"[16]。人民美好生活需要的重要内容便是有更稳定的工作。对此，习近平主席强调指出："老百姓可能不关心 GDP，但他们关心吃穿住行，关心就业怎么办、小孩上学怎么办、生病了怎么办、老了怎么办，等等。针对这些问题，我们必须切实把发展的理念转变到科学发展观上来，转变到以人为本上来"[23](P139)。而且社会主义公有制更有利于发展生产力，更有利于在整个社会范围内合理组织生产劳动，"这个领域的自由只能是：社会化的人，联合起来的生产者，将合理地调节他们作为一种盲目的力量来统治自己，靠消耗最小的力量，在最无愧于和最适合于他们的人类本性的条件下来进行这种物质变换"[13](P928—929)，因而有利于充分保障劳动者有劳动。但是决定劳动者有劳动才体面这一正义要求的实现程度只能是社会发展水平决定的劳动机会。现实的社会主义社会，人人"能劳动"，如愿地"能劳动"依然是劳动者的"中国梦"。企业，特别是私营企业出于降低成本的需要也不太愿意雇佣生产效率低下的劳动者。解决此难题的根本途径是大力发展生产力，创造出更多劳动机会，积极实施就业优先的发展战略，"促进就业创业，坚持就业优先战略，实施更加积极的就业政策，完善创业扶持政策，加强对灵活就业、新就业形态的支持"[15](P147)，加强就业引导。"在这方面要加强引导，使人们在创业中各尽其能、各得其所，这也正是构建和谐社会的题中之义"[15](P147)。显然，实行这些措施，非得发挥国家的主导作用，但劳动者也应努力做到自食其力，马克思就明确提出，"在合理的制度下，每个儿童从9岁起都应当像每个有劳动能力的成人那样成为生产工作者，应当服从普遍的自然规律，这个规律就是：为了吃饭，他必须劳动，不仅用脑袋，而且用双手劳动"[24](P269)。

那么，是否可以说只要确保了劳动者有劳动，这样的社会体系就是正义的呢？不能，因为劳动本身是有前提的，劳动的前提不正义，劳动者"有劳动"也就不正义。马克思所谓劳动的前提正义首先指劳动者应具备相应的劳动素质，如年龄、性别、健康等足以胜任具体的劳动，过此者即为不义之举。马克思明确指出："只涉及成年人，男性、女性都包括在内，可是绝不允许让女工从事任何夜工，也不允许让他们从事任何不利于女性特点的或接触有毒和其他危害作用的物质工作。我们所说的成年人是指所有满18岁的人。"[24](P268)马克思所言的劳动的前提正义更指生产资料所有制正义。何谓正义的生产资料所有制？马克思指出，劳动对象大多经劳动者改造而成，劳动工具因劳动者创造而成，按正义原则要求，生产资料自然应归劳动者所有。马克思之所以批判资产阶级私有财产神圣不可侵犯的观点，根本原因在于资产阶级的私有财产主要是掠夺和剥削而来，是有悖正义，并非神圣的私有财产。但是土地是财富之母，劳动是财富之父，土地等原始资源应归谁所有呢？马克思指出，"人最初并不是以劳动者的身份与自然对立，而是作为所有者与自然相对立"[25](P109)；所以土地等原始自然资源只能由与其共生的人所有。人始终是群体的人，在现代社会绝大多数是国家的人，所以土地最终应归国家所有，"社会运动将作出决定：土地只能是国家的财产"[19](P232)。总之，从马克思劳动的前提正义观来看，公有制才是确保劳动者有劳动才体面这一正义要求能够充分实现的根本制度保障。只有实行公有制，才能保障劳动者有劳动才体面的要求是合于正义的要求。

三、从马克思劳动的过程正义观论劳动者应体面地劳动

在马克思劳动正义观中，劳动过程正义是核心内容：劳动既是有用的又是有害的，有害劳动对劳动者而言主要指劳动过程的有害性超过有用性的劳动，这样的劳动必然会对劳动者的身心造成伤害，必是不正义的劳动。从马克思劳动的过程正义观看，劳动者应体面地劳动是实行体面劳动的关键环节：劳动既是人类存在、发展的根本基础，"人们为了能够'创造历史'，必须能够生活。但是为了生活，首先要"吃喝住穿"以及需要其他一些东西。因此第一个历史活动就是生产满足这些需的资料，即生产物质生活本身"[7](P531)，更是体现"人种"特殊性的活动，"一个种的整体特性、种的类特性就在于生命活动的性质，而自由的有意识的活动恰恰就是人的类特性"[26](P273)；劳动更是实现劳动对劳动者意义的根本途径，因为劳动条件是劳动者生活的基本条件，"他们是

什么样的，这同他们的生产是一致的"[7](P520)，这就意味劳动过程不体面，劳动者的人生必然不体面。

劳动的自由实质与实现自由的意义决定了过程正义的劳动应是自由的劳动。这种劳动意味着人的本质力量的自由发挥，人的创造需要的充分满足、人与人的社会性联系的实现，而不仅仅是物质需要的满足和财富的占有。违背劳动过程正义的劳动的主要类型是异化劳动。在异化劳动中，劳动者"不是肯定自己，而是否定自己，不是感到幸福，而是感到不幸，不是自由地发挥自己的体力和智力，而是使自己的肉体受折磨、精神遭摧残"[26](P270)。这样的劳动是无法让劳动者活得体面的，"人（工人）只有在运用自己的动物机能——吃、喝、生殖，至多还有居住、修饰等——的时候，才觉得自己在自由活动，而在运用人的机能时，觉得自己只不过是动物。动物的东西成为人的东西，而人的东西成为动物的东西"[26](P270)，劳动变得不人性，劳动者在其中就不可能找到愉快，劳动者因对工作的兴趣所产生的忠诚奉献精神在此不复存在，只能靠一个监督体系来保证和有效地从事劳动。毫无疑问，过程不正义的劳动未必是无用劳动，相反，劳动本身的有用性总是存在的，如创造更多的财富，更重要的是，消除异化劳动是长期的过程，这就使得减缓异化劳动的不正义性的现实选择只能是通过让劳动者享用较多财富，在劳动后享用更多休闲来使其危害性尽量最小化、淡化。

何以保障劳动过程合乎正义呢？充分保障劳动者的劳动权利是保障劳动过程合乎正义的根本途径。在劳动权利中，马克思特别强调两项：一是劳动者的人身安全权与健康权，马克思之所以非常强调限制工作日，重要原因在于工作日过长将严重损害劳动者的身心健康，"它（指限制工作日，引者注）不仅对于恢复构成每个民族骨干的工人阶级的健康和体力是必需的，而且对于保证工人有机会来发展智力，进行社交活动以及社会活动和政治活动，也是必需的"[24](P268)。二是劳动成果享用权，劳动者为创造财富承受了劳动的有害性，对劳动者进行合理的物质补偿自然是实现劳动正义的根本要求。戕害劳动权利是异化劳动不正义性的重要表现，"它对人，对活劳动的浪费，却大大超越了任何别的生产方式，它不仅会浪费神经和大脑"[13](P103)，"这种活动越多，工人就越丧失对象。凡是成为他的劳动的产品的东西，就不再是他自身的东西"[26](P268)。至于在资本主义社会，劳动者之所以会进行这种劳动过程不正义的不体面劳动，直接原因在于劳动者并未在劳动中占据主导地位，在进入科技广泛运用的机器工业时代后，这种情况会更加严重，"科学、巨大的自然力量、社会群众性劳动者体现在机器体系中，并同机器体系一道构成了'主人'的权力"[6](P487)。其根本原因则在于缺乏生产资料的劳动者为了"能劳动"已经别无选择。

工人为资本家劳动，资本家自然应该承担保障工人劳动权利的义务，但是资本家对保障工人劳动权利从来都是消极的，他们也不怕受道义的指责，"人们为体力和智力的衰退、夭折、过度劳动的折磨而愤愤不平，资本却回答说：既然这种痛苦会增加我们的快乐（利润），我们又何必为此苦恼呢"[6](P311-312)。资本主义政府本质上是资本主义的机器，也不会积极督促资产阶级履行这种职责。总之，"我死后哪怕洪水滔天！这就是每个资本家和每个资本主义国家的口号。因此，资本是根本不关心工人的健康和寿命的，除非社会迫使它去关心"[6](P311)。在马克思看来，体面劳动只有在生产资料公有制下才能真正实现，这一点恩格斯说得更明确，"生产资料的社会占有，不仅会消除生产的现存的人为障碍，而且还会消除生产力和产品的有形浪费和破坏，这种浪费和破坏在目前是生产不摆脱的伴侣，并且在危机时期达到顶点。此外，这种占有还由于消除了现在的统治阶级及其政治代表的穷奢极欲的挥霍而为全社会节省出大量的生产资料和产品"[19](P563-564)。这也说明充分保障劳动者体面地劳动是社会主义制度的本质要求。

但是当代社会主义国家劳动者不体面地劳动的情况依然存在，且与马克思当年批判过的情况非常类似，这就决定了确保劳动者体面地劳动依然是实行体面劳动的核心任务，重中之重依然是保障劳动者的生命安全与健康。对此，习近平主席强调指出，"任何以牺牲人的生命和健康为代价的所谓'发展'，都是不健康、不道德、不和谐的，也都不是真正的发展"，"我们的一切发展都必须以安全为基础、前提和保障，务必做到各领域、各行业、各经营单位的发展，都建立在安全保障能力不断增强、安全生产状况持续改善、劳动者生命安全和身体健康得到切实保障的基础上，做到安全生产与经济社会发展水平基本相适应，实现安全保障下的可持续发展"[23](P227)。至于如何确保劳动者体面地劳动，马克思的劳动过程正义思想启示我们：当代中国实践体面劳动，一方面必须做大做强公有经济，确保人力资本对物质资本的支配地位；另一方面在私有经济必然存在的情况下，应该对私有制经济进行积极的扬弃，"对私有财产的积极扬弃，就是说，为了人并且通过人对人的本质和人的生命、对象性的人和人的产品的感性的占有，不应当仅仅被理解为直接的、片面的享受，不应当理解为占有、拥有。人以一种全面的方式，就是说，作为完整的人，占有自己的全面本质"[26](P297)。为此必须改革、完善产权制度、劳动关系管理制度，同时"完善政府、工会、企业共同参与的协商协调机制，构建和谐劳动关系"[17]。

参考文献：

[1] 何云峰. 从体面劳动走向自由劳动——对中国"劳动"之变的再探讨 [J]. 探索与争鸣，2015（12）.

[2] 亚里士多德全集：第8卷 [M]. 苗力田，译. 北京：中国人民大学出版社，1992.

[3] 莫蒂默·艾德勒，查尔斯·范多伦. 西方思想宝库 [M].《西方思想宝库》编委会，译编. 长春：吉林人民出版社，1988.

[4] 王海明. 新伦理学 [M]. 北京：商务印书馆. 2001.

[5] 尼各马科. 伦理学 [M]. 苗力田，译. 北京：中国人民大学出版社，1990.

[6] 马克思恩格斯文集：第5卷 [M]. 北京：人民出版社，2009.

[7] 马克思恩格斯文集：第1卷 [M]. 北京：人民出版社，2009.

[8] 马克思恩格斯文集：第10卷 [M]. 北京：人民出版社，2009.

[9] 马克思恩格斯全集：第30卷 [M]. 北京：人民出版社，1995.

[10] 伊夫·R.西蒙，瓦肯·魁. 劳动、社会与文化 [M]. 周国文，译. 北京：中国经济出版社，2008.

[11] 刘永佶. 主义、方法、主题——社会主义政治经济学之基本 [M]. 北京：中国经济出版社，2001.

[12] 马克思恩格斯全集：第18卷 [M]. 北京：人民出版社，1998.

［13］马克思恩格斯文集：第 7 卷 ［M］. 北京：人民出版社，2009.

［14］宫敬才. 马克思经济哲学研究 ［M］. 北京：人民出版社，2014.

［15］习近平. 习近平谈治国理政 ［M］. 北京：外文出版社，2014.

［16］习近平. 中国共产党第十九次全国代表大会报告 ［N］. 人民日报，2017-10-18.

［17］习近平. 在十八届中央政治局第七次集体学习时的讲话 ［N］. 人民日报，2013-10-23.

［18］习近平总书记重要讲话 ［M］. 北京：学习出版社、人民出版社，2016.

［19］马克思恩格斯文集：第 3 卷 ［M］. 北京：人民出版社，2009.

［20］罗尔斯. 正义论 ［M］. 何怀宏，等，译. 北京：中国社会科学出版社，2001.

［21］凯恩斯文集 ［M］. 李春荣，译. 北京：中国社会科学出版社，2013.

［22］罗素. 论幸福人生 ［M］. 桑国宽，等，译. 北京：世界知识出版社，2007.

［23］习近平. 之江新语 ［M］. 杭州：浙江人民出版社，2007.

［24］马克思恩格斯全集：第 21 卷 ［M］. 北京：人民出版社，2003.

［25］马克思恩格斯全集：第 32 卷 ［M］. 北京：人民出版社，1995.

［26］马克思恩格斯全集：第 3 卷 ［M］. 北京：人民出版社，2002.

（此文原发表于《上海师范大学学报》2018 年第 3 期）

马克思主义劳动价值论框架下的商品价值函数：一个劳动时间模型

刘荣材①

摘　要：劳动时间是马克思主义劳动价值论和剩余价值理论的重要概念。我们以劳动时间为自变量，根据马克思主义劳动价值论和剩余价值理论的基本原理，构建了商品价值函数及其价格函数。它包括商品价值函数的一般表达式、简单商品经济条件下商品价值函数、现代商品经济条件下商品价值函数及其价格函数。商品价值函数具有确定性、可转换性及可计算性等三个特性。商品价值函数是对马克思主义劳动价值论科学内涵的数理表达，既有助于进一步深化对马克思主义劳动价值论的理解，也有助于促进马克思主义劳动价值论的具体应用，因而具有积极的理论和现实意义。

关键词：马克思主义　劳动价值论　剩余价值理论　劳动时间　商品价值函数价格函数　当代价值

2018 年是马克思诞辰 200 周年。习近平指出，时代在变化，社会在发展，但马克思主义基本原理依然是科学真理。尽管我们所处的时代同马克思所处的时代相比发生了巨大而深刻的变化，但从世界社会主义 500 年的大视野来看，我们依然处在马克思主义所指明的历史时代②。雅克·德里达曾以告诫的口吻说："不去阅读且反复阅读和讨论马克思——可以说也包括其他一些人——而且是超越学者式的'阅读'和'讨论'，将永远都是一个错误，一个理论的、哲学的和政治的责任方面的错误。""不能没有马克思，没有对马克思的记忆，没有马克思的遗产，也就没有将来。"③ 结合当前全党全国深入学习宣传贯彻党的十九大、十九届二中全会、十九届三中全会精神和习近平新时代中国特色社会主义思想的契机，深入学习和研究马克思主义，进一步推进马克思主义中国化、时代化、大众化，是对马克思最好的纪念。

---

① 刘荣材，1974 年 9 月生，贵州天柱人，男，博士，广东财经大学马克思主义学院讲师，主要研究领域为马克思主义经济理论、马克思主义中国化等。

② 习近平. 深刻认识马克思主义时代意义和现实意义　继续推进马克思主义中国化时代化大众化 [N]. 人民日报，2017-09-30 (1).

③ 雅克·德里达. 马克思的幽灵 [M]. 何一，译. 北京：中国人民大学出版社，1999：21.

如何在马克思主义劳动价值论的框架内构建商品价值函数，始终是学者们关注的一个重大理论问题。在《资本论》中，马克思有大量的关于价值、剩余价值等方面的公式表达及计算，如何把这些数值计算进一步抽象概括在相应的数理模型中，这是值得我们进一步探讨的理论问题。在此，我们拟以劳动时间为自变量，在马克思主义劳动价值论的理论框架内，探讨和构建马克思主义商品价值函数。

一、劳动时间是马克思主义劳动价值论的重要概念

马克思对商品价值与劳动时间的关系进行了深刻的阐述和科学的论证。劳动时间是衡量商品价值的内在依据，是马克思主义劳动价值论和剩余价值理论的重要概念，对于理解马克思主义劳动价值论和剩余价值理论具有重要的意义。

根据马克思主义劳动价值论的基本原理，商品是用来交换的劳动产品，具有使用价值和价值二因素，是使用价值和价值的辩证统一。商品的二因素是由生产商品的劳动二重性决定，即生产商品的劳动是具体劳动和抽象劳动的统一。如果把商品的使用价值撇开从而劳动的具体形式也被抽象掉，那么，"各种劳动不再有什么差别，全都化为相同的人类劳动，抽象人类劳动"[①]。于是，各种劳动产品也成为抽象劳动的凝结，即"人类劳动力耗费的单纯凝结"[②]。抽象劳动或人类劳动力的耗费，构成了商品价值的实体。因此，商品之所以具有价值，是因为抽象人类劳动的凝结或物化在其中。这是商品交换得以进行的内在依据。

商品价值怎样计量呢？马克思指出，商品价值是以其所凝结的"劳动的量来计量"，而"劳动本身的量是用劳动的持续时间来计算"[③]。也就是说，劳动时间是衡量抽象劳动耗费的重要变量，从而也是衡量商品价值的重要变量。"作为价值，一切商品都只是一定量的凝固的劳动时间"[④]。但是，由于生产同一商品的不同生产者所耗费的劳动时间并不完全一样，只有作为社会平均化的劳动时间才为社会所认可，才能决定商品的价值量。这个平均化的劳动时间就是社会必要劳动时间。马克思指出："只是社会必要劳动的量，或生产使用价值的社会必要劳动时间，决定该使用价值的价值量。"[⑤] 马克思的这些论述，有助于我们理解商品价值量的确定，从而也有助于我们理解劳动价值论的科学内涵。

生产各种商品，一方面，是人类劳动力的一般耗费，是抽象劳动的凝结。马克思指出："如果把生产活动的特定性质撇开，从而把劳动的有用性质撇开，生产活动就只剩下一点：它是人类劳动力的耗费。"[⑥] 另一方面，生产一定数量的各种商品，是人类劳

---

① 马克思恩格斯全集：第 23 卷 [M]. 北京：人民出版社，1972：51.
② 马克思恩格斯全集：第 23 卷 [M]. 北京：人民出版社，1972：51.
③ 马克思恩格斯全集：第 23 卷 [M]. 北京：人民出版社，1972：51–52.
④ 马克思恩格斯全集：第 23 卷 [M]. 北京：人民出版社，1972：53.
⑤ 马克思恩格斯全集：第 23 卷 [M]. 北京：人民出版社，1972：53.
⑥ 马克思恩格斯全集：第 23 卷 [M]. 北京：人民出版社，1972：57.

动力在一定劳动时间内耗费的结果。在劳动时间的持续耗费过程中，具体劳动生产出一定数量的具体商品或使用价值，而抽象劳动则凝结在其中形成商品价值。因此，"一切劳动，从一方面来看，是人类劳动力在生理学意义上的耗费；作为相同的或抽象的人类劳动，它形成商品价值。一切劳动，从另一方面来看，是人类劳动力在特殊的有一定目的的形式上的耗费；作为具体的有用劳动，它生产使用价值"①。

在现代商品经济条件下，整个社会财富表现为"庞大的商品堆积"。整个商品体系由各种各样的特殊的商品构成，生产不同的商品所需的生产资料、技术条件、劳动力资源都不完全一样，整个商品世界向人们呈现的是纷繁复杂的经济现象。但是，不管商品世界如何丰富多彩，不管各种商品如何光彩夺目，它们都是使用价值和价值的辩证统一；不管商品的生产方式如何不同，生产商品的劳动都是具体劳动和抽象劳动的辩证统一。同一商品的生产过程最终都是一般人类劳动的耗费，是劳动时间的耗费。

时间是公平的。在劳动时间面前，所有的商品生产者都是平等的。一般人类劳动的耗费、劳动时间的耗费，这是商品交换的内在依据，也是衡量商品价值的内在尺度。商品交换以劳动时间确定的价值为依据，这对于商品生产者来说是公平的。不同商品的价值不同，是因为它们耗费的劳动时间不一样。因此，"一种商品的价值同其他任何一种商品的价值的比例，就是生产前者的必要劳动时间同生产后者的必要劳动时间的比例"②。

人类劳动力的耗费，劳动时间的耗费，是在生产活动中实际发生的，是客观的。也就是说，构成商品价值实体的因素——抽象劳动是实际存在的，是客观的；决定商品价值量的因素——劳动时间也是实际发生的，是客观的。可见，马克思主义劳动价值论是对现实的实际发生的经济活动或经济现象的科学反映与揭示，是科学的理论，而不是假说，更不是主观臆想。

因此，劳动时间是马克思主义劳动价值论的重要概念。

二、商品价值函数：一个劳动时间模型

根据马克思主义劳动价值论的基本原理，劳动时间或者说社会必要劳动时间是衡量商品价值的内在依据。因此，在构建商品价值函数时，劳动时间无疑是一个重要变量。

（一）劳动时间是商品价值函数的自变量
在构建商品价值函数时，如何选择自变量，选择什么变量作为自变量，至关重要。
1. 文献简述
在马克思主义劳动价值论理论体系下构建商品价值函数，是学者们关注的一个重要理论问题。有的学者以个别劳动时间为自变量构建了商品价值量函数：$v_{ij} = v_{ij}(l_{ij})$，其

① 马克思恩格斯全集：第23卷 ［M］. 北京：人民出版社，1972：60.
② 马克思恩格斯全集：第23卷 ［M］. 北京：人民出版社，1972：53.

中，l_{ij} 表示个别劳动时间，v_{ij} 表示第 $i(i=1, 2, \cdots, n)$ 个部门第 $j(j=1, 2, \cdots, m)$ 个生产者生产第 i 种商品的单位商品价值量，而由社会必要劳动时间决定的第 i 种商品的价值量就是个别价值量的数学期望，即 $v_i = v_i(l) = \sum_{j=1}^{m} v_{ij}(l_{ij}) \cdot \rho_j$。① 有的学者则探讨了商品价值量与个别劳动时间的关系，认为单位商品的价值量（生产商品的社会必要劳动时间）等于生产商品的个别劳动时间的加权和，因此，价值量的表达式为：$w = \sum_{i=1}^{n} \beta_i w_i$。② 有的学者则在技术变革、简单劳动及复杂劳动关系的基础上，构建了个别企业在单位时间内创造的新价值的数学表达式：$W = \tau \cdot \varphi \cdot T$。其中，$W$ 为新创造的价值，τ 有效劳动系数，φ 为复杂劳动和简单劳动的转化系数，T 为单位时间。③

一些学者则根据马克思关于商品价值构成的基本原理构建商品价值函数。有的学者根据商品价值构成的原理，得出部门商品的总价值公式：$Z = L + cQ$，其中，L 表示生产过程新创造的价值，cQ 表示生产资料转移的价值，并假设部门商品总量为 Q，则单位商品价值函数便是：$z = \dfrac{Z}{Q} = \dfrac{L}{Q} + c$。④ 有的学者根据马克思关于商品价值量决定的原理，构建了单位商品价值函数：$z = f(\bar{t})$，$\bar{t} > 0$，表示社会必要劳动时间，在此基础上，得出部门商品价值形成函数：$\hat{Z} = \varphi(Z, C) = zQ + cQ = Q(z + c)$。⑤

当前，学术界对劳动价值论的研究具有以下几个特点：①学者们对商品价值函数的研究取得了有益的成果，为进一步研究马克思主义劳动价值论提供了理论借鉴。②一些学者认识到讨论商品价值函数，应当从个别劳动时间入手，但是尚未进一步展开。③有的学者构建的单位商品价值函数和部门商品价值函数并不一致。但是，从理论上来说，商品价值函数应当有统一的自变量和确定的表达形式。这是有待于进一步深入研究探讨的问题。

2. 实际耗费的劳动时间是商品价值函数的自变量

马克思主义政治经济学认为，商品是用来交换的劳动产品，是使用价值和价值的辩证统一。为了生产一定的产品或商品，劳动过程必须持续一定的时间。如果从产品或商品生产所耗费的劳动时间来考察和构建商品价值函数，我们就会发现，一方面，在劳动持续进行的生产过程中，一定数量的生产资料被生产消费了，物化在这些生产资料上的社会必要劳动时间成为新产品的劳动时间的一部分；另一方面，劳动者自身的劳动持续时间也成为新产品的劳动时间的重要组成部分。这就表明不管是物的生产资料还是活劳动本身，在生产过程中都可以统一用劳动时间来计量。

劳动时间是马克思主义劳动价值论和剩余价值理论中非常重要的一个概念，是理解马克思主义劳动价值论和剩余价值理论的关键变量。如果从劳动时间来考察商品价值，

① 吴易风，王健. 论以劳动价值论为基础的生产函数 [J]. 中国社会科学，1994 (1).
② 白暴力，白瑞雪. 马克思经济理论 [M]. 北京：经济科学出版社，2009：70-79.
③ 孟捷. 劳动与资本在价值创造中的正和关系研究 [J]. 经济研究，2011 (4).
④ 冯金华. 劳动价值论的数学原理 [J]. 财经科学，2006 (8).
⑤ 王朝科，郭凤芝. 基于劳动价值论的价值函数研究 [J]. 当代经济研究，2016 (12).

一定的劳动时间代表了相应的商品价值量。当然，商品价值量不是由劳动者的个别劳动时间决定，而是由社会必要劳动时间决定。"只是社会必要劳动量，或生产使用价值的社会必要劳动时间，决定该使用价值的价值量。"①

然而，社会必要劳动时间是在商品生产者背后由市场决定的，而不是由商品生产者决定。商品生产者不能保证自己的个别劳动时间一定和社会必要劳动时间相一致，他只能以社会必要劳动时间作为参照，并把自己的实际耗费的劳动时间与社会必要劳动时间进行比较。当然，随着交易活动的日益频繁，商品生产者尽可能地使个别劳动时间等于乃至小于社会必要劳动时间，在等价交换的原则下，以达到以少量的劳动换得更大量的劳动。这种动机在现代商品经济条件下，则表现为商品生产者或资本对超额剩余价值的追求。因此，对于商品生产者而言，在个别劳动时间和社会必要劳动时间之间，存在着一个由前者转化为后者的比例系数。不同的商品生产者在市场上互相交换商品时，实际上是各个商品生产者把各自的个别劳动时间围绕社会必要劳动时间进行折算，从而使交换得以顺利进行。

这就意味着，虽然商品交换是以社会必要劳动时间所确定的价值来展开，但是，在确立商品价值函数关系时，应以实际持续的劳动时间作为自变量，而不是直接以社会必要劳动时间作为自变量。这是因为：一方面，社会必要劳动时间是作为社会平均化的、标准化的量，不是每一个商品生产者在实际生产活动中实际发生的量。无论是在实际的经济活动中，还是在理论研究中，人们都是以实际发生的量为依据进行考察和核算的。因此，只有实际发生的量才能作为函数的自变量。另一方面，社会必要劳动时间作为社会平均化的、标准化的量，是以结果的形式或最终的形式存在，而不是生产过程中实际发生的量。因此，不能以作为结果或最终形式的社会必要劳动时间作为商品价值函数的自变量，而应以实际发生的劳动时间为自变量。不过，需要说明的是，社会必要劳动时间同时又是正常生产条件下生产某种商品所耗费的劳动时间，是绝大多数商品生产者生产该种商品实际耗费的劳动时间，对于这些商品生产者而言，其生产商品的实际耗费的劳动时间与社会必要劳动时间一致。但是，在实际核算和构建商品价值函数时，还是以实际耗费的劳动时间为自变量。在这种情况下，实际耗费的劳动时间只不过恰好与作为结果的或平均化的社会必要劳动时间相一致。

因此，应当以实际耗费的劳动时间作为商品价值函数的自变量。

3. 以劳动时间计量的商品价值

下面，我们先分别考察简单商品经济条件下和现代商品经济条件下商品所凝结的劳动时间的构成情况。

（1）简单商品条件下以劳动时间计量的商品价值

在简单商品经济条件下，人们生产物质产品主要用于维持家庭成员的生存需要以及简单再生产或扩大再生产的需要，只有剩余产品才作为商品进行交换。因此，同一劳动时间还没有区分为必要劳动时间和剩余劳动时间。在商品价值范畴体系中，剩余价值作为一个重要范畴此时还没有分化出来，剩余价值作为商品价值的组成部分还没有独立出

---

① 马克思恩格斯全集：第23卷［M］. 北京：人民出版社，1972：52.

来，但这并不意味它的物质承担者剩余产品不存在。人们在一个生产周期终了时所生产的全部产品，首先要在满足其基本消费需要与维持简单再生产需要之间进行分配，这两部分产品之和构成了必要产品。在总产品作了这样的扣除后，如果还有剩余，则为剩余产品。这种剩余产品为纯粹的剩余产品。也就是说，人们生产的产品被区分为必要产品和剩余产品。只有剩余产品才以商品的形式出现在市场上。

因此，在这种经济条件下，产品中凝结的劳动时间主要包括生产资料转移的社会必要劳动时间和活劳动持续劳动的时间。劳动者的同一劳动时间尚未区分为必要劳动时间和剩余劳动时间。马克思曾以徭役劳动为例指出，在剩余价值生产还不占统治地位的生产方式下，必要劳动时间和剩余劳动时间在时空上是分离的。而对于简单商品生产者或一般生产者来说，同一生产过程中所包含的必要劳动时间和剩余劳动时间只是在必要产品和剩余产品的最终分割中才体现出来。因此，在简单商品经济条件下，商品或产品中所凝结的劳动时间由生产资料转移的社会必要劳动时间和劳动者持续的劳动时间组成。用公式表示如下：

$$商品凝结的劳动时间(t) = 生产资料转移的社会必要劳动时间(t_c)$$
$$+ 活劳动持续的劳动时间(t_n) \tag{1}$$

则（1）式可以表示为：

$$t = t_c + t_n \tag{2}$$

在这里，t 和 t_n 都是生产者生产某种商品或产品实际耗费的劳动时间，是个别劳动时间[①]。t_c 作为生产资料转移的物化劳动时间，则是社会必要劳动时间，因为生产资料已经是通过市场交换或社会分配的物质资料，这些产品在交换活动中已经按社会必要劳动时间来计算了。

（2）现代商品经济条件下以劳动时间计量的商品价值

在简单商品经济条件下，商品是社会财富的一部分，是社会总产品的一部分。与此不同，在发达的现代商品经济条件下，全部产品都采取商品的形式，或者说社会财富采取了商品形式，并通过商品价值表现出来。

同时，在现代商品经济条件下，尤其是在资本主义生产方式下，商品生产的直接目的是无限制地追求剩余价值。在以追求剩余价值为直接目的的现代商品经济条件下，根据马克思主义剩余价值理论，同一劳动时间 t_n 不仅仅是必要劳动时间，还必须包括剩余劳动时间。因此，现代商品经济条件下商品所凝结的劳动时间包括：生产资料转移的物化劳动时间、必要劳动时间和剩余劳动时间。用公式表示如下：

$$商品凝结的劳动时间(t) = 生产资料转移的社会必要劳动时间(t_c) + 必要劳动时间(t_v)$$
$$+ 剩余劳动时间(t_m) \tag{3}$$

则（3）式用代数式表示即为：

$$t = t_c + t_v + t_m \tag{4}$$

因为，$t_v + t_m = t_n$，所以，（4）式也可以表示为：

---

① 需要说明的是，这里的"个别劳动时间"或实际耗费的劳动时间，有可能等于、大于或小于社会必要劳动时间，但它不影响我们对问题的分析。

$$t = t_c + t_n \tag{5}$$

不难看出，（5）式和（2）式是一致的。这就表明，不管是简单商品生产还是现代商品生产，劳动时间一般地是由生产资料转移的社会必要劳动时间和劳动者的劳动时间两部分组成。当然，在现代商品经济体现下，劳动者的同一劳动时间已进一步划分为必要劳动时间和剩余劳动时间。但如果不考虑劳动时间的这种划分形式，那么生产过程在本质上都是一定量劳动时间的耗费过程，就这一点而言，它们是一致的。

（二）商品价值函数

我们在马克思主义劳动价值论的框架内，对商品价值与劳动时间的关系进行了理论上的阐述。下面，我们将以劳动时间为自变量，构建商品价值函数。

1. 商品价值函数的一般表达式

虽然商品价值由社会必要劳动时间确定，但是，通过前面的分析已明确，在构建商品价值函数时，不能直接以社会必要劳动时间作为自变量，而应当以实际耗费的劳动时间作为自变量。

因此，如果以 w 表示商品价值，α 表示劳动时间转换系数，根据马克思主义劳动价值论的基本原理，商品价值函数可以表示为：

$$w = f(t) = \alpha t \tag{6}$$

其中，$\alpha = \dfrac{\bar{t}}{t}$，即劳动时间转换系数，即个别劳动时间或实际耗费的劳动时间转化为社会必要劳动时间的系数。

如果已知商品量为 Q，则根据（6）式可以求出商品价值总额：

$$w = Qf(t) = Q\alpha t \tag{7}$$

（6）式是商品价值函数的一般表达式或总公式。它反映了商品价值是凝结在商品中的无差别的人类抽象劳动，商品价值由社会必要劳动时间确定。同时，从下面的分析会看到，简单商品经济条件下商品价值函数与现代商品经济条件下商品价值函数，都将由（6）式变化而来。因此，（6）式是商品价值函数的一般表达式或总公式。

2. 简单商品经济条件下商品价值函数

在商品价值函数的一般表达式中，劳动时间作为一个总体存在，尚未体现出它的具体构成。

根据前面的分析，在简单商品生产条件下，劳动时间已具体划分为生产资料转移的社会必要劳动时间和活劳动的劳动时间。当然，此时，劳动者的劳动时间中必要劳动时间和剩余劳动时间尚未区分开来，二者作为一个整体而存在。因此，商品价值只是由生产资料转移的价值和劳动者新创造的价值两部分组成。

于是，根据商品价值函数的总公式，我们可以推导和构建简单商品经济条件下的商品价值函数。

在（2）式中，已知 $t = t_c + t_n$。如果以劳动时间计量的第 i 种生产资料的价值 t_{ci} 转移到新产品中的价值比例或系数是 β_i，$0 < \beta_i \leqslant 1$。于是，根据（2）式、（6）式，简单商品经济条件下的商品价值函数可表示为：

$$w = f(t) = \sum_{i=1}^{n} \beta_i \, t_{ci} + \alpha \, t_n \tag{8}$$

当 $\beta_i = 1$ 时，意味着该生产资料的价值一次性转移到新产品中；当 $0 < \beta_i < 1$ 时，则意味着该生产资料的价值按一定比例逐次转移到新产品中。

由（8）式可知，在简单商品经济条件下，如果在一个生产周期内某种产品用于交换的剩余产品量为 Q，则商品价值总额为：

$$W = Qf(t) = Q \left(\sum_{i=1}^{n} \beta_i \, t_{ci} + \alpha \, t_n \right) \tag{9}$$

3. 现代商品经济条件下商品价值函数

马克思从一般的或简单的商品经济入手，从商品与商品的交换关系或直接的物物交换关系中揭示了商品价值的内在规定，并在此基础进一步分析了资本主义生产方式下的以剩余价值生产为目的的现代商品经济。下面，我们将进一步探讨以剩余价值生产为目的的现代商品经济条件下的商品价值函数。

根据马克思主义劳动价值论和剩余价值理论，在现代商品经济条件下，劳动者或工人的工作日不仅仅是必要劳动时间，还必须包括剩余劳动时间，即 $t_n = t_v + t_m$。工作日新创造的价值包括可变资本的等价物和剩余价值。于是，根据（4）式及（6）式，在以剩余价值生产为目的的现代商品经济条件下，商品价值函数为：

$$w = f(t) = \sum_{i=1}^{n} \beta_i \, t_{ci} + \alpha \, (t_v + t_m) \tag{10}$$

（10）式具体地再现了现代商品经济条件下商品价值的构成内涵和形式。

在简单商品经济条件下，商品价值构成由生产资料转移的价值和活劳动新创造的价值两大部分组成，即由物化劳动的价值和活劳动创造的价值组成。在现代商品经济条件下，商品价值构成的具体内涵和形式发生了变化。根据马克思主义剩余价值理论，商品价值由不变资本、可变资本和剩余价值三部分构成，即 $w = c + v + m$。商品价值构成的这种划分，体现了现代商品经济的运行特征。但是，它们实质上是由生产资料转移的价值和活劳动新创造的价值这两个基本部分转化而来的，或者说是简单商品经济条件下价值构成的现代变形。作为商品价值，它们本质上是一致的。

这就表明，不管是简单商品经济还是以生产剩余价值为目的的现代商品经济，商品价值的本质内涵是一致的。在现代商品经济条件下，剩余价值是商品价值的一个组成部分，是活劳动创造的。这进一步说明了马克思主义劳动价值论是剩余价值理论的基石，剩余价值理论是马克思主义劳动价值论在现代商品经济条件下的具体体现，从而也表明了马克思主义劳动价值论及其剩余价值理论的科学性。

根据商品价值函数（10）式，如果知道了某企业或某部门的商品总量为 Q，我们便可以求出其商品价值总额。即

$$W = Qf(t) = Q \left[\sum_{i=1}^{n} \beta_i \, t_{ci} + \alpha \, (t_v + t_m) \right] \tag{11}$$

以上，我们以劳动时间为自变量，根据劳动时间构成形式的变化，分别构建了商品价值函数的一般表达式、简单商品经济条件下商品价值函数及现代商品经济条件下的商

品价值函数。

（三）商品价格函数

马克思指出，凝结在商品中的价值对象性是看不见摸不着的，它"只能在商品与商品的社会关系中表现出来"[①]。当商品交换直接以货币为媒介进行时，商品价值便取得了价格形式。因此，商品价格函数是商品价值函数的形式变换，是商品价值函数的货币化表现形式。在商品价值函数中，商品价值是以社会必要劳动时间来衡量的。当商品价值以货币来衡量时，实际上就是对凝结在商品中的单位社会必要劳动时间进行货币定价。

如果以 p 表示单位社会必要劳动时间的货币价格，以 P 表示以货币表示的商品价值或价格。根据商品价值函数，我们便可得到商品价格函数。

1. 商品价格函数总公式

根据商品价值函数一般表达式，我们可得出以货币表示的商品价值或价格模型总公式：

$$P = pf(t) = p\alpha t \tag{12}$$

2. 简单商品经济条件下的商品价格函数

根据简单商品经济条件下的价值函数，我们得到相应的商品价格函数为：

$$P = pf(t) = p\left(\sum_{i=1}^{n} \beta_i\, t_{ci} + \alpha\, t_n \right) \tag{13}$$

3. 现代商品经济条件下的商品价格函数

根据现代商品经济条件下的商品价值函数，我们可以得到相应的商品价值或价格模型：

$$P = pf(t) = p\left[\sum_{i=1}^{n} \beta_i\, t_{ci} + \alpha\, (t_v + t_m) \right] \tag{14}$$

价格函数是商品价值函数的货币化表现形式。马克思正是通过对价值形式发展演化过程的分析，揭示了以货币表示的最直接、最炫目的商品价值的内涵。

（四）测算与检验

下面，我们以《资本论》中"价值增殖过程"所举的纺纱例子为例[②]，说明商品价格函数的具体运用。

在马克思的例子中，已知：工人在 12 小时的工作日内生产 20 磅棉纱所需的社会必要劳动时间是 60 小时，劳动力日价值是 3 先令，必要劳动时间为 6 小时，因而单位必要劳动时间的货币价格为 0.5 先令。因此，根据马克思在《资本论》中的论述可知，单位社会必要劳动时间的货币价格等于单位必要劳动时间的货币价格，"因为只有社会必

---

① 马克思恩格斯全集：第 23 卷 [M]. 北京：人民出版社，1972：61.
② 马克思恩格斯全集：第 23 卷 [M]. 北京：人民出版社，1972：211-224.

要劳动时间才算是形成价值的劳动"①。由此可知，单位社会必要劳动时间用货币价格表示为 0.5 先令，即单位社会劳动必要时间价格 p = 0.5 先令／小时。同时，马克思在其中假定纺织工人纺纱劳动所耗费的个别劳动时间与社会必要劳动时间相一致，即 α = 1。于是，根据商品价格函数总公式（12）式，可得 20 磅棉纱以货币计量的总价值或价格：

$$P = pf(t) = p\alpha t = 0.5 \times 1 \times 60 = 30（先令）\tag{15}$$

在这里，我们也可以据此进一步求出单位商品即每 1 磅棉纱以货币计量的价值或价格：

$$P = pf(t) = p\alpha t = 0.5 \times 1 \times (60 \div 20) = 1.5（先令／磅）\tag{16}$$

同时，我们还可以根据（14）式计算以货币计量的商品价值。已知，在 12 小时的工作日中（6 小时为必要劳动时间，6 小时为剩余劳动时间），棉花转移的社会必要劳动时间是 40 小时，纱锭等生产资料转移的社会必要劳动时间是 8 小时。于是，由（14）式可得：

$$P = pf(t) = p\Big[\sum_{i=1}^{n} \beta_i t_{ci} + \alpha(t_v + t_m)\Big] = 0.5 \times \big[48 + 1 \times (6 + 6)\big] = 30（先令）$$
$$\tag{17}$$

由（12）式、（14）式的计算结果可知，按商品价值模型总公式计算的商品价值与按剩余价值条件下商品价格函数计算的商品价值在量上是一致的，都是 30 先令。同样地，如果用（13）式进行计算，其结果也是一样的。

上述数值如果用马克思商品价值构成公式来描述，则 20 磅棉纱的价值构成为：

$$W = c + (v + m) = 24 + (3 + 3)\tag{18}$$

利用商品价格函数，我们同样可以求出单位商品以货币表示的价值构成。在这里仅以（14）式为例求出单位商品即每一磅棉纱以货币计量的价值构成，具体计算如下②：

$$P = pf(t) = p\Big[\sum_{i=1}^{n} \beta_i t_{ci} + \alpha(t_v + t_m)\Big] = 0.5 \times [48 \div 20 + 1 \times (6 \div 20 + 6 \div 20)]$$
$$= 0.5 \times [2.4 + 0.3 + 0.3] = 1.2 + 0.15 + 0.15 = 1.5（先令／磅）\tag{19}$$

由（19）式可知每一磅棉纱的价值构成为：

$$W = c + (v + m) = 1.2 + (0.15 + 0.15)\tag{20}$$

在现代商品经济条件下，商品价值进一步细分为不变资本、可变资本、剩余价值三个部分。剩余价值则隐藏于商品价值之中，并通过商品售卖的实现而实现。

商品价值函数、价格函数进一步直观地表明，商品价值及其所包含的剩余价值是人类抽象劳动的凝结，它的源泉是劳动者的活劳动。工人在生产过程中不仅保存和转移了生产资料的价值，而且通过持续的劳动过程，在创造出相当于可变资本价值的等价物的

---

① 马克思恩格斯全集：第 23 卷［M］. 北京：人民出版社，1972：215.

② 运用（12）式及（13）式进行求解与此类似，在此不再重复。当然，在单位商品或每一磅棉纱的价值及价值构成的计算中，我们也可以直接或更便捷地用商品总价值除以商品总量而求得。在这里，我们用单位商品所凝结的劳动时间来计算商品价值或价格，是为了更详细地说明商品价值函数及其价格函数的具体应用。有兴趣的读者也可以根据文中商品价值函数及其价格函数来举例演算。

同时，还为资本或企业创造出新的价值，即剩余价值。当货币成为商品生产交换的度量工具时，商品价值采取价格的形式，从而进一步掩盖了商品价值的内涵。

三、商品价值函数的特性

通过上面的分析，我们可以看到，商品价值函数具有以下三个特性：

（一）确定性

函数关系是对客观现象或事物之间数量关系的高度抽象与概括。如果不同的客观现象之间存在函数关系，则表明这些现象存在稳定的数量关系。它们之间的数量关系不因量的变化或规模的变化而改变其表达式或关系。对于商品价值函数而言，不管是单位商品价值函数还是部门商品价值函数应当是统一的。也即是说，对确定的两种客观事物，其函数关系应当是统一的，不可能存在不同的函数关系式。同时，这些现象之间的关系应当是确定的，一旦某一个或某几个自变量取相应值，因变量便会有唯一的值与之相对应。

商品价值函数也应当具备函数的这些基本属性。在这里，我们所构建的商品价值函数具备函数的一般特性，因变量与自变量之间的关系是确定的。一方面，商品价值量和劳动时间之间存在着确定的关系。社会必要劳动时间是衡量商品价值量的内在尺度。商品生产者实际耗费的劳动时间以社会必要劳动时间为基准按一定比例进行折算，确定商品的价值量，也即是确定每一个商品生产者实际耗费的劳动时间在多大程度上为社会所认可。另一方面，我们以劳动时间为自变量，根据马克思主义劳动价值论的基本原理而构建的商品价值函数，具有确定的函数表达式。根据商品价值函数表达式，我们可以求出一定数量的商品价值总量，也可以求出单位商品价值量。

（二）可转换性

在这里，我们根据马克思主义劳动价值论基本原理构建的商品价值函数包括商品价值函数的一般表达式、简单商品经济条件下的商品价值函数、现代商品经济条件下的商品价值函数。而且，在商品价值函数的基础上，我们进一步构建了商品价格函数。这些函数之间在形式上具有相互转换和相互推导的特性。

首先，商品价值函数的三种表达式具有可转换性。从前面的分析可以看出，我们从商品价值函数总公式出发，根据劳动时间的构成在不同经济条件下的不同划分，分别得出了简单商品经济条件下的商品价值函数、现代商品经济条件下的商品价值函数。反过来，如果对劳动时间的具体构成进行逐级的抽象和概括，从现代商品经济条件下的商品价值函数可以推导出简单商品经济条件下的商品价值函数，从简单商品经济条件下的商品价值函数可进一步抽象出商品价值函数的一般表达式。

其次，商品价值函数与其价格函数具有可转换性。商品价值函数是其价格函数的基础，价格函数是商品价值函数的货币化表现形式。当商品价值函数乘以单位社会必要劳动时间价格系数时，便得到商品价格函数。反过来，当商品价格函数除以单位社会必要劳动时间价格系数时，便可得到商品价值函数。

在这里，我们所构建的商品价值函数所具有的这种可转换性，进一步表明了马克思主义劳动价值论的科学性，也表明这个商品价值函数是正确的。

（三）可计算性

商品价值函数及其价格函数都有确定的、具体的表达式，因而可以根据相关变量的赋值条件准确地求出相应的函数值。在具体的计算方面，我们在文中已作了初步演算。同时，在构建商品价值函数和价格函数时，我们首次引入了两个重要系数，即劳动时间转换系数和单位社会必要劳动时间价格系数。这两个系数隐含地存在于马克思主义劳动价值论和剩余价值理论之中，但马克思尚未明确地指出来。它们是构建马克思主义商品价值函数和价格函数不可缺少的系数，也是进行相关计算所不可缺少的必需的中间环节。正是有了这两个系数，使得这种计算性不再仅仅局限于某个函数自身，而使商品价值函数、价格函数之间在计算上可以实现相互转换、相互关联和相互贯通。

商品价值函数及其价格函数的三个特性，是由马克思主义劳动价值论的科学性所决定的，也表明了商品价值函数及其价格函数准确地反映了马克思主义劳动价值论和剩余价值价值理论的内涵。

四、商品价值函数的当代价值

探讨和构建商品价值函数，不仅有助于深化对马克思主义劳动价值论的理解，促进马克思主义经济理论在实际经济生活中的具体应用，而且也有助于进一步推进马克思主义政治经济学中国化、时代化、大众化，因而具有积极的现实意义。

（一）马克思主义商品价值函数，有助于深化对马克思主义劳动价值论和剩余价值理论的理解

在《资本论》中，马克思对不同经济范畴之间的关系或经济活动，既用深邃的富有哲学思辨的语言进行定性阐述，又用简明易懂的代数式或数量关系进行描述和计算。在马克思时代，数学方法在经济学中的运用并不多见。马克思走在了时代前列。马克思指出："一种科学，只有在成功地运用数学时，才算真正达到完善的地步。"[①] 在今天，数学方法已在经济学中广泛应用。因此，用必要的数学方法来阐述马克思主义经济学基本原理，这既是对马克思在《资本论》中所倡导的研究方法的继承和发展，又有利于我们更好地理解马克思主义的经济理论，有利于在实践中具体应用马克思主义经济理论。

我们以劳动时间为自变量，在马克思主义劳动价值论和剩余价值理论的框架内，构

---

① 苏共中央马克思列宁主义研究院. 回忆马克思恩格斯［M］. 北京：人民出版社，1957：73.

建了商品价值函数及其价格函数。一方面，商品价值函数反映了马克思主义劳动价值论和剩余价值理论的基本原理，从数理层面阐述了马克思主义劳动价值论和剩余价值理论。我们所构建的商品价值函数以简明的函数表达式，在一定程度上深化了对马克思主义劳动价值论和剩余价值理论的理解，使马克思关于商品价值的理论阐述和价值量的数学计算进一步数理模型化。另一方面，商品价值函数及其价格函数的建立，使马克思主义劳动价值论和剩余价值理论关于商品价值量的计算有了确定的函数表达式，进一步提升了马克思主义劳动价值论对实际经济问题的解释力，有利于促进马克思主义劳动价值论在实际经济生活中的具体应用。

（二）马克思主义商品价值函数进一步表明，马克思主义劳动价值论并没有过时

习近平强调指出："有人说，马克思主义政治经济学过时了，《资本论》过时了。这个说法是武断的。""马克思主义尽管诞生在一个半多世纪之前，但历史和现实都证明它是科学的理论，迄今依然有着强大的生命力。"[①] 商品价值函数进一步表明，马克思主义劳动价值论并没有过时。

人类劳动力的耗费，劳动时间的耗费，是在生产活动中实际发生的，是客观的。也就是说，构成商品价值实体的因素——抽象劳动是实际存在的，是客观的；决定商品价值量的因素——劳动时间也是实际发生的，是客观的。可见，马克思主义劳动价值论是对现实的实际发生的经济活动或经济现象的科学反映与揭示，是科学的理论，而不是假说，更不是主观臆想。

马克思主义商品价值函数表明，商品生产在不同发展阶段尽管生产目的和形式不同，但其本质内涵是一致的，即都是人类劳动时间的耗费。从商品价值函数可以看出，无论是在简单商品经济条件下还是在现代商品经济条件下，它们的一般表达式都是统一的。这表明它们的内涵和实质是一致的，即商品价值是人类抽象劳动在一定劳动时间内的凝结和物化。

劳动时间是马克思主义劳动价值论和剩余价值理论中的重要概念，在马克思主义劳动价值论和剩余价值理论中具有非常重要的地位，同时也是马克思主义商品价值函数的重要变量。无论时代怎样变迁，科技怎样进步，人类生产活动始终是劳动时间的持续过程，这是不变的。在现代商品经济条件下，劳动时间的不断持续过程，也就是一定数量的商品被生产的过程，是劳动者的劳动力不断凝结和物化在新产品中的过程，从而是价值形成过程和价值增殖过程。因此，商品价值函数以其自身证明了马克思主义劳动价值论和剩余价值理论的科学性，也表明了马克思主义劳动价值论和剩余价值理论并没有过时。

（三）马克思主义商品价值函数进一步表明，活劳动是商品价值及其剩余价值的源泉

马克思主义商品价值函数以函数表达式直接表明了商品价值的构成及其来源。价值

---

① 习近平. 在哲学社会科学工作座谈会上的讲话［N］. 人民日报，2016-05-19（2）.

函数的总公式简明地表明，商品价值就是劳动者的在社会必要劳动时间内所耗费的抽象劳动的凝结。从商品价值构成来看，商品价值由生产资料转移的物化劳动的价值和劳动者新创造的价值组成。在简单商品经济条件下，商品交换和对剩余价值的追求还不是最终目的，商品交换只是发生在剩余产品身上，商品体中所包含的活劳动耗费的时间还未区分为必要劳动时间和剩余劳动时间，商品生产者新创造的价值作为一个整体而存在。在现代商品经济中，追求剩余价值是现代商品经济的直接目的，劳动者的劳动时间分为必要劳动时间和剩余劳动时间，相应地，劳动者新创造的价值由可变资本和剩余价值两个部分组成。这是现代商品经济与简单的或一般的商品经济在形式上的区别。劳动者新创造的价值的这种变化，是由以追求剩余价值为目的的现代商品经济所决定的，但是，这种变化并没有改变商品价值是由一定时间内人类抽象劳动凝结的科学内涵。另外，生产资料等物化劳动的价值则是在劳动者的具体劳动下按一定比例转移到新的产品中，这种转移不以简单商品经济条件或现代商品经济条件为转移。而且，物化劳动的价值归根到底也是人类过去活劳动的物化。因此，马克思主义商品价值函数进一步证明，商品价值及其包含的剩余价值是劳动者活劳动创造的。

参考文献：

[1] 程恩富，等. 马克思主义政治经济学基础理论研究 [M]. 北京：北京师范大学出版社，2017.

[2] 白暴力. 价值价格通论 [M]. 北京：经济科学出版社，2006.

[3] 余斌.《资本论》正义 [M]. 南宁：广西人民出版社，2014.

[4] 程恩富. 科学认识和发展马克思的劳动价值论 [J]. 高校理论战线，2001（9）.

[5] 张旭.《资本论》的当代价值 [J]. 马克思主义研究，2017（10）.

[6] 孟捷. 劳动与资本在价值创造中的正和关系研究 [J]. 经济研究，2011（4）.

马克思恩格斯论合作社的功能内涵①

韦仲曦②　谢元态③

摘　要：马克思恩格斯的合作理论是科学社会主义的重要组成部分，是合作理论创新发展的根本基础。本文首先阐述马克思恩格斯合作理论的社会现实基础，即政治、社会及经济基础；然后论述马克思恩格斯关于合作社组织内涵与本质属性的主张；接着分析马克思恩格斯对合作社的基本原则与基本功能的相关论述：主导功能是社会—政治功能，经济功能是其附属功能；最后总结马克思恩格斯关于合作社发展前途的主要观点：合作社是通向共产主义的"过渡点"，是最符合"自由人联合体"和"重建个人所有制"要求的微观经济组织形态。

关键词：马克思　恩格斯　合作社　功能内涵

马克思恩格斯在继承空想社会主义合作思想的合理部分与深度考查合作社运动过程的基础上，通过不断总结合作社发展经验，逐步形成他们的合作理论，并为后来者创新发展奠定了基础。马克思恩格斯的合作理论以欧洲无产阶级合作运动与合作社的发展实践作为现实依据，揭示了合作社的丰富内涵，对合作社的本质属性与基本功能做了精辟的论述，科学阐释了合作社的未来发展前途，具有合理的现实指导意义与科学的未来规划意义，对当代合作社的发展起到了极其重要的指导作用。

一、理论背景：马克思恩格斯合作理论的现实基础

（一）合作理论的政治基础

1. 无产阶级工人运动是马克思恩格斯合作理论的重要政治基础

欧洲工业革命的兴起使资本主义生产迈向大机器生产时代，大机器工厂作业提高了资本主义生产效率与劳动强度。与此同时，工人受剥削程度加深，农民、小手工业者等

　　① 本文系国家社会科学基金项目"马克思主义合作理论：功能内涵. 演进逻辑及创新发展"（16BJL001）的阶段性研究成果。
　　② 韦仲曦，男，1993年4月出生，贵州独山人，江西农业大学经济管理学院2016级硕士研究生。
　　③ 谢元态，男，1955年3月出生，江西上犹人，江西农业大学经济管理学院教授。

社会小生产者群体的利益遭到大机器资本的挤压，利益分配不均以及无产阶级的生存困境使资产阶级与无产阶级的矛盾不断升级。资本主义大机器生产时代，资本化的机器支配劳动，无产者的生存资源被极大剥夺，生活环境恶劣，社会地位极低。资本主义经济的高度繁荣使政府机构与大资产者几乎成为一体，生活在社会底层的无产者几乎拿不到应有的社会救助，他们只能在社会夹缝中存活。

19 世纪 60 年代，资本主义大生产下资本家与无产者的巨大财富差距，资产阶级与无产阶级的矛盾激化，引发激烈的国际工人运动。马克思是无产工人运动的支持者，他曾加入国际工人协会，并为协会起草过重要文件。马克思对国际工人运动有深入研究，并指出国际工人的奋起反抗取得了两大成就：第一个是争取到了 10 小时工作制；第一个是工人发起的合作社运动。正如他所说："劳动的政治经济学对财产的政治经济学还取得一个更大的胜利。我们说的是合作运动，特别是由少数勇敢的'手'独立创办起来的合作工厂。"① 但马克思在盛赞合作社运动的同时，也指出合作工人的社会地位过低不能保证合作社的健康发展，用合作制对抗资本主义只会是空想，这是马克思主义合作理论优于空想社会主义合作思想的重要论断。马克思指出："不管合作劳动在原则上多么优越，在实际上多么有利，只要它没有超出个别工人的偶然努力的狭隘范围，它就始终既不能阻止垄断势力按着几何级数增长，也不能解放群众，甚至不能显著地减轻他们的贫困的重担。"② 所以马克思强调，要使合作社普遍的建立，无产阶级必须首先夺取政权，从而保证工人、农民与小手工业者等弱势群体的社会地位。

2. 政府对合作社的扶持与管控也为合作理论提供了一定的政治基础

合作运动使工人与贫农建立起可以安身立命的合作社，也为共产主义的建立准备好条件。但是，在资本主义制度环境下组建的合作社总会由于这样或那样的原因遭到资产阶级商人与政府的渗透，从而改变无产阶级所创建合作社原本的发展方向。此外，最早能顺利运行的合作社是小资产者与无产工人及农民共同组建，小资产者以自身财产助推合作社发展，会对合作社的生产经营有私人利益诉求。资本主义社会下的合作社难以成为纯粹的无产者生产组织和为无产工人及农民谋福利，正如马克思在《哥达纲领批判》中指出的："关于现在的合作社，那么只有它们是工人自己独立创设的，既不受政府保护，也不受资产者的保护，才是可贵的。"③政府的管控与小资产者的牟利使无产者组建的合作社发展曲折，农民与工人为争取公平继续奋斗，合作运动继续高涨，阶级冲突继续存在。

（二）合作理论的社会基础

1. 无产者的生活困境促使无产阶级联合起来是合作理论产生的社会基础

19 世纪中叶，工业革命在欧洲余热不减，英国、法国、德国等经济军事强国利用

---

① 马克思恩格斯选集：第 2 卷 [M]. 北京：人民出版社，1972：132-133.
② 马克思恩格斯选集：第 2 卷 [M]. 北京：人民出版社，1972：133.
③ 马克思恩格斯选集：第 3 卷 [M]. 北京：人民出版社，1972：19.

工业革命成果完成了生产力的升级，进入资本主义机器大工业生产时代。生产速度加快与工厂数量增多使生产资料的流转不再限于资本家之间，工业生产也日趋社会化，这与资本家因追逐剩余价值而私人占有生产资料的矛盾愈发严重。大机器生产的战车轰隆向前，资本主义基本矛盾却催发出越来越大的经济危机。资本主义经济危机给欧洲社会带来巨大动荡，社会底层人群的生活环境受到了极大冲击，他们变得更加贫穷，生活条件更加窘迫。

在遭受经济危机破坏的欧洲社会，工人和贫农等无产阶级成员经历了深重的灾难。他们每天食不果腹却要被迫进行长时间劳作，他们深受疾病缠绕却无钱就医，他们要养家糊口却挣不到足够的生活费用。资本主义矛盾的爆发使劳动人民的生活愈加艰难，疾病蔓延，导致大量贫民死亡，生死存亡的压力促使无产阶级联合起来进行变革，这为19世纪欧洲的合作运动提供了广大人民群众所拥护的广泛社会基础。

2. 国家土地的重新处置是合作社与共产主义相统一的基本前提

工人革命的胜利为未来平等的共产主义社会的建立带来了曙光，工人们组建合作组织作为无产阶级执掌政权的基地，如法国巴黎工人革命后无产阶级建立起的巴黎公社。无产工人的合作组织争取到了部分国家土地的处置权利，这是工人合作运动的根基所在，合作社的建设不再如无根之萍，合作运动可以脚踏实地地开展。马克思恩格斯指出，无产阶级掌握国家政权，拥有土地，是合作社与共产主义相统一的基本前提。恩格斯更是主张，无产阶级掌握国家政权后，应夺取大地主的土地作为国家公有土地，合作社在这片土地上建设，才能真正成为向共产主义过渡的组织形式。

3. 股份公司的组建与信用制度的确立是合作理论的经济基础

工业革命后的欧洲资本主义经济总量得到跨越式增长，商品经济高度繁荣，资本主义充分汲取重商主义的经济成果，积累起庞大的财富值。社会财富被资产阶级截取，工人、贫农等财富的生产者沦为真正的无产者，他们的经济能力极其微弱，经济来源甚至不能满足基本生活需要，贫穷、饥饿、疾病等成为无产者生活的主色调。在这样的经济基础下，无产阶级唯有求变才能维持生存，发动工人革命几乎成为求生本能，合作运动是途径也成为顺理成章之事。

机器大工业使资本主义社会生产力大幅度提高，工人的苦力劳动远远不如机器，资产阶级掌控着双重劳动力，却只需要支付比工人单独劳动时更少的工资，使更多的社会财富向资产阶级聚积。生产力提高与资本量增加使资本主义生产规模逐渐扩大，数量巨大的财富分配过程产生了股份制。资本主义经济繁荣时期，股份公司盛行，而股份公司的管理有赖于信用制度的建立。股份公司的组建与信用制度的确立给工人创建合作工厂提供了启示，使工人在革命运动中快速建立起合作工厂，这是马克思恩格斯关于合作运动论述的经济基础。

二、内涵揭示：马克思恩格斯论合作社的
本质属性与基本功能

（一）马克思恩格斯论合作社的组织内涵与本质属性

1. 马克思恩格斯论合作社的组织内涵

马克思恩格斯论及的合作社有着丰富的内涵。合作社以合作制作为生产关系基础，在无产阶级夺取政权以后，合作社为无产劳动者处置国家土地资源与工业生产资料，它是无产阶级为发展国家经济自愿联合的基层社会组织。马克思恩格斯的合作理论来源于前人合作思想精华和对欧洲工人合作运动的考查，思想与实践经验的融合奠定了马克思主义科学合作理论的基础。马克思恩格斯从合作工厂的建立过程中汲取了直接合作思想，随即围绕合作社的社会地位、合作经济的性质以及合作社对社会历史发展的作用与影响等方面发表主张，构成马克思主义合作理论的重要内容。

（1）合作社是从资本主义私有制社会转变到社会主义社会的过渡性的经济形式。马克思恩格斯是工人革命运动的支持者，在参与工人运动的过程中，做工人们的良师益友。他们著书立说，提出科学的社会演变思想，为工人运动提供思想指导，指明工人运动的光明前程，即建立完美的共产主义社会。马克思指出，工人革命的前路，是走向"自由人联合体"，同时重建个人所有制，即在完全发挥资本主义生产能力，使得物产极大丰富以后，社会形态顺应自然规律演变到共产主义社会，实行不同于社会主义初级阶段的，真正意义上的集体所有制。但马克思恩格斯表示，共产主义社会建设不是一蹴而就的，不是工人革命运动取得成功以后就能建成的，所以真正的集体所有制经济并不是从资本主义私有制直接转变，而是要有一个过渡发展的过程，合作经济就是这一过渡性的经济形式。

恩格斯曾指出："在向完全的共产主义经济过渡时，我们必须大规模地采用合作生产作为中间环节，这一点马克思和我从来没有怀疑过。"① 这里说的"合作生产"即是无产者组建合作社进行协作生产活动，通过大规模的合作社经营，使无产者生产出足够多的物资，摆脱对资本主义生产的依赖，完成过渡阶段的准备工作。在马克思恩格斯那里，合作经济是对旧的资本主义经济积极的扬弃，从资本主义演变到共产主义必将经历漫长的过程，合作制正是达到共产主义社会之前过渡的经济形态。

（2）关于合作社的存在形式与基本社会制度的关系。马克思恩格斯考查的合作社多是以资本主义的社会基础组建起来，欧洲的合作社更是存在于资本主义社会制度环境中。但马克思恩格斯所指的过渡形式的合作经济组织是无产劳动者自愿组织成立，以合作制进行经营运作。这里的合作制是不同于资本主义私有制的生产资料所有制形式，是对私有制的扬弃，也是为共产主义社会的所有制确立做准备。但是现实中的合作社大多是小资产者带着自有资金入股，或是资产阶级政府以扶持合作社为名出资占股，以至合

---

① 马克思恩格斯选集：第 36 卷 [M]．北京：人民出版社，1972：416．

作社向股份公司或政府企业转变，合作制的主导地位受到影响，合作社的性质被社会制度所左右。

（3）农业合作社对于提高整体劳动生产力具有非常积极的作用。资本主义的机器大工业使当时的社会生产效率有了大幅度提高，但是资本家与无产工人的劳资关系却极大地限制了工人生产能力的发挥。马克思恩格斯主张组建无产者联合的合作社，确立合作社的生产关系，不仅充分发挥无产者的生产力，还激发他们的工作积极性。同时，马克思恩格斯主张合作社应注意农业领域的建设，开发农业上的劳动生产力，以适应社会工业的发展水平，让无产工人与农民携手联合，完善过渡时期的合作经济组织建设，为共产主义的公有经济打好基础。合作农民是发展合作经济的重要基础力量，无产阶级掌握政权后在农业这一物质资料薄弱领域发展合作经济，更易于完成共产主义社会集体所有制确立之前的过渡。

2. 马克思恩格斯论合作社的本质属性

马克思主义经典作家突出强调合作社的本质属性或本质特征就是"合作"，是区别于企业主注资合作或股份资本管控的平民互助组织。马克思认为工人与贫农创建的合作社是克服资本统治弊端构建"和谐社会"的"法郎吉"。合作社的创建为工农逃离资本主义的剥削以及释放更大的工作潜力提供了条件，同时又为工人阶级提供了在市场上与资本主义垄断抗衡的组织基础。马克思恩格斯认为，在坚守合作社本质特征的基础上，争取把更多的私人财产变为合作社占有的财产，才能在资本主义社会环境中为无产阶级合作社铺开更广阔的道路。在马克思恩格斯那里，合作社是区别于资本主义股份公司的经济组织，它本身的全部功能应服务于无产阶级的共产主义事业。在经典合作理论指导下，几乎所有农业发达国家，在合作社初办时就以综合解决农业和农民问题为宗旨，并有合作社法典保障其健康发展，在坚守合作社本质属性的前提下保证合作社的长久生命力。

（二）马克思恩格斯论合作社的基本原则与基本功能

1. 马克思恩格斯论合作社的基本原则

马克思恩格斯认为合作社是帮助弱势群体摆脱困境的组织，应坚持自愿和互利原则。合作社不能违背平民的意愿，强迫他们入社；更不得因某个人的利益而侵吞合作社财产。恩格斯强调合作社的自愿平等原则："我们绝不会用暴力去剥夺小农（不论有无报偿都是一样）……而是通过示范和为此提供社会帮助。"① 合作社发展中应把广大的无产劳动者联合起来，在坚持马克思科学社会主义基本原则的基础上，开展合作社的基础活动，维护劳动者的集体利益。马克思恩格斯认为，采取示范引导组织建设与不能剥夺、强迫农民是合作社最基本的原则，是决定合作社的本质属性和成果优劣与否的重要原则。这些原则后来为《国际合作联盟章程》所吸纳，也为后来各国许多研究合作制的学者所接受。

---

① 马克思恩格斯选集：第4卷［M］.北京：人民出版社，1972：310.

2. 马克思恩格斯论合作社的基本功能

（1）主导功能：马克思恩格斯突出强调合作社的社会—政治功能

马克思和恩格斯都突出强调合作社的主导功能是社会—政治功能。马克思高度赞扬空想社会主义者对旧的资本主义制度的批判。圣西门抨击资本主义制度对劳动者的迫害，主张建立新的实业制度以满足劳动大众的物质精神需要；傅立叶认为旧的资本主义制度不仅使劳动者生活在地狱，还剥夺他们的劳动热情，主张建立新的和谐制度以改变劳动者的生活环境，释放他们的劳动积极性；欧文批判资本主义私有制的罪恶，主张建立生产资料公有的和谐公社，让社会底层人民过上美好幸福的生活。他们的愿望，是建立人人平等、共同富裕的社会制度。而合作社是弱者群体的联合，是"全世界无产者联合起来"对抗资本主义垄断的力量基础，是实现马克思所述的"自由人联合体"的"过渡点"。马克思恩格斯认为，合作社一方面可使无产农民分享到社会的共有福利，另一方面可使无产农民从资产阶级的剥削中解脱出来，让无产农民可以为共产主义社会的到来积蓄力量。无产阶级的合作社应"保留合作之体，发挥执政之能"，合理发挥合作社的社会功能与政治功能。从合作社组建初期的情况看，凸显合作社的社会—政治功能有利于保证合作社的生命力，有利于更好地发挥合作社"拯救农民"的作用，有利于促进共产主义社会提前到来。马克思恩格斯的经典理论表明，合作社的本质属性要求坚持以社会功能与政治功能为主导，应始终坚守联合互济、资源共享、利益公平的"合作"底线。合作社在任何时期都不能以任何理由而异化成非合作或假合作形式的经济组织。

（2）附属功能：马克思恩格斯也重视合作社的经济功能

无产阶级创建的合作社应该具有独立的经济能力，否则又会屈服于资本主义。马克思恩格斯认为，夺取政权的无产阶级应把国家资源用于合作社，使之迅速扩大规模，并以合作制的方式完成无产阶级政权国家的生产、消费等经济事务，从而无产阶级的生活区域避免资本的入侵。从合作社过渡到共产主义社会需要准备极其丰富的物质资料，合作社的生产经营能力应稳步提高。马克思恩格斯支持工人经营自己的合作工厂，充分利用被遗弃的工厂，资金允许时收购企业主被迫停产出卖的工厂，进行合作制改造，无产工人合作经营，在扩大生产的同时又可借助购买工厂的遗留技术提高生产力水平，增加无产阶级合作社经济发展的潜力。经济功能完善的合作社能更好地完成建成共产主义社会以前的过渡。

三、前景展望：马克思恩格斯论合作社的发展前途

（一）合作社是通向共产主义社会的过渡经济形式

马克思认为合作工厂本身就是通向未来共产主义理想社会的必经"过渡点"。马克思在《资本论》中作了非常经典的论述："工人自己的合作工厂，是在旧形式内对旧形式凿开的第一个缺口……资本和劳动之间的对立在这种工作内已经被扬弃，虽然起初只

是在下述形式上被扬弃，然而却是积极扬弃的，因而是通向共产主义的'过渡点'。"①马克思从社会中合作社发展的现实情况出发，认识到合作社受资本主义制度的影响表现出的当时社会的许多弊病；同时又高度肯定合作社本质属性的优越性，指出合作社是工人阶级推动社会主义向高级化发展的基础，是实现完全的自由人社会的过渡形式。恩格斯赞同马克思的观点，并指出农业合作社亦是通向共产主义理想社会的过渡性组织。农业合作社并不仅仅是合作工厂的辅助性组织，其作用也不局限在改造小农和小手工业者上。通过对农业合作社提供资金、技术以及肥料等方面的扶持，可促进大规模农业合作生产的形成，推动其向完全的共产主义发展。

（二）合作制是"重建个人所有制"的基础

马克思认为合作制是最符合"自由人联合体"和"重建个人所有制"要求的微观组织形态。马克思在《资本论》中对未来社会的微观组织形态提出了"自由人联合体"和"重建个人所有制"的著名命题，而合作制是最符合这两个命题的"过渡点"。"自由人联合体"是马克思从青年到中年一以贯之的非常成熟的重要命题，是科学社会主义理论中所构想的未来社会的理想形式。在《资本论》第一卷第六篇中，马克思精辟地阐释了"自由人联合体"的内涵，并论述"重建个人所有制"的理想前景。在《资本论》第三卷中，马克思再次指出"自由人联合体"的重要意义，强调这是工人阶级需要不懈努力追求的目标，是未来代替耗尽潜力的资本主义社会的理想社会形态。合作制正是在保留"个人所有制"基础上的自由的劳动者经济联合体，是通向未来理想的"自由人联合体"的过渡形式，但并不是能让无产阶级完全排除资本主义剥削的经济手段。无产阶级必须以掌握政权为前提，以马克思主义合作理论为指导完善现实的合作制，消除资本主义制度的因素，才能通过"重建个人所有制"以逐步实现"自由人联合体"。

参考文献：

[1] 马克思恩格斯选集 [M]. 北京：人民出版社，1972.

[2] 马克思. 资本论：第1-3卷 [M]. 北京：人民出版社，2004.

[3] 蒋玉珉. 合作经济思想史论 [M]. 太原：山西经济出版社，1999.

[4] 谢元态. 股份—合作制：通向理想的"自由人联合体" [J]. 江西农业大学学报（社会科学版），2010（1）.

[5] 谢元态，彭成娅. 股份制与合作制：通向"自由人联合体"的过渡点 [M] // 中国《资本论》年刊（第八卷）. 成都：西南财经大学出版社，2011.

[6] 谢元态，魏海云. 中国农村信用合作社发展之路：历史. 趋势与前景——应用马克思《资本论》中合作经济基本原理的分析 [J]. 沈阳农业大学学报（社会科学版），2011（6）.

[7] 尹世洪. 马克思恩格斯合作社理论新探 [J]. 江西社会科学，1994（2）.

[8] 杨继瑞. 马克思恩格斯的集体所有制和合作社若干论述的辨析 [J]. 财贸研究，1991（4）.

[9] 王志毅. 马克思恩格斯关于农业集体所有制设想的再思考 [J]. 晋阳学刊，1994（5）.

---

① 马克思. 资本论：第3卷 [M]. 6版. 北京：人民出版社，1975：497-498.

［10］朱晓鹏. 一个值得重新思考的问题——关于马克思主义的"合作制就是社会主义"的思想 ［J］. 中共宁波市委党校学报，1999.（10）.

［11］国鲁来. 合作社的产生及马克思恩格斯的合作社思想 ［J］. 马克思主义研究，2008（3）.

［12］马善弓. 把农户联合为合作社——马克思恩格斯论合作社 ［J］. 中国供销合作经济，2001（4）.

［13］杨坚白. 关于商业合作化的理论和实践问题 ［J］. 财贸战线，1984（6）.

［14］国鲁来. 合作经济概念不反映特定的生产资料所有制关系 ［J］. 农村经济问题，1987（3）.

［15］黄道霞. 集体所有制与合作制——对马列主义经典作家有关论述的考证 ［J］. 经济研究，1984（1）.

［16］黄文忠. 怎样认识马克思恩格斯的合作制理论 ［J］. 杭州师范学院学报，1992（4）.

［17］孔敏. 马克思恩格斯、列宁的合作制理论研究 ［J］. 开封教育学院学报，2016，36（11）.

以马克思"过渡点"思想
审视我国农民合作社①

罗宗艳② 谢元态③

摘　要：农民合作社本质上是贫民合作社，是"弱者的联合"。而我国当今多数农民合作社奉行经济利益至上，而社会功能日益萎缩。本文首先阐述马克思关于合作社是共产主义"过渡点"思想的主要内涵，然后对我国农民合作社"过渡点"功能进行简要评判，最后分析我国农民合作社偏离"过渡点"方向的原因，并提出矫正的根本对策。

关键词：农民合作社　过渡点　共产主义

根据国家工商总局截至 2017 年 4 月底的统计数据，全国依法登记的农民合作社已有 193.3 万家，入社农户超过 1 亿户，约占全国农户总数的 46.8%。④ 农民合作社有效推进了我国农业供给侧结构性改革，促进了农民增收，尤其在脱贫攻坚战中起着重要的作用——其带有明显企业属性的经济功能，长期为理论界和决策层所注目。

然而，根据国际上合作社的成功经验，合作社是带有一定公益性的贫民合作组织，其本质属性是"合作"——其主导功能应当是社会功能，却长期为理论界和决策层所忽视。

对农民合作社的社会功能及其现实意义，马、恩、列、斯和毛泽东、刘少奇、邓子恢、邓小平、习近平等同志都有非常精辟的论述。对农民合作社的长远历史意义，马克思指出它是通向共产主义的"过渡点"，邓小平同志也有过类似的论述。然而，在我国现存的农民合作社中，其社会—政治功能的属性体现明显不足，更多的农民合作社以经济效益为主要目标，偏离了农民合作社的本质属性，更偏离了"过渡点"。本文尝试以马克思"过渡点"思想审视我国农民合作社的现状、问题及发展方向。

① 本文系国家社会科学基金项目"马克思主义合作理论：功能内涵、演进逻辑及创新发展"（16BJL001）的阶段性研究成果。
② 罗宗艳，女，1992 年 3 月出生，陕西延安人，江西农业大学 2017 级硕士研究生。
③ 谢元态，男，1955 年 3 月出生，江西上犹人，江西农业大学经济管理学院教授。
④ 胡璐，董峻. 我国农民专业合作社达到 193.3 万家［EB/OL］. http://news.xinhuanet.com/politics/2017-09/22/c_1121708911.htm.

一、马克思关于合作社"过渡点"思想的主要内涵

马克思关于合作社"过渡点"的著名思想，源于马克思在《资本论》第三卷中所指出的工人合作社是通向共产主义的"过渡点"。"工人自己的合作工厂，是在旧形式内对旧形式打开的第一个缺口，虽然它在自己的实际组织中，当然到处都再生产出并且必然会再生产出现存制度的一切缺点。但是，资本和劳动之间的对立在这种工厂内已经被扬弃"①，"这是资本主义生产方式在资本主义生产方式本身范围内的扬弃，因而是一个自行扬弃的矛盾，这个矛盾明显地表现为通向一种新的生产形式的单纯过渡点"②。而在《资本论》第一卷第七篇"资本的积累过程"中，马克思指出未来共产主义社会是"在协作和对土地及靠自身劳动本身生产的资料的共同占有的基础上，重新建立个人所有制"③。纵观经济史上所有微观经济组织，合作社是维持生产资料个体所有而又共同占有的最好实现形式。可见马克思对合作社的性质，不但强调了其质的规定性——社会—政治功能意义，而且指出了其未来发展方向——是"通向一种新的生产形式的单纯过渡点"。

（一）合作社的社会功能意义

农民合作社可以有效地集中社会资源，是改善农民物质生活和提高农民社会地位的重要组织，它可以实现对小生产的改造。马克思认识到，在资本主义社会下，工人以合作工厂的形式联合起来生产是对资本主义制度的一种冲击，是在旧形式内对旧形式打开的"第一个缺口"，由表及里，在不断提高合作工人社会地位的基础上，逐步地向共产主义过渡。

（二）合作社的未来发展方向

在马克思看来，共产主义从初级阶段向高级阶段过渡最好的方式是通过合作社。马克思肯定了合作生产的重要性，指出了合作社的未来发展方向，认为大规模的合作生产有利于共产主义的实现。马克思认为，当生产资料归社会所有，劳动者联合起来，生产资料共享，共同发展与受益，合作社就成了通向共产主义的"过渡点"。恩格斯曾在给奥·倍倍尔的信中写道：马克思和我都认为在资本主义向共产主义过渡的过程中，需要大规模地采取合作社作为中间环节，"这一点，我和马克思从来没有怀疑过"。

（三）要争取农民自愿结成合作社，并使主要生产资料变成"自由集体劳动的工具"

马克思始终认为，我们必须争取农民自愿结成合作社，并同时指出，在资本主义向

---

① 马克思. 资本论：第 3 卷 [M]. 北京：人民出版社，2004：499.
② 马克思. 资本论：第 3 卷 [M]. 北京：人民出版社，2004：497.
③ 马克思. 资本论：第 1 卷 [M]. 北京：人民出版社，2004：874.

共产主义过渡过程中，生产资料的所有权必须掌握在社会手中，"公社曾想……把现在主要用作奴役和剥削劳动的工具的生产资料、土地和资本变成自由集体劳动的工具"①。

启示：我国是农业大国、农民大国，比任何国家都更需要带有一定公益性的贫民合作组织。农民合作社是一种贫民组织，主要是为社里的成员服务的。是人们在生产资料共同占有的基础上自愿联合起来并进行民主管理的组织，其目的是为了更好地实现社会、政治、经济和文化需要，提升人民生活水平，更好地帮助社里的农民解决生活中的困难。因此，要充分发挥合作社的社会功能，保持其"合作"的本质属性，并坚持通向共产主义"过渡点"的未来发展方向。同时，在策略上要自下而上地广泛团结农民，号召农民，争取更多农民自愿结成合作社，而不能采取行政手段"归大堆"。

二、我国农民合作社的主导功能定位及"过渡点"方向评判

工人合作社与我国当今的农民合作社，其基本属性是完全相同的。在我国这样一个农业大国里，在马克思恩格斯的经典合作理论的指导下，我们应该注重合作社对于综合解决我国农业和农民问题。

（一）我国农民合作社的主导功能定位

合作社尤其是农民的合作社，在国际上，无一例外的都是主要为发挥其社会—政治功能而成立和发展的；在中国，无论是新中国的领导人，还是民国时期的学者和官员，都一直重点强调其社会—政治功能，而绝不是把它当成企业而强调其经济功能。

——新中国领导人一直重点强调合作社的社会—政治功能。建党初期毛泽东就在安源领导建立了第一个合作社；抗战时期他指出，农民克服"封建统治……永远的痛苦"的唯一办法"就是经过合作社"；中华人民共和国成立前夕，毛泽东强调要"把农业互助合作当作一件大事去做"，并亲自领导组织了全国性的农村（生产、供销、信用）合作化运动；刘少奇和邓子恢强调要发挥合作社的综合作用；20世纪50年代三类合作社起步健康发展，但后期逐步违反了合作制原则，对生产合作社过分强调其政治功能，不切实际地将其升格为集体所有制；对信用合作社和供销合作社则过分强调其经济功能，逐渐视其为自负盈亏的企业。

中华人民共和国成立之初，我国的合作社（生产合作社、供销合作社、信用合作社及手工业合作社和消费合作社）是强调其社会政治功能的，突出合作社是一种公益性的保本经营组织，并不以经济利益为目标。

改革开放之初，我国各地自发成立的各类农民合作社，其初衷是强调其社会政治功能的，旨在帮助社员解决困难，增加收入，促进生活水平的提升。

我国社会主义已经进入新时代，首先要正确定位农民合作社的主导功能，重点发挥其本质属性及社会功能，才能发挥其综合解决我国"三农"问题的作用，而绝不能偏

---

① 马克思恩格斯选集：第2卷 [M]．北京：人民出版社，1975：378．

离农民合作社的本质属性，把它当成企业而强调其经济功能。

（二）我国农民合作社"过渡点"的正确方向

中华人民共和国成立之初，我国大规模的各类合作社实验，"把农业互助合作当作一件大事去做"（毛泽东语），强调其社会政治功能，并以合作社作为构建社会主义公有制基础的重要基础平台，正确地体现了马克思关于合作社作为通向共产主义"过渡点"的正确方向。

改革开放初期，我国各地农民自发组织的各类农民合作社，其初衷是强调其社会—政治功能的，学术界和实践界以及党和国家的相关重要文件的表述，都是把合作社作为社会主义公有制在农业部门的重要组织形式，也基本体现了马克思关于合作社"过渡点"的思想。

改革开放后，党和国家领导人高度重视合作社的发展。邓小平强调指出，发展合作经济和集体经济是农村发展的"第二次飞跃"（邓小平，1978）。习近平总书记一贯高度重视合作经济的发展，他在任浙江省委书记时就高度重视温州市"三位一体"农村新型合作体系建设工作，2016 年他在黑龙江省考察时又强调："农业合作社是发展方向，有助于农业现代化路子走得稳，步子迈得开。"① 作为一个农业大国，在市场化改革进程中，城乡差距日渐加大，解决"三农"问题成为小康社会建设的重点和难点。而通过在平等自愿基础上建立的农民合作社，有利于完善我国的农村经营体制，能够有效解决农民和市场之间的关系，可以加快脱贫步伐，综合解决"三农"问题，促进全面小康社会的建成。

在我国农民合作社发展的过程中，应该恪守底线，不忘初衷，始终坚持初办时的理念，强调合作社的社会—政治功能，突出其益贫性的特征。在推进我国农业供给侧结构改革过程中，在始终坚持其公益性、益贫性特征和通向共产主义"过渡点"正确方向的前提下，不断探索创新农民合作社的具体实现形式。

（三）现阶段我国农民合作社偏离"过渡点"的失误

近年来，随着农民合作社的大量增加，其中存在的问题也愈加明显，尤其是"挂牌社""空壳社""僵尸社"及由公司领办的合作社大量出现，引发了我国学术界的广泛批评。与此同时，部分学者开始审视我国现在的农民合作社是否还是真正意义上的"农民合作社"，更有学者明确指出，目前我国不少农民合作社实际上是少数"精英"合作社或者是由企业主导的合作社。来自农民的批评则更加直接，认为不少农民合作社都脱离了办社初衷，远离了其服务于农业或农民的性质。而我国多数农民合作社的背后都存在一个企业，企业在合作社中起着主导性的作用。由于营利是企业的首要目标，因而农民合作社在企业的控制下，经济功能日益增强，而社会和政治功能却日益减弱甚至不复存在。

我国的农民合作社在发展的过程中主导功能日益退化，一方面，在企业领办的合作

---

① 张红宇. 积极引导支持农民合作社持续健康发展 [J]. 农村工作通讯，2016（12）：39-41.

社里，农民的民主管理权限受到很大的限制，决策决议权力微弱；农民合作社的权力主要集中于股东大会手中，反观普通社员手里的权力却很少。农民合作社所起的另外一个主要作用是具有益贫性，是为了有效增加农民的收入，但是在企业把持下的农民合作社，其获得的主要收益的大部分都被股东大会成员分走了，普通社员所得利润却很少。另一方面，随着政府政策的出台和支持，部分人钻政策的空子，名义上是具有一定规模、一定数量的合作社，实际上却"名不副实"，更多的是为了获得政府的财政补贴，其结果就是出现越来越多的"挂牌社""空壳社""僵尸社"。

三、我国农民合作社运动偏离"过渡点"的矫正

深刻反思我国农民合作社运动偏离"过渡点"的问题，透析其偏离"过渡点"的原因，矫正合作社运动方向，是当前我国农村发展理论与实践的一项紧迫课题。

越来越多的农民合作社中出现的问题及其所带来的影响引起了我国领导人和学术界的思考。

马克思的合作社思想自其产生以来，其经典作家就突出强调合作社的本质属性和社会政治功能。"马克思和恩格斯认为，在资本主义社会下，合作社的良好发展，有利于人民生活水平、社会地位的提高，还有利于克服资本家对人民的剥削"[①]。合作社运动的健康运行，对于"和谐社会"的构建起着重要的作用。

1978 年以后，国家以经济建设为中心，学术界也更多地研究经济建设与发展问题。农民合作社在这一大背景下组建与发展，较多的学者便认为农民合作社的发展应该更重视它的经济功能。

有些学者认为，市场经济社会下带动了合作社的发展，合作社应该由强者发起，鼓励企业组建合作社（史金善，2005）；他们认为合作社应该控制在大户手中，由大户领办，认为没有大农领办的合作社，或者合作社中没有企业的参与，那么合作社将会很难成功（张晓山，2009）；还有一些学者认为，在市场经济的快速发展下，我们应该正视合作社本质规定性的漂移，在激烈的竞争下，要正视经营专家管理的合理性（黄祖辉，邵科，2009）；还有的学者直接主张合作社应该向公司制企业发展（胡正华，2010；刘滨，2011）。不可否认，在市场经济的冲击下，相关学者对于农民合作社发展更加注重它的经济效益的观点和向公司制企业发展的主张，对于农民合作社运动偏离它的本质属性产生了较大的影响。尤其在每年中央"一号文件"对合作社的表述都强调其经济功能的权威引导下，全国的合作社都错误地采取了公司或企业化形式致力于其经济效益，而忽视其社会功能和政治功能，更谈不上"过渡点"的发展方向。

更有甚者，一些合作社由公司股东进行控股，最后所产生的经济收益大部分进入股东手中，而普通社员却只得到其中的小部分收益，客观上导致了合作社内部公司大股东对农民的变相剥削，且与合作社通向共产主义"过渡点"的发展方向背道而驰。

---

① 王平，王国连，刘立彬. 农村合作理论与实践教程［M］. 北京：中国环境科学出版社，2010：16.

对于现阶段我国农民合作社运动偏离正确运动轨迹的现象，应该引起理论界和决策层的高度重视，并采取措施从根本上予以矫正，使其重新步入正轨，以正确发挥其"过渡点"的作用。

（一）筑牢马克思关于合作社"过渡点"的思想根基

综上所述，我国农民合作社在发展过程中偏离其"过渡点"的主要原因在于过分重视它的经济功能。经济功能的高度重视，意味着农民合作社将以利润为主要目标，效益至上，这种理念与马克思合作社理念相偏离。农民合作社作为一种保本经营组织，其本身并不以营利为目标，且具有很大程度上的公益性。我国的农民合作社运动应该始终坚持马克思关于农民合作社是通向共产主义"过渡点"的正确理念。

筑牢马克思关于合作社"过渡点"的思想根基，最根本的措施是广泛宣传马克思关于合作社"过渡点"思想，使广大干部群众熟知马克思合作社"过渡点"思想具有重要的理论和现实意义。通过宣传教育使广大干部群众了解合作社是改良资本主义弊端的有效措施，可以有效构建和谐社会，是一种贫民的组织。目前我国正处于社会主义初级阶段，贫困人口主要集中在农村地区，农民始终是我国的弱势群体。农民合作社的发展可以在自愿平等的基础上有效地联合我国的农民，通过生产资料的共同占有，谋求和维护自身的利益，改善我国农民总是处于弱势地位的现象，有效促进社会和谐。正确发挥农民合作社在我国社会主义初级阶段的作用，对于我国这样一个农业大国，应该坚持农民合作社的正确理念。马克思说过，改造小农的主要办法在于合作经济，应该采取自愿互利的方式促进农民合作社的发展。农民合作社作为我国由社会主义初级阶段过渡到共产主义社会的"过渡点"，应该始终坚持农民主办、农民主管、农民主要受益，致力于服务社内社员。

（二）加强农民合作社运动方向的政策引导

为了保障农民合作社的正常运转和有效发展，既要坚持依靠农民自愿联合和民主管理，也要政府的相关法规和政策支持，从而促进农民合作社的健康长期发展。

一要完善法规。农民合作社发展至今，关于其法律保障却很少。除了2007年制定了一部比较完整的《农民专业合作社法》以外，关于农民合作社的其他法律几乎没有。因此，应该根据农民合作社的不断发展，特别是全国已经广泛探索"三位一体"合作体系建设的背景下，亟须制定并颁布综合性的《农民合作社法典》及其相关行政规范。以法律的刚性约束，来保障农民合作社的长远发展。

二要政策倾斜。农民作为社会上的弱势群体，由其组建和成立的合作社，在市场竞争中必然处于弱势地位。对于正在成立或者已经成立的农民合作社，政府应该给予较大的政策优惠，保障农民合作社补贴经营、微利经营、民主管理和公平收益。此外，对于农民合作社资金短缺问题，政府要通过金融政策，引导金融机构对农民合作社的资金支持。

三要财政支持。政府作为宏观调控的中心，对于农民合作社要有强力的国家财政支持，以保障农民合作社补贴经营或微利经营。

参考文献:

[1] 马克思. 资本论: 第 1 卷 [M]. 北京: 人民出版社, 2004.

[2] 马克思. 资本论: 第 3 卷 [M]. 北京: 人民出版社, 2004.

[3] 洛尔夫·德鲁贝克, 雷纳特·麦科尔. 马克思恩格斯论社会主义社会和共产主义社会 [M]. 籍维立, 等, 译. 郑州: 河南人民出版社, 1993.

[4] 谢元态. 股份—合作制: 通向理想的"自由人联合体" [J]. 江西农业大学学报 (社会科学版), 2010 (1): 116-124.

[5] 李德智, 谢元态. "公司+合作社"经营模式研究 [J]. 经济师, 2017 (9): 40-44.

[6] 尹世洪. 马克思恩格斯合作社理论新探 [J]. 江西社会科学, 1994 (2): 40-45.

[7] 王留鑫, 何炼成. 马克思恩格斯农民合作思想研究——兼论对我国农民合作的启示 [J]. 理论月刊, 2016 (12): 48-52、80.

[8] 刘同山. 应重视农民合作社的社会功能 [J]. 合作新声, 2017 (4): 40.

[9] 孙日瑶. 马克思主义合作社理论及其现实意义 [J]. 理论学刊, 1997 (3): 45-50.

[10] 黄祖辉, 邵科. 合作社的本质规定性及其漂移 [J]. 浙江大学学报 (人文社会科学版), 2009 (1): 10-15.

[11] 徐旭初, 吴彬. 异化抑或创新?——对中国农民合作社特殊性的理论思考 [J]. 中国农村经济, 2017 (12): 2-17.

[12] 李金珊, 袁波, 沈楠. 农民专业合作社本质属性及实地考量——基于浙江省 15 家农民专业合作社的调研 [J]. 浙江大学学报 (人文社会科学版), 2016, 46 (5): 129-143.

第二编
习近平新时代中国特色社会主义经济思想研究

中国特色社会主义制度的竞争优势理论探讨[①]

——学习习近平关于中国经济发展制度优势的论述

武建奇[②]

2018 年是马克思诞辰 200 周年、《共产党宣言》发表 170 周年，也是我国改革开放 40 周年。40 年来，中国经济社会发展取得了举世公认的成就，这是对马克思的告慰，也是对《共产党宣言》的纪念。

中国崛起已是不争的事实。"中国奇迹""中国崛起"已成为近年来的国际热词，人们以此来形容中国改革开放以来发生的巨大变化。按常理不会发生才称得上奇迹，变大变强很迅速才称得上崛起。的确，按照西方标准的教科书，财产私有、市场自由、没有国家计划、最少政府干预才是最好的经济制度，照此衡量，中国是"最糟糕的经济制度"，连起码的市场经济的标准都不够，更无什么"优越性"可言，所以，"中国崩溃论"早就在西方流行。可令西方不解的是，几十年过去，中国经济不但没有崩溃，反而发生了"逆袭"，出现了"非理性增长"，从我国改革开放初的 1979 年到 2015 年国内生产总值年均增长 9.7%，创造了大国经济长期快速增长的奇迹，在 2010 年 GDP 首次超过日本后，2017 年中国的 GDP 已接近美国的 2/3，相当于日本的 2.64 倍（2015 年）、英国的 3.8 倍（2015 年）和法国的 4.49 倍（2015 年）。与此形成鲜明对照的是，采用西方制度模式的另一个大国印度 1978 年的 GDP 比中国多、人口比中国少、人均产值高于中国，而 2015 年其 GDP 却只有不足中国的 1/5，人均收入也只有中国的 1/5。[③]现代西方经济学理论解释不了这种"悖理"的"中国现象"，按照西方主流理论不会出现的中国崛起令一些人恐惧，于是又出现了"中国威胁论"。最近发生的美国政府制裁中国高科技企业的"中兴事件"只是中华民族伟大复兴长期过程中的一个小插曲，根本阻止不了中国崛起。党的十九大报告中习近平总书记在谈到我国"经济建设取得重大成

[①] 本文系国家社会科学基金重点项目"创新视阈下的马克思剩余价值理论研究"（17AKS001）阶段性研究成果。

[②] 武建奇，男，河北内丘人，博士，博士生导师，河北经贸大学商学院教授，主要研究方向：《资本论》、产权理论及马克思主义政治经济学。

[③] 根据《中国统计年鉴》（2016）有关数据计算。参见：国家统计局. 中国统计年鉴（2016）[M]. 北京：中国统计出版社，2016：948，949.

就"时只列举了一些简单的事实，如年国内生产总值稳居世界第二，中国对世界经济增长贡献率超过 30%，数字经济等新兴产业蓬勃发展，天宫、蛟龙、天眼、悟空、墨子、大飞机等重大科技成果相继问世，而没有更多的评价性语言。倒是西方对中国 40 年的 GDP 位次变化、近年我国重大科技成果的"井喷"现象以及中国国际地位的迅速提升反应过度，出现了很多吸人眼球的报道。①这些报道未必十分准确，但反映了其背后发生的中国奇迹、中国崛起、中国的国际竞争优势的事实。本文试图结合对习近平关于中国特色社会主义经济发展的制度优势相关论述的研究，对这些事实做出自己的经济学解释。②

一、制度优势"是中国发展进步的根本保障"

经济发展是多种因素综合作用的结果，生产要素（包括劳动、资本、土地）的数量、质量和组合方式，人力资本、科学技术、组织管理、文化传统、政策环境等都可以对中国改革开放 40 年来的发展和进步作出一定解释，但最关键最根本的解释却在于制度，在于中国特色社会主义的制度优势或制度优越性③。

国家之间的竞争是直接的综合国力的竞争，表现为国家的经济、科技、政治、军事等方方面面国家实力的竞争，而这些实力的长期积累均源于制度体制的不断完善所释放的能量，因此，国际竞争的实质是国家制度之间的竞争，是不同制度在效率方面所具有的"比较优势"的竞争④。中国崛起是相对于其他国家发展不够快而言的，解释中国崛起不能就中国谈中国、就实力谈实力，而要说明决定中国综合实力快速提升背后的制度原因，即中国的"制度效率"为什么高于其他国家尤其是西方国家。

关于"社会主义制度优越性"并不是一个新话题，相反，早在改革开放前就有广

---

①　例如，早在 2014 年英国《金融时报》就报道，按照购买力平价法计算，国际货币基金组织（IMF）估计，《中国已成世界最大经济体，超美国 2 000 亿美元》（搜狐网，http://business.sohu.com/20141009/n404934281.shtml，2014-10-09 08:26:07）。德国调查机构调查认为《"德国制造"对手是"中国制造"》（据《环球时报》2017 年 10 月 11 日）。英国广播公司 2017 年 9 月 27 日网站报道，美国商务部长放话《中国"机器人革命"或威胁美国》（据《参考消息》2017 年 9 月 29 日）。《日本经济新闻》2017 年 6 月 13 日报道，《全球科研进入中美两强时代》（据《参考消息》2017 年 6 月 14 日）。法国《费加罗报》2017 年 8 月 28 日报道，《中美 21 世纪上演地位大逆转》（据《参考消息》2017 年 8 月 29 日）。

②　这里涉及"社会主义制度优越性"和"社会主义制度的竞争优势"两个命题，本文认为二者有关但内容有别。前者更广义，涉及社会主义制度方方面面的优越性问题，如生产目的、人民生活、公平正义、经济科技、政治社会等各个领域，而后者则主要是指社会主义国家在全球竞争中所具有的资本主义制度所不具备的独特优势。社会主义制度的竞争优势可以看作是社会主义制度优越性的一部分。

③　这里不想对是"制度重于技术"还是"技术重于制度"的命题进行争辩。按照唯物史观，生产力是推动社会发展的最终动力，技术是生产力中最为活跃的因素。但在技术进步酝酿到一定程度需要通过制度的完善松绑原有制度束缚以释放其巨大潜能时，制度就成了发展的关键因素。在这个意义上，国家与国家之间的所谓国际竞争，实质上是制度间"比较优势"的竞争。

④　"从 1900—2020 年的 120 年中美综合国力国际竞争'持久战'分析，中美发展实质上是两种制度的竞争，反映了中美之间的国家创新竞争。"参见：胡鞍钢，等《经济导刊》2017（3）的同名文章。

泛宣传，只是由于当时缺乏改革开放的理论与实践①，体制机制过于僵化严重束缚了经济发展而使社会主义制度优越性未能得到充分发挥，才置社会主义优越性理论于十分尴尬的境地。中国改革开放前的世界经济格局对社会主义国家极为不利，从经济发展水平上看，当时的中国内地不及台湾、东德不及西德、朝鲜不及韩国，前者实行着社会主义制度而后者实行的是资本主义制度。今天谈论社会主义制度优越性已与40年前的理论与实践背景已大为不同，我们对此已有了足够的底气。

制度不是抽象的笼统的，而是具体的各具特色的，广义的"制度"包括了根本制度、基本制度和具体的体制机制（如市场化）等，问题是中国崛起的"制度原因"到底是什么？对此，不同的人有不同的回答。

一种观点把中国崛起归因于所谓的"市场化改革"，其要害不在于说市场化改革本身对经济社会发展有推动作用，而在于其在对根本制度、基本制度和具体体制机制的侧重上撇开了社会主义根本制度和基本制度而只偏重于市场化体制改革。② 有的干脆归因于私有化改革，甚至把"中国奇迹"说成是私有经济从无到有、从少到多以至占主体地位的变化③。这很容易给人造成一种印象，似乎中国奇迹是源于"去社会主义""去公有制"，在于私有经济的成长和自由市场的发展，在于所谓市场化、自由化、私有化"改革"，而"社会主义"这个制度的关键词则被掩盖了。

对此，习近平总书记有过深刻论述，他旗帜鲜明地把中国特色社会主义制度看作是中国发展进步的根本保障。他说："要更好发挥中国特色社会主义制度的优越性。"④"中国特色社会主义制度，坚持把根本政治制度、基本政治制度、基本经济制度以及各方面体制机制等具体制度有机结合起来……集中体现了中国特色社会主义的特点和优势，是中国发展进步的根本保障。"⑤

习近平讲的中国特色社会主义制度是个广义的制度整体，既包括标志着社会主义性质的根本制度、基本制度，也包括标志着改革开放的市场经济体制机制，而其中关键的起决定作用的是标志着社会性质的那个东西即社会主义制度。"我国经济发展获得巨大成功的一个关键因素，就是我们既发挥了市场经济的长处，又发挥了社会主义制度的优越性。我们是在中国共产党领导和社会主义制度的大前提下发展市场经济，什么时候都不能忘了'社会主义'这个定语。"⑥

---

① 所谓改革开放理论与实践的"缺乏"并非没有，只是太少而且没有持续所以不具普遍意义。1956年毛泽东的《论十大关系》就提到要"以苏联的经验为鉴戒"，并"对适合我国情况的社会主义建设道路进行了初步的探索"（见《毛泽东著作选读》下册，人民出版社，1986年版，第720-744页），只是由于后来的政治运动而中断。

② "一些人往往把这些成功归结于市场经济的成功，而忽视了社会主义基本制度的优势。"参见：李民圣. 社会主义市场经济是对资本主义市场经济的全面超越和摒弃［EB/OL］. 人民网，2018-01-15，http://theory.people.com.cn/n1/2018/0115/c40531-29765856.html.

③ 许成钢. 大量国企改革不能够成功的学术依据是什么？［EB/OL］. 新浪财经头条，http://cj.sina.com.cn/articles/view/2949462582/afcd3a3600100bd4h.

④ 习近平谈治国理政［M］. 北京：外文出版社，2014：92.

⑤ 习近平谈治国理政［M］. 北京：外文出版社，2014：9-10.

⑥ 习近平. 在十八届中央政治局第二十八次集体学习时的讲话［EB/OL］. 人民网，http://cpc.people.com.cn/xuexi/n1/2017/0619/c385474-29347581.html.

"什么时候都不能忘了'社会主义'这个定语"，此话内涵深刻，意味深长。它意味着既要市场经济体制的长处，又要社会主义制度的优越性，但二者不是平起平坐，而是后者决定前者。中国发展市场经济、利用市场机制的大前提是共产党的领导和社会主义制度，是共产党、是社会主义决定发展市场经济、利用市场机制的，而且，是在共产党领导和社会主义制度的前提下发展市场经济，"社会主义市场经济，就是要坚持我们的制度优越性，有效防范资本主义市场经济的弊端"①，理论上，它比资本主义私有制市场经济有更大的比较优势，应该发展得更好。

二、"在与资本主义竞争中赢得比较优势，靠的就是改革开放"

习近平是坚定的马克思主义者、社会主义者、毛泽东思想的继承者，同时也是一个改革家、创新者和对外开放的积极推动者。他讲的"社会主义"是指中国特色社会主义，不是传统的计划经济的社会主义；他讲的"制度优势"也不是其他什么制度而是中国特色社会主义制度的优势、优越性，也就是"社会主义制度+市场经济体制"的社会主义，是改革、开放、创新的社会主义的制度优势或优越性。《习近平谈治国理政》一书中"改革开放""改革创新"被提到133次，是出现频率最高的词语之一。改革是发展的动力，也是社会主义制度优越性得以发挥的途径。他强调："靠什么来激发全体人民的创造精神和创造活力？靠什么来实现我国经济社会快速发展、在与资本主义竞争中赢得比较优势？靠的就是改革开放。"②"中国要抓住机遇、迎接挑战，实现新的更大发展，从根本上还要靠改革开放。在激烈的国际竞争中前行，就如同逆水行舟，不进则退。"③

习近平高瞻远瞩，着手于体制上更加改革开放，着眼于制度上更成熟与完善。重要但容易被忽略的是，习近平所讲具有制度优势的中国特色社会主义绝不是"社会主义制度"与"市场经济体制"的简单拼凑，而是二者的有机结合。通过这种"有机结合"不只是利用了市场经济体制的灵活，更重要的是使社会主义制度更加完善、高效。不能认为，"中国特色"只是在社会主义社会中加入了市场机制的成分，改变了原有的单一计划经济模式，而是在体制形式发生根本变化（从计划经济体制转向市场经济体制）的同时，"社会主义制度"本身也得以更加完善，也发生了某种程度的变化，它的经济基础、阶级基础、社会基础（人民概念）、历史使命（对私有制态度）、执政党的治党和执政方式等方面都有一定改变。因此，习近平才说"制度自信"不是对传统社会主义制度模式的坚持，而是要使中国特色社会主义制度更好："我们全面深化改革，是要

① 习近平. 在十八届中央政治局第二十八次集体学习时的讲话［EB/OL］. 人民网，http://cpc.people.com.cn/xuexi/n1/2017/0619/c385474-29347581.html.

② 习近平谈治国理政［M］. 北京：外文出版社，2014：86.

③ 习近平谈治国理政［M］. 北京：外文出版社，2014：100.

使中国特色社会主义制度更好；我们说坚持制度自信，不是要故步自封，而是要不断革除体制机制弊端，让我们的制度成熟而持久。"①

可见，改革、开放、创新的"中国特色社会主义"既改变了原来社会主义（包括党）的面貌，也改变了西方市场经济的原貌，是"双改变"。"社会主义市场经济"不是"传统的社会主义+西方的市场经济"，而是对创新了的社会主义制度和创新了的市场经济体制的有机结合，是"双创新"，这使中国特色的社会主义市场经济比之西方以私有制为基础的资本主义市场经济更有效率。即"通过不断改革创新，使中国特色社会主义在解放和发展社会生产力、解放和增强社会活力、促进人的全面发展上比资本主义制度更有效率，更能激发全体人民的积极性、主动性、创造性，更能为社会发展提供有利条件，更能在竞争中赢得比较优势，把中国特色社会主义制度的优越性充分体现出来"②。

三、从制度优势到国家竞争优势

中国特色社会主义制度中西合璧，既保留了社会主义的性质又克服了传统体制的弊端，吸收了市场经济的长处又避免了资本主义的弊病，理论上是最有效率的经济制度。中国特色社会主义这种制度优势在国家与国家间的全球竞争中必然表现为国家竞争优势，正是它成就了举世瞩目的中国奇迹、中国崛起。这种国际竞争优势主要通过以下五种较量得以实现。

（一）"两手并用"与"单手调节"的较量

经济学历来有国家干预主义和经济自由主义之争。200 多年前斯密提出"干预最少的政府是最好的政府"，20 世纪的 30 年代凯恩斯主张政府可以创造"有效需求"，60 年代和 70 年代以科斯为代表的新自由主义思潮兴起，80 年代里根经济学和撒切尔经济学的实践，以及八九十年代苏东剧变，都推动了经济自由主义成为西方经济学的主流。但政府干预的声音并没有泯灭，今天仍然不乏主张政府干预的世界著名经济学家，诺贝尔经济学奖得主斯蒂格利茨就是其中之一③。

客观地讲，政府干预和经济自由各有道理，不必各执一端，截然对立。既然"政府之手"和"市场之手"都可对经济过程施加影响，为何不让其各展其长、"两手并用"呢？"市场失灵"是政府干预的理由，而"政府失灵"又被自由主义用以对干预理论反唇相讥。如果说在资本主义国家内部的争论，自由主义学派对政府作用的否定多由于其自由主义理念所致，天然认为政府干预的失灵比市场机制的失灵后果更为严重；那么，在他们向中国的改革发展提出"政府失灵"警告时则多出于对社会主义国家集中力量

① 习近平谈治国理政 [M]. 北京：外文出版社，2014：106.
② 习近平谈治国理政 [M]. 北京：外文出版社，2014：93.
③ 斯蒂格利茨. 政府为什么干预经济 [M]. 赫特杰，译. 北京：中国物资出版社，1998.

办大事这个最大制度优势的恐惧和消解意图①。

关于经济调节中政府的"有形之手"与市场的"无形之手"之间的关系，习近平一方面承认"市场配置资源是最有效的形式。市场决定资源配置是市场经济的一般规律，市场经济本质上就是市场决定资源配置的经济。健全社会主义市场经济体制必须遵循这条规律"。另一方面他也强调，"我国实行的是社会主义市场经济体制，我们仍然要坚持发挥我国社会主义制度的优越性、发挥党和政府的积极作用。市场在资源配置中起决定性作用，并不是起全部作用"。"发展社会主义市场经济，既要发挥市场作用，也要发挥政府作用……科学的宏观调控，有效的政府治理，是发挥社会主义市场经济体制优势的内在要求"②。因此，"要用好'看不见的手'和'看得见的手'，努力形成市场作用和政府作用有机统一"③。

"有效的市场"和"有为的政府"相结合的社会主义市场经济是取长补短的高效率体制④，它兼有计划与市场二者的长处，又避免了二者的缺陷，因为理论上，经济调节的工具箱里两套工具比一套工具用起来更得心应手。中国有能力使政府调控产生的巨大宏观效益在抵消了不可避免但被压到最小的"政府失灵"的负作用后的净收益为正。

（二）"算大账"与"小算盘"的较量

企业效率是国家竞争力的微观基础，但国家竞争优势的形成绝非仅仅靠企业微观效率，国家参与国际竞争的整体谋划和顶层设计更具战略性决定意义。"国有企业是中国特色社会主义的重要物质基础和政治基础，是我们党执政兴国的重要支柱和依靠力量"，必须"坚定不移把国有企业做强做优做大"⑤，这是事关中国特色社会主义制度长治久安的根本大计。国有企业的国有属性决定了它可以成为国家用来提高社会整体效率的手段而不是像"经济人"那样只计较于企业自身的微观效率，这是公有企业特别是国有企业从根本上优于私有企业的关键所在。私有企业的唯一目标是利润，而"利润不是衡量企业效率的可靠指标"，因为社会主义国有企业承担着利润之外的很多职能，还承载着国家战略和国家政策，在促进社会整体效率方面发挥着关键作用。除了不计短期利润这个特性之外，国有企业还有其他很多特性。因为一个国家的国有企业不止一个而是很多，"这就产生了企业之间的关系的问题。考虑到这些关系，可以证明，公有制企业相对私有制企业的效率占优性更强"。例如国有企业之间可以资源共享、国家默认一些服从于国家整体战略而自身减少盈利甚至亏损的"奉献型企业"和"奉献型行业"存在的合理性以及由于这些"奉献"而实现"整个社会的生产性资源共享"等。⑥

---

① 王今朝的观点极有见地："政府失灵并不是可靠的理论，而集中力量办大事才是真正的规律。从这个规律，我们可以把西方政府失灵理论看作西方国家为了阻止中国集中力量办大事而提出的战略性理论。"参见：王今朝.中国经济发展模式：政治经济学占优设计 [M].北京：社会科学文献出版社，2018：177.

② 习近平谈治国理政 [M].北京：外文出版社，2014：77.

③ 习近平谈治国理政：第2卷 [M].北京：外文出版社，2017：524.

④ 李民圣.社会主义市场经济是对资本主义市场经济的全面超越和摒弃 [EB/OL].人民网，2018-01-15.http://theory.people.com.cn/n1/2018/0115/c40531-29765856.html.

⑤ 习近平谈治国理政：第2卷 [M].北京：外文出版社，2017：175.

⑥ 王今朝.中国经济发展模式：政治经济学占优设计 [M].北京：社会科学文献出版社，2018：83-96.

我国的国有企业恰恰是只分布于重要领域、关键方面（提供共同服务的基础设施等），其职能不是单纯以利润为目标，而是为国家整个经济发展创造良好的宏观条件。正是国有企业为保证宏观经营便利而主动牺牲微观上的一定效益才换来了整个社会更高的效率，即宏观高效抵消微观"低效"的差额后仍有"净剩余"。这样，中国参与国际竞争实际是整个国家"算大账"与西方国家只打私人公司"小算盘"之间的竞争，孰优孰劣，高下立判。正由于畏惧中国国有企业的整体效率观，所以，西方国家的一个策略就是以所谓"双反"（反政府补贴、反低价倾销）调查为名，打压中国企业尤其是公有企业、国有企业，借此削弱社会主义国家的国际竞争力和综合实力。这正说明我国国际竞争"算大账"策略的成功和优越。

（三）战略安排与自发配置的较量

凡事预则立，不预则废。"预"，就是谋划。"不谋全局者，不足谋一域"。谋划，就是讲究战略战术，全盘考虑中国在全球竞争中的各种因素，分清根本和枝节、长远和眼前、大局和局部、重点和一般，抓住中国发展中的关键和要害，需要时可以丢卒保车，整体规划、顶层设计发展的目标和路径，以达到中国发展整体效益的最大化，这正是中国特色社会主义制度的独有优势，为强调私有、自主、自发、自由的资本主义制度所不及。因为理论上，有组织、有规划、讲策略的竞争一定优于无组织的完全自发的分散的竞争。

换个角度来看，经济本身不是原子状均匀分布的，而是有结构的：新兴产业、战略产业、朝阳产业，与传统产业、一般产业、夕阳产业对发展有着极为不同的意义。由产业发展客观规律决定了有的产业前途远大，预示着经济未来发展的方向，而颠覆性技术创新，能够带来产业革命，应该重点投资、集中发力以顺应其发展；有的产业则随着经济进入更高阶段而日益衰落，应该有计划地撤出、转移以减少资源的浪费。我们在科学认识产业发展规律基础上有轻有重，分别施策，重点突破，就能更好地推动国民经济整体健康发展和竞争力的增强，这是资本主义自发配置资源的效率所不能相比的。

对此，邓小平讲"社会主义同资本主义比较，它的优越性就在于能做到全国一盘棋，集中力量，保证重点"[1]。习近平则称"我国社会主义制度能够集中力量办大事是我们成就事业的重要法宝"[2]。利用这个法宝，我们制定了并正在执行《中国制造2025》十年产业发展规划，它对我国从制造大国走向制造强国具有决定性战略意义。正是因为这一点令西方资本主义国家感到了恐惧，才使我国的产业政策经常成为一些西方国家攻击的目标，说什么我国的产业政策从来没有成功过，连美国政府也迫不及待，无理要求我国停止执行《中国制造2025》规划，企图让我国按照美国命令改变我们的国内政策，真是荒唐可笑之极。

西方害怕我国制度优势的强大，却不情愿承认社会主义制度优越的事实。《纽约时报》著名专栏作家弗里德曼对中国崛起原因的解释是："中国凭借对重点问题的关注，

① 邓小平文选：第3卷 [M]. 北京：人民出版社，1993：16-17.
② 习近平谈治国理政 [M]. 北京：外文出版社，2014：126-127.

发挥了自己落后体制90%的正面作用，给中国带来了长足的进步；而我们，由于几乎没有任何侧重点，仅发挥了我们优越体制50%的正面作用。"①殊不知，资本主义制度所谓的"正面作用"不能发挥，其本身就是制度劣势的问题。

（四）"政贵有恒" 与轮流执政的较量

"我们要牢记一个道理，政贵有恒。为官一方，为政一时，当然要大胆开展工作、锐意进取，同时也要保持工作的稳定性和连续性。"②"政贵有恒" 就要保持政府政策的稳定和连续，战略方针一经确定就要一以贯之，使经济主体感觉未来可预期，较少不确定性，以增强对市场前景的信心。

"政贵有恒"是我党的传统，也是中国特色社会主义的独特制度优势，西方国家不具备，也学不来，不可借鉴。中共十九大会上中央三届总书记江泽民、胡锦涛和习近平同台开会，共谋国家发展大计，这对于特朗普、奥巴马和克林顿三任美国总统来说，是不可想象的。在中国，"政贵有恒"的关键是坚持党对一切工作的集中统一领导。习近平说："办好中国的事情，关键在党。中国特色社会主义最本质的特征是中国共产党领导，中国特色社会主义制度的最大优势是中国共产党领导。"③这一重要认识的取得也经历过曲折，来之不易。早在1987年召开的中共十三大报告曾提出"政治体制改革的关键是党政分开"，"党政分开才能使党驾驭矛盾，总揽全局，真正发挥协调各方的作用"的观点④。针对改革开放以来党的领导有所削弱、涣散的事实，习近平总书记在党的十九大报告中，把"坚持党对一切工作的领导"作为新时代中国特色社会主义基本方略中的第一条，这是新时代对党的领导认识的重大变化。"现代政治是政党政治，政府是属于特定政党领导下的政府，执政党的价值理念、执政方式及领导人的能力等决定了政府作用是否能够充分有效地发挥。近年来，西方国家频频出现的财政僵局、政党恶斗、社会骚乱、种族冲突等问题，暴露出了西方多党竞争制度会造成国家能力羸弱的弊病。"⑤

"在我国，党的坚强有力领导是政府发挥作用的根本保证。在全面深化改革过程中，我们要坚持和发展我党的政治优势，以我们的政治优势来引领和推进……社会主义市场经济更好发展"⑥。有了党的坚强领导才能绘出一张好的蓝图并一干到底，一茬一茬接着干，"不要换一届领导就兜底翻"⑦。因此，中国成功实施了20年GDP"翻两番"战略并正在扎实推进"两个一百年"战略目标，与此对比鲜明的是在两党轮流执政的美国，共和党人特朗普一上台就接连推翻其前任总统民主党人奥巴马的很多战略决策，多党政治下不但没有任何政策的"稳定性"和"连续性"可言，而且其破坏程度简直是颠覆

① 托马斯·弗里德曼发表于《纽约时报》的文章 [EB/OL]. 搜狐网，http://www.sohu.com/a/205526252_346578.

② 习近平谈治国理政 [M]. 北京：外文出版社，2014：399.

③ 习近平. 在庆祝中国共产党成立九十五周年大会上的讲话 [M]. 北京：人民出版社，2016：22.

④ 中共十三大报告 [M] // 十三大以来重要文献选编：上册 [M]. 北京：人民出版社，1991：36，38.

⑤ 李民圣. 社会主义市场经济是对资本主义市场经济的全面超越和摒弃 [EB/OL]. 人民网，2018-01-15，http://theory.people.com.cn/n1/2018/0115/c40531-29765856.html.

⑥ 习近平. 在十八届中央政治局第十五次集体学习时的讲话 [N]. 人民日报，2014-05-28.

⑦ 习近平谈治国理政 [M]. 北京：外文出版社，2014：400.

性的。两党斗争，为一党之私，影响国家大局，与"政贵有恒"的中国相比，长短利弊，已经不言而喻。

（五）合作共赢与霸权思维的较量

"地球村"没有"村长"，国际经济竞争中没有领导和被领导的上下级关系，只有国际分工与协作，各国应依照自己的比较优势、绝对优势和独特的竞争优势在国际经济体系中通过交换获得相应的利益，国与国之间平起平坐，自由平等。这方面，习近平的合作共赢思想比特朗普"美国优先"的霸权思维更有吸引力。

一是共同价值。"大道之行也，天下为公。和平、发展、公平、正义、民主、自由，是全人类的共同价值"，习近平倡导"构建以合作共赢为核心的新型国际关系，打造人类命运共同体"①。人类命运共同体理念得到世界各国拥护并已经被写入了联合国宪章。二是和气生财。"世界各国一律平等，不能以大压小、以强凌弱、以富欺贫。主权原则不仅体现在各国主权和领土完整不容侵犯、内政不容干涉，还应该体现在各国自主选择社会制度和发展道路的权利应当受到尊重"②。三是和而不同。"我们要促进和而不同、兼收并蓄的文明交流……文明之间要对话，不要排斥；要交流，不要取代"③。天下为公，和气生财，和而不同是中国优秀传统文化，有着极强的亲和力，这种文化"软实力"也是中国全球竞争优势的一个有机构成部分。四是多边主义。"我们要坚持多边主义，不搞单边主义，要奉行双赢、多赢、共赢的新理念，扔掉我赢你输、赢者通吃的旧思维"④。

由上不难看出，相对于特朗普要求在经贸关系中外国必须服从"美国第一"的霸权思维，习近平的合作共赢思想更有吸引力。特朗普不顾世贸规则动辄挥舞关税大棒，甚至动用所谓"长臂管理"对别国企业进行处罚的做法，是不得人心也是注定要失败的。

总之，中国特色社会主义制度的根本保障，改革开放对社会主义市场经济的激活，与西方多方面较量中我国制度优势所表现出的高于资本主义制度的效率，推动了中国奇迹的创造和中国崛起的实现。

---

① 习近平谈治国理政：第 2 卷［M］. 北京：外文出版社，2017：522.
② 习近平谈治国理政：第 2 卷［M］. 北京：外文出版社，2017：523.
③ 习近平谈治国理政：第 2 卷［M］. 北京：外文出版社，2017：524.
④ 习近平谈治国理政：第 2 卷［M］. 北京：外文出版社，2017：523.

习近平生态扶贫思想的内涵体系与实现路径①

蒋海舲②　　肖文海③

摘　要： 生态扶贫思想是习近平生态文明建设思想在脱贫攻坚领域的运用，是习近平新时代中国特色社会主义思想体系的重要组成部分。习近平生态扶贫思想的核心是绿色发展，根本要求是环境生产力，实现路径是"两山"转化，落脚点是绿色惠民。要从加强制度建设、完善生态补偿、创新资源利用、推动共建共享等方面探索经验，创新模式，推动习近平生态扶贫思想落地生根。

关键词： 习近平　生态扶贫　体系　路径

习近平新时代中国特色社会主义思想体系内涵丰富、博大精深，生态扶贫思想是其中的重要组成部分。习近平生态扶贫思想既是其生态文明建设思想的有机延伸，又是其脱贫攻坚思想的重要组成部分。从统筹推进"五位一体总体布局"与协调推进"四个全面战略布局"的高度深刻领会、贯彻落实习近平生态扶贫思想是理论和实践部门的重要任务。本文在习近平工作履历、扶贫考察经历和生态文明建设和脱贫攻坚系列论述基础上，提出习近平生态扶贫思想的内涵体系，并从顶层设计、制度体系、产业发展、乡村振兴、文化弘扬等方面探索习近平生态扶贫重要思想的实现路径。

一、习近平生态扶贫思想的形成

习近平曾经长期在贫困落后地区基层工作，一直有深厚的扶贫情结。青年时期的艰苦经历是习近平同志扶贫事业和社会责任担当的动力之源。正如习近平同志在 2015 年"北京减贫与发展高层论坛"发表"携手消除贫困，促进共同发展"主旨演讲中提到"上个世纪 60 年代末，我还不到 16 岁，就从北京来到了陕北一个小村庄当农民，一干

① 本文系江西财经大学研究生党的十九大精神专项校级课题"习近平生态扶贫思想来源与内涵体系研究"的阶段性研究成果。

② 蒋海舲，江西财经大学生态文明研究院博士研究生、江西农业大学南昌商学院讲师，主要研究方向：资源环境经济。

③ 肖文海，江西财经大学生态文明研究院教授，博士生导师，主要研究方向：循环经济。

就是 7 年。那时，中国农村的贫困状况给我留下了刻骨铭心的记忆。我当时和村民们辛苦劳作，目的就是要让生活能够好一些，但这在当年几乎比登天还难"。习近平从政几十载，其足迹几乎踏遍全国各地大小贫困地区，他走村入户，访贫问苦，《摆脱贫困》一书，收录了 1988 年 9 月—1990 年 5 月习近平担任中共宁德地委书记期间的重要讲话、文章，提出了"弱鸟可望先飞，至贫可能先富"、扶贫先要扶志、滴水穿石、四下基层、群众路线等一系列重要扶贫思想。1997 年，在担任福建省委副书记期间，习近平同志推动了福建和宁夏开展对口帮扶工程，在宁夏建立起闽宁村和闽宁镇。2012 年 12月，党的十八大结束后不久，习近平总书记就前往位于"环京津贫困带"上的河北阜平县考察贫困问题，提出"脱贫致富要有针对性，要一家一户摸情况，张家长、李家短，都要做到心中有数"。2013 年 11 月，习近平到湖南考察，在花垣县十八洞村，他提出，扶贫要实事求是，因地制宜，要精准扶贫，切忌喊口号。2015 年 11 月 27 日，习近平在中央扶贫开发工作会议上发表长篇讲话，深刻论述了精准扶贫精准脱贫的重大理论和实践问题，标志着精准扶贫思想基本成型。2016 年 1 月，习近平同志在重庆考察时指出：推动长江经济带发展要走生态优先、绿色发展之路，使绿水青山产生巨大生态效益、经济效益、社会效益。此外，内蒙古阿尔山市、甘肃定西、安徽金寨县、陕西延川市、江西井冈山、凉山彝族自治州昭觉县等地都留下了习近平同志扶贫考察的足迹。这些区域都是贫困地区、革命老区、民族地区、山区以及生态功能区，通过实地考察，习近平同志对贫困地区的自然生态环境、社会经济发展、人文环境等有了深刻了解。在党的十九大报告中，习近平提出，要动员全党全国全社会力量，坚持精准扶贫、精准脱贫，坚持大扶贫格局，注重扶贫同扶志、扶智相结合，深入实施东西部扶贫协作，重点攻克深度贫困地区脱贫任务，确保到 2020 年我国现行标准下农村贫困人口实现脱贫。

　　习近平同志在考察期间发表的一系列讲话不断诠释生态扶贫思想与理念。2013 年 11 月，习近平在湖南考察调研时强调，扶贫开发要同做好"三农"工作结合起来，同保护生态环境结合起来。2014 年 3 月，习近平在参加十二届全国人大二次会议贵州代表团的审议时说：保护生态环境就是保护生产力，改善生态环境就是发展生产力。在"北京减贫与发展高层论坛"上，习近平同志发表主旨演讲时强调"我们坚持分类施策，因人因地施策，因贫困原因施策，因贫困类型施策，通过扶持生产和就业发展一批，通过易地搬迁安置一批，通过生态保护脱贫一批，通过教育扶贫脱贫一批，通过低保政策兜底一批"，并呼吁全球携起手来，为共建一个没有贫困、共同发展的人类命运共同体而不懈奋斗。2015 年 11 月，习近平在中央扶贫开发工作会议上指出，要按照贫困地区和贫困人口的具体情况，实施"五个一批"工程，明确要求生态补偿脱贫一批，加大贫困地区生态保护修复力度，增加重点生态功能区转移支付，扩大政策实施范围，让有劳动能力的贫困人口就地转成护林员等生态保护人员[1]。党的十八届五中全会通过的《中共中央关于制定国民经济和社会发展第十三个五年规划的建议》中，对生态扶贫进行了系统性的总结，将生态扶贫作为精准扶贫、精准脱贫的重要方式之一。从北京减贫与发展高层论坛的"生态保护脱贫一批"到中央扶贫工作会议上"生态补偿脱贫一批"，标志着习近平生态扶贫思想的形成并更加完善。

二、习近平生态扶贫思想的内涵体系

（一）核心是绿色发展

加快生态文明建设，实施绿色发展战略不仅是中国社会经济协调发展的战略需要，也是习近平生态扶贫思想的理论核心。创新、协调、绿色、开放、共享"五大发展理念"是相互贯通、相互促进、具有内在联系的集合体，必须将"五大发展理念"统一贯彻落实，不能顾此失彼，也不能相互替代。生态扶贫正是在"五大发展理念"指导下的制度创新，兼顾绿色与共享两个方面，在坚定走生产发展、生活富足、生态良好的文明发展道路的同时，做出更有效的制度安排使得发展成果由人民共享，推动美丽中国建设。生态扶贫就是将习近平生态文明建设思想指向生态特别重要和脆弱的贫困地区，体现了以生态环境保护、节约资源、绿色发展、民生为本的要求。环境保护和脱贫攻坚是全面建设小康社会的两个短板，习近平多次强调全面建成小康社会，最艰巨最繁重的任务在农村特别是在贫困地区。全面建成小康社会能否如期实现，很大程度上要看扶贫攻坚和生态建设工作做得怎样。

（二）基本要求是保护环境

习近平生态扶贫思想源于生活、源于实践，对保护生态环境与发展经济的关系有着极为深刻的认识和理解，形成了生态环境与生产力关系的辩证认识，提出了"保护生态环境就是保护生力、改善生态环境就是发展生产力"的核心观点和辩证关系，习近平强调"要牢固树立保护生态环境就是保护生产力、改善生态环境就是发展生产力的理念"[2]。这些论述揭示出生态环境保护的生产力本质属性，充分体现了习近平对经济发展与生态保护之间辩证关系的思考，这既是对传统生产力概念的重要创新，也对贫困地区生态扶贫提出了要求。保护生态环境就是保护人类的生存之源和空间发展载体，就是保护生产力；在资源趋紧生态承载力下降的现代社会，改善生态环境就是改善和维护支撑人类社会发展的生态系统，就是发展生产力。我国贫困地区与重点生态功能区的地理空间重叠，贫困地区保护生态环境和改善生态环境，就是在保护生产力和改善生产力，就应该分享保护和发展生产力的成果，就要共享社会经济发展成果。精准扶贫、精准脱贫就是要精准定位贫困地区贫困人口在保护和发展生产力方面的巨大贡献，通过财政转移支付和绿色生态产业开发，让贫困地区和贫困人口从保护生态环境中脱贫致富并实现持续发展。

（三）实现路径是"两山"转化

早在浙江工作期间，习近平同志就提出"既要绿水青山，也要金山银山，其实绿水青山就是金山银山"的思想。习近平同志担任总书记后，又对"两山论"进行了更加深刻、系统的理论概括和阐释。他精辟指出："金山银山固然重要，但绿水青山是人民幸福生活的重要内容，是金钱不能代替的。""绿水青山和金山银山绝不是对立的，关键在人，关键在思路。""为什么说绿水青山就是金山银山？'鱼逐水草而居，鸟择良木而栖'。如果其他各方面条件都具备，谁不愿意到绿水青山的地方来投资、来发展、来工作、来生活、来旅游？从这一意义上来说，绿水青山既是自然财富，又是社会财富、经济财富。"他还指出，一些地方生态环境基础脆弱又相对贫困，要通过改革创新，探索一条生态脱贫的新路子，让贫困地区的土地、劳动力、资产、自然风光等要素活起来，让资源变资产、资金变股金、农民变股东，让绿水青山变成金山银山，带动贫困人口增收。在习近平同志国内贫困地区的考察之中，实践验证了"绿水青山就是金山银山"这个道理。湘西的特色生态产业与旅游文化产业、苍山洱海的生态旅游、贵州花茂村的农家乐等，都证明了绿水青山拥有巨大的生态效益、经济效益、社会效益。对资源的合理开发利用，绿水青山可以源源不断地带来金山银山，绿水青山本身就是金山银山，山上的常青树是摇钱树，生态优势可以也能够转变为经济优势，可以形成浑然一体、和谐统一的关系。

（四）落脚点是绿色惠民

习近平指出，要科学布局生产空间、生活空间、生态空间，扎实推进生态环境保护，让良好的生态环境成为人民生活质量的增长点，成为展现我国良好形象的发力点，让老百姓切实感受到经济发展带来的实实在在的环境效益，为子孙后代留下可持续发展的"绿色银行"。"环境就是民生，青山就是美丽，蓝天也是幸福"[3]。习近平的"环境民生"理念拓展了民生观的传统内涵，把环境问题人格化，扩展了以人为本的基本原则和价值追求。我们不但要保护好今天的山清水秀，也要为后代子孙留下绿水蓝天；不但要把环境和民生问题摆在重要位置，而且要以高度负责的态度、决心和切实的行动去治理生态环境，"努力走向社会主义生态文明新时代，为人民创造良好生产生活环境"[4]。习近平的环境民生思想对生态扶贫提出了新要求，不仅发达地区人民群众在解决温饱问题之后期盼良好的生态环境，而且贫困地区人民群众同样对良好的生态环境有迫切的期盼，期盼天蓝地绿水清的同时拥有均等化的社会基础设施与公共服务，期盼良好的自然生态环境与人文社会生态环境的和谐统一，期盼良好生态环境的持续开发与利用，将良好的自然生态环境、独特的人文风俗与发达地区民众共享，打通发达地区与贫困地区之间的阻碍。

三、习近平生态扶贫思想的实现路径

习近平生态扶贫思想，不是生态与扶贫概念的简单相加，而是以绿色共享为核心，以不损害环境为底线，以绿色低碳循环发展为路径，以绿色惠民为归宿的系统理论体系。贫困地区的欠发达地区要自觉践行习近平生态扶贫思想，立足自身的区域环境、历史条件和文化传统，完善体制机制，创新生态资源利用方式，摆脱长期对资本、技术、政策性倾斜投入的依附性和"漫灌式"扶贫的依赖性，增强人力资本，实现经济、社会与自然和谐共生的绿色发展。

（一）加强制度建设，夯实绿色发展基础

按照人口资源环境相均衡、经济社会生态效益相统一的原则，科学布局生产空间、生活空间、生态空间，给自然留下更多修复空间。严格落实生态保护红线、环境质量底线、资源利用上线和环境准入负面清单，强化空间、总量、环境准入管理，协调好发展与保护的关系，确保发展不超载、底线不突破。加快实施主体功能区战略，以主体功能区规划为基础统筹各类空间性规划，加快完善主体功能区政策体系，实行差异化考核，推动各地区根据主体功能区定位发展，促进生态扶贫政策措施及相关项目落地，永葆"绿水青山"不变色，创造出无限的"绿色金山银山"。

加快建立健全生态文明的基础性制度框架，建立归属清晰、权责明确、监管有效的自然资源资产产权制度，重点界定水流、森林、荒地、滩涂等产权主体，在贫困县开展自然资源资产负债表编制，对森林生态系统、湿地生态系统、生物多样性、流域生态、碳汇等重点领域的功能进行价值评估。坚持精细管理，按照"准、精、实、效"原则，通过政策、体制、机制的改革创新来激活各类扶贫资源要素，解放和发展生产力，不断提高生态扶贫质量和效益。建立国家公园体制，多渠道筹措资金，对居住在生态核心区的居民实施生态搬迁，既恢复迁出区原始生态环境，又帮助贫困群众稳定脱贫。

（二）完善生态补偿机制，分享环境生产力成果

健全耕地、草原、森林、河流、湖泊休养生息制度，分类有序退出超载的边际产能。扩大耕地轮作休耕制度试点。科学划定江河湖海限捕、禁捕区域，健全水生态保护修复制度。实行水资源消耗总量和强度双控行动。开展河湖水系连通和农村河塘清淤整治，全面推行河长制、湖长制。开展国土绿化行动，推进荒漠化、石漠化、水土流失综合治理。强化湿地保护和恢复，继续开展退耕还湿。完善天然林保护制度，把所有天然林都纳入保护范围。

探索建立多元化生态保护补偿机制，逐步扩大贫困地区和贫困人口生态补偿受益程度。增加重点生态功能区转移支付、完善森林生态效益补偿补助机制、实施新一轮草原生态保护补助奖励政策。以国家重点生态功能区中的贫困县为主体，整合转移支付、横向补偿和市场化补偿等渠道资金，结合当地实际建立生态综合补偿制度，健全有效的监测评估考核体系，把生态补偿资金支付与生态保护成效紧密结合起来。探索碳交易补偿方式，结合全国碳排放权交易市场建设，积极推动清洁发展机制和温室气体自愿减排交易机制改革，研究支持林业碳汇项目获取碳减排补偿，加大对贫困地区的支持力度，让贫困地区分享保护环境生产力成果。

（三）创新资源利用，促进生态产品价值实现

创新生态资源利用方式，把绿水青山转化为金山银山。推进森林资源有序流转，推广经济林木所有权、林地经营权等新型林权抵押贷款改革，拓宽贫困人口增收渠道。地方可自主探索通过赎买、置换等方式，将国家级和省级自然保护区、国家森林公园等重点生态区范围内禁采伐的非国有商品林调整为公益林，实现社会得绿、贫困人口得利。

推进贫困地区农村集体产权制度改革，保障农民财产权益，将贫困地区符合条件的农村土地资源、集体所有森林资源，通过多种方式转变为企业、合作社或其他经济组织的股权，推动贫困村资产股份化、土地使用权股权化，盘活农村资源资产资金。进一步推进农村产权制度改革激活资产要素。通过盘活承包农地林地、宅基地、房产以及集体资产股份等提高农村贫困家庭和个体财产性收入。抓好农村宅基地、承包经营权确权颁证工作，建立和完善土地流转制度。赋予农民对集体资产股份占有、收益、有偿退出及抵押、担保、继承等权利，探索经营权入股发展产业化经营。帮助贫困户融资创业，增加资产收益。

结合地区实际，实施"生态+产业"工程，探索个性化绿色发展路子。因地制宜发展"生态+养老"的"大健康"产业，把村庄变成候鸟式养老基地、把村民变成房东；发展"生态+旅游"产业，引导村民创办农家乐，把民房变成客栈；发展"生态+种养"产业，实施特色农林工程，依托山、水、林、田资源，发展菜、茶、桑、药、菌、畜、禽等特色产业，创建国家地理标志保护产品；发展"生态+电商"产业，运用互联网破解生态产品销售瓶颈，将特色农副产品销至全国甚至海外，形成每村都有品牌产业、每户都有增收产业的格局。

创新利益联结机制，探索推行"主导产业+扶贫资金+合作组织+帮扶机制"的"四位一体"模式。大力实施"龙头企业+基地+专业合作社+贫困户""专业合作社+基地+贫困户"等生产经营模式，安排给贫困户的生态产业扶贫、基础设施建设等项目资金，投入到相关项目，作为贫困户的保底股份，项目产生的效益与贫困户共享。积极引导鼓励贫困户以耕地、林地承包经营权及其他物权作价入股，参与农业龙头企业、农民合作社、家庭农场、种养大户组织的规模化生产。以财政扶持资金为引导资金，提高资金投入效果，将龙头企业（合作组织）与贫困户"捆绑"在一起，调动贫困户参与产业扶贫的能动性。

（四）推进共建共享，落实绿色惠民

加强生态保护教育，弘扬生态文化，形成生态文明理念人人认同、生态文明建设过程人人参与、生态文明建设成果人人共享的局面。弘扬勤俭节约的优良传统，深入宣传节约光荣、浪费可耻的理念，引导机关、企业及广大群众从生活的点滴做起，争做低碳环保生活的倡导者和践行者。广泛开展文明村镇、星级文明户、文明家庭等群众性精神文明创建活动。遏制大操大办、厚葬薄养、人情攀比等陈规陋习。丰富农民群众精神文化生活，抵制封建迷信活动。深化农村殡葬改革。加强农村科普工作，提高农民的科学文化素养。

探索建立适应群众健康需求的生态环境指标统计和发布机制，健全优质生态环境资源的推广和共享机制。推进有条件的城市近郊风景名胜区逐步免费向公众开放，有序推动自然保护实验区适当向公众开放，建设一批开放型绿色生态教育基地。引导鼓励公众积极参与生态文明制度建设，研究制定《生态文明建设公众参与办法》，首先在贫困县开展企业环保信息公开公告制度、环保决策、会议的听证会制度和专家协助公众参与制度，推进公众参与规范化、科学化、法制化。全面推进环境质量信息、企业排污信息、

监管部门环境管理信息公开，建立环境保护新闻发言人制度。完善建设项目环境影响评价信息公开机制，在项目立项、实施、后评价等环节，有序提高公众参与程度。建立环境保护网络举报平台，完善环境违法举报制度，保障人民群众依法有序行使环境监督权。

切实保护好优秀农耕文化遗产，推动优秀农耕文化遗产合理适度利用。深入挖掘农耕文化蕴含的优秀思想观念、人文精神、道德规范，充分发挥其在凝聚人心、教化群众、淳化民风中的重要作用。广泛开展生活垃圾分类的宣传活动，采取进社区、学校、村庄，印刷宣传册，宣传生活垃圾的类型、分类方法等，提高群众的环境意识，引导形成垃圾分类的观念。开展生态文明教育基地建设，逐步建成自然保护区、湿地公园、自然博物馆、野生动物园、植物园、文化场馆（设施）等各类生态文明教育基地。培育挖掘乡土文化本土人才，开展文化结对帮扶，引导社会各界人士投身乡村文化建设。

参考文献：

[1] 赵其国，滕应. 以生态扶贫带动精准扶贫 [N]. 光明日报，2016-04-29.

[2] 习近平. 绿水青山就是金山银山 [N]. 人民日报，2014-07-11（12）.

[3] 习近平. 在省部级主要领导干部学习贯彻党的十八届五中全会精神专题研讨班上的讲话 [M]. 北京：人民出版社，2016.

[4] 习近平谈治国理政 [M]. 北京：外文出版社，2014.

试析"房住不炒"定位的理论逻辑

——基于大卫·哈维的分析框架

冯庆元①

摘　要： 按照大卫·哈维的分析框架，商品住房的使用价值与交换价值经历了从统一到背离的过程，因而划分为两个阶段。交换价值与使用价值的背离虽然从理论上解释了现阶段我国住房市场投机炒作盛行的乱象，但它却没能够进一步描述出住房商品交换价值与使用价值再次统一的第三个阶段。而新时代"房住不炒"定位的理论逻辑，则是坚持住房基本属性应从以赚钱为目的的交换价值回归到以居住为目的的使用价值上面来，从而实现交换价值与使用价值的再次统一。

关键词： "房住不炒"　理论逻辑　使用价值　交换价值

一、"房住不炒"定位的提出及其内涵

自 2016 年下半年以来，我国住房市场进入了新一轮快速上升周期，特别是部分一、二线热点城市的房价表现得尤为突出。正是在这样的大环境下，2016 年 12 月中旬，在中央经济工作会议中首次提出，坚持"房子是用来住的，不是用来炒的"的定位。2016 年 12 月 21 日，习近平总书记在中央财经领导小组第十四次会议上指出，"要准确把握住房的居住属性"，清晰界定了住房用于居住的基本属性。随后，在党的十九大上，习近平总书记指出，要加强社会保障体系建设，"坚持房子是用来住的、不是用来炒的定位，加快建立多主体供给、多渠道保障、租购并举的住房制度，让全体人民住有所居"，这进一步明确了我国未来房地产市场调控的总体要求、基本手段与最终目标。2018 年初，"两会"工作报告再次强调"房住不炒"的科学定位，并围绕加快建立多主体供给、多渠道保障、租购并举的基本住房制度，着力培育与发展租赁市场，同时努力研究与探索共有产权住房模式，逐步形成"完全产权—共有产权—零产权（租赁）"立

---

①　冯庆元，西南财经大学经济学院政治经济学博士生。

体的、多层次的住房市场体系。

　　坚持"房子是用来住的、不是用来炒"（"房住不炒"）的定位，其基本内涵就是要创造各种有利的条件，遏制投机炒作需求，让房子重新回归到满足和保障人民群众居住的基本属性上来，力争实现"住有所居"的目标。而当代马克思主义经济学者大卫·哈维关于商品价值的分析框架，有助于我们正确理解和把握"房住不炒"定位的理论逻辑。

二、研究的理论基点

　　在《〈政治经济学批判〉（1857—1858 年草稿）》中，马克思第一次对商品、价值和货币的本质进行了系统论述，并把商品二因素使用价值与价值作为其研究简单商品生产以及资本主义生产的逻辑起点，同时也将商品二因素作为分析一切商品本身内在规律与矛盾的理论硬核。他认为，"商品具有使用价值，它以自身的属性来满足人类的某种需要。这种需要不管是由胃而生，还是由人的精神产生，都无关问题的实质"。商品的本质属性和自然属性共同决定了其有用性，使商品拥有了相应的使用价值。具有不同使用价值的商品之所以可以按照一定比例进行交换，形成交换价值，是因为"在相交换的两种商品中，存在着一种等量的共同物质"。众所周知，这种共同的物质就是价值，即商品的价值——"抽象的人类劳动"或者说"无差别的人类劳动"。"一切商品，对它们的所有者来说，都不具有直接的使用价值，而对它们的非所有者而言，却具有使用价值，因此，商品必须进行交换，而商品交换使商品之间发生价值关系并作为价值来实现"。也就是说，对于商品售卖者而言，其目的在于商品的价值实现，表现为获取交换价值；而对于商品购买者而言，其目的在于商品的使用价值。最终，通过相互之间的交换，一方借助交换价值实现商品的价值，另一方则获得商品的使用价值。

　　然而，在商品的交易市场中，商品既具有使用价值，还具有通过转让来获取收益的交换价值，特别是在资本高度运作的今天，某些商品的转让或收益的属性会表现得很突出，甚至超过其本身的使用价值。此时，购买者获得商品的目的不在于其使用价值，而是仅仅通过"低买高卖"而获利。显然，在这种情形下，人们购买商品不再是为了获得满足自身需要的使用价值，而是为了追求商品可能的价格差价，意图通过买入—卖出而获取高于买入成本的收益，于是，商品的使用价值与交换价值之间发生了背离。

三、大卫·哈维对使用价值与交换价值关系的分析

　　大卫·哈维（David Harvey）不仅是一位世界闻名的地理学者，而且在马克思主义经济学领域亦很有造诣，尤其是把新的空间哲学思想和研究范畴引入传统的马克思主义理论体系之中，发展出历史—地理唯物主义，拓宽了马克思主义经济学的研究方法与视野。大卫·哈维对传统马克思经济学的基本理论与观点也有所继承与发展，他关于使用

价值与交换价值关系的解读,有助于理解"房住不炒"定位的理论逻辑。

大卫·哈维区分了使用价值与交换价值二者的统一、使用价值与交换价值二者的背离两个阶段,并进行了有益的分析。他将商品使用价值与交换价值的背离归因于商品使用价值与交换价值两种基本属性的固有矛盾,指出这在房屋中体现得较为明显。一方面,"房屋的使用价值相当多元:它为我们提供一个遮风避雨的地方……总之房屋的用途非常多样,似乎无穷无尽,而且各种用途往往十分独特",但房屋的首要属性或价值总体上都与居住相关,这是其最为基本的使用价值;另一方面,房屋交换价值则常常体现为相对简单、统一的尺度,如一定量的货币。一旦房屋的基本属性从居住向谋利转化,使用价值与交换价值之间的矛盾便会凸显,并呈现出某种背离的趋势。因为人们对住房的需求从使用价值向交换价值转移,导致了投机的形成;也就是说,在住房投机性需求超越居住需求占据主导地位时,内在的交换价值与使用价值会发生某种程度的背离。对追求房屋买卖价差者而言,房屋不再是使用价值而是交换价值的载体,交换价值成了交易的根本动力,由此,房屋从普通商品衍生成了纯粹的投机工具。

对于商品住房本身内含的双重价值——使用价值与交换价值二者间关系的演变过程,大卫·哈维进行了如下两阶段的分析:

(一) 使用价值与交换价值二者的统一

在第一阶段,房屋对于人类的使用价值在于其可提供居住的功能,人们为建造用于自住的房屋付出一定的交换价值(包括必要的劳力、原材料以及其他费用成本)。此时,房屋仅仅以使用价值的形式存在,同时,交换价值则只表现一种不同使用价值之间交换的比例,并不反映房屋的内在价值[①]。也就是说,建造者、居住及使用者本质上是同一个主体,房屋的居住属性是人们首要追逐和满足的属性,房屋的供给动力来自使用价值;投机还不是主导属性,因为交换价值只表现为获得房屋使用价值所支付的最小代价或成本。以 V 表示房屋,C 表示支付的成本,则有:

$$V 使用价值(居住)= C(劳力+原材料+其他费用) \tag{1}$$

由(1)式,我们很容易看到,房屋的使用价值与交换价值基本上是保持一致的,居住所获得的使用价值由必要的劳力支出、原材料和其他费用共同决定。因此,在第一阶段中,使用价值与交换价值的矛盾尚未显现出来,二者之间大体上还是存在着内部的一致性,它们在形式和内容上都是统一的。但是,这种情况通常只会发生在社会生产力较为低下的原始社会或者经济发展滞后以及刚开放的国家或地区(尤其是在土地价格或租金很低的情形中)。此时,房屋的基本属性依旧停留于居住这一使用价值上,建造房屋的目的在于使用,故使用价值 V 处于首要地位,是第一性的;交换价值则体现为获得房屋使用价值而付出的必要成本 C,是第二性的。本质上是房屋使用价值与交换价值二者的统一。

---

① "自力房屋"即使用者自行建造的房屋就表现为这一类,建造房屋的目的在于自住而非交易,尚不属于商品范畴。

（二）使用价值与交换价值二者的背离

在第二阶段，随着社会生产力不断提升，生产种类与交换范围进一步深化，当用于交换的劳动产品（商品）出现，即一旦价值由交换价值反映（虽然二者往往并不一致）；那么，商品的投机属性就已经或多或少地存在了。特别是，当价值形式（交换价值）逐步发展到货币形式，即货币代替交换中的商品作为充当流通中介（a medium of circulation）的固定角色。此时，交换价值与使用价值之间的矛盾越发突出，二者的背离倾向便越发明显。货币不过是商品价值的一般表达（the general expression of value），其本身还同时具有一定的独立性以及外部性；而商品才是价值的实际体现（the real embodiment of value）。因此，处于等价形式的特殊商品——货币与商品交换的比例奠定了价格的基础，价格也就成为商品交换价值的现实化的产物。人们不再仅仅追求商品内在的使用价值，而更加痴迷于通过商品交换而带来的货币收益——交换价值。毫无疑问，从历史的范畴来看，房屋一旦成了商品，也必然遵循这样一个内在规律。于是，在表达式（1）的基础上，添加 P 以表示各方所创造的利润（主要包括投机炒房者以及开发商攫取的高额利润），则有：

$$V \text{ 使用价值（居住）} < C \text{（劳力+原材料+其他费用）} + P \text{（利润）} \tag{2}$$

由（2）式易知，除了必要的成本支出 C，房屋的价格或交换价值还包括了各方参与者的利润 P。当参与交易的各方（尤其是投机炒房者）更多地追逐房屋以货币为代表的交换价值而不只局限于使用价值（居住）时，价格因总需求增强将会不断上升，以致同房屋使用价值背离日趋明显（$V<C+P$）。在 P（利润）中，变化最显著的是投机炒房客所获取的利润，并在很大程度上决定了使用价值与交换价值的背离程度。之所以在房屋价格高企的情形下，仍有大量的需求（投机需求），显然不是因其使用价值，而是因预期未来上涨的交换价值[①]（"买到就是赚到"形成了普遍性共识）。例如，当预期价格明显上涨时，房屋的投机属性将会得到强化，大量投机性需求进入，导致房价进一步上涨，从而导致使用价值与交换价值背离程度不断扩大。最终，房价高企的结果不但无法满足广大群众对房屋使用价值的需求，而且还会使住房市场经历"猛增"（繁荣）到"崩溃"（危机）的循环。

因此，在第二阶段，房屋市场的主导因素不再是使用价值，交换价值成为房屋市场的主导因素。正如大卫·哈维认为的那样，作为商品的房屋此时越发具有投机的属性，房屋属性转化过程中发生了使用价值与交换价值的背离。

四、"房住不炒" 定位的逻辑解析和意义

基于大卫·哈维的分析逻辑，住房商品的使用价值与交换价值关系的演化发展经历

---

① 央行发布的《2018 年第一季度城镇储户问卷调查报告》显示：9.9%的居民预期房价会下降，预期房价看涨的居民则达到 31.4%，而预期房价基本保持不变的居民为 48.2%。也就是说，在前期涨幅积累已到高位的情况下，大部分居民认为房价仍具有进一步上涨的空间。

了两个阶段：从使用价值与交换价值的统一到相互背离的过程。在第一阶段，使用价值与交换价值是统一的，因为房屋首要属性在于居住，处于主导地位，而交换价值则处于次要地位，在量上表现为获得房屋使用价值所付出的成本；在第二阶段，房屋首要属性由居住逐步让位于赚取收益，使用价值处于次要地位，而交换价值处于主导地位。那么，住房商品的使用价值与交换价值能否再度回归？

对于住房商品使用价值与交换价值二者关系的转化演变，大卫·哈维主要描述了以上两个阶段。而在第三阶段，房屋交换价值能否成功向使用价值回归、实现二者再次统一，大卫·哈维并未做出论述。就商品住房论，基于第二阶段使用价值与交换价值相互背离的理论逻辑，毋庸讳言，住房这一商品将会成为少数人参与社会价值或财富分配的投机工具①（资本），就如皮凯蒂说的那样，"资本导致的不平等总比劳动导致的不平等更严重，资本所有权的分配总比劳动收入的分配更为集中"。因此，一旦商品住房成为获取价值增值的手段，事实上产生了商品住房的使用价值与交换价值相背离。而商品住房市场上炒作成风，不仅会导致房屋背离其居住属性，因炒作不断推高房价致使住房交易市场泡沫累积，而且导致刚需群体因房价过高而买不起房，住有所居的愿望无法实现。这势必与坚持以人为中心的发展理念背道而驰，同新时代中国特色社会主义思想的本质要求渐行渐远。

所以，"房住不炒"的定位实际上就是要正本清源，剔除投机需求，回归房子基本的居住需求，重新回归商品住房使用价值与交换价值二者的统一。可见，从大卫·哈维的分析框架出发，明确房屋的居住属性，回归商品住房使用价值与交换价值之间应有的相互关系，是我国现阶段坚持"房住不炒"定位的理论逻辑。"房住不炒"定位的基本理论逻辑可由下式给予说明，其中 P' 表示遏制投机后的合理利润：

$$V \text{ 使用价值（居住）} < C \text{（劳力+原材料+其他费用）} + P' \text{（利润）} \qquad (3)$$

由上式（3），我们可以看到，若政府通过制定和施行一系列恰当的住房政策，投机炒房者进入房地产市场的行为将会得到有效遏制，高额 P（利润）值必然会降至 P' 的水平。此时，房屋交换价值也会随之下降（$C+P'<C+P$），进而不断缩小房屋 V 使用价值（居住）与交换价值之间的差距（$C+P'$），促使二者在一定程度上保持稳定、平衡的关系，最终达到支持和保障广大人民群众自住刚性需求的目标。借此，只要坚持"房住不炒"的定位，就商品住房的使用价值与交换价值二者关系的演进过程来看，则必然会出现回归与再次统一的第三阶段，这也正是"房住不炒"定位的理论逻辑。

由此可见，"房住不炒"定位的提出不仅具有现实意义，而且具有重大的理论意义。首先，从理论上界定和分析了"房住不炒"的基本内涵和逻辑演化过程，也就确立了商品住房使用价值与交换价值必须回归第三阶段的理论定位，是对大卫·哈维分析逻辑的延伸。它不但是马克思主义经济学持续发展的成果，还是习近平中国特色社会主义思想的组成部分。其次，从现实来看，坚持"房住不炒"定位，不仅可以保障和满足广大人民群众住有所居的美好生活需要，也有利于预防和控制住房市场的风险。

---

① 房屋作为商品，从属性转化过程看，由居住工具蜕变为储蓄工具，进而成为投机工具。

参考文献：

［1］习近平. 决胜全面建成小康社会　夺取新时代中国特色社会主义伟大胜利——在中国共产党第十九次全国代表大会上的报告［M］. 北京：人民出版社，2017.

［2］王碧峰. 从收入分配方面解析"房住不炒"的政策含义［J］. 经济师，2018（4）.

［3］马克思恩格斯全集：第 46 卷（上册）［M］. 北京：人民出版社，1979.

［4］马克思. 资本论［M］. 重庆：重庆出版社，2013.

［5］大卫·哈维. 资本社会的 17 个矛盾［M］. 许瑞宋，译. 北京：中信出版社，2016.

［6］DAVID HARVEY. The Limits to Capital［M］. London，New York：Verso，2006.

［7］张佳. 大卫·哈维的历史—地理唯物主义理论研究［M］. 北京：人民出版社，2014.

［8］张继龙. 论大卫·哈维的城市空间思想及其现实意义［J］. 科学·经济·社会，2016（3）.

［9］巴泽尔. 产权的经济分析［M］. 段毅才，译. 上海：上海三联书店、上海人民出版社，1997.

［10］皮凯蒂. 21 世纪资本论［M］. 巴曙松，等，译. 北京：中信出版社，2014.

［11］陈杰. 以供给侧结构性改革实现"房住不炒"［J］. 人民论坛，2018（6）.

［12］凯梅尼. 从公共住房到社会市场：租赁住房政策的比较研究［M］. 王韬，译. 北京：中国建筑工业出版社，2009.

第三编
改革开放 40 年理论与实践

中国对外开放的阶段演变与深化开放的抑制因素分析[①]

张志敏[②]

改革开放 40 年，中国逐渐融入了国际分工体系，以开放促改革，以开放促发展，在不断扩大对外开放中寻求发展的机会。外资的大量流入与商品出口的高速增长，对中国 GDP 的增长和国际竞争力的增强发挥了至关重要的作用。目前，中国已成为世界第二大经济体、第一大贸易大国。然而，随着 2008 年国际金融危机的爆发，贸易保护主义的抬头和部分发达国家逆全球化措施的实施，中国深化开放的外部环境逐渐恶化。与此同时，中国改革开放 40 年所形成的出口导向的贸易模式，也越来越受内外环境的制约。中国要实现贸易大国向强国的转变，必须深刻地认识对外开放所面临的困境和抑制因素，对其进行实时动态调整。本文将对中国 40 年对外开放的阶段演变及不同阶段的表征进行分析，并对中国深化开放的国内外抑制因素进行剖析，以期对相关问题的深化研究有所裨益。

一、中国 40 年对外开放的阶段演变及表征

关于中国对外开放的历史演变，学界有不同的看法，有"两阶段论"，也有"三阶段论"[③]。本文从四个阶段回顾中国 40 年对外开放的历史演变，并分析每个阶段所呈现出的不同特征。

（一）对外开放的探索阶段（1978—1991 年）

该阶段中国发展外向型经济，先后建立了经济特区和开放沿海、沿边城市。1980年深圳、珠海、汕头、厦门经济特区的设立，标志着中国对外开放的正式起步。此后，

---

① 本文系北京高校中国特色社会主义理论研究协同创新中心（中央财经大学）的阶段性研究成果。

② 张志敏，中央财经大学经济学院。

③ 张二震，方勇. 经济全球化与中国对外开放的基本经验［J］. 南京大学学报（哲学人文社会科学版），2008（4）.

中国对外开放渐次有序地推进。这一时期，中国形成了独特的开放模式，主要以扩大出口和引进外资为主要表征。具体表现为：

（1）在开放目标上，以"出口创汇"为目标，主要是解决国内经济发展的瓶颈问题，即国内的储蓄和外汇的"缺口"问题。"两头在外，大进大出"成为中国政府鼓励沿海地区发展外向型经济、出口创汇政策的代名词。为了实现这一目标，利用发达国家和地区劳动密集型产业外移的机遇，大力吸引外资，结合自身劳动力价格优势，发展劳动密集型的制造业。

（2）为了实现出口创汇的目标，扩大出口成为对外开放政策的核心内容。在出口政策上，主要通过出口退税、本币低估等措施来扩大出口，对加工贸易实行特殊的优惠政策。

（3）为了解决国内资金和技术的不足问题，逐步下放外资投资的项目审批权，为外资企业提供税收减免等优惠，改善投资和生产经营环境，并对产品出口型、技术先进型外资企业给予更优惠的待遇。

（4）在开放布局上形成了先开放沿海地区的战略。以特区、保税区等"点状"开放为主，在沿海、沿边逐渐推进，打通中国和世界相联系的"通道"，从而形成了沿海地区的"三来一补"的工业模式，推动了加工贸易的发展，凭借要素和资源优势，融入国际分工体系之中。

（二）全面改革开放的加速期（1992—2000 年）

1992 年，中国确立了社会主义市场经济体制的改革方向，标志着全面改革开放进入了加速推进期。这一时期的对外开放有如下特点：

（1）在开放目标上，大力发展外向型经济，有效利用国际、国内两种资源、两个市场，建设国际制造业加工中心，推进工业化、现代化进程。

（2）形成了引进和利用外资，以外资带动出口的出口导向模式。主要表现为对外资的政策由管理型转向全面鼓励型，实行力度更大、配套性更强的外资政策，并鼓励跨国公司在中国市场上竞争。为了吸引更多的外资促进本地经济的发展，各级政府纷纷出台一系列优惠政策，吸引外资直接的流入。

（3）在开放布局上，从沿海、沿江、沿江向内陆延伸，形成了全面开放的格局。

（4）在进口政策上，逐渐放宽对进口的限制，积极鼓励引进先进技术和其他国际先进生产要素，带动了国内生产效率的提高，尤其是提高了制造业的劳动生产率；在出口政策上，继续实施出口优惠信贷政策，进一步提高出口退税税率，使出口退税成为促进出口的一项最重要的政策措施。

（5）积极与国际接轨。一方面，在外汇赤字压力下，1994 年 1 月 1 日进行了以外汇并轨为核心的外汇体制改革，人民币对美元名义汇率一次性贬值57%，提出建立以市场供求为基础的、单一的、有管理的人民币浮动汇率制度。1996 年 1 月 1 日，中国接受国际货币基金组织第八条款规定的义务，实现人民币经常项目下的可自由兑换。另一方面，中国积极参与经济全球化和经济一体化的组织，如申请"复关"和加入 WTO。1998 年，政府提出了"走出去"发展战略，把"走出去"和"引进来"的战略结合起来，推动了中国经济与世界经济的进一步融合。

（三）全方位融入世界经济阶段（2001—2008 年）

2001 年，以加入 WTO 为契机，中国进入了对外开放的一个全新阶段，即全方位融入世界经济阶段。这个阶段的对外开放呈现如下特征：

（1）在开放目标上，从发展出口导向的外向型经济到全面引进国际先进生产要素，实行"双向开放"，全面融入国际分工体系中去。作为 WTO 的正式成员，中国积极遵守国际贸易规则，按照非歧视、更自由、可预见、鼓励竞争等原则，逐步消除贸易和非贸易壁垒，推动商品和服务贸易、投资和金融等领域的自由化，按照多边自由贸易框架的规定开放市场，并且不断加大对国内有悖 WTO 原则的政策、法律和法规的清理，试图建立一个既有中国特色又符合国际规范的宏观经济管理体制。

（2）形成了"两头在外"，以加工贸易为主"大进大出"发展模式。2002—2008年金融危机爆发之前，中国参与国际贸易的方式主要以加工贸易为主，一般贸易方式的进出口额在全部进出口中占比维持在 40%～50%。这是因为，在 20 世纪 80 年代被外资普遍看好的是中国庞大的消费市场。这一阶段，中国出口创汇的主力是内资企业，尽管到了 20 世纪 90 年代，外资企业的出口占比虽有了大幅度提高，但仍低于内资企业；进入 21 世纪以来，外资企业占据了中国进出口贸易额的 50%以上，尤其在苏南，外向型经济的特点尤其显著，外资企业占总进出口的比重甚至达到了 70%。

（3）一些利用外资和鼓励出口的优惠政策得到调整，但是总体上没有淡出市场。以出口退税为例，在 1998 年亚洲金融危机以后，为了应对外部环境对我国出口的负面影响，政府相关部门分阶段多次上调了劳动密集型产品和初级产品的退税率，以推动出口的增长，因此，出口退税政策在 1995—2003 年主要是着眼于促进商品整体的出口数量。2003—2008 年，通过几次调整和改革，整体出口退税率在下降，这样既可以缓解国家的财政负担，又减轻了贸易持续顺差带来的人民币升值压力。政府还实行了差别化的出口退税政策。例如，为了配合"科技兴贸"战略，提高了附加值比较高的产品、新型行业产品的出口退税率，进一步提升其竞争力，下调甚至取消了一些附加值低、技术含量低、高污染高能耗、资源型的产品出口退税率，以抑制其出口的快速增长率，促进了出口产品结构的升级。

（四）由"被动接受"逐渐转向"主动引领"世界经济发展阶段（2009 年至今）

2008 年国际金融危机以来，中国 30 年开放所形成的出口导向的模式遇到巨大冲击，世界经济低迷和不确定性风险因素增多，使得贸易保护主义抬头；国内低端产能过剩而高端产品难以满足需求的结构矛盾凸显，出口导向型的贸易模式所积累的外汇储备，在金融危机条件下大大缩水，大国贸易和小国货币所带来的成本在提高。在此背景下，中国对外开放战略得到调整，呈现出新的特征。本文将其概括为：由"被动接受"逐渐转向"主动引领"世界经济发展阶段，也有学者称这个阶段为"二次开放新阶段"，称其既承载着为国内经济转型与结构性改革提供新动力的历史使命，又承载着全球经济治理的大国责任担当。① 具体表现为：

（1）在开放目标上，提出更为包容和开放的发展目标。2008 年金融危机使得中国政府更加深刻地认识到，中国和世界经济"你中有我、我中有你"的密切性相关。随后，习近平主席在国际场合不断强调这点，并最终提出了建立"人类命运共同体"的开放理念和目标。2015 年 9 月，习近平在联合国成立 70 周年系列峰会上，明确提出了打造人类命运共同体的中国主张："建立平等相待、互商互谅的伙伴关系，营造公道正义、共建共享的安全格局，谋求开放创新、包容互惠的发展前景，促进和而不同、兼收并蓄的文明交流，构筑尊崇自然、绿色发展的生态体系。"2017 年 2 月，联合国社会发展委员会第 55 届会议，通过"非洲发展新伙伴关系的社会层面"决议，首次写入"构建人类命运共同体"理念。中国和世界同舟共济，促进贸易和投资自由化便利化，推动经济全球化朝着更加开放、包容、普惠、平衡、共赢的方向发展。

（2）在开放战略和政策上。以"一带一路"倡议、亚洲基础建设银行、上海自由贸易区等为依托，逐渐推进人民币国际化战略、贸易自由化、经济区域化和一体化，务实推进更深层次、更高水平的双向开放。从历史和文化出发，找寻发展契合点，推动跨国家、跨地区和跨领域的战略对接，推动基础设施 、能源安全、高新技术和金融投资等领域合作迈向新的高度。

（3）在全球经济治理中贡献"中国方案"。2009 年以来，中国在世界经济低迷的情况下，更加积极参与全球治理之中，争取在全球经济治理中的话语权、主动权和决策权。2010 年 10 月，党的十七届五中全会进一步提出完善更加适应发展开放型经济要求的体制机制，并首次提出积极参与全球经济治理和区域合作与推动国际经济体系改革的主张。2015 年 10 月，在中央政治局就全球治理格局和全球治理体制进行的第二十七次集体学习会议上，习近平首次提出了"共商共建共享"的全球治理理念，并要求加大我国对全球治理的参与度，在全球治理中更多地体现中国价值、中国精神和中国力量。2015 年亚洲基础设施投资银行正式成立，2015 年 7 月金砖国家新开发银行宣布营业，2016 年人民币加入 SDR 货币篮子，这些举措都有力地弥补了已有的全球金融秩序的缺陷和不足；作为二十国集团（G20）成员，在全球经济治理中发挥了建设性作用，杭州峰会的"中国方案"得到了国际社会的广泛认可。

二、中国对外开放的主要成就

中国的对外开放，全球瞩目，成绩斐然。主要体现在：

（一）经济总量和贸易总量名列前茅，成为推动世界经济增长的重要引擎

众所周知，中国经济长达 40 年的高速增长，和中国实施了对外开放的发展战略密切相关。长期以来，进出口一直是拉动中国经济增长的重要动力。经过 40 年的对外开

---

① 迟福林. 二次开放——全球化十字路口的中国选择［M］. 北京：工人出版社，2017.

放，中国经济快速增长，即使受到 2008 年国际金融危机的冲击，仍然处于中高位的发展水平上，高于同期发达国家和世界的平均水平。在对外贸易方面，中国也不断超越发达国家，成为进出口贸易总额世界第一的大国。尤其是加入 WTO 后，中国的进出口增长迅速，2001—2011 年（2012 年中国经济进入新常态），中国出口和进口分别以年均18.3% 和 17.6% 的速度增长，远高于同期世界 8.9% 和 9.0% 的年平均增长速度，也远远快于中国 GDP 的增长速度。十年来我国 GDP 增长了 3.4 倍，货物出口额比十年前增长了 4.9 倍，货物进口额增长了 4.7 倍，是改革开放以来增长最快的时期。在金融危机后，进入新常态的中国经济，仍然是推动世界经济发展的重要因素。根据 WTO 的数据，中国货物进出口在世界出口的比重从 20 世纪 90 年代的 5% 增加到 2015 年的近 25%，成为拉动世界贸易增长的重要引擎。

（二）利用和吸引外资曾经数年位于世界首位，成为 FDI 流入最多的国家

为了吸引和利用外资，各级政府对外商投资采取了很多优惠政策，包括土地和税收等优惠政策。优惠的政策再加上廉价的劳动力等因素，使得我国 20 世纪 90 年代以来，吸引外资的规模和质量得到了全面提升。根据世界银行的资料，外商直接投资从 1991年的 111.56 亿美元，增加 2015 年 2 498.59 亿美元。其中，1991—2008 年连续 17 年是持续递增的，数年位居发展中国家首位，即使在世界金融危机冲击最为严重的 2009 年，外商直接投资虽然比 2008 年有所下降，但仍然达到了 1 310.57 亿美元。2010 年以来外商直接投资为 2 437.03 亿美元，虽然最近几年不是连续递增，但是始终在高位波动，并出现了 2011 年和 2013 年两次高增长，分别为 2 800.72 亿美元和 2 909.28 亿美元。2008 年金融危机以后，中国吸引外资的位次虽然发生一定变化，但是大部分年份仍然处于前三甲的位置。见图 1。

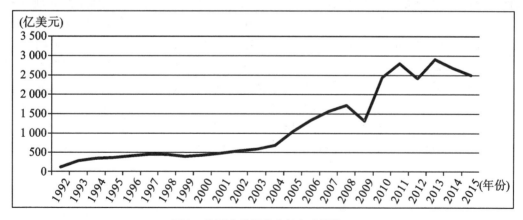

图 1　外国直接投资净流入中国情况

资料来源：根据世界银行数据绘制。

（三）中国成为世界上名副其实的制造大国

中国制造业的产量在全世界制造业中名列前茅。2015 年中国制造业产值为 3.25 万亿美元，是美国、日本、德国三国制造业产值总和的 87%，而 2015 年世界制造业总产值为 12.157 万亿美元，中国占世界的 26.7%。在发电设备产量、造船完工量、汽车产量、机床产量等方面都名列前茅，占全球的比重都比较大，成了世界上名副其实的制造大国。

制造业的优势更多地体现为拥有完整的供应链条。根据联合国工业发展组织数据，中国是世界上唯一拥有联合国产业分类中全部工业门类（39 个工业大类、191 个中类、525 个小类）的国家，形成了"门类齐全，独立完整"的工业体系。2013 年，中国工业竞争力指数在 136 个国家中排名第七位，制造业净出口居世界第一位。按照国际标准工业分类，在 22 个大类中，中国在 7 个大类中名列第一，钢铁、水泥、汽车等 220 多种工业品产量居世界第一位。根据《2017 中国制造强国发展指数报告》的数据，2016年，各国制造强国综合指数值①从高到低依次为美国、德国、日本、中国、韩国、法国、英国、印度、巴西，其指数值分别为 172.28、121.31、112.52、104.34、69.87、67.72、63.64、42.77、34.26。

在全球分工体系中的地位逐渐上升。以前，我国出口主要依靠低成本、靠劳动密集型产业。近年来，劳动密集产业的竞争力依然比较强，但新技术密集产业已经开始形成核心竞争力，比如造船、发电设备、建筑设备等行业出口增长较快，超过了劳动密集型产业，标志着我国出口结构的升级。在政府推动的结构转型和外贸增长方式转变中，汽车、船舶、飞机、铁路装备、通信产品等大型机电产品和成套设备的出口均有突破，尤其是机电产品的出口增长迅速，汽车、船舶、铁路机车、飞机、卫星等技术含量和附加值较高的产品成为新的增长主体。高技术产品出口占货物总出口的比重也明显提升。

（四）从世界规则的被动接受者逐渐转换为规则的参与者

中国已加入了 100 多个政府间国际组织，加入了 400 多项国际多边条约，从世界规则的被动接受者逐渐转换为规则的参与者。在中国加入 WTO 之前，主要是世界规则的被动接受者，随着中国加入 WTO，从一个多边贸易体制的接受者转变为多边贸易体制的参与者、制定者，成为经济全球化的坚定维护者和推动者。中国自加入 WTO 以来，一共向 WTO 提交了 100 多份提案，反映中方的诉求。例如，中国作为正式成员参与的第一次 WTO 重大谈判，即多哈回合坎昆会议，其立场就受到了关注。中国作为发展中国家的 21 国集团的重要一员，提出了与发达国家不同的主张与观点，希望 WTO 能够更平衡地考虑发达国家和发展中国家的利益。从这个角度讲，中国的加入，增强了发展中国家在 WTO 中的谈判能力，并有助于 WTO 权力结构的平衡。实际上，中国已经是WTO 的核心成员（在中国加入 WTO 之前，WTO 的核心成员主要是美国、欧盟、加拿大和日本），在全球多边贸易体制中发挥了相当积极的作用。积极参与发达国家的谈判与合作。由 G8 到 G20，中国拥有了与欧、美等发达经济体同台对话的话语权。

---

① 制造强国发展指数主要从规模发展、质量效益、结构优化、持续发展 4 个方面对美国、日本、德国、中国、英国、法国、韩国、巴西、印度等典型国家制造强国发展水平进行了评价分析。从权重分布来说，质量效益为 0.293 1，排第一位；持续发展为 0.231 3，排第二；结构优化为 0.280 5，规模发展为 0.195 1。每一个大的指标下面又分设了子指标，比如质量效益下设质量指数，本国制造业下设世界知名品牌数、制造业增加值率、销售利润率等指标。从具体指标来看，规模发展中的具体指标制造业增加权重最高，为 0.128 7；其次为质量指数，为 0.099 3。

三、深化开放的困境或者抑制因素

中国的深化开放或者"二次开放"能否取得成功，实现中国从贸易大国向强国的转变，不仅取决于中国开放的决心和信心，还取决要充分认识进而正确把脉其限制因素、困境和挑战，对对外开放战略进行动态调整。下文从外部因素和内部因素两个方面进行分析。

（一）外部因素

2008 年全球金融危机以来，中国出口导向的发展模式因外部环境的变化受到阻碍。其中，世界经济增长低迷、保护主义抬头、"逆全球化现象"的出现是抑制中国深化开放的主要限制因素。

在 2008 年金融危机之前 30 年里，全球经济的平均增速为 3.0%，但在过去 10 年里平均增长率仅为 2.3%。尤其是贸易增长更为缓慢，2012—2016 年全球实际贸易量增长率仅分别为 2.7%、3.4%、4.0%、2.4% 和 1.9%。从历史上来看，全球贸易增速通常约为世界经济增速的 1.5 倍，在 20 世纪 90 年代甚至是 2 倍多，但自 2008 年国际金融危机爆发以来，这一比例已经下降到 1∶1 左右，2016 年下降到 0.6∶1① 在全球经济低迷情况下，保护主义开始升温，部分欧美国家对经济全球化的质疑之声不断增加，导致逆全球化的现象出现。据 WTO 的统计报告，2017 年上半年，全球范围内共发生 309 项贸易保护措施，其中仅二十国集团（G20）成员国就占了 256 项，平均每天就有 1.4 项贸易保护措施产生，为金融危机以来的最高水平。G20 成员贸易占全球贸易总额的 80% 以上。②。

美国曾作为经济全球化的主要倡导者，2008 年金融危机以来经济政策却体现出较为明显的保护主义倾向。全球贸易预警组织（Global Trade Alert）的统计数据显示，2009 年以来，以美国为代表的发达经济体实施贸易干预③数量明显上升（见图 2）。

---

① 陶丽萍. 世界经济全面复苏带动全球贸易强劲增长 [N]. 上海证券报，2018-02-05.
② WTO《世界贸易预测》，2017 年 9 月。
③ 主要包括反倾销条例、原产地规则、进口配额制、出口配额制、进口许可证制等。

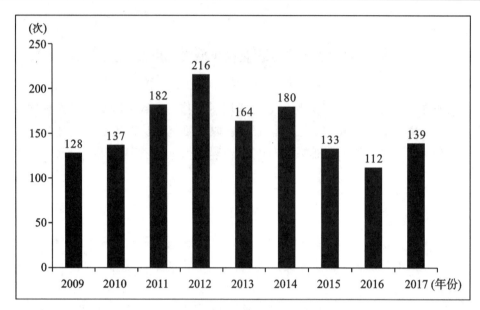

图 2　2009—2017 年美国经济体的干预次数

资料来源：Global Trade Alert，长江证券研究所。

美国对中国经济干预的次数也居于首位。2009—2017 年，除了 2016 年，其他 8 年，美国对我国的贸易干预的增长最多（见图 3）。

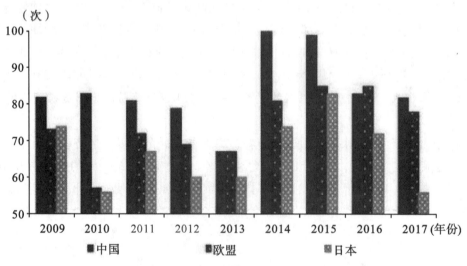

图 3　2009—2017 年美国对中国、欧盟和日本的干预状况

资料来源：Global Trade Alert，长江证券研究所。

令人不安的是，美国分别时隔 7 年和 16 年重新启用"301"和"232"条款（这是美国贸易保护的重磅武器）。2018 年 3 月，美国总统特朗普宣布对进口钢、铝产品分别征收 25% 和 10% 的关税。不过对加拿大、墨西哥、澳大利亚、欧盟等部分盟友给予有条件豁免，其中欧盟获得的关税豁免期到 2018 年 6 月 1 日。5 月 18 日，欧盟告知世贸组织说，假如美方不给予欧盟"永久豁免"，欧盟可能从 6 月 20 日起对大米、玉米、花生酱和钢材等美国产品征收 25% 的对等关税。2018 年 5 月 29 日，根据《1974 年贸易法》第 301 条，美国将对从中国进口的价值 500 亿美元的商品征收 25% 的关税，其中包括与"中国制造 2025"计划相关的商品，6 月 15 日美国宣布加征关税的中国商品清单，将对 500 亿美元中国商品加征 25% 的关税。加征关税清单包括中国制造 2025 计划中的产品。美国的贸易保护不断升温，在美国的示范下，不少国家也先后采取了贸易保护主义措施。除了关税壁垒、禁令和配额等传统贸易保护手段外，一些新的贸易保护政策，如出口鼓励政策、紧急贸易救助、政府采购优先权、政府补贴及本地化要求等也被广泛使用。

英国"脱欧"，美国的特朗普现象①都在不断侵蚀着自由贸易，形成了一股逆经济全球化的潮流，这些都将对中国的深化开放或者二次开放带来不利的影响。

（二）内部因素

40 年的对外开放，使中国成为经济全球化的主要受益者。为了实现从经济、贸易大国向经济和贸易强国的转变，中国加快了经济全球化和对外开放的步伐。然而，除了上述所提及的外部因素外，一些内部因素也会抑制中国对外进一步开放，影响贸易模式转型和升级，影响从大国向强国转变。

（1）技术因素的限制，使得中国在全球价值链分工处于中低端位置，而改变这一现状，需要进一步提升技术和品牌。

改革开放 40 年，随着劳动力成本的提高，中国传统的比较优势正在逐渐减弱，新的比较优势正在形成过程之中。同时，贸易强国所需要的技术因素、企业因素、管理因素还没有完全具备，主要体现在核心技术和自主品牌不足，世界著名企业不足。虽然中国出口结构在升级，然而在全球价值链分工中仍然处于中低端位置，有待进一步升级。在全球价值链分工的背景下，产业升级是指从一个低附加值活动向具有更高附加值的生产阶段演进的动态过程。随着全球价值链的不断深化，生产率的增长伴随着劳动力工资的上升，原本具有比较优势的低成本经营被国际竞争所侵蚀。对于大多数国家来说，巩固现有地位最有效的途径就是实现升级②。中国也不例外，而且更为迫切。由于我国加工企业长期局限在垂直生产权力结构中的较低层次，企业在进口内销以及出口安排上，很大程度上都是受国外跨国企业的主导和控制，特别是将劳动密集型生产环节或零部件加工组装安排在我国进行，吸纳了大量的非熟练劳动力参与到工资水平相对偏高的国际生产体系中，这种组织安排导致我国贸易条件不断恶化③。

以往的"以市场换技术"的开放和利用外资战略，虽然取得了一定的成就，使中国的出口结构发生了变化，然而，发达国家的核心技术由于有很多限制，难以通过开放市场换取。而一般技术的引进，我国也存在没有很好地吸收和进行二次创新的问题。如果没有技术发展和突破，中国的贸易强国和经济强国之梦就难以实现。巩固现有的比较

---

① 特朗普的逆全球化观点包括：坚持美国中心主义、威胁退出北美自由贸易协定、宣布美国退出跨太平洋伙伴关系协定（TPP），修建美墨边境隔离墙，驱逐非法移民、禁止穆斯林入境等。

② 盛斌，陈帅. 全球价值链如何改变了贸易政策：对产业升级的影响和启示 [J]. 国际经济评论，2015（1）.

③ 洪联英，刘解龙. 论我国出口导向型发展模式转型的战略性调整——基于微观企业层次的分析 [J]. 国际经贸探索，2009（2）.

优势，实现新旧比较优势的转化，需要出口产业和产品的升级，产业和产品的升级需要技术的支撑，需要品牌的支撑，需要著名企业的支撑。

（2）货币小国的因素，使得中国不断受到美元汇率波动的影响，也使得中国不断受到美国的牵制和围困。中国虽然是贸易大国，但也是货币小国，人民币在国际储备中的地位非常低。2008年的金融危机，使得贸易大国和货币小国的矛盾突出，中国经济利益受到巨大损失：一方面，表现为中国巨大的外汇储备因为美元的贬值而受到损失，另一方面，进出口企业一直承担着人民币和美元汇率剧烈波动的风险。为此，中国政府2009年以来推进人民币跨境贸易结算，和一些国家签订货币互换协议，人民币国际结算的地位得到了提升，但目前，美元仍然是国际贸易结算的重要货币。美元的霸权地位，在特朗普的"美国中心主义"目标下，会得到巩固和被充分利用。美国会根据其国家利益对美元进行升值或者贬值，同时，在国际大宗商品用美元结算的情况下，各国都是美元变动的利益攸关者，中国尤其如此，因为中国是国际大宗商品的主要进口国，无疑更要受到美元政策的牵制。例如，特朗普于2018年6月27日宣布，希望包括盟友在内的所有国家在2018年11月4日前，停止从伊朗进口石油，否则将面临美国制裁。

（3）政府垄断和对民企的种种限制政策，不利于营商环境的改善，也难以培养出适应环境变化，承担风险的国际化大企业。众所周知，中国的对外投资额近年来波动很大，投资效率不尽如人意。在对外企业数量方面虽然民企超过了国企，但是国有企业仍然是对外投资的主体和主导。然而，近年来中国的海外并购进展缓慢，其中一个重要原因是以国企为主导的海外投资和并购，很容易受到东道国以政府补贴、市场准入、政治因素为借口而被迫叫停。部分国有企业存在投资软约束、管理不善、相互竞价、缺乏协作等问题，导致海外投资效率不是很高。要实现经济大国向经济强国的转变，必须以强大的企业为基础，因为中国和强国之间的差距，主要体现在企业方面的差距，即在名牌、技术、管理、抗风险、遵循国际规则等方面都存在着差距。

近年来，世界银行发布全球营商环境报告显示，中国的营商环境正在改善，但还不够完善。根据世界银行2018年营商环境报告，中国在全球190个国家中排名第78位，创业营商便利排名第99位，建设许可证排名第172名，税收排名第130名，和排名前十的新西兰、新加坡、丹麦、韩国、中国香港、美国、英国、挪威、格鲁吉亚、瑞典等国家和地区相比，差距还比较大。其中，行政审批事项多，程序繁杂，成为制约对外开放的重要原因。

参考文献：

[1] 张二震，方勇. 经济全球化与中国对外开放的基本经验 [J]. 南京大学学报（哲学人文社会科学版），2008（4）.

[2] 迟福林. 二次开放——全球化十字路口的中国选择 [M]. 北京：工人出版社，2017.

[3] 陶丽萍. 世界经济全面复苏带动全球贸易强劲增长 [N]. 上海证券报，2018-02-05.

[4] 盛斌，陈帅. 全球价值链如何改变了贸易政策：对产业升级的影响和启示 [J]. 国际经济评论，2015（1）.

[5] 洪联英，刘解龙. 论我国出口导向型发展模式转型的战略性调整——基于微观企业层次的分析 [J]. 国际经贸探索，2009（2）.

[6] 世界银行. 全球营商环境报告 [R]. 2018.

改革开放 40 周年：
武汉商业改革的历程、成就与启示

梅金平①

摘　要： 40 年前，改革开放的大潮席卷神州，汉正街恢复小商品批发市场，迎来了武汉（也是国内）首批个体经营者，成就了一批草根鄂商，现代商业由此兴起。40 年间，武汉商业历经多次改革洗礼，商业发展走上快车道，实现了商业的复兴与腾飞。目前，武汉社会消费品零售总额超过 6 000 亿元，已经成为武汉市经济持续发展的"稳定器"。回顾武汉商业 40 年来改革开放的历程、成就及其启示，不仅具有重要的历史价值，而且具有深远的现实意义。

关键词： 改革开放 40 周年　武汉　商业

一、武汉商业 40 年改革历程

可以说，武汉商业 40 年改革历程，是伴随中国经济改革特别是城市经济改革的脚步展开的，因而也可以说是中国经济改革或者中国城市经济改革的一个缩影。回顾武汉商业 40 年改革历程，笔者认为大致经历了以下几个阶段：

（1）商业改革兴起阶段（20 世纪 80 年代中期—20 世纪 90 年代初中期）。20 世纪 80 年代中期，在中国农村经济改革取得巨大成就的基础上，中国经济改革的重点已进入到城市经济改革。伴随着商品经济的开展，国企改革、价格改革等一系列改革，武汉商业改革由此拉开了试点和试验的新阶段，正是这些试点改革开启了武汉商业复兴的征程。

（2）商业复兴和繁荣阶段（20 世纪 90 年代末—21 世纪的前 10 年）。伴随中国经济体制改革目标（建立社会主义市场经济体制）的确立，各项深化改革措施出台，加之敢为人先，追求卓越的武汉精神深入人心，武汉商业走入复兴和繁荣阶段。

---

① 梅金平，中南财经政法大学经济学院。

（3）商业腾飞阶段（2012年10月至今）。党的十八大以来，中国经济改革开始全面深化，开放进程加快，加之科技革命广泛开展、"互联网+"、大数据等助推武汉商业模式不断创新，流通效率大幅提高，武汉商业步入腾飞阶段。

二、武汉商业40年改革成就

武汉商业经历40年改革，取得了巨大成就。笔者认为主要表现在以下几个方面：

（1）武汉商业改革诞生多个全国第一，造就了独特的码头商业。20世纪80年代中期，汉正街恢复小商品批发市场，首批摆摊经营的100多名待业青年和社会无业人员，成为首批个体经营者。正是这批成长于改革开放中的经营者，造就了一个又一个的鄂商传奇。随后，汉阳商场（后称之汉商或汉商集团）摇奖促销开全国商业先河，引起全国业内震动。与此同时，中南商业大楼率先推行资产经营责任制，实行全员劳动合同制，砸掉"铁饭碗"，打响了全国商业改革"第一枪"。20世纪90年代，"鄂武商"股票在深圳证券交易所挂牌上市，成为全国商业第一股。这个时期，包括中百集团在内的四大百货巨头共舞江城，网点遍布武汉三镇，造就了武汉独特的码头商业。

（2）从购物中心到商圈密布。随着武汉商业设施逐渐完善，传统的购物中心升级换代，新崛起的大型综合商业体如雨后春笋。相关机构调查数据显示，2016年武汉在建购物中心面积达134.46万平方米，位列全球第五位。与此同时，武汉商业网点实现了社会基本单元全覆盖，市民在家门口附近就能"吃喝玩乐购"，实现了"一站式"服务。武汉市商务局数据显示，截至2016年年底，武汉市人均零售面积达到2.09平方米，远超发达国家1.2平方米的标准，堪比东京、纽约等城市。表现国内消费需求最直接的数据，武汉市社会消费品零售总额持续增长，2017年达到6 196.32亿元，跃居全国副省级城市第六位。

（3）从天下第一街到自贸新高地，不出武汉就能"全球买卖"。40年改革开放，武汉商业从天下第一街（汉正街）"买全国，卖全国"，正在向"买全球，卖全球"深刻转变。2016年9月，汉口北（汉正街新地）国际商品交易中心获批国家市场采购贸易方式试点，武汉成为中西部及内陆省份唯一纳入该试点的地区。借此平台，汉派服装快速融入国际时尚产业市场。2017年4月1日，中国（湖北）自由贸易试验区揭牌，武汉、宜昌、襄阳三个片区构成的湖北自贸区，将成为湖北现阶段改革开放的新高地，自贸区的建设可以促使武汉的传统制造业更加融入国际分工与国际贸易，实现产业升级。与此同时，武汉在国际贸易中将越来越活跃，湖北人在家门口购买全球商品越来越便捷。

（4）电商鄂军领跑中部六省。以"互联网+"、大数据为基础，武汉商业模式不断创新，流通效率大幅提高。近年来，阿里巴巴、京东、苏宁、腾讯、亚马逊、唯品会等全球或国内著名电商在湖北投资落户，电子商务交易额年均增长超过50%，硚口、汉口北两个国家电子商务示范基地先后获批，电商鄂军正在崛起。据湖北省网商协会会长许强介绍，目前，本土大小网络商家数量超过22万家，其中，食品、服装、3C数码产品、日用百货等都是市场份额较大的品类。与外地相比，电商鄂军已经在部分行业形成了龙头梯队，占据了行业领先地位。来自湖北省商务厅的消息，近年来，以武汉为中心，湖北电子商务发展迅速，成交金额稳居中部第一。

（5）新零售引领时代潮流。一座城市商业发达程度与消费水平及便利程度直接相关。如今，新零售正在成为商业领域最热的概念，武汉在打造新零售之路上加快了发展的步伐。目前，武商、中百、中商等本土商业巨头都推行了无人收银自助结账。在著名的小吃街"户部巷"，老字号企业蔡林记与阿里联合打造"武汉第一家智慧餐厅"。线上消费方面，送货物流已经比拼到以"分钟"计算的级别。改革开放 40 年来，武汉还吸引了众多外来商业企业。据中国连锁经营协会发布的 2017 年中国连锁经营百强企业排名，其中超过 30 家连锁巨头已经在武汉布局，包括苏宁易购、国美、沃尔玛等。

三、启示

从武汉商业 40 年改革历程及取得的成就，我们可以得出如下启示：

（1）武汉商业实现巨变得益于党的改革开放政策。正如中国改革开放 40 年取得的成就归功于中国的改革开放政策一样，武汉商业巨变同样得益于中国改革开放政策。没有党的改革开放政策，武汉商业实现巨变是不可能的。

（2）武汉商业巨变是遵循经济规律、顺应经济发展大势的必然结果。商业是适应产业发展需要而产生并为产业发展服务的，因此商业的发展必须始终围绕产业发展来展开。武汉商业从产生的那一天起，始终把自己的发展与武汉、湖北经济发展紧密联结在一起，并在助推武汉、湖北经济转型升级的过程中实现自身的发展。

（3）武汉商业巨变是实践"追求卓越，敢为人先"武汉精神的样板。武汉商业巨变是一代又一代"武汉人"实践"追求卓越，敢为人先"武汉精神的样板。没有他们敢想、敢干、敢为天下先的创新精神和勇气，武汉商业实现巨变同样是不可能的。

中国改革开放 40 年财富观念的嬗变及启示

宁殿霞①

摘　要：改革开放 40 年是中国人传统财富观念向现代财富观念嬗变的关键期，财富的创造模式、保存形式、积累模式、衡量尺度等均发生了重要变化。财富观念的嬗变不仅体现着中国现代性发育的轨迹，更是中国特色社会主义优越性的显现。党的十八大以来，党和国家的一系列政策体现出财富的人民性和共享性，预示着人民财富论的谱写和财富共享时代的来临。

关键词：改革开放 40 年　现代性　财富观念　人民性　财富共享

　　财富概念不只是经济学研究的对象，也是唯物史观应当关注的重要问题。财富作为"一切人相互依赖的全面交织中所含有的必然性"②，受到现代人普遍而持久的关注与青睐。然而，究竟什么是财富？现代性视域中的财富概念具有什么样的时代内涵？传统财富观念与现代财富观念的不同表现在哪里？尤其是中国改革开放 40 年来，财富的积累、认定与分配等问题伴随着快速的经济发展而演绎成触碰边界的问题，越来越成为个人、组织甚至国家在分配领域中的一大难题。在现代性视域中用哲学反思与批判的方法审查并把握财富观念在中国改革开放 40 年来的嬗变，能为消解财富对人们的困扰、树立良好的财富观念提供有益的启示。

一、财富概念的哲学诠释

　　财富作为阶级社会的产物，它至少具有两大要素：剩余、占有。财富起源于剩余，财富的第一个要素是启动了"私向"概念的剩余。进入现代社会，由于人的欲望的激活，需要体系的逐渐生成，剩余变成了人们需要体系中所诉求的目标，于是人们采取各种可能的手段来获取剩余，一方面是通过自己的劳动获取，另一方面是通过盗窃、暴

　　① 宁殿霞，1977 年生，女，哲学博士，西安翻译学院思政部副教授，复旦大学中国研究院博士后，主要研究方向：经济哲学、中国特色社会主义政治经济学。
　　② 黑格尔. 法哲学原理［M］. 范扬，张企泰，译. 北京：商务印书馆，2009：240.

力、强占甚至战争来获取他人的剩余。但是无论如何，财富概念的第一个要素，或者说是前提条件理所当然是剩余的出现，而且是极大量剩余的出现。财富的获取方式把我们引向财富的第二个要素：占有。财富首先是对剩余产品的自觉占有，其占有就是私有、私有化。当占有达到一种普遍的状态时，这种占有就需要上升为一种固定的制度形式，即普遍占有，也就是上升为以一种普遍占有的形式固定下来："直接把握某物而加以利用，这本身就是对单一物的占有。但是，如果其利用系出于持续的需要，而且是对不断再生的产品的反复利用，又为保持其再生而限制其利用，那么这些和其他情况，使上述对单一物的直接把握成为一种标志，表明这种把握应具有普遍占有的意义，从而应具有对这种产品自然的或有机的基础或其他条件加以占有的意义。"① 黑格尔对普遍占有的论述给我们理解财富有非常重要的启发，这种占有形式需要通过一定的、普遍性的权力加以规定，那就是国家权力的诉求。国家权力是理解财富的一个极其重要的向度，它是财富从特殊性上升到普遍性的关键。私有和私有化在一定意义上需要上升到国家的普遍性层面加以确认和保障，也就是需要得到国家权力的确认。

在阶级社会里，财富的本质在于不平等。财富的两个要素揭示了两个方面的现实：一是人的异质性的生成与显现；二是社会不平等的萌芽与出场。"平等只能是抽象的人本身的平等……关于占有的一切——它是这种不平等的基地——是属于抽象的人的平等之外的。"② 抽象的人的平等即启蒙思想鼓吹的平等，这一思想直接简单地搬到财富占有领域自然预示着财富占有的不平等。财富的起源本身就意味着社会的不公正和不公平的出现。黑格尔从存在论的层面赋予财富不平等的本质，因此，如何正确面对财富不平等的本质属性并有效遏制其负面影响就成为当前我们在财富的认定、分配与发展过程中需要解决的重大课题。

二、注重计划配置、集体积累的财富观念
（ 1949—1977 年 ）

20 世纪前半叶的世界性战争以来，全球化以其"不以人的意志为转移"的强劲势头迅速蔓延，人类历史越来越成为资本的历史。马克思意义上的世界历史作为一种历史高度、历史趋势迅速铺开。中国也通过改革开放主动融入世界历史，开启了现代性的历程。就财富观念而言，虽然中国人自古都注重，但是作为现代性视域中的现代财富观念在新中国成立以前尚未形成，这主要是由近代中国很长一段时间都处于被动挨打的状态决定的。1949 年新中国的成立，才使得劳苦大众有了积累财富的可能。从现代性的视角考察，改革开放之前的中国社会是一个刚刚完成革命与改造的状态。1958 年，人民公社成立，党中央正式提出社会主义建设总路线，这一时期在财富创造、积累与分配领域主要体现出三个方面的特征：第一，集体劳动。人民公社是由高级农业合作社转变而

---

① 黑格尔. 法哲学原理 [M]. 范扬，张企泰，译. 北京：商务印书馆，2009：77.
② 黑格尔. 法哲学原理 [M]. 范扬，张企泰，译. 北京：商务印书馆，2009：66.

来的工农商学兵相结合的、政社合一的大规模社会组织形式，这种组织形式决定了当时创造财富的劳动形式为集体劳动。第二，新中国成立初期注重财富的集体积累。人民公社废除了一切私有财产，实行生产资料公有制，在全公社范围内不仅实行集体劳动，而且劳动成果统一核算，集体所有，这是典型的强调财富的集体积累形式，所谓集体积累，就意味着大锅里有小锅里才有，碗里也才有，财富更多地体现为集体主义原则下的共同财富。第三，当时的计划经济决定了财富分配上的平均主义，被计划了的生产决定被计划的需要，个人财富的多寡并不被看重，个人的积累与个人欲望的大小没什么关系，也不具备个人创富的制度条件。总之，这一时期的计划经济体制在有限度的空间里规制着财富，经济的计划性决定了个人财富几乎没什么差别。这一时期财富形式的合理性表现在没有贫富差距，也没有财富过多导致的异化，不足之处在于缺乏微观领域的竞争，个人的欲望没有被激活。从现代性的角度看，改革开放之前，中国人的财富无论是总量还是创造模式都显示出简单、贫弱的特点。

三、两个重大问题反思引发现代财富观念的启蒙
（1978—1991 年）

从 1978 年改革开放到 1991 年党的十四大召开的十余年是中国人现代财富观念启蒙的十余年，这是一个追求财富、向往富裕的时代，个人的欲望不仅被大大激活，而且呈现出前所未有的膨胀。从总体上看，这一时期的中国人最大限度地完成了财富观念的启蒙。邓小平领导的"拨乱反正"是 20 世纪 70 年代末至关重要的历史事件。"拨乱反正"关涉着两个重大问题的反思：第一个就是历史的前提是什么？是现实的人还是抽象的政治观念？邓小平提出"一切从实际出发"，这个"实际"事实上就是从"现实的人"出发，随着对人的主体性的关注，导入了对人性、人的欲望的关注，对人的反思导致了对欲望的注重，原来被计划了的欲望的闸门被打开，财富的自由选择、自由创造也因此成为可能。第二个就是对穷与富的反思，包括三个方面：一是社会主义就应该穷吗？二是富就必然是资本主义吗？三是社会主义就不可以搞市场经济吗？十年"文革"以及由此引发的政治上的上纲上线使得中国人对财富观念的认识比较模糊，有人提出"宁可要社会主义的草，也不要资本主义的苗"，认为富在社会主义国家是不可取的，把富看成是意识形态领域的价值判断。1981 年上映的电影《月亮湾的笑声》中江冒富时而被作为县里的先进典型加以宣传，时而又被批成是"资本主义道路的尖子"，他几起几落的经历正是"拨乱反正"时期的典型代表，说明当时思想上的争论是复杂的、反复的。邓小平"贫穷不是社会主义"的时代最强音把一个沉睡中的民族从"不敢富""怕富"引向"思富""想富"的状态，这次"拨乱反正"对两个重大问题的反思最终实现了思想上的解放，迎来了财富观念的新气象。社会主义只有以经济建设为中心，通过发展生产力才能由穷变富，1979 年邓小平提出"社会主义也可以搞市场经济"，也允许一部分人先富起来，至此，以"崇富""致富光荣"为主导的财富观念逐渐被唤醒。2016 年胡润百富榜排名第 30 位的四川首富刘永好就是先富起来的典范，他们家族的财

富奇迹正是从 1980 年春节摆摊开始的，是当时及时响应党的号召的结果。这种"让一部分人先富起来"的制度基础来源于一系列具有历史转折意义的政策的出台，主要体现在党的十二大（1982 年）"全面开创社会主义现代化建设新局面"和十二届三中全会（1984 年）制定的《中共中央关于经济体制改革的决定》等，从那时起，谋取财富不再与人们的政治态度、思想观念直接画等号，而成为众人所向往的事件。

四、社会主义市场经济体制的建构提供了财富涌流的空间（1992—2011 年）

1992 年，江泽民同志在党的十四大报告中指出，我们要加快改革开放，集中精力把经济建设搞上去。这一阶段是社会主义市场经济建设的探索期和创新期，从中央到地方统一意识到要搞社会主义市场经济。1993 年党的十四届三中全会印发了《中共中央关于建立社会主义市场经济体制若干问题的决定》，社会主义市场经济体制得以正式确立，这在某种程度上可以说是人类社会历史的一个里程碑，党的十五大报告指出："把社会主义同市场经济结合起来，是一个伟大的创举。"到 2012 年党的十八大前夕，社会主义市场经济基本建成。就财富观念而言，只有在市场经济条件下，才可能有现代财富观念，也就是说，现代财富观念在这里才真正出现。中国现代财富观念的出现依据三个方面的条件：一是社会主义生产力的快速发展，二是社会主义国家的财富得到很大积累，三是社会主义市场经济给广大人民群众带来了财富积累的机会。这一时期真正实现了传统农业社会财富观念向现代市场经济财富观念的嬗变，具体表现在以下几个方面：第一，"下海"作为劳动力输出的典型现象带来了快速的财富积累效应；第二，土地与财富的关联，尤其表现在房地产热，让土地从僵死的状态变为鲜活的资本，通过买房卖房提高土地价格，实现从生产要素向财富的直接转化；第三，把金融手段的运用和财富的获取联系起来，寻求财富增量的机会，不再把钱存在银行里，而是通过金融产品及其衍生产品的投资来获得财富的增量和财富的保值，此时的中国人已经敢于参加资本投资、证券投资这些带有极高的风险性和回报率的金融活动；第四，国家开始注重财富的保护，私有财产的保护在有关法律上开始明确；第五，通过一系列的改革探索，股份制、股权制，还有国有企业的改造，实现国有财富的激活和保值增值。总之，这一时期进一步激活了劳动人民创造财富的积极性，现代财富观念得到了极大地拓展。

五、财富共享与人民财富论新时代的开启（2012 年以来）

党的十八大以来，以习近平同志为核心的党中央把中国人的财富观念与中国梦相契合，把财富共享理念上升到社会制度本质的战略高度加以思考，中国梦在某种程度上就是讲新型社会主义国家的本质是什么。习近平指出，"广大人民群众共享改革发展成果，是社会主义的本质要求"，是"中国特色社会主义的本质要求"。实现中国梦说到底就是财富共享理念的追求与落实，习近平强调"必须让人民群众共享发展成果""做到发展为了人民、发展依靠人民、发展成果由人民共享"。他还指出"改革发展搞得成功不成功，最终的判断标准是人民是不是共同享受到了改革发展成果"。从经济哲学角度来看，就是提倡人民财富论，构建一个国强民富的社会主义国家。习近平强调："中国梦归根到底是人民的梦，必须紧紧依靠人民来实现，必须不断为人民造福。"事实上，中国梦归结到经济哲学层面就是如何创造并认识财富、如何实现分配正义的问题，换句话说，也就是如何谱写人民财富论的问题。

改革开放 40 年来，我们在财富的问题上既有积极的、进步的一面，也有一些负面的问题。党的十八大之前，强大的财富力量、无止境的财富欲望、全民性的财富崇拜交织成巨大的财富幻象，世俗化的财富神话逐渐形成，而且一个又一个神话般的财富故事充斥着每个角落。就整体而言，强势金融化的国际环境和严重分配不公的国内环境给中国带来了双重考验，一方面国际形势推动我们不得不进一步适应全球化、金融化的浪潮，这必然带来财富的两极分化；另一方面，国内的分配不公问题又刻不容缓地要求我们对全球化、金融化进行反思、批判，于是，中国的财富分配问题以及相应的财富观念逐步从自由发展转向法制规制。财富共享理念的提出从目前来看至少预设着人民财富论两个方面的政策指向：一是将国家积累的财富还给人民，二是遏制不正当获取财富的途径。一方面，党和国家提出精准扶贫实际上就是包含国家的财富怎样还原为人民的财富，也就是国家的财富如何服务于广大人民群众，如何兑换成为人民群众服务的公共产品。与改革开放初期"一部分人先富起来"不同的是，这时候提倡让多数人富起来。这个多数人大多在农村，把财富以更多的形式投放到农村，让农民在创造现代财富方面有更多的机会。而且，这时的财富观念还体现着重要的绿色生态思想，"绿水青山就是金山银山"的重要论断说明中国人的财富观念从过去对自然资源的获取转换为一个"美丽中国"的概念，财富的中国首先是生态的中国、美丽的中国。另一方面，党和国家在遏制不正当获取财富方面进行铁腕执政，体现为强制反腐败。其实，反腐败问题从另一个侧面反映了新时代中国人的财富观念，体现出新一代党中央确立新财富观的信心和决心。

总之，党的十八大以来，中国人的财富观念在四个方面实现了重大提升。第一，真正地沟通了国富和民富之间的道路，体现了国富是为了民富，民富也是为了国富的辩证关系；第二，是人人富，而不是极少数人富，不是某一个特殊阶层的富，这种人民财富论就是要给每一个人都能够拥有创造财富、积累财富和出彩的机会；第三，给人民群众提供创造财富的社会制度环境，彻底地反腐败，打击各种不正当的、非法获取财富的现象，尤其是党内的腐败现象；第四，社会主义财富观一定要跟社会主义国家属性的人民性密切地契合在一起，也就是广大人民群众能够共享改革发展的成果。党的十八大以来有关财富的一系列改革开放政策的落实，在一定程度上预示着人民财富论的谱写和财富共享时代的来临。

六、中国人财富观念嬗变的启示

皮凯蒂《21 世纪资本论》的研究结论"资本收益率大于经济增长率"引起国内外学术领域乃至政治领域的广泛关注。诸多证据表明，21 世纪金融化世界的人类正处在一个财富向私有化加速的时代，人类的精神在何等意义上能够在资本金融的直线运动中发挥斥力作用？历史进步过程中更为丰满的、丰富的、多层次的财富观念构建应该是什么？回答这一系列问题的本质可能在于精神与资本如何实现有效互动，从而使得财富的创造、积累、分配等实现人民性、共享性，回到社会主义的制度优势上。如果把财富放在市场的单方面运行过程中，必然遇到两极分化的趋势，这是由财富内在实存的否定性矛盾决定的。马克思把经济学家研究的经济规律叠加到宏大的历史哲学之中，从而发现"财富""资本""私有"等概念的历史阶段性，它在历史中生成，也必将在历史中消亡。财富及其与生俱来的不平等属性贯穿于整个人类历史发展进程之中，21 世纪的人类生存世界是一个金融化的世界，资本金融将人的生命紧紧地锁定于资本金融权力体系之中。"真实的、自然的、历史和辩证的否定正是一切发展的推动力。"[1] 马克思为黑格尔的否定性辩证法注入了现实的历史主体，在劳动创造财富结成的各种社会关系之间的矛盾中找出了财富内在实存的一连串否定运动。财富作为一个历史概念范畴，通过人类实践推动人类历史的发展与进步是首要的，同时，它自身内在存在着否定性：一方面，人们在财富带来的繁荣与富足中评判着自由、平等、进步的永恒话题；另一方面，又在财富展示的矛盾与冲突中体味着财富不平等带来的阻碍、被动与无助。马克思深刻地揭示了财富在保证人的自由与权利、促进人的发展的同时，也有自身的前提和界限。只有扬弃了"占有"，财富才能真正显现出人的自由而全面发展的内涵。

---

[1]　马克思恩格斯文集：第 9 卷［M］. 北京：人民出版社，2009：357.

从放开商品价格到构建绿色发展价格体制①

——40 年价格改革的回顾与展望

肖文海② 夏 煜③

摘　要：价格改革是计划经济向市场经济转型的关键。40 年的价格改革成就斐然，为中国改革开放积累了重要经验，对于构建中国特色社会主义市场经济体制功不可没。随着我国进入生态文明新时代，价格改革的主要任务既要服务于市场经济建设，又要服务于生态文明体制建设，改革的重点任务从放开商品价格转到构建绿色发展价格新体制，要从放开能源电力重点领域市场价格、构建生态环保价格体系、稳步推进农产品价格改革、完善公用事业与公共服务价格、切实兜住民生底线等方面入手，进稳结合，多措并举，推动经济高质量增长。

关键词：价格　改革　绿色发展　价格体制

价格改革在整个经济体制改革中处于关键地位，价格改革是全面深化改革的重点。自改革开放以来，国内的价格改革经历了三个时期，分别是 1977 年 4 月至 1992 年初的"改革传统计划价格体制"、1992 年初至 2015 年 10 月的"创建新的市场价格体制"和 2015 年 10 月至今的"完善市场和建立绿色发展价格机制"。未来价格改革的重点是：以绿色发展为导向，以资源环境价格体制为重点，解决政府定价的公平合理与公开透明问题，使制定社会公共服务价格办法更好地适应中国特色社会主义的需要。

一、40 年价格改革的历程、 成就与经验

（一）价格改革的历程

我国价格改革的目的是为了完善现代市场价格机制，促进计划经济的价格体系向市场经济的价格体系转变。从 1977 年开始，价格改革总共经历了三个阶段，总体上看，

①　国家社科基金项目"基于气候补偿的能源价格改革研究"（14BJL107）。
②　肖文海，江西财经大学生态文明研究院教授，博士生导师。
③　夏煜，江西财经大学生态文明研究院硕士研究生。

中国的价格改革推动了市场竞争，提高了居民的的生活水平。

1. 改革计划价格体制时期

改革计划价格体制时期从时间顺序又分为四个阶段：阶段一，通过计划定价的形式来构建一个正常的价格运转体系（1977 年早期至 1982 年 12 月）；阶段二，尝试利用市场机制对计划经济进行补充，构建符合市场规律的价格体系（1982 年 12 月至 1985 年 6 月）；阶段三，促使价格自由化，形成价格上的宏观调控体系，使供给和需求双方均能在价格上达成一致（1985 年 6 月至 1988 年末期）；阶段四："价格闯关"后的几个整顿阶段（1988 年末期至 1992 年 3 月）。改革主线是以计划价格体制为主体，通过对各种物品服务价格的计划定价来模拟合理的市场价格体系。其间出现了短暂的"价格闯关"时期，因通货膨胀"闯关"失败后，价格体制很快返回到原来的"计划经济为主、市场调节为辅"的轨道。

2. 构建新型的市场价格体制时期

邓小平总书记在 1992 年的"南方谈话"中提到了计划和市场关系的重要论断，他认为："计划经济并不完全等同于社会主义，西方资本主义经济也存在计划的部分；市场经济也不等同于资本主义，社会主义经济也存在着市场的干预。无论市场或者计划都是经济运行的一种手段。"该论断解决了当时持续困扰我国经济体制改革中的市场和计划之间的矛盾问题。同一时间段，党的十四大指明：现阶段中国经济体系改革的目的是构建社会主义市场经济体制。自此以后，国内的价格体制改革跨入了创立市场价格体制阶段。在建立和改进市场价格体系的过程中，价格体系的改革可以分为三个阶段。阶段一：对计划价格放开并且改革原有的计划价格体制（1992 年 3 月至 1995 年年底）；阶段二：创立新型价格体制（1996 年初至 1999 年年底）；阶段三：对现有的市场价格体系进行改革和改善（2000 年 1 月至 2015 年年底）。

3. 构建新型的绿色发展价格体制

党的十八大以来，党中央、国务院主动适应和引领经济发展新常态，紧紧围绕使市场在资源配置中起决定性作用和更好发挥政府作用，全面完善重点领域价格形成机制，健全政府定价制度，充分发挥价格杠杆作用，更好地服务于宏观调控，为经济社会发展营造良好的价格环境。2015 年 11 月，中共中央、国务院出台《关于推进价格机制改革的若干意见》，提出价格改革要与收入分配、行业管理体制、财政税收等改革相协调，合理区分基本与非基本需求，统筹兼顾行业上下游、企业发展和民生保障、经济效率和社会公平、经济发展和环境保护等关系，把握好时机、节奏和力度，切实防范各类风险，确保经济社会平稳有序。2017 年 11 月，国家发改委出台《关于深化价格机制改革的意见》，明确提出要有效发挥价格机制的激励、约束作用，引导资源在实体经济特别是生态环保、公共服务等领域的高效配置，建立促进绿色发展的价格政策体系，标志着价格改革进入了新阶段。

（二）价格改革的成就

一是完成了市场价格机制的构建。党中央和国务院发布的《关于构建社会主义市场经济体制若干问题的决定》指出："促进价格机制改革，形成以市场价格为主的价格体制"，指明了价格改革的未来方向，这标志着价格改革迈出了一大步，进入了建立社会主义市场价格体系的新阶段。市场在价格改革中的基础性作用已经逐渐转变为决定性作用，随着改革不断深入、改革的步伐加快、生产者供给的产品和服务的价格从中央政府向地方政府开放。根据 20 世纪 90 年代国家物价局给出的数据，中央管理的运输工具和重型工业生产设备价格从 1991 年的 700 多种降低到近 90 种；而农业产品价格从 39 种降低到 10 种；轻工业产品由之前的 40 种减少为 23 种。根据党中央的政策规定，生产资料的双轨价格也逐渐向市场价格并轨，从 1993 年开始，9 成以上的钢铁商品和大多数的电子产品的价格都与之前有着很大的区别，仅剩下少数的双轨价格也并入了市场轨道。至 1994 年年底，我国生产资料价格"双轨制"已经基本不再实施；1998 年中期，中共中央决定对原油和石油的定价之间进行改革，使我国的油价和世界油价相匹配，放开成品油和原油的零售价格，不再只由政府定价，发挥市场在石油定价过程中的决定性作用。2001 年 6 月国家计委发布了新的中央定价目录，其中中央管理的定价项目也产生了改变，由 1992 年目录给定的 120 多种降低到 12 种；从党的十八大以来，国家发改委认真履行中共中央和国务院的政策部署，着重强调市场在资源配置中的决定作用以及发挥政府在资源配置中的重要作用，加快推动价格领域中的变革，其 95% 左右的服务和产品价格都是由市场决定的，产品价格由市场决定的价格体制已经基本建成，政府仍然可以定价的某些垄断产业以及公共服务领域也逐渐构建了以"公开成本+合理收入"为重点的科学定价体系。2016 年至今，我国政府确立的价格项目从大约 100 项降低到 19 项，地方政府确定的价格项目也从近 100 个项目减少到 45 个项目，重点是在于核心的公益性服务、公共事业和涉及网络的垄断行业。根据所含的价值量计算，市场价格调节比重由 2012 年的 94% 提高到 2016 年的 97%，第一产业的市场化程度达到 100%、第二产业的市场化程度达到 97.37%，第三产业的市场化程度达到 95.9%，相比于 2012 年，市场化程度分别提高了 0.56 个、1.76 个、5.5 个百分点。价格改革实现了预期目标，激发了创业创新活力，提高了市场供给能力[1]。

二是建立与社会主义市场经济体制相适应的价格管理体制。将《价格法》作为定价的核心，设立一系列和价格相关的规章制度、价格法规和价格规范文件，基本确定了价格宏观调控体系。管制手段也由之前单一的行政手段向行政手段、法律手段和经济手段并举；构建了"两金一储备"综合体系，形成价格监测信息网络，逐渐完善价格预警监测体系和暂时性的价格干预和应急预案。价格监督检查部门在清费治乱、处理价格违法行为、稳定市场价格秩序、维护商家和消费者的权益和建立良好的经营环境等方面都取得了很好的效果。各个层次的物价管理部门转换职能，提高服务意识，积极开创新型工作领域，逐渐构建了价格评估、价格认证、价格监测和价格鉴定等相关的价格服务体系，在价格领域有了可喜的成果。

三是价格改革为我国市场经济制度改革的顺利进行和中国特色社会主义市场经济制度的完善起到了关键的作用。我国经济制度改革的核心是价格改革，价格改革一直位于改革的前沿，利用放开价格建设市场的政策推动了经济发展，也促进了农村联产承包责任制和企业制度改革的进行，促进了投资、流通、外贸等方面体制的改革，对与价格相关的工资制度、财政税收体制、外汇管理制度等的改革，乃至对于经济体制从计划体制向市场经济体制的转换和社会主义市场经济体制的完善，都发挥了很好的作用。党的十八大以来，价格改革围绕着全面深化改革特别是推进供给侧结构性改革这条主线，妥善处理上下游、国内与国际关系，区分基本与非基本、存量与增量，深化农产品、资源能源、医药、交通运输等重点领域价格改革，最大限度地放开竞争性领域价格，对完善社会主义市场经济体制起到了重大作用。

四是价格改革的展开有利于社会主义市场经济的发展、对外改革开放和提高居民的生活水平。改革的目的是为了生产力的提高，而价格改革促进了市场在资源配置过程中决定性作用的有效发挥，提升了生产者的创造性和积极性，繁荣了流通搞活了市场，对提升居民收入，便利人们生活创造了有利条件。自21世纪初以来，为了实现全面建设小康社会，建成一个环境友好型、资源节约型社会，价格体制对资源产品价格和环境价格进行了调整，绿色发展被提上议事日程，国家将更多的注意力放在民生领域。与此同时，在价格改革的过程中，更注重统筹兼顾，更多的关注各行各业从业人员的承受能力。改革的实践表明，在价格改革的进程中，不但做到了绝大多数的城乡居民生活不下降，而且还使他们的生活有不同程度的改善。

（三）价格改革的经验

1. 40年价格改革的基本经验是以中国特色社会主义理论为引导，坚持朝着市场化的方向不断发展

价格改革的目的是为了实现各项发展战略的部署，一直坚持朝着中国特色社会主义发展方向前行。价格改革进程涉及价格体制和价格体系改革两个部分，两个部分紧密联系、互相作用。邓小平同志反复强调："只有确定正确的价格，改革开放才能保持高速运行。""如果价格不能理顺，经济改革就无法达到真正的成功。"从价格体系改革入手，然后将改革价格体制作为改革着重点。通过调整不合理的计划价格的方式进行价格体系改革，但这不同于调整计划经济时代的价格。在改革实施的过程中，人民了解到：如果仅仅只针对价格改变而忽略了改革价格体制，价格虽可复归，但仍然无法达到合理的状态。

2. 着眼经济发展和社会发展的需求，从实际出发，依照我国经济改革的方向来部署价格改革

与其他改革相互配套来实现改革的目的，是获取改革成果的关键性因素。价格改革是根据不同时期经济社会的发展而变动的。早期由于经济发展不够，价格改革的目的是使社会经济振兴、解决居民最基本的温饱问题，因此价格改革的方向在于提升农副产品的价格；之后价格改革的目标变成了加快实施现代化，使经济增长的方式出现转型，实现全社会居民的整体小康，价格改革的方向变为价格构成体系的转变，使价格配置资源的决定性作用得到发挥。经济体制改革最重要的一点就是价格改革，价格改革是经济体制改革的一部分，不能离开经济体制改革的整体而孤立存在。在实践过程中，价格改革的思路和方法受到经济体制改革思路和方法的影响。在改革开放初期，出现了对价格改革的优先权和公司改革的优先权的争论。最终，党中央和国务院认为应该优先着手价格改革。然而，价格改革只可以为公司改革、市场发展等改革开创条件，它无法做到取代

这些改革。不仅价格改革不能孤立地走下去，还必须有其他改革来协调和支持，为价格改革的扩大和加深影响创造条件。在价格改革的实际过程中，有关企业的改革为解决企业自治、产业权利等问题提供了方案，实现了价格改革所释放的经济活力。而正是财政和税收制度、工资制度和其他改革妥善解决了价格改革的后续问题。

3. 小步快走、进稳结合

渐进式改革先主要集中在调整，然后主要集中在放权，这种结合方式保证了价格改革可以有序稳健的实施，有助于价格体系改革过渡阶段的平稳推进，使改革过程中的成本最低效益最大。价格改革需要承担一定的风险，由于国内特殊的经济环境导致价格改革无法借鉴国外经验，为了防止社会动乱的出现，只有"摸着石头过河"。渐进式改革存在三种类型：①改革方式先调整后分权；②改革的区域由沿海地区逐渐转向内地；③改革的项目由不太重要的小商品转向重要商品，产业也从下游的非基础性产业转向上游的基础性产业。在社会大环境、改革的可控制程度等因素被考虑的前提下，通过逐步深入和推进，并不是一次性完成改革目标的激进式变革。然而，这并不是同一距离的慢步走。当满足主观和客观条件时，可以采取小步快走的步伐甚至跨越。从 1988 年底至 1990 年中期，受到经济发展过热和严重的通货膨胀影响，政府采取严厉的措施控制物价，抑制涨价项目的实行，放慢了价格上涨项目改革的速度。在达到整改的初步效果后，通货膨胀率明显下降。从 1990 年中期到 1991 年 12 月，大量的重要价格调整项目迅速通过审核。至 1992 年以后，大量重要的商品服务价格被放开，原有集中管理的重工业生产材料和运输价格在这次开放中释放了 600 多种，占原有集中管理的 75% 以上。大面积自由化使农产品总购买量、社会商品零售总额、生产资料总销售额比重相较于 1991 年提升了近 20%。

4. 各方的承受能力以及利益都必须在价格改革过程中被考虑，这样才能获取大多数人的鼓励和支持，成为价格改革持续推进的动力

分配功能也属于价格功能的一部分，通过调整价格改革改变价格结构，使商品的价格更加合理，供求双方的利益达到动态的平衡，使经济利益最大化。1980 年我国近 20 类农产品收购价格平均增长近 22%，农民的整体收入提高超过 20%。自 1985 年以来，大部分农副产品的销售价格已经放开，与此同时，粮食等农产品的国家定购价格也得到适当增加。在 20 世纪 80 年代，农民收入的提高受价格调整占 60%，产量增加占 40%。当农产品的价格大幅度增加时，为了处理农产品的交易存在的"购销倒挂"问题，1979 年 11 月将 8 种副食品如肉、禽、蛋、菜的价格提升。由于食品的价格大幅度上升，工人的生活水平受到了严重影响，为了保持工人的生活质量，党中央和国务院规定给每个员工 5 元的食品补贴。此外，我国近 40% 的员工和企业领导的工资都有所提高，部分省（区、市）的工资增加了一个类别，增加了员工收入。正由于在现实运作过程中理性看待、统筹考虑各类参与者的经济利益关系，所以人民群众从一开始就对价格改革持支持的态度。

二、价格改革进入生态文明新时代

（一）我国进入以绿色发展驱动高质量发展的新阶段

长期以来，高投入、高消耗、高排放、低效率的粗放型增长方式造成了资源的极大浪费和生态环境的严重破坏，这一增长模式已经难以为继。我们要建设的现代化是人与自然和谐共生的现代化，走创新驱动的绿色循环低碳发展道路，促进国民经济高质量发展。新时代，新征程，新使命，要按照创新驱动、绿色崛起的要求，在企业层面通过技术创新和提高管理水平减少单位产出的资源消耗；在区域层面通过调整产业结构，提高生产系统的资源利用效率和降低国民经济发展对资源的依赖程度；在全社会层面，通过强化资源节约意识，改变消费模式，全方位、全过程、全领域建立节约资源和保护环境的生产生活方式。经济发展方式的转变要求加快深化价格改革的步伐，解决经济增长的资源环境代价过大、资源价格形成机制的不合理和价格偏低等问题，完善反映市场供求关系、资源稀缺程度、环境损害成本的生产要素和资源价格形成机制，形成节约资源和保护环境的空间格局、产业结构、生产方式、生活方式。

（二）中国改革开放已经翻开了新的篇章

世界经济格局在 2008 年经济危机之后发生了巨大的改变。首先，随着我国对外贸易额度和外来投资规模持续增加，经济全球化的参与更加深入，对于世界经济的依赖性也明显提高。其次，世界经济格局在近年来剧烈变动。中国经济在国际上的话语权不断增强，威胁了美国一枝独秀的地位，使"中国威胁论"在美国盛行，引发了中、美两国的贸易争端，全球产业结构因此进入了新一轮的整改和变动，导致我国以出口为导向和科技依赖型企业未来的发展不确定性增强。这需要我们采取生态文明的生活理念，站在建设人类命运共同体的高度去解决目前存在的问题。在改革开放的新时期，价格形成越来越多地受到全球地缘政治、食品和能源等生活必需品的金融化、投资者的投机行为和信息传播速度越来越快等因素的影响，其中既带来了发展的机遇也存在着危机。随着国内价格和国际价格关系愈发紧密，全球市场价格对国内市场价格的影响也越来越大，其中影响价格的不确定性因素的影响也随之增加，从而加大了国内宏观价格调整的困难，努力占有国际大宗商品交易的话语权已经成为我国必须完成的任务。

（三）我国的改革进入由经济体制转轨向社会发展转型新阶段

改革既要深化市场化改革，又要加快建立社会主义生态文明新体制，既要促进市场深化，更要促进市场绿色化；既要国民经济高质量发展，又要实现公平地分享改革发展成果；既要实现基本而有保障的公共服务，又要满足人民日益增长的美好生活需要；既要扩大内需，又要实施更积极的对外开放战略。如要持续完成改革开放的深化，需要我们坚持可持续发展的战略，以正确的科学发展观为引导，用宽广的视野、发散性的思维，对未来的发展进行统筹部署，加大政府决策过程中的科学性，加强改革措施的协调性。我们也必须认识到改革的艰巨性，认识到"改革开放是一场伟大革命，其过程并不是一帆风顺的，需要长期的奋斗才能实现社会全面的发展"。

（四）价格改革已经步入了攻坚的新阶段

价格改革的目的是变革价格形成机制，但是离这个目标还有较长的一段距离。从改革的角度来看：一是针对自然资源和环境价格形成体系的改革还缺乏实质性的成果，第三产业的价格改革仅仅流于表面。二是重要农产品和农副产品的价格改革还未完成，这方面的改革必须在保证农民利益的基础上进行。三是涉及垄断行业商品的价格改革落后于非垄断行业，与群众日常生活密切相关的医疗、房价、教育价格改革还存在很大的问题。从改革的内容上看，一方面，当前我国价格改革面临的主要问题是改革面广、涉及的利益点众多、改革的风险大，例如自然资源商品的价格、生产要素价格、垄断商品的价格、公共产品价格等，这些都是在过去几十年的价格改革中想要改而没有改，改了之后效果比较小的关键项目。改革的动力发生变化：由于经济转轨，人民群众利益多元，利益关系的调整将成新时期价格改革的关键任务；改革成果的共享程度，尤其是价格改革往往与物价上涨有关，对于人民支持价格改革的态度产生了负面影响。另一方面，长期以来一直是起着领导、组织和推进改革作用的政府部门，当改革不断深入时，自身也成了改革的目标；从改革的要求看，人们对改革效果的期待普遍提升，共享改革成果的要求进一步增强；改革"目的性"强烈而清晰，从以"破"为主转变到"破""立"并重、寓"破"于"立"之中，改革建设性增强；从改革的保障上来看，价格调节机制和宏观调控体系有待进一步完善，应对新时期经济危机措施乏力；资源商品价格管理的支撑体系仍然没有完善，资源价格与税费联动机制有待建立，自然资源价值核算体系及配套制度尚未破局。

三、构建绿色发展价格体制，推动经济高质量增长

以习近平新时代中国特色社会主义思想为指导，主动适应我国社会主要矛盾转化，坚持稳中求进的工作总基调，以新发展理念为引领，以供给侧结构性改革为主线，加快完善绿色发展价格形成机制，充分发挥市场在资源配置中的决定性作用和更好发挥政府作用，引导资源在实体经济特别是生态环保、公共服务等领域的高效配置，促进经济高质量发展。

（一）要建立以绿色发展为核心的价格体系，就必须树立"广义价格"的概念

在新时代，产品的价格与要素和资本的价格相互联系在一起并互相之间起作用，它们对市场价格的整体都产生了影响。价格宏观调节的重点不再是普通的价格，而是广义上的价格，广义上的价格包括作为生产要素的劳动力、资金和土地的价格。在新的时期，价格管理工作不仅仅是针对商品价格的管理，而必须关注各类价格之间的作用和联系。

价格管理工作实质上应包括成本弥补和成本监视，价格和成本监管应该拥有审计工

作相同的合法地位。价格调节不但要了解国内商品市场价格的清理，还要跟上国际市场价格形势，全面分析和推算国内外一定条件下的价格变化趋向。增强和完善价格监控，扩大核心国际商品（期货）市场的监控范围，将监控的范围延长到扩大排污权交易和环境价格，在保证信息准确性和实时性的前提下，增强对国际贸易以及核心商品（期货）的价格分析预测工作，把握核心商品定价的权利。有必要以广义价格理念为引领，对现存的价格管理机构进行功能性改造，建立相适应的管理体制。强化价格宏观调控功能，成立价格管理委员会，服务于经济社会战略需要，协调运用各种政府资源和经济杠杆进行跨部门的宏观调控。价格管理委员会积极参与信贷、财政、税收、工资和汇率决策，运用资源环境政策和宏观经济调节总量，实现总供求的平衡，为保证物价总水平控制目标和生态文明建设创造宏观环境。在宏观调控的组织上，要树立"大物价"思想，改变由物价部门单打独斗的方式，建立权威性、综合性的部门，统一领导和协调绿色发展价格调控问题。

（二）创新和完善生态环保价格机制和政策体系

根据现阶段我国面临的环境问题，为了推动生态环境建设，必须坚持节约优先、保护优先、自然恢复为主的原则，促使环境受损带来的成本内化，促进绿色生产方式和消费方式的创新。以得到收益者支付费用、给保护者经济补偿为原则，制定新的收费机制和生态补偿价格。制定解决水污染、土地荒漠化、生态多样性被破坏等环境问题的政策。制定符合科学规定的收费方法和标准，提高收费政策的效果和目标针对性。推进碳交易、排污权交易、垃圾排放权交易、污染许可证交易、环境使用权等环境市场交易，发挥市场在生态环境和自然资源配置中的决定性作用。

完善区别定价体系。大力推行节约能源、保护环境、解决产能过剩等环境问题的阶梯电价政策，激励各地方政府依据现实的情况确定政策施行的范围和效果，细化经营方式，合理地推动不同层次的价格，将低产能的企业迅速淘汰。实施非城镇居住超过规定额度的用水、用电必须支付更高价格的制度，严格管理水、电使用额度，确立科学的分档用量和标准。

健全可再生能源定价体系。依据市场供需情况和科技发展，促进电网公司施行水力、太阳能等新能源发电价格补贴退坡机制，实现新能源发电平价上网。健全跨省、跨地区大型水电价格的形成机制。利用市场化招标的形式确立新能源发电的价格。研究有利于储能发展的价格机制，完善电动汽车充换电价格扶持，促进新能源汽车使用。

（三）稳步推进农业用水和农产品价格改革

依据国务院最新制定的乡村振兴战略，推行农产品和农副产品供给侧结构性改革，对农业供水、粮食重点农产品价格进行改革，健全定价体系，通过定价有效反映市场供求关系和供求平衡，促使农业整体发展方式改变。

全面实施农业水费制定的整体改革。坚决"先确定体系，后建设工程"的规则，在保证农民负担不再提高的前提下，结合大中型灌区续建配套节水改造、高标准农田建设、新增千亿斤粮食田间工程、农业综合开发等项目建设，统筹实施精准补贴、节水奖励、工程建设和管护、用水管理机制协同推进的水价综合变革。围绕确保国家粮食安全，完善稻谷、小麦最低收购价政策。稳定政策框架，增强政策弹性，分品种施策，分步骤实施，稳步分离政策性收储"保增收"职能。

（四）加快完善公用事业和公共服务价格机制

实行竞争性环节和非竞争性的环节区分，有序放开公共产品供给竞争环节服务价格，构建科学反映成本、体现质量效益、能够动态调整的政府定价体系。调动社会资本参与，增强公共产品的供应能力以及公共产品的质量。

深化公共事业和公共服务价格改革。一是加快城市的水资源和天然气供给的价格合理化，逐渐减少电力交叉津贴，改善居民的用电定价体系。二是取消政策上对于医用材料耗费的补贴，促进取消药品加成定价的改革效果更加牢固，解决医疗服务价格贵等问题，加快新医疗服务价格受理评审的速度，促进新医药技术的研究。三是研究完善机动车停放服务收费政策。按照体现公益性的原则，加快建立健全自然资源、风景名胜、历史遗迹等景区门票科学定价机制。四是构建完整的价格变动调整体系。科学界定财政津贴以及使用者支付费用的边界，按照公共产品和服务质量、技术进步、民众的支付承受能力动态调整。五是逐步建立健全城市供电、供水、供气、供热等领域上下游价格联动机制。完善政府和社会资本合作（PPP）项目价格调整机制，促进政府和社会资本合作模式推广。

（五）切实兜住民生底线

加强价格改革中的民生保障。广泛听取社会意见，科学制定价格改革方案，深入梳理风险点，认真开展社会风险评估，制定低收入群体保障预案。把握好改革方案出台的时机和力度，完善配套政策，保障低收入群体生活水平不因价格改革而降低。注重与工资、社会救助和保障等标准调整相结合，确保价格改革平稳推进。

完善价格补贴联动机制。根据物价上涨情况，及时发放价格临时补贴，实施价格补贴与物价上涨挂钩的联动机制，有效化解物价上涨影响。健全价格分析监测预警，紧密跟踪分析国内外价格总水平和重要商品价格走势，及时提出调控建议。加强民生商品价格监测预警，健全重要商品储备制度，研究完善价格异常波动应对预案，丰富调控手段。逐步构建覆盖重要商品和服务的价格指数体系，加强价格与财政、货币等政策手段的协调配合，合理引导市场预期，充分发挥政策合力，努力保持价格总水平基本稳定。

参考文献：

［1］王学庆. 中国价格轨迹及下一步［J］. 改革，2013（12）.

［2］国家发改委价格司. 简政放权 创新机制，党的十八大以来价格改革取得新突破［J］. 价格理论与实践，2017（10）.

［3］温桂芳. 价格改革30年：回顾与思考［J］. 财贸经济，2008（11）.

［4］国家发展改革委关于全面深化价格机制改革的意见（发改价格〔2017〕1941号）.

第四编
中国特色社会主义政治经济学研究

沿着马克思开创的理论道路前进

——纪念马克思诞辰 200 周年

何干强①

一、引言：坚持和应用唯物史观极其重要

（一）马克思开创的理论道路就是用唯物史观指导理论研究的道路

2018 年是马克思主义的创始人、全世界无产阶级的伟大导师马克思（1818.5.5—1883.3.14）诞辰 200 周年。马克思的亲密战友恩格斯说，马克思在人类思想史上有两个伟大发现：一是在继承前人先进思想的基础上，发现了唯物主义的历史或唯物史观，由此"发现了人类历史的发展规律"；二是在唯物史观指导下发现了剩余价值，由此"发现了现代资本主义生产方式和它所产生的资产阶级社会的特殊的运动规律"②。在这两大发现中，唯物史观在前，更为基本。唯物史观是人类社会迄今为止，最先进的科学思想。

马克思开创的理论道路，就是用唯物史观指导理论研究的道路。这是因为，唯物史观是人类社会最先进的世界观和方法论。马克思对历史上有缺陷的唯物主义和唯心主义的辩证法进行了科学的革命，创立了辩证的唯物主义和唯物主义的辩证法，并且把它们应用到认识和改造人类社会本身，形成了唯物主义的历史或唯物史观。唯物史观的发现，证明了辩证的唯物主义和唯物主义的辩证法，反映了自然、社会和人类思维的最一般的规律，它使人类找到了在一切领域探索真理的最深刻、最全面、最科学的思维方法。

马克思一旦发现了唯物史观，就将其用于指导解剖现实社会，他给我们留下了代表作《资本论》和一系列的著作、手稿、信件，都成为人类社会宝贵的思想财富。为什

---

① 何干强，南京财经大学教授。
② 恩格斯说："这个唯一唯物主义的历史观不是由我，而是由马克思发现的。"参见：德国农民战争［M］// 马克思恩格斯全集：第 16 卷［M］. 北京：人民出版社，1962：447；在马克思墓前的讲话［M］// 马克思恩格斯选集：第 3 卷. 北京：人民出版社，1995：776-778.

么马克思在国际上被评为"千年伟人"？为什么马克思在伦敦海格特公墓的墓前总是鲜花不断？为什么 2008 年世界经济危机爆发后，《资本论》在资本主义国家成为畅销书？这是因为马克思的思想具有强大的生命力。这种生命力，是因为马克思的唯物史观为整个人类社会照亮了前进的道路。人类社会的进步离不开马克思发现的唯物史观。

（二）唯物史观是人类思想进程的必然产物

这里需要强调，恩格斯说，唯物史观是马克思发现的。这"发现"两个字本身就是贯彻唯物史观的。它告诉我们，唯物史观并不是马克思凭天才想象，闭门造车，按主观意志设计出来的。客观原因，是人类社会发展到了马克思出生的时代，随着自然科学的发展，如细胞学说、能量守恒和转化定律、达尔文的生物进化论的出现，使唯物主义辩证法和辩证唯物主义有了产生的客观基础；而资本主义发展到 19 世纪初，社会阶级的矛盾和斗争及其产生的原因，也逐步显现出来，也使唯物史观的发现有了客观基础。正如恩格斯在写给友人的一封信中所说，"如果说马克思发现了唯物史观，那么梯也里、米涅、基佐以及 1850 年以前英国所有的历史编纂学家则表明，人们已经在这方面作过努力，而摩尔根对于同一观点的发现表明，发现这一观点的时机已经成熟了，这一观点必定被发现"①。因此，唯物史观是时代的产物，是人类思想进程的必然产物。换句话说，唯物史观只能产生在社会生产力已经形成机器大工业的物质技术条件，社会的阶级关系和阶级矛盾已经能清晰地表现出来，从而社会发展的基本矛盾有可能被先进的头脑反映出来的时代，因而它不可能在 19 世纪初之前出现，只能产生在人类社会发展到资本主义机器大工业已经产生的时代。

当然，唯物史观的发现，与马克思个人的历史作用或内因是分不开的。由于马克思站在人类社会已经产生的最先进的阶级——无产阶级的立场上，以大公无私的视野，研究了人类思想发展史上的先进思想，对有这样那样缺陷的唯物主义思想和辩证法思想，对照人类社会发展取得的科学成就和历史进程，对这些思想进行革命性的改造或扬弃；并积极地投入到改造现实社会的实践中，才获得了伟大的发现。这涉及马克思的《资本论》创作史和马克思主义形成和发展史的内容，这里不再展开。

可以说，唯物史观是人类社会通过最先进人物的头脑——马克思的头脑，对蕴藏在一定历史条件下的现实的动态社会中的客观辩证法，做出的正确反映，并被历史进程证明是正确的。因此，唯物史观是对人类社会的客观现实中蕴藏的辩证运动规律获得的伟大发现，是人类先进思想发展史上的质的飞跃。

自从产生了唯物史观，人类的思维方法对社会及其发展史的认识，就有了避免在黑暗中徘徊的现实可能性；在无产阶级和整个人类社会航船的面前，就有了一座指引其向着符合客观规律的方向航行的明灯。

（三）纪念马克思最重要的就是要坚持和应用唯物史观的思维方法

唯物史观及其方法论是我们正确地认识社会、改造社会的强大的、无可取代的思想

---

① 马克思恩格斯选集：第 4 卷 ［M］. 北京：人民出版社，1995：733.

武器。我们只有从掌握人类最先进的思想高度来认识沿着马克思开创的以唯物史观指导理论研究的道路的重要意义，才能坚决摒弃"马克思主义过时论"的肤浅说教。

列宁曾告诫人们："从马克思的理论是客观真理这一为马克思主义者所同意的见解出发，所能得出的唯一结论就是：沿着马克思的理论的道路前进，我们将愈来愈接近客观真理（但绝不会穷尽它）；而沿着任何其他的道路前进，除了混乱和谬误之外，我们什么也得不到。"①从最一般的含义上说，客观真理就是对事物的本质和发展必然趋势的正确反映。唯物史观就是对蕴藏在社会的运动和发展中的客观辩证法的正确反映。为此，它是客观真理。掌握了唯物史观，就能够掌握认识和改造社会的科学思维方法。

沿着马克思开创的理论道路前进，也就是在研究人类社会一切领域的理论工作中，一定要始终坚持用唯物史观的思维方法作为指导思想。这就要求继承马克思的科学治学精神，坚持理论联系实际，坚持调查研究，坚持实践——认识——再实践——再认识……的马克思主义的认识论。这样，哲学和社会科学理论才能沿着真理发展的道路不断前进。

今天，我们可以越来越感受到列宁告诫的重要性。以下，拟着重从经济学的角度，结合学习马克思的代表作《资本论》，来谈谈在经济理论研究和经济改革中坚持唯物史观指导思想的重要性。主题是：只有沿着唯物史观指导的经济理论道路前进，才能真正创建中国特色社会主义经济学，促进中国实现社会主义经济的现代化。这里的经济学指的是包括理论经济学和应用经济学在内的一级学科含义上的经济学。

二、唯物史观是指导经济研究最科学的思维方法

唯物史观是马克思创作《资本论》的基本指导思想。其精华在马克思《资本论》序言和《〈政治经济学批判〉导言》中有精辟的概括。如果我们想要掌握最科学的思维方法来研究经济理论和经济实践，那就有必要深入领会这些道理。

（一）"观念的东西不外是移入人的头脑并在人的头脑中改造过的物质的东西而已"②

无论是马克思主义经济学，还是西方资产阶级经济学，都是移入人的头脑，在人脑中改造过的一定历史条件下的现实的经济形态，只不过前者是如实的正确的反映，而后者是扭曲了的反映。

所以，对于一种经济学是否科学的提问，不是什么过时不过时的问题，而是这种经济学是否反映出经济形态的真实面貌的问题。如果一种经济学只是反映了经济形态的局部的、片面的或表面的东西，那就不能是真正的科学的经济学；如果一种经济学能够由表及里、由此及彼、去伪存真、去粗取精地反映出经济形态的本来面目，揭示经济形态

① 列宁选集：第2卷 [M]. 北京：人民出版社，1995：103-104.
② 马克思. 资本论：第1卷 [M]. 北京：人民出版社，2004：22.

的内部联系，反映出经济形态内部矛盾推动的必然发展趋势，那么这就是真正科学的经济学。《资本论》就是科学的经济理论。

（二）"我的观点是把经济的社会形态的发展理解为一种自然史的过程。不管个人在主观上怎样超脱各种关系，他在社会意义上总是这些关系的产物"①

"我的观点是把经济的社会形态的发展理解为一种自然史的过程。不管个人在主观上怎样超脱各种关系，他在社会意义上总是这些关系的产物"，这就是唯物史观的社会历史观的经典表述。注意，我国的中文版过去把经济的社会形态反映称"社会经济形态"，现在看来，翻译成"经济的社会形态"，更加符合德文原义。

在含义上，经济，是生产过程；社会形态，是指人与人的关系；联系起来。经济的社会形态就是指人们在生产过程中的相互关系，这也就是生产关系的最基本的含义。这种人与人的相互关系，初看起来是由各个人的思想意识来决定的，其实不然，它们的思想意识关系归根到底由生产关系决定，而这种关系是随着社会生产的历史发展而有规律的发展的，是一种不以人的意志为转移的客观过程，就像自然界的发展规律一样。

《资本论》揭示出，生产关系中的个人的性质及其行为，本质上是生产关系中人所处的地位的人格化。在资本主义生产关系中，资本家"只是人格化的资本"②；工人是"人格化的劳动时间"③；"土地所有者表现为最重要的生产条件之一的人格化"④（土地的人格化）。

资产阶级经济学用自利"经济人"或者理性"经济人"揭示经济中的人，这其实是对现实中的人的经济性质的一种片面和扭曲的反映。当然，《资本论》揭示出代表历史前进方向的人是工人阶级。

在经济研究中，我们应当始终站在工人阶级和广大人民群众的立场上。所以，今天习近平总书记提出，要坚持以人民为中心的经济发展思想，只要把人民理解为以劳动人民为主体的人民，那么，这在指导思想上，与唯物史观是一脉相承的。

（三）资本论的"最终目的就是揭示现代社会的经济运动规律"⑤

资本论的"最终目的就是揭示现代社会的经济运动规律"，这从认识论的角度说明了科学的经济学，目的不是要创新，而是要揭示经济运动的客观规律。只有真正揭示出客观规律或者揭示出原有规律的新表现，创新与科学才具有一致性。

这里的经济运动，一是指周而复始每日都在进行的螺旋形的经济的动态运行；二是指年复一年地不断地波浪式地向前发展的过程。《资本论》主要揭示人类社会一定历史阶段的资本主义的经济的客观运动规律，同时也从运用一般和特殊方法的角度，揭示出

---

① 马克思. 资本论：第 1 卷 [M]. 北京：人民出版社，2004：10（引文中，德文原版"经济的社会形态"是"Die Ökonomishe Gesellschaftsformation"）.

② 马克思. 资本论：第 1 卷 [M]. 北京：人民出版社，2004：269.

③ 马克思. 资本论：第 1 卷 [M]. 北京：人民出版社，2004：281.

④ 马克思. 资本论：第 3 卷 [M]. 北京：人民出版社，2004：930.

⑤ 马克思. 资本论：第 1 卷 [M]. 北京：人民出版社，2004：10.

适合于人类社会经济运动的一般规律（如时间节约与分配规律、剩余劳动一般必须始终存在的原理、超过个人需要的农业生产率是一切社会的基础、劳动者与生产资料结合个人所有制的否定之否定规律等）；从人类社会不同阶段的比较角度，揭示出奴隶制、封建制社会的经济形态的运动规律（如在自然经济条件下再生产的特征是简单再生产，由于追求实用价值而剥削率比资本主义制度低、与商品流通不发达、与手工工具相联系的比较固定化的社会分工等）。

西方资产阶级经济学也将要研究经济的运行发展，但是它把资本主义经济理解为永恒合理的经济制度，只有完善和不完善的区别，而没有产生、发展，终究要消灭的历史过程。只有坚持唯物史观的辩证方法或历史辩证法，才能真正发现经济运动的客观规律。

（四）"从抽象上升到具体的方法，只是思维用来掌握具体、把它当作一个精神上的具体再现出来的方式"①

"从抽象上升到具体的方法，只是思维用来掌握具体、把它当作一个精神上的具体再现出来的方式"，这是唯物史观指导的经济理论的科学叙述方法。在理论逻辑上，通过经济范畴的规定性从简单到复杂的辩证演进过程，反映出客观经济形态形成、运动和发展的历史进程；由此把现实的经济的社会形态，再现为一个"精神上的具体"。

《资本论》通过商品、货币、资本、土地所有制和社会总产品五大范畴，展现出资本主义经济的社会形态的真实面目。既体现出对这种经济形态的认识过程，即从现象到本质，又从本质回到现象；又再现出这种经济形态的内在矛盾发展过程：从最简单的商品关系的产生，直到最复杂的全社会宏观经济的内部联系和矛盾运动及其发展趋势；同时显示出，理论的逻辑进程与客观的经济发展进程具有对应性或一致性。所以，《资本论》体现出理论逻辑与经济形态中蕴含的客观辩证法（运动与发展）和认识论三者的统一。这使《资本论》成为"艺术的整体"。体现出主观辩证法和客观辩证法、理论逻辑与现实的历史逻辑、理论逻辑与认识逻辑的高度统一。

这就是经济理论对客观经济现实进行科学反映，并表达出来的方法，是把复杂的具体事物再现为一个"精神上的具体"的方法。从理论上说，这是一个经济范畴从简单到复杂的辩证发展的叙述过程，每个经济范畴都是客观的经济联系在理论上的表现。

需要强调的是，推动经济事物发展的动力在其内在的矛盾。马克思以唯物辩证法为指导，在人类经济思想史中首次提出劳动二重性的基本原理，这就找到了经济矛盾分析法的枢纽或关键。根据这个基本原理，马克思根据商品的简单价值形态的矛盾产生货币，从产品和产品之间的直接交换到产生商品流通，从商品流通中出现了劳动力商品产生了资本流通，资本流通又产生了生产过程中的资本家和雇佣工人的剥削与被剥削剩余价值的对抗性矛盾，产生了生产社会化和资本家阶级私人占有的固有基本矛盾，这些矛盾在生产、交换、分配和消费领域的表现越来越丰富，以至资本主义经济通过周期性的危机，不得不到凭借暴力到国外推销剩余商品，搞殖民主义，由资本主义发展到今天的

---

① 马克思恩格斯全集：第46卷（上册）[M].北京：人民出版社，1979：38.

金融帝国主义。

资产阶级经济学发展到凯恩斯主义，面对周期性爆发的危机，才不得不承认资本主义也有矛盾，但是他们缺少唯物史观，不承认帝国主义时代已经表现出资本主义经济形态已经在走下坡路，他们提出的措施，依然是如何挽救现代资本主义，这是与历史发展的大趋势背道而驰的。

（五）科学的经济数理分析要以经济事实为依据，以弄清经济事物的性质为前提

所谓数理分析，指的是用一定的经济学原理指导进行的经济数量分析。目前有一种误解，以为数理分析是西方经济学的专利和优势。这种误解的原因，一方面是，西方经济学有越来越数学化的倾向，另一方面则是，以往政治经济学教科书的确有忽视数量分析的问题。如果对经济关系的社会性质缺乏科学的规定性分析，单纯地搞数量分析，就等于用数学逻辑取代经济逻辑，就不能说是科学的经济数理分析；而忽视数量分析，只停留在经济关系性质的确定上，经济分析则不可能深入，这其实有悖于唯物史观方法论的要求。而《资本论》的数理分析则贯彻了唯物史观：

1. 数理分析问题的提出应反映客观存在的经济关系

《资本论》第二卷第十七章"剩余价值的流通"中，马克思就揭露了"一个反对图克，坚持 G—W—G′ 的人"提出的假数量问题："资本家不断从流通中取出的货币，怎么能够比他投入流通的货币多。"[①] 在他看来，每个资本家投入流通的货币是 G，而从流通中取出的货币则是 G+ΔG，这就需要解决使资本家剩余价值得以实现的 ΔG 这部分货币从何而来的问题。这个问题乍一看是很难的，资产阶级经济学者在这个问题面前，陷入了理论困境。马克思则鲜明地指出："这个问题本来就是不存在的。"[②] 也就是说，提出这个问题的本身就是不科学的，因为这个数量关系的矛盾在经济关系中并不存在。这个人之所以提出这样的问题，是因为他仅仅从资本带来利润的这一个角度看资本家投入货币和取出货币，也就是说，他的目光只注意到资本流通这一种流通关系上，而没有看到资本主义经济关系中还并存着另一种流通关系，即一般商品流通（或简单商品流通）。因而，提出这种问题的人完全忽视了资本家投入流通的，除了货币资本，还有用于个人消费的货币；这部分货币并不是货币资本那样，预付之后要收回的，而是花费出去就不再收回的，而且所有的人用于个人消费的货币都是这样花费出去不收回的。因此，资本家阶级用于实现剩余价值的货币，只不过是流通中已经存在的货币的一部分。

2. 确定经济事物的性质是进行经济数理分析的前提

"不同物的量只有化为同一单位后，才能在量上互相比较。不同物的量只有作为同一单位的表现，才是同名称的，因而是可通约的"[③]。这实际上为经济数量分析指明了科学的方向。也就是说，首先要确定经济事物的性质，然后才能进行量的分析。3+4=7，但是 3 幢房子+4 件衣服等于几，就只能把两者化为同一性质的东西相加才说得清

① 马克思. 资本论：第 2 卷 [M]. 北京：人民出版社，2004：366.

② 马克思. 资本论：第 2 卷 [M]. 北京：人民出版社，2004：369.

③ 马克思. 资本论：第 1 卷 [M]. 北京：人民出版社，2004：63-64.

楚。《资本论》从第 1 卷到第 3 卷，总是先做质的经济分析，然后再做量的经济分析。

3. 数理逻辑应服从客观经济关系逻辑

比如，弗里德曼是西方资产阶级经济学中货币数量论的代表，它提出了一个对货币进行数量分析的恒等式：$MV=PT$（M 为货币数量、V 为货币流通速度、P 为物价水平、T 为商品和劳务总量）是一个恒等式，等式左右两边互换位置是一回事。从单纯的数学逻辑角度来看，他这个认识是不错的，而且这个公式与马克思的 $W/V=M$ 似无多大区别（因为可以认为 $W=PT$，也就是 $PT=MV$）；然而，数学逻辑毕竟不能等同于经济逻辑。经济上的因果关系是不能颠倒的。如果把 $MV=PT$ 只是理解为数学上的恒等式，等式的左右可以颠倒，那么，商品流通与货币流通之间的因果关系以及他们之间决定与被决定的逻辑关系也就乱套了，就不能正确地解释物价变动的真正原因了。[①]

4. 数理分析要客观反映经济形态的内在联系

凯恩斯主义提出了一个进行宏观经济数理分析的恒等式，即"储蓄＝投资"，现在国内经济学界照搬的人不少。其实这个恒等式是错误的，根本是不恒等的。沿袭了斯密教条，在社会再生产的分析中犯了丢掉不变资本 C 的错误。

（六）唯物史观要求站在工人阶级立场上研究经济学

经济学理论是有阶级性的，这是由经济学研究的对象的特殊性，即涉及人们的物质利益决定的。而人们在物质利益关系的地位又是由生产关系决定的。所以，不管人们是否意识到，经济学总是为一定阶级服务的。马克思在为第一国际工人协会起草的成立宣言中，指出资本主义社会存在两种对立的经济学，即工人阶级经济学和资产阶级经济学，或者说劳动的经济学和财富的经济学。

唯物史观深刻揭示出，资本主义内在矛盾的发展，必然导致资本主义生产关系走向灭亡，必然会孕育出适应社会化大生产的公有制生产关系，而代表新生产关系的是工人阶级。在阶级社会中，只有站在工人阶级立场上，才会不带私心地、客观地揭示经济形态的本来面目；只有站在工人阶级立场上，用唯物史观指导经济理论的科学研究，才能形成符合实际的科学结论。

唯物史观指导下的经济理论必然是代表工人阶级利益，从而代表社会发展的趋势的。它一旦被工人阶级和广大群众所掌握，就会成为推动社会前进的巨大的物质力量。

为此，马克思在《资本论》德文第一版序言中说："《资本论》在德国工人阶级广大范围内迅速得到理解，是对我的劳动的最好报酬。"这也为我们确立研究经济学的正确目的指明了方向。

我们要沿着马克思开创的理论的道路前进，就必须自觉地坚持这些最基本的观点和思维方法。唯物史观的思维方法有着十分丰富的内容，笔者在《中国社会科学》2007年第 5 期，发表《论唯物史观的经济分析范式》，做了比较系统而概要的论述。

---

① 陈其人. 货币理论与物价理论研究［M］. 上海：上海人民出版社，2002：2, 128-150.

三、用唯物史观认识商品经济形态一般

（一）唯物史观对研究市场经济具有不可替代的指导价值

目前很重要的就是要回答：唯物史观的思维方法对我们研究社会主义市场经济形态是否有指导价值？应当毫不犹豫地回答，马克思揭示了商品经济一般形态的本质和发展趋势，因而是指导我们研究社会主义市场经济的最科学的方法。

常常听到有人说，《资本论》是搞计划经济的，我们现在搞社会主义市场经济，因此，《资本论》过时了！言下之意，现在必须用西方"现代经济学"来指导了。西方资产阶级经济学阐述的是资本主义市场经济形态，其中不是不能找到某些有用的成分。可是，由于这种经济学的指导思想是唯心史观的思维方法，具有很大的主观片面性，所以，照搬西方资产阶级经济学可能在经济学"西化"的学术氛围中，对多发几篇文章、评上职称有点用处，但是，这绝不可能用于正确指导我们科学地认识和建设社会主义市场经济，反而会导致我们把社会主义市场经济倒退到资本主义市场经济的方向，导致我们犯颠覆性的错误。后面笔者再展开讲。

其实，《资本论》研究的就是资本主义市场经济形态的形成、运动和发展趋势。即使是阐释社会总资本的再生产和流通，马克思也是结合货币流通规律来解释资本主义社会再生产包含的社会化大生产一般所要求的按比例发展规律的。笔者在《中国社会科学》2017 年第 11 期，发表《货币流回规律与社会再生产的实现——马克思社会总资本的再生产和流通理论的再研究》这篇文章，在很大程度上就是论证、解决结构性失衡的问题，而这离不开马克思的宏观经济理论。

（二）唯物史观对研究社会主义市场经济的科学指导价值

一句话，唯物史观的思维方法为我们从一般与特殊的结合上探索社会主义市场经济的客观经济运动的规律提供了科学指导。以下做一些简要的说明：

1. 商品经济形态是人类社会经济的社会形态发展的一个必经阶段

人与动物的本质区别在于人的社会性。马克思在唯物史观指导下，从人的社会性实现的角度，揭示出，商品经济形态是人类社会经济的社会形态发展的一个必经阶段。人的社会性的实现，是一个逐步发展的过程。随着物质生产力的发展，会经过人的依赖性阶段到物的依赖性阶段，最后必将发展到自由个性阶段。也就是要经过自然经济形态、商品经济和自由人联合体经济这样三大经济形态。这三大形态和马克思从生产资料所有制角度来看的原始公有制、奴隶制、封建制、资本主义制、共产主义人类社会五大历史阶段，是有可能交错的。马克思从来也没有说过商品经济只属于资本主义历史阶段，它指出了商品无论在原始共同体基础上、奴隶生产、小农民和小市民生产的基础上，或者在资本主义生产基础上生产出来，都不会改变商品的性质。商品流通与生产资料所有制是两个不同的经济层面，是可以结合、交错的。

搞社会主义市场经济，实际上是我们认识到自然经济阶段进入商品经济阶段，这是社会生产力对人的社会性实现的必然要求。但是，这不等于说进入商品经济阶段的，就只能搞资本主义私有制。社会生产力的发展还对生产资料所有制的发展提出了客观要求。毛主席在《新民主主义论》中运用唯物史观深刻论证了中国的资产阶级民主革命只能由共产党代表工人阶级来领导，因而是一种新民主主义革命；在新中国成立之后又写了一系列著作，用唯物史观方法证明，中国国情决定了新民主主义革命胜利之后，中国只能走社会主义道路，而且在实践上，证明这是完全正确的。1956年我国进行农业、手工业和资本主义工商业的私有制社会主义改造，取得了伟大的成功。当时对民族资产阶级实行赎买政策，资本家敲锣打鼓拥护公私合营，那时笔者虽在上小学，但也曾亲眼看见。

我们的经济管理体制后来高度集中，排斥商品生产，这是需要改革的，实际上从1956年就开始改，只要看《陈云文选》就清楚了。当然，后来犯了在所有制上急于求成的错误，但是，这绝不是要倒退到资本主义私有制，来纠正"左"。1984年中共中央关于经济体制改革的决定，指出改革是社会主义制度的自我完善和发展，指导方针就是依据唯物史观做出的。

值得探索的是，适应社会生产力发展的要求，如何把发展商品经济形态和生产资料公有制经济形态结合起来。这个问题，才是改革要解决的实质问题。

2. 从经济的社会结构的角度，商品经济社会一般有五大基本层面

从表面到深层：一是商品流通（包括货币流通）一般层面，二是资本流通一般层面，三是社会劳动分工层面或者说产业结构层面；四是生产资料所有制层面；五是社会生产力即人与自然关系的层面。

现在，经济理论界不少人受西方资产阶级经济学的影响，只讲市场和政府的关系。这是一种简单化的倾向。

3. 辩证地理解商品流通

在商品生产社会，商品流通是经济的社会形态的最表层。在人类历史上，商品流通是物与物之间交换遇到矛盾之后逐步形成的。商品流通比物与物之间的产品交换有进步。商品流通可以打破产品直接交换在时空上的限制，但是它又包含一系列内在矛盾（使用价值和社会价值的矛盾、私人劳动和直接社会劳动的矛盾、特殊具体劳动和抽象人类劳动的矛盾、物的人格化和人格的物化的矛盾，也就是物化的东西要成为社会劳动才能交换，但是社会劳动能直接交换却必须物化这种矛盾等）。马克思揭示了商品流通一般包含危机的可能性；批判了萨伊的供给创造需求的教条。

马克思关于简单商品流通包含着危机可能性的原理，对我们认识市场万能这种观点的简单性和片面性有重要指导价值。

4. 价值规律是时间节约和分配规律在商品经济形态中最一般的表现

马克思透过商品拜物教形态揭示出，经济资源归根到底是人们的社会劳动的节约和分配，时间节约和合理地分配生产劳动，这是人类社会最一般的经济规律，只不过在历史发展的不同阶段有不同的表现形式。价值规律就是这个规律在商品生产社会的最一般的表现。

价值规律是在商品流通或广泛的市场交换关系中表现出来的。特别重要的是，唯物

史观揭示出，货币流通是商品流通的表现和结果。不是货币流通决定商品流通，而是商品流通决定货币流通。这对于我们认清西方经济学的货币理论实质很有指导意义。复旦大学陈其人教授用马克思的货币理论论证了弗里德曼的货币流通恒等式的错误。

商品流通和货币流通都是价值规律的运动形态。但是，价值规律除了在自然经济条件下在交换领域有单纯的表现；在商品生产社会，价值规律在生产资料所有制的作用下，会发生变形。在资本主义市场经济中，在剩余价值规律和平均利润率规律作用下，价值规律会转化为生产价格规律。

5. 区分商品流通和资本流通

马克思在《资本论》第一卷第四章第一节"资本的总公式"对此有详细论述。这是马克思主义政治经济学在对商品经济形态一般的认识上与资产阶级经济学相比最重要的特征。

马克思在《资本论》全卷都贯彻了商品流通与资本流通的共性、区别和联系的思想。商品流通与资本流通都包括卖和买这两个环节；资本流通是在商品流通中实现的，但是两者不同。资本流通是一个与劳动者对立的独立价值，经过商品购买、剩余价值生产和商品销售依次进行的三个阶段，采取货币、生产和商品三种存在形态的运动过程。与商品流通显著不同的就是包含生产过程。而这种资本的生产过程，在生产方式采取的是，作为生产资料私人占有者的资本家强制地使雇佣劳动者集体以协作分工方式与机器生产资料相结合，具有显著的历史特征。马克思强调，应当区分货币与货币资本、生产与资本主义生产、商品与商品资本。

资产阶级经济学家，多数从商品流通来看资本主义经济形态，但是也有一些人只从资本流通来看问题，如前面讲数理方法时提到的，有位资产阶级经济学家提出，资本从流通中取出的货币，比投入的多，多的货币从哪里来？他就是只从资本流通角度来看问题。

资产阶级经济学家通常所说的公平，实际上只是反映了商品流通的等价交换。但是他们回避生产领域的不等价交换。照搬西方资产阶级经济学的人，现在也是把商品流通和资本流通混淆起来。

马克思科学地揭示出："市场是流通领域本身的总表现。"① 现实的市场是商品流通与资本流通一般的辩证统一；商品流通是资本流通在流通环节的表现形式，是资本流通决定商品流通，而不是相反。资本流通的性质是由生产环节的生产关系的性质决定的，是资本主义生产关系决定了市场流通的资本主义性质。在资本主义生产关系的作用下，流通领域的商品流通的危机的可能性必然转化为现实性，因为生产关系决定分配关系，这使社会的收入分配产生两极分化，由此必然产生商品供大于求的市场商品过剩，使之必然转化为现实性。资本主义的资本流通之所以发生危机，是由生产环节决定的。

区分商品流通和商品流通对于我们科学地理解现在流行的市场对经济资源起决定性作用的观点有重要指导价值。中国社科院《世界社会主义研究》2018 年第 1、2 两期，

---

① 马克思恩格斯全集：第 49 卷［M］. 北京：人民出版社，1982：309.

刊登了笔者撰写的《关于宏观经济调控的若干理论问题》，在文中笔者着重谈了不能把"市场与政府关系上的市场起决定作用"同"社会生产和市场流通关系上的社会生产起决定作用混同起来"。

6. 生产资料所有制的社会性质决定了商品经济形态的特征

马克思揭示出，在任何经济的社会形态中，生产资料所有制是整个经济结构的基础。同样，在商品生产一般形态中，生产资料所有制这个基础的性质，决定了生产关系的性质；生产关系决定分配关系，从而决定了商品经济形态的宏观运行状态。

资本主义市场经济存在生产社会化和私人占有制的固有矛盾。这导致商品流通包含的危机可能性必然周期性地变为现实性。社会主义市场经济如果坚持以公有制为基础，应当说，危机的可能性是存在的，但是，只要发挥公有制的计划调节作用，是可以防范危机的。

离开生产资料所有制来谈宏观经济的资源配置是片面的。米塞斯、哈耶克说市场定价方式是最优的资源配置方式，这完全是不符合实际的。从理论上说，他们分不清商品流通一般和资本流通，看不到商品流通一般包含的危机可能性；他们的理论是为攻击已经产生的社会主义公有制服务的，也是为资本主义经济作辩护服务的。

尤其要看到，简单商品流通的背后，是一般商品和货币所有者之间的人与人的经济交换关系；而资本流通中的商品交换，其背后既有资本家与一般消费者的交换关系，又有资本家与资本家之间的交换关系。在资本主义社会总资本的流通中，起决定作用的是资本家阶级。在资本主义私有制占主体地位的条件下，讲市场起决定作用，从破除拜物教观念来看，其真实含义就是让占主体地位的资本家阶级起决定作用。

7. 剩余价值通过利润、利息和地租来表现，是剩余价值一般的表现形态

马克思揭示出，人类社会的进步是与剩余劳动一般的增长相联系的，但是剩余劳动在不同的历史阶段有不同的表现形式。

在资本主义社会，资本家、银行家和地主的收入，实际上都是雇佣劳动者创造的剩余价值，根本不是什么资本物质、银行资本和土地这些要素创造的。利润、地租和利息都是剩余价值的表现形式。这些范畴在市场经济条件下，看来具有一般性。但是，马克思的唯物史观分析方法启发我们，它们在以公有制为基础（占主体地位）、城市土地已经属于代表人民利益的国家所有的条件下，剩余价值这三种形式的分割，成为公有资本获得利润、公有土地获得地租、国有银行获得的利息，它们的形成和分割，都不能与资本主义经济相同，否则就没有社会主义经济制度的特征了。这是需要认真研究的。

研究社会主义城市国有土地的地租，我们可以认识到，发展私人房地产企业，搞地方政府的土地财政，都是值得商榷的。笔者写过《论住房制度改革的目标模式》论证过这个问题，认为应当发展城市住房租赁制，住房建筑也应当由国有企业来承担。

8. 商品经济形态终将转向没有商品货币的自由人联合体经济

资本主义商品经济形态必然灭亡。商品经济一般形态不是永恒的。我们现在正在完善社会主义市场经济形态，如果认识到市场经济不可能是永恒的，完全市场化、永恒化不符合历史唯物主义观点，那么，在深化改革中，衡量改革方向是否正确，就不应当用

是否符合国际通行的市场化规则为标准，而应当看是否能真正调动了广大劳动人民的积极性，是否从总体上促进了社会生产力的发展，是否能给广大劳动人民和中华民族带来实际经济利益，是否促进了社会共同富裕来衡量。

上述原理对于我们科学地发展社会主义市场经济具有重大意义。其中最为重要的，就是要搞清市场经济形态有五大层面，其中起决定的不是市场，而是生产资料所有制。

四、深化改革必须坚持唯物史观方法的指导

列宁说，沿着马克思理论的道路前进，我们将愈来愈接近客观真理。这完全正确。

（一）新中国成立以来的经济成就是坚持唯物史观指导的结果

新中国成立 69 年以来，我国在经济建设上尽管前进的道路上有曲折，但是举世公认，取得了伟大成就。

——新中国成立前的 1949 年，国内生产总值（GDP）只相当于美国的 16%，欧洲 12 国的 18.6%，拉丁美洲的 56.6%，占世界经济总量的比重为 4.4%。[①] 粮食总产量仅为 1 125 多亿千克，人均国民收入仅为 27 美元，相当于亚洲国家平均值的 2/3。[②]

1949 年，我国人均寿命只有 35 岁；全国人口的 80%以上是文盲；1949 年年底，总人口为 54 167 万人，人口死亡率为 20‰。

——新中国成立之后，我国经济迅速发展。1952 年，我国国内生产总值（GDP）为 300 亿美元；1953—2013 年，我国国内生产总值（GDP）按不变价计算增加了 122 倍，年均增长 8.2%，平均每 9 年翻一番；到 2010 年，跃居世界第二大经济体；根据世界银行数据，2013 年，我国国内生产总值约为 92 403 亿美元，占世界份额达到 12.3%；我国由低收入国家迈进上中等收入国家行列。[③]从位次看，到 1978 年，我国 GDP 总量居世界第 11 位；2000 年，我国 GDP 超过意大利，居世界第 6 位；2008 年，我国 GDP 超过德国，跃居世界第 3 位；2010 年，我国 GDP 超过日本，上升到世界第 2 位。

人均国民收入 GNI 的水平也大幅提升。据世界银行的统计资料，1962 年，我国人均 GNI 只有 70 美元，到 1978 年达到 190 美元，到 2001 年突破 1 000 美元，2008 年又迈上新的台阶，达到 2 770 美元，比 1962 年增长了 38.6 倍。2016 年我国人均 GNI 达到 8 260 美元。1978 年中国人均 GNI 在 188 个国家和地区中我国人均 GNI 排序为 175 位；2013 年在 214 个国家和地区中排序为 109 位；2016 年在 217 个国家和地区中我国人均 GNI 上升到第 93 位。

到 2013 年年底，我国总人口为 136 072 万人，人口死亡率为 7.16 ‰；全国普及九

---

① 宗寒. 坚持社会主义基本经济制度的几个问题 [J]. 马克思主义研究，2007（9）：7.

② 中共中央文献研究室. 毛泽东传（1949—1976）上 [M]. 北京：中央文献出版社，2003：60.

③ 国家统计局. 新中国 65 周年 [EB/OL]. 中华人民共和国国家统计局网站，2015-02-13，http://www.stats. gov.cn/tjzs/tjbk/201502/t20150213_683631.html.

年制义务教育，高等教育毛入学率到 2016 年达到 42.7%[①]。2018 年 5 月 17 日，世界卫生组织（WHO）在日内瓦发布最新报告《世界卫生统计 2018》，根据这份报告提供的数据，2016 年中国婴儿出生时的健康预期寿命（Healthy life expectancy at birth）为 68.7 岁，美国为 68.5 岁，这是中国在这一指标上首次超过美国[②]。

（二）伟大经济成就的取得是坚持唯物史观指导经济管理和发展的结果

基本指导思想的一根红线，就是坚持马克思主义政治经济学的基本原理和方法。

1. 坚持了生产资料所有制的社会主义

这里有必要说明，对新中国成立后的前 30 年的计划产品经济体制时期采取历史虚无主义根本否定的态度，是不符合历史事实的。这个时期中国宏观经济管理尽管因"左"的重大失误，走过弯路，但是经济建设成就依然是伟大的。经济上的失误主要发生在 1958—1960 年的"大跃进"阶段和"文革"时期中的 1967—1968 年阶段[③]。综合地说，在"文革"这十年中，中国工农业总产值指数（以 1952 年为 100），比 1965 年增长了 133.54%。其中工业总产值 1976 年比 1965 年增长 172.6%，平均每年增长 9.55%，农业总产值 1976 年比 1965 年增长 35.3%，平均每年增长 2.8%"[④]。

新中国成立后的前 30 年，总的来看，国民经济运行的效率是不低的。这说明，在计划产品经济时期，计划调节从总体上说，是有利于宏观经济稳定有效率地发展的，它确实体现出社会主义根本制度的优越性。当然，在宏观经济管理体制上存在过于高度集中的问题，存在大起大落的问题，这实际上就是当时我们忽视了把公有制经济与市场流通结合起来，容易急于求成，容易犯主观性错误。

2. 实事求是，在实践中认识到现阶段的经济的社会形态仍然处在商品经济阶段，必须大力发展社会主义市场经济

当时怎么认识到经济管理体制存在弊病？仍然是唯物史观指导下的马克思主义的经济理论。

孙冶方根据马克思的社会再生产理论，于 1956 年最早提出"把计划和统计放在价值规律的基础上"。其实最早提出社会主义市场经济概念的，是中国社科院经济研究所

---

① 国家统计局综合司. 系列报告之十八：国际地位明显提高 国际影响力显著增强 [EB/OL]. (2009-09-29). http://www.stats.gov.cn/ztjc/ztfx/qzxzgcl60zn/200909/t20090929_68650.html；国家统计局. 新中国 65 年数据 [EB/OL]. (2015-02-12). http://www.stats.gov.cn/ztjc/ztsj/201502/t20150212_682681.html；国家统计局. 国际统计年鉴 2014 年 [EB/OL]. http://data.stats.gov.cn/lastestpub/gjnj/2014/indexch.htm；国家统计局. 新理念引领新常态 新实践谱写新篇章——党的十八大以来经济社会发展成就系列之一 [EB/OL]. (2017-07-28). http://www.stats.gov.cn/ztjc/ztfx/18fzcj/201802/t20180212_1583222.html.

② 为什么中国人均健康预期寿命高于美国？[EB/OL]. 中国新闻网，2018-06-01，https://www.chinanews.com/jk/2018/06-01/8528490.shtml.

③ 关于"文革"时期，应做历史唯物主义的评价。"如实地把'文革'和这个历史时期加以区分"，"只有这样才能如实地反映这十年间中华人民共和国的历史全貌"。参见：当代中国研究所. 中华人民共和国史稿：第 3 卷，1966—1976 年 [M]. 北京：人民出版社，当代中国出版社，2012：3.

④ 当代中国研究所. 中华人民共和国史稿：第 3 卷，1966—1976 年 [M]. 北京：人民出版社，当代中国出版社，2012：307.

的于祖尧研究员和江苏社科院的顾纪瑞研究员，他们在 1979 年前后在全国第一次价值规律研讨会上，在其学术论文中都提出了社会主义市场经济的概念。顾纪瑞研究员在 1979 年《经济研究》杂志刊登的《社会主义经济中价值规律讨论专辑》中，发表的论文的标题是《关于社会主义市场经济的几个问题》。

陈云同志在 1956 年就提出社会主义市场的概念，1957 年提出并一直强调财政收支、银行信贷、物资供需和国际收支要综合平衡，提出有计划按比例的思想来自《资本论》，这个思想是完全正确的，国民经济按比例发展是最快的速度，强调计划经济与市场调节相结合的"鸟笼子理论"，市场调节的活跃这只"鸟"必须由大的计划的"鸟笼子"来控制。

（三）改革中发生严重的结构性失衡的问题，这是唯物史观指导思想受到严重干扰的结果

笔者认为，这是受西方资产阶级经济学干扰造成的。党中央领导同志早在 1999 年就提出，"目前经济生活中的问题，根本的是结构不合理，结构调整缓慢"[1]；2005 年党中央领导同志又指出，"盲目投资导致产能过剩的不良后果正在显现"，"产业结构调整的任务相当艰巨"[2]；2010 年国务院领导同志撰文指出，我们经济持续快速发展，"但是也要看到，我们的发展也付出了很大代价，经济结构不合理的矛盾长期积累，发展不平衡、不协调、不可持续的问题日益显现"[3]。2012 年党的十八大要求，"着力解决制约经济持续健康发展的重大结构性问题"[4]；直到党的十九大要求守住不发生系统性金融风险的底线，这说明，我国宏观经济重大结构性失衡问题由来已久。

其主要原因是私有化"改制"导致资本主义经济成分增长，资本主义经济规律已经在经济全局发生作用，两极分化越来越严重，这势必导致经济结构失衡。

结论：经验和教训表明，只要我们坚持马克思开创的理论道路，认真地用唯物史观指导经济建设，我们在经济建设实践中，就能不断稳步前进；反之，如果我们偏离唯物史观指导的方向，不能坚持走中国特色的科学社会主义道路，其认识就会脱离中国国情，在经济实践中就会遭受挫折。

五、共产党人必须拒绝经济学"西化"

列宁说，沿着任何其他的道路前进，除了混乱和谬误之外，我们什么也得不到。从

---

① 江泽民. 大力调整经济结构，促进产业优化升级 [M] // 中共中央文献研究室. 十五大以来重要文献选编：中册. 北京：人民出版社，2001：1070.

② 胡锦涛. 搞好宏观调控，促进科学发展 [M] // 中共中央文献研究室. 十五大以来重要文献选编：下册 [M]. 北京：人民出版社，2008：70.

③ 李克强. 关于调整经济结构促进持续发展的几个问题 [J]. 求是，2010 (11).

④ 胡锦涛. 坚定不移沿着中国特色社会主义道路前进　为全面建成小康社会而奋斗——在中国共产党第十八次全国代表大会上的报告 [N]. 人民日报，2012-11-18 (1).

经济学界出现的理论混乱和谬误来看，我们必须贯彻唯物史观的科学思想方法，在以下四个方面，站稳立场，拒绝错误思潮的干扰。

（一）拒绝照搬新自由主义

1. 新自由主义的"私有化"改制，其思想来源是米塞斯、哈耶克的"资源配置"和"激励理论"

私有制必然导致两极分化，绝不能解决生产社会化和生产资料资本主义私有制这对基本矛盾。

笔者已经写了专门文章和某位中国经济 50 人论坛的教授商榷，主要阐明《两种对立的宏观经济问题观辨析》。这位教授认为，宏观经济出现重大结构性失衡，有两大问题必须解决：一是计划经济问题，这是公有制造成的问题；二是激励问题，这个问题不解决，经济效率就提不高。我则认为宏观经济出现重大结构性失衡的根本原因在于，公有制的经济基础被严重削弱和中央政府计划调节的作用被严重弱化问题。

2. 在经济全球化条件下，新自由主义为国际金融垄断资本推行新殖民主义。

麦金农说，市场自由化的最后阶段就是放开国际收支资本账户的货币兑换。实质上，这是鼓吹国际金融垄断资本自由进出发展中国家。后果是占领发展中国家的市场，破坏民族经济的独立自主；另外，自由进出，势必破坏发展中国家社会再生产的比例关系，导致发生经济危机。

放开外资在金融领域的股比限制，这极其危险。银行货币资本是社会总资本的第一推动力，一个国家的银行让外国人控股，这等于让外国控制国家的经济命脉。这项无底线开放的政策措施是违反民族经济独立自主基本原则的，必须依宪纠错。

（二）拒绝照搬凯恩斯主义

凯恩斯主义以维护资本主义私有制为前提。在理论上有两大错误：

（1）贯彻斯密教条，丢掉了不变资本 C。凯恩斯主义从社会价值产品出发，不区分商品流通和资本流通，不解决社会再生产中的最重要的问题即生产资料补偿问题，是沿袭了"斯密教条"［请参见《经济纵横》2018（4）笔者的文章］。

（2）凯恩斯提出的"储蓄＝投资"是一个具有主观主义的恒等式，实际上是不恒等的［请参见《当代经济研究》2018（5）笔者的文章］。

为此，我国的宏观经济调控部门在实践中，不应当搬用来自凯恩斯主义的所谓"三驾马车"的宏观经济调控政策。

（三）拒绝搬用民主社会主义

民主社会主义在经济上的主张，我把它概括为："私有制+公共福利或公共财政再分配"。中国社科院徐崇温、首都经贸大学丁冰教授对此有专门的论文对其予以批判。

（四）拒绝照搬西方发展经济学中的错误成分

西方发展经济学成分比较复杂，其中有进步的激进主义经济发展的思想，但是，在理论指导上，占主流的是西方资产阶级经济学。正如武汉大学谭崇台教授所说，"西方发展经济学若明若暗地显现出致命经济学的痕迹"；"西方发展经济学受到新古典主义的强大影响"①。

1. 搬用"城市化"原理不利于建设社会主义新农村

要看到，我国社会主义新农村建设搞得好的农村，发生了"逆城市化"。我们不能丢掉马克思主义关于消灭城乡、工农和脑体三大差别的战略思想。

2. 滥用"人口红利"等于传播剥削阶级意识形态

红利是与不劳而获相联系的。目前出现的"人口老龄化问题"，是有条件通过贯彻统筹兼顾、合理安排的方针来解决的；以此为由否定计划生育国策是短视的。我们不能离开社会制度来谈人口发展和经济发展的关系问题。

3. 国际贸易上的"比较优势"

要看到，这是李嘉图以来的资产阶级经济原理。社会生产力发展水平相当的国家，按此原理到外国购买自己生产要耗费更多成本的商品，是可以获取一定比较利益的。但是，对于社会生产力发展落后的国家，如果老是生产劳动密集型商品，是得不到比较利益的。现实也证明了这一点。我们中国卖低端产品给美国，但是美国不卖中国需要的高新技术产品，中国能够得到比较利益吗？在国际贸易上，马克思指出，在一个国家内，商品之间的交换遵循价值规律，总体上"商品生产者的亏损和盈利是平衡的。在不同国家的相互关系中，情况就不是这样"；"一国国家的三个工作日也可能同另一个国家的一个工作日交换。价值规律在这里有了重大变化"；"在这种情况下，比较富有的国家剥削比较贫穷的国家"②。为此，生产力落后国家要改变在国际贸易中受发达国家剥削、跟在发达国家的后面爬行的状态，唯有举全国之力，依靠科技进步和发展教育，在人均劳动生产率上赶超发达国家。

4. "中等收入陷阱"

这种概念把拉美国家受新自由主义导致的经济混乱普遍化为规律性的现象，为新自由主义开脱责任。离开根本经济制度，直接把收入水平与社会经济发展状态联系起来是片面的。我们不能否认社会根本制度对经济发展的作用。

照搬西方资产阶经济学，这是造成经济理论界思想混乱、宏观经济出现严重结构性失衡的重要原因。这在事实上证明了列宁所说的："沿着任何其他的道路前进，除了混乱和谬误之外，我们什么也得不到。"

六、与马克思主义经济学者共勉

我们纪念马克思诞辰200周年，不应只注重形式，而应当强调纪念的内容。"温故而知新，可以为师矣！"我们有必要把纪念看成是一次重温马克思唯物史观的经济研究

---

① 谭崇台. 发展经济学［M］. 上海：上海人民出版社，1989：647.
② 马克思恩格斯全集：第26卷（第3册）［M］. 北京：人民出版社，1974：112.

方法的学习活动。这里提点建议，与同志们共勉。

1. 要充分认识我们所担负的责任

我们要把"不忘初心"，为共产主义奋斗终生的宣誓与自己的马克思主义理论教学和研究结合起来。必须融马克思主义指导思想与经济学研究为一体。不能挂上共产党员的牌子，内心不相信马克思主义经济学，而迷信西方资产阶级经济学。树立起把唯物史观和经济学教学和研究结合起来这样一种责任感。

有人会说，如果照你这么说，那么西方经济学的课程也不要开了，西方经济学的老师都要解聘了。请不要误会。笔者多年前就与一位办事十分认真的西方经济学老师说过，关键是用什么指导思想研究西方资产阶级经济学。我国著名西方经济学研究专家，北大的陈岱孙、胡代光，人大的高鸿业、吴易风，首都经贸大学的丁冰，都是老前辈了，他们都是十分坚定的马克思主义经济学家。他们的共同特点，都是深入地研究过《资本论》，用马克思主义经济学的立场、观点和方法从事西方资产阶级经济学的教学和研究。

同时，也要看到，有的教师虽然在教马克思主义政治经济学，但是由于自己下功夫不够，面对气势汹汹的经济学"西化"思潮，对马克思主义经济学从内心深处并不相信，这叫"身在曹营心在汉"。这样，以摇摆的心态去讲马克思主义政治经济学，显然不能讲出正能量。

要看到，尽管中国特色社会主义的伟大事业正在高歌猛进；但是目前国际共产主义运动尚未走出低谷，帝国主义亡我之心不死，国内社会主义公有制经济基础受到严重削弱。我们是在这样的情况下来从事经济学教学的。我们的目的是要培育中国特色的科学社会主义事业的接班人和建设者，而绝不是要培育怀疑科学社会主义制度，迷信现代资本主义的一个个自利"经济人"。从全国高校来看，经济学教育"西化"的严重局面并没有得到根本改观，这集中地体现在，马克思主义经济学教学课时量，仍明显低于西方资产阶级经济学。而这些问题的解决，还有待于高校的党员教师们团结起来共同努力。

2. 在经济学教学与研究中坚持科学性、阶级性、革命性和实践性的统一

马克思主义经济学的科学性是和阶级性、革命性和实践性融为一体的。从阶级性来看，要坚持马克思主义经济学的工人阶级经济学性质，在经济学研究和教学中，要坚定不移地贯彻习近平总书记"以人民为中心"的经济发展观，站在维护工人阶级和占人口大多数的劳动人民利益的立场上，研究和讲解经济学。

从革命性来看，我们应当记住马克思的话："辩证法不崇拜任何东西，按其本质来说，它是批判的和革命的。"[①] 为此，要把经济学教学和研究，理解为《共产党宣言》上说的"同传统观念实行最彻底的决裂"[②] 的重要组成部分，要敢于批判私有化和经济学西化思潮。

从实践性来看，要坚持调查研究，多对国家正在进行改革、开放和发展中的现实问题提出建设性的意见。

---

① 马克思. 资本论：第1卷 [M]. 北京：人民出版社，2004：22.
② 马克思恩格斯选集：第1卷 [M]. 北京：人民出版社，1995：293.

从科学性来看，要坚持唯物史观，弄清马克思主义经济体系的来龙去脉和思想体系极为重要，而对于西方经济学的借鉴，要学习马克思的态度，即使对于可以借鉴的经济范畴，也要进行"术语的革命"①，像马克思借鉴固定资本和流动资本、利润、利息和地租等范畴那样，对这些范畴进行革命性的改造，把他们纳入工人阶级经济学即马克思主义政治经济学的体系中来。

3. 在科学理论上勇攀高峰

马克思在《资本论》法文版序言中说："在科学上没有平坦的大道，只有不畏劳苦沿着陡峭山路攀登的人，才有希望达到光辉的顶点。"②

这几方面，愿与大家共勉。

最后，让我们再次聆听列宁的忠告：

"从马克思的理论是客观真理这一为马克思主义者所同意的见解出发，所能得出的唯一结论就是：沿着马克思的理论的道路前进，我们将愈来愈接近客观真理（但绝不会穷尽它）；而沿着任何其他的道路前进，除了混乱和谬误之外，我们什么也得不到。"③

---

① 马克思. 资本论：第1卷 [M]. 北京：人民出版社，2004：32.
② 马克思. 资本论：第1卷 [M]. 北京：人民出版社，2004：24.
③ 列宁选集：第2卷 [M]. 北京：人民出版社，1995：103-104.

以人民为中心
发展中国特色社会主义政治经济学

张存刚[①]

摘　要： 习近平新时代中国特色社会主义经济思想，要求坚持以人民为中心的发展思想，并贯穿到统筹推进"五位一体"总体布局和协调推进"四个全面"战略布局之中。以人民为中心发展中国特色社会主义政治经济学，要以马克思主义政治经济学和习近平中国特色社会主义经济思想为指导，聚焦新时代中国特色社会主义总任务、主要矛盾，研究贯彻落实新发展理念解决我国不平衡不充分发展的具体途径和方式，以供给侧结构性改革为主线建设现代化经济体系，加快完善社会主义市场经济体制等重大改革发展问题，进一步解放和发展生产力，使人民群众通过现实的发展有更多的获得感。深入研究以现代化经济体系建设为目标，促进新旧动能转换问题，为经济社会发展服务。

关键词： 习近平新时代中国特色社会主义经济思想　以人民为中心　政治经济学现代化经济体系

必须坚持以人民为中心的发展思想，是党的十八届五中全会提出的如期实现全面建成小康社会奋斗目标，推动经济社会持续健康发展必须遵循的一个重大原则。习近平总书记在党的十九大报告中指出，中国共产党的初心和使命就是为中国人民谋幸福，为中华民族谋复兴。中国特色社会主义进入新时代，我国社会主要矛盾转变为人民日益增长的美好生活需要和不平衡不充分发展之间的矛盾，必须坚持以人民为中心的发展思想，不断促进人的全面发展、全体人民共同富裕。习近平总书记在纪念马克思诞辰 200 周年大会上的讲话中指出："学习马克思，就要学习和实践马克思主义关于坚守人民立场的思想。人民性是马克思主义最鲜明的品格。让人民获得解放是马克思毕生的追求。我们要始终把人民立场作为根本立场，把为人民谋幸福作为根本使命，坚持全心全意为人民服务的根本宗旨，贯彻群众路线，尊重人民主体地位和首创精神，始终保持同人民群众的血肉联系，凝聚起众志成城的磅礴力量，团结带领人民共同创造历史伟业。"中央经济工作会议明确提出了以新发展理念为主要内容的习近平新时代中国特色社会主义经济

---

① 张存刚，兰州财经大学经济学院教授。

思想，要求坚持以人民为中心的发展思想，贯穿到统筹推进"五位一体"总体布局和协调推进"四个全面"战略布局之中。这些重要论述为新时代发展中国特色社会主义政治经济学指明了方向。

一、以人民为中心发展中国特色社会主义政治经济学的重大意义

坚持以人民为中心，是由中国共产党的性质和宗旨、我国的社会制度性质、国体和政体以及中国特色社会主义政治经济学的阶级属性和根本立场所决定的。也是坚持马克思主义唯物史观为指导的根本要求。是新时代坚持和发展中国特色社会主义的基本方略，是推动经济社会持续健康发展必须遵循的重大原则，也是建立和发展中国特色社会主义政治经济学理论体系必须坚持的重大原则。

推动我国经济社会持续健康发展，如期实现全面建成小康社会的奋斗目标，是中国共产党践行以人民为中心的发展思想的具体行动，也是中国特色社会主义能否取得伟大胜利的显著标志。更是中国特色社会主义政治经济学建设和发展的中心任务。习近平同志指出："坚持问题导向是马克思主义的鲜明特点。问题是创新的起点，也是创新的动力源。只有聆听时代的声音，回应时代的呼唤，认真研究解决重大而紧迫的问题，才能真正把握住历史脉络，找到发展规律，推动理论创新。坚持以马克思主义为指导，必须落到研究我国发展和我们党执政面临的重大理论和实践问题上来，落到提出解决问题的正确思路和有效办法上来。"① 只有始终坚持以人民为中心的发展思想，中国特色社会主义政治经济学才能始终正确地在坚持社会主义的本质的前提下，研究探索中国色社会主义经济建设和发展的规律，针对经济社会发展中的问题提出有效的改革、建设和发展政策措施，才能为如期全面建成小康社会提供重要的理论指导，中国特色社会主义政治经济学才能为马克思主义政治经济学贡献"中国智慧"，成为坚持发展马克思主义的"必修课"，更重要的是才能真正成为坚持和发展中国特色社会主义，实现中华民族伟大复兴中国梦的强大的理论武器。并为发展中国家的发展提供"中国方案"。

当前，我国正处于决胜全面建成小康社会的攻坚阶段，经济社会发展既存在有利机遇，仍处于可以大有作为的重要战略机遇期，也存在许多矛盾和挑战。特别是发展不平衡、不协调、不可持续问题突出。坚持以人民为中心的思想，创新和发展中国特色社会主义政治经济学，要求我们不能离开我国经济社会发展的现实，仅仅抽象地研究以人民为中心的内涵和实现问题，必须注重研究解决我国发展中面临的现实问题，研究创新、协调、绿色、开放和共享发展，真正使人民群众通过现实的发展有更多的获得感。正如习近平总书记所说的那样，"坚持以马克思主义为指导，核心要解决好为什么人的问题。我们的党是全心全意为人民服务的党，我们的国家是人民当家做主的国家，党和国家一切工作的出发点和落脚点是实现好、维护好、发展好最广大人民的根本利益。我国哲学

---

① 习近平. 在哲学社会科学工作座谈会上的讲话 [M]. 北京：人民出版社，2016：14.

社会科学要有所作为，就必须坚持以人民为中心的研究导向。脱离了人民，哲学社会科学就不会有吸引力、感染力、影响力、生命力。我国广大哲学社会科学工作者要坚持人民是历史创造者的观点，树立为人民做学问的理想，尊重人民主体地位，聚焦人民的实践创造，自觉把个人学术追求同国家和民族发展紧紧联系在一起，努力多出经得起实践、人民、历史检验的研究成果"①。

中国特色社会主义政治经济学是马克思主义政治经济学的继承、创新和发展。在坚持和实现以人民为中心的发展思想方面具有理论本身的必然要求。同时它又是中国共产党领导中国特色社会主义经济建设和发展的理论指导，从而为实现以人民为中心的发展思想提供了强大的政治保障。由此我们可以认为以中国特色社会主义政治经济学作为理论指导，推动我国社会主义经济建设和发展，同实现以人民为中心的发展具有理论和实践的高度一致性。这就要求我们必须以人民为中心，建立和发展中国特色社会主义政治经济学体系。

二、以人民为中心发展中国特色社会主义政治经济学的理论与现实路径

那么，如何建立和发展以人民为中心的中国特色社会主义政治经济学？要以习近平提出的坚持发展中国特色社会主义政治经济学的重大原则为指导。习近平总书记指出，学习马克思主义政治经济学，是为了更好地指导我国经济发展实践，既要坚持其基本原理和方法论，更要同我国发展实际相结合，不断形成新的理论成果。要坚持解放和发展社会生产力，坚持调动各方面积极性，坚持以人民为中心的发展思想，坚持用新的发展理念来引领和推动我国经济发展，坚持和完善社会主义基本经济制度、基本分配制度，坚持社会主义市场经济的改革方向，坚持对外开放的基本国策②。

以人民为中心发展中国特色社会主义政治经济学，要以马克思主义政治经济学和习近平中国特色社会主义经济思想为指导，总结和提炼我国改革开放和社会主义现代化建设的伟大实践经验，揭示中国特色社会主义新时代经济改革与发展的规律，进一步解放和发展社会主义生产力，更好地服务于以人民为中心的发展，更好地满足人民日益增长的美好生活需要。

（一）坚持马克思主义政治经济学基本立场、观点和方法

建立和发展中国特色社会主义政治经济学体系，必须坚持马克思主义政治经济学基本立场、观点和方法。马克思主义政治经济学具有鲜明的人民属性，是为争取和实现广大劳动人民利益服务的政治经济学。因此能够突破资产阶级既有利益界限的限制，着眼于推动生产力发展并实现无产阶级解放和促进社会成员全面、自由发展，科学地研究揭

① 习近平. 在哲学社会科学工作座谈会上的讲话 [M]. 北京：人民出版社，2016：12-13.
② 张宇. 中国特色社会主义政治经济学 [M]. 北京：中国人民大学出版社，2016：37.

示资本主义经济结构和经济运动过程的矛盾、探索未来社会更好发展的条件和规律。从而使马克思主义政治经济学成为科学的理论。既对当代资本主义经济发展问题具有深刻的洞察力。也成为社会主义经济建设和发展的重要指导。除了个别囿于当时社会历史局限得出的结论和观点外，马克思主义政治经济学的基本原理在当代社会并没有过时。习近平《在哲学社会科学工作座谈会上的讲话》中指出："有人说，马克思主义政治经济学过时了，《资本论》过时了。这个说法是武断的。远的不说，就从国际金融危机看，许多国家经济持续低迷、两极分化加剧、社会矛盾加深，说明资本主义固有的生产社会化和生产资料私人占有之间的矛盾依然存在，但表现形式、存在特点有所不同。国际金融危机发生后，不少西方学者也在重新研究马克思主义政治经济学、研究《资本论》，借以反思资本主义的弊端。法国学者托马斯·皮凯蒂撰写的《21世纪资本论》就在国际学术界引发了广泛讨论。"当然也需要我们结合新的实际做出新的发展。在坚持马克思主义政治经济学基本原理的基础上，不断推进马克思主义政治经济学的中国化，建立中国特色社会主义政治经济学体系。

马克思主义政治经济学科学性的基本前提就是科学的阶级立场。资产阶级经济学的庸俗性和理论体系总体上的非科学性就是来自其自私的、狭隘的阶级利益局限。因此我们在建立和发展中国特色社会主义政治经济学时，最重要的就是要坚持以人民为中心的政治立场，同时要坚持马克思主义政治经济学研究生产关系及其运动规律这一对政治经济学研究对象的科学规定。必须要明确，政治经济学不是简单地研究财富的增长，而是研究财富增长的人的、社会的条件和因素；不仅仅研究财富的增长，而且要研究财富的分配和享用。揭示社会生产关系对于不同的社会成员之间的影响，社会生产力发展的制度、体制环境和约束，社会经济发展的激励和动力机制。这些问题的研究解决直接决定着生产力的发展。因此坚持马克思主义政治经济学关于生产关系的研究对象无疑是正确的，而且是必需的。这也应该成为中国特色社会主义政治经济学的研究对象。同时要结合中国特色社会主义经济发展的实际，探索生产关系的现实具体内容，增强研究生产关系的现实针对性和特定指向性。

（二）以习近平新时代中国特色社会主义经济思想为指导

习近平总书记指出："坚持以马克思主义为指导，核心要解决好为什么人的问题。我们的党是全心全意为人民服务的党，我们的国家是人民当家做主的国家，党和国家一切工作的出发点和落脚点是实现好、维护好、发展好最广大人民的根本利益。我国哲学社会科学要有所作为，就必须坚持以人民为中心的研究导向。脱离了人民，哲学社会科学就不会有吸引力、感染力、影响力、生命力。我国广大哲学社会科学工作者要坚持人民是历史创造者的观点，树立为人民做学问的理想，尊重人民主体地位，聚焦人民实践创造，自觉把个人学术追求同国家和民族发展紧紧联系在一起，努力多出经得起实践、人民、历史检验的研究成果。"[1]"以人民为中心的发展思想，不是一个抽象的、玄奥的概念，不能只停留在口头上、止步于思想环节，而要体现在经济社会发展各个环节。"

① 习近平. 在哲学社会科学工作座谈会上的讲话 [M]. 北京：人民出版社，2016：12-13.

要把以人民为中心的发展思想转化为指导我国经济社会发展的指导思想、根本原则、评判标准。"坚持人民主体地位，顺应人民群众对美好生活的向往，不断实现好、维护好、发展好最广大人民根本利益，做到发展为了人民、发展依靠人民、发展成果由人民共享"[①]。

坚持以人民为中心发展中国特色社会主义政治经济学，必须以实现社会主义现代化和中华民族伟大复兴为目标，聚焦新时代中国特色社会主义总任务、主要矛盾，深化对社会主要矛盾内涵的认识，研究贯彻落实新发展理念解决我国不平衡不充分发展的具体途径和方式，以供给侧结构性改革为主线建设现代化经济体系，加快完善社会主义市场经济体制等重大改革发展问题，进一步解放和发展生产力，使人民群众通过现实的发展有更多的获得感。

（三）深入研究以现代化经济体系建设为目标，促进新旧动能转换问题

建设现代化经济体系对于适应我国经济由高速增长阶段转向高质量发展阶段，转变经济发展方式，优化经济结构，转换增长动力，提高经济发展质量和效益，更好实现以人民为中心的发展，实现"两个一百年"奋斗目标具有重要的现实意义。指明了我国新时代经济理论研究、经济改革深化、经济政策调整、经济发展谋划的方向、路径和着力点；为我国经济发展提供了重大机遇，有利于扎实有效推进经济体制改革，扩大开放，构建现代产业体系，增强经济发展能力，提升经济发展水平，顺利实现全面建成小康社会的目标。

贯彻落实党的十九大提出的建设现代化经济体系的战略部署，必须紧密联系发展不平衡不充分问题表现尤为突出的客观实际，认真研究不平衡不充分的具体问题，以改革的精神和创新的办法，着力破解发展难题和瓶颈制约，不断加快发展步伐。

1. 应加强对国家建设现代化经济体系各方面战略部署内容要求的研判和分析

寻求与各省（区、市）产业经济结构调整优化、区域经济发展、基础设施建设、体制机制改革、对外开放思路和方案的对接点，以有效利用国家有关政策机遇，融入国家现代化经济体系建设之中，促进深化经济体制改革、提升对外开放水平，在更高层次上培育经济发展的新优势和新动能。

2. 高度关注和重视国家实施区域协调发展战略的新举措，在国家政策框架下使政策效用最大化

党的十九大报告提出"加大力度支持革命老区、民族地区、边疆地区、贫困地区加快发展，强化举措推进西部大开发形成新格局，支持资源型地区经济转型发展"等，西部落后省份应尽快对革命老区、民族地区、贫困地区经济社会发展面临的困难和问题进行深入研究分析，并提出能与国家政策支持相衔接的实施方案、项目计划，便于更好地争取得到国家的支持。

3. 立足本地区发展基础和条件，谋划发展

必须清醒认识本地区在建设现代化经济体系方面存在的不足和弱项，发挥优势、扬

① 中共中央文献研究室. 习近平关于社会主义经济建设论述摘编 [M]. 北京：中央文献出版社，2017：40-41.

长避短，立足现有的资源禀赋、要素条件和特色优势，既积极作为，又量力而行，厚基础、强改革、显优势、求实效、增绿色，走出一条符合地区实际的现代化经济体系建设的路子。例如，在现代产业体系的建设中，要将发展新产业、新业态、新模式的增量积累与传统优势产业发展的存量规模扩张、提质增效相结合，将生态环境保护与产业经济发展相融合，探索绿色产业经济发展的新途径。务实推进互通，有效对接现有需求、积极挖掘潜在需求，将扩大对外经贸合作与扩大人文社会交流的有机结合，构筑深化合作、扩大开放的社会民意基础。

应把补短板放在首位，加强基础设施建设和公共服务供给创新；去产能应立足实际，着眼现实和潜在市场需求，处理好短期去产能和长期来看的产能提升和创新的关系，不能简单化地为去产能而去产能；去库存应注重如何激发需求和开发需求，不断开拓市场和促进发展新产业。

企业经济学的学理探讨与学科建设

——构建现代化经济体系的重要理论基础

张圣兵[①]

摘　要： 企业是现代化经济体系的基本支撑。新时代发展的新形势需要对企业经济关系进行新的梳理和研究。较长一段时间以来，经济学忽略了对企业经济关系的研究。人们对企业的关注，似乎更多集中到管理层面和管理学领域。这与企业经济学的冷门境遇形成鲜明对比。由此出现单个企业发展较快，而经济关系和秩序较为混乱，导致企业经济不能持续发展的状况。本文在阐述企业经济学的学科定位与职能的基础上，论述了企业经济学的基本内容与逻辑体系。

关键词： 企业经济学　企业管理　学理逻辑　学科体系

党的十九大报告中提出"贯彻新发展理念，建设现代化经济体系"，为我国今后改革开放与经济建设提供了理论遵循。企业是现代经济体系重要而又基本的组成部分，无论是新理念的贯彻还是现代化经济体系的构建都离不开现代企业的支撑。国民经济的可持续发展必须建立在企业健康有序的经济活动之上。构建和完善企业经济学，加强对企业经济关系的分析、梳理和研究，促进和引导企业健康发展，成为现代化经济体系构建的重要内涵。企业经济学应该成为马克思主义经济学体系的重要组成部分，该学科的建设和发展将更加有效地推进我国改革开放事业和国民经济的健康运行与发展。

一、企业是现代化经济体系的基本支撑

企业作为社会生产组织和经济活动的主体，在社会经济运行和发展中具有极其重要的地位。一个国富民强的社会往往就是因为有一批强大企业的支撑。人们正是通过苹果公司、埃克森美孚、福特、亚马逊、沃尔玛等企业来了解美国经济；通过奔驰、宝马、西门子等企业了解德国经济；通过三星、现代等企业了解韩国经济，通过三菱、丰田、

---

① 张圣兵，南京财经大学管理科学与工程学院教授。

日立、松下、索尼等企业了解日本的经济状况。在中国，移动支付、共享单车等"新四大发明"已经广泛渗透到我们的日常生活中并成为我们生活中不可或缺的部分，给人们生活工作带来了巨大的便利。它们就是因为百度、腾讯、阿里巴巴、摩拜等一大批企业的创办而支撑起来的。

从每个人的就业生活到社会发展稳定都与企业发展密切相关。企业作为现代经济体系基本要素的重要职能与地位，可以概括为以下四个方面：

（一）企业是创造社会财富的基本生产主体

现代社会生产生活所需要的物质产品和服务都需要由企业生产提供。企业创造财富和社会价值，造福人民、增加国家税收，成为支撑国家强大和人民富裕的主要源泉。只有企业不断生长和发展才能支撑国家的经济增长，满足人们日益增长的物质文化生活需要。这是众多行政管理机关、事业单位乃至慈善机构所不能比拟的。企业作为生产主体对现代经济体系的基础性作用，也是马克思主义经济学早已证明的基本原理。

（二）企业是社会经济活动和生产关系的组织载体

各种生产要素都要通过企业组织参与社会财富的生产、交换与分配等经济活动。企业由此囊括和体现了主要社会经济关系，劳资关系，资本、土地等要素所有者关系，所有者与经营管理者之间的关系，等等。每个社会成员和组织都要与企业发生各种关系。个人的"衣食住行"，政府、社会团体、协会等都直接或间接地与企业发生关系。上述诸多生产关系和经济矛盾，需要以企业为枢纽进行梳理、协调，以促进现代经济体系的和谐发展。

（三）企业是推动社会创新和进步的动力源

现代经济体系强调"创新是引领发展的第一动力"[①]，企业对经济利益和社会目标的追求，作为一种内生动力推动着企业不断创新生产方式、拓展市场空间，由此推动着整个社会的技术、制度的创新，推动文化融合和社会进步。

企业组织与制度的创新从更广层面推动着社会经济的发展。股份公司的制度创新就解决了铁路建设等行业中资金瓶颈约束的矛盾，由此进一步推动大额投资产业的发展。虚拟企业创新推动了许多社会矛盾的解决和事业的发展。可见现代化经济体系所要求的创新动力主要来自企业对自身目标的内生追求。

（四）企业是促进人的全面发展的重要路径

个人融入社会，实现就业，参与社会生产都需要借助企业这样的场所和渠道，企业成为生产关系的聚集点，也因此影响着每个人参与社会生产的状态和境界。个人就职到企业，获得一个谋生岗位只是第一层次的境界；通过企业的社会交往获得知识、阅历经

---

① 习近平《决胜全面建成小康社会 夺取新时代中国特色社会主义伟大胜利——在中国共产党第十九次全国代表大会上的报告》第五部分。

验，成为更加完善的社会个体，这是第二个境界。进一步追求事业甚至自己创办企业，从而达到更高境界。所以个人融入企业是自身发展的重要途径，企业也自然成为促进个人全面发展的重要路径。

从居民个人生活到政府对经济的宏观调控乃至执政的诸多视角，企业都占据了十分重要的基础性地位。它是个人就业的重要载体，也是政府解决民生问题、发展经济和社会事业的重要依托。许多地方政府努力倡导招商引资，目的也是寻求优质企业支撑地方经济的发展。我国政府积极倡导"大众创业，万众创新"，中共中央、国务院于 2017 年 9 月 25 日专门颁发《营造企业家健康成长环境，弘扬优秀企业家精神，更好发挥企业家作用的意见》，该意见在明确强调企业家精神的作用与地位的同时，也凸显了企业的重要地位。政府推行的"不见面审批"及简政放权举措，也旨在促进更多企业的开办和成长。

综上所述，企业是构建现代经济体系的基础性主体和重要支撑力量。离开现代企业经济的发展，就无从谈起现代化的经济体系。

二、新时代企业发展的新形势呼唤经济学的新担当

随着改革开放的不断深入，我国企业获得了快速的发展，同时也面临着诸多新的矛盾和问题。当前我国社会经济建设已经进入一个新时代，"我国社会主要矛盾已经转化为人民日益增长的美好生活需要和不平衡不充分的发展之间的矛盾"[1]，这需要各行各业的企业主体认清矛盾和形势，承担起相应的社会经济职能。目前在政府"大众创业，万众创新"的强力引导下，我国企业的发展状态可谓突飞猛进。然而，在大量企业的快速生长之中，作为市场经济自发力量的企业经营活动难免会出现盲目、混乱的状况以及与我国经济社会发展目标不相一致的诸多新问题和新矛盾，需要专门的经济学科梳理企业经济关系，并给予引导与协调。

（一）供给侧结构性改革需要企业转变思路观念，分析理清市场关系

党的十九大将"深化供给侧结构性改革"列为建设现代化经济体系的首要任务，这是我国政府根据国内外经济发展现实对经济政策的一次重大调整，其政策背景本身就说明我国企业作为主要供给系统出现了某些偏差，没有能够很好地适应新时代的要求，生产出符合当今市场所需要的产品，甚至不顾市场供求关系而盲目扩大生产。这显然不能"满足人民日益增长的美好生活需要"。所以，供给侧改革的着眼点就是企业，它将政策视角从宏观总量转移到微观结构和企业能力建设上来，可谓是围绕企业经济关系的重大改革与调整。因为所有的供给都需要企业生产提供，它要求企业进行全面的经济关系分析进而做出战略调整，从盲目盯住眼前市场，转向瞄准市场的未来趋势，追求在长

期动态中实现可持续发展。

（二）绿色发展的理念和目标，需要企业处理好自身发展与环境保护等一系列内外部关系，承担应有的社会责任

在强调追求利润、GDP 等数量指标的传统发展理念下，企业发展中的环境影响因素等诸多外部性消耗与损失，没有计入内部成本，在企业与社会之间没有形成完整和健康的经济循环关系。当前中央环境执法监督中发现诸多企业违规排放的问题，可谓触目惊心。许多企业因为难以承担相关的环保费用而面临关停的危机。可见企业需要通过内外部经济关系的重新梳理和分析，调整甚至再造经济循环，将环境生态的修复和再生产费用纳入企业的正常运行成本，通过成本内化和完整的市场价值补偿实现企业经济的良性循环。由此弥补长期以来因为企业经济关系扭曲而导致的社会责任欠账。这需要企业经济学有所作为，而非一般的企业管理学所能担当。

（三）面对国际经济竞争加剧的态势，企业需要重新审视国内外经济关系，做出战略调整

中兴公司遭遇美国商务部的制裁，企业自身由于缺乏核心技术而受制于人，致使业务接近停摆的境地。说明公司在技术与市场的关系处理上缺乏科学合理的判断和应对能力。片面追求国际市场的拓展而忽视核心技术的开发。这不能不说是该企业经济关系处理的重大失误。

企业作为生产财富的主体、各种经济关系的主要载体这一特殊的经济与社会职能，决定了它在经济学研究对象中具有特殊重要的地位，理应受到经济学的聚焦关注和重点研究。经济学的任务是研究生产关系，揭示经济规律。它应该将经济关系最密集的企业作为最重要的研究对象进行重点研究，梳理和分析各类企业经济关系，由此使经济学更加全面而科学地承担起研究生产关系、探索经济规律的职能和任务，促进社会财富和文明的增长。

三、企业经济学研究的不足

关于企业经济的理论研究远没有达到社会对它急切需求的程度，甚至存在较大的缺失和偏差。这是构建现代化经济体系的进程中需要加以研究弥补的一项重要课题。

（一）经济学的忽略

在理论经济学领域，企业没有得到应有的重视，更没有形成一个完整的企业经济学体系。在西方经济学中，有关于厂商的理论叙述，但基本上只是简单地围绕着资本进行一些投入产出的模型分析，"试图将'最有效地利用资源'的问题等同于'在约束条件下最大化求解'的问题，而后者仅仅是一个数学和计算的问题"①。企业组织丰富的经营活动和经济关系都被简单化作一些数据符号装入"黑箱"。

科斯的企业理论从交易费用的视角阐述了企业的性质和原因，为人们理解企业提供了一种新的思路，一时似乎让人"脑洞大开"。但该理论侧重企业产生原因的分析，而且主要停留在"交易流通"的层面，关于企业最重要的生产经营活动及其相互关系却被忽略，所以它没有也不可能形成全面而又深刻的企业经济学理论体系。

学界也可以找出少量企业经济学著作，但与其他经济学、管理学著作相比，数量实在是少之又少。仅有的少数著作大都将企业经济学混同于管理学，其中的一个定义是，研究企业内部管理相关问题和金融、市场营销、贸易、会计、审计、物流、人力资源、生产等在企业层面的问题。有学者将企业经济学又称为管理经济学②。这样，专门系统梳理和研究企业经济关系的经济学内容和职能就十分稀少。它影响着人们对企业经济关系的深入认识，进而造成经济关系和秩序的混乱。

（二）管理学的偏爱

较长一段时期以来，人们对企业的关注研究，似乎更多集中在管理层面和管理学领域。这与企业经济学的冷门境遇形成鲜明对比。

企业作为一个社会经济组织自然需要管理协调，以提高经营效率，实现组织目标。管理在人们生产生活的各行各业都具有普遍意义和分工优势，经常作为一种效率和地位的象征，得到人们更多的青睐。我国自然科学基金委于1996年成立了专门的管理科学部，使管理作为一个相对独立的学科走向持续快速的发展轨道。在众多的管理领域和分支中，工商管理占有独特的优势，MBA、EMBA等教育培训与推广进一步发挥了放大效应。于是人们围绕企业的经营管理展开了大量的研究，形成了企业管理学、管理经济学、人力资源管理、战略管理、文化管理等一系列子学科，进而形成了一个庞大的管理学科群。然而，对于企业作为经济组织的经营管理，人们从经济学视角的关注和研究却十分稀少。我们选取了全国20所知名高校MBA培养方案与开课情况进行调研，其中包括10所"985"综合类高校和10所知名财经类高校。调查发现，目前尚无一所高校开设专门的企业经济学课程，作为企业经济管理人才的培养方案，各校主要开设了管理、财务会计、战略、文化伦理等方面的许多课程，而对企业经济关系等基本面的分析教学却十分有限。这不能不说是人们对管理学过于偏爱。

面对纷繁复杂的市场经济变化趋势，企业需要就未来发展做出决策，这是管理的首要任务，当然需要相应的学科支撑。然而，计划、战略、决策、激励等管理要素与过程的研究主要属于操作层面的经验概括，远远不能代替经济关系的理论梳理和分析。从弗雷德里克·泰罗、亨利·法约尔等开创的"科学管理"理论，到梅奥、马斯洛等开创的"行为科学"理论，再到后来"管理科学丛林"，企业管理的研究有了巨大的拓展和

① 马丁·利克特. 企业经济学：企业理论与经济组织导论 [M]. 范黎波，宋志红，译. 北京：人民出版社，2006：8.

② 陈佳贵，黄速建，等. 企业经济学 [M]. 北京：经济科学出版社，1997：1.

深入，但企业的社会经济关系处理还时不时地出现问题，以至于出现大企业倒闭乃至出现世界性经济危机。国内企业也出现拖欠薪资、供给脱节、环境污染、社会责任担当不足等状况，这在较大程度上都可视为经济关系没有理顺的不良结果。

在一定的时间段，企业可以管理得很好，获得较高的盈利和发展空间。但是如果企业内外部经济关系没有处理好，它就会遇到更大的挫折甚至面临倒闭。那些经历长期发展而立于不败之地的企业，一定是因为它持续理顺并处理好内外部各方面的经济关系。事实上，管理决策的制定首先需要对一系列相关经济关系进行全面的梳理和分析。只有在此基础上，才能做出科学的决策。这是经济学应有的任务和担当。

（三）企业研究的经济学回归

"在国民财富的增长中，经济组织处于核心地位"①。在经济学的发展历史上，马歇尔第一次明确地把组织列为一种生产要素，他在其《经济学原理》中，第四篇所用的总标题就是"生产要素——土地、劳动、资本和组织"，他当时就认为"把组织分开来算作一个独立的生产要素，似乎最为妥当"，连续用五章的篇幅论述工业组织（或称企业管理）问题②。然而，以后经济学对企业经济的研究却主要停留在投入成本和产出效益的分析。丰富而又鲜活的企业经济主体在经济学中被高度抽象地概括为"理性经济人"，它主要体现为一个争取获得利润最大化的生产函数，或被看作投入产出的转换器。经济学主要关注需求与供给、投入成本与产出效率之间的物质数量关系，那些人与人之间的经济关系却被装进了一个"黑箱"，企业本身甚至只被缩略成一个点而被忽略。

马克思对企业经济的研究放在对资本主义经济制度的分析框架之中，他从劳动力成为商品这一特殊的社会制度属性出发，分析资本主义生产和再生产过程，对企业经济进行了深刻的分析。他指出，在自由平等的旗号下，"我们的剧中人的面貌已经起了某些变化。原来的货币所有者成了资本家，昂首前行；劳动力所有者成了他的工人，尾随于后：一个笑容满面，雄心勃勃；一个战战兢兢，畏缩不前，像在市场上出卖了自己的皮一样，只有一个前途——让人家来鞣"③。在这里，对生产组织与过程的分析是以生产关系分析为前提和核心的，由此他直接触及了经济事物的本质和要害，因而比其他所有经济学都要深刻和准确。在《资本论》第三卷"信用在资本主义生产中的作用"一章，论述到股份公司、资本的两权分离等，也都体现经济关系的分析思路。这足以体现其理论的预见性和有效性，马克思的经济学分析为我们树立了典范。然而，针对现代社会的企业运行及其经济关系，现代马克思主义政治经济学还缺乏系统深入的分析研究，在某种程度上说呈现止步不前的状态。

可见，企业这一基本的经济组织，应该成为经济学关注和研究的重点。我们对企业的研究必须上升到经济学的层面加以深入分析，而不能停留在管理技术的层面。

---

① 马丁·利克特. 企业经济学：企业理论与经济组织导论 [M]. 范黎波，宋志红，译. 北京：人民出版社，2006：8.
② 马歇尔. 经济学原理 [M]. 朱志泰，译. 北京：商务印书馆，1997：8-10.
③ 马克思恩格斯全集：第23卷 [M]. 北京，人民出版社，1972：200.

四、企业经济学的学科定位与职能

要建立和发展企业经济学学科，必须明确其学科定位和职能，处理好与相关学科之间的关系。

（一）立足企业主体的层面：不同于理论经济学

以企业为研究客体是企业经济学研究对象最基本的一个内涵规定。它由此与政治经济学、家政学等相互区分开来。

经济发展囊括着三重主体，大致对应着国家、企业和个人三个层面。理论经济学站在整个社会的层面，研究生产关系，揭示社会经济规律。它要综合考量居民就业、家庭消费、企业发展和宏观经济持续协调发展等诸多因素，具体包括需求与供给、生产与消费、成本与收益、工人与资本家等一系列的社会经济关系。由此探讨整个社会的经济发展趋势。企业经济学则站在企业作为经济组织实体的层面和视角，分析其经营发展中内外部各方面的经济关系，揭示其运动规律，包括：劳资关系、股东与经营者关系、融资关系、竞争合作关系、社会责任关系、企业与政府关系，等等。由此探讨企业经济发展规律。家政学侧重最微观的经济细胞——个人家庭的层面，探讨个人劳动技能与家庭收支关系。由此引导每个人更好地生活就业，甚至创业。

（二）经济学的视角：不同于企业管理学

企业经济学以梳理企业经济关系、揭示运动规律为主要任务。由此决定了它属于经济学而非管理学范畴。

企业经济学与企业管理学是既相互区别又相互联系的两个不同学科概念。在现代学科分类中，它们分别属于经济学和管理学两个学科门类。它们的区别主要体现在研究视角和职能的差异。

企业经济学侧重于梳理企业运行中各要素及其内外部条件之间的相互关系，揭示其经济运动规律，属于经济学的范畴。马克思主义经济学就是以生产关系为研究对象的。马克思在《资本论》第一卷第一版序言中就指出"我要在本书研究的，是资本主义生产方式以及和它相适应的生产关系和交换关系"①，企业经济学就是顺着政治经济学研究生产关系的思路延伸到企业层面，考察以企业为中心的多方面的经济关系，实现企业顺利经营和发展的目标。其中的经济关系包括企业内部关系、企业外部（横向）关系、企业与政府（纵向）关系等多个方面。

西方经济学强调研究资源配置，也要以研究供求关系、失业与通货膨胀等一系列经济关系为前提。从微观经济学角度来看，企业主要目标是利润最大化。而企业经济学则必须联系企业经济关系的实际，考虑多重经济目标，引导企业协调持续地发展。

---

① 马克思. 资本论：第1卷［M］//马克思恩格斯文集：第5卷. 北京：人民出版社，2009：8.

企业管理学侧重研究企业运动过程，揭示加速循环运转、提高效率的条件和手段。法约尔把管理概括为涵盖"预测、计划、组织、指挥、协调、控制"的过程，并由此构建管理学的主要框架。

当前，我国特别强调"创新创业"，推动经济发展。这需要我们在经济关系与制度层面上及时跟进梳理，边创造边梳理，及时理顺关系，促进经济和谐持续的发展。

（三）逻辑进程的差异：管理学与经济学的区别

企业管理学作为企业经营管理实践的经验概括和规律探索，更加直接和频繁地接触企业经营实践，处于人们逻辑进程前期的经验概括阶段，可以比作理论原材料的"初级加工场"。企业经济学则是对企业经营管理和发展中的各种经济关系进行梳理概括，探索其运动变化规律，处于逻辑进程后期的理论抽象阶段。它对企业经营管理的考察提升到内外经济关系这一较高的层面，加以抽象概括、精炼提升。它作为经济学的一个分支，比企业管理学更偏向于理论层面，可以比作"理论精加工处"。

在一定程度上，我们可以简略地说，经济学侧重强调结构关系；而管理学侧重强调过程结果。经济学侧重于制度层面和学理层面的研究；管理学侧重于操作与运营层面的分析。当然，在必要的时候，它们会交叉融合，实现统一的企业目标。

五、企业经济学的基本内容与逻辑体系

企业经济学是经济学的重要学科分支。作为一个相对独立的分支学科必须拥有比较完整的学术内涵和严密的逻辑体系。企业经济学的内容涵盖企业起源与本质、企业的构成与制度、企业经营与成长、企业外部环境等一系列相关专题。其内容可以分解为以下十二章：

第一章　绪论：企业经济学的研究对象、性质与体系

第二章　企业的产生与性质

第三章　企业的基本构成

第四章　企业制度与所有权

第五章　公司治理与经营激励

第六章　企业经济与企业成长（含产品经营）

第七章　企业的市场环境

第八章　企业的社会责任

第九章　企业与政府

第十章　国有企业的经营与改革

第十一章　企业的国际化经营

第十二章　企业文化与企业能力

以上十二章内容按照由简单到复杂的逻辑顺序，围绕企业经济关系这一主题，逐步由抽象性的基本问题阐述，过渡到企业具体经营关系的处理，不断拓展延伸，形成一个

完整而又开放的学科体系。

第一章　绪论，主要介绍企业经济学的学科概况，包括研究对象、任务、学科定位，与政治经济学、企业管理学、管理经济学等学科的关系，等等。这里将阐述学术界所关注的企业理论与企业经济学的关系。重点对新制度经济学、传统西方经济学与马克思主义政治经济学的企业理论观点主张进行比较分析，以明确企业经济学的学科定位和发展方向。

第二章　企业的产生与性质，主要介绍企业是什么、是怎样产生的问题，包括企业的性质、起源、目标和边界，等等。这里要结合本章主题介绍科斯前后中外企业理论，并作相应的比较论述和评析。

第三章　企业的基本构成。在了解企业的基本性质和目标以后，随即介绍企业的基本构成要素，使读者能很快对企业有比较形象的了解，这就是本章的内容和使命。具体包括资本、劳动、企业家，技术、管理与制度，企业文化和市场等。由此帮助读者形成有关企业分析的初步思路和逻辑顺序。

第四章　企业制度与所有权。企业的要素必须按照一定的规则与制度组合起来，才能构成现实的企业，而这种组合制度必须以一定的所有权为前提。这样，企业制度与所有权就构成本章的内容。

第五章　公司治理与经营激励。企业按制度构建以后，就要从事经营管理活动，它必须遵循诸多的经营原则，并通过利益分配和调节维持企业的运行。这就需要了解公司治理和经营激励机制，由此形成了本章的主要内容。在这里约束和激励相互对应，并通过利益分配和制约，维系企业的再生产和运营循环。

以上主要是企业的基本构架与经营原则，大都属于静态性的介绍。接下去的部分要涉及企业的动态发展和对外互动关系。

第六章　企业经济与企业成长（含产品经营）。本章以企业经营产品的确立为前提，论述企业的规模经济、范围经济；论述企业空间经济、企业集群、企业网络和选址问题；阐明企业发展的生命周期及各阶段的经营策略。

第七章　企业的市场环境。企业作为社会经济组织，离不开社会关系和环境。这样就由企业的内部成长延伸到外部环境，本章包括两个部分：一是与企业形成直接的竞争与合作关系的企业状况，由此直接影响到企业的进入与退出；二是企业的市场环境，包括社会、经济、政治、自然等诸多方面。

第八章　企业的社会责任。企业经营必须置身于社会环境互动之中，它在互动中获取了社会机会和外部性的环境条件，并获得盈利。作为一种对等互动，企业在向环境索取、获得盈利的同时也应该反哺社会，承担社会责任。这是企业经济关系的重要方面——企业的社会责任，这就是本章的主要内容。

第九章　企业与政府。企业经营中会出现诸多的矛盾，诸如企业之间、企业与环境之间甚至企业内部契约执行之间都有可能发生冲突。这需要超脱于微观经济运行的政府加以规制、引导，提供必要的公共服务，所以要处理好企业与政府的关系。

第十章　国有企业的经营与改革。在社会主义市场经济条件下，政府与市场、企业之间的关系处理中，国有企业扮演着重要角色。国有企业是社会主义宏观经济调控的物质基础和重要途径，也是处理政府和企业关系的特殊空间和要素，它的经营活动具有一般企业所没有的独特性。所以，国有企业的经营与改革是本章的主要内容。

第十一章　企业的国际化经营。在全球化的浪潮中，国际化经营已经成为企业的必然选择，即使没有直接的国际业务，也需要拥有国际经营的理念，以随时准备和发现获得国际市场的机会，这是国内经营的自然延伸。然而，企业跨国经营会遇到与本国迥异的制度和环境等因素，使之成为一个与国内经营有较大不同的领域。企业在增强跨国经营动力的同时，会面临不同国家制度、文化差异的阻碍和国际经济关系与政治格局变动的风险，需要特别关注和研究。

第十二章　企业文化与企业能力。企业的经营与成长有其自身的理念目标，也必须置身复杂的社会环境。随着企业的不断发展，它越来越体现出人文化的特征和趋向，尤其进入国际化的经营状态，文化沟通显得更为必要，它日益成为制约企业能力，影响企业经济关系和经营发展的关键力量。本章既是企业经济学的学科拓展，也会由此站在更高的人文层面，推动企业经济关系的改善，从而实现企业的经济学回归。它将为现代化经济体系提供重要和持续的理论支撑。

参考文献：

[1] 习近平《决胜全面建设小康社会 夺取新时代中国特色社会主义伟大胜利——在中国共产党第十九次全国代表大会上的报告》第五部分。

[2] 马克思. 资本论：第1卷 [M] // 马克思恩格斯文集：第5卷. 北京：人民出版社，2009.

[3] 马歇尔. 经济学原理 [M]. 朱志泰，译. 北京：商务印书馆，1997.

[4] 张培刚. 微观经济学的产生和发展 [M]. 长沙：湖南人民出版社，1997.

[5] 朱方明，等. 企业经济学 [M]. 北京：经济科学出版社，2009.

[6] 陈佳贵，黄速建，等. 企业经济学 [M]. 北京：经济科学出版社，1997.

[7] 马丁·利克特. 企业经济学：企业理论与经济组织导论 [M]. 范黎波，宋志红，译. 北京：人民出版社，2006.

中国特色社会主义政治经济学
对中国特色社会主义生产关系的创新发展

崔朝栋① 孙晶晶②

摘　要： 改革开放以来，我们不断地把马克思主义政治经济学的基本原理和方法与中国经济体制改革的实践结合起来，在很多方面创新发展了马克思主义政治经济学，形成了中国特色社会主义政治经济学的很多重要理论成果。其中，对中国特色社会主义生产关系的创新发展是中国特色社会主义政治经济学理论成果创新发展的集中体现。中国特色社会主义政治经济学对中国特色社会主义生产关系的创新发展，从根本上讲，就是根据习近平总书记讲的"马克思主义关于生产力和生产关系的思想"，立足于现实中国社会主义初级阶段的国情，"勇于全面深化改革，自觉通过调整生产关系激发社会生产力发展的活力，自觉通过完善上层建筑适应经济基础发展要求"，研究和探索出了适合现实中国社会主义初级阶段国情的中国特色社会主义生产关系。具体讲主要有两个方面的突出成果：一是适合现实中国社会主义初级阶段国情的中国特色社会主义生产关系既包括占主体地位的多种公有制生产关系，也包括与其并存和共同发展的多种非公有制生产关系；二是适合现实中国社会主义初级阶段国情的中国特色社会主义生产关系不仅包括以公有制为主体多种所有制经济共同发展的基础和根基性的生产关系，还包括其实现形式的社会主义市场经济体制。因此也可以说，适合现实中国社会主义初级阶段国情的中国特色社会主义生产关系，是以公有制为主体多种所有制经济共同发展的社会主义基本经济制度与社会主义市场经济体制的有机结合。

关键词： 中国特色社会主义政治经济学　中国特色社会主义生产关系　中国社会主义初级阶段　社会主义基本经济制度　社会主义市场经济体制

改革开放以来，我们不断地把马克思主义政治经济学的基本原理和方法与中国经济体制改革的实践结合起来，在很多方面创新发展了马克思主义政治经济学，形成了中国特色社会主义政治经济学的很多重要理论成果，其中，对中国特色社会主义生产关系的

---

① 崔朝栋，河南财经政法大学经济学院教授。
② 孙晶晶，河南财经政法大学经济学院硕士研究生。

创新发展，是中国特色社会主义政治经济学理论成果创新发展的集中体现。

一、研究和探索出了适合现实中国社会主义初级阶段国情的中国特色社会主义生产关系

中国特色社会主义政治经济学对中国特色社会主义生产关系的创新发展，从根本上讲，就是根据习近平总书记讲的"马克思主义关于生产力和生产关系的思想"，立足于现实中国社会主义初级阶段的国情，"勇于全面深化改革，自觉通过调整生产关系激发社会生产力发展的活力，自觉通过完善上层建筑适应经济基础发展要求"，研究和探索出了适合现实中国社会主义初级阶段国情的中国特色社会主义生产关系。

2018 年 5 月 4 日，习近平总书记在纪念马克思诞辰 200 周年大会上讲的关于"学习马克思，就要学习和实践马克思主义关于生产力和生产关系的思想"①的一段话，是对马克思主义精髓的科学概括。生产关系要适合生产力状况、上层建筑要适应经济基础发展的要求，是马克思的伟大发现，也是马克思主义政治经济学的根本方法，马克思的《资本论》就是通过对当时资本主义社会生产力和生产关系、经济基础和上层建筑矛盾运动的分析，揭示资本主义社会生产关系及其发展规律的。马克思不仅科学地揭示出了资本主义生产关系的本质，也科学地说明了资本主义生产关系是适应当时社会生产力发展的要求而产生的，因此，它极大地促进了社会生产力的发展。但是，随着社会生产力的进一步发展，资本主义生产关系必然会被更高级的社会生产关系所代替。

传统的社会主义政治经济学虽然也主要研究社会主义生产关系，但不是立足于现实中国社会主义初级阶段国情研究现实社会主义初级阶段生产关系，而是脱离现实中国社会主义初级阶段的国情，研究马克思根据对当时资本主义现实经济关系研究所推论出的将来社会主义高级阶段的生产关系；不是根据现实中国社会主义初级阶段的国情，研究应该构建和实行什么样的生产关系，才能更好地发展生产力，实现共同富裕，而是根据马克思对未来社会设想的原则，推论出社会主义生产关系，而没有论述这种生产关系是否有利于现实中国社会主义初级阶段生产力发展，如从单一的公有制推导出社会主义基本经济规律、推导出单一的计划经济和单一的按劳分配，等等。

改革开放以来，我们根据"马克思主义关于生产力和生产关系的思想"②，立足现实中国的国情，认识到我们还处在社会主义初级阶段，根据中国现实社会主义初级阶段的国情，主要是生产力状况，进行生产关系的不断变革调整，不断创新发展适合中国社会主义初级阶段国情的生产关系，促进了中国经济的不断发展和人民生活水平的不断提高。中国特色社会主义政治经济学对此进行了较好概括和总结，形成了中国特色社会主义政治经济学的一系列重大理论成果，如社会主义初级阶段理论、社会主义经济体制改革理论、社会主义本质理论、以公有制为主体多种所有制经济共同发展的基本经济制度理论、以按劳分配为主体多种分配方式并存的分配制度理论、社会主义市场经济理论，

① 习近平. 在纪念马克思诞辰 200 周年大会上的重要讲话 [N]. 人民日报, 2018-05-05.
② 习近平. 在纪念马克思诞辰 200 周年大会上的重要讲话 [N]. 人民日报, 2018-05-05.

等等。这些重大理论创新，都是立足于现实中国社会主义初级阶段的国情，对社会主义生产关系进行的变革。因此，中国特色社会主义政治经济学对中国特色社会主义生产关系的创新发展，从根本上讲，就是立足于现实中国社会主义初级阶段的国情，研究现实中国社会主义初级阶段的生产关系。

　　不可否认，现实中国社会主义初级阶段的根本任务是解放生产力、发展生产力和保护生产力，同时，解放生产力、发展生产力和保护生产力也是中国特色社会主义政治经济学的重大原则，正如习近平总书记在马克思诞辰200周年大会上讲的，"解放和发展社会生产力是社会主义的本质要求，是中国共产党人接力探索、着力解决的重大问题"①。但是怎样才能着力解决解放生产力、发展生产力和保护生产力的重大问题呢，关键是要创新发展解放生产力、发展生产力和保护生产力的生产关系。邓小平之所以把中国经济体制改革称作第二次革命，就是因为它是生产关系的重大变革。习近平总书记在纪念马克思诞辰200周年大会上讲得更明确具体："我们要勇于全面深化改革，自觉通过调整生产关系激发社会生产力发展的活力，自觉通过完善上层建筑适应经济基础发展要求，让中国特色社会主义更加符合规律地向前发展。"② 因此，中国特色社会主义政治经济学就是要立足于现实中国社会主义初级阶段的国情，研究创新发展什么样的生产关系才能更好更科学地解放生产力、发展生产力和保护生产力，也就是根据社会主义初级阶段生产力状况研究社会主义初级阶段的生产关系，探索适合中国社会主义初级阶段国情的社会主义生产关系及其发展规律。

二、适合现实中国社会主义初级阶段国情的中国特色社会主义生产关系既包括占主体地位的多种公有制生产关系，也包括与其并存和共同发展的多种非公有制生产关系

　　如前所述，传统的社会主义政治经济学虽然也主要研究社会主义生产关系，但不是立足于现实中国社会主义初级阶段国情，研究现实社会主义初级阶段生产关系，而是脱离现实中国社会主义初级阶段的国情，研究马克思根据对当时资本主义生产关系研究所推论出的将来社会主义高级阶段的生产关系。因此，在社会主义所有制这种基础和根基性的社会主义生产关系研究方面，强调公有制生产关系，把私有制生产关系作为公有制生产关系的对立物完全给予否定，并且没有考虑社会主义初级阶段的国情，影响了生产力的发展。

　　改革开放以来，我党拨乱反正，解放思想，实事求是，根据"马克思主义关于生产力和生产关系的思想"③，也就是根据现实中国社会主义初级阶段的国情，主要是生产

---

①　习近平. 在纪念马克思诞辰200周年大会上的重要讲话［N］. 人民日报，2018-05-05.
②　习近平. 在纪念马克思诞辰200周年大会上的重要讲话［N］. 人民日报，2018-05-05.
③　习近平. 在纪念马克思诞辰200周年大会上的重要讲话［N］. 人民日报，2018-05-05.

力状况，既探索和发展多种形式的公有制经济，又探索和发展多种形式的非公有制经济，逐步形成了以公有制为主体多种所有制经济共同发展的格局。这种以公有制为主体多种所有制经济共同发展的社会生产关系格局，党的十五大报告把它明确确立为中国社会主义初级阶段的基本经济制度；党的十八大报告把它明确为中国特色社会主义基本经济制度（党的十八大报告在阐述中国特色社会主义制度中阐述了"公有制为主体、多种所有制经济共同发展"是中国特色社会主义基本经济制度）①；习近平总书记在学习宣传贯彻党的十八大精神的讲话中又进一步强调："在当代中国，坚持和发展中国特色社会主义，就是真正坚持社会主义……坚持中国特色社会主义理论体系，就是真正坚持马克思主义。"② 所以，党的十九大报告顺理成章地把公有制为主体多种所有制经济共同发展明确确立为社会主义基本经济制度（党的十九大报告明确地强调："必须坚持和完善我国社会主义基本经济制度和分配制度，毫不动摇巩固和发展公有制经济，毫不动摇鼓励、支持、引导非公有制经济发展"）③。这就非常明确地告诉我们，在当代中国，坚持中国特色社会主义基本经济制度，社会主义基本经济制度不仅包括占主体地位的公有制经济，还包括非公有制经济，非公有制经济也是社会主义基本经济制度的重要组成部分。

以公有制为主体、多种所有制经济共同发展的社会主义基本经济制度是改革开放40年来中国现实社会主义生产关系的制度化。也就是说，中国特色社会主义政治经济学研究的现实中国社会主义初级阶段生产关系，即中国特色社会主义生产关系，是真正的社会主义生产关系，这种真正的社会主义生产关系不仅包括占主体地位的多种公有制生产关系，也包括与其并存和共同发展的多种非公有制生产关系，非公有制生产关系也是社会主义生产关系的重要组成部分。

正是在这种社会主义基本经济制度条件下，或者说，正是我们探索的这种中国特色社会主义生产关系，极大地促进了生产力发展，使中国40年经济建设的成就超过中国历史上任何一个时期，经济总量跃居全球第二。实践证明，我们选择的以公有制为主体、多种所有制经济共同发展这种中国特色社会主义生产关系，既坚持了马克思主义政治经济学的基本原则，又体现了中国国情和特色，是对马克思主义政治经济学的重大创新发展。

当然这里还需要强调的是，非公有制生产关系之所以构成中国特色社会主义生产关系的重要组成部分，是以公有制生产关系的主体地位为前提的。马克思历史唯物主义认为，任何社会都存在多种所有制经济，其中处于主体地位的所有制经济决定这个社会的性质。马克思指出："在一切社会形式中都有一种一定的生产决定其他一切生产的地位和影响，因而它的关系也决定其他一切关系的地位和影响。这是一种普照的光，它掩盖了一切其他色彩，改变着它们的特点。这是一种特殊的以太，它决定着它里面显露出来

① 胡锦涛. 坚定不移沿着中国特色社会主义道路前进为全面建成小康社会而奋斗 [M]. 北京：人民出版社，2012.
② 习近平. 紧紧围绕坚持和发展中国特色社会主义 学习宣传贯彻党的十八大精神 [N]. 人民日报，2012-11-19.
③ 习近平. 决胜全面建成小康社会　夺取新时代中国特色社会主义伟大胜利 [N]. 人民日报，2017-10-28.

的一切存在的比重。"①　在当代中国，属于主体地位的公有制经济对非公有制经济有巨大的影响和制约作用，并使之为社会主义公有制经济服务，从而使非公有制经济隐没在以公有制为主体的社会主义经济的巨大色彩之中，构成社会主义生产关系的组成部分。如果失去了公有制经济的主体地位，也就不是社会主义社会了，非公有制经济也就不可能是社会主义生产关系的组成部分了，而成为资本主义生产关系组成部分了。

　　实际上，如果失去了公有制的主体地位，也就是在私有制占主体的社会，公有制也不是社会主义性质了。既然"资本主义国家的国有或国营经济，理论界称之为国家垄断资本主义。恩格斯在《反杜林论》中批评了将俾斯麦的国营经济视为社会主义的冒牌社会主义，并论述了资本主义国家的国有经济为什么不是社会主义的道理"②。

三、适合现实中国社会主义初级阶段国情的中国特色社会主义生产关系不仅包括公有制为主体多种所有制经济共同发展的基础和根基性的生产关系，还包括其实现形式的社会主义市场经济体制

　　根据马克思经济理论，经济制度是一定社会生产关系的总和，是制度化的生产关系。一定社会的生产关系是一个复杂的系统，它可以从横向纵向等不同的角度分类，从纵向分类至少可分为两大层次：一是生产关系的本质层次，也就是基本经济制度，主要是这个社会的各种生产资料所有制，其中产权关系是其核心。二是生产关系表层或现象层次，也就是我们所说的经济体制或具体经济制度，即在基本经济制度既定的前提下，人们在具体组织经济活动的过程中（包括生产过程、分配过程、交换过程、消费过程和宏观调控过程等）形成的经济关系，如分工协作关系、企业财产组织形式和经营方式等。

　　这两大层次实际上是密不可分的。首先，任何一种经济体制都不可能是孤立存在的，它总是以一定的基本经济制度的存在为前提，以一定的基本经济制度为根基和灵魂，在此前提下它既为一定的基本经济制度服务，又体现和实现一定的基本经济制度。其次，基本经济制度也不是抽象的教条，它必须存在于一定的经济体制之中，通过一定的经济体制来体现和实现自己，离开了经济体制的基本经济制度也是不存在的。马克思深刻地指出："给资产阶级所有权下定义不外是把资产阶级生产的全部社会关系描述一番。要想把所有权作为一种独立的关系、一种特殊的范畴、一种抽象的和永恒的观念来下定义，这只能是形而上学或法学的幻想。"③　马克思这里的意思绝不仅仅是说所有权是所有制的法律体现，还是说所有制不是抽象的教条，而是存在于现实生产、分配、交

---

①　马克思恩格斯选集：第2卷［M］.北京：人民出版社，1995：24.
②　卫兴华.坚持和完善中国特色社会主义经济的几个问题［J］.政治经济学评论，2012（1）：9.
③　马克思.哲学的贫困［M］//马克思恩格斯选集：第1卷.北京：人民出版社，1995.

换和消费等经济运行和资源配置的过程中，通过这些现实的经济运行体制和机制来体现和实现自己。

马克思主义政治经济学对资本主义生产关系的研究，就是通过对资本主义市场经济运行体制及机制的分析，揭示资本主义生产关系本质的。翻开马克思的《资本论》可以看出，呈现在面前的并不是一条条资本主义生产关系的本质规定，而是资本主义市场经济运行的图景。传统的社会主义政治经济学对社会主义生产关系研究只是片面强调社会主义生产关系的本质规定，从本质规定推导出一条条的本质规定，对社会主义经济运行体制及其机制研究还远不够。

引入经济体制的概念，并把它与社会主义基本经济制度区别开来，是改革开放以来中国特色社会主义政治经济学的一个重大创新发展，它对于推动改革开放，以及社会主义市场经济体制改革目标的确立意义重大。1992 年以来，我们围绕着社会主义市场经济体制改革的目标，不断深化经济体制的改革，使社会主义市场经济体制基本确立，实现了社会主义基本经济制度与市场经济体制的结合，这是对马克思主义政治经济学的又一重大创新发展。

在现实的中国社会主义初级阶段，中国特色社会主义生产关系既包括以公有制为主体多种所有制经济共同发展的基本经济制度，又包括其实现形式的社会主义市场经济体制。其中，以公有制为主体多种所有制经济共同发展的基本经济制度是中国特色社会主义生产关系的根基和灵魂，它规定着社会主义市场经济体制的社会性质。市场经济作为一种经济体制是不可能孤立存在的，它必须以一定的所有制结构和产权关系为前提和根基，为一定的所有制结构和产权关系服务，体现和实现一定的所有制结构和产权关系。市场经济体制以私有制为主体的所有制结构和产权关系为前提和根基，必然会体现和实现以私有制为主体的所有制结构和产权关系，这就是资本主义市场经济体制。市场经济体制以公有制为主体的所有制结构和产权关系为前提和根基，必然会体现和实现以公有制为主体的所有制结构和产权关系，这就是社会主义市场经济体制。正如党的十八届三中全会明确指出的："公有制为主体、多种所有制经济共同发展的基本经济制度，是中国特色社会主义制度的重要支柱，也是社会主义市场经济体制的根基。"①

以企业财产组织形式股份制或混合所有制经济为例，股份制或混合所有制企业的组建必须以一定的明晰的所有制结构和产权关系为前提和根基，没有明晰的产权关系或股权关系，就不可能有股份制或混合所有制这种企业组织形式。那种认为国有制和集体所有制是传统的公有制实现形式，已经不适应生产力发展的要求，必须用股份制这种新公有制来取代国有制和集体所有制的观点，是明显行不通的，因为离开一定的明晰的产权关系这一根基和前提的股份制或混合所有制企业是根本无法组建的。但是实质上这种观点也仍然是在强调所有制和产权关系是股份制或混合所有制企业的根基和前提，只不过是要用私有制的产权关系取代国有制和集体所有制的产权关系，把私有制的产权关系作为股份制或混合所有制企业的根基和前提。试想，在取消了国有制和集体所有制条件下组建的股份制或混合所有制企业，毫无疑问都是以明晰的私有制和私有产权关系为根基

---

① 中共中央关于全面深化改革若干重大问题的决定 [N]. 人民日报, 2013-11-16.

和前提的，这种以私有制和私有产权关系为根基和前提的股份制或混合所有制企业，必然会体现和实现私有制产权关系，怎么会是新公有制呢？

以公有制为主体多种所有制经济共同发展的社会主义基本经济制度虽然是社会主义市场经济体制根基和灵魂，但是它又必须通过社会主义市场经济体制来体现和实现自己，离开了社会主义市场经济体制这一血肉之躯，以公有制为主体多种所有制经济共同发展的社会主义基本经济制度也就烟消云散了。正是从这种意义上我们可以说，中国特色社会主义基本经济制度是以公有制为主体多种所有制经济共同发展的社会主义市场经济制度，中国特色社会主义经济体制就是社会主义市场经济体制，它是以公有制为主体多种所有制经济共同发展的市场经济体制。党的十八届三中全会既强调了"公有制为主体、多种所有制经济共同发展的基本经济制度是社会主义市场经济体制的根基"，把社会主义基本经济制度与社会主义市场经济体制区别开来，又强调了公有制经济和非公有制经济都是"社会主义市场经济的重要组成部分"，用社会主义市场经济把社会主义基本经济制度与社会主义市场经济体制有机统一起来。因此还可以说，中国特色社会主义经济，就是社会主义市场经济；中国特色社会主义生产关系，就是社会主义市场经济关系，它是以公有制为主体，多种所有制经济共同发展的基本经济制度与社会主义市场经济体制的有机结合。

公有资本二重性研究①

——从《资本论》中的私人资本到中国特色社会主义的公有资本

何召鹏②

摘　要：公有资本是社会主义公有制的实现形式，是特定的历史范畴。公有资本的产生源于社会主义阶段的公有制所具有的特殊性，一方面国家作为全体劳动者的代理人管理公共生产资料；另一方面社会主义阶段的公有制具有排他性，只有全体劳动者中的一部分人能够与公有生产资料结合。这就使公有制可以与资本关系相结合，形成公有资本。公有资本具有直接社会性和间接资本性的二重属性。公有资本的二重性，使公有资本与私有资本形成辩证统一的关系。

关键词：公有资本　社会性　资本性　二重性　私有资本

公有资本是指生产资料公有制与资本关系有机结合形成的一种特殊资本形态，是中国特色社会主义生产方式最主要的特征，也是中国特色社会主义经济制度的重大创新。公有资本的形成和发展，为中国特色社会主义经济发展增添了活力。从理论层面深刻把握了公有资本的内涵、产生及本质属性等相关问题，对于国有企业深化改革和进一步发展具有指导意义。本文研究了公有资本产生的理论逻辑，提出了公有资本二重性理论，并在此基础上分析了公有资本与私有资本的关系，以期为新一轮的国有企业深化改革贡献理论智慧。

一、公有资本产生的政治经济学解释

在马克思主义政治经济学的经典理论中，生产资料公有制与资本关系是相互矛盾、相互对立的。马克思在《资本论》第一卷中指出，"使用物作为商品，只是因为它们是彼此独立进行的私人劳动的产品"③。也就是说，商品交换关系产生于私有制基础之上。

---

①　本文系北京高校中国特色社会主义理论研究协同创新中心（中央财经大学）的阶段性研究成果。

②　何召鹏，中央财经大学经济学院讲师。

③　马克思. 资本论：第1卷 [M]. 北京：人民出版社，2004：90.

在公有制条件下，商品关系将消除。而商品生产和交换，是资本关系产生的土壤。不存在商品生产和交换，就不存在资本关系。因此，生产资料的公有制，不可能产生出资本关系，公有资本概念是与经典理论不相符的。

随着人类实践活动的不断发展，理论也在不断发展变化。以上分析的着眼点针对的是生产资料公有制的一般属性，但结合社会主义发展的不同阶段，情况会有所区别。马克思在《哥达纲领批判》中将共产主义社会区分为高级阶段和低级阶段："在共产主义社会高级阶段，在迫使个人奴隶般地服从分工的情形已经消失，从而脑力劳动和体力劳动的对立也随之消失之后；在劳动已经不仅仅是谋生的手段，而且本身成了生活的第一需要之后；在随着个人的全面发展，他们的生产力也增长起来，而集体财富的一切源泉都充分涌流之后——只有在那个时候，才能完全超出资产阶级权利的狭隘眼界，社会才能在自己的旗帜上写上：各尽所能，按需分配！"①

在共产主义的低级阶段，即社会主义阶段，分工依然存在，劳动仍然是谋生的手段。社会主义公有制的实现形式也具有与共产主义高级阶段完全不同的特征。在社会主义公有制中，生产资料归全体劳动者共同占有，这是社会主义的本质体现。但是在现有生产力水平下，作为生产资料所有者的劳动者并不是与生产资料直接结合。以社会主义公有制的典型形式国家所有制为例，一方面全部生产资料归全体劳动者所有，但公共生产资料掌握在国家手中，由国家代理全体劳动者管理。在这种国有制下，作为生产资料整体所有者的劳动者，以国家和企业作为中介，与生产资料间接结合。另一方面，"国有制不可能覆盖全部国民经济。国家所有制法理上归全体国民所有，而事实上进入的劳动者只是其中的一小部分"。这时"公有经济中出现两个劳动者集体的分离，即作为财产共同所有者集体，与企业劳动者集体的分离"②。只有一部分劳动者可以与生产资料相结合，这是公有制排他性的体现。

通过以上分析我们发现，在社会主义公有制下，虽然劳动者整体占有全社会的生产资料，但国家代表人民直接掌握生产资料。国有制下的生产资料对于每一个劳动者个体具有排他性，"社会公有财产作为一个整体，对于每个个别的社会成员是排他的，单个的社会成员并不因为他是公有财产所有者中的一员而自动享有所有权以及由此产生的派生权利，他对生产资料的占有和使用是有条件的，这个条件就是符合社会需要的劳动"③，劳动者凭借自身的劳动力参与到企业生产中，并获取劳动报酬。生产者的权利是和他们提供的劳动成比例的，这里通行的原则与商品等价物的交换中通行的原则相似，即一种形式的一定量劳动同另一种形式的同量劳动相交换。由于还存在社会分工，不同的企业之间也需要相互交换，企业与其劳动者成为利益共同体，要求公有制企业在生产和产品分配上必须具有相对的独立性，并与其他企业相互竞争。

这与马克思在《资本论》中所论述的资本关系非常相似。资本作为一种生产关系，

　　① 马克思恩格斯选集：第3卷 [M]. 北京：人民出版社，2012：364.

　　② 荣兆梓. 生产力、公有资本与中国特色社会主义——兼评资本与公有制不相容论 [J]. 经济研究，2017（4）：4-16.

　　③ 张宇. 论公有制与市场经济的有机结合 [J]. 经济研究，2016（6）：4-16.

劳动力成为商品，资本家购买劳动力商品并占有劳动者创造的剩余价值。由于存在排他性，社会主义公有制下的生产活动也是通过市场交换将劳动力与生产资料间接结合，各个企业之间也存在竞争关系。只不过劳动者整体是生产资料的所有者，企业内部不存在剥削关系。荣兆梓提出公有制或私有制都可以采取资本关系进行生产，马克思在《资本论》中论述的资本一般应该被修正，他认为资本一般应该是私有资本和公有资本所共有的特征，具体如下："资本能够迫使劳动者提供剩余劳动并且无偿占有之，再通过资本的流通过程使劳动者创造的剩余价值得以实现。"①

至此，我们从政治经济学层面阐述了公有制与资本关系结合的内在逻辑，并且这种公有资本关系是顺应了生产力发展水平的。"现代市场经济是一个很长的历史时期，在此时期内，价值生产和资本关系与特定的生产力状况相适应，始终相互依存，携手同行。至此，市场经济下资本主权型企业效率更高的现象就有了历史唯物主义的解释"②。所以，公有制采取资本关系，形成公有资本，具有一定的历史必然性，是符合唯物史观的。接下来，我们将研究视角转向公有资本的内在属性，尤其是其蕴含的二重性，进而对公有资本的内涵作进一步研究。

二、公有资本的二重性：直接社会性和间接资本性

现有文献研究了公有资本的内在矛盾，提出公有制与资本关系是存在矛盾的，公有资本的发展应当坚持以公有制为主导等③。张宇在研究公有制与市场经济有机结合问题时提出社会主义公有制具有局部的商品性和直接的社会性这一双重属性④。本文在此基础上将公有资本的局部商品性发展成公有资本的间接资本性。我们认为，商品性还不足以体现公有资本内在的资本属性，商品性仅仅是资本性存在的前提，商品所有权规律转化为资本占有权规律，需要在商品经济上形成资本关系。而公有资本是建立在资本关系基础之上的。

（一）公有资本的直接社会性

公有制的本质属性是社会性，公有资本的根本前提是公有制，资本关系仅仅是公有制的实现形式。在公有制条件下，生产资料作为整体归全体人民所有，生产资料的使用是从社会整体出发来配置的，满足社会整体的共同的利益，这是公有资本社会性的直接体现。

---

① 荣兆梓. 资本一般与公有资本 [J]. 教学与研究, 2004, V (10)：65-69.
② 荣兆梓. 生产力、公有资本与中国特色社会主义——兼评资本与公有制不相容论 [J]. 经济研究, 2017 (4)：4-16.
③ 陈鹏. 社会主义公有资本运行模式是对资本主义私有资本运行机制的扬弃 [J]. 马克思主义研究, 2017 (4)：44-52; 陈鹏. 公有资本逻辑的内涵、特征和意义探微 [J]. 科学社会主义, 2017 (2)：46-51; 杨志, 陈跃. 公有资本是当代科学社会主义的重要创新 [J]. 经济纵横, 2015 (9)：43-49.
④ 张宇. 论公有制与市场经济的有机结合 [J]. 经济研究, 2016 (6)：4-16.

公有资本的社会性主要表现为生产中的计划性。如果没有社会的统一计划而任凭追求各自利益的经济主体之间盲目进行市场竞争，则不能实现社会的共同利益。因此，计划性成为在宏观或整体层面调节公有生产资料的重要手段。在《反杜林论》中，恩格斯指出："一旦社会占有了生产资料，商品生产就将被消除，而产品对生产者的统治也将随之消除。社会生产内部的无政府状态将被有计划的自觉的组织所代替。"① 可以看出，在马克思恩格斯的经典理论中，社会主义生产是有计划的，计划性或计划调节是社会主义经济的特征，是公有制社会性的保障。

公有资本的直接社会性要求"公有企业生产的目的不能只追求私人利益，还必须满足社会的共同利益，不能只追求企业微观效率（利润最大化），还必须承担重要的社会责任，如保障民生需求、维护经济安全、实施宏观调控和推动自主创新等。公有企业的分配中经济剩余不归任何个人和集团所有，它本质上属于社会所有的公共积累，一部分以利税的形式上缴社会，一部分留给企业扩大再生产，经济剩余的这种公共性是生产资料公有制在分配关系上的集中体现"②。以上特征使公有资本明显区别于私有资本，具有直接的社会性特征。

（二）公有资本的间接资本性

在资本主义制度下，生产资料与劳动者相分离，劳动力成为商品，资本雇佣劳动并占有工人创造的剩余价值，这是资本主义生产方式的本质特征。公有资本在一定程度上具有资本属性，这是因为，从社会主义公有制的排他性来看，"企业和劳动力都是相对独立的经济主体，具有不同的经济利益，因而需要按照各自的利益进行双向选择，自由结合。从形式上看，劳动者与企业之间的这种自由结合也是一种平等的契约关系，又具有工资这种劳动力的价格形式"③。

并且，在社会主义公有制经济中，个人消费品实行的是按劳分配，社会产品在作了各项扣除之后，根据劳动者所提供的劳动量分配个人消费品，实行等量劳动相交换的原则。马克思认为，这里通行的是商品等价物的交换中的同一原则，即一种形式的一定量劳动同另一种形式的同量劳动相交换。

因此，从生产资料与劳动力的结合方式上来看，公有资本具有间接的资本属性，但又不完全。在公有制经济中，劳动力不是商品，也不能完全按照市场化的原则进行配置。管理者与劳动力在生产资料占有上是平等的。不存在真正意义上的雇佣关系。按劳分配，取决于劳动贡献和企业效益，而不完全取决于劳动力供求关系，不存在剥削关系。因此，公有资本所表现出来的资本性，仅仅是一种间接的资本性，与私有资本并不完全相同。

---

① 马克思恩格斯选集：第 3 卷 [M]. 北京：人民出版社，2012：671.
② 张宇. 论公有制与市场经济的有机结合 [J]. 经济研究，2016（6）：4-16.
③ 张宇. 论公有制与市场经济的有机结合 [J]. 经济研究，2016（6）：4-16.

三、公有资本与私有资本辩证关系研究
——基于公有资本二重性的视角

公有资本具有直接社会性和间接资本性，这就使其与私有资本既有相同点又有区别。从公有资本二重性的视角，我们提出公有资本与私有资本具有辩证统一的关系。统一性体现在两者共同存在于社会主义市场经济中，公有资本的社会性，使其更加关注整体利益和长远利益，弥补私有资本关注局部利益和短期利益的盲目性，两者相辅相成，相得益彰①。对立性体现在，由于都具有资本属性，都是为了获取更多的利润，因此在市场竞争中面临竞争和对立的一面，这是属于正常的市场行为。公有资本与私有资本都采取资本形式，但公有资本所具有的社会性，是社会主义的本质属性，坚持以公有制为主体、国有企业为主导，是深化改革不可动摇的根本点。接下来本文以公有资本的表现形式——国有企业，私有资本的表现形式——民营企业为例进行具体分析。

社会主义市场经济的特色是存在大量的国有企业，而社会主义的国有企业是国民经济的主导，是资本性与社会性的统一。一方面，在市场经济中，国有企业同一般企业一样，追求经济效益。通过不断提高自身效率，增强盈利水平；另一方面，国有企业的社会性要求其还具有公益性。在一些不盈利尤其是私营企业不愿进入的行业，只要关乎国家利益和人民利益，国有企业必须冲在前列。这是由社会主义公有制经济的性质决定的。而在资本主义市场经济中，国有企业的数量很少，仅仅承担弥补市场失灵的功能，是为缓和资本主义经济内在矛盾设立的，并无营利目的。因此，西方国家少量国有企业与占绝大多数的民营企业不存在利益冲突。研究中国国有企业与民营企业的关系，需要结合中国特色社会主义的实际情况，而非照搬西方市场经济理论。

由于社会主义市场经济中国有企业的营利性，必然导致国有企业与民营企业在营利部门和竞争领域的争夺。在一些已经完全向民营企业放开的完全竞争领域，国企与民企作为平等的市场主体，各自发挥优势，展开竞争，优胜劣汰。这是遵循市场经济基本规律的表现，也是发挥市场在资源配置中起决定性作用的主要体现。不能只看到国有企业与民争利，片面宣传国有企业"与民争利"，是不客观、不公平的，容易误导大众。

同时应当看到，国有企业还存在于一些非竞争领域，比如关系到国计民生的关键领域和重要行业，需要保证国有企业的垄断地位。因为这些行业多数是自然垄断，比如石油、电力行业等，即使允许民营企业进入，也不会改变垄断的性质，仅仅是把垄断权由国有企业转移到民营企业。而民营企业完全是以利润最大化为目标，由其掌握自然垄断行业有可能导致产品价格过高、影响经济稳定运行等问题。同时也应看到，当前我国民营企业的竞争力和规模都较小，大量实力雄厚的跨国公司不断在全球范围内寻求高额利

---

① 2016年3月4日，习近平总书记在参加全国政协十二届四次会议时指出："把公有制经济巩固好、发展好，同鼓励、支持、引导非公有制经济发展不是对立的，而是有机统一的。公有制经济、非公有制经济应该相辅相成、相得益彰，而不是相互排斥、相互抵消。"

润，一旦放开这些行业，国内的民营企业很难在同大型跨国公司的竞争中占据有利地位。而跨国公司的垄断将威胁到我国经济的独立自主和民族经济的健康发展。20世纪末拉美经济的危机就是血淋淋的教训。因此，国有企业与民营企业应当是合作的关系，共同与国际跨国公司竞争。

还有一些涉及基础设施建设、基础研发和高新技术的领域，需要大量的资金投入，并且短期内不能盈利，民营企业一般不愿意投资，但这类行业关乎国家长远发展，需要国有企业进入并取得突破。我国的国有企业发挥着产业协作的功能，在民营经济不愿意投资的行业大量投资，为民营经济的进一步发展奠定产业基础，引导民营企业的投资方向，落实国家产业政策和经济发展规划。

在基础研发领域和高新技术领域，国有企业的长期大规模投资，有助于攻克关键技术，并为国家培养人才。这些先进技术以多种方式向民营企业外溢。因此，国有企业与民营企业并非仅仅存在对立关系，还具有相互合作、相互影响的统一关系。

因此，国有企业与民营企业的辩证关系，也就是公有资本与私有资本的辩证关系，是解释中国经济高速发展的关键要素，也是中国模式与中国道路的核心制度安排。只有准确把握两者对立统一的辩证关系，才有利于更好地坚持和完善基本经济制度，才有利于中国特色社会主义经济建设的平稳健康发展。任何打着国有企业"与民争利"，而企图把国有企业私有化的观点都是不符合国家利益和人民根本利益的[①]。

① 何召鹏. 国有企业引领国民经济高速发展［N］. 中国石油报, 2017-03-21.

新时代《资本论》课程教学内容体系创新研究①

韩金华②

摘　要：讲授《资本论》课程具有重要意义，而《资本论》课程教学内容体系应该紧跟时代，不断进行创新。在新时代，《资本论》课程的教学内容体系不仅要关注《资本论》所阐述主要观点的理论来源和《资本论》创作过程、关注《资本论》所阐述主要观点与现代西方经济学相关观点的比较、关注国内外理论界对《资本论》所阐述主要观点的争论，更要关注《资本论》所阐述主要观点对于中国特色社会主义经济建设的指导意义。

关键词：新时代中国特色社会主义经济思想　《资本论》教学　创新

2017 年 10 月 18 日，中国共产党第十九次全国代表大会召开，习近平总书记作了《决胜全面建成小康社会　夺取新时代中国特色社会主义伟大胜利》报告；2017 年 12 月 18 日，中央经济工作会议召开，习近平总书记发表重要讲话；2018 年 5 月 2 日，习近平总书记考察北京大学时，在师生座谈会上发表了重要讲话；2018 年 5 月 4 日，在纪念马克思诞辰 200 周年大会上，习近平总书记发表了重要讲话。习近平总书记的这一系列重要讲话为在高校从事马克思主义教学与研究的工作者们指明了努力的方向和工作的基本原则，鼓舞了我们的士气，也使我们更加意识到工作的重要性。作为一名从事《资本论》教学与研究的高校教师，笔者认为，要继承和发展马克思主义政治经济学，要坚持和发展习近平新时代中国特色社会主义经济思想，必须高度重视《资本论》课程的教学工作，必须与中国特色社会主义的具体实践相结合创新《资本论》课程教学的内容体系。

---

① 本文系北京高校中国特色社会主义理论研究协同创新中心（中央财经大学）的阶段性研究成果。
② 韩金华，中央财经大学经济学院教授。

一、《资本论》课程教学的重要性及内容体系创新的必要性

（一）《资本论》课程教学的重要性

《资本论》自诞生以来，经历了风风雨雨，受到了许多责难乃至攻击，然而历史的考验、实践的检验，已经不断证明了《资本论》的真理性和科学性。一百多年来，尽管资本主义国家经济社会中出现了许多新的情况，但资本主义矛盾仍然存在，《资本论》中有关资本主义的基本理论仍然没有过时；随着世界经济一体化进程的加快，商品、货币、资本更具有了全球性的意义，《资本论》中所揭示的商品经济和市场经济中的基本原理和规律，在更高层次和更大范围内得到了印证。我国目前正处于社会主义初级阶段，进一步发展和完善社会主义市场经济的诸多方面都需要理论和实践的支持，《资本论》中所阐述的商品经济中的市场机制、市场运行原理等，是我们搞好社会主义市场经济的重要理论基础，特别是面对我国当前"决胜全面建成小康社会，夺取新时代中国特色社会主义伟大胜利"的重大历史任务，《资本论》中阐述的马克思主义基本理论具有更为重要的指导意义。习近平总书记在党的十九大报告中提出了"新时代中国特色社会主义思想"，指出"新时代中国特色社会主义思想，是马克思主义中国化最新成果"[①]；在中央经济工作会议上提出了"以新发展理念为主要内容的新时代中国特色社会主义经济思想"，指出"习近平新时代中国特色社会主义经济思想，是中国特色社会主义政治经济学的最新成果"[②]；在纪念马克思诞辰200周年大会上的讲话中，在分析马克思主义对于中国的深刻影响时总结了"三次伟大飞跃"，即"中国共产党诞生后，中国共产党人把马克思主义基本原理同中国革命和建设的具体实际结合起来，实现了中华民族从'东亚病夫'到站起来的伟大飞跃""改革开放以来，中国共产党人把马克思主义基本原理同中国改革开放的具体实际结合起来，实现了中华民族从站起来到富起来的伟大飞跃""在新时代，中国共产党人把马克思主义基本原理同新时代中国具体实际结合起来，中华民族迎来了从富起来到强起来的伟大飞跃"[③] 等，这都充分说明了马克思主义基本原理（自然也包括《资本论》中所阐述的基本原理）对于中国特色社会主义经济建设的重要意义。

《资本论》的重大理论与实践意义，需要更多的理论工作者和实践者来加以研究和阐发，而鼓励和引导高校学生学习《资本论》将是一条更为重要的途径。2012年6月19日，习近平总书记视察中国人民大学《资本论》教学中心时曾指出："《资本论》作为最重要的马克思主义经典著作之一，经受了时间和实践的检验，始终闪耀着真理的光芒。加强《资本论》的教学与研究具有重要意义，要学以致用，切实发挥理论的现实

---

① 习近平. 决胜全面建成小康社会　夺取新时代中国特色社会主义伟大胜利——在中国共产党第十九次全国代表大会上的报告 [EB/OL]. 中国政府网，http://www.gov.cn/zhuanti/2017-10/27/content_5234876.htm.

② 习近平，李克强. 在中央经济工作会议上的重要讲话 [EB/OL]. 新华网，http://www.xinhuanet.com/politics/leaders/2017-12/20/c_1122142392.htm.

③ 习近平. 在纪念马克思诞辰200周年大会上的讲话 [M]. 北京：人民出版社，2018.

指导作用，进一步深化、丰富和发展中国特色社会主义理论体系。"① 2018 年 5 月 2 日，习近平总书记《在北京大学师生座谈会上的讲话》②中指出，"教育兴则国家兴，教育强则国家强""大学是立德树人、培养人才的地方，是青年人学习知识、增长才干、放飞梦想的地方""我们的教育要培养德智体美全面发展的社会主义建设者和接班人""马克思主义是我们立党立国的根本指导思想，也是我国大学最鲜亮的底色""要抓好马克思主义理论教育"等。习近平总书记的讲话充分强调了高校马克思主义理论教育对于青年学生乃至对于国家发展的重要性。《资本论》是马克思主义政治经济学理论奠基性的经典著作，它既构筑了马克思主义政治经济学理论的基础，又集中体现了马克思主义的基本方法。《资本论》课程教学通过引导学生学习《资本论》这部伟大科学巨著的基本理论框架、基本观点、基本方法和精辟分析，进一步夯实学生的马克思主义政治经济学基础，从经济理论的角度"深化学生对马克思主义历史必然性和科学真理性、理论意义和现实意义的认识，指导和帮助他们学会运用马克思主义立场观点方法观察世界、分析世界，真正搞懂面临的时代课题，深刻把握世界发展走向，认清中国和世界发展大势，让学生深刻感悟马克思主义真理的力量，为学生成长成才打下科学思想基础"③。

（二）《资本论》课程教学内容体系创新的必要性

要真正能够引导学生充满激情地学习《资本论》中所阐述的基本原理、基本方法等，这是一项充满了挑战性的工作。众所周知，由于各种因素的影响，一段时间以来，马克思主义政治经济学尤其是《资本论》的教学和研究备受冷落，一些原本开设《资本论》课程的高校和专业，停开了《资本论》课程；有些对《资本论》教学坚持得比较好的高校和专业，减少了原有的课时；讲授《资本论》课程的师资力量明显不足，尤其是青年教师缺乏；学生学习《资本论》的积极性不高，学习效果不理想；即使2008 年金融危机爆发后《资本论》被热捧，这些问题依旧没有得到实质性的改善，尤其是学生学习的积极性没有得到真正的提高。笔者在从事这一课程的教学过程中已深深地体会到了这些问题，这促使笔者进行深入的思考：是什么原因导致学生对《资本论》学习的积极性不高？应该如何通过改革而提高学生学习的积极性呢？笔者认为，学生学习《资本论》的目的不仅仅是为了熟悉与掌握《资本论》原著和全面把握马克思主义经济理论，而且是为了更好、更深层次地理解经济现象和经济运行规律，为现实问题的解决寻找更为合适的理论基础。与此同时，《资本论》是一部理论性很强、概念和范畴非常抽象的著作，学生学起来有一定的难度，因此《资本论》的教学肯定不能简单地拘泥于原著本身，不能简单地采取逐字逐句为学生讲解原著的方式，而是需要在忠实原著的基础上在教学内容体系和方法上进行创新，并且要与我国经济发展的最新实践结合起来。因此，《资本论》课程教学必须把握时代脉搏，就教学内容、体系和方法进行创新。

① 习近平与中国特色社会主义政治经济学［EB/OL］. 中国新闻网，http://www.chinanews.com/ll/2015/12-23/7684987.shtml.
② 习近平. 在北京大学师生座谈会上的讲话［M］. 北京：人民出版社，2018.
③ 习近平. 在北京大学师生座谈会上的讲话［M］. 北京：人民出版社，2018.

教学方法上的创新比较容易，即使是不同高校的授课教师对此也已经达成共识：应该将传统方法与现代方法结合起来，应该将课堂讲授和课堂讨论结合起来，应该充分使用多媒体教学；应该让学生重视自学原著；等等。如有的学者认为要求学生掌握《资本论》的研究方法、让学生参与课堂总结、搞好课堂讨论、要求学生认真读《资本论》原著[①]；有的学者认为，运用启发式教学和讨论式教学方法、采取比较教学法、采取理论联系实际的讲授方式、改革考核方法[②]等。但在教学内容体系和教学重点的创新上则各有特色：有的学者认为在教学内容选择上要处理好内容节选和全书体系之间的关系[③]；有的学者认为应该把教学重点放在《资本论》对我国经济建设和生产力发展方面较其他经济科学有着更大的实用性方面[④]；有的学者认为应该把《资本论》的研究方法作为学习的重点，《资本论》具有重要的方法论意义[⑤]；有的学者认为在教学实践中，如何坚持马克思主义的立场、观点和方法，完整准确地把握《资本论》的基本原理，并运用生动的语言深入浅出地传授给学生，真正提高大学生马克思主义经济理论水平和分析现实经济问题的能力，应该成为教学的重点和难点[⑥]；有的学者认为应该在总体把握《资本论》基本理论的前提下，注重以《资本论》中的方法论来引导教学内容的讲授[⑦]；有的学者认为要从《资本论》的逻辑结构和理论体系中解读《资本论》[⑧]；有的学者指出要正确处理好《政治经济学》教学与《资本论》教学的关系，教师在讲授《资本论》时不应停留于政治经济学一般原理的解释上，应该注重《资本论》的逻辑思路和方法，应让学生重点把握《资本论》的科学性、系统性、完整性、逻辑性[⑨]，等等。笔者在充分借鉴上述学者观点和十多年教学经验的基础上提出了自己的观点和建议。

二、《资本论》课程教学内容体系创新

（一）教学内容体系创新应坚持的原则

1. 学生应自学全文版而非原著选读版

首先，学生应该多抽时间自学原著，这主要是由于学生培养方案中所安排的课时非常少（例如我校为本科生和硕士研究生安排的课时均为 36 学时），仅仅依靠课堂时间，

---

① 周晓梅，宋春艳.《资本论》教学方法的创新与实践 [J]. 长春师范学院学报（人文社会科学版），2005（3）：139-140.

② 冯琦.《资本论》选读课程教学法初探 [J]. 江苏教育学院学报（社会科学版），2006（11）：52-53.

③ 周晓梅.《资本论》教学改革初探 [J]. 当代经济研究，2007（11）：14-17.

④ 胡钧. 根本改进《资本论》的教学研究，为中国特色社会主义经济建设服务——重新学习《资本论》的必要性 [J]. 经济思想史评论，2007（12）.

⑤ 林岗，张宇.《资本论》的方法论意义——马克思主义经济学的五个方法论命题 [J]. 当代经济研究，2000（6）：3-15.

⑥ 李建建，黎元生.《资本论》教学改革探讨 [J]. 教学与研究，2004（7）：85-89.

⑦ 李繁荣.《资本论》教学研究及改革尝试 [J]. 当代经济研究，2011（12）：14-20.

⑧ 段学慧. 论恢复和巩固《资本论》教学地位 [J]. 当代经济研究，2013（7）：87-92.

⑨ 包秀琴. 新时期改进高校《资本论》教学的几点建议 [J]. 内蒙古师范大学学报（教育科学版），2016（12）：145-148.

不管教师选择何种授课方式都无法完成学习任务。其实学生完全有能力完成自学任务，只要有良好的《政治经济学》基础，就完全有能力自学《资本论》原著。在课程设置中，《政治经济学》课程是安排在《资本论》课程之前的。以我校为例，《政治经济学》一般安排在第一学期，《资本论》一般安排在第六学期。

其次，学生应该学习全文版原著。为了适应较少课时教学，许多学校和《资本论》工作者出版了《资本论》选读教材，如中国人民大学出版社出版的卫兴华老师主编的《资本论》精选、杨志教授选编的《资本论》选读教材，再如高等教育出版社出版的《资本论》选读教材等。这些教材的质量都非常高，笔者在授课时也会推荐给学生。但笔者认为，选读教材毕竟只是选取了原著中的一部分内容，虽然编者在安排章节时会保持《资本论》原著的逻辑结构和逻辑思路，但大量内容的删减肯定会影响原著的完整性。《资本论》是一部逻辑思路非常清晰、逻辑结构非常严密的著作，通篇学习下来会发现相关的概念和范畴一环紧扣一环，环环相扣、缺一不可，任何一部分的缺失甚至是一句话的缺失都会影响它的完整性。因此，笔者主张学生要阅读、学习全文版原著。

2. 教师对《资本论》研究方法的介绍应贯穿到具体内容体系中

马克思分析问题、研究问题和叙述问题的方法是《资本论》教学的重中之重，掌握马克思的科学抽象法、辩证唯物主义、历史唯物主义方法等，不仅能帮助学生更好地理解马克思在《资本论》中所阐述的基本观点和基本理论，还能帮助学生更好地分析当前的许多经济现象，提高学生分析问题的能力。但对研究方法的介绍和学习，最好是将其与具体的理论介绍联系在一起，这样学生更容易接受，避免让学生感觉抽象、枯燥和不易理解。例如，在介绍整部《资本论》的逻辑结构时，就可以介绍科学抽象法的运用；在学习资本主义积累规律和资本主义发展趋势时，可以介绍唯物辩证法；在学习平均利润和生产价格理论时可以介绍逻辑与历史相一致的方法论；等等。

3. 教学内容体系的设计要充分体现《资本论》的历史性和发展性

《资本论》并不是凭空诞生的，它是马克思和恩格斯多年辛勤研究的结果，是马克思和恩格斯继承和发展古典政治经济学的结果；同样《资本论》诞生后，它所阐述的基本理论也不应该仅仅定位于一般经济思想，而应该关注它对于经济实践（既包括资本主义经济运行也包括社会主义经济运行）的指导意义；另外，《资本论》所阐述的基本理论不应该凝固不变，它应该随着经济条件的变化而得到不断发展和完善。习近平总书记《在纪念马克思诞辰200周年大会上的讲话》中就曾指出："只有在整个人类发展的历史长河中，才能透视出历史运动的本质和时代发展的方向，""马克思的思想理论源于那个时代又超越了那个时代，既是那个时代精神的精华又是整个人类精神的精华，""马克思主义主要由哲学、政治经济学、科学社会主义三大组成部分构成。这三大组成部分分别来源于德国古典哲学、英国古典政治经济学、法国空想社会主义，然而，最终升华为马克思主义的根本原因，是马克思对所处的时代和世界的深入考察，是马克思对人类社会发展规律的深刻把握"①。因此，在进行教学内容体系设计时，既要联系《资本论》所阐述的主要观点的理论来源和《资本论》创作过程，又要密切关注《资本论》

---

① 习近平. 在纪念马克思诞辰200周年大会上的讲话［M］. 北京：人民出版社，2018.

所阐述的主要观点对于现代资本主义和中国特色社会主义的指导意义；既要关注《资本论》所阐述的主要观点与现代西方经济学相关观点的比较，又要关注国内外理论界对《资本论》所阐述的主要观点的争论。

4.《资本论》所阐述的几大基本理论必须全部介绍

主要限于学时的安排，许多学者认为只需要学习《资本论》中的某几个理论就够了。笔者不赞同这一观点，而是认为《资本论》所阐述的几大基本理论必须全部介绍。只有这样，才能全面了解《资本论》的逻辑构架，才能真正理解马克思的研究方法。因此，本文认为马克思在《资本论》中所阐述的劳动价值理论、货币理论、剩余价值生产理论、资本积累理论、资本循环理论、资本周转理论、社会再生产理论、平均利润和生产价格理论、商业资本和商业利润理论、生息资本和利息理论、地租理论必须全部予以介绍。

（二）教学内容体系创新的主要构架

笔者认为，在上述原则的指导下，《资本论》课程的教学内容体系应主要包括六个方面：各主要理论在整个《资本论》中的地位、各主要理论的形成、主要理论的内容和相应的研究方法、主要理论的相关争论、主要理论与西方经济学相关理论的比较以及主要理论的现实意义。

1. 各主要理论在整个《资本论》中的地位

前文已经多次提及，《资本论》的逻辑是相当严密的，各大理论之间有着非常密切的联系。介绍和学习各主要理论在整个《资本论》中的地位，让学生明确某理论在《资本论》中所处的位置，并了解与其他理论之间的逻辑关联，对于学生更好地学习和理解马克思的研究方法和《资本论》的逻辑结构具有重要的意义。例如在学习劳动价值论时，指出其在整个《资本论》中的地位是"马克思经济学说的基础，马克思在经济学实现的科学革命的最辉煌的成果之一，是剩余价值理论的理论前提，为资本积累理论奠定了基础，为科学的社会资本再生产理论的创立准备了条件，是平均利润和生产价格理论的基础"；货币理论在整个《资本论》中的地位是"从逻辑上讲，承前启后，连接商品价值理论和资本理论的桥梁"；剩余价值生产理论在整个《资本论》中的地位是"马克思主义经济学的核心，是马克思'两个伟大发现'之一"；资本循环和周转理论在整个《资本论》中的地位是"剩余价值实现（流通）理论的起点和重要组成部分"；平均利润和生产价格理论在整个《资本论》中的地位是"《资本论》第三卷的核心，是考察资本主义总过程和剩余价值转化的各种具体形态的理论前提"，等等。

2. 各主要理论的形成

在学习某一理论的时候，首先要关注该理论的形成过程。这包括两方面的内容：一方面是该理论的理论来源，主要体现的是对古典政治经济学尤其是英国古典政治经济学的继承和批判；另一方面是马克思形成该理论的主要过程。介绍理论的形成过程，主要目的在于既能发现马克思理论的创新之处，又能感受马克思和恩格斯为此付出的艰辛和努力，教育学生从事科学研究时既要尊重前人的研究成果，也要付出自己的辛勤劳动。例如，在学习劳动价值理论时，首先介绍劳动价值理论的形成：一方面，主要介绍并评价配第、斯密和李嘉图的劳动价值理论，指出配第初步形成了劳动创造价值的观点、斯密把当时还处于雏形阶段的劳动价值论推向了成熟阶段、李嘉图提出了在资产阶级所能允许的限度内最为彻底的劳动价值论，但是他们却不了解商品是使用价值和价值的对立统一体，不了解劳动的二重性，不能回答什么是价值的实体等。而马克思的劳动价值理论在继承和批判的基础上，创造性地提出了劳动二重性学说，这使得劳动价值理论终于建立在了科学的基础之上，为马克思主义经济学奠定了坚实的、科学的理论基础。另一方面，介绍马克思劳动价值理论形成的过程，指出他在 1843 年年底到 1844 年年初，开始着手政治经济学的研究，发表《论犹太人问题》并写作《1844 年经济学——哲学手稿》，为劳动价值论的形成奠定了基础；1847 年，出版《哲学的贫困》，阐发了由劳动创造价值的基本思想；1857—1858 年，写作《政治经济学批判》，使科学劳动价值论的雏形初步形成；在《资本论》里，建立起真正科学的劳动价值论。

3. 主要理论的内容和相应的研究方法

限于课堂授课时间，在学习某一理论的主要内容和相应研究方法时，无法逐字逐句介绍原著，但也不能脱离原著。笔者做了如下努力：①将某一理论的理论框架用 PPT 展示，总体介绍该理论的主要内容以及每部分内容之间的逻辑联系，并总体介绍该理论的研究方法。②在学习该理论的重点部分时，给出原著中的重要段落。这一方面能够让学生对该理论有一个总体把握，另一方面又能够感受《资本论》原著的魅力。例如，在学习货币理论时，首先给出该理论的逻辑框架：货币起源→货币本质→货币职能→货币流通规律，指出按照马克思历史唯物主义的观点，货币作为一种固定的充当一般等价物的特殊商品，它不是一开始就有的，它是一个历史范畴，它是商品生产和商品交换发展的结果，是商品价值形式发展的结果。因此要全面了解货币这一范畴，必须首先揭示货币的起源；马克思揭示货币起源的目的是为了揭示货币的本质，即货币作为固定地充当一般等价物的特殊商品，是价值的一般代表，它体现的是社会经济关系；但货币的本质必须通过货币职能的发挥而体现出来，马克思接着分析了货币的五大职能：价值尺度职能、流通手段职能、支付手段职能、贮藏手段职能和世界货币职能；当马克思在分析货币流通手段和支付手段职能时揭示了货币流通规律，指出一定时期内流通中的货币量必须适应商品流通的需要。其次，在介绍货币起源时，选取了《资本论》原著中最精彩的段落，包括马克思研究货币起源的原因、相对价值形式与等价形式发生不同程度变化时价值相对量的变化、等价形式的特点、一般价值形式的特点，等等。逐字逐句介绍这几段原著，让学生充分感受马克思分析问题的逻辑思路和语言魅力，也充分感受马克思主义唯物辩证法和科学抽象法的具体运用。

4. 主要理论的相关争论

《资本论》自诞生之后，围绕其主要理论的争论就一直没有停止过。真理愈辩愈明，了解对《资本论》主要理论的争论并对之进行评价，能够开阔学生的视野，更好地掌握《资本论》的真谛。例如，在学习剩余价值生产理论时，首先介绍并评价了资产阶级庸俗经济学家巴师夏和西尼耳对马克思剩余价值理论的攻击；接着介绍并评价了国外肯定剩余价值理论研究的观点，如技术扣除论中的剩余价值理论、阶级冲突论中的剩余价值理论和阶级合作论中的剩余价值理论等；最后介绍并评价了国内理论界对剩余价值生产理论讨论的几个主要问题，如社会主义社会的劳动力商品问题、对生产性劳动的讨论、对"资本"范畴使用范围的思考等。在学习平均利润和生产价格理论时，主要介绍并评价了国外学者围绕该理论所展开的三次大的讨论：19世纪末20世纪初庞巴维克与希法亭之间的论战，20世纪40年代末50年代初多布和米克与米尔达尔、罗宾逊夫人等人的论战和20世纪70~80年代由萨缪尔森首先发难的大论战，等等。

5. 主要理论与西方经济学相关理论的比较

与西方经济学相关理论进行比较，目的在于强调马克思主义理论的特色。20世纪80年代以来，在经济学教学与研究中，西方经济学的影响逐渐增强，西方经济学好像成了主流，很多学生自觉不自觉地把西方经济学看成我国的主流经济学，一些经济学家也公然主张西方经济学应该作为我国的主流经济学，来代替马克思主义经济学的指导地位，马克思主义经济学的指导地位被削弱和被边缘化。例如，根据南开大学2006年对4所"基地"院校经济学专业学生的50份调查问卷，在核心课设置上，排在第一位的是西方经济学，然后是政治经济学，之后是计量经济学、国际经济学等①。难道政治经济学真的就能被西方经济学所取代吗？回答应该是否定的，马克思主义政治经济学和西方经济学是不同的思想体系，它们研究问题的出发点、侧重点和方法是不一样的，通过进行比较就可以解决这一问题。因此，在学习《资本论》时，也应该注重主要理论与西方经济学相关理论的比较。例如，在学习劳动价值理论时，对劳动价值理论与西方经济学中的边际效用价值理论进行了比较，指出劳动价值论是客观价值论，而边际效用价值论是主观价值论；在学习剩余价值生产理论时，从研究目的、研究内容方面对两者进行了比较，指出马克思研究生产过程的目的是为了揭示资本家对雇佣工人的剥削，而西方经济学研究生产过程的目的是为了最大化的产量或最小化的成本；马克思剩余价值生产理论研究的主要是剩余价值的形成的条件、形成的过程和方法，而西方经济学生产理论研究的主要是如何配置资源从而使产量最大或成本最小。在学习资本积累理论时指出，马克思的资本积累理论主要研究为什么进行资本积累，资本积累的后果是什么，其主要目的在于揭示资本主义积累规律；而西方投资理论主要研究的是是否投资、何时投资和投资多少、投资主体的设定、投资的来源、投资的动力、投资与财富创造的作用机理、投资结构以及何时停止生产或退出产业等，其主要目的是为了提高投资收益，等等。

6. 主要理论的现实意义

分析现实意义，目的在于强调马克思主义经济理论的生命力，这是目前阶段我们学习《资本论》的最根本目的。毕竟毛泽东思想、邓小平理论、"三个代表"重要思想、科学发展观以及习近平新时代中国特色社会主义思想中所阐述的经济思想和理论，都是对以《资本论》为代表作的马克思主义政治经济学的继承与发展。例如，习近平总书记在党的十九大报告中指出，"新时代中国特色社会主义思想，是对马克思列宁主义、毛泽东思想、邓小平理论、'三个代表'重要思想、科学发展观的继承和发展，是马克思主义中国化的最新成果，是党和人民实践经验和集体智慧的结晶，是中国特色社会主义理论体系的重要组成部分，是全党全国人民为实现中华民族伟大复兴而奋斗的行动指

---

① 林木西. 新形势下政治经济学的创新与发展 [J]. 经济纵横, 2009 (1)：41-44.

南，必须长期坚持并不断发展"①；再如，习近平总书记《在纪念马克思诞辰 200 周年大会上的讲话》中指出："马克思主义是不断发展的开放的理论，始终站在时代前沿。马克思一再告诫人们，马克思主义理论不是教条，而是行动指南，必须随着实践的变化而发展。一部马克思主义发展史就是马克思恩格斯以及他们的后继者们不断根据时代、实践、认识发展而发展的历史，是不断吸收人类历史上一切优秀思想文化成果丰富自己的历史。因此，马克思主义能够永葆其美妙之青春，不断探索时代发展提出的新课题、回应人类社会面临的新挑战。"② 因此，马克思主义政治经济学的指导地位能否继续确立和巩固，既取决于马克思主义政治经济学能否与时俱进、不断创新，又取决于能否运用马克思主义基本理论和方法、解释和说明我国生动活泼的社会主义实践、为中国特色社会主义建设提供理论支持。因此，在学习主要理论时，都要重点强调它的现实意义。习近平总书记《在纪念马克思诞辰 200 周年大会上的讲话》中为我们强调了学习《资本论》的现实意义及主要方向，即"新时代，中国共产党人仍然要学习马克思，学习和实践马克思主义，不断从中汲取科学智慧和理论力量，在统筹推进'五位一体'总体布局、协调推进'四个全面'战略布局中，更有定力、更有自信、更有智慧地坚持和发展新时代中国特色社会主义，确保中华民族伟大复兴的巨轮始终沿着正确航向破浪前行"③；并且指出：学习马克思，就要学习和实践马克思主义关于人类社会发展规律的思想、关于坚守人民立场的思想、关于生产力和生产关系的思想、关于人民民主的思想、关于文化建设的思想、关于社会建设的思想、关于人与自然关系的思想以及关于马克思主义政党建设的思想，等等。在为学生介绍理论的现实意义时，都要将上述理念贯穿进去。例如，在学习劳动价值理论时，除了强调该理论在理解社会主义商品经济存在的可能与必要、市场的重要性、人力资本投资的重要性以及价值规律与资源配置和贫富悬殊等方面具有重要的现实意义之外，还要重点强调劳动创造价值、要坚守人民立场、把为人民谋幸福作为根本使命等；在学习货币理论时，指出该理论在理解市场经济是货币经济、货币在市场经济条件下发挥着非常重要的作用以及通货膨胀与货币流通规律方面的重要的现实意义；在学习剩余价值理论时，指出该理论在理解现代资本主义国家工人生活水平迅速提高与劳动力价值决定理论、知识经济与现代资本主义劳资关系以及后工业化社会资本主义提高劳动生产力的组织形式等方面具有重要的现实意义；在学习资本积累理论时，要学习和实践马克思主义关于人类社会发展规律的思想，指出该理论在正确认识和理解资本主义的历史性质、现代资本主义国家企业并购浪潮与资本积累的国际化、运用剩余价值规律促进民营经济的资本积累方面具有重要的现实意义；在学习资本循环和周转理论时，指出该理论在科学认识投资与经济增长之间的辩证关系、通过加速资金周转提高经济效益方面具有重要的现实意义；在学习社会再生产理论时，指出该理论对于理解供给侧结构性改革的必要性以及经济危机产生的根源等方面具有重要的现

---

① 习近平. 决胜全面建成小康社会　夺取新时代中国特色社会主义伟大胜利——在中国共产党第十九次全国代表大会上的报告［EB/OL］. 中国政府网，http://www.gov.cn/zhuanti/2017-10/27/content_5234876.htm.

② 习近平. 在纪念马克思诞辰 200 周年大会上的讲话［M］. 北京：人民出版社，2018.

③ 习近平. 在纪念马克思诞辰 200 周年大会上的讲话［M］. 北京：人民出版社，2018.

实意义；在学习平均利润和生产价格理论时，指出该理论在理解成本价格是企业经济活动的重要指标、利润率的高低是衡量企业和部门经济效益的综合经济指标等方面具有重要的现实意义；在学习商业资本和商业利润理论时，指出该理论在通过降低商品流通费用从而提高商业经济效益、通过深化流通体制改革从而健全现代市场体系、通过积极探索现代流通方式从而提高资源的配置效率等方面具有重要的现实意义；在学习生息资本理论时，指出该理论在理解虚拟资本与泡沫经济、正确分析知识经济中的一些现象以及当前国有企业改革等方面具有重要的现实意义，等等。

总之，《资本论》课程的教学应该是一项非常庞大的系统工程，它应该是学校、教师和学生三维的良性互动：学校在安排学生培养计划时应适当增加《资本论》课程的课时，应补充和加强师资队伍；教师在课堂上主要介绍最基本的理论、最经典的原著、最主要的争论和重要的现实意义；学生在课堂之外认真自学原著，并在教师的引导下，自己运用《资本论》的相关理论解释现实的经济现象。

参考文献：

[1] 马克思. 资本论：第 1-3 卷 [M]. 北京：人民出版社，2004.

[2] 习近平. 决胜全面建成小康社会　夺取新时代中国特色社会主义伟大胜利——在中国共产党第十九次全国代表大会上的报告 [EB/OL]. 中国政府网，http://www.gov.cn/zhuanti/2017-10/27/content_5234876.htm.

[3] 习近平，李克强. 在中央经济工作会议上的重要讲话 [EB/OL]. 新华网，http://www.xinhuanet.com/politics/leaders/2017-12/20/c_1122142392.htm.

[4] 习近平. 在纪念马克思诞辰 200 周年大会上的讲话 [M]. 北京：人民出版社，2018.

[5] 习近平与中国特色社会主义政治经济学 [EB/OL]. 中国新闻网，http://www.chinanews.com/ll/2015/12-23/7684987.shtml.

[6] 习近平. 在北京大学师生座谈会上的讲话 [M]. 北京：人民出版社，2018.

[7] 周晓梅，宋春艳.《资本论》教学方法的创新与实践 [J]. 长春师范学院学报（人文社会科学版），2005（3）.

[8] 冯琦.《资本论》选读课程教学法初探 [J]. 江苏教育学院学报（社会科学版），2006（11）.

[9] 周晓梅.《资本论》教学改革初探 [J]. 当代经济研究，2007（11）.

[10] 胡钧. 根本改进《资本论》的教学研究，为中国特色社会主义经济建设服务——重新学习《资本论》的必要性 [J]. 经济思想史评论，2007（12）.

[11] 林岗，张宇.《资本论》的方法论意义——马克思主义经济学的五个方法论命题 [J]. 当代经济研究，2000（6）.

[12] 李建建，黎元生.《资本论》教学改革探讨 [J]. 教学与研究，2004（7）.

[13] 李繁荣.《资本论》教学研究及改革尝试 [J]. 当代经济研究，2011（12）.

[14] 段学慧. 论恢复和巩固《资本论》教学地位 [J]. 当代经济研究，2013（7）.

[15] 包秀琴. 新时期改进高校《资本论》教学的几点建议 [J]. 内蒙古师范大学学报（教育科学版），2016（12）.

[16] 林木西. 新形势下政治经济学的创新与发展 [J]. 经济纵横，2009（1）.

论马克思主义政治经济学的研究对象的关系

沈时伯① 刘乐山② 彭炳忠③ 孙红玲④

摘 要： 马克思主义政治经济学的研究对象的内部关系是在社会生产关系中生产与消费、分配、交换或流通的关系，外部关系是生产关系与其他事物的关系，包括生产资料所有制以及生产资料与劳动者的结合方式是生产关系的基础、生产力与生产关系的对立统一与相互作用、经济基础（占主导地位的生产关系）与上层建筑的对立统一与相互作用。本文第一次提出把"生产关系适应生产力的发展要求或生产关系适合生产力的状况"理解为：生产关系能够促进生产力构成要素之间的和谐，并能够促进生产力构成要素自身的发展。

关键词： 马克思主义政治经济学 研究对象 内部关系 外部关系

习近平总书记在党的十九大报告中指出："深化马克思主义理论研究和建设，加快构建中国特色哲学社会科学，加强中国特色新型智库建设。"⑤ 而"深化马克思主义理论研究和建设，加快构建中国特色哲学社会科学"，从经济学角度看，就是深化马克思主义政治经济学理论研究和建设，加快构建中国特色社会主义政治经济学。笔者借此深入探讨马克思主义政治经济学的研究对象的关系问题。在马克思恩格斯之前的经济学家当中虽然有人觉察到物掩盖下的人与人之间关系的存在，但没有明确地把这种关系作为研究对象，而在实际上把物作为研究对象，诸如经济学的鼻祖亚当·斯密的代表作《国

① 沈时伯，湖南商学院，以单独或第一作者身份在《光明日报（理论版）》发表论文五篇，《从基尼系数看我国现阶段收入差距的合理范围》被人民网理论频道作为理论导读文章，而且以《专家：从基尼系数看我国现阶段收入差距的合理范围》为题转载；《制定新标准界定我国居民收入差距》入选《问计 2016——党员干部关注的十大热点问题》[任仲文（中宣部理论局评论组的代称）主编，人民日报出版社 2016 年出版]，并获得中宣部理论局颁发的证书，研究方向：收入分配与《资本论》。

② 刘乐山，湖南商学院经济与贸易学院副院长，教授，博士，主持国家社科基金重点项目，研究方向：《资本论》与收入分配、消费经济。

③ 彭炳忠，湖南商学院经济与贸易学院常务副院长，教授，主持国家社科基金项目，研究方向：马克思主义视域下的科学精神与技术进步。

④ 孙红玲，湖南商学院教授，博士，主持国家社科基金项目，在《中国工业经济》等刊物上发表论文十多篇，研究方向：马克思主义视域下的区域经济与财政。

⑤ 习近平. 决胜全面建成小康社会 夺取新时代中国特色社会主义伟大胜利——在中国共产党第十九次全国代表大会上的报告 [EB/OL]. http://news.xinhuanet.com/politics/19cpcnc/2017-10/27/c_1121867529.htm.

民财富的性质和原因的研究》的名称就直接反映出他把国民财富这种物作为研究对象。尽管政治经济学的研究离不开物，要从物开始，但是，恩格斯指出："经济学所研究的不是物，而是人和人之间的关系，归根到底是阶级和阶级之间的关系；可是这些关系总是同物结合着，并且作为物出现……马克思第一次揭示出它对于整个经济学的意义，从而使最难的问题变得如此简单明了，甚至资产阶级经济学家现在也能理解了。"① 这里的同物结合着的阶级和阶级之间的关系，是指阶级和阶级之间的物质利益关系。由于阶级是一种社会概念，物质利益关系是生产关系，所以阶级和阶级之间的物质利益关系就是社会生产关系。结合恩格斯上述说法可知，第一次提出政治经济学的研究对象是社会生产关系的人是马克思。马克思在他的鸿篇巨制《资本论》中更是明确提出："我要在本书研究的，是资本主义生产方式以及和它相适应的生产关系和交换关系。"② 这里的资本主义生产方式是资本主义社会的阶级和阶级之间的物质利益关系的产物，也就是资本主义社会生产关系的产物，所以，这里的资本主义生产方式实质上是资本主义社会生产关系。那么，马克思的话"我要在本书研究的，是资本主义生产方式以及和它相适应的生产关系和交换关系"就可以理解为"我要在本书研究的，是资本主义社会生产关系以及和它相适应的生产关系和交换关系"。资本主义社会生产关系是指人们在资本主义生产的总过程中结成的生产关系、分配关系、交换关系与消费关系的总和，这是马克思要在《资本论》中研究的，而且还要重点研究生产关系和交换关系，由《资本论》三卷的名称（依次是资本的生产过程、资本的流通过程、资本主义生产的总过程）反映出来。

一、研究对象的内部关系，即在社会生产关系中
生产与消费、分配、交换或流通的关系

按照马克思在《〈政治经济学批判〉序言、导言》中阐述的顺序，下面依次分析生产与消费的关系、生产与分配的关系、生产与交换或流通的关系。

（一）生产与消费的关系

1. 区别

（1）定义不同

生产，"总是指在一定社会发展阶段上的生产——社会个人的生产"③。这里的个人不是孤立的个人，而是处在一定生产关系中的个人。因此，产品的生产可以表述为：在一定社会发展阶段上人们为了得到产品而对生产资料和劳动力的运用。

消费，分为生产消费以及生活消费或个人消费两种。由于消费亦称消耗，所以，生

---

① 马克思恩格斯选集：第 2 卷 [M]. 北京：人民出版社，1972：123.
② 马克思. 资本论：第 1 卷 [M]. 北京：人民出版社，1975：8.
③ 马克思.《政治经济学批判》序言、导言 [M]. 北京：人民出版社，1971：8.

产消费亦称生产消耗，是指人们为了得到产品而对生产资料和劳动力的消耗；生活消费或个人消费，亦称生活消耗或个人消耗，是指人们为了满足个人生活需要或为了让自己有体力和脑力而对生活资料或消费资料的消耗。

（2）所处地位不同

虽然政治经济学在表述社会生产总过程所经历的四个环节时把生产与消费并列排开，但是，这不意味着生产与消费在社会生产总过程中就处于同等地位。由于社会生产总过程的源头是生产，很显然，有生产才有消费，没有生产就没有消费，所以生产是处于支配地位的环节，而消费是处于被支配地位的环节。可见，生产与消费在社会生产总过程中所处地位不同。

2. 联系

（1）直接同一

①根据上述关于产品的生产与生产消费的定义，可看出产品的生产与生产消费是直接重合、融为一体的，所以产品的生产本身直接是生产消费，生产消费本身也直接是产品的生产。

②根据劳动力的再生产是人们通过消耗生活资料或消费资料来使得劳动力重生这个定义，以及上述关于生活消费或个人消费的定义，可看出劳动力的再生产与生活消费或个人消费是直接重合、融为一体的，所以劳动力的再生产本身直接是生活消费或个人消费，生活消费或个人消费本身也直接是劳动力的再生产。

简言之，"生产直接是消费，消费直接是生产。每一方直接是它的对方"①。

（2）互为媒介，相互依存

①在社会生产总过程所经历的四个环节的不断重复、周而复始中，形成"消费—生产—消费……消费—生产—消费"链条。从这个链条可看出，消费以生产为桥梁和纽带，以生产为自己的续存条件。也就是说，"生产媒介着消费，它创造出消费的材料，没有生产，消费就没有对象"②。

②在社会生产总过程所经历的四个环节的不断重复、周而复始中，形成"生产—消费—生产……生产—消费—生产"链条。从这个链条可看出，生产以消费为桥梁和纽带，以消费为自己的续存条件。也就是说，"消费也媒介着生产，因为正是消费替产品创造了主体，产品对这个主体才是产品。产品在消费中才得到最后完成"③。而且"消费为生产创造作为内在对象、作为目的的需要"④。

简言之："每一方表现为对方的手段；以对方为媒介；""表现为互不可缺，但又各自处于对方之外。"⑤

（3）各自创造对方

①消费创造生产。一方面，消费使得产品成为现实的产品，使得产品证明自己是产

---

①　马克思.《政治经济学批判》序言、导言 [M]. 北京：人民出版社，1971：14.

②　马克思.《政治经济学批判》序言、导言 [M]. 北京：人民出版社，1971：14.

③　马克思.《政治经济学批判》序言、导言 [M]. 北京：人民出版社，1971：14.

④　马克思.《政治经济学批判》序言、导言 [M]. 北京：人民出版社，1971：16.

⑤　马克思.《政治经济学批判》序言、导言 [M]. 北京：人民出版社，1971：15-16.

品，从而使得为产品而付出的生产行为证明自己是生产行为，而且只有当产品被消费完毕，产品才能最终证明自己是产品，为产品而付出的生产行为也才最终证明自己是生产行为。另一方面，"因为消费创造出新的生产的需要，因而创造出生产的观念上的内在动机，后者是生产的前提"①。也就是说，消费为生产创造想象的对象。

②生产创造消费。其一，生产为消费提供材料，为消费创造出外在的对象。其二，生产创造出消费的方式，也就是说，生产的产品为消费规定了方向。其三，生产为材料或对象提供需要，这种需要是"消费对于对象所感到的需要"②，所以创造出消费的动力。

简言之："两者的每一方当自己实现时也就创造对方，把自己当作对方创造出来。"③

（二）生产与分配的关系

1. 区别

（1）定义不同

据上所述，生产，可以理解为在一定社会发展阶段上人们为了得到产品而对生产资料和劳动力的运用。

分配，简单地说，是指生产条件、产品等东西在人们之间的划分和归属。从定义可看出，分配包括生产条件的分配、产品的分配等。其中，生产条件的分配包括生产资料的分配和劳动力的分配，这两种分配都属于生产本身；产品的分配包括生产资料产品的分配和生活资料产品或消费资料产品的分配，前一种分配属于生产本身，而后一种分配不属于生产本身。

（2）所处地位不同

虽然政治经济学在表述社会生产总过程所经历的四个环节时把生产与分配并列排开，但是，这不意味着生产与分配在社会生产总过程中就处于同等地位。由于社会生产总过程的源头是生产，很显然，有生产才有分配，没有生产就没有分配，所以生产是处于支配地位的环节，而分配是处于被支配地位的环节。可见，生产与分配在社会生产总过程中所处地位不同。

"一个征服者民族在征服者之间分配土地，因而造成了地产的一定的分配和形式"④，由此能否说，分配支配着生产？不能，因为土地的分配属于生产条件的分配范畴，而生产条件的分配属于生产本身。

2. 联系

（1）互为媒介，相互依存

①在社会生产总过程所经历的四个环节的不断重复、周而复始中，形成"分配—生产—分配……分配—生产—分配"链条。从这个链条可看出，分配以生产为桥梁和纽

---

① 马克思.《政治经济学批判》序言、导言［M］. 北京：人民出版社，1971：14.

② 马克思.《政治经济学批判》序言、导言［M］. 北京：人民出版社，1971：15.

③ 马克思.《政治经济学批判》序言、导言［M］. 北京：人民出版社，1971：16.

④ 马克思.《政治经济学批判》序言、导言［M］. 北京：人民出版社，1971：19.

带，以生产为自己的续存条件。

②在社会生产总过程所经历的四个环节的不断重复、周而复始中，形成"生产—分配—生产……生产—分配—生产"链条。从这个链条可看出，生产以分配为桥梁和纽带，以分配为自己的续存条件。

（2）相互作用

①生产对分配的决定作用。其一，生产的产品的数量、质量和结构决定分配的对象的数量、质量和结构。其二，生产的性质决定分配的性质。以公有制为基础的生产决定社会主义性质的分配，例如按劳分配、按需分配等。以非公有制为基础的生产决定非社会主义性质的分配，例如按资本分配、按土地分配、按特权分配等。其三，"参与生产的一定形式决定分配的特定形式，决定参与分配的形式"。例如，"个人以雇佣劳动的形式参与生产，就以工资形式参与产品、生产成果的分配"。所以，"分配关系和分配方式只是表现为生产要素的背面"①，"消费资料的任何一种分配，都不过是生产条件本身分配的结果"②。

②分配对生产的反作用。其一，属于生产本身的生产条件分配，包括生产资料的分配以及劳动力的分配，如果在各个部门的比例恰当，就会促进各个部门的生产结构合理化，反之就会导致各个部门的生产结构畸形化。其二，适合生产发展要求的分配关系和分配方式，就会调动人们的积极性，从而提高生产效率，反之就会抑制人们的积极性，从而降低生产效率。其三，"随着分配的变动，例如，随着资本的集中，随着城乡人口的不同的分配等等，生产也就发生变动"③。

（三）生产与交换或流通的关系

1. 区别

（1）定义不同

我们已经知道，生产，可以理解为在一定社会发展阶段上人们为了得到产品而对生产资料和劳动力的运用。

交换，简单地说，是指人们为了得到别人的生产条件、产品等东西而转让自己的生产条件、产品等东西。从定义可看出，交换包括生产条件的交换、产品的交换等。其中，产品的交换包括产品之间的直接交换以及通过货币的产品交换，而通过货币的产品交换是流通，所以"流通本身只是交换的一定要素，或者也是从总体上看的交换"④。

（2）所处地位不同

虽然政治经济学在表述社会生产总过程所经历的四个环节时把生产与交换并列排开，但是，这不意味着生产与交换在社会生产总过程中就处于同等地位。由于社会生产总过程的源头是生产，很显然，有生产才有交换，没有生产就没有交换，所以生产是处

---

① 马克思.《政治经济学批判》序言、导言 [M]. 北京：人民出版社，1971：18.
② 马克思. 哥达纲领批判 [M]. 北京：人民出版社，1971：15.
③ 马克思.《政治经济学批判》序言、导言 [M]. 北京：人民出版社，1971：22.
④ 马克思.《政治经济学批判》序言、导言 [M]. 北京：人民出版社，1971：21.

于支配地位的环节，而交换是处于被支配地位的环节。可见，生产与交换在社会生产总过程中所处的地位不同。

2. 联系

（1）互为媒介，相互依存

①在社会生产总过程所经历的四个环节的不断重复、周而复始中，形成"交换—生产—交换……交换—生产—交换"链条。从这个链条可看出，交换以生产为桥梁和纽带，以生产为自己的续存条件。

②在社会生产总过程所经历的四个环节的不断重复、周而复始中，形成"生产—交换—生产……生产—交换—生产"链条。从这个链条可看出，生产以交换为桥梁和纽带，以交换为自己的续存条件。

（2）相互作用

①生产对交换的决定作用。其一，生产决定在生产过程中所发生的交换。此交换包括：在生产过程中所发生的生产条件交换，例如在同一企业内部或不同企业之间发生的各种活动和各种能力的交换、生产资料的交换等；在生产过程中所发生的产品交换，它指的是在同一企业内部或不同企业之间为制造供直接消费的产品而进行的产品交换；在生产过程中所发生的其他交换，例如企业之间围绕产品的运输、包装、保管所进行的交换等。由于在生产过程中所发生的生产条件交换和产品交换直接属于生产本身，所发生的其他交换是生产的继续，所以这些交换都由生产决定。其二，生产决定在生产过程之外所发生的交换。这种交换指的是产品直接为了消费而进行的交换。它也由生产决定，因为：生产为交换创造出对象；有社会分工才有交换，没有社会分工就没有交换，而社会分工是生产发展的结果；交换的性质由生产的性质决定，以私有制为基础的生产决定了交换是私人之间的交换；"交换的深度、广度和方式都是由生产的发展和结构决定的"①。

②交换对生产的反作用。其一，如果交换顺畅，上一次生产的产品就能及时卖出，下一次生产所需要的生产资料和劳动力就能及时买到，由此下一次生产就能正常进行；相反，如果交换受阻，上一次生产的产品就无法及时卖出，下一次生产所需要的生产资料和劳动力就无法及时买到，由此下一次生产就无法正常进行。其二，"当市场扩大，即交换范围扩大时，生产的规模也就增大，生产也就分得更细"②。

总之，生产与消费、分配、交换或流通之间既有区别，又有密切的联系。这种密切的联系使得生产与消费、分配、交换或流通一起组成了一个有机整体，统一于社会生产总过程。

---

① 马克思.《政治经济学批判》序言、导言［M］. 北京：人民出版社，1971：22.
② 马克思.《政治经济学批判》序言、导言［M］. 北京：人民出版社，1971：22.

二、研究对象的外部关系，即生产关系与其他事物的关系

（一）生产资料所有制以及生产资料与劳动者的结合方式是生产关系的基础

1. 有关概念

（1）生产资料所有制是指人们在生产资料的所有、占有、支配和使用上结成的生产关系的制度规定。在此定义中，生产资料的所有是指生产资料的归属；生产资料的占有是指对生产资料的实际控制；生产资料的支配是指对生产资料的管理和控制；生产资料的使用是指对生产资料的行使和利用。物质资料生产和再生产由条件（包括人们与生产资料）、过程（即人们与生产资料的结合）、结果（即产品）三部分组成，其中"条件"和"过程"两个部分有着人们在生产资料的所有、占有、支配和使用上的相互关系，这种相互关系按照生产关系的含义，属于生产关系。以制度的形式把这种生产关系确定下来就是生产资料所有制。

（2）生产资料与劳动者的结合方式有两种：一种是生产资料与劳动者相结合，即劳动者拥有生产资料；另一种是生产资料与劳动者相分离，即劳动者不拥有生产资料。

2. 生产资料所有制决定生产资料与劳动者的结合方式，从而决定生产关系

在人类社会的发展中，已经经历和将来要经历的生产资料所有制虽然多种多样，但概括起来基本上有两种，分别是私有制和公有制。其中，私有制有奴隶主占有制、封建主占有制和资本家占有制；公有制有低级公有制①、社会主义公有制和高级公有制②。

在奴隶主占有制下，奴隶主是剥削者，不是劳动者，拥有生产资料和奴隶，而奴隶是被剥削者，是劳动者，没有生产资料。这决定了生产资料与作为劳动者的奴隶相分离，从而决定了奴隶主与奴隶之间结成不平等的生产关系，即结成剥削与被剥削、支配与被支配的奴隶制生产关系。

在封建主占有制下，封建主是剥削者，不是劳动者，拥有包括土地在内的生产资料，而农民是被剥削者，是劳动者，在人身上依附于封建主，由于农民拥有的土地数量与封建主拥有的土地数量相比微不足道，导致农民无法养活自己，被迫给封建主做苦役，所以农民拥有的土地数量可以忽略不计，那么，可以认为农民没有土地，没有生产资料。这决定了生产资料与作为劳动者的农民相分离，从而决定了封建主与农民之间结成不平等的生产关系，即结成剥削与被剥削、支配与被支配的封建生产关系。

在资本家占有制下，资本家是剥削者，不是劳动者，拥有生产资料，而工人是被剥削者，是劳动者，没有生产资料。这决定了生产资料与作为劳动者的工人相分离，从而决定了资本家与工人之间结成不平等的生产关系，即结成剥削与被剥削、支配与被支配的资本主义生产关系。

可见，私有制，无论是奴隶主占有制，还是封建主占有制，或是资本家占有制，决

---

① 低级公有制与生产力极其落后相匹配。

② 高级公有制与生产力高度发达相匹配。

定生产资料与劳动者的结合方式都是两者相分离，从而决定生产关系是不平等的。而在公有制，无论是低级公有制，还是社会主义公有制，或是高级公有制下，不存在剥削者与被剥削者，人们都是劳动者，共同占有生产资料，这决定了生产资料与劳动者相结合，从而决定了劳动者之间结成平等的生产关系。一言以蔽之，生产资料所有制决定生产资料与劳动者的结合方式，从而决定生产关系，如图1所示。即生产资料所有制以及生产资料与劳动者的结合方式是生产关系的前提，亦即生产资料所有制以及生产资料与劳动者的结合方式是生产关系的基础。

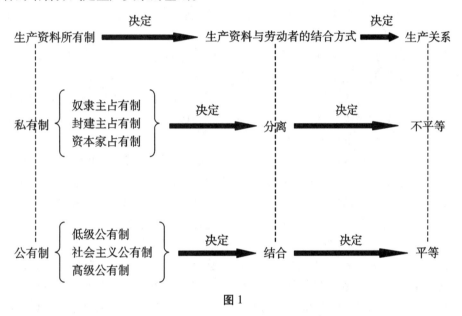

图1

（二）生产力与生产关系的关系

1. 从彼此的异同来看，生产力与生产关系是对立统一的

由于生产力与生产关系是物质资料生产不可分割的两个方面，所以，如果从整个社会来看，物质资料生产可以称为社会生产，那么，生产力与生产关系就是社会生产不可分割的两个方面，共同构成社会生产方式。这两个方面是对立的，由于这两个方面不同：生产力是生产的物质内容，因为生产力是人们生产物质资料的能力；生产关系是生产的社会形式，因为生产关系讲的是人与人之间的关系，而社会形式，亦称社会形态，是由人们在某种关系下建立的，由此可以说，社会形式实际上讲的是人与人之间的关系。这两个方面又是统一的，由于这两个方面相同：都属于社会生产或一起存在于社会生产中。

如果把物质资料生产看作是某一事物，那么，生产力与生产关系就看作是同一事物的两个方面；如果把物质资料生产看作是某一空间，那么，生产力与生产关系就看作是同一空间的两种事物。依照上述有关生产力与生产关系的对立统一分析套路，可以拓展出两个一般化的结论，分别是：

结论1：同一事物的两个方面，由于不同（指的是这两个方面是两个不同的东西），所以对立；由于相同（指的是这两个方面一起存在于同一事物中），所以统一。

结论 2：同一空间的两种事物，由于不同（指的是这两种事物是两种不同的东西），所以对立；由于相同（指的是这两种事物一起存在于同一空间中），所以统一。

这两个结论为分析经济基础与上层建筑的对立统一、使用价值与价值的对立统一以及具体劳动与抽象劳动的对立统一提供了依据。

2. 从相互作用看，生产力决定生产关系，生产关系反作用于生产力

（1）生产力决定生产关系

①生产力决定生产关系的性质，即有什么样性质的生产力，就有什么样性质的生产关系。

在原始社会，劳动者极其愚昧无知，生产工具主要是石器，其他生产条件十分简陋，从而生产出来的包括生活资料在内的物质资料非常贫乏，难以满足原始人的生存与发展需要。这种生产力决定原始人为了满足生存与发展需要，就必须在生产中结成共同占有生产资料、共同劳动、共同占有产品并对产品按原始人的习惯实行平均分配的相互关系，即纯朴的、平等的原始生产关系。

在奴隶社会，从极其愚昧无知状态脱离出来的劳动者没有什么自觉反抗意识，或者说，自觉反抗意识非常弱，类似于牛、马等动物，青铜作为生产工具在农业和手工业中得到广泛使用。这种生产力决定在生产中结成奴隶主占有生产资料与奴隶、强迫奴隶进行高强度劳动、占有全部产品并对产品按奴隶主意愿进行分配的相互关系，即极其野蛮的、不平等的奴隶制生产关系。

在封建社会，劳动者虽然有了一定的自觉反抗意识，但是这种自觉反抗意识还不强烈，以至于劳动者自愿或半自愿地"屈身于他人"，铁器在农业生产中得到广泛应用，水利兴修，从翻车到筒车的灌溉工具的发明与应用，等等。这种生产力决定在生产中结成封建主占有生产资料、强迫农民劳动并在人身上依附于封建主、占有全部产品并对产品按封建主意愿进行分配的相互关系，即超经济强制的、不平等的封建生产关系。

在资本主义社会，劳动者的自觉反抗意识非常强烈，在人身上不愿依附于他人，除自身的劳动力之外一无所有，以蒸汽机的广泛应用为主要标志的第一次科技革命发生，到以电力与电动机的广泛应用为主要标志的第二次科技革命发生，再到以微电子、信息技术、宇航技术、核能技术、激光技术、生物工程技术的广泛应用为主要标志的第三次科技革命发生，等等。这种生产力决定在生产中结成资本家占有生产资料、监督工人劳动、让工人在法律上有人身自由的同时让工人在经济上依附于资本家且为资本家无偿生产剩余价值的相互关系，即表面平等而实质不平等的资本主义生产关系。

在共产主义社会的初级阶段，即社会主义社会，劳动者是生产资料的占有者，彼此之间个人天赋不同从而工作能力不同等，仍然受到旧式分工的束缚，仍然把劳动当作谋生的手段，仍然没有获得自由全面发展，因而物质产品还没有达到最丰富的程度。这种生产力决定在生产中结成劳动者共同占有生产资料、共同劳动、共同占有产品并对产品按劳动者付出的劳动的数量与质量进行分配的相互关系，即建立在生产资料公有制基础上的消灭剥削、平等互助、按劳分配的生产关系。到了共产主义社会的高级阶段，劳动者不再奴隶般地服从分工，不再仅仅把劳动当作谋生的手段，而且把劳动当作生活的第

一需要，个人获得自由全面发展，创造财富的一切源泉都充分涌流。这种生产力决定在生产中结成劳动者共同占有生产资料、共同劳动、共同占有产品并对产品按劳动者的需要进行分配的相互关系，即建立在生产资料公有制基础上的没有剥削、平等互助、各尽所能，按需分配的生产关系。

现阶段我国处在社会主义初级阶段，从全国的生产力总体来看生产力水平低，从不同地区的生产力来看生产力不平衡，从同一个地区的不同生产力来看生产力具多层次。而公有制生产关系，即社会主义生产关系与社会化生产力或高水平生产力相适应。那么，我国现阶段的生产力状况决定了我国现阶段不仅仅存在公有制生产关系，即社会主义生产关系，也存在非公有制生产关系，诸如在"三资"企业中存在的类似于资本主义性质的私有制生产关系，在个体经济中存在的小私有制生产关系等。

②生产力的发展变化决定生产关系的发展变化。

原始社会末期，第一次社会大分工发生，即畜牧业从农业中分离出来，而且原始人开始懂得制造和使用青铜器，与之前制造和使用的石器相比，在生产工具上有了很大进步，这使得原始人生产物质资料的能力大大提高，即原始生产力有了很大发展，从而生产出来的产品比原来多得多，除满足原始部落成员的生存需要之外还有剩余产品。而剩余产品的出现决定了交换的产生。剩余产品以及交换带来的利益改变了原始社会原有的纯朴、平等的生产关系，开始出现奴隶主（由部落首领演变而来）不仅占有生产资料，还直接占有奴隶本身并强制奴隶劳动，占有全部劳动产品的生产关系。

奴隶社会末期，新的金属工具——铁器被制造和使用。铁器与青铜器相比，一方面使得奴隶反抗奴隶主的能力增强，另一方面使得奴隶的劳动技能进一步提高，由此生产关系又有了进一步发展。在这种情况下，奴隶社会原有的奴隶主完全占有奴隶本身的生产关系已经不合时宜了，需要做出改变，那就是在保留人身依附的基础上不能再完全占有奴隶了。当这种改变做出的时候，新的生产关系，即封建主（由奴隶主演变而来）占有土地等生产资料和不完全占有劳动者（叫作农民或农奴，由奴隶演变而来）产生了。

封建社会科学文化的重大发展在历史上起到了相当大的作用。比如，中国的指南针发明与使用有助于打开世界市场与建立殖民地，中国的造纸术、活字印刷发明与使用有助于包括传教在内的信息传播，中国的火药发明与使用有助于炸毁封建骑士的城堡，等等。这势必冲破原有的人为地把生产力囚困于某一地区或某一国家范围的牢笼，使得生产力实现跨地区、跨国式的迅速发展。这要求劳动者等各种要素能够跨地区、跨国自由流动。显然，以人身依附为基础的封建生产关系不再适应生产力的发展要求了，取而代之的是资本主义生产关系，即工人在法律上有人身自由，资本家占有生产资料，监督工人劳动并占有工人的劳动成果。

资本主义社会第一次科技革命使得资本主义生产从手工生产阶段发展到涵盖纺织、煤炭、冶金、交通运输等产业在内的机器生产阶段，即机器大工业，第二次科技革命使得资本主义工业结构从以轻工业为主发展到以重工业为主，第三次科技革命使得资本主义生产日益朝着系统化、网络化、智能化方向发展。这一方面引致生产规模越来越大，生产的社会化程度越来越高；另一方面引致私人资本越来越大，也就是引致生产资料的资本主义私人占有程度越来越高，从而引致资本主义基本矛盾越来越深，越来越不可缓和。当到了资产阶级无论采用何种方法和对策都无法缓和资本主义基本矛盾的时候，资本主义生产关系就必须被打破，取而代之的是社会主义生产关系。

（2）生产关系反作用于生产力

虽然生产力决定生产关系，但是生产关系不是被动地适应或适合生产力的，而是对生产力有着能动的反作用，体现在：如果生产关系适应生产力的发展要求或生产关系适合生产力的状况，就会促进生产力向前发展；反之，如果生产关系不适应生产力的发展要求或生产关系不适合生产力的状况，就会阻碍生产力向前发展。

"生产关系适应生产力的发展要求或生产关系适合生产力的状况"可以理解为：

生产关系能够促进生产力构成要素之间的和谐，并能够促进生产力构成要素自身的发展。

由于科技、管理、信息等非实体要素只有与人、劳动对象、劳动资料等实体要素结合在一起才能发挥作用，所以这里的生产力构成要素只涉及实体要素，不涉及非实体要素。实体要素虽然包括基本实体要素与其他实体要素，但可以归纳为人与生产资料。那么，生产力构成要素之间的和谐指的是人与生产资料之间的和谐，意思是人积极地、谨慎地对待和运用生产资料，反之，人消极地、粗暴地对待和运用生产资料就是不和谐；生产力构成要素自身的发展指的是人与生产资料自身的发展，其中，人自身的发展，主要指人的素质或能力的提高，生产资料自身的发展，主要指生产资料的效能提高。

如果生产关系能够促进生产力构成要素之间的和谐，也就是使得人积极地、谨慎地对待和运用生产资料，并能够促进生产力构成要素自身的发展，也就是使得人的素质或能力提高以及生产资料的效能提高，那么，高素质或高能力的人与高效能的生产资料积极结合的结果是生产出比原来更多数量和更高质量的物质资料，这表明人生产物质资料的能力提高了，即生产力向前发展了。相反，如果生产关系既不能够促进生产力构成要素之间的和谐，也就是造成人消极地、粗暴地对待和运用生产资料，也不能够促进生产力构成要素自身的发展，也就是无法使得人的素质或能力提高以及生产资料的效能提高，那么，素质或能力不高的人与效能不高的生产资料消极结合的结果是生产出比原来更少数量和更低质量的物质资料，这表明人生产物质资料的能力下降了，即生产力倒退了。

（3）生产力决定生产关系相对于生产关系反作用于生产力而言是最根本的方面

正因为如此，所以生产关系一定要适应生产力的发展要求或生产关系一定要适合生产力的状况。当生产关系不适应生产力的发展要求或生产关系不适合生产力的状况时，生产关系就要做出改变，如果这种改变是根本性改变，那么，建立在生产关系基础上的政治关系、法律关系、宗教关系、体育关系等其他一切关系就发生改变。由于人类社会是人类各种关系的产物，所以这时人类社会就改变了，从前一个形态过渡到后一个形态，即向前发展了。可见，生产关系一定要适应生产力的发展要求，或者说生产关系一定要适合生产力的状况，是推动人类社会向前发展的普遍规律。之所以称为普遍，是因为人类社会存在和发展的基础是物质资料生产，而生产力与生产关系是物质资料生产的两个方面。之所以称为规律，是因为生产关系一定要适应生产力的发展要求，或者说生产关系一定要适合生产力的状况本身讲的是生产关系与生产力的联系，发生在物质资料生产内部从而是内在的联系，起决定作用从而是本质的联系，一定要适应或一定要适合从而是必然的联系，正好符合规律①的定义。

（三）生产关系与上层建筑的关系（经济基础与上层建筑的关系）

1. 从彼此的异同来看，经济基础与上层建筑是对立统一的

（1）根据上述"结论1"可得，经济基础与上层建筑是对立的，是由于两者不同，在于：经济基础是指一定社会发展阶段上占主导地位的生产关系的总和；而上层建筑是指建立在经济基础之上的政治法律制度（包括政党、法院、宗教事务局、体育局等，这些分别由人们的政治关系、法律关系、宗教关系、体育关系等非生产关系产生）和社会意识形态（包括政治、法律、道德、宗教等，这些分别由人们的政治关系、法律关系、道德关系、宗教关系等非生产关系产生）。

（2）根据上述"结论1"可得，经济基础与上层建筑是统一的，是由于两者相同：都属于一个国家的社会形态或一起存在于一个国家的社会形态中。

2. 从相互作用来看，经济基础决定上层建筑，上层建筑反作用于经济基础

（1）经济基础决定上层建筑，如图2所示。在生产关系当中，起决定作用的是占主导地位的生产关系。如果把经济基础比喻为地基，政治法律制度和社会意识形态就好比盖在地基上面的建筑。

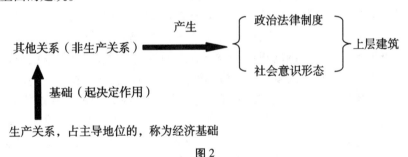

图 2

虽然经济基础决定上层建筑，但是不能说，有经济基础，就一定有上层建筑。而且，经济基础是人类社会的永恒范畴，而上层建筑只存在于人类社会的某些阶段，是历史范畴。因为：

在原始社会，经济基础是原始的纯朴、平等的生产关系，但由于国家还没产生，所以没有政治法律制度与社会意识形态，即没有上层建筑。

在奴隶社会，经济基础是奴隶主通过占有生产资料与奴隶来支配和剥削奴隶的生产关系，上层建筑是维护奴隶主利益的政治法律制度与社会意识形态。

在封建社会，经济基础是封建主通过占有生产资料与农民的人身依附来支配和剥削农民的生产关系，上层建筑是维护封建主利益的政治法律制度与社会意识形态。

在资本主义社会，经济基础是资本家通过占有生产资料与工人在法律上的人身自由

---

① 规律是指现象和过程内在的、本质的、必然的联系，它体现了现象和过程向前发展的必然趋势。

来支配和剥削工人的生产关系，上层建筑是维护资本家利益的政治法律制度与社会意识形态。

在共产主义社会的初级阶段，经济基础是建立在社会主义生产资料公有制基础上的消灭剥削、平等互助、按劳分配的生产关系，上层建筑是维护最广大劳动者利益的政治法律制度与社会意识形态。按照马克思的设想，到了共产主义社会的高级阶段，经济基础是建立在全社会劳动者联合起来的个人所有制①基础上的消灭剥削、平等互助、按需分配的生产关系，这时国家消亡，那么，上层建筑不复存在。

（2）上层建筑反作用于经济基础

虽然经济基础决定上层建筑，但是上层建筑不是被动地适应或适合经济基础的，而是对经济基础有着能动的反作用，体现在：如果上层建筑适应或适合经济基础，就会促进经济基础的巩固和发展；反之，如果上层建筑不适应或不适合经济基础，就会阻碍经济基础的巩固和发展，甚至破坏或瓦解经济基础。

根据经济基础的定义，经济基础可以说是生产关系，又根据之前分析得到的——生产关系一定要适应生产力的发展要求或生产关系一定要适合生产力的状况，我们可以得出，上层建筑是否适应或适合经济基础，归根结底是上层建筑是否适应或适合生产力。

如果上层建筑适应生产力的发展要求或适合生产力的状况，在生产力决定生产关系的情况下，上层建筑就一定适应或适合该生产力所决定的占主导地位的生产关系，即上层建筑就一定适应或适合经济基础。此时，上层建筑就会依靠政治法律制度所产生的政治力量以及社会意识形态所产生的精神力量去消除旧的经济基础与旧的上层建筑的遗留影响，排除和消灭其他一切企图破坏现有的经济基础的势力，同时规范和引导人们的行为，从而促进现有的经济基础的巩固和发展，进而推动生产力发展和社会进步。相反，如果上层建筑不适应生产力的发展要求或不适合生产力的状况，在生产力决定生产关系的情况下，上层建筑就一定不适应或不适合该生产力所决定的占主导地位的生产关系，即上层建筑就一定不适应或不适合经济基础。此时，上层建筑不但不会维护现有的经济基础，反而有可能对旧的经济基础与旧的上层建筑的遗留影响视而不见，甚至有可能纵容外来势力破坏现有的经济基础，还有可能怂恿某些人的错误行为，从而阻碍现有的经济基础的巩固和发展，进而阻碍生产力发展和社会进步。

综上所述，经济基础与上层建筑是对立统一与相互作用的。由于经济基础可以看作是生产关系，所以，经济基础与上层建筑是对立统一与相互作用的，就可以说成是，生

---

① 这里的个人所有制既不是孤立的、生产资料与劳动者相结合的个人所有制（例如，个体所有制，亦称个体劳动者所有制或劳动者的私有制，指的是个人既是生产资料的占有者，又是劳动者，并占有产品的一种所有制形式），也不是生产资料与劳动者相分离的个人所有制（例如，奴隶主占有制、封建主占有制与资本家占有制），而是与联合起来的全社会劳动者所有兼容统一且相互促进的劳动者个人所有制。马克思提出了"重新建立个人所有制"的构想，在1867年出版的《资本论》第一卷中说："从资本主义生产方式产生的资本主义占有方式，从而资本主义的私有制，是对个人的、以自己劳动为基础的私有制的第一个否定。但资本主义生产由于自然过程的必然性，造成了对自身的否定。这是否定的否定。这种否定不是重新建立私有制，而是在资本主义时代的成就的基础上，也就是说，在协作和对土地及靠劳动本身生产的生产资料的共同占有的基础上，重新建立个人所有制。"在1875年亲自修订过的法文版《资本论》中补充说，历史上存在过的劳动者的私有制，被资本主义私有制否定了；共产主义所要重新建立的，不是"劳动者的私有制"，而是"劳动者的个人所有制"。

产关系与上层建筑是对立统一与相互作用的。此前我们已经知道，生产力与生产关系是对立统一与相互作用的。因此，我们在研究生产关系时要注意联系生产力和上层建筑。

参考文献：

［1］习近平. 决胜全面建成小康社会 夺取新时代中国特色社会主义伟大胜利——在中国共产党第十九次全国代表大会上的报告［EB/OL］. http://news.xinhuanet.com/politics/19cpcnc/2017-10/27/c_1121867529.htm.

［2］马克思恩格斯选集：第2卷［M］. 北京：人民出版社，1972.

［3］马克思. 资本论：第1卷［M］. 北京：人民出版社，1975.

［4］马克思.《政治经济学批判》序言、导言［M］. 北京：人民出版社，1971.

［5］马克思. 哥达纲领批判［M］. 北京：人民出版社，1971.

市场竞争的维度、内涵与现实边界

——经济学课堂实验情境与理论比较

田彦平① 杨迎军② 张存刚③

摘　要： 竞争关系是现实市场经济的本质，竞争性的社会经济环境是经济学课堂实验设计和控制的关键。实验证明了现代西方经济学中的市场竞争是仅限于交换领域的所谓社会福利的分配，在一定程度上验证了马克思主义政治经济学关于竞争内涵的科学性：竞争本质上是特定历史阶段社会生产关系在市场经济条件下具体的运动形式。实验情境和不同的理论解释极大地拓展了我们对市场竞争内涵和维度的科学认知，为我国新时代深化经济体制改革，特别是厘清市场的边界及其政策实践提供了重要的指导。

关键词： 市场竞争　经济学课堂实验　马克思主义政治经济学　现代西方主流经济学

竞争关系是现代市场经济的本质，也是学者们研究现实经济无法回避的命题。恩格斯在《国民经济批判大纲》中批判了古典政治经济学对竞争问题的忽视，提出马克思主义政治经济学关于现代市场经济的重要命题——"竞争是经济学家的主要范畴"④，但对竞争理解的理论分歧一直延续至今，国内学者的研究证明了这种传承。胡汝银认为，马克思竞争理论是对技术和社会经济组织与经济结构演进过程的说明，包含着对动力机制、创新机制和经济增长机制的考察，这些都是新古典学派完全竞争均衡体系所无法包容的⑤。陈秀山指出，与古典经济学将自由竞争看作资本主义社会的永恒范畴、永恒人性不同，新古典经济学把完全竞争视作最理想、最和谐的均衡状态，马克思把竞争看作历史范畴，并且历史上第一次揭示了竞争现象背后掩盖的经济关系⑥。杨国亮认为西方竞争理论经历了从古典竞争理论到新古典竞争理论的演变，主要研究视角从生产、交换领域到以交换领域为主，并随着实践的发展开始转向生产领域，形成了竞争优势理

① 田彦平，兰州财经大学经济学院，研究方向：经济学实验、经济学理论比较研究。
② 杨迎军，兰州财经大学经济学院，研究方向：经济学实验、经济学理论比较研究。
③ 张存刚，兰州财经大学经济学院院长，经济学博士，研究方向：中国特色社会主义经济理论和实践研究。
④ 马克思恩格斯文集：第1卷 [M]. 北京：人民出版社，2009：72.
⑤ 胡汝银. 比较竞争理论 [J]. 复旦学报（社会科学版），1988（1）.
⑥ 陈秀山. 再学马克思的竞争理论 [J]. 教学与研究，1994（2）.

论的"丛林",而马克思竞争理论则从生产与交换的辩证关系出发,揭示了资本主义竞争的规律,并为不同历史时期企业主流生产模式发展和演变的实践所印证①。杜朝晖认为马克思主义经济学与西方经济学的竞争理论都强调了竞争在资源合理配置方面的积极作用,但二者在自由竞争的前提条件、竞争的目的和手段、竞争的形式、竞争的作用、垄断与竞争的关系上存在显著分歧②。

学者们对市场经济竞争认知的理论分歧大多源于不同的方法论和现实市场经济实践的差异,而近年来方兴未艾的经济学受控实验方法的普及则为我们检验经济竞争理论和假设提供了新的途径。经济学实验研究的最早探索始于 20 世纪 30 年代,此后一大批经济学家和学者为此付出了艰辛的劳动,以 1998 年《实验经济学》杂志创刊和 2002 年诺贝尔经济学奖授予弗农·史密斯(Vernon L. Smith)和丹尼尔·卡尼曼(Daniel Kahneman)为标志,实验方法研究经济学才被所谓主流经济学所接纳。欧美许多大学和研究机构通过建立专门的经济学实验室开展经济研究,国内许多大学也相继在经济学实验和研究方面取得了许多有意义的研究成果③。通过经济学实验构建"理论、实验和现实(真实世界)"三者之间的互动关系,从中发现更能契合现实并能科学指导人们社会实践的经济学理论成为经济学家努力的方向,越来越多的实验和行为经济学家正在致力于发展一整套契合经济学研究范式的方法体系和契合现实的经济理论假设,因此,实验可以成为检验经济理论科学性的重要手段。

经济学(课堂)实验作为一种科学研究和教育实践活动,是与真实社会经济环境"并行"的微观经济系统,尽管不可避免地具有一定的局限性,但不能否认这种特殊的实践活动在检验经济学理论、发现经济新规律中的价值④。将经济主体之间的社会互动、社会结构等外部社会环境视为外生变量并保持不变,可以通过控制性实验再现现代西方经济学对现实社会经济现象的解释和预测的结果,但如果将个体之间的社会关系本身作为观察对象,实验也可以成为验证遵循社会关系分析传统的马克思主义政治经济学理论科学性的重要手段⑤。

---

① 杨国亮. 从西方竞争理论的演变看马克思竞争理论的历史地位 [J]. 当代经济研究, 2005 (10)

② 杜朝晖. 马克思主义竞争理论与西方经济学竞争理论的比较 [J]. 教学与研究, 2008 (4).

③ 陈柳钦. 实验经济学的兴起及其在中国的发展 [J]. 唯实, 2011 (6).

④ 实验经济学家对课堂实验(classroom experiments)的主要担忧包括实验组织者老师和实验对象学生之间的关系本身会造成实验的内部和外部有效性问题,以及教育价值和伦理等负面影响,但实验的"价值诱导"控制性和"平行原理"有助于理解这一问题。参见:丹尼尔·弗里德曼,山姆·桑德. 实验方法:经济学入门基础 [M]. 曾小楚,译. 北京:中国人民大学出版社,2011:43,53-55.

⑤ 柳欣、王璐认为,建立在生产函数基础上的新古典经济学,核心是资源配置的技术关系,马克思经济学强调的是人们之间的社会关系,尤其是资本主义的经济关系,这种分析思路继承了古典政治经济学社会关系分析的传统。参见:柳欣,王璐. 经济思想史 [M]. 北京:人民出版社,2009:169.

一、经济学课堂实验设计和控制的关键：
构建竞争性社会经济环境

1948 年经济学家张伯伦在美国哈佛大学进行了世界上最早的经济学课堂实验，后来成为弗农·史密斯检验竞争性市场均衡理论的主要方法①，其优势是低成本地招募和安排实验对象、学生有很陡峭的学习曲线、分数能够激起实验对象更多的激情和努力等②。无论是科学研究还是教学实践，积累的大量实验数据都极大地扩展了检验经济理论和假设的"事实"范围。经济学课堂实验因为实验对象的特殊性而增加了实验设计及控制方面的难度，因为需要考虑的影响变量和控制变量相对更为复杂，其在检验经济理论假设和发展经济理论方面具有更加独特的价值。

（一）经济学实验设计：竞争性社会情景构建

现代主流西方经济学分析的结构遵循一种从初始条件、契约规则，再到行为结果的逻辑演进方式。Vernon Smith 倡导建立一个与主流经济学家相一致的实验经济学研究框架：环境、制度和行为③。环境由实验参与者行动的初始资源禀赋、偏好、技术水平和成本等构成，制度主要由参与者行动决策的信息、观念和激励等规则构成，在相同制度规则下，参与者的情绪心理等个性特征、拥有信息的性质和数量等将是其行为决策的重要影响变量，对这些因素的实验控制（主要是随机化的间接控制）将是实验成功与否的关键环节。在这个框架下，参与者的可观察行为是环境和制度的函数，行为被用来对经济学的推测性假说（predictive hypothesis）做出检验④。

为了对实验对象这些可能影响因素进行控制，使实验参与者能表现出实验者想要的特质，这就是诱导价值原则（induced value theory），认为通过使用恰当的报酬媒介可以激发实验对象的某些特征而抑制其他特性，因此报酬媒介必须具有单调性、显著性、占优性⑤。实验者可以任意选择一种内在毫无价值的事物和报酬媒介建立联系，只要他能够将这种关系清楚地解释给实验对象（显著性），实验对象受到报酬媒介（单调性）的激励，同时没有受到其他因素的影响（占优性），那么实验者就可以控制实验对象的偏好而在实验中建立其想建立的联系。Jamal and Sunder 则强调了显著性，他们发现使用

① 弗农·史密斯 1962 年在美国《政治经济学》杂志发表的论文《竞争市场行为的实验研究》就是其在普度大学六年多的课堂实验的成果总结。
② 丹尼尔·弗里德曼，山姆·桑德. 实验方法：经济学入门基础 [M]. 曾小楚，译. 北京：中国人民大学出版社，2011：43.
③ Smith, V. L. Economics in the Laboratory [J]. The Journal of Economic Perspectives, 1994, 8 (1)：113-131.
④ 汪毅霖，王国成. 对经济学中的实验的科学哲学阐释 [J]. 科学技术哲学研究，2014 (4).
⑤ Smith, V. L. Experimental Economics：Induced Value Theory [J]. The AmericanEconomic Review, 1976, 66 (2)：274-279.

显著性报酬有助于提高实验结果的可靠程度①。只有建立了具有单调性、显著性和占优性特征的报酬媒介和基于价值诱导原理基础上的激励机制，实验对象才能基于自己拥有的资源禀赋和技术、成本等条件（环境），按照一定交易规则和信息获取次序（制度）做出预期的行为决策（行为）。

实验经济学家坚信，只有遵循诱导价值原则，借助可控性和随机性，实验为有效地控制重要变量、剔除假变量，从而确保在理论检验或因果识别中获得较高的内部有效性②，这些规范性要求使得经济学实验获得了类似于计量实证模型研究一样的科学性，保证了其研究结果的可靠性和有效性。

（二）经济学课堂实验设计的关键："嵌入"竞争性社会经济环境

经济学课堂实验设计就是构建以大学生（同班同学）为实验参与对象的实验控制环境，其重点是构建实验参与者追求利益最大化的竞争性经济社会环境，是确保课堂实验内部有效性的关键环节。

毋庸置疑，我国社会当前已经形成以家庭（或个体）利益多元分化为特征的社会竞争环境，来自各个不同家庭的学生利益是独立的，客观上存在建立以真实货币为媒介激励的可能性，但学校作为一种特殊的、发挥社会教育功能的"小型社会"，为便于管理和塑造学生的社会化人格，通过教育、引导等方式形成了以学院、系、班级、宿舍，以及各种社团为主的各类群体，不同群体和同一群体内部必然会形成学生之间各种复杂的社会关系。在经济学课堂实验中，同学关系作为一种非经济利益、非竞争性的社会关系必然会影响单个学生的经济决策行为，如果我们实验目的是检验以"经济人"假设为基础的竞争性市场经济相关的经济理论及假设，这种同学关系就成为课堂实验中同学追逐各自利益最大化的消解力量，成为经济学课堂实验检验经济理论和假设的最大干扰变量。

学校管理最突出的特征是通过各类奖学金的设立或其他方式来形成促进学生努力学习和积极上进的激励机制，学生在校期间的各种表现，特别是学习成绩和学分成为学生群体分类和排序的主要依据，这在事实上形成了学校内部甚至更大社会范围内的竞争环境，因此，经济学课堂实验设计的关键就是建立其与学校已经形成的竞争激励相兼容的社会经济环境，以学生成绩作为激励媒介，建立实验收益和学生成绩之间的正向关联。在某种程度上，大学中的学分制体现的是学生购买教育服务的交易关系，学生成绩在客观上存在和真实货币的联系（包括可能存在的教师与学生之间在成绩上的不正当交易）的可能性，在经济学课堂实验中通过实验规则公正实施、收益及时公开透明以及相应监督机制的建立和完善，基本上可以将成绩与真实货币的联系切断，实验收益进而学生成绩就成为激励学生在实验社会环境中按照规则参与竞价交易、决策的"硬约束"，多年

① Jamal, Karim and Shyam Sunder, Money vs. Gaming: Effects of Salient MonetaryPayments in Double Oral Auctions, Organizational Behavior and Human DecisionProcesses, 1991 (49): 151-166.

② Webster, M. and J. Sell (ed), Why Do Experiments?, In M. Webster and J. Sell (ed), Laboratory experiment in the social science, Burlington: Elsevier, 2007: 5-23.

的课堂实验也证实了学生成绩可以形成比真实货币更强的激励效应，在形成经济学课堂实验竞争环境方面可能更为有效。

二、现代西方经济学中市场竞争的内涵及课堂实验情境检验

以受控实验方法研究经济学为主要内容的实验经济学是在现代实验科学和现代主流经济学范式双重影响下发展起来的一门分支学科，其在实验设计和实验结果的分析方面深深打上了现代西方经济学的"烙印"。

（一）现代西方经济学中市场竞争的内涵

竞争可以表现为各经济主体对资源占有、控制以及对发展空间、发展权力的攫取上，并体现在市场经济中商品或服务价格的博弈和形成上。现代西方经济学关于市场竞争的基本框架可以表述为：买卖双方构成市场主体，双方讨价还价（或拍卖等其他方式）形成价格的过程就是市场交易的过程，最终的结果是形成双方可接受的价格并完成商品（或服务）的交易。市场完全竞争过程的理论描述如图1所示。假设有无数个卖方和买方，多个买方既定的资源禀赋和偏好等特征决定了唯一的市场需求曲线 Q_d，多个卖方既定的资源禀赋和技术水平决定了唯一的市场供给曲线 Q_s，双方通过讨价还价的竞争过程最终形成了供求均衡点 E、均衡价格 P_e 和均衡数量 Q_e，而且这种均衡在既定制度环境条件下具有稳定性、唯一性，这正是福利经济学定理描述的完全竞争市场实现经济效率和一般均衡的主要内涵[①]。进一步分析，买卖双方竞争的内容是双方既定资源禀赋条件下形成的利益空间 S_{ABE}（由消费者剩余 CS 与生产者剩余 PS 构成的社会总福利，图1中为由供给曲线、需求曲线和纵轴围成的面积）在多个买方和卖方之间的分配。从价格形成过程来看，在信息完全、双方没有控制市场能力、进出市场自由等完全

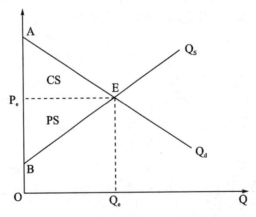

图1　市场双方主体竞争的内容：利益空间 SABE

---

① 张军认为，市场均衡是对既定资源禀赋保持不变的社会环境的反映，在逻辑上表现市场均衡（价格和数量）的唯一性、稳定性，参见：张军. 高级微观经济学 [M]. 上海：复旦大学出版社，2002：6.

竞争市场条件保证下，买卖双方通过讨价还价、信息收集形成均衡价格并从中获益。所谓买卖竞争形成价格过程是在双方主体对既定资源禀赋决定的利益空间 S_{ABE} 分配协议的形成过程，双方讨价还价的能力、获取信息和理解信息的学习能力等所谓个体内生性因素决定了双方认可的价格（即均衡价格），这是西方主流经济学中市场竞争的主要内涵。市场竞争的特点在于参与主体（包括企业、家庭和个人）的主观能动性和创造性，体现了其个体主义方法论，强调各主体参与市场竞争规则和权利、参与机会的平等性和公平性，对各市场主体在社会生产关系中的利益矛盾等制度环境都是作为外生变量加以处理，这充分体现了西方主流经济学研究的价值导向——"现存的都是合理的"，将"解释"经济现象作为其主要的研究任务。

（二）经济学（课堂）实验的验证

遵循价值诱导理论，通过有效的实验控制，在实验中再现西方经济学描述的自由竞争市场的过程和主要内容，甚至在不满足理论假设的条件下通过主体的学习效应仍然能够实现完全竞争市场的有效性是经济学（课堂）实验带给经济学的"惊异"[①]。

实验环境设计实现了将真实货币或分数（或其他报酬媒介）与现实社会经济环境中收益激励相容机制的构建，在这个前提下实验对象的个性特征和心理偏向被抑制，在课堂实验中通过组织管理和监督来减少报酬媒介引发的负效应，如合谋、信息串通等机会主义行为。

实验中的市场竞争过程就是实验参与者对其他交易主体"保留价格"的合理推测和所有公共信息的学习识别过程，通过不断报价和试探以尽可能实现利益最大化，本质上是对双方资源禀赋既定条件下形成的利益空间 S_{ABE}（见图1）的争夺和分配，并获得自己愿意接受的交易结果，成功地检验了西方主流经济学市场价格竞争的内涵。同时各市场交易主体获取信息的学习能力、讨价还价能力、心理适应能力、随机应变能力以及不犯错误的理性能力等个体特征都可能成为影响参与个体决策行为差异的原因，并最终可能导致实验中的市场交易结果偏离均衡，但实验环境的控制和实验的重复性将保证市场竞争均衡的存在性、稳定性和唯一性，甚至在信息不完全、人数有限的条件下实现市场均衡和市场效率的验证。实验在检验西方主流经济学市场竞争理论方面无疑是有效的，但如果从更广的维度来观察实验中的市场经济，我们将能进一步洞悉市场竞争的本质。

三、马克思主义政治经济学中的市场竞争内涵及实验证明

不难发现，现代西方主流经济学完全竞争市场理论的有效性是建立在各交易主体的资源禀赋结构不变的前提假设下的，经济学（课堂）实验可以为这个假设的检验提供

---

① 弗农·史密斯（1956）通过实验证实，在不完全信息、人数有限的条件下，完全竞争市场均衡仍然可以稳定地实现。

更多的信息。在私人价值拍卖课堂实验中我们发现，真正决定市场交易价格的并不仅仅是参与者的能力和素质，而是他们既定的初始资源禀赋（在实验中是按照随机性原则配置给每个实验参与者拍卖的"商品估值"或保留价格，参见表1），如英式拍卖中遵循的交易原则是出价高者得到拍卖品，这是符合西方经济学资源配置效率原则的。实验结果证明，在控制性实验重复实施条件下，拍卖标的物的成交价格的稳定性和唯一性特征较为明显，与各交易主体特定资源禀赋结构的稳定性是一致的，如表1中的5号拍卖者是获得拍卖品的出价最高者，而且是大概率事件。实际上在所有市场交易类实验中，在资源禀赋结构不变的前提下，只要进行足够多的次数，真正能够交易成功获得交易标的物的都是既定资源禀赋结构中占优势的市场参与者，即保留价格（边际成本）较低的卖方和保留价格（意愿价格）较高的买方，课堂实验一再证明了既定的资源禀赋结构也决定了最终成交价格高低和交易双方从交易中获益的份额大小，课堂实验的这些发现意味着现代西方主流经济学对市场价格竞争理论的描述可能是不完整的，既定历史阶段社会主体的资源禀赋结构及其体现的社会占有关系才是决定市场价格竞争的真正因素，这种实际占有关系即特定历史时期的社会生产关系，是从属于一定历史阶段社会物质生产力发展水平的，这正是马克思主义政治经济学所揭示的市场竞争的本质。

表1　　　　　　　　　　　　　私人价值的英式拍卖实验设计信息卡

设计的商品估值(元)	467	514	532	489	628	444	521	600
拍卖者序号	1	2	3	4	5	6	7	8

（一）马克思主义政治经济学中的市场竞争内涵

孟捷、向悦文认为竞争是资本主义生产关系的一个重要维度，在马克思主义经济学中占据重要地位[1]，许多经济范畴的分析研究中，如商品价值、剩余价值、利润平均化等内容的科学分析中，竞争都是不可或缺的[2]。

1. 竞争本质上是特定社会生产关系运动的具体实现形式

马克思主义政治经济学认为所有经济范畴都是对特定历史阶段社会生产关系的直接或间接反映。恩格斯提出生产资料私有制是竞争产生的根源和内在本质，私有制和社会分工的发展使得处在一定社会中的成员在利益上既相互依存又相互矛盾。同时，社会生产关系的性质不同，竞争内容和形式也不同。资本主义生产关系条件下的竞争主要围绕着资本雇佣劳动的关系、剩余价值争夺和资本积累的内在逻辑展开，市场竞争本质上是资本之间为争夺更多利润和获取更多潜在利润的矛盾和斗争。马克思说"竞争不过是资本的内在本性，是作为许多资本彼此间的相互作用而表现出来并得到实现的资本的本质规定，不过是作为外在必然性表现出来的内在趋势"[3]。

① 孟捷，向悦文. 竞争与制度：马克思主义经济学的相关分析［J］. 中国人民大学学报，2012（6）.
② 马克思恩格斯文集：第1卷［M］. 北京：人民出版社，2009：64.
③ 马克思恩格斯文集：第8卷［M］. 北京：人民出版社，2009：95.

2. 竞争是社会经济发展的内在动力

简单商品经济的竞争过程体现为优胜劣汰、科技进步和创新积累的过程。在资本主义商品经济条件下，单个资本追逐超额剩余价值的竞争促进了技术改进、经营管理改善和劳动生产率的不断提高，形成了一系列促进社会生产力发展的机制：一是竞争促进了资本积累和资本规模的增大，形成所谓规模效应；二是社会生产力的发展推动了生产集中和资本集中，带来了更为广泛的效率改进和技术进步，即所谓范围经济和经济集聚效应；三是社会经济结构不断优化而形成的结构效应，竞争推动了资本有机构成的不断提高，带来了产业的产品技术结构的变化，也推动了企业、产业甚至地区经济组织形式的不断调整，伴随社会经济结构优化过程的是社会劳动生产率的不断提高和技术创新过程。可见，竞争是特定历史时期社会生产力发展的内在动力。

从资本主义市场经济来看，蕴含资本雇佣劳动关系的竞争必然带来有效需求不足和社会平均利润率的下降，形成资本主义周期性经济波动和经济危机，马克思主义政治经济学认为真正的市场竞争是包含人们利益关系和冲突的竞争[①]，对应于经济学（课堂）实验中竞争性的社会经济环境和"经济人"假设的行为情境。

（二）经济学课堂实验印证了马克思主义政治经济学竞争理论的科学性

受控实验方法研究经济学是现代社会生产实践的重要形式，也是我们科学认识现代市场经济规律的重要方法。从马克思主义政治经济学根本方法论和宽广视域去反观经济学（课堂）实验实践，不但可以发现所谓现代主流经济学实验方法的优势和不足，也可以进一步深化对现代市场经济竞争规律的理解。

1. 既定资源禀赋是特定社会发展阶段社会生产关系的现实表现。

在西方主流经济学的分析框架中，既定资源禀赋是经济理论分析的前提，包括了生产条件和财富收入的占有状况以及各种文化、法律、习俗规则等制度性因素，是市场经济竞争理论模型的外生变量，在交易者资源禀赋结构不变的前提下，竞争内容—利益空间是既定的，博弈形成的价格决定了交易者双方在这个利益空间 S_{ABE}（见图 1）中的分配份额，商品价格竞争实现资源配置的内容，包括货币与商品的交换和社会总福利在买卖双方之间的分配，生产要素配置是在要素市场通过要素供求和价格竞争来实现的。一些经济学家如新制度经济学家提出法律、习俗和规则在内的人类社会制度通过影响人们的观念和行为方式等来影响竞争价格的形成，这种制度分析在一定程度上提升了西方主流经济学的理论解释力，但并没有触及市场竞争价格的实质是既定资源禀赋结构的现实实现。

在经济学（课堂）实验中，所谓消费者和生产者既定的资源禀赋主要体现为买方与卖方的"保留价格"，是一个包括了诸如消费者个体偏好等主观因素在内的总体，既定的资源禀赋，包括了拥有的各种资源，如资本、土地、知识、劳动力甚至权力等，其来源无非是社会历史发展、代际传递的结果，是特定社会生产关系历史演变和个体积累结果的现实表现。具体来看，表现为消费者"保留价格"的既定资源禀赋及其结构状

---

① 柳欣，郭金兴，王彩玲. 资本理论与货币理论［M］. 北京：人民出版社，2005：26。

态，不过是消费者拥有社会生产资料及其货币形式（价值形式）的体现，这种生产资料和生产条件占有关系及其结构才是各种保留价格差异的真正根源。反映生产者既定资源禀赋的"保留价格"本质上是生产者现实生产和技术条件等生产资料占有关系的表现，买卖双方在既定"保留价格"下的竞争准确地说是既定社会生产条件下各个经济主体在社会生产关系中相互关系和利益博弈的具体表现，这才是市场价格竞争的本质，消费者个体差异，包括偏好、个性心理特征等主观因素也会影响价格的形成，但并不是矛盾的主要方面。在实验中，每个实验参与主体的资源禀赋差异决定了他们竞争地位的不平等，进而决定了他们之间的利益矛盾和竞争。事实证明，在控制合理的课堂实验过程中出现的交易者之间的"价格联盟""合谋"等方式实现合作的机会则因他们之间的利益矛盾而成功的可能性往往较小。

2. 市场价格竞争本质上是既定社会生产关系运动的实现形式

从市场交易类经济学实验的设计、组织管理和实施过程，可以完整理解市场经济条件下价格竞争的实质，如图2所示。商品市场价格竞争在内涵上包括两个层次：利益空间 S_{ABE}（即消费者剩余 CS 和生产者剩余 PS 之和）决定和利益空间的分配。西方主流经济学将竞争的内容限定在买卖双方对利益空间分配方面，将既定社会生产关系决定的资源禀赋结构作为模型的外生变量，基本上排除了对利益空间决定过程的分析，因此其对市场价格竞争的分析仅是技术性的，仅限于交换领域的表象，是存在缺陷的[①]。从主要矛盾来看，正是消费者和生产者的"保留价格"奠定了市场均衡价格的基础，因此，既定社会生产关系下各主体的资源占有关系才是交易价格的真正本质，是决定价格竞争的真正根源，是价格竞争过程矛盾的主要方面，其与各经济主体在市场交易中的实际表现（能力和素质）以及主观特征共同决定了市场价格（参见图2）。

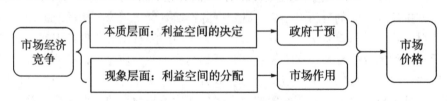

图2　现代市场竞争的层面、内涵及边界

所谓市场价格竞争过程不过是既定历史条件下社会生产关系运动的一种具体实现和量化过程，是各种市场主体利益关系社会化和货币化的过程。从社会历史演变来看，生产资料私有制或主体利益独立基础上的社会生产关系的本质都是利益矛盾和博弈，既体现在市场经济的交换关系中，也体现在交换结果即商品价格上，这才是市场经济竞争以及价格博弈的真正内涵。

3. 经济学课堂实验验证了马克思主义政治经济学竞争理论的科学性

经济学实验要实现对西方经济学理论假设检验，就必须遵循一些原则，其中包括价

---

① 柳欣教授认为，现实的市场经济是竞争性的，而新古典经济学描述的市场经济是虚假的，因为其研究的资源配置可以通过表示要素稀缺性和人们偏好的相对价格变化而达到最优，根本不涉及由社会关系决定的竞争，马克思主义政治经济学才是真正关于市场经济的理论。参见：柳欣. 经济学与中国经济 [M]. 北京：人民出版社，2006：1-2.

值诱导原则，实验经济学家所遵循的这些原则正是西方主流经济学"经济人"假设的内在要求。从逻辑上来说，按照主流经济学的逻辑思维来设置实验条件，存在着只检验纯粹的数理逻辑而无法解释真实世界人的行为机理的倾向①，或者陷入一种理论和实验相互内部有效性、创造一个封闭系统的危险②。

从理论与实践互动的视角来看，西方主流经济学中的"经济人"假设是对特定社会生产力发展阶段所形成的社会生产关系的反映，是对以竞争为特征的社会经济环境的理论抽象，具体来说就是对资本主义社会生产关系条件下"资本人格化"的反映和意识形态，其基础是生产资料的资本主义私有制。但西方经济学家将"经济人"假设抽象为一个超越一切历史阶段和社会关系的一般范畴，忽略不同历史阶段私有制性质的差异，对不同历史阶段社会生产关系条件下的奴隶、农民与雇佣工人追求利益最大化不加以区分，或者将"经济人"的行为特征等同于人的趋利避害的自然本能，这些都反映了西方主流经济学在研究方法的形而上学特性和在研究经济范畴方面的局限性。马克思主义政治经济学认为正是人们在特定社会生产关系中对生产条件占有关系的不同，形成了不同社会经济主体所谓资源禀赋方面的差异，进而决定其在市场经济中的处境和地位不同，是市场交易价格的形成和决定、社会福利的分配的决定性原因，而市场交易讨价还价、收集市场信息的能力和主观应对能力决定了市场价格竞争和社会福利分配份额的大小，是一种表象上、具体的市场竞争。由此可见，只有坚持辩证唯物主义和历史唯物主义方法论和世界观才能实现对市场价格竞争本质的科学认识。

如果从实验经济学家设计实验的整体过程来看，遵循的经济学实验设计原则的过程就是构造一个实验参与者利益相互排斥的竞争性的社会经济环境，模拟这种静态的、虚拟的甚至永恒的社会经济情境是经济学（课堂）实验的优势，但无法再现具有历史性和动态性的社会经济运动过程。经济学实验作为经济理论对理论的模拟和对现实社会经济运动过程的再现，在一定程度上提供了对现实市场经济运行规律的检验，丰富了我们研究经济现象、经济规律的方法和手段，有可能实现对西方主流经济学方法论和逻辑局限性的超越，但只有从马克思主义政治经济学的世界观和方法论出发，才能真正理解实验实践方法的优势与不足，洞悉市场竞争的本质内涵，进而明确现实市场经济中市场的真正边界和作用范围。

四、科学界定市场界限，深化新时代我国市场经济体制改革

我国40年的改革实践证明，社会主义市场经济体制的建立和不断完善是我国实现经济稳定发展，人民生活水平不断提高、国家综合国力持续提高的重要手段。随着我国

---

① 朱富强. 博弈论专家的行为实验何以印证主流经济学 [J]. 上海财经大学学报，2016 (3).

② Schram, A., Artificiality: The Tension between Internal and External Validity in Economic Experiments [J]. Journal of Economic Methodology, 2005, 12 (2): 225-237.

进入中国特色社会主义新时代，坚持全面深化改革，不断完善社会主义市场经济体制机制，是我国全面建成小康社会，满足人民日益增长的对美好生活需求，实现中华民族伟大复兴的中国梦的重要途径。当前的主要任务就是进一步完善"发挥市场在资源配置中的决定性作用和更好地发挥政府的作用"的体制机制，科学界定和处理政府与市场之间的关系（参见图2）是我国当前深化经济体制改革的中心环节。

（一）科学认识市场在资源配置中的决定性作用

市场的决定性作用是指资源配置通过市场机制的有效运行来调节，即依据市场规则、市场价格、市场竞争配置资源，实现效益最大化和效率最优化。市场在资源配置中的决定性作用主要体现在微观层面的资源配置上，以经济效益为目的，以公平机会为重要前提，通过竞争机制来实现。

1. 市场的决定性作用主要体现在资源配置的微观层面

现代市场经济条件下的资源配置有两个层次：一个是微观领域的资源配置，即企业、家庭、个体等微观经济主体根据市场需求来运用各种资源进行生产经营活动（即实现交换价值），其核心是竞争性价格真实反映资源稀缺程度和供求状况；另一个是宏观层面的资源配置，依据其影响市场的方式和程度又可分为两个方面：调控性的宏观资源配置和制度性的宏观资源配置。前者主要包括总供求平衡、主要经济部门的比例关系的平衡等，主要目标在于弥补市场失灵，通过财政税收政策、货币政策以间接的方式影响市场各类价格，并进而影响各市场主体的经济利益和行为，具有短期性、非根本性的特征，一般从属于市场实现资源有效配置目标。制度性的宏观资源配置是指全社会资源如资本、技术、土地、知识等在各经济主体之间的分配和调整，是反映特定历史阶段社会生产关系内容的，是资源在社会成员之间重新配置的过程，涉及最为核心的利益关系和生产条件的分配关系，是一国经济体制改革最深层次的内容，具有长期性和根本性特征，其决定了社会成员和各经济主体参与市场竞争的初始资源禀赋条件和结构，构成了市场经济运行的基本社会经济环境，是决定市场主体"偏好"（preference）的社会性根源，既是历史积累的结果，也是社会变革、深化改革实现重新分配生产条件的结果，其根本来源是社会成员权力分配，反映统治阶级利益和目标价值导向。

市场在资源配置中的决定性作用仅限于微观经济领域，是既定的社会经济制度或资源禀赋条件下各经济主体实现既定资源市场价值最大化的过程。当代主要发达国家的资本主义市场经济在实践中，大都奉行以自发秩序和演化为特征的市场自由主义政策理念，以市场为主导来配置包括宏微观层面资源配置，弱化政府职能，任由市场竞争的盲目性、滞后性发挥作用，资本逻辑主导下的市场经济运行中不断出现经济波动、经济危机并导致经济发展的不可持续性则是必然的。

中国社会主义市场经济是以公有制为主体、多种分配方式并存的基本经济制度为基础的，按照资源配置的不同维度的内在要求合理分配政府与市场的边界，将市场的决定性作用定位于以激活各类市场主体活力、实现以资源配置效率为主线。党的十九大报告强调：经济体制改革必须以完善产权制度和要素市场化配置为重点，实际上涉及资源配置的微观和宏观两个层面，产权的界定、保护和要素等生产条件的重新分配属于制度性的宏观资源配置，是中国特色社会主义制度变革层面的内容。只有在中国共产党的统一领导下，通过立法和政府职能的有效发挥等途径去实现，其构建的是中国特色社会主义市场经济发挥作用的外部社会经济环境，而产权利益以及要素所有权和价值可以通过市场机制的完善去实现，这正是市场作为资源配置决定性作用的基本内容。

2. 市场的决定性作用主要以经济效率为导向

市场配置资源要通过价格机制、竞争机制来实现，所以要以效率为导向，确保市场价格的形成过程是竞争性的，市场价格反映资源的稀缺程度，确保稀缺资源得到有效配置。特别是当前我国经济进入新常态，社会主要矛盾已经转化为人民日益增长的美好生活需要与不平衡不充分发展之间的矛盾，经济发展要更加体现节约资源、保护环境的内在要求，稀缺的能源、自然矿物等资源和生态环境的消耗要通过市场机制体现在市场价格的形成中，从而引导人们更加自觉地保护生态环境和节约资源，通过市场价格引导稀缺资源配置到最急需的环节和场合，有助于实现资源配置的经济效益最大化。

3. 市场的决定性作用以实现机会公平为前提

强调市场在资源配置中的决定性作用，积极创造公平竞争的市场秩序和市场规则，确保每个参与市场竞争主体的机会公平。无论其拥有的生产条件和初始资源禀赋，其参与市场的资质、进出市场的机会和参与市场竞争的过程都是公平的，无论国有企业、集体企业或民营企业，都享有均等的机会参与市场竞争。

发挥市场在资源配置中的决定性作用，要从立法和司法的角度确保所有市场参与主体规则公平和权利公平，减少或彻底消除歧视性的行业和领域进入规定，政府要通过职能转变和管理体制改革，从依法限制权力、加快推进"放管服"改革，提高社会化管理服务水平等方面为市场主体的机会公平提供制度保障。

（二）创造公平竞争环境、实现宏观经济平稳运行是政府的基本职责

按照竞争原则发挥市场在资源配置中的决定性作用，需要在不同层面更好地发挥政府作用的相互配合，从宏观资源配置的不同层次出发，来界定政府在提供公平竞争的社会环境方面的基本职责。

首先，完善中国特色社会主义市场体制的基本制度环境。作为从根本上决定全体社会成员参与竞争的实质内容和利益配置的层面，我国制度性的宏观资源配置是由中国共产党统一领导下的包括行政、立法、权力机关在内的广义政府来负责，在改革、发展、稳定的框架下坚持依法行政的原则，协调我国中国特色社会主义发展的短期利益和长远利益，是战略层面上持续的建构过程。这一层面的竞争涉及资源配置的社会政治过程，是基本制度层面的变革，涉及我国社会的基本性质和全体社会成员的根本利益。在中国特色社会主义新时代，是按照以人民为中心的发展，坚持创新、协调、绿色、开放和共享发展理念的基础上，按照全面建成小康社会、实现社会主义现代化和中华民族伟大复兴的"中国梦"战略目标通过全面深化改革来实现的，是中国社会主义市场经济最富特色的内容。

其次，有效提供"弥补市场失灵"实现有效宏观调控的市场运行环境。这是调控性的宏观资源配置职能，由特定的政府部门来执行，其主要目标是维持市场经济活力、

实现经济运行的持续稳定发展，为发挥市场在微观资源配置中的决定性作用构建积极的社会经济环境。

当前我国已进入中国特色社会主义新时代，社会主要矛盾已经发生了变化，完善社会主义市场经济体制改革的重要任务在于科学界定市场和政府的边界，激活市场活力。主要应从以下三个方面深化改革：

1. 市场主体利益进一步明晰化

现实市场资源配置的前提是各参与主体利益明晰，主要是通过产权制度的完善来加以保证的。明确各类资源的主体归属和权益分配是产权制度的核心，商品和服务的市场化配置引导各种资金、劳动力、技术和知识等要素的流动，除了劳动力，属于生产条件的各类基本生产要素如资本、土地等都是由社会基本经济制度决定的，反映着特定社会生产关系的属性，是社会各类群体政治博弈的过程，属于社会治理的重要内容，这是我国加快要素市场化改革的难点和重点所在。只有按照市场经济竞争的规律和中国特色社会主义现代化目标的价值导向，通过分类分层改革明确各类资源的产权利益归属，以实现市场主体利益明晰化。

2. 主体竞争地位平等化

我国各级政府应提供机会公平的竞争环境，首先从根本上要体现的是按照中国特色社会主义实现以人民为中心的发展的内在要求和实现全体人民的共同富裕的最终目标，积极创造各类经济主体在能力、资源禀赋方面实质上的机会公平条件和环境。我国各级政府当前积极推进区域经济协调发展、大力推进乡村振兴战略，推进城乡一体化基础上的新型城镇化，以及加快民族地区、边疆地区、革命老区和落后地区经济社会发展战略，特别是大力推进的精准扶贫战略，都在有效提升不同地区、不同人群参与社会经济发展的能力，在实质上推动了我国社会主义市场经济中各类主体竞争地位平等化的进程。其次是形式上，以机会公平、规则公平和权利公平为主要内容的市场竞争的公平环境，当前的重点是通过立法和政府管制破除长期以来存在的行政垄断和经济垄断现象，明确各类市场主体平等的进入市场、参与市场竞争并按照机会均等原则获取收益。

3. 社会群体利益逐渐均衡化

各级政府提供的公平竞争环境也要体现在对竞争结果的利益不均衡的适度干预上，市场竞争寓于社会再生产过程之中，是一个不断循环过程，利益竞争结果也是竞争的前提条件，只有对市场竞争结果的适度干预才可形成良性的市场竞争循环过程。2020年全面建成小康社会，为全体社会成员实现共同富裕奠定坚实的基础，是中国特色社会主义的阶段性的战略目标，也是中国社会主义市场经济在竞争中实现的重要成果之一。更好地发挥政府在竞争利益和条件均衡方面的作用，需要进一步强化各级政府的公共服务职能，在有效提供教育、就业、社会保障、生态环境等公共产品和服务方面要发挥积极作用，同时重视综合运用立法、财政税收政策强化国民收入再分配的职能，破除城乡制度藩篱和地区歧视性限制，完善相关劳动立法，切实保障劳动收入占比和工资收入增长机制的有效形成。

中国特色社会主义政治经济学的文化基因①

周绍东②

摘　要：中国特色社会主义政治经济学，是对新中国成立以来社会主义经济建设的经验总结和理论升华。通过对中华传统文化的创造性转化和创新性发展，中国特色社会主义政治经济学具备了开放包容的理论气质。本文以"格物、致知、诚意、正心、修身、齐家、治国、平天下"作为中华传统文化的核心基因，基于微观层面探讨了中国特色社会主义政治经济学的认识论基础，基于中观层面分析了中国特色社会主义政治经济学的实践路径，基于宏观层面展望了中国特色社会主义政治经济学的理想愿景。中国特色社会主义政治经济学始终坚持"生产力—生产方式—生产关系"这一马克思主义唯物史观框架，通过对中华传统文化基因进行复制、转录和表达，从经济学视角为中华传统文化赋予了新的时代内涵，凝练出饱含中国特色的经济学智慧。这个过程，既是马克思主义经过中国化的转化，成为中国化马克思主义的过程，也是中华传统文化经过唯物史观的转化，成为社会主义新文化的过程。

关键词：中国特色社会主义政治经济学　中华传统文化　文化基因　唯物史观

中国特色社会主义政治经济学，是对改革开放以来我国经济建设的经验总结和理论升华。中国特色社会主义政治经济学以社会主义生产方式和生产关系为研究对象，不同于主要研究资本主义生产方式和生产关系的经典马克思主义政治经济学；中国特色社会主义政治经济学以公有制和市场经济的有机结合为逻辑主线，扬弃了推崇计划经济体制的苏联政治经济学；中国特色社会主义政治经济学以市场机制和政府作用的辩证统一为实践支撑，区别于迷信市场万能的新自由主义经济学。

在党的十九大报告中，习近平总书记明确指出："要坚持为人民服务、为社会主义服务，坚持百花齐放、百家争鸣，坚持创造性转化、创新性发展，不断铸就中华文化新

① 本文为国家社科基金重大招标项目"中国特色社会主义政治经济学探索（16ZDA002）"、武汉大学自主科研项目（人文社会科学）"中国特色社会主义政治经济学思想史研究（413000046）"的研究成果，得到"中央高校基本科研业务费专项资金"资助。
② 周绍东，1984 年生，男，武汉大学马克思主义理论与中国实践协同创新中心研究员，研究方向：中国特色社会主义政治经济学。

辉煌。"①中国特色社会主义政治经济学开放包容的理论气质来源于中华传统文化的创造性转化和创新性发展，马克思主义政治经济学中国化的过程为传统文化赋予了新的时代内涵和时代精神。儒家文化是中华传统文化的重要代表之一，儒家经典《大学》开宗明义，用一条清晰的逻辑线索勾勒出传统文化的核心基因，这就是"格物、致知、诚意、正心、修身、齐家、治国、平天下"。这一文化基因的逻辑建构，表现为从微观"自我"到中观"家国"再到宏观"天下"的演进过程，这一过程既是由个人至天下的空间拓展，也是从过去向未来的时间演进。在中国社会的每一个层面，在中国历史的每一个阶段，这一文化基因都在潜移默化地发挥着作用，因此，中国特色社会主义政治经济学也不可避免地打上了它的深刻烙印。

一、微观的认识论基础：格物致知与诚意正心

任何一种理论学说都必须在微观层面明确其认识论基础，这种认识论基础涉及两个方面的内容：一是对微观主体对其自身的认识，二是微观主体对外界环境的认识，也即人们是否能够认识并掌握客观经济规律。从第一个方面来看，中华传统文化认为人不是天性自私的，但人又是非理性的。从第二个方面来看，中华传统文化认为人能够通过不断的实践探索认识未知事物，并在此基础上达到对"自我"的更深层次认识，要达到"诚意正心"，首先必须"格物致知"。

（一）以"格物致知"达到"诚意正心"

与西方的"原罪说"不同，儒家学说以"人性本善"作为理论建构的出发点。在儒家看来，人的自私自利不是与生俱来的，正所谓"人之初，性本善"，人的经济本性是由其所处的制度环境后天塑造的，这与马克思主义的人性观颇为接近，但也存在着一些差异。在马克思主义看来，抽象地评价"人性"是没有意义的，"人"本身就是一个社会关系集合体的概念。一方面，认为人性自私的观点其错误在于，人的自私观念是财产所有权在人们主观意识中的反映，只有在私有制社会中人才有可能形成自私观念，而这种自私观念也必将随着私有制的消失而灭亡。另一方面，所谓"人性"是人们在社会关系网络中所处地位的反映，把人从其社会关系中抽象出来评价"人性"善恶，必然会因为缺乏客观标准而难以操作，在这一点上，马克思主义唯物史观与抽象认定"人性本善"的儒家文化又是不同的②。正如马克思所言："我决不用玫瑰色描绘资本家和地主的面貌。不过这里涉及的人，只是经济范畴的人格化，是一定的阶级关系和利益的承担者。我的观点是把经济的社会形态的发展理解为一种自然史的过程。不管个人在主观上怎样超脱各种关系，他在社会意义上总是这些关系的产物……我的观点是更不能要个

---

① 习近平. 决胜全面建成小康社会 夺取新时代中国特色社会主义伟大胜利［N］. 人民日报，2017-10-28.
② 程恩富. 现代马克思主义政治经济学的四大理论假设［J］. 中国社会科学，2007（1）.

人对这些关系负责的。"① 在这里，马克思主义将"阶级"和"个人"进行了严格的区分，强调要从总体经济关系来把握处在经济关系中不同位置的微观个体行为，这为中国特色社会主义政治经济学提供了重要的认识论基础。

当然，中华传统文化并没有停留在人性善的起点上，而是进一步提出，人虽然不是生而自私的，但也不是生而知之的，人类对很多事物的认知都是十分有限的。换言之，与其说人是自私的，还不如说人是非理性的。孔子就曾发出这样的感叹："人皆曰'予知'，驱而纳诸罟擭陷阱之中，而莫之知辟也。"这就是说，人人都说自己聪明睿智，可是被驱赶到陷阱和罗网中却不知躲避。中华传统文化承认人具有非理性的一面，但又创造性地突破了"不可知论"的藩篱。要实现"诚意、正心"，首先必须"格物、致知"，亦即发挥人的主观能动性，努力开拓认知空间，不断地认识并掌握客观规律。《中庸》曰："唯天下至诚，为能尽其性；能尽其性，则能尽人之性；能尽人之性，则能尽物之性；能尽物之性，则可以赞天地之化育；可以赞天地之化育，则可以与天地参矣。"这就是说，只有极为真诚的人才能充分发挥出他的本性；只有充分发挥出个人的本性，才能带领着众人发挥出本性；充分发挥出众人的本性，才能发挥出万物的本性；充分发挥出万物的本性，才能帮助天地培育生命；帮助天地培育出生命，就可以与天地并列了。

（二）在"可知论"基础上认识计划与市场的关系

在以"不可知论"为认识论基础的新自由主义经济学看来，人类对客观世界的认识是十分有限的，人类通过"格物"不可能"致知"，这就决定了计划经济体制注定要遭遇失败。哈耶克认为，由于知识是分散存在于每一个社会个体头脑中的，这些知识不仅是巨量的，同时也是在时刻变化中的，因此，要求中央计划当局及时地收集、处理知识并进行决策是不可能的。他进一步认为，在计划体制中，由于缺乏价格这一调节工具，中央计划当局必须对需求和供给进行人工计算，但这种经济核算会由于庞大的工作量、极其高昂的成本和低劣的精确度而不可操作。

但是，不仅社会主义国家的实践有力地驳斥了这一观点，凯恩斯主义的宏观调控思想也对西方资本主义国家产生了巨大影响。在马克思主义唯物史观的话语体系中，可以将"格物致知"理解为：人类可以采用更为先进的技术手段和劳动工具，不断地探索未知领域，提高生产力发展水平，在尊重和认识规律的基础上改造世界，这为中国特色社会主义政治经济学的构建奠定了重要的认识论基础。中国特色社会主义政治经济学继承了中华传统文化认识论的有益成分并加以创新性发展和创造性转化，这突出表现在如何看待计划和市场两者关系的问题上。中国特色社会主义政治经济学摒弃了新自由主义"不可知论"的认识论前提，突破了计划与市场两者完全对立的思维定式，提出社会主义可以将计划和市场的优点有机结合起来，利用计划纠正市场机制的盲目性，利用市场提高经济主体的能动性。这一重大的理论突破为我国社会主义市场经济体制的构建提供了微观的认识论基础，也正是在这一认识论的指导下，中国特色社会主义政治经济学先

---

① 马克思. 资本论：第 1 卷 [M]. 北京：人民出版社，2004：10.

后做出了"计划经济为主，市场调节为辅""有计划的商品经济""国家调节市场，市场引导企业"等一系列理论创新，最终促成了建立和完善社会主义市场经济体制这一伟大的实践创举。

二、中观的实践路径：修身、齐家、治国

中华传统文化的第一个发展高峰出现在春秋战国时期，在这个时期，奴隶社会开始由盛转衰，经夏商周三代建立起来的以亲缘关系为基础的礼乐制度逐渐失去社会调节功能，"王室衰微而诸侯争霸，公室卑弱，大夫兼并"。面对各种社会失范现象，先秦诸子的思想学说再也不能仅仅局限在"格物致知、诚意正心"的个人修为范畴了，而必须从"修身""齐家"上升到中观的"治国"层面，为重新建立社会规范贡献智慧。

（一）商品经济背景下的义利关系

在中国漫长的奴隶社会，自然经济占据了绝对的主导地位。但是，从奴隶制度逐渐瓦解的东周时期开始，伴随着农业技术水平的不断提高，新出现的自耕农和雇农已经能够拥有剩余产品，这一方面动摇了奴隶制中严酷的人身依附关系，另一方面也极大地推动了商品经济的发展。由于商品经济是以追逐交换价值为特征的，人们对财富的无限制追求严重扭曲了传统的价值观和社会规范，因此，如何处理公共利益（义）与私人利益（利）之间的关系，就成为摆在春秋诸子面前的一项重要议题。他们十分清楚，一旦所有人都只关心自身利益，那对社会来说将是十分危险的。孟子见梁惠王，梁惠王询问孟子为何不远千里而来，有什么是有利于我们国家的呢？孟子回答道："王曰何以利吾国，大夫曰何以利吾家，士庶人曰何以利吾身，上下交征利，而国危矣。"孟子指出，如果大王说有什么有利于我国，大夫们说有什么有利于我家，士和庶人们说有什么有利于我自身，这样上上下下交相追逐私利，那么这个国家就危险了。

在孔孟看来，人可以通过自身的道德修养来缓和公共利益与私人利益的冲突，正所谓"君子爱财，取之有道"。孔子提出以"道"为标准来协调义利关系："富与贵，是人之所欲也，不以其道得之，不处也。贫与贱，是人之所恶也，不以其道得之，不去也。"这些观点，都点出了"修身、齐家"的重要意义。但是，当这一问题从微观的个人和家庭层面上升到中观的国家治理层面时，单纯依靠道德修养和家庭教育是不足以解决义利矛盾的。更进一步来说，在孔孟那里，礼仪、道德更多的是一种基于血缘伦常的本能情感，由此可以形成由礼而仁、以仁施政的思路，并以此调整社会整体秩序①。但是，商品经济背景下人们对交换价值的追求，已经进入了一个更为广阔的市场交易领域，突破了基于血缘伦常的传统调节机制的作用范围。因此，必须设计特定的制度和规则来规制微观主体的行为。由于只有国家和政府拥有设计并执行制度的权力，这就引出了如何看待政府与市场两者关系的问题。这个问题，不仅受到中国古代思想家们的高度

---

① 韩德民. 荀子与儒家的社会理想［M］. 济南：齐鲁书社，2001：215.

关注，也是社会主义政治经济学的理论焦点之一。

（二）构建中国特色社会主义的政府与市场的关系

商品经济形态是一个漫长的历史过程。社会主义社会一方面要大力保护和发展商品经济；另一方面也要注意培育未来社会形态的生长点，避免将社会发展目标狭隘地定义为追求交换价值。因此，在商品经济背景下如何科学地处理政府与市场的关系，也就成为我国经济体制改革的核心问题。政府与市场关系是经济学研究的重要领域，面对不同历史阶段的政府与市场的关系，西方经济学者作了大量研究，各个国家也进行了相应实践。总的来说，在西方经济学语境下，政府与市场往往被视为二元对立的关系，二者的作用机制也是此消彼长的。譬如，"斯密范式"要求充分发挥自由市场的作用，政府的职责主要是维护市场秩序，保护私人财产不受侵犯，提供国防等必要的公共产品，扮演"守夜人"的角色；"凯恩斯范式"奉行国家干预主义，强调政府的作用，拓展政府职能，认为政府有必要积极干预，实现维持物价稳定、实现充分就业、促进经济增长、保持国际收支平衡等宏观调控目标。"撒切尔—里根范式"认为市场是有效的，政府是无效的，要求实现"小政府、大市场、私有化"。

在商品经济迅猛发展的春秋战国时代，一方面，经济主体对利润和价值的欲求也膨胀起来，"欲多而物寡，寡则必争矣"（《荀子·富国》）。另一方面，商品经济的发展推动着职业分工类型的增多，由此产生了对社会分工进行调节的迫切需要。《荀子》第五卷"王制篇"提出了这样一个问题："力不若牛、走不若马，而牛马为用，何也？"人的力量不如牛，速度不如马，为什么人能够驱使牛马呢？答案是："人能群，彼不能群也。人何以能群？曰分。分何以能行？曰义。故义以分则和，和则一，一则多力，多力则强，强则胜物，故宫室可得而居也。"这里特别需要注意的是"故义以分则和"，这就是说，用维护公共利益的方法进行分工和交易，就能够产生"和"的效果，而维护公共利益的责任自然落在了政府身上。同样是荀子，在《礼论》中提出，"先王制礼义以分之，以养人之欲，给人之求，使欲必不穷乎物，物必不屈于利，两者相持而长"。显然，这里的"礼义"不再仅是孔孟笔下"礼义廉耻"这些道德规范了，而是指更为广泛的社会规则，通过设计和执行这些社会规则，能够达到的效果是：个人对私利的追求不至于穷尽资源，经济社会的发展并不完全以物质利益为导向，两者呈现出协调统一的态势。

正是在汲取传统文化丰富营养的基础上，中国特色社会主义政治经济学在处理计划与商品关系时，也体现出超越西方经济学和苏联政治经济学的智慧。中国特色社会主义的政府与市场的关系，其理论依据是中国特色社会主义政治经济学，本质特征是坚持中国共产党对经济工作的领导，经济基础是社会主义基本经济制度。一方面是社会主义条件下的市场经济，另一方面是按规律办事的人民政府，两方面是"有效市场"和"有为政府"的有机统一，共同内生于经济运行和社会发展之中。党的十八届三中全会提出，要发挥市场在资源配置中的决定性作用，在此基础上更好地发挥政府作用。对政府和市场关系的准确定位，深刻体现了传统文化"以礼义制约私利，以规则约束行为"的精髓，将"执其两端而用其中"的中庸思想体现得淋漓尽致。通过认识和把握市场一般性规律、有计划按比例发展规律、政治与经济辩证统一规律，政府与市场关系的"中国范式"超越了西方有关政府与市场关系的理论认识，并将继续指导社会主义市场经济体制朝着现代化经济体系进一步演进。

三、宏观的大同社会愿景：平天下

"天下"是中华传统文化中超越"国家"的一个概念。东周时期，诸侯割据削弱了天子王权，"国家"纷立，天下大乱。对春秋诸子而言，恢复夏、商、周三代以来的天下大一统成为具有普遍意义的目标，从一定程度上来说，这不仅是空间上的统一理念，更是表现了中华传统文化有关未来社会的理想愿景。由"治国"走向"平天下"，恰恰印证了马克思主义有关人类终将从民族历史走向世界历史的理论判断，也为中国特色社会主义政治经济学实现对社会主义认识的突破奠定了文化基础。

（一）中华传统文化对未来社会的总体看法

儒家文化出现在东周春秋时代，这时周王朝的统治权力已经名存实亡，诸侯间相互争战不断，以至出现了"王道哀，礼义废，政权失，家殊俗"等社会现象。为了从根本上解决这些问题，儒家文化在格物致知、诚意正心、修身齐家治国的基础上，演绎出"平天下"这一宏观的大同社会愿景。《礼记·礼运》提出，"大道之行也，天下为公，选贤与能，讲信修睦"。这表明，天下为公是通行的"大道"，只有实现天下为公，才有可能恢复礼制规矩，才有可能实现"平天下"。

中华传统文化的公有制思想，是与自然经济形态相适应的朴素的公有制思想，是至高无上的王权与自给自足的小农经济的结合。在《孟子·梁惠王章句下》中，齐宣王问孟子：传说周文王的园林有七十里见方，可老百姓还是觉得小了，而自己的园林只有四十里见方，可老百姓还是觉得大了，这是为什么呢？孟子认为，周文王的园林虽然有七十里见方，但割草的打柴的都可以去，打野鸡、兔子的人也可以去，文王与老百姓一同享有园林的利益。而大王您的园林，老百姓射杀了园林里的麋鹿，就等于犯了杀人罪，这样的话，老百姓嫌它大了，难道不是应该的吗？孟子与齐宣王的这段对话表明，在中华传统文化所向往的未来社会中，王权可以在名义上拥有全天下所有的自然资源，但这种自然资源所有权在事实上又必须与民众共享，也就是说，民众分散地拥有自然资源所有权，但同时又必须服从于王权的最终所有权。这种"天下为公"思想所表露出的"公有制"具有历史局限性，更重要的在于，由于不具备唯物史观视野，不理解生产方式与生产关系两者之间的辩证关系，"天下为公"也就无法解决商品经济与资源共享之间的兼容性问题。

（二）基于两种划分标准的"过渡时期"

马克思主义对人类社会形态演进的理解是多维度的，对人类社会发展方向的预测也是多层面的。从生产力层面来看，马克思主义经典作家将人类社会形态发展分为石器时代、铜器时代、铁器时代和大机器时代四个阶段。从生产方式来看，马克思在《政治经济学批判（1857—1858）》中指出，"人的依赖关系（起初完全是自然发生的），是最初的社会形态……以物的依赖性为基础的人的独立性，是第二大形态……建立在个人全面发展和他们共同的社会生产能力成为他们的社会财富这一基础上的自由个性，是第三个阶段。第二个阶段为第三个阶段创造条件"①。在这里，以人的依赖关系为基础的自然经济形态、以物的依赖性为基础的商品经济形态和"自由人联合体"的产品经济形态，成为生产方式视角下社会形态演进的三个历史阶段。从生产关系来看，马克思指出，"大体说来，亚细亚的、古代的、封建的和现代资产阶级的生产方式可以看作是经济的社会形态演进的几个时代"②。在这里，马克思认为"经济的社会形态"演进一般要经过原始社会、奴隶社会、封建社会、资本主义社会以及未来社会五个阶段，进行这种划分的主要依据是各个社会的生产关系差异特别是生产资料所有制的差异。

从生产方式视角来看，广义的"社会主义社会"可以被看作是商品经济阶段向产品经济阶段的过渡时期。"在资本主义社会和共产主义社会之间，有一个从前者变为后者的革命转变时期。同这个时期相适应的也有一个政治上的过渡时期，这个过渡时期的国家只能是无产阶级的革命专政"③。从商品经济形态向产品经济形态的过渡是一个十分漫长的历史时期，其内部至少包含两个子阶段，两个子阶段以生产资料资本主义私有制的消灭作为分界线，同时，两个子阶段的历史任务也是不同的。特别需要指出的是，在整个过渡时期，商品经济仍然存在并将取得发展，但同时又将在多个方面受到限制。④

将生产关系作为人类社会形态演进阶段的划分标准，那么"过渡时期"可以被理解为消灭资本主义所有制的这一段时期，或称之为狭义的"社会主义社会"，为了将广义和狭义两者相区别，不妨将商品经济向产品经济的过渡称为"大过渡"，而将这个过渡时期的第一阶段称为"小过渡"。两个"过渡时期"在历史长度和社会经济形态性质上具有很大差异，"小过渡"的历史任务主要是改变生产资料所有制结构，而"大过渡"的历史任务是实现商品经济形态向产品经济形态的转变。这一转变从根本上来说是一个"自然史过程"，遵循的是生产力发展推动生产方式演进和生产关系调整的模式。与"大过渡"不同的是，"小过渡"阶段的社会形态演进，既有可能是由生产力发展本身推动的，在很多情况下，也有可能是由上层建筑革命和生产关系调整引领的，而实施这一发展路径的前提是无产阶级建立或者掌握国家政权。两个过渡阶段在历史任务上的差异性，揭示出人类社会形态演进可以通过两条不同的路径来完成。

---

① 马克思恩格斯全集：第46卷（上）[M]．北京：人民出版社，1979：104.
② 马克思恩格斯全集：第13卷 [M]．北京：人民出版社，1998：9.
③ 马克思恩格斯全集：第19卷 [M]．北京：人民出版社，1963：31.
④ 从这个意义上来说，将社会主义社会的经济性质简单地界定为"商品经济"，显然是不妥的。社会经济形态的性质是由其主要矛盾的主要方面决定的，社会主义社会发展的根本方向是消灭商品经济，商品经济发挥作用的空间将被逐步缩小。这就决定了商品经济不可能长久地处于社会主义社会的主要矛盾的主要方面，也就不可能成为社会主义社会的经济本质。

（三）中国特色社会主义政治经济学对社会主义性质的认识突破

中国特色社会主义政治经济学实现了对社会主义性质的认识突破，这主要体现在三个方面。第一，中国特色社会主义政治经济学以实现共产主义作为最高目标，而"共产党人可以把自己的理论概括为一句话：消灭私有制"①，这就要求毫不动摇地坚持公有制经济的主体地位，做强做优做大国有企业，发挥公有制经济对非公有制经济的带动作用，以公有制经济的使用价值标准和公共剩余导向干预、抑制非公有制经济的价值标准和利润导向。第二，充分认识到商品经济形态向产品经济形态的过渡有赖于生产力的高度发展，因而是一个漫长的历史过程，必须在大力发展商品经济和市场经济的基础上才能扬弃其不足。但是，又注意在发展商品经济的同时培育更高层次经济形态的生长点，坚持把满足人民物质文化需要作为发展的根本目的。第三，充分认识到从私有制向公有制的过渡同样是一个漫长的历史过程，必须深刻体察"有恒产者有恒心"的重要意义，毫不动摇地鼓励和引导非公有制经济发展，发挥各类经济主体参与社会主义建设的积极性和能动性。

深刻认识什么是社会主义，如何发展社会主义，中国特色社会主义政治经济学把长远和现实结合起来，体现了合目的性与合规律性的辩证统一。这既继承了中华传统文化"天下为公"的先进思想，又超越了自然经济形态"小国寡民"的复古取向，由此实现了传统文化的创造性转化和创新性发展，同时也赋予了"社会主义政治经济学"以鲜明的中国特色。

四、结语

中国特色社会主义政治经济学的孕育和发展，是广泛吸收中西方经济思想的过程，对于经典的马克思主义政治经济学学说和西方马克思主义经济学而言，这种学习是相对比较深入的，但是对于中华传统文化特别是中国传统经济思想，理论界的研究分析却相对比较薄弱。作为中华传统文化最重要的组成部分之一，儒家文化向往西周时期的礼仪文制，崇尚自然经济条件下的重义轻利，强调人与人之间建立以"仁"为核心的和谐关系，尽管这种朝着自然经济和人道主义"复归"的思想具有很强的文化号召力，但其对人类社会发展规律的阐释并不准确，与科学社会主义思想仍然存在很大差距。人类从自然经济"人的相互依赖"状态转变为商品经济"物的相互依赖"状态，必然走向每个人都能实现全面发展的"自由人联合体"。从否定之否定的哲学规律来看，在消灭了商品货币关系的产品经济形态中，虽然可以找到一些自然经济和人道主义的痕迹，但又是在更高的层次上实现了对自然经济和人道主义的超越。也正是在这个意义上，马克思比较了共产主义、自然主义和人道主义，"这种共产主义，作为完成了的自然主义，等于人道主义，而作为完成了的人道主义，等于自然主义，它是人和自然界之间、人和

---

① 马克思恩格斯选集：第 1 卷［M］．北京：人民出版社，1995：286．

人之间的矛盾的真正解决，是存在和本质、对象化和自我确证、自由和必然、个体和类之间的斗争的真正解决。它是历史之谜的解答，而且知道自己就是这种解答"①。

文化基因承载着文明孕育和生长过程中的核心信息，构造了文明的基本形态和主要功能。中华传统文化不仅包含着丰富的自然主义和人道主义思想，也孕育着某些共产主义的文化基因。格物致知、诚意正心、修身齐家治国平天下，中国特色社会主义政治经济学正是植根于这一古老的文化基因，把"生产力—生产方式—生产关系"这一马克思主义唯物史观与社会主义经济建设实践有机结合，通过文化基因的复制、转录和表达，从经济学视角赋予中华传统文化新的时代内涵，从而凝练出饱含中国特色的经济学智慧。这个过程，既是马克思主义经过中国化的转化，成为中国化马克思主义的过程，也是中华传统文化经过唯物史观的转化，成为社会主义新文化的过程。

参考文献：

[1] 程恩富. 现代马克思主义政治经济学的四大理论假设 [J]. 中国社会科学，2007 (1).

[2] 韩德民. 荀子与儒家的社会理想 [M]. 济南：齐鲁书社，2001.

[3] 马克思恩格斯全集：第 19 卷 [M]. 北京：人民出版社，1963.

[4] 马克思恩格斯全集：第 46 卷（上）[M]. 北京：人民出版社，1979.

[5] 马克思恩格斯全集：第 13 卷 [M]. 北京：人民出版社，1998.

[6] 马克思恩格斯选集：第 1 卷 [M]. 北京：人民出版社，1995.

[7] 马克思. 1844 年经济学哲学手稿 [M]. 北京：人民出版社，2000.

[8] 马克思. 资本论：第 1 卷 [M]. 北京：人民出版社，2004.

[9] 习近平. 决胜全面建成小康社会 夺取新时代中国特色社会主义伟大胜利 [N]. 人民日报，2017-10-28.

---

① 马克思. 1844 年经济学哲学手稿 [M]. 北京：人民出版社，2000：83.

公有制经济为主体多种所有制经济共同发展的客观性研究

——以马克思的生产关系要适合生产力性质规律为视角

周晓梅[①]

摘　要：中国在马克思、列宁关于生产关系一定要适合生产力发展规律的理论与实践的基础上，在所有制结构问题上进行了创新和发展，提出了以公有制为主体多种所有制经济共同发展的基本经济制度，这是生产关系一定要适合生产力性质规律所决定的，也是中国特色社会主义新时代主要矛盾的客观要求，是马克思主义中国化的重要内容。我们必须毫不动摇巩固和发展公有制经济，发挥国有经济主导作用，不断增强国有经济活力、控制力、影响力。必须毫不动摇鼓励、支持、引导非公有制经济发展，正确处理好国家利益与自身企业之间的利益关系，激发非公有制经济活力和创造力。在生产发展和社会财富增长的基础上不断满足人民日益增长的美好生活需要。

关键词：公有制经济　非公有制经济　生产关系　生产力　新时代社会主要矛盾

坚持以公有制为主体，多种所有制经济共同发展，是我国社会主义初级阶段的基本经济制度的重要内容。这是生产关系一定要适合生产力性质规律所决定的，也是中国特色社会主义新时代主要矛盾的客观要求。这是我党经过几十年理论和实践的科学总结，是中国特色社会主义制度的重要支柱。因此，正确认识以公有制经济为主体多种所有制经济共同发展的客观性，在此基础上坚持"两个毫不动摇"的方针，对于坚持社会主义道路，坚持深化改革，促进社会生产力的发展，不断完善社会主义的生产关系，有着十分重要的意义。

---

①　周晓梅，吉林财经大学经济学院、马克思主义经济学研究中心。

一、公有制经济为主体多种所有制经济共同发展是生产关系一定要适合生产力发展规律决定的

（一）马克思、列宁关于生产关系一定要适合生产力发展规律的理论与实践

马克思认为，"各个人借以进行生产的社会关系，即社会生产关系，是随着物质生产资料、生产力的变化和发展而变化和改变的"[1]。生产力决定生产关系，有什么样的生产力，就会要求有什么样的生产关系与之相适应。人们在物质生产中采用什么样的生产关系，不是取决于人们的主观意志，而是由生产力的性质决定的。但是生产关系也不是消极被动的，生产关系会反作用于生产力。当生产关系适应生产力发展要求时，就会促进生产力的发展，当生产关系不适合生产力发展要求时，就会阻碍生产力的发展。生产关系不能长期处于与生产力不相适应的状态，它迟早会被与生产力相适应的生产关系所代替，生产力终究会突破旧的生产关系的束缚，为自身的发展开辟道路。生产关系一定要适合生产力的发展是人类发展的客观规律。马克思正是根据这一规律得出了资本主义社会必将被社会主义社会所代替的科学结论。随着资本主义生产力的发展，资本有机构成的提高、资本积聚和集中，"一个资本家打倒多数资本家……或少数资本家对多数资本家的剥夺。"[2]831与此同时生产日益社会化，"规模不断扩大的劳动过程的协作形式日益发展，科学日益被自觉地应用于技术方面，土地日益被有计划的利用，劳动资料日益转化为只能共同使用的劳动资料，一切生产资料因作为结合的社会劳动的生产资料使用而日益节省"[2]831。社会化的大生产客观要求由社会占有和支配基本的生产资料，由社会按照社会需要来调节整个国民经济的运行，按比例的协调发展。但是在资本主义条件下，生产资料归资本家私人占有，资本家对剩余价值的无限追求，不可能实现按照社会的需要调节国民经济运行和按比例协调发展，因此产生了生产社会化与资本主义私人占有的矛盾。"资本的垄断成了与这种垄断一起并在这种垄断之下繁盛起来的生产方式的桎梏。生产资料的集中和劳动的社会化，达到了同它们的资本主义外壳不相容的地步。这个外壳就要砸毁了。资本主义私有制的丧钟就要敲响了，剥夺者就要被剥夺了。"[2]831-832随着资本主义的发展，生产社会化与资本主义私人占有的矛盾不断尖锐化，这个矛盾的解决只能用社会主义生产关系代替资本主义生产关系，用生产资料公有制代替资本主义私有制。同时，马克思和恩格斯还曾预见，社会主义革命首先将在发达的资本主义国家同时取得胜利，但也不排除每个国家由于历史环境和国情的特殊性，因此在具体发展道路上具有特殊性。马克思和恩格斯认为像俄国这样经济发展落后的国家在一定的条件下是可能跨越资本主义的"卡夫丁峡谷"，直接向社会主义发展的。

马克思和恩格斯相继去世以后，世界的政治经济形势发生了重大变化，资本主义由自由竞争进入垄断，资本主义国家政治、经济发展的不平衡加剧，资本主义世界的矛盾空前尖锐，帝国主义国家之间的战争削弱了自身的力量。列宁根据变化了的政治经济形势和帝国主义阶段各国政治经济发展不平衡的规律，得出了社会主义革命可以在帝国主义链条的薄弱环节取得胜利的新结论。这个薄弱环节不一定是资本主义经济最发达的国

家，而是各种矛盾比较尖锐、经济比较落后的国家。"资本主义的发展在各个国家是极不平衡的。而且在商品生产下也这只能是这样，由此得出一个必然的结论：社会主义不能在所有国家内同时取得胜利。它将首先在一个或几个国家内获得胜利，而其余的国家在一段时间内将仍然是资产阶级的或资产阶级以前的国家"[3]。列宁成功地领导了俄国十月社会主义革命，创立了第一个社会主义国家，使科学社会主义理论实现了从理论到现实的飞跃。在随后的几年时间里，苏联全面开展社会主义改造运动，实现了生产资料公有制，生产资料公有制成为社会主义生产关系的基础，建立了社会主义的经济制度。

（二）中国遵循生产关系一定要适合生产力发展规律在所有制结构问题上的创新和发展

新中国是建立在资本主义没有充分发展的半封建、半殖民基础之上的。帝国主义、封建主义、官僚资本主义是旧中国最落后、最反动的生产关系，严重阻碍了社会生产力的发展，无产阶级和其他劳动人民长期受到三座大山的压迫剥削，社会矛盾极其尖锐。由于中国民族资产阶级的软弱性，中国革命的领导权历史地落在了中国无产阶级及其政党的身上。中国的工人阶级是中国最先进的阶级，是先进生产力的代表，要冲破旧的生产关系，建立新的社会主义生产关系，要消灭一切剥削制度。由于旧中国社会的半封建、半殖民地的特殊性质，中国革命必须分成两步走：第一步取得新民主主义革命胜利，第二步建立社会主义社会。1949 年在中国共产党的领导下，我们取得了新民主主义革命的胜利。在新民主主义到社会主义有一个过渡时期，这一过渡时期主要矛盾是无产阶级和资产阶级之间的矛盾、社会主义道路和资本主义道路的矛盾。要解决这一矛盾，就要在生产力发展的基础上用社会主义的生产关系代替资本主义的生产关系。要把处于主体地位非公有制经济改造成以公有制为主体的经济结构。不可否认，在当时的历史条件下，我国的生产力水平还是较低的，但是由于帝国主义的入侵和资本的输出，为中国生产力的发展注入了新的要素。在新中国建立前，我国已经具备了一定数量的大工业的基础和一定数量的先进生产力的代表——产业工人。这些为我们建立社会主义经济制度提供了重要的基础。另外随着我国第一个五年计划的实施，国家开始了大规模的经济建设，私有制经济的私人占有性必然要和社会化的大生产产生矛盾和冲突。因此建立生产资料公有制，旧的生产关系必须由社会主义新的生产关系所代替，这是不以人们意志为转移的客观规律。因此在 1956 年我国基本完成了生产资料所有制的改造，通过没收官僚资本，赎买民族资本建立了全民所有制经济，掌握了国家的经济命脉成为国民经济的领导力量。改造了个体私有制经济，建立了社会主义群众集体所有制经济。公有制经济的建立和地位的确定，为我们国家的发展奠定了政治和经济的基础，发挥了巨大作用，是中华民族命运的重大转折，在较短时期内建立起独立的比较完整的工业体系和国民经济体系，我们国家以此为基础，才取得了举世瞩目的成就，从一个落后的半封建、半殖民地的国家成为世界第二大经济体。这也是生产关系一定要适合是生产力发展规律作用的结果。

随着社会实践的发展，我们也逐渐认识到，这种单一的公有制形式虽然在社会主义建设中发挥了重大作用，但是由于我国生产力水平总体不高，还呈现出多层次的特点，我国社会主义制度建立了几十年的时间，生产力虽然获得了巨大的发展，但是我们的社会主义还处在初级阶段，初级阶段最显著的特征是生产力水平低、不平衡和多层次，整个国民经济正处在从不发达状态向现代化社会的动态变化过程之中。由于生产力水平低，社会不可能在短期内生产出废除私有制所需要的生产资料。而且在各个产业之间、地区之间、城市和农村之间以及它们的内部，生产力发展水平很不平衡。因此要与初级阶段生产力的这种状况相适应，客观上必然要求形成多样化的生产关系，建立多种所有制经济长期并存共同发展的所有制结构。这是不以人们意志为转移的，是生产关系一定要适合生产力性质规律决定的。所以党的十五大提出了以公有制为主体多种所有制经济共同发展的基本经济制度，党的十六大、十七大、十八大继续肯定了以公有制为主体多种所有制经济共同发展是我国的基本经济制度，同时还强调"毫不动摇巩固和发展公有制经济"与"毫不动摇鼓励、支持、引导非公有制经济发展"。这是我党遵循生产关系一定要适合生产力性质规律的客观要求，在所有制结构问题上的创新和发展，是马克思主义中国化和中国特色社会主义经济理论的重要内容。只要社会生产力水平还不能使财富充分涌流，还不能创造出彻底消灭私有制的物质条件，以公有制为主体多种所有制经济共同发展的基本经济制度就必须坚持下去。

二、坚持以公有制为主体多种所有制经济共同发展是中国特色社会主义新时代主要矛盾的客观要求

生产力决定生产关系，人们在物质生产中结成什么样的生产关系，并不是以人们主观意识所决定的，而是有生产力性质的客观要求。但生产关系一经确定下来，它就会对生产力有巨大的反作用。在生产关系中，生产资料的所有制结构是社会生产关系的最重要基础和内容，因此在现阶段坚持以公有制为主体多种所有制经济共同发展，就能够促进我国生产力的发展，在生产发展和社会财富增长的基础上不断满足人民日益增长的美好生活需要[4]，推动人的全面发展和社会的不断进步。

（一）中国特色社会主义新时代的主要矛盾

党的第八次全国代表大会通过了《中国共产党第八次全国代表大会关于政治报告的决议》（以下简称《决议》），提出了我国社会主义的基本矛盾和主要任务。《决议》指出，我们国内的主要矛盾，已经是人民对于建立先进的工业国的要求同落后的农业国的现实之间的矛盾，已经是人民对于经济文化迅速发展的需要同当前经济文化不能满足人民需要的状况之间的矛盾[5]293。这一矛盾的实质，在我国社会主义制度已经建立的情况下，也就是先进的社会主义制度同落后的社会生产力之间的矛盾。党和全国人民的当前的主要任务，就是要集中力量来解决这个矛盾，把我国尽快地从落后的农业国变为先进的工业国。[5]293但后来由于对社会主义建设经验不足，导致对我国社会的主要矛盾做出了错误判断，我国的社会主义建设事业经历了曲折的发展过程。直到党的十一届三中全会以后，我们国家工作的重点开始转移到社会主义现代化建设上来。党的十一届六中

全会重新肯定了党的八大关于社会主义主要矛盾的判断，指出了社会主义改造完成以后，我国所需要解决的矛盾，是人民群众日益增长的物质文化需要同相对落后的社会生产力之间的矛盾。它决定了我们必须把经济建设作为全党工作的中心。为解决这一矛盾，社会主义初级阶段的根本任务必然是解放和发展社会生产力。经过 40 年的改革开放的实践，我们砥砺前行，坚持走中国特色社会主义道路，取得了巨大成就，在解决十几亿人温饱的基础上，总体上实现小康。近五年来，我国经济保持中高速增长，在世界主要国家中名列前茅，国内生产总值从 54 万亿元增长到 80 万亿元，稳居世界第二，对世界经济增长贡献率超过 30%[6]。超过美国、欧元区和日本贡献率的总和，居世界第一位。2012—2016 年，人均国民总收入由 5 940 美元提高到 8 000 美元以上，接近中等偏上收入国家平均水平[7]。我国社会生产力水平总体上显著提高，社会生产能力在很多方面进入世界前列，中国特色社会主义进入新时代，意味着近代以来久经磨难的中华民族迎来了从站起来、富起来到强起来的伟大飞跃，[6]因此我国的主要矛盾发生了变化，由人民群众日益增长的物质文化需要同相对落后的社会生产力之间的矛盾，已经转化为人民日益增长的美好生活需要和不平衡不充分的发展之间的矛盾[6]。虽然我国社会主要矛盾发生了变化，但是我国仍处于并将长期处于社会主义初级阶段的基本国情没有变。因此坚持改革开放以来所逐步形成的这种以公有制为主体、多种所有制经济共同发展的所有制结构，能够解决中国特色社会主义新时代的主要矛盾。

（二）公有制经济的不断发展才能解决中国特色社会主义新时代的主要矛盾

马克思主义认为，人类社会发展的历史是在矛盾中前进的，新旧矛盾的更替推动了社会的发展。目前中国特色的社会主义已经进入了一个新时代。在这个新时代，我国社会主要矛盾已经转化为人民日益增长的美好生活需要和不平衡不充分的发展之间的矛盾。人民美好生活需要日益广泛，这里不仅有对物质文化生活等方面提出更高层次和多样化的需求，而且在民主、法治、公平、正义、安全、环境等方面的要求日益增长[6]。因此要满足人民对美好生活的需求，就要以人民为中心、推动人的全面发展和社会全面进步。在改革开放 40 年的时间里，我国的社会生产发展水平有了很大的提高，在全面建设小康社会的道路上取得了重大胜利。但是我们的发展还是不平衡不充分的，这制约了人民日益增长的美好生活的需要。因此要解决新矛盾，实现新发展，就要在发展中解决不平衡不充分的问题。要解决人民日益增长的美好生活需要和不平衡不充分的发展之间的矛盾，一个重要的途径就是要进一步发展公有制经济，特别是要做大做强国有经济。

第一，公有制经济是社会主义制度的重要经济基础，是社会主义生产关系的重要组成部分，它决定了我国社会主义性质和发展的方向。在国有经济中，由于生产资料归全体劳动者共同占有，劳动成果归全体成员共同占有和分享。只有坚持和发展公有制经济特别是国有经济，才能实现共同富裕，社会财富共享，而不是两极分化；才能增进人民福祉、促进人的全面发展，满足人民日益增长的美好生活的需要。

第二，社会主义国有企业在社会主义国家的国民经济中处在主导地位，发挥领导作用，掌握着国家的经济命脉，对国民经济的全局具有控制力。因此国家可以通过国有经济去全面协调均衡国民经济的可持续发展，克服发展中的不平衡，处理好发展方向、速度、结构等问题。正确处理国家利益、集体利益和个人利益的关系，把长远利益和眼前利益结合起来。事实也正是如此。中华人民共和国成立以来的近70年的时间里，由一个贫穷落后的旧中国成为一个日益走向繁荣富强的新中国。我们的公有制经济中的国有企业，是先进生产力的重要载体，已成为促进国家现代化的重要力量，在美国《财富》杂志发布的 2017 年世界 500 强企业中，中国有 115 家企业进入 500 强，其中 80% 以上是国有企业。国家通过国有经济的控制和主导作用，集中运用国家投资，兴建了一大批巨型和大型工程，集中力量发展重要的新兴科技项目，以及国民经济的薄弱环节和落后地区，特别是加强基础设施建设，改善生态环境，迅速改变经济中的不协调状况，优化产业结构和生产力布局[8]。

第三，国有经济是与先进生产力相联系，拥有现代化的技术装备。发展公有制经济，壮大国有企业，不仅要使国有企业为全社会提供尽可能多的优质产品，满足人民不断增长的物质需求，国有企业的利润也是国家财政的重要来源。根据财政部的数据，2017 年 1~7 月，全国国有及国有控股企业（以下简称国有企业）经济运行稳中向好，国有企业收入和利润持续较快增长，利润增幅高于收入 6.6 个百分点，钢铁、有色等上年同期亏损行业持续盈利。2017 年 1~7 月，我国国有企业营业总收入为 289 421.2 亿元，同比增长 16.5%。国有企业利润总额为 16 610.2 亿元，同比增长 23.1%。国有企业应交税金 23 623.3 亿元，同比增长 10.2%。2017 年 7 月末，国有企业资产总额为 1 448 952.3 亿元，同比增长 11.2%[9]。国有企业的利润增加为国家的经济和社会全面发展提供了重要的经济来源，从而满足了人民经济、社会、文化、安全、健康、生态、和谐等多方面的需要。

第四，社会主义国有制经济对国民经济中的其他经济成分起到引领作用。我国在现阶段实行的是以公有制为主体多种所有制经济共同发展的基本经济制度。公有经济的发展壮大，能够支持和引导集体经济发展，巩固社会主义的生产关系。对非公有经济，国有经济要运用自身的优势在支持非公有制经济发展的同时，要引领其沿着社会主义道路前进。国有经济以其普照之光对其他所有制经济产生巨大影响，使国民经济的发展保证了社会主义方向，人民美好生活的需求才有可能实现。

因此要进一步发展公有经济，做大做强国有经济。绝不能像一些受新自由主义思潮影响的个别人所提出的那样，什么国有经济是"包袱"，国有企业先天不足，效率低下，主张"国退民进"，国有经济要从"竞争性领域中完全退出"，甚至趁国企改制之机瓜分国有资产，企图把国有经济私有化，并以此来否定以公有制经济为主体的客观性。实际上，生产的社会化要求公有制经济代替私有制经济，这是彻底解决生产社会化与资本主义私人占有的资本主义基本矛盾的唯一选择。因此在社会大生产条件下，只有建立和发展公有制经济才能解放和发展生产力，才能够解决好发展不平衡不充分的问题，在社会财富不断增加的基础上满足人民日益增长的美好生活需求。因此"必须毫不动摇巩固和发展公有制经济，坚持公有制主体地位，发挥国有经济主导作用，不断增强国有经济活力、控制力、影响力"[10]23。

（三）　发展非公有制经济为解决社会主义新时代的主要矛盾做出贡献

为了解决社会主义新时代的主要矛盾，在坚持以公有制为主体的同时，"必须毫不动摇鼓励、支持、引导非公有制经济发展，激发非公有制经济活力和创造力"[10]24。这是我国现阶段的生产力水平决定的，也是解决中国特色社会主义新时代的主要矛盾的客观要求。改革开放40年的事实已经证明了，非公有经济的发展创造了大量的物质财富，满足人民不同层次的物质需要，从解决温饱问题到基本实现小康社会，做出了重大贡献，成为我国重要的经济增长点。截至2015年年底，全国实有私营企业1 908.23万户，比上年年底增长23.40%，占全国实有企业的87.30%，比上年同期高2.3个百分点；注册资本（金）90.55万亿元，比上年年底增加31.35万亿元，增长52.95%，占全国实有企业注册资本（金）的53.80%，比上年同期高出5.88个百分点[11]175。非公有制经济还为社会提高了大量的就业岗位，为我国经济发展和社会稳定做出了重要贡献。比如，截至2015年年底，我国私营企业从业人员为1.64亿人，比上年同期增加0.20亿人，增长13.89%[11]175。私营企业上交的税收总额不断增加，截至2015年年底，私营企业税收收入为12 944.57亿元，比上年增长457.70亿元，同比增长3.7%，占全国税收收入的10.36%[11]202。私营企业税收收入的增长，有利于社会主义国家经济建设和各项事业的发展，有利于全面小康社会的实现，为实现人民对美好社会的需求提供了财力支持。

总之，以公有制为主体、多种所有制经济共同发展的所有制结构，既体现了我国社会主义制度的性质和本质特征，又是解决中国特色社会主义新时代的主要矛盾的客观要求。

三、结论与政策建议

以公有制为主体多种所有制经济共同发展，是生产关系一定要适合生产力性质规律所决定的，也是中国特色社会主义新时代的主要矛盾的客观要求。因此，必须坚持"两个毫不动摇"。任何想把公有制经济否定掉或者想把非公有制经济否定掉的观点，都是不符合最广大人民根本利益的，都是不符合我国改革发展要求的，因此也都是错误的[12]31。

（一）　坚持基本经济制度，毫不动摇地发展和壮大公有制经济特别是国有经济

公有制经济是社会主义国家性质的重要保证，是保障人民共同利益和国家现代化的基础，也是解决中国特色的社会主义新时代主要矛盾的重要途径。在毫不动摇地发展公有制经济的过程中，特别是要发挥国有经济在国民经济发展中的重要作用，不仅要发挥国有经济在自然垄断领域和国家安全领域的控制力，还要在竞争领域发挥国有经济的重要作用，做大做强国有经济，而不是"国退民进"。

第一，要大力发展国有企业控股的混合所有制经济，放大国有资本的功能。《中共中央关于全面深化改革若干重大问题的决定》指出，国有资本、集体资本、非公有资本等交叉持股、相互融合的混合所有制经济，是基本经济制度的重要实现形式，有利于国有资本放大功能、保值增值、提高竞争力[10]24。要通过混合所有制经济放大国有资本的功能，就要坚持在混合所有制企业中国有资本的控股地位，发挥国有资本的引领作用，保证混合所有制企业的发展方向，加强和巩固公有制的主体地位。非国有经济处于参股地位，在国有经济的带领下，有利于国家战略产业的发展，同时也有利于各种所有制资本优势互补，发挥各自的长处，能够激发各种所有制企业的活力和创造力，而不是通过混合所有制经济使国有资本私有化或"民营化"，使国有经济在国民经济中失去主导作用。只有体现了国有经济在多种所有制结构中的支配地位和主导作用，才能保证其他所有制经济成分沿着中国特色的社会主义道路前进。因此发展混合所有制经济，决不能削弱国有经济的主导作用。另外，国有经济在进行混合所有改革的过程中根据公有制企业的具体状况进行改革，必须从企业自身的生产发展状况出发，根据不同的国有企业在我国经济的发展中的不同地位和行业状况，有序地推进混合所有制经济的改革，不能搞"一刀切"的政策。

第二，要切实做大、做强国有经济，就必须深化国有企业改革。要改善国有企业的治理结构，通过改革激发国有企业和国有经济的活力、竞争力、影响力和抗风险能力以及经济实力和创新能力。使国有企业的经济效益进一步提高，为满足人民对美好生活的需求提供物质基础和可靠保证。

第三，我国在农业生产资料改造过程中，形成了公有制经济的另一种成分，农村集体所有制经济。农村集体土地所有制经济是农村社会主义生产关系的基础，是农民共同富裕和全面小康社会的可靠保证。坚持以公有制为主体，农村集体土地绝不能走私有化的道路。在进行集体经营创新发展中，要坚持农村土地集体所有权，依法维护农民土地承包经营权，发展壮大集体经济[10]39。

（二）坚持基本经济制度，毫不动摇地鼓励、支持和引导非公有制经济的发展

在坚持以公有制为主体的条件下还必须毫不动摇地鼓励、支持和引导非公有制经济的发展。要充分认识到公有制经济和非公有制经济虽然在生产资料所有制结构中的地位不同，有主次之分，但这决不影响公有制经济与非公有制经济在社会主义市场经济中的平等竞争、共同进步，互相补充、互相协助、共同发展的新型经济关系。不能因为在现阶段生产资料结构中公有制经济处于主体地位，非公有制经济处于非主体地位，就限制排斥非公有制经济的发展，甚至消灭非公有制经济，而是要支持引导非公有制经济为社会主义经济建设做出贡献。习近平总书记指出："我们强调把公有制经济巩固好、发展好，同鼓励、支持、引导非公有制经济发展不是对立的，而是有机统一的。"[12]31 "公有制经济、非公有制经济应该相辅相成、相得益彰，而不是相互排斥、相互抵消。"[12]31

第一，要充分认识非公有制经济的地位和作用，不唯成份论，要放开领域，放宽环境，放宽政策，让非公有制经济的作用充分发挥出来。进一步加强政府职能的转变，改善政府的服务，优化政务环境，健全制度，约束政府工作人员和执法人员的行为，要做好服务。积极引导非公有制企业参加混合所有制经济，促进不同所有制经济取长补短、

资源共享和互利共赢。

第二，非公有制企业要加快产业结构调整和自主创新的步伐，自觉调结构、转方式、上水平。大力推进自主创新、重点发展现代农业、战略新兴产业、现代服务业。各级地方政府要坚定贯彻执行中央转变经济发展方式的战略部署，要落实制定适合本地区的非公有制企业调整产业结构和自主创新的政策措施。根据各地方的资源禀赋和区位特点，制定产业发展和自主创新的规划，大力培养战略性产业和龙头企业，带动相关配套企业形成产业集群，提升整体竞争力。

第三，在鼓励支持非公有制经济发展的同时，还要看到我国现阶段的非公有制经济具有的双重作用，一方面非公有制经济促进了现阶段生产力的发展，为社会创造了大量的物质财富；另一方面，由于非公有制经济的生产资料归私人所有，通过雇佣劳动占有工人创造的剩余价值，一切活动都以追逐最大利润为目的，生产和投资具有一定的盲目性和自发性，不会从社会整体利益出发自动履行国家的发展规划和产业政策，不利于社会经济结构的合理化。因此对非公有制企业还必须加强引导和规范，正确处理好国家利益与企业自身之间的利益关系，合法经营，使其为社会主义现代化建设事业服务，为解决中国特色社会主义新时代的主要矛盾做出贡献。

参考文献：

［1］马克思恩格斯选集：第 1 卷［M］. 北京：人民出版社，1972：363.

［2］马克思. 资本论：第 1 卷［M］. 北京：人民出版社，1975.

［3］列宁. 论社会主义［M］//列宁专题文集. 北京：人民出版社，2009：8.

［4］中国共产党章程［N］. 人民日报，2017-10-29（1）.

［5］中共中央文献研究室. 建国以来重要文献选编：第九册［M］. 北京：中央文献出版社，2011.

［6］习近平. 决胜全面建成小康社会 夺取新时代中国特色社会主义伟大胜利［N］. 人民日报，2017-10-28（1）.

［7］国家统计局. 新理念引领新常态 新实践谱写新篇章［N］. 中国信息报，2017-06-19（1）.

［8］吴宣恭. 对社会主义市场经济特有优势与国有经济主导作用的再认识［J］. 毛泽东邓小平理论研究，2015（1）：74-78.

［9］中华人民共和国财政部资产管理司. 2017 年 1-7 月全国国有及国有控股企业经济运行情况［EB/OL］. http://www.mof.gov.cn/mofhome/qiyesi/zhengwuxinxi/qiyeyunxingdongtai/201708/t20170823_2267895.html，2017-08-24.

［10］中国共产党第十八届中央委员会第三次会议文件汇编［M］. 北京：人民出版社，2013.

［11］王钦敏. 中国民营经济发展报告（2015—2016）［M］. 北京：中华工商联合出版社，2017.

［12］习近平. 毫不动摇坚持我国基本经济制度推动各种所有制经济健康发展［J］. 中国集体经济，2016（8）.

第五编
中国经济发展研究

新时期技术创新与我国经济
周期性波动的再思考

丁任重①　　徐志向②

摘　要： 从马克思和熊彼特关于技术创新的经济周期理论及其在当代的新发展来看，技术创新对经济增长起到了关键性的推动作用，从本质上解释了当前世界经济回暖复苏的根源。而伴随着新一轮技术革命成果的应运而生，新时期技术创新对我国经济周期性波动也产生了一定的冲击。分析结果表明，从一般性的角度来看，我国技术创新在繁荣阶段与经济周期运行的关联度要高于衰退阶段；分地区讨论来看，我国东北地区技术创新与经济周期性波动之间的关联度明显高于其他地区；另外，技术创新对我国经济周期的影响具有十分显著的正向效应，持续时间 7~8 年，且新时期技术创新的冲击将使我国经济周期性波动表现出周期长度缩短、波动幅度减小、平均位势上升、波动频率降低的"缓升缓降"的新特征。

关键词： 新时期　技术创新　关联度　经济周期　新特征

一、引言及文献回顾

改革开放以来，中国的经济高速增长，备受瞩目。然而，正如熊彼特所言："事实是，经济体系并不是连续地和平滑地向前运动，大多数不同种类的逆运动、退步、事变的出现，阻碍着发展的道路。"近年来，随着国际政治、经济形势的波云诡谲以及我国经济从"三期叠加"到"三去一降一补"时期的到来，加之新一轮技术革命已悄然而至，我国经济发展进入了新时期，经济增长速度逐步趋缓，经济增长方式正在实现由单纯依靠劳动和资本投入增加的"新古典增长模式"向主要依靠技术创新的"内生增长方式"的转变。在这一新的历史时期，如何正确看待中国的经济形势并准确地实现吐故

---

① 丁任重，1959 年生，男，安徽怀宁人，西南财经大学经济学院、四川师范大学经济与管理学院，教授，博士生导师。

② 徐志向，1991 年生，男，山东临沂人，西南财经大学经济学院，博士研究生。

纳新，寻找新的增长动力，成了当前我国经济发展亟须解决的重大课题，而对经济周期性波动所处阶段做出合理性判断自然也属题中应有之意。目前，对于我国经济周期运行所处阶段的争论层出不穷，主要观点可大致归纳为两种：一种观点认为，我国经济运行已经成功步入新周期的起点，且即将进入上升期，增长呈"V"形；另一种观点则认为，我国短期出现的经济增速回升现象实属"昙花一现"，经济增长仍将处于换挡期，长期呈现"U"形发展。尽管各类观点的持有者都对部分宏观经济数据进行了定量分析已或多或少证实了自己的观点，但大都缺乏理论性与系统性。

事实上，不同的经济周期理论对经济周期性运行的判断标准各不相同，而且每个周期理论都是在综合考察了研究者所处的历史背景及现实经济发展阶段的基础上提出的。因此，对于我国新时期经济周期的研究及判断，同样需要从我国的现状出发，立足于经济转型的客观要求，充分考虑要素（劳动、资本、技术）之间的相互替代关系。我们认为，目前我国正处于由新一轮技术创新驱动的创新周期阶段，主要基于：一方面，我国目前正处于经济转型换挡期。首先，人口红利逐渐消失。尽管劳动力资源依然丰富，但是劳动年龄人口增长速度缓慢，人口结构逐步趋于畸形，人口老龄化问题日趋严重。其次，资本投资后劲不足。短期内尽管我国固有的高储蓄率不会出现明显下降，但是随着经济发展方式的转变，进一步扩大消费，创造消费新需求成了主导，加上人口老龄化问题的加剧，必将导致未来一段时期内储蓄率的下降，从而降低资本供应量。另一方面，世界经济形势不明朗。"黑天鹅"事件引起的不确定性增加，贸易保护主义甚至"去全球化"趋势明显，我国经济发展的全球化红利正面临逐步消退的危机。从而，新的科技创新红利已然成了我国目前经济发展的主要推动力，新的技术进步衍生了新的资源优势，技术创新水平的不断提高、科学技术贡献率的稳步增加无疑是影响国家发展新阶段经济周期性运行的主导因素。因此，对于如何正确认识新一轮科技革命的新特点、准确把握技术创新与经济周期性波动的内在关联及影响机制等问题的回答，具有一定的理论和现实意义，本文试图采用定性与定量分析相结合的方法予以探讨。

国内外有关技术创新与经济周期关系研究的文献着重从两个方面进行：一是技术创新与经济增长的关系；二是技术创新过程的不同时期与经济周期性波动的不同阶段的对应关系。前者实质上是从技术创新对经济增长的激励与贡献的角度出发，讨论技术创新与经济增长之间的数量关系，以期去伪存真，提高各国及地区对技术创新的重视度；而后者则是以经济周期性波动为基础，研究不同的创新类型及创新所处的不同时期对经济波动的影响，进而得出缓解经济周期性波动的政策，以达到"削峰填谷"、保障经济可持续发展的目标。后者也是本文研究的主要内容。熊彼特较早对这一问题进行了研究，他通过将一个经济体系分成不同的三类：循环流转过程、发展过程、阻碍后者未受干扰的进程的过程，来分析导致经济周期性波动的原因。分析认为，企业家成批地出现，即创新，是经济繁荣产生的唯一原因，进而理论证明了创新与经济周期之间存在着必然的联系。自熊彼特开创性的成果之后，Rios等人基于2006—2012年147个国家的面板数据信息，采用汉森（1999）的阈值回归方法对创新与增长之间可能存在的非线性关系进行了检验。结果表明，创新和增长之间的关系并非线性的，且只有高水平的创新才能促进经济增长（Rios-Avila, F. 等，2015）。另外，从中国经济转型的背景出发，技术创新是促进经济周期运行的最终原因，并且制度创新在其中起到了一定的约束作用，主张在鼓励技术创新的同时要保证制度的及时跟进（吴晓波、张超群、窦伟，2011）。

综上所述，尽管长期以来国内外的相关研究对技术创新与经济周期性波动之间的关系做出了巨大贡献，成果斐然，但依然存在着一些不足：一方面，当前国内外学者对经济周期的研究大都将目光集中于盲目追求理想的数学模型上，而对传统的规范性分析却置若罔闻；另一方面，对于新一轮技术创新所表现出的新特点没有实现全面、准确的认识，从而也就不能对我国新阶段技术创新与经济周期的关系做出客观的理解和判断。鉴于此，本文首先对马克思和熊彼特关于技术创新的周期理论及其在当代的新发展做了系统阐述；其次，在详细分析了新一轮技术创新的新特点的基础上，利用基于数值排序的非参数统计方法——灰色关联分析——对我国技术创新与经济周期性波动的关联度进行了测算；最后，使用脉冲响应函数方法研究了新时期技术创新对我国经济周期性波动的影响。

二、马克思和熊彼特关于技术创新的周期理论及其新发展

马克思曾指出："正如天体一经投入它们的轨道就会无限地围绕着轨道旋转一样，社会生产一经投入这个膨胀和收缩的交替，也会由于机制的必然性不断重复这一运动。"[①] 由此可以看出，马克思和恩格斯早在19世纪40年代就已经开始了对于资本主义经济周期性运动的考察。马克思关于技术创新的周期理论主要包含两个方面：一方面，马克思把机器大工业看作是经济周期的可能性向现实性转化的物质基础。他认为："一旦与大工业相适应的一般生产条件形成起来，这种生产方式就获得一种弹力，一种突然地跳跃式地扩展的能力，"而"当机器工业如此根深蒂固，以致对整个国民生产产生了绝对影响时……才开始出现不断重复的周期"[②]。这意味着机器大工业不仅能够扩大生产力，改善生产方式，而且构成了经济周期性运行的前提条件。另一方面，马克思将经济周期性失衡和周期性得以恢复的物质基础归因于固定资本的更新。当经济进入停滞阶段，迫于竞争的压力，各资本家将争相开启新一轮的固定资本投资，由于投资而导致的生产力的发展，促进了社会资本平均有机构成的提高，从而利润率表现出了趋于下降的规律，而受资本主义生产方式对自身发展限制的影响，不断与资本价值增值的目的发生冲突，如此循环往复，便产生了经济的周期性运动。另外，马克思在《资本论》中描述利润率趋向下降规律时表明："价格下降和竞争斗争也会刺激每个资本家通过采用新的机器、新的改良的劳动方法、新的结合，使他的总产品的个别价值下降到它的一般价值以下，就是说，提高既定量劳动的生产力……这样，周期会重新通过。"这也就意味着马克思所说的"新一轮固定资本投资"实质上就是我们现在所理解的技术创新的过程。因此，尽管马克思在其理论思想中没有明确的提出"创新"的概念，而是大量采

---

① 马克思. 资本论：第1卷 [M]. 北京：人民出版社，1982：694-695.

② 马克思. 资本论：第1卷 [M]. 北京：人民出版社，1975.

用了"新机器""新改良的劳动方法""新结合""技术进步""生产工具的迅速改进""科学的进步"等说法，但他无疑是将技术创新与经济周期结合研究的鼻祖，为熊彼特创新经济周期理论奠定了坚实的基础。

继马克思之后，美国经济学家熊彼特在 20 世纪 30 年代提出来了"创新周期理论"。熊彼特认为仅从外部因素出发来研究经济的周期性波动是远远不够的，必须从经济活动内部寻找原因。1979 年他在《经济发展理论》中用"企业家"的"创新"活动来解释经济的周期波动，指出："长达半个世纪左右的长波周期，是由那些影响深远，实现时间长的创新活动所引起的。确切地说，这种创新活动是指以产业革命为代表的技术创新活动。"他的理论贡献主要表现在两个方面：一方面，首次提出了"创新"与"企业家"的概念。一是将"创新"活动分为五种情况——采用新产品、运用新的生产方法、开辟新市场、原材料等的新的供应来源以及实现新组织；二是将新组合的实现称为"企业"，实现新组合的人们称为"企业家"，并将"企业家"看作是资本主义的"灵魂"，是"创新"的主要组织者和推动者；三是将"创新"归为发明、创新与模仿三个过程。熊彼特假设发明是一种新产品或新的生产过程的发现，而创新是新发明的首次应用或者是现有产品和工艺的改进过程，以适应不同的市场需求。当某个企业家通过创新获得了超额利润以后，必然会吸引大批的模仿者进入，这一过程的持续最终将会导致投资的过度，引致经济危机爆发。随后经济进入调整阶段，企业家又开始创新活动，于是带来了下一轮周期。另一方面，建立了自己的周期理论体系。首先，熊彼特认为创新是繁荣产生的唯一原因，而繁荣又构成了"不景气"的唯一原因。他指出："繁荣会从自身创造出一种客观的情形，而这种客观的情形，即使忽略了所有的附属物和偶然的要素，也将使繁荣结束，轻易地导致危机，必然地导致萧条。"其次，对于周期的实际长度，熊彼特明确指出："没有理论可以从数量上来解释，因为它明显地要依靠个别情况的具体数据。"但他依然给出了一般性的回答：经过一段时间，直到新企业的产品能够出现在市场之前，繁荣结束，萧条开始①。最后，熊彼特建立了"三种周期"体系，认为经济系统中存在很多的周期在同时进行，并得出了 1 个康德拉季耶夫周期约包含 6 个朱格拉周期且相当于 18 个基期周期的结论。

当代进步经济学家斯威齐曾评价，"尽管熊彼特的理论与马克思的理论具有某些惊人的相似之处，但两者之间依然存在着根本上的理论差别"（斯威齐，1942）。着实，我们认为，斯威齐的说法有其可取之处。一方面，毋庸置疑，熊彼特的创新周期理论是在马克思关于"创新"的周期理论基础上建立的，是发展的马克思主义经济周期理论。其共同点主要可以归纳为：①强调技术创新的重要性。马克思认为："由于劳动过程的组织和技术的巨大成就，使社会的整个经济结构发生变革，并且不可比拟地超越了以前的一切时期。"他同时指出："资产阶级除非对生产工具，从而对生产关系，进而对全部社会关系不断地进行革命，否则就不能生存下去。"而熊彼特也毫不掩饰地将技术创新摆在了资本主义经济发展的至高无上的位置，他认为，没有"创新"就没有资本主义，既没有资本主义的产生，更没有资本主义的发展。②强调技术创新的溢出效应。马

---

① 约瑟夫·熊彼特. 经济发展理论 [M]. 何畏，等，译. 北京：商务印书馆，2017：244.

克思认为，一个工业部门生产方式的变革，会引起其他部门生产方式的变革①。熊彼特同样指出，一个或少数几个企业家的出现可以促使其他企业家出现，于是又可促使更多的企业家以不断增加的数目出现。③同时强调"创新"的内涵和外延。不仅将创新过程局限于技术层面，还延伸到产品的创新、生产方法的创新等方面。如马克思所说，劳动生产力是由多种情况决定的，其中包括：工人的平均熟练程度、科学的发展水平和它在工艺上应用的程度、生产过程的社会结合、生产资料的规模和效能，以及自然条件。④强调"企业家"精神。马克思认为，在机器的发明中，起作用的不是工厂手工业工人，而是学者、手工业者甚至农民等。由此可以推断，马克思早于熊彼特之前就已经注意到了"企业家"在"创新"过程中的重要性。⑤强调信用和创新的内在联系。马克思将信用看作是生产力与生产关系矛盾运动的纽带，信用的发展促进了危机的潜在可能性向现实性的转化。熊彼特也指出，资本主义信用制度在所有各国都是从为新的组合提供资金而产生并从而繁荣起来的。⑥采用矛盾分析方法。马克思将资本主义经济周期性运动归因为生产方式基本矛盾冲突周期性失衡的结果。熊彼特也采用了同样的分析方法，一方面，用三对相应的矛盾对企业家行为进行了细致的描绘，矛盾具体表现为两个真实过程的对立、两种理论工具的对立以及两种类型人物的行动的对立；另一方面，二者存在着本质上的区别：马克思谴责资本主义，而熊彼特却是资本主义的"热心辩护人"。首先，马克思在肯定了技术创新在资本主义社会发展中的巨大作用的同时，对其采取了深刻的批判态度。他将机器运作的本质看作是生产剩余价值的手段，认为机器的大量使用使得工人家庭全体成员不分男女老少都受到了资本的统治。其次，马克思明确指出："随着大工业的发展，资产阶级赖以生产和占有产品的基础本身也就从它的脚下被挖掉了。它首先生产的是它自身的掘墓人。资产阶级的灭亡和无产阶级的胜利是同样不可避免的。"这充分表明了资本主义经济周期性运动所产生的经济危机现象实质上只是现有矛盾的暂时的暴力解决，根源在于资本主义生产方式的基本矛盾，资本主义在其自身范围内只能使危机得到缓解而无法根除。而熊彼特则忽视了资本主义生产关系与生产力的矛盾运动，将技术创新看作是资本主义经济周期性运动的唯一根源，从而掩盖了资本主义的剥削关系，误判了资本主义的历史命运。

在马克思和熊彼特的关于技术创新周期理论的基础上，美国经济学家格·门施于20世纪70年代提出了技术创新经济学。他认为，经济的周期性波动是由于经济结构的不稳定而引起"技术僵局"从而促使基础技术进行创新的过程。他通过进一步的论证得出了经济的长期波动并不是连续的波形而是断续的"S"形的结论。随后，荷兰经济学家冯·丹因在1979年提出了创新寿命周期长波论，他把技术——尤其是基础技术创新——看作是经济波动的主要动因。他认为，基础技术创新的介绍、扩散、成熟、衰落阶段分别与经济周期波动的复苏、繁荣、衰退、危机阶段相对应，繁荣和衰退形成上升阶段，危机和复苏形成下降阶段。另外，英国经济学家弗里曼在1982年提出了制度创新经济学理论。他认为，长波与技术创新、劳工就业具有很大的关系。从长远的角度看，政府的科学技术政策可以起到促成创新、扩大就业的效果。尽管以上理论均从不同

---

① 马克思. 资本论：第1卷［M］. 北京：人民出版社，2004：44，30，440.

角度考察了创新对经济周期运行的作用，但其理论核心均是以创新为主题，故一般统称为"新熊彼特主义"。无论是马克思、熊彼特还是"新熊彼特主义"，他们区别于其他西方经济周期理论的最大特点都在于将技术创新看作是影响经济周期波动的内在因素，强调技术创新在推动经济增长过程中具有无可比拟的决定性的作用。马克思曾断言："社会的生产方式的变革，生产资料改革的这一必然产物，是在各种错综复杂的过渡形式中完成的。"① 这也就意味着当前我国所处的经济转型时期无疑是变革生产方式、提高技术创新能力的最佳时期。关于技术创新的周期理论为我国在新时期研究经济转型和经济周期性波动提供了理论支撑和指导思想，也对我国在新时期如何正确理解和把握新一轮技术革命的新特点提出了更高的要求。

三、新一轮技术革命的新特点

技术革命作为经济发展的助推器，在不断自我革新的进程中，也潜移默化地促进了人类社会的全面自由发展。一方面，从世界发展的角度来看，考虑到与世界经济长周期波动相对应，自英国发生第一次产业革命以来，世界经济已经经历了四次技术革命，推动着人类社会发展分别进入了"蒸汽机时代""电力驱动时代""大规模生产时代""信息和远程通信时代"；另一方面，从我国的发展历程来看，自改革开放以来我国科技事业的发展也大致可以划分为四个阶段：1978—1985 年，改革初期，科学技术受到初步重视；1986—1995 年，国家提出"科学技术是第一生产力"的论断，并引导科学技术为经济建设服务；1996—2005 年，实施科教兴国与人才强国战略；2006—2020 年，提高自主创新能力，建设创新型国家。然而，纵观每次技术革命的爆发以及技术发展政策的实施都伴随有其独有的特征，不同程度地影响着产业格局和社会进步。当前随着世界经济新格局的变化以及我国发展进入新阶段，包括互联网经济（如电商、互联网金融、新型网络社交平台、在线教育等）、人工智能（如汽车驾驶、语言翻译、证券交易、法律服务、人脸识别技术等）、生物新技术（如生命工程、器官移植、远程医疗等）、共享经济（如共享汽车、单车、民宿、设备仪器、知识付费等）以及大数据在内的新一轮技术革命也应运而生，世界经济社会发展已经完全步入了"知识经济""数字经济"以及"创新经济"时代。在我国，鉴于受到人口基数大、互联网普及程度高以及新一轮技术革命所具备的独特优势等因素的影响，未来我国或将成为应用新一轮技术创新成果最广泛的国家。以人脸识别技术为例，前瞻产业研究院发布的《中国人脸识别行业市场前瞻与投资规划分析报告》显示，2016 年我国人脸识别行业市场规模已超过 10 亿元，且预计 2021 年，人脸识别市场规模将达到 51 亿元左右。

因此，相比较而言，新一轮技术革命进一步推动了社会生产力的发展，无论是从广度还是深度上都比以往几次技术革命所带来的影响更加深远，呈现了一系列新的特点。大致可归纳为以下几点：①重塑国际产业新格局，产业结构趋于模糊化。首先，新一轮

① 马克思. 资本论：第 1 卷 [M]. 北京：人民出版社，2004：544.

技术革命显著降低了企业的运作成本，在一定程度上弱化了发达国家劳动力的成本劣势，在充分考虑了库存、成本以及市场等因素之后，部分劳动密集型产业在发达国家变得有利可图，由此可能进一步推动以美国为代表的发达国家的"再工业化"进程，从而改变世界产业格局；其次，由于近几年服务业比例过快增加且效率不高而导致的制造业"空心化"与经济"脱实向虚"风险的存在，致使许多国家正在逐步向"制造业+服务业+高科技"三者有机融合的发展模式转变，产业发展规律与路径也已经逐渐转向了服务型制造业与高科技服务业，从而打破了第二、三产业之间固有的界限，使产业结构划分逐渐趋于模糊。②互联网新经济行业蓬勃发展，高新技术产业有望跃升为第一支柱产业。伴随着由互联网应用的普及而导致的信息消费的井喷式增长，2013—2016年，我国规模以上互联网接入及相关服务、互联网信息服务、软件和信息技术服务、其他互联网服务企业营业收入年均增长率分别为21.5%、32.4%、17.5%和28.0%，[1] 互联网作为新经济行业发展态势空前高涨。另外，国家统计局数据显示，2015年全年我国高技术产业增加值比规模以上工业快4.1个百分点，所占规模以上工业比重为11.8%，比上年提高1.2个百分点。其中，电子及通信设备制造业增长12.7%，航空、航天器及设备制造业增长26.2%，信息化学品制造业增长10.6%，医药制造业增长9.9%。按照这一速度推断，未来高技术产业必将成为推动我国经济增长的新动能。③技术创新成果转化为经济效益的时间急剧缩短，产品生命周期展现出新的特征。受每次技术革命的广度及深度的影响，在18世纪由技术创新转化为产品效益的年限大约为100年，19世纪缩短至50年，到20世纪40年代以后平均为7年，而新一轮技术革命的产品更新周期则已经下降到了3~6个月（刘美平，2017）。这一特征的凸显主要得益于新一轮技术革命使得互联网、大数据、人工智能等技术实现了有机跨界融合，显著提高了企业生产的柔性化程度。企业可以根据市场需求导向制定高效生产决策，有效缓解由于信息不对称而导致的社会再生产过程中的比例失衡问题，从而在提高产品的多样化和个性化的同时缩短了产品的生产和交付周期。④提升了金融业的风险管理能力，优化了金融服务体验。伴随着人工智能、大数据、超级计算等新科技在金融领域的深度融合与快速发展，新一轮技术革命对金融业的影响同样不容小觑。一方面，通过金融高科技的应用提高了对金融风险预警与防范的科学性和针对性，能够及时、有效地帮助金融机构解决可能存在的包括道德风险与系统性风险等在内的内部风险。同时，还可以通过实时监控客户资金的异常流动来应对外部风险，以保障金融机构的健康运行。另一方面，通过高科技的运用，不仅能够提高金融行业的信息处理能力，缓解中小企业的融资成本高筑现象。而且，能够提高金融交易的监管效率，改变金融机构的行为方式，以更好地满足多样化的客户需求。⑤就业结构发生新变化，知识型劳动者占比大幅度增加。目前，随着制造过程的数字化与智能化水平的提升，知识劳动者已然成了社会劳动结构中的主力军。同时，国家统计局数据显示，截至2015年年底我国工业机器人已达32 996台，同比增长21.7%。未来，在越来越多的领域，人工智能将快速超越人类。牛津学者指出，在未来十年的时间里，人工智能技术将变得足够先进，并将消灭40%以上的职业。这就意味

---

[1]　http://money.163.com/17/0824/06/CSJ65THR002580S6.html，2017-08-24.

着，在不久的将来大量的安保、记者、收银员、助理、司机、交易员以及客服等都可能失去自己原有的工作。⑥应用范围广泛，涉及产业发展及人类生活的各个领域。李晓华认为，人工智能已经在搜索引擎、图像识别、翻译、新闻和撰稿、金融投资、医疗诊断、工业生产、无人驾驶汽车等领域得到了广泛的应用。在很多情况下，人工智能甚至不以可视的形态存在。① 由此可以看出，包括人工智能在内的新一轮技术革命不仅与科学、军事、经济有着密切的关联，而且对政治、文化、教育、卫生以及人们的生活方式，甚至思维方式都产生了深远的影响。

　　总之，新一轮技术革命的冲击不可阻挡，面对"逆全球化"思潮兴起与贸易保护主义倾向抬头的国际政治经济形势，目前我国参与经济全球化的发展过程也相继进入了新的阶段。瑞士经济学会 2015 年的调查报告指出，我国的经济全球化指数为 49.8，而发达国家的经济全球化指数均高达 90 左右，这说明单纯地仅仅依靠对外开放来带动我国经济实现成功转型并不现实。因此，只有大力提高自主创新能力，坚定不移地推进创新经济，才能保证经济的稳定增长，有效推动我国开启新一轮的经济周期。改革开放至今，尽管我国科技投入不断提高，企业在科技创新中的地位也日益凸显。但《全球创新指数》数据显示，2015 年我国创新指数仅为 47.47，较发达国家（如瑞士为 68.3、美国为 60.1、英国为 62.42）而言，仍然存在着较大的差距，无论是创新投入还是创新产出都存在着巨大的进步空间。然而，值得庆幸的一点是，我国的创新效率指数一直稳居世界前列。这也就意味着我国在建设创新型国家方面存在着独特的优势，只要能够牢牢把握住新一轮技术革命的机遇，营造良好的创新政策环境，新一轮周期的复苏阶段将很快会来临。

四、技术创新与经济周期性波动的关联性分析

　　通过以上理论分析可以得知技术创新与经济周期性波动之间存在着必然的联系，二者关联度的大小势必将决定技术创新对经济周期的影响程度。目前，对于关联度的测算主要有两种方法：其一是相关系数测度；其二是灰色关联度测度。基于灰色系统理论是从模糊数学的研究角度出发对"部分信息已知，部分信息未知"的不确定性系统的运行行为及演化机制进行研究，从而能够有效解决统计数据有限、数据灰度较大问题的特点，故我们选择第二种方法来对技术创新与经济周期的关系进行定量分析。

　　首先，从世界经济发展视角来看。考虑到数据的可获得性，选择 1989—2015 年世界高科技出口占制成品的出口比例作为技术创新的衡量指标。根据测算，世界部分国家经济增长率与高科技出口占制成品出口比例之间的灰色综合关联度均已超过 0.5，表明二者之间存在较强的关联性。从图 1 同样也可以粗略看出二者具有较好的拟合程度。一方面，发达国家与发展中国家高科技出口占制成品的出口比例与经济增长率之间的关联度均值并没有显著差别，说明经济增长对技术创新的依赖程度与各个国家的经济发展水

---

① 李晓华. 人工智能是什么? [N]. 人民日报, 2017-08-02.

平关系不大。同时，值得注意的是，尽管印度高科技出口占制成品的出口比例不足10%，远低于其他国家的20%~30%的水平。但是，印度高科技出口占制成品出口比例与经济增长率之间的关联度却高居首位，从而体现了印度经济增长对技术创新的依赖程度。另一方面，按照"峰—峰"法判断，整段时期世界经济大致经历了三次周期性波动，包括1989—2000年、2000—2004年、2004—2011年。与之相对应地是，高科技出口占制成品出口比例从1989—2000年经历了一段较长的上升期后，在2000年与经济增长率几乎同时达到了最高值，之后便逐渐下降，并从2006年开始，下降幅度显著增加，直到2008年才得以逐步回升，且近几年呈现出了较强的上升态势。在这期间技术创新

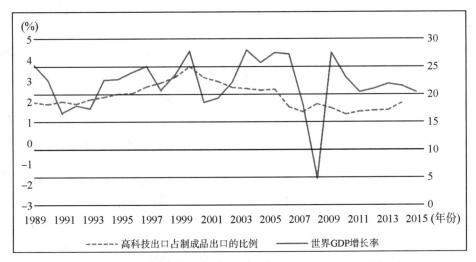

图1 世界经济增长率与高科技出口占制成品出口比例的变动趋势

数据来源：世界银行。

增长阶段的经济波动幅度与频率明显低于技术创新下降阶段，也就意味着经济繁荣阶段与技术创新增长的拟合度要优于经济衰退阶段。因此，这一现象不仅在一定程度上印证了马克思和熊彼特关于技术创新的周期理论，而且可以激励我们做出进一步的设想：繁荣阶段技术创新与经济周期运行的关联度要高于衰退阶段（见表1）。

表1 世界部分国家高科技出口占制成品出口比例与经济增长率之间的关联度

发达国家	关联度	发展中国家	关联度
美国	0.680 4	中国	0.604 4
英国	0.548 1	俄罗斯	0.575 4
法国	0.776 7	印度	0.829 0
德国	0.785 2	巴西	0.620 3
日本	0.585 7	埃及	0.688 1
均值	0.675 22	均值	0.663 44
世界	0.783 9		

数据来源：根据世界银行原始数据计算所得。

其次，从我国的经济发展视角来看。一般常用的技术创新指标主要有 R&D 经费投入与人员数、专利、科技论文数以及高技术产品贸易额等，但是考虑到这些数据只是反映了技术创新活动的不同侧面，不能准确衡量技术创新综合过程对经济周期的影响。因此，我们选择用全要素生产增长率的变化来表示技术创新的冲击。所选样本包括我国除西藏以外的八大经济区域，分别为东北地区（辽宁、吉林、黑龙江）、北部沿海（北京、天津、河北、山东）、东部沿海（上海、江苏、浙江）、南部沿海（福建、广东、海南）、黄河中游（山西、内蒙古、河南、陕西）、长江中游（安徽、江西、湖北、湖南）、西南地区（广西、重庆、四川、贵州、云南）、大西北地区（西藏、甘肃、青海、宁夏、新疆），时间范围是 1997—2015 年。其中 GDP 与固定资产投资额均为按相应指数折算后的实际值，资本存量的计算方法为永续盘存法，全要素生产率的计算采用数据包络分析法，计算结果如表 2 所示。一方面，单纯从表 2 可以看出，近几年全国各区域全要素生产增长率都出现了不同程度的下降，且只有西南地区的全要素生产增长率连续为正数，这与西南地区对人才吸引的重视度的提高以及投资的增加是密不可分的；另一方面，从图 2 显示的全国全要素生产增长率与经济增长率的变动趋势来看，全要素生产增长率的变化也表现出了一定的周期性特征。且在完整的经济周期内，全要素生产增长率的变化较为频繁。其中，以 2008 年左右的波动最为强烈，这主要归因于全球金融危机的冲击重创了经济的创新活力，而随着我国适时采取的经济政策的刺激，改善了创新环境，又重新将其拉回了高位。然而，尽管全要素生产增长率呈现了较大的波动，但仍然与经济增长率表现出了较好的拟合，二者关联度为 0.664 4，且在经济繁荣阶段（1999—2007 年）二者的拟合程度明显高于经济衰退阶段（2008—2015 年）。在此值得注意的一点是，拟合程度并不能完全代表关联程度。虽然繁荣阶段全国全要素生产增长率与经济增长率两条曲线相对较为接近，但在衰退阶段（特别是 2009 年以后）全要素生产增长率的每一次变动都对经济起到了一定的拉动作用，表现为较强的协同性。因此，前文的猜想在此产生了疑问。

表 2　　　1999—2015 年全国及八大经济区域全要素生产增长率（以 1998 年为基期）　　　单位：%

年份	全国	东北地区	北部沿海	东部沿海	南部沿海	黄河中游	长江中游	西南地区	大西北地区
1999	-0.73	7.04	-11.46	-4.39	1.17	3.16	8.01	13.47	8.40
2000	0.28	3.47	3.43	0.38	3.00	-11.79	2.63	-32.76	-7.62
2001	0.18	-1.93	-36.32	-4.42	-1.72	-36.12	-37.32	-66.98	-33.07
2002	0.64	-9.61	-45.44	-5.27	-5.99	-51.56	-56.18	331.62	-61.64
2003	0.91	-66.96	245.12	-53.83	-58.84	306.21	243.78	7.33	310.16
2004	0.09	70	-2.77	37.41	50	11.57	4.52	-59.60	1.94
2005	0.09	82.78	-1.87	84.06	73.73	-19.64	-1.40	-44.78	-1.12
2006	0.18	8.87	-68.91	4.55	-1.13	-72.48	-59.28	319.90	-58.47
2007	0.99	4.83	-6.14	-4.62	-1.52	0.48	-12.60	2.37	-3.52
2008	-2.32	-6.88	233.18	-5.50	-2.78	251.18	170.40	-70.43	138.14

表2（续）

年份	全国	东北地区	北部沿海	东部沿海	南部沿海	黄河中游	长江中游	西南地区	大西北地区
2009	-0.09	-47.49	0.54	-48.32	-51.19	4.45	9.54	20.16	3.83
2010	1.28	-40.37	-8.36	-44.15	-46.74	-9.95	-3.91	184.20	-6.10
2011	-1.26	203.77	-64.78	249.34	283.79	-73.17	-64.93	-1.83	-57.64
2012	-1.1	1.09	109.81	5.69	1.27	150.80	74.52	-70.81	63.58
2013	-0.92	1.15	57.81	-6.54	4.88	58.53	57.52	104.20	39.28
2014	-1.40	-0.76	-5.04	-3.23	-2.93	7.67	6.98	48.48	-0.52
2015	0.57	-8.49	-8.76	-3.97	-10.59	-8.37	-8.21	4.62	-5.51

注：原始数据主要从《中国统计年鉴》及《中国国家统计局》获得，且计算结果均保留了两位小数。

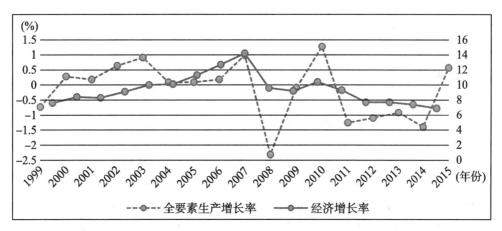

图2　中国经济增长率与全要素生产增长率的变动趋势

原始数据来源：中国国家统计局。

再次，从全国及八大经济区域全要素生产增长率与经济增长率波动的具体关联度来看。一方面，从表3的关联度测算结果及排名可以看出，全国及八大经济区域全要素生产增长率与经济增长率的关联度均超过了0.5，说明我国的技术创新变化速率与经济周期性运行之间着实存在着较强的关联性。其中，东北地区全要素生产增长率与经济增长率的关联性最强，为0.752 1，超过了全国水平。相比较而言，沿海地区二者关联度最弱，且彼此之间差距不大。造成这一现象的主要原因可从两个方面进行分析：一是受我国各区域经济增长方式的影响。东北地区曾一度作为我国的重工业发展基地，以优先发展工业和资源型产业为主要发展战略。而我国沿海地区主要以发展劳动密集型产业为主，轻纺织业占工业生产的比重较大，并且兼顾第二、三产业同时发展。正如熊彼特所言，"创新是繁荣产生的唯一原因"，"而繁荣首先实现于工业厂商（工厂、矿山、船舶、铁路等）的生产中"。这就意味着，从马克思和熊彼特的研究可以推断，机器的发明使用以及创新活动的产生大都首先发生在工业部门，尤其偏向于重工业。因此，东北地区的技术创新与经济运行之间固然存在着很强的关联性，而沿海地区尽管具有引进技术的独特优势，但经济发展对技术创新的依赖程度远不如东北地区高。二是受技术创新激励机制的影响。众所周知，我国东北地区工业企业中国有企业占有突出地位，而沿海地区由于市场经济发展较为活跃，企业大多具有竞争性。熊彼特认为企业在一定程度上的垄断性质对于技术创新具有很大的促进作用，这不仅能给企业带来许多政治倾斜，而且会使企业承担更多的国家使命，从而有利于满足企业技术创新的资金需求，增强技术创新的动力。

表 3　　　全国及八大经济区域全要素生产增长率与经济增长率波动的关联度比较

区域	关联度	排名	区域	关联度	排名
东北地区	0.752 1	1	黄河中游	0.542 6	5
长江中游	0.622 1	2	南部沿海	0.530 5	6
大西北地区	0.609 1	3	东部沿海	0.527 6	7
西南地区	0.602 4	4	北部沿海	0.526 6	8
			全国	0.664 4	

注：本文所测算的关联度均为综合关联度。

最后，从经济周期运行的不同阶段全要素生产增长率与经济运行的关联度比较来看。表 4 的结果显示，不论是繁荣阶段还是衰退阶段，全要素生产增长率与经济运行的关联度都在 0.5 以上，说明在整个经济周期运行的各个阶段，技术创新与经济波动持续保持着较强的关联性。其中，全国全要素生产增长率与经济运行的关联度在繁荣阶段确实低于衰退阶段，从而印证了上文提及的关于曲线的拟合程度并不完全等同于变量之间关联度的观点。然而，在包括全国在内的 8 个经济区域中，有 7 个地区的全要素生产增长率与经济增长率的关联度在繁荣阶段明显高于衰退阶段，东北地区差距最为明显。因此，从一般性的角度来考虑，我们完全可以坐实之前关于繁荣阶段技术创新与经济周期运行的关联度要高于衰退阶段的猜想。而尽管熊彼特在他的经济周期理论中有提到，一个或者少数几个企业家的出现可以促使其他更多企业家成组或成群地以不断增加的数目出现，从而表明了繁荣阶段创新与经济增长的较强关联性。但是，对于经济处在衰退阶段的整个过程中并没有明确地指出二者之间的具体联系并与繁荣阶段进行比较分析。所以，对于这一猜想的证实不仅实现了理论上的细微突破，而且对于经济政策的制定具有一定的指导作用，从而不乏一定的理论和现实意义。

表 4　全国及八大经济区域经济周期不同阶段全要素生产增长率与经济运行的关联度比较

区域	繁荣阶段	衰退阶段	区域	繁荣阶段	衰退阶段
东北地区	0.821 4	0.557 1	黄河中游	0.611 5	0.568 5
长江中游	0.601 4	0.561 7	南部沿海	0.616 8	0.513 1
大西北地区	0.618 5	0.525 8	东部沿海	0.581 9	0.526 2
西南地区	0.589 9	0.545 6	北部沿海	0.524 4	0.531 9
			全国	0.673 5	0.712 4

五、新时期技术创新对我国经济周期性波动的影响

　　鉴于新时期的技术创新是一次波及全世界且影响深远的技术革命，故首先从我国经济周期波动与世界经济周期性波动之间的关系着手分析。从图3可以看出，我国与世界经济的周期性波动具有以下几点一般性特征：一是1962—2016年，按照"谷—谷"法划分，我国与世界宏观经济同样都经历了9轮完整的周期波动，每一轮周期的平均持续时间为6年，与朱格拉（Juglar）中周期理论基本相符。二是经济周期波动的幅度逐渐缩小，频率逐步降低，稳定性逐渐增强。20世纪90年代之前，我国与世界经济波动均较为频繁，而之后尽管2009年世界经济曾一度跌入历史最低谷，但总体来看宏观经济波动（尤其是我国）呈现出了趋于稳定的迹象，具体表现为波峰有所下降，波谷显著上升，波幅显著下降，且每个经济周期内的平均经济增长率有所降低。三是我国经济周期波动的对称性明显高于世界经济。世界经济在1990年之前总体表现为"陡升缓降"的态势，特别是1975—1982年周期内，仅用1年时间就达到了1976年的最高点，随后经历了整整6年的下降阶段，呈现出了显著的"宽带现象"。1990—2005年则转变为"缓升陡降"的趋势，经历2008年金融危机之后，对称性表现尚不明显。四是我国经济周期与世界经济周期性波动之间具有一定的协动性。其中，1997年亚洲金融危机之前协动性最强，1997年之后，世界经济的波动频率和幅度均比我国剧烈，协动性也出现减弱。主要原因可能在于，我国具有的明显的制度优势在一定程度上缓解了经济的剧烈波动。此外，1962—1981年，世界经济增长率变化先行于中国经济增长率变化，先行时间大约为1年。1981—2000年世界经济增长率较中国经济增长率变化则相对滞后，滞后时间呈现了逐渐增加的趋势。随后，二者表现出了较高的同期性，也就是说，随着我国参与经济全球化程度的加深，我国已经基本融入了世界经济的变化格局中。

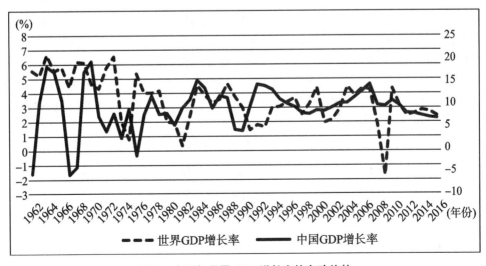

图3　中国与世界 GDP 增长率的变动趋势

数据来源：世界银行。

　　其次，来看我国技术创新对经济周期性运行的影响关系。我们采用三种当今流行最广的技术创新衡量指标以从不同侧面来分析我国技术创新过程对经济周期波动的影响：一是用研发支出占 GDP 的比例作为创新投入的衡量指标；二是用高科技出口占制成品出口的比例作为创新产出的衡量指标；三是用全要素生产率作为衡量技术创新的综合指标。另外，考虑包括 GDP 增长率在内的四类数据的同期可获得性，我们按照"谷—谷"法，选择 1999—2016 年这一个完整的经济周期（暂且认为目前我国经济已经探底）来进行分析。从图 4 显示的各指标变化趋势可以看出：第一，创新投入方面。除研发支出

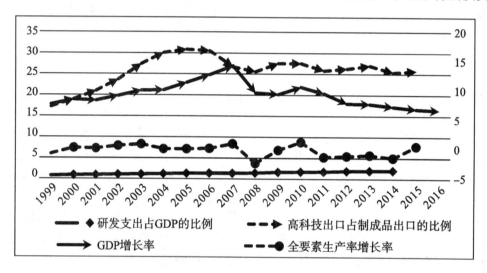

图 4　中国技术创新与经济增长率的变动趋势
数据来源：中国国家统计局直接获得或计算而来。

占 GDP 的比例持续稳定增加以外，其余变量均出现了不同程度的波动，意味着我国对技术创新投入的支持力度逐渐提高，这也是保障技术创新活动顺利进行的条件和前提。然而，尽管如此，我国研发支出占 GDP 的比例依然低于发达国家水平（2.5%左右），甚至低于世界平均水平（2%左右）。因此，我国需要继续不遗余力地增加创新投入。第二，创新产出方面。高科技出口占制成品出口的比例出现了波动，波动特征与经济周期波动基本吻合，且表现出了一定的先行性，先行时间约为 1 年。经济繁荣阶段，创新产出的增加对经济具有明显的拉动作用，上升幅度较为平缓，并没有剧烈的短周期波动出现，此阶段可以归为熊彼特的"创新吸收过程"。经济衰退阶段，2007 年以后创新产出出现了小幅波动，但总体处于均衡状态，表明技术创新进入了新一轮的发明和孕育阶段。当前，随着人工智能、生物新技术等新一轮技术创新成果的初现及应用，同时考虑到 1 年的先行期，尽管时下我国经济形势尚不明朗，但新周期的开启必然指日可待。第三，创新投入与产出共同作用的结果。图 2 明显地表明，全要素生产增长率与经济增长率的变化之间具有同期性，且全要素生产增长率的波动特征深刻地影响了经济增长率的波动特征。具体来看：一方面，全要素生产增长率的波动频率影响着 GDP 的波动频率。1999—2015 年全要素生产增长率共发生了 10 次波折，而经济增长率发生了 7 次，且前

者的每一次变化都会带动后者做出相应的变化。另一方面，全要素生产增长率的波动幅度影响着 GDP 增长率的波动幅度。排除 2015 年全要素生产增长率激增的情况，在经济繁荣阶段，全要素生产增长率增加了 1.72 个百分点，GDP 增长率增加了 6.56 个百分点。经济衰退阶段，全要素生产增长率约下降了 2.39 个百分点，GDP 增长率下降了 6.93 个百分点。平均而言，1 单位的全要素生产增长率的变化将带动 GDP 增长率发生 3.35 个单位的同方向变化。

再次，运用脉冲响应函数方法，从长期的角度再一次来验证我国技术创新对经济周期性波动的影响关系。此处，分别用 GDPZ 表示 GDP 增长率；用 TFPZ 表示全要素生产增长率。样本时间范围依然为 1999—2015 年，考虑到 GDPZ 序列本身为非平稳序列，所以我们采取逐期差分法得到全国 GDPZ 的 1 阶差分，单位根检验表明两个变量都是平稳序列。同时，对数据做了协整检验，二者存在协整关系，说明 GDPZ 与 TFPZ 之间着实具有长期的均衡关系。通过建立包括 GDPZ 和 TFPZ 两个变量的 VAR 模型，给全要素生产增长率一个正的冲击，采用广义脉冲方法得到关于 GDP 增长率的脉冲响应函数图，如图 5 所示。其中，横轴表示冲击作用的滞后期间数（单位：年度），纵轴表示 GDP 增长率的响应。实线代表脉冲响应函数，揭示了 GDP 增长率对全要素生产增长率的冲击的反应，虚线表示正负两倍标准差偏离带。从图 5 中可以看出，当在本期给全要素生产增长率一个正的冲击后，在第 1 期对全国 GDP 增长率将会产生最大的正向影响，之后这一正向影响逐渐减弱，直至对经济增长产生一定的抑制作用后出现回升，到第 7~8 期逐渐趋于 0，这与图 4 所示的繁荣阶段的持续时间十分匹配。整个过程与前文所述的熊彼特技术创新经济理论也是相吻合的：当"新组合"成群的初现时，新的经济结构的产品和劳务就可以到达它们的市场，使得企业家的需求迅速增加，从而极大地提升了整个商业界的购买力，带动了经济的增长。但由于新的组合在时间上并不是均匀分布的，而是一种跳跃式的干扰，所以，一次创新对经济的影响程度必定会随着对旧产品和劳务的"清算""调整""吸收过程"的完成而逐渐减弱，直至"在商品和劳务流程中就很少或者没有增加（事实上在消费品的产出中可能是一次减少）。与此同时，由于信贷开展的结果和其他途径，生产者和消费者的支出将会增加"[1] 进而对经济增长率的提高产生一定的抑制作用。然而，这种抑制作用并不会一直持续下去，随着经济体系中创新领域的逐步减少，各企业（尤其是国有企业）将审时度势调整生产策略以适应这种状况，导致经济小幅回升，并最终达到"均衡位置"[2]。如此，一轮完整的经济周期结束了，直到出现下一次技术创新冲击才可以开启新一轮的经济周期。而面对新一轮技术革命成果的纷至沓来，我国经济运行新周期早已曙光乍现。

---

① 约瑟夫·熊彼特. 经济发展理论 [M]. 何畏, 等, 译. 北京：商务印书馆, 2017：299.
② 熊彼特此处所说的"均衡位置"指的是技术创新对经济增长的影响达到了均衡，而具体的经济增长状况受技术创新冲击的消散实而进入了"不景气阶段"，也就是衰退阶段。

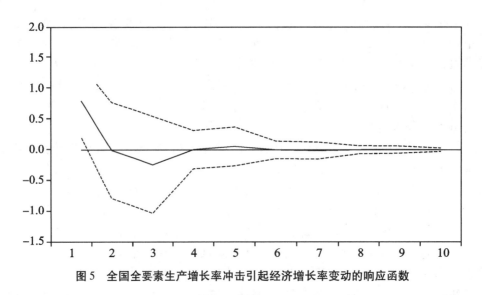

图5　全国全要素生产增长率冲击引起经济增长率变动的响应函数

　　最后，基于新一轮技术革命所表现出的新特点，新时期技术创新对我国经济周期的影响也将产生一些新的变化。主要表现为以下几点：①经济周期长度的变化。新时期技术创新成果转化为经济效益的时间急剧缩短，加快了产品更新换代的速率，从而使经济周期的长度具有缩短的趋势。一方面，产品的生产和交付周期急剧缩短，降低了繁荣阶段的持续时间；另一方面，新发明、新组合的孕育时间的下降缩短了衰退阶段持续的时间。②经济周期波动幅度的变化。伴随着人工智能、大数据、超级计算等新科技在金融领域的深度融合与快速发展，新一轮的技术创新大大提高了金融业的风险管理能力。而金融业作为国民经济的"血液"，它的稳定发展是避免和缓解经济危机大范围爆发的有力屏障。因此，新时期经济周期的波谷具有上升的趋势，经济周期的幅度将逐渐减小。③经济周期波动频率的变化。新时期，随着大数据与互联网新经济行业的蓬勃发展，"制造业+服务业+高科技"三者有机融合的发展模式必将造成产业结构逐渐趋于模糊化，第二、三产业之间的固有界限将逐渐淡化，从而使得企业间由于信息不对称与信息不完全而导致的社会再生产比例失调的问题能够得到及时、有效缓解，进而降低经济周期性波动的频率。④经济周期平均位势的变化。平均位势是指每轮经济周期的平均经济增长率。一旦人工智能在经济领域内得到普及应用，必将提高生产效率，带来劳动生产率的大幅上升，从而促进经济的增长。⑤新时期的经济周期将呈现出"缓升缓降"的态势。每一次技术创新在产业之间的渗透过程并不是一蹴而就的，由于新时期的技术革命应用范围十分广泛，涉及了产业发展及人类生活的各个领域，所以每一次技术创新从一个行业波及其他各个行业所消耗的时间必将受到创新广度和深度的影响而有所增加，相应地，也就增加了繁荣阶段的持续时间。同理，衰退阶段也将呈现出缓慢的态势。因此，通过以上分析可以得出结论：新时期技术创新的冲击将会使我国经济周期表现出周期长度缩短、波动幅度减小、平均位势上升、波动频率降低的"缓升缓降"的总体特征。

　　总而言之，尽管目前我国经济周期所处阶段扑朔迷离，学术界众说纷纭。但是，根据以上定量与定性相结合的分析结果：我国经济波动与世界经济波动之间的同期性和协动性明显增强。且当前世界经济出现向好的势头，我国全要素生产增长率的波动与经济增长率波动之间表现为明显的同向性和关联性；我国技术创新冲击对经济周期的影响具有十分显著的正向效应，且影响时间为 7~8 年，等同于我国本轮经济周期繁荣阶段的持续时间。此外，面对上一轮技术创新红利的消失殆尽，再加上世界经济已经进入回暖复苏的崭新阶段的事实，充分表明了新一轮技术创新的潮流已经涌现。因此，种种迹象促使我们得出同一个结论：我国经济即将开启新一轮的周期性运行，经济复苏阶段指日可待。

六、结语

技术创新作为推动经济增长的关键步骤，是经济周期由衰退转向繁荣的动力源泉。马克思和熊彼特分别在 19 世纪、20 世纪就对技术创新与经济周期性波动之间的这一关系的研究做出了理论性的贡献。尽管二者所代表的阶级利益大相径庭，但他们在关于创新的周期理论方面仍存在着一些共识。如今，在新一轮技术革命成果接踵而至的特殊时期，创新也表现出了许多新的特征，无论是影响广度还是深度都较之前更为深远。因此，如何将马克思的理论应用于指导新时期的经济实践，并实现新的发展，对于准确理解和把握当前技术创新与我国经济周期性波动之间的关系尤为重要。本文选择运用数据包络分析方法计算出的全国及八大经济区域 1999—2015 年的全要素生产增长率作为技术创新冲击的综合衡量指标，并采用灰色关联分析方法与脉冲响应函数分析方法对技术创新与经济周期性波动之间的关联性及技术创新冲击对经济周期波动的影响进行了定量分析。结果表明：①从全球视角来看，技术创新与经济周期性波动之间的关联性并不会因为各国或各地区的宏观经济发展水平的不同而出现较大差异。②我国东北地区技术创新与经济周期性波动之间的关联性明显要高于其他地区。③从一般性的角度来讲，我国技术创新在繁荣阶段与经济周期运行的关联度要高于衰退阶段。④随着经济全球化进程的加快，我国经济周期性波动与世界经济周期性波动之间表现出了明显的同期性和协动性。⑤我国技术创新冲击对经济周期的影响具有十分显著的正向效应，1 单位全要素生产增长率的波动将带动经济增长率发生约 3.35 个单位的同方向变化，且持续时间为 7~8 年。⑥新时期技术创新的冲击将使经济周期表现出周期长度缩短、波动幅度减小、平均位势上升、波动频率降低的"缓升缓降"的总体特征。总之，当前我国已经进入了新周期的起点，经济即将开启新一轮的周期性运行。

2016 年以来，随着我国《"十三五"国家科技创新规划》《国家创新驱动发展战略纲要》等一系列重要文件的颁布，充分表明创新作为拉动新一轮经济增长的动能之一，在我国国家宏观经济政策层面已经受到了高度的重视。然而，要想实现从资源依赖型向创新驱动型发展模式的华丽转变并非易事。因此，基于本文的研究结论，对新时期我国创新经济政策的进一步完善提出以下几点建议：①要继续加大创新投入力度，营造良好的市场环境和创新政策环境。一方面，长期以来，虽然我国的创新投入占 GDP 的比例稳步增长，却不及世界平均水平，与发达国家更是相差较远。所以，新时期一定要把握新一轮技术创新革命的重要机遇，加大创新投入的力度。另一方面，要建立完善的市场机制，营造公平竞争的市场环境。尤其在经济衰退阶段，竞争是促进企业创新的主要推动力。同时，要加快实施激励创新的税收政策和金融政策，完善知识产权管理和保护体系。②面对近年来东北经济一蹶不振的困境，要增强关于东北地区技术创新对经济增长具有重大推动作用的认识，充分发挥国有企业作为创新主体的绝对优势，对东北地区的创新激励给予必要的政策倾斜，通过政策引导和资源重组来培育东北地区的创新驱动型产业。③要继续坚持对外开放，统筹用好国际国内两个市场、两种资源。当前，要以"一带一路"发展为契机，抓住沿线各国的资源禀赋特点，积极推进各国之间在教育、科技等领域的交流与合作，扩大开放的空间和范围，在经济全球化进程中努力实现互利共赢。④要继续深化供给侧结构性改革，促进产业结构优化升级，加快新旧产业更替。一方面，要把握好全球"工业4.0"战略的发展机遇期，努力推动传统产业朝信息化、智能化、绿色化和服务化方向转型升级；另一方面，要加快发展战略型新兴产业和支柱产业，确保节能环保、新能源、新材料、新能源汽车、生物、高端装备制造业、新一代信息技术等产业成为我国产业结构优化升级的中坚力量。

参考文献：

［1］约瑟夫·熊彼特. 经济发展理论［M］. 何畏，等，译. 北京：商务印书馆，2017.

［2］Aristizabal-Ramirez，M.，G. Canavire-Bacarreza & F. Rios-Avila，Revisiting the effects of innovation on growth：a threshold analysis［J］. Applied Economics Letters，2015，22（18）.

［3］吴晓波，张超群，窦伟. 我国转型经济中技术创新与经济周期关系研究［J］. 科研管理，2011（1）.

［4］马克思. 资本论：第1卷［M］. 北京：人民出版社，1982.

［5］马克思. 资本论：第3卷［M］. 北京：人民出版社，2004.

［6］约瑟夫·熊彼特. 资本主义、社会主义和民主主义［M］. 绛枫，译. 北京：商务印书馆，1979.

［7］马克思，恩格斯. 共产党宣言［M］. 北京：人民出版社，2014.

［8］约瑟夫·熊彼特. 从马克思到凯恩斯十大经济学家［M］. 宁嘉风，译. 北京：商务印书馆，1965.

［9］刘美平. 高科技服务业引领的创新供给规律和路径［J］. 社会科学研究，2017（3）.

坚持和完善农村基本经营制度：
新思考与新探索

程民选[①]　　徐灿琳[②]

摘　要：坚持和完善农村基本经营制度，落实"统分结合"，既是进一步发展我国农业生产力的客观要求，也是社会主义生产关系的内在要求。"统"一定要符合"两个坚持"的要求，即坚持农村土地的集体所有制和坚持农户的家庭承包制，合作社则是符合新型"统"的要求的经济组织形式。但合作社应当如何建？实践中的塘约模式和南猛模式给出了两种不同的思路：塘约村的探索是"村社合一"，而南猛村的探索则是集体入股合作社。本文从制度结构、主体关系和利益机制三个方面，对两者的探索进行了比较。

关键词：农村基本经营制度　统分结合　合作社　模式比较

一、问题的提出

党的十九大报告明确强调要巩固和完善农村基本经营制度。坚持党的农村政策，首要的就是坚持农村基本经营制度，因此《深化农村改革综合性实施方案》中，明确将坚持和完善农村基本经营制度作为深化农村综合改革的基本原则之一，指出要把握好土地集体所有制和家庭承包经营的关系，落实集体所有权，稳定农户承包权，放活土地经营权，实行"三权分置"。同时明确提出要探索社会主义市场经济条件下农村集体所有制经济的有效组织形式与经营方式，确保集体经济发展成果惠及本集体所有成员，发挥集体经济的优越性，调动集体经济组织成员的积极性。在党中央一系列重要精神指引下，当前我国农村深化改革的实践中也涌现出了坚持和完善农村基本经营制度的一些新的探索，需要我们理论联系实际进行新的思考，以有利于提高我们的认知并推动实践的

---

①　程民选，西南财经大学经济学院教授，博士生导师，研究方向：产权理论、信用理论、社会主义市场经济理论与实践。

②　徐灿琳，女，西南财经大学经济学院博士研究生，研究方向：产权理论、社会主义市场经济理论与实践。

进一步发展。

我国农村基本经营制度一直强调"统分结合"，理论界对于"统分结合"的双层经营体制也持续给予了关注。有学者认为，虽然双层经营中的"统一经营"由 20 世纪致力于解决单个家庭办不了、办不好的事转化为更丰富的内涵、被提出了更多的要求，而普遍的状况却是地区性经济组织并未承担起有效职责（张晓山，2007）。有学者指出，改革开放以来形成对家庭经营的高度肯定后，农村基本经营制度已由双层经营异化为单层经营，过度地强调"分"而忽略了"统"（张德元，2012）。而家庭经营层经济的提升与村集体经济的普遍贫穷，使得我国一些地方的倾向性政策在逐渐削弱和动摇农村基本经营制度（王景新，2013）。也有研究者指出集体经济发挥"统"的作用在现有生产条件下有其存在的必要性，但总体说来集体经济力量却比较薄弱（孙中华，2009；国鲁来，2013）。而对农户服务的种类较少、"产供销"各环节没有衔接等现状，直接反映出了当前集体经济统的职能发挥还远远不够（孔祥智、刘同山，2013）。概言之，主张集体经济应发挥"统"的功能的学者，要么是从农村经济的现实出发，要么是从历史的经验总结中，得出"统分结合"的重要性和"统"的功能并不完善的结论。而从实现"统分结合"的理性回归（毛铖，2015）来看，显然还需要从生产力和生产关系这一马克思主义的视角，对农村基本经营制度中"统"的层面存在的必要性进行充分的论述。同时，对于农村集体经济组织采取何种形式有效实现"统"的功能，各地从实际出发也在进行新探索。对于已有的探索，显然需要从理论与实践的结合上进行必要的总结。本文试图重新思考历史经验教训，基于生产力、生产关系的双重视角论述落实"统分结合"的必要性，并结合实践中的一些新探索进行比较分析和思考，以利于贯彻落实党的十九大提出的"巩固和完善农村基本经营制度"这一重要精神。

二、"统分结合"是对历史经验的认真总结

农村基本经营制度作为中央在推行家庭承包制过程中及时提出的命题，明确了以家庭承包经营为基础，实行"统分结合"的双层经营制度是我国现阶段农村的基本经营制度。坚持和完善农村基本经营制度，既是在认真总结历史经验教训的基础上，对政社不分的人民公社体制下"只统不分"的传统集体经营制度的否定，又是在农村实行家庭承包制度改革后，对于家庭承包实施以来"分"的基础上仍然需要"统"的肯定。

1952 年土地改革完成后，亿万农民"耕者有其田"的夙愿得以实现，但农民所有的小土地所有制从本质上未能突破私有制关系。而汪洋大海般的小生产难以避免两极分化的产生，因而，如何将农民群众组织起来是当时毛泽东主席思考的一个重大问题。毛主席思考的结论是小农经济与社会主义工业化不相适应，必须把分散的小农组织起来走合作化道路。于是，农业合作化运动也就在农村互助合作基础上迅速展开。1954 年起初级农业生产合作社迅速在全国普及，农民将土地和大农具入社、统一组织生产、按劳动分配结合要素分红。初级农业生产合作社促进了当时农业生产的发展，只不过由于很快过渡到高级社，接着迅速实现人民公社化，而人民公社体制将农村一切生产要素捆绑

在一起，运用行政命令组织农业生产，形成了政社合一的体制和在生产经营层级只统不分的格局，导致生产关系超越了生产力发展的需要，从而严重束缚了我国农业生产力的发展。生产关系与生产力错配的结果，导致农业生产停滞不前，使得 1978 年全国人均占有粮食甚至低于 1957 年，由 203.06 千克降到 195.46 千克[①]，连温饱问题都已无法解决。

在这样的背景下，农民内生出强烈的变革要求，这也是 1978 年启动的改革开放率先在农村展开的根本原因。农村改革的成果是家庭承包责任制的全面推行，以及人民公社体制的终结。推行家庭承包经营，实质是调整生产关系去适应生产力发展的要求，在坚持农村土地的集体所有制前提下，农民获得了土地的家庭承包经营权，实现了土地的所有权与承包经营权的两权分离，这是符合我国社会主义初级阶段国情的，因而极大提高了亿万农民的积极性。改革红利的释放使广大农民群众直接受益，也大大促进了农业生产力的发展，使我国农村发生了根本性的变革。在家庭承包经营改革取得了巨大成就的同时，中央及时提出了农村基本经营制度的命题，明确以家庭承包经营为基础，实行"统分结合"的双层经营制度是我国现阶段农村的基本经营制度。

"统分结合"，是在"分"的前提下的"统"，以此区别于传统体制下的"统"。但由于多种原因，我国农村家庭承包制度实行以来，总的趋势是"分"落实了而"统"却难以落实。推行家庭承包经营，事实上使农民获得了承包土地的用益物权。如果说在 2006 年前，承包经营农地的农民还需承担上缴农业税的义务的话，随着农业税的废除，农民在承包土地上自主经营并自主支配土地的全部收获。在这样的状况下，在一些集体经济原本薄弱的地方，"谁来统，谁能统，如何统"事实上已经成为问题。于是，小农分散经营必然产生的问题，诸如小生产与大市场的矛盾、农户抗风险能力弱、无规模效益、农业机械化和现代农业技术的推广等问题，导致农业产业化进程受阻，遑论农业现代化的实现。

如果说传统农业经营制度的弊端证明了实行家庭承包制度即"分"的必要性，那么实行家庭承包制度即"分"以来农户分散经营存在的种种问题，显然又说明了在"分"的基础上也有"统"的必要性。因此，中央及时提出以家庭承包经营为基础，实行"统分结合"的双层经营制度是我国现阶段农村的基本经营制度。这无疑是高瞻远瞩的，是对历史经验进行认真总结后所得出的正确结论。

三、从生产力与生产关系的双重视角看"统分结合"

从理论上看，在"分"的基础上要有"统"，真正落实"统分结合"，既是进一步发展我国农业生产力的客观要求，又是社会主义生产关系的内在要求。

首先，从生产力角度，实行"统分结合"是生产力发展的要求。生产力包含三基本要素：劳动者、劳动资料和劳动对象。生产力三要素之间的任何一要素发生改变，都

---

① 赵德馨. 中国经济 50 年发展的路径、阶段与基本经验 [J]. 中国经济史研究，2000 (1).

会引起生产力的变动。推行农地家庭承包制度的成功，主要在于劳动者从原有体制束缚中解放出来，焕发了劳动热情和积极性。但一家一户的分散经营，土地零碎、规模狭小，不可能获得规模效益，且在劳动对象受限的情况下，劳动资料的使用也具有局限性，导致劳动生产率难以提高。加之一家一户的分散经营既谈不上资源的优化配置，也无法产生合作剩余。于是，当劳动者从原有体制束缚中解放出来的改革红利释放完毕后，农业生产力的进一步发展客观上需要在"统分结合"基础上更好发挥"统"的功能。

发挥"统"的功能反映了生产力发展的客观需要，这是因为在"统分结合"基础上更好发挥"统"的功能的经营体制，可以弥补生产者独自经营、土地分散零碎、难以使用农机设备等缺陷，也可以在一定程度上减轻单个生产者农业科技知识的匮乏，以及难以抗衡自然风险和市场风险等问题，还可以解决土地撂荒等问题。"统分结合"通过资源的重新组合，能够产生新的生产力，推动生产力的进一步发展。总之，坚持"统分结合"的农村基本经营制度，是我国农业生产力进一步发展的内在要求，只有不断完善农村基本经营制度，才能激活生产要素的潜在生产力，创造出新的生产力。

其次，从生产关系角度，实行"统分结合"也是生产关系发展的需要。土地是农业最基本的生产要素，我国实行农村土地的劳动群众集体所有制，土地所有权归集体所有。在家庭承包制度实行后，集体所有的农地由作为本集体成员的农户分别承包经营，实现了集体土地所有权与承包经营权的两权分离。前已指出，这一改革激发了劳动者的生产积极性，从而释放了改革红利。但一家一户的分散独自经营，不仅存在前述有碍农业生产力更进一步发展的问题，而且从社会主义生产关系的性质和内在要求来看，也不能只分不统，而客观上需要实行"统分结合"。

从生产关系视角来看必须实行"统分结合"，一是因为我国实行农村土地的劳动群众集体所有制，农村土地是集体的，所有制不能变，同时又是家庭承包的，现阶段承包制也不能变。两个不能变决定了只能实行"统分结合"，因而"统分结合"是我国现阶段农村的基本经营制度。二是由于社会主义性质决定了我国必须走共同富裕的道路。就前者论，坚持农村土地的劳动群众集体所有制，在这一前提下赋予农户作为集体成员对于集体土地的承包经营权，既否定了回到土改时的小土地私有制，也根治了人民公社体制下政社不分，农民散失自主经营权，集中劳动方式下生产效率低下的诸多弊端。农村土地的劳动群众集体所有制，客观上为"统分结合"的双重经营制度奠定了产权基础：农村土地的劳动群众集体所有制既为"统"提供了产权依据，也是集体成员承包农地的家庭承包经营制度的产权制度基石。就后者论，我国的社会主义性质决定了必须走共同富裕的道路，实现全体人民共同富裕是社会主义的本质要求，也是社会主义制度优越性的根本体现。而家庭承包制度虽然激发了亿万农户的生产积极性，但一家一户在狭小和分散的承包土地上的耕作，既损失了规模效益，又有碍农业现代化的实现，且对于那些因缺少劳动力或因病致贫的家庭，不仅致富无望，甚至陷入生活困顿的窘境，需要政府精准扶贫。显然，分户承包所无法解决的问题，从根本上看只有寄望于"统"来克服。在"分"的基础上实现"统"的功能，即实行"统分结合"，才能够加速我国农业现代化的进程，让全体农民群众共同奔小康，最终实现共同富裕的中国梦。

以上从生产力和生产关系的双重视角，论述了坚持和完善"统分结合"的农村基本经营制度的必要性与必然性。而历史的经验教训告诉我们，通过合作化方式把分散的农户组织起来进行农业生产经营，是解决农户各自分散经营存在的问题、提高农业生产组织化程度和实现规模效益的必由之路；但一定要从实际出发探索农业合作化的方式和途径，使之因地制宜，真正得到广大农民群众的拥护，自愿参与，真心支持，全力投入。这是农业合作化能否真正成功的关键所在。而现实条件下发展农民合作社的实质，也正是要在实现"分"的基础上的"统"，做到统分结合。由此看来，坚持"以家庭承包经营为基础、统分结合的双层经营体制"，合作化应是题中之义。这样一个认识，是我们近年来深入成渝统筹城乡改革综合试验区，以及安徽、江苏等多地农村调研后逐渐形成的。尤其是 2017 年西南财经大学同贵州大学组成联合课题组到贵州农村调研"三变"改革①，当我们深入安顺市的塘约村和黔东南州雷山县的南猛村，了解了两个村在"三变"改革中的新探索后，对此更有了进一步的认知。我们认为，《中共中央关于全面深化改革若干重大问题的决定》中，明确强调"鼓励农村发展合作经济"②，极有战略远见。

四、坚持和完善农村基本经营制度：塘约村的探索

贵州省兴起的"三权"促"三变"改革，通过对农村各类产权进行确权、赋权、易权，促进"资源变资产、资金变股金、村民变股东"。"三变"改革中，塘约村和南猛村的做法虽有不同，但都是在坚持土地的集体所有和家庭承包制度的前提下，探索农村集体经济的有效实现形式，以实现集体"统"的功能的发挥。

贵州省安顺市平坝区乐平镇的塘约村，在 2014 年以前还是一个省级二类贫困村，农民年人均可支配收入不足 4 000 元，村集体经济资金不到 4 万元，共有贫困人口 138 户、645 人。为改变"村穷、民弱、地撂荒"等现状，塘约村以"党建引领、改革推动、合股联营、村民自治"为主线，探索出"村社一体、合股联营"的发展模式，形成村集体与村民"联产联业""联股联心"的发展格局，构建经营服务平台、创业就业平台、"七统一"发展机制，提高生产效率，极大地释放了改革红利。2016 年，全村农民人均可支配收入达到 10 030 元，村集体资产达202.45 万元，实现了从省级贫困村到小康村的蝶变。

塘约村改革的核心措施，一是进行产权制度改革，实行土地承包经营权、林权、集体土地所有权、集体建设用地使用权、房屋所有权、小型水利工程产权和农民集体财产权的"七权"同时确权，建立相应机构确保"确权、赋权、易权"有序进行。通过精准测量，摸清家底，建立大数据产权档案，确权颁证，明确权利归属，构建稳定的土地承包经营权，确保"三权分置"得以落实，也盘活了沉睡资产。二是进行农村经营制

---

①　"三变"改革是贵州全省农村正在推行的"资源变资产、资金变股金、农民变股东"改革的简称。

②　中共中央关于全面深化改革若干重大问题的决定 [M]. 北京：人民出版社，2013.

度改革，实现"统分结合"双重经营。塘约村成立村集体所有的"金土地合作社"，实行"村社合一"，引导农民以土地入股加入合作社，实现股份合作，带股入社，合股联营。入社土地由村集体统一经营，不向本集体经济组织外流转，并建立全体成员大会制度、财务管理制度、利润分红制度等。对于经营所得收益按照合作社30%、村集体30%、村民40%进行分成。塘约村以村"两委"为核心，由村干部带头，以专业合作社为载体，以"村集体+合作社+公司+农户"打造特色产业园区，调优结构，做精品农业，促进第一、二、三产业融合发展。在合作社下组建建筑队、运输队、市场营销中心、妇女创业中心、劳务输出中心，将全村的劳动力组织起来进行优化配置。社员在合作社务工月收入不少于2 400元，农民收入情况得到极大的改观。三是实现了乡村治理制度的优化，实行"党总支管全村，村民管党员"。通过组织建设、监督机制、管理办法等形成党员和村民的互相监督体系。①

塘约村的成功探索离不开上级政府在政策、资金上的大力支持，同时带头人左文学也是一个既具有公心同时又具有较强能力的能人。这是塘约村迄今改革取得成功的关键性条件。然而，塘约村"村社合一"的做法却又颇具争议。塘约村"村社合一"的实质是以村集体名义成立合作社，于是村两委与村集体名义下的金土地合作社是同一套人马，存在组织功能重叠等问题。按照法律规定，村委会和村集体经济组织是两个独立的组织，一个是村民自治组织，一个是农村集体经济组织，二者具有不同功能，且不存在上下级关系。由于一直以来对村集体经济组织"统"的功能不够重视，许多地方村集体逐渐成为空壳，于是村委会代替村集体的现状较普遍。但村委会是法律上的群众自治组织，其主要承担协助乡镇政府进行社区治理的职能，完成政府安排的各项工作等，从这种意义上来说是一个准公共权力机构，主要体现的是民主自治。而村集体经济组织的根本性质是经济组织，在农村基本经营制度中体现经济上"统"的功能，其经营活动需要经受市场经济的检验，目的是为了实现集体经济利益最大化。概言之，前者主要担负乡村治理的职责，而后者负责组织发展集体经济。由于二者承担着不同的职能，合二为一容易产生矛盾。所以，村集体和村委会在形式上的融合，并不符合经济组织发展的规律和要求。塘约村成立的金土地合作社是充分发挥集体经济"统"功能的经济组织，在"村社合一"的发展模式下，合作社事实上代表村集体，但按照合作社经营收益30%归村集体、30%归合作社，40%由村民分红的分配比例，似乎村集体和合作社又是两个不同的利益主体，其经营究竟是统到村集体还是合作社？如果实际上是合作社在经营，那么在其上重叠一个没有具体经济职能却又参与分红的村集体有无必要？值得思考。还应看到，"村社合一"是一把双刃剑，一方面扩大了村委的经济职能，减少了人员需求、降低了制度成本；另一方面也使得权利过度集中，政经不分为以后的长远发展埋下了隐患。一旦缺乏良好的管理机制、运行机制和有效的监督机制，难免产生"内部人控制"风险，影响村集体经济组织的行为抉择，甚至可能滋生违法犯罪、腐败行为，严重损害合作社成员权益，产生社员对合作社的离心倾向，从而妨碍集体经济组织发挥"统"的功能。这一点绝非危言耸听，事实上已有前车之鉴。长三角、珠三角等地城乡

---

① 贵州省委政研室联合调研组. "塘约经验"调研报告［N］. 贵州日报，2017-5-18.

接合部的村集体资产，随着城镇化的推进而市值增大。在缺少监督的情况下，一些村干部在参与集体资产经营管理过程中出现了侵吞集体资产、"小官大贪"现象，既侵吞了农民利益，也影响了农村的稳定和发展。① 鉴于此，《深化农村改革综合性实施方案》中指出要"研究明确村党组织、村民委员会、村务监督机构、农村集体经济组织的职能定位及相互关系。在进行农村集体产权制度改革、组建农村股份合作经济组织的地区，探索剥离村'两委'对集体资产经营管理的职能，开展实行'政经分开'试验，完善农村基层党组织领导的村民自治组织和集体经济组织运行机制"。可见，中央已经明确政经分离是农村综合改革深化的方向。

五、坚持和完善农村基本经营制度：南猛村的探索

南猛村隶属贵州省黔东南州雷山县郎德镇，地处山区，自然环境恶劣，水土流失严重，农业生产力落后，人均耕地仅有 393 平方米，村民全部为世居苗族。2012 年南猛村入选国家住建部首批"中国传统村落"，2015 年成为国务院扶贫办、国家旅游局确定的首批旅游扶贫试点村。目前全村有州级非物质文化遗产传承人 1 名，建有芦笙博物馆、芦笙场等公共文化设施，被誉为"芦笙舞艺术之乡"。虽然南猛村历史悠久、底蕴深厚，但多年来民族文化并未带动南猛村民脱贫致富。2014 年，按照国家精准扶贫工作要求，南猛村列入建档立卡贫困村，全村贫困发生率超过 30%，无集体经济收入，全村年人均纯收入不足 4 800 元。目前尚有建档立卡贫困户 23 户、贫困人口 79 人，贫困发生率为 10.5%，脱贫攻坚形势仍然严峻。

南猛村在贵州"三变"改革中，积极探索村级合作社流转农户土地发展特色产业，成立村集体领办、党员带头示范、全体贫困户参与，第一、二、三产业融合发展的共济乡村旅游合作社，农户以土地、山林、房屋等资源入股合作社，由合作社"统一管理，统一营销"。以"市场主导、平等自愿、自负盈亏、按股分红"为原则，转贫困户帮扶资金为贫困户持股，鼓励农民将资金和土地承包经营权入股，按股分红。通过系统性的改革，在不到两年的时间内，合作社稳定年收入达到 30 万元，贫困户户均增收超过 3 000 元，南猛村贫困发生率由 32% 下降到 10%，村集体经济实现由零到 100 万元的突破。

南猛村改革的核心措施，一是改变原有的生产资料归属、生产方式和分配方式，不再将生产资料、资金分到户，而是集中使用、统一经营、按劳分配。通过整合产业扶贫资金，以"村集体+贫困户"成立共济乡村旅游合作社，既创新了扶贫资金使用，推进资金融合，又建立了村集体主导的合作经济组织。南猛村的共济乡村旅游合作社注册资金 100 万元，其中村集体以芦笙博物馆作价和部分村集体经济发展资金共 40 万元入股，全体贫困户以 60 万元产业扶贫资金作为股金加入合作社，形成"44+1"（44 户建档立卡贫困户和 1 个村集体）的股权结构，按股分红。同时鼓励非贫困户以资金、土地继续

① 深化农村改革顶层设计出炉，首提政经分开 [N]. 上海证券报，2015-11-03.

入股，使大部分村民都能参与和发挥作用。现在共济合作社农户入社率达90.2%，贫困户入社率高达100%。二是通过共济乡村旅游合作社的经营，发挥"统"的功能，实现了强弱深度融合。通过由村集体领办、党员带头示范、贫困户参与，充分利用优质农产品、旅游文化资源与多家公司建立合作关系。合作社内设芦笙表演组、民族手工艺组、农业经营组和电子商务组，建档立卡贫困户根据个人特长和爱好，分别加入4个小组。合作社成立以来各项业务快速发展，芦笙表演组连续两年承办了苗族芦笙大赛，多次组织小学生芦笙队参加各类表演；农业经营组积极调整产业结构，将分散的山坡玉米地、半荒地集中连片种植茶叶、杨梅、中草药材等，通过土地流转新增茶叶种植16.68公顷；民族手工艺组获得2 000件手工刺绣订单，订单金额6万元，将为30名南猛绣娘增收3万元，并与国家级非物质文化遗产传承人莫厌学老先生签订了芦笙制作培训合作协议；电子商务组入驻雷山县电子商务产业园区办公，南猛村微信公众号"新插队"、微店"为杨梅送行"于2016年6月正式上线。三是大力推进基础设施建设，除道路、卫生室等改造外，由共济乡村旅游合作社重点投资建成雷山县第一个乡镇仓储物流中心，同时引进包装加工技术，大力发展本地水果蔬菜产业。为解决"最初一公里"的农产品保鲜，通过建设冷库和购置冷藏车，率先建设全程冷链，与贵阳、凯里甚至省外部分城市实现了"农超""农社"① 等的对接。

南猛村改革中遇到的问题具有典型性，是当前贵州山区农业发展所共同面临的问题：

一是制度体系有待完善。首先南猛村山区森林覆盖率50%以上，耕地稀少、土地贫瘠，生态环境脆弱，发展农业成本相当高。同时地处巴拉河流域，承担了两江保护的义务和防止水土流失的责任。这些承担生态防护功能的村镇，土地资源有限而林木资源丰饶，但因生态林不可间伐，其山林对于当地人几无经济价值可言。虽然国家政策给予了生态补偿，但相较于当地人的生态付出，微薄的补偿无异于杯水车薪。当地在保护生态的同时也建立了严格的建设用地审批制度，山区基础设施落后，要改变落后状态对基本建设用地需求较大，但由于审批严格，影响了当地发展。如何完善合理的生态补偿机制、灵活的建设用地审批制度，还需进一步思考、研究和探索。其次是财务、项目等审批制度不健全，极大地影响了改革热情。在农业审批制度中，还在使用2004年版本，如务农工资按审批制度48元/日，而实际情况是工资已达100元/日；在审批中需层层上报，需花费大量时间；在项目验收过程中，不达标不报、多达标不补等，导致村干部出于对审批制度的烦琐、严格和害怕承担风险等考虑，不愿意争取资金创办项目。

二是拥有丰富的民族文化资源，却难以变成农民资产。南猛村属民族地区贫困村，全村194户、755人全部为世居苗族，拥有芦笙舞、苗绣、苗家山寨、拦门酒、爬坡节等丰富的民族文化资源。如何将丰富的文化资源变为农民的资产，迄今还缺乏发展的整体思路。2017年1月中央出台的《关于稳步推进农村集体产权改革意见》，对集体资产的定义不仅包括有形资产，也包括无形资产。而"三变"改革第一变即是将资源变资产，第二变是资金变股金，其实质就是要盘活存量要素，让资源资金能够成为经营发

---

① 即实现了新鲜瓜果蔬菜直接对接城镇超市和社区等。

展、不断增值的资本。毫无疑问，只有实现资源变资产和资金变股金，才有农民变股东的第三变。就需要盘活的存量要素论，贵州不仅资金短缺，而且物质资源也有限。从课题组调研的多个点的情况来看，谈及资源变资产所说的资源，除南猛村触及一点民族文化资源，将村里的芦笙博物馆折价入股合作社外，其余所打包入股的资源，无一例外都是有形的物质资源，如农地、山林等，连同水利设施一并打包作为股金，要么加入合作社，要么入股农业园区。现有的资源变资产改革显然存在很大的局限性。贵州地处云贵高原，很多地方山高坡陡，人均耕地少且分散，甚至人均仅有几分地，虽然山林茂密，但由于是生态林，承担着保护乌江、长江流域的生态功能，不允许任何砍伐，如果"三变"改革中仅仅看到有形的物质资源，无异于民间所说的"螺蛳壳里做道场"，难有大的作为。我们认为，在"三变"改革的资源变资产中，需要突破有形资源的观念束缚，认识到民族文化资源（含有形和无形的文化资源）的价值，通过开发民族文化资源并将其转变为经济资产，自身利用也罢，合作入股也好，才能让数千年历史沉淀的民族文化资源变为发展现代旅游经济的宝贵资产。[1]

三是贫困发生率高，资金、技术、生产力等各种生产要素缺乏，扶贫难度大。虽然南猛村申请到 300 万元旅游扶贫资金，但由于缺乏产业支撑、缺乏集体资产、基础设施落后，对社会资金难以形成吸引力，而政府资金也难以持续性的投入。在户均不足两亩地的贫困山区，大量青壮年劳动力选择外出务工，改变农村面貌所需的劳动力严重不足，留守人员老龄化程度严重。由于缺乏青壮年劳动力，缺乏改变山区面貌所需的人才和先进发展理念，缺乏持续的资金和技术投入，要想形成改变贫困山区面貌的"造血"机能，提高其自身发展能力，从而从根本上降低贫困发生率和返贫率，难度很大。但这也恰好说明发挥集体"统"的功能的必要性，因为单靠一家一户的力量显然是无法改变贫困山区落后面貌的。

六、两种新探索模式的比较

我国农村深化产权制度的改革还在进一步推进，农村集体经济组织采取何种形式有效实现"统"的功能，应从各地实际出发进行探索，其组织形式可以多样化。对于已有的探索，显然也需要从理论与实践的结合上进行必要的总结。针对塘约村"村社合一"的探索和南猛村的集体入股合作社的探索，我们从制度结构特征、主体之间关系、利益机制设计等方面进行以下比较（见表1），以期对坚持和完善农业基本经营制度，有效落实"统分结合"的新探索进行总结。[2]

塘约村的探索和南猛村的探索都具有典型意义，为我们坚持和完善"统分结合"的农村基本经营制度提供了两种不同模式的比较。我们主要从制度结构、主体关系和利

---

① 承认文化资源能够转化为发展所需的经济资产，对于促进文化资源丰富而其他经济资源匮乏地区的经济社会发展，显然具有重要意义。

② 本文所重点关注的是两村所办合作社模式的区别，而不是对他们迄今的全部改革进行比较。

益机制三个方面，反映了塘约模式和南猛模式各自的探索。在我们看来，塘约模式的根本特征是基于行政权力的"统"，因而起步就实现了"村社一体"，是以村集体名义成立金土地合作社；而南猛模式则是村集体以一个市场主体的身份主导的"统"，其共济乡村旅游合作社从"44+1"起步，即 44 户贫困户加 1 个村集体，而村集体有资产入股，然后在发展中吸收非贫困户加入。是建立村集体的合作社，还是村集体入股领办合作社，这是二者实现"统"的功能的根本不同之处。

表1　　　　　　　　　　　　　　　　塘约模式与南猛模式的比较

		塘约村	南猛村
制度结构	主导类型	村"两委"主建合作社	村集体领办合作社
	组织特点	村社合一，合股联营	村集体资产入股合作社
主体关系	合作社与农户关系	村民全体入社，村民即社员	贫困户全体入社，其他农户自愿入社
	村集体和合作社关系	村集体分取合作社收益	村集体参与合作社运作
利益机制	利益联结机制	村集体+合作社+公司+农户	合作社+农户+基地
	利益分配机制	村集体 30%、合作社 30%、村民 40%	按股分红

我国农村基本经营制度强调"统分结合"，显然并不是要走政社合一的回头路。基于必须坚持农村土地的集体所有制度和必须坚持农户的家庭承包制度，新型的"统"一定要符合这两个坚持的要求，一定是符合自愿互利原则、农民内心认同并自主要求的"统"。由此看来，合作社这种经济组织形式无疑是符合新型"统"的要求的组织形式，这也正是为什么塘约模式和南猛模式都采取了建立合作社这种经济组织形式所内含的道理。但合作社应当如何建？塘约模式和南猛模式却给出了两种不同的思路。南猛村是将村集体资产加入合作社，在合作社中占有一定股份，而塘约村则是建村集体的合作社，村集体据此分享收益。两种模式都旨在发挥集体"统"的功能，然而在坚持和完善农村基本经营制度中，村集体究竟应当如何发挥"统"的功能，是依托行政权力来"统"，还是以平等的经济主体的身份来"统"，的确值得大家认真思考。

在探索"统分结合"的经济组织形式中，如何实现各方的利益诉求，设计合理的利益分配机制至关重要，这是关系到改革能否持续的关键。在塘约村的探索中，实行了"村社一体"，在利益分配上规定了村集体与合作社各占 30%，村民占 40% 这样一个"334"的分配比例，但无法解释村集体参与分配的经济依据是什么。在这一点上，南猛村村集体按资产入股合作社，按股分红，显然明确了村集体参与合作社分配的经济依据。这也启发我们思考：村集体参与合作社分配究竟需不需要经济依据？仅仅凭村集体名义建合作社就参与分配，其参与分配的比例究竟由什么确定？既然是合作经济组织，其组织、运作和分配等就都应当遵循合作经济的性质和经济规律，否则，曾经发生过的行政权力支配经济组织活动的旧疾可能复发。基于此，我们更看好南猛村的改革探索。南猛村在"三变"改革中，通过村集体领办合作经济组织以实现"统分结合"的探索，在将近两年的实践中取得了初步的成果，不仅将全体贫困户纳入了合作社，而且吸收了大部分非贫困户加入。虽然较之塘约村"村社合一"，全村农户加入合作社，尚未能实现"统"的全覆盖；但我们相信随着村集体领办合作社的进一步发展，剩下不到10%的农户自愿加入合作社是可以预期的。而且，南猛村由村集体领办合作社的做法，较之塘约村一统到底的做法，对于避免党政社难分的问题，确有其独到的价值，也符合中央《深化农村改革综合性实施方案》中提出的实行"政经分离"的方向，因此值得我们重视和进行理论总结。

参考文献：

［1］中共中央关于全面深化改革若干重大问题的决定［M］．北京：人民出版社，2013．

［2］中共中央深化农村改革综合性实施方案［N］．安徽日报，2015-11-03．

［3］张晓山．创新农业基本经营制度，发展现代农业［J］．经济纵横，2007（1）．

［4］张德元．农村基本经营制度的异化及其根源［J］．华南农业大学学报(社会科学版)，2012（1）．

［5］王景新．影响农村基本经营制度稳定的倾向性问题及建议［J］．西北农林科技大学学报，2013（5）．

［6］孙中华．关于稳定和完善农村基本经营制度的几个问题［J］．农村经营管理，2009（5）（6）．

［7］国鲁来．农村基本经营制度的演进轨迹与发展评价［J］．改革，2013（2）．

［8］孔祥智，刘同山．论我国农村基本经营制度：历史、挑战与选择［J］．政治经济学评论，2013（4）．

［9］毛铖．利益缔结与统分结合：立体式复合型现代农业经营体系构建［J］．湖北社会科学，2015（6）．

［10］赵德馨．中国经济50年发展的路径、阶段与基本经验［J］．中国经济史研究，2000（1）．

［11］彭海红．我国农村基本经营制度改革与反思［J］．农业经济，2012（7）．

［12］贵州省委政研室联合调研组．"塘约经验"调研报告［N］．贵州日报，2017-05-18．

个人收入分配不平衡的现状
及体制机制原因透视
——马克思主义收入分配和市场理论视角分析

付光耀① 谢元态②

摘　要：本文首先对个人收入分配不平衡五个方面的表现作现状描述：既有地区间的不平衡和城镇与乡村之间的不平衡，也有脑力劳动与体力劳动间的不平衡和性别间的不平衡，还有普通员工与管理、技术人员工资间的不平衡等。接着从马克思主义收入分配和市场理论视角，分析个人收入分配不平衡的原因——分配方式多元化和市场机制扭曲——实际上是市场引导各种资源严重错配的过程，是国民收入初次分配的体制机制性问题。因而个人收入分配不平衡问题，应当首先在初次分配制度设计和机制完善中得到解决，而不应当等待国家财政再分配去"兼顾公平"。

关键词：个人收入分配　不平衡　原因　马克思主义理论

党的十九大报告指出，进入新时代后"我国社会主要矛盾已经转化为人民日益增长的美好生活需要和不平衡不充分的发展之间的矛盾"。而个人收入分配不平衡状况非常突出，原因也异常复杂。多数学者认为，在市场经济条件下，个人收入分配不平衡是国民收入初次分配追求"效率优先"的结果。这种不平衡只能通过国家财政再分配功能去"兼顾公平"。本文运用马克思收入分配理论和市场理论，透视个人收入分配不平衡的关键原因——分配方式多元化和市场机制扭曲——主要是国民收入初次分配的体制机制性问题。从而说明，个人收入分配不平衡问题，应当而且完全能够首先在初次分配制度设计和机制完善中得到解决，而不应当等待国家财政再分配去"兼顾公平"。

一、现状描述：个人收入分配不平衡的五方面表现

个人收入分配不平衡是"发展不平衡不充分"的结果，既有地区间的不平衡和城

---

① 付光耀，男，1993年7月出生，安徽宿州人，江西农业大学经济管理学院2017级硕士研究生。
② 谢元态，男，1955年3月出生，江西上犹人，江西农业大学经济管理学院教授。

镇与乡村之间的不平衡，也有脑力劳动与体力劳动间的不平衡和性别间的不平衡，还有普通员工与管理、技术人员工资间的不平衡等。

（一）地区间城镇私营与非私营单位平均工资的不平衡

自1978年改革开放以来，中国各地区纷纷驶入了发展的快车道，各地区各行业皆得到了较快的发展，东部沿海城市的经济开放及西部大开发政策无不刺激着国民生产水平和人民生活水平的提高。然而，快速发展同时带来的不平衡问题也必须引起我们的高度重视。

各地区之间的个人收入分配不平衡，在东、中、西、东北四大区域表现非常突出。表1中东部以江苏和浙江两省为例、中部以安徽和江西两省为例、西部以青海和贵州两省为例、东北部以吉林省为例，仅对城镇的私营与非私营单位的平均工资进行比较。

表1　　　　　　　　　　2016年各区域城镇私营与非私营单位平均工资比较　　　　　　　　单位：元

区域	省份	城镇非私营单位	城镇私营单位	与全国城镇非私营单位平均水平（67569）相比	与全国城镇私营单位平均水平（42833）相比
东部	江苏省	71 574	47 156	+4 005	+4 323
	浙江省	73 326	45 005	+5 757	+2 172
中部	安徽省	59 102	39 110	-8 467	-3 723
	江西省	56 136	36 868	-11 433	-5 965
西部	青海省	66 589	34 908	-980	-7 925
	贵州省	66 279	39 058	-1 290	-3 775
东北部	吉林省	56 098	30 184	-11 471	-12 649
最大差额		17 228	16 972	-11 433	-12 649

数据来源：《中国统计年鉴2017》。

从表1的对比中可发现，城镇私营与非私营单位平均工资水平呈现的排位分布为：城镇非私营单位中，东部二省浙江省、江苏省平均工资水平位居第一、第二，中部地区和东北部地区三省工资水平最低。在城镇私营单位中，东部地区二省平均工资水平最高，西部地区和中部地区平均工资水平基本持平，东北部地区平均工资水平最低。

（二）城镇与乡村之间居民人均可支配收入不平衡

国家统计公报显示，2016年全国居民人均可支配收入比上年（2015）提升了8.4%，为23 821元；全国居民人均可支配收入中位数提升了8.3%，为20 883元。但是城镇与乡村之间居民人均可支配收入存在严重的不平衡。虽然相对数（倍差）有逐步缩小的趋势，从2010年的3.23倍缩小到2016年的2.72倍，而绝对数差距却大得惊人：城镇与农村居民人均可支配收入绝对差距从2010年的13 190元，到2016年扩大到21 253元（见表2）。

表2　　　　　　　2010—2016年全国城镇与乡村居民人均可支配收入比较　　　　　单位：元

	城镇居民 人均可支配收入	乡村居民 人均可支配收入	相对差距 （倍差）	绝对差距
2010	19 109	5 919	3.23	13 190
2011	21 810	6 997	3.12	14 813
2012	24 565	7 917	3.10	16 648
2013	26 955	8 896	3.03	18 059
2014	28 844	9 892	2.92	18 952
2015	31 195	11 422	2.73	19 773
2016	33 616	12 363	2.72	21 253

数据来源：国家统计局《2016年国民经济和社会发展统计公报》。

　　通过表1、表2中的数据得知，城镇居民人均可支配收入与乡村居民人均可支配收入都呈现逐年增加的趋势，而且在七年中，虽然乡村比城镇增长要稍快些，但二者之间相对差距（倍差）和绝对差距依然很大。

　　再以比较落后的贵州省和最发达的广东省为例，其城镇与农村人均可支配收入差距都有扩大的情况，其中贵州省的倍差较广东省的倍差增长得更为明显（见表3）。

表3　　　　1978年与2015年贵州与广东城乡村居民人均可支配收入比较　　　　单位：元

省　份	年份	人均可支配收入 （城镇常住居民）	人均可支配收入 （农村常住居民）	倍差
贵州省	1978	261.26	109.30	2.39
	2015	24 579.64	7 386.87	3.32
广东省	1978	412.13	193.25	2.13
	2015	34 757.16	13 360.44	2.60

数据来源：《贵州省统计年鉴2016》和《广东省统计年鉴2016》。

　　通过两省的数据比较显示了城乡居民人均可支配收入的一个区域性特征，即较落后地区的城乡人均可支配收入差距较大，而较发达地区的城乡人均可支配收入差距较小。

（三）脑力劳动者与体力劳动者工资收入的不平衡

　　随着社会行业体系的不断发展，三大产业的体脑构成也在日渐变化：第一产业以体力劳动为主而脑力劳动有逐渐增多的趋势；第二产业中以一线普通工人为主体而科研技术人员和管理干部有逐渐增多的趋势；第三产业中则是以脑力劳动为主（如科教文卫等），也有部分体力劳动（如运输、餐饮等）。总的趋势是脑力劳动逐渐增多而体力劳动逐渐减少。逐渐缩小体力劳动与脑力劳动差别及其收入的不平衡，是社会进步的必然要求。但目前我国脑力劳动与体力劳动间工资收入的不平衡还比较严重。

1. 以不同行业为代表反映脑体劳动者工资收入的不平衡

据《中国劳动统计年鉴2016》统计的61个行业中，不同行业劳动者工资收入的不平衡状况十分严重。由于脑力劳动与体力劳动的界定日趋模糊，又由于官方统计年鉴缺少严格区分脑力劳动与体力劳动及其工资收入的统计口径，表4中仅以金融业和两类新兴行业与垄断业代表脑力劳动，以农林牧渔业代表体力劳动。

表4　　　　代表性行业反映脑力劳动与体力劳动者工资收入的不平衡　　　单位：元

	以脑力劳动为主的代表性行业					以体力劳动为主的行业	
金融业	资本市场服务业	283 780	新兴和垄断业	互联网和相关服务业	146 093	农林牧渔业	农业	29 371
	货币金融服务业	132 344		软件和信息技术服务业	140 406		林业	31 887
	保险业	63 189		航空运输业	131 279		畜牧业	30 423
	其他金融业	191 678		烟草制品业	134 426		渔业	40 318

数据来源：《中国劳动统计年鉴2016》。

表4显示，异常惊人的脑力劳动和体力劳动者工资收入差距，平均工资最高的资本市场服务业283 780元与最低的农业29 371元之间的倍差竟然高达9.66倍。表5再以经济较发达的江苏省为例，以制造业代表体力劳动，以金融业代表脑力劳动，比较2014—2016年制造业与金融业平均工资的差距。

表5　　　　2014—2016年江苏省制造业与金融业平均工资比较　　　单位：元

时间	制造业平均工资	金融业平均工资	工资差距	工资倍差
2014	58 409	111 934	53 525	1.92
2015	62 731	119 198	56 467	1.90
2016	66 994	122 648	55 654	1.83

数据来源：《江苏省统计年鉴2017》。

通过对两种行业的对比，可以看出脑力劳动与体力劳动者之间收入的差距，虽然略有下降，但依然保持在较高的水平。

2. 行业内部普通员工与管理、技术人员工资间的不平衡

以江苏省为例，在同一行业中也存在着工资分配不平衡的现象。如：

在水利、环境和公共设施管理业中，2017年环卫工人普遍工资为不低于最低工资标准（1 890元）的110%来计算为2 079元，年收入为24 948元。而在《江苏省统计年鉴2016》中的水利、环境和公共设施管理业年平均工资为49 111元，电力、热力、燃气和水生产供应业的年平均固定收入是104 458元。

在建筑业中，平均工资为58 172元，其中房屋建筑业为58 705元；土木工程建筑业为52 802元；建筑安装业为64 023元；建筑装饰及其他建筑业为55 005元。房地产业中的房地产开发经营的平均工资为107 224元，约为建筑业平均工资的1.84倍，差距为49 052元，约为建筑业中平均工资最多的建筑安装业1.67倍，差距为43 201元。

在科技推广和应用服务业中，年平均工资为59 632元，专业技术服务业为79 590

元，研究和实验发展为 105 493 元。

以上各行业内部按工作性质的不同，工资水平也大不相同，大致呈现出技术人员工资>基层管理人员工资>基层职工工资的规律。

（四）男女性别之间个人收入的不平衡

由于性别差距传统观念的影响，世界各国都程度不同地存在劳动就业领域性别歧视。

与其他国家相比，虽然我国劳动就业领域性别歧视的程度较低，但男女性别之间个人收入的不平衡仍然存在。早在改革开放前，我国女性劳动力的参与率就超过了 90%，适合劳动年龄的女性几乎完成了普遍就业的目标。在劳动力市场中男性从业者平均工资略高于女性从业者 16%。主要的原因是中国政府一直重视性别平等的观念，特别是在劳动领域，对女性劳动就业采取了一系列的政策以鼓励和保护。而改革开放后，我国女性劳动力的参与率进一步提高，但是政府在性别平等上的政策力度不如从前。政府政策的变化，在一定程度上会影响到女性劳动力的从业积极性和劳动地位。与此同时，市场经济逐步取代了计划经济，其收入分配机制也有了很大的变化，因此女性工作者的收入也就逐渐不及男性工作者。据《1995—2005 年：中国性别平等与妇女发展报告》，我国行业中男女收入差距最大的五个行业分别是：IT 业为 13.36%、金融业为 11.42%、房地产为 8.73%、汽车行业为 8.51%、法律业为 7.76%。2015 年，世界经济论坛的《全球性别差距报告》中的数据指出：中国收入性别差距较大，在世界排名第 91 位。这一现象值得中国政府高度重视。

（五）按劳分配与非按劳分配间个人收入的不平衡

在按分配要素划分的模式中，可以分为两类：按劳分配与非按劳分配。以下就这两类收入情况进行分析：

（1）按劳分配。按劳分配主要是与国家颁布的工资标准、当地的经济发展水平和工龄相挂钩，以公务员与事业单位人员为主，其波动性不大，上下级间差距也较小，整体收入水平偏低。其详细数据可参照《公务员级别工资对照表》，以 20 年工龄的正部级为例：月薪为 6 000 元，20 年工龄按国家标准每年 60 元增加值计算，第 20 年时为 1 200 元，月薪+工龄工资总额为 7 200 元。即使加上奖金与补贴，其月收入也不超过 10 000 元。以 10 000 元计算，年收入为 120 000 元。

（2）非按劳分配。包括个体私营企业、涉外企业、文体等明星收入、租赁收入、利息收入、股票收入与体制内少数官员的非正常收入、灰色收入、暗福利等。《2017 年福布斯中国明星演出收入排行榜》数据显示：成龙收入 3.3 亿元排名第一，范冰冰收入 3 亿元排名第二，周杰伦收入 2.6 亿元排名第三。当今异常火热的签约主播收入也异常丰厚，据《排行榜》网址爆料，2017 年 7 月，税前收入最高的为用户名"阿冷 aleng"的游戏主播，7 月收入达到了 573 万元，紧随其后的"高冷男神钱小佳"7 月收入 294 万元、"冯提莫"7 月收入 205 万元。此外有部分体制内官员通过非正常收入、灰色收入、暗福利等来提高工资收入，提高生活质量，如福利分房制度，以远远低于市场价格购买居住用房。

与公务员与事业单位人员按劳分配收入相比，目前非按劳分配领域在"允许一部分人先富起来"的政策诱导下，部分个人收入畸高现象严重，直接造成全社会民众心理严重不平衡，甚至间接地衍生出各种各样不择手段的唯利是图甚至官员腐败现象。

二、原因分析：个人收入分配不平衡的深度透视

（一）分配方式多元化导致个人收入分配不平衡：从马克思主义收入分配理论视角分析

党的十四届三中全会的《关于建立社会主义市场经济体制若干重大问题的决定》，其中明确规定了以按劳分配为主体、多种分配方式并存，"效率优先，兼顾公平"的个人收入分配原则。然而，由于效率和公平二者不可兼得且往往以牺牲对方为代价的矛盾性和以按劳分配为主体、多种分配方式并存的复杂性，致使现阶段个人收入分配不平衡状况如上文所述异常复杂。现行分配体制如图1所示。

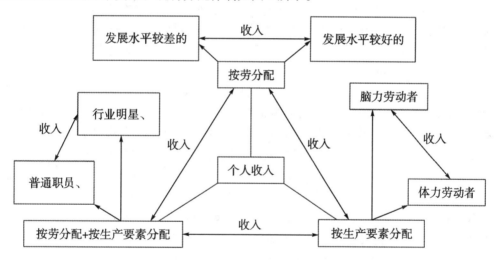

图1　现行分配体制下个人收入分配差距形成图示

个人收入分配中主要存在按劳分配为主体、按生产要素为主体、按劳分配+按生产要素分配并存的三种分配方式，这三者之间互相存在着巨大的收入差距。按劳分配内部中所存在的收入差异主要来源于地区与行业之间发展水平的不同导致的收入分配不平衡；按生产要素分配中存在的收入差距来源于脑力劳动者与被剥削的体力劳动者之间的收入分配不平衡；按劳分配+按生产要素并存的模式中存在的差距主要来源于普通人、基层工作者和行业明星、高层工作者之间的收入分配不平衡。

1. "按劳分配"领域劳动者报酬占比过小，按什么"劳"分配缺乏科学依据

改革开放后在按劳分配领域主要存在以下两个问题：

（1）在初次分配中企业一线劳动者报酬占比过小。初次分配是实现社会分配公平

最重要、最主要的途径，是社会和谐的基础。初次分配主要分为劳动者所得、企业所得和国家所得三大部分。张璇分析了 21 世纪初期十年我国劳动报酬在初次分配中所占的比重，并利用了收入份额法进行统计，2001—2007 年连续下降，从 51.5% 下降到 39.7%，其中 2003—2005 年两年时间下降了 8.2 个百分点；2007—2009 年，最低工资标准大幅度上涨，在两年内上升了 6.9 个百分点；2009—2011 年再次呈现出下降的趋势，从 46.5% 下降至 45% 以下。数据表明，进入 21 世纪以来，在初次分配中企业一线劳动者报酬占比过小，大大低于发达国家水平。张璇认为，由于政府政策的倾斜、产业结构不合理、劳动力过剩以及政府的失位等原因造成了薪资市场初次分配中劳动报酬的比重长期处于较低水平并且还在连续下降。我们认为，"政府失位"并不是劳动者报酬占比过小的原因，而在初次分配中国家以税收形式拿走了太多，才是企业一线劳动者报酬占比过小的主要原因。

（2）按劳分配按什么"劳"分配缺乏科学依据。马克思在《格达纲领批判》中首次提出共产主义的初级阶段个人收入分配实行"按劳分配"原则，但是并没有更加详细的论述。在分配实践中，按劳分配的"劳"实际上又可以细分为"可能从事什么劳？""正在从事什么劳？"和"做出了什么劳动成绩？"三个方面，按劳分配到底按什么"劳"为主或各占多大权重分配？对应于三个方面的"劳"，在现行的公务员及事业单位工资制度中，由学历和技术等级—岗位（行政或职称）等级—业绩水平（奖金、绩效等）三个方面构成。由于按什么"劳"分配缺乏科学依据，导致在国家招录公务员和企事业单位招聘员工往往以学历等级为最主要依据，导致年轻人盲目追求学历、党政机关人员盲目追求行政级别、技术人员盲目追求职称的现象。

2."按资分配"原则过于强势导致内部个人收入严重畸高畸低

改革开放以来，"按资分配"领域主要是个体私营企业和外资企业，它为国民经济发展做出了巨大的贡献，创造了大量的就业岗位。党的十九大报告指出，"必须毫不动摇鼓励、支持、引导非公有制经济发展，激发非公有制经济活力和创造力"。然而，"按资分配"领域的企业又是以雇佣劳动为基础的营利性企业。由于资本的贪婪本性，在资本积累过程中，一些企业主千方百计剥削劳动者以获取更多的剩余价值，因而在企业内部自然出现企业主收入严重畸高而劳动者个人收入严重畸低的现象。

3."按要素分配"原则缺乏规范导致脑力劳动和体力劳动者个人收入差距过大

按要素分配具有将市场资源合理配置的优势，但也存在一系列的问题。按要素分配主要有资本要素、技术要素、管理要素、信息要素、劳动力要素等。由于我国劳动力资源的丰裕性和可替代性，导致了劳动力要素的廉价性。私营机构内部配股均面向商标、技术、资本等方面，拥有各类资本的脑力劳动者可以获得配股红利，而基层劳动者却难以享受到公司发展的成果。由于非公有制经济中"按要素分配"原则目前完全缺乏规范，所以客观上导致了脑力劳动和体力劳动者个人收入分配的严重不平衡。

（二）市场机制扭曲导致个人收入分配不平衡：从马克思主义市场理论视角分析

改革开放以来，在"先富带后富"政策的鼓励下，一部分人、一部分地区和一部分行业确实先富起来了。但是，由于市场机制扭曲和市场监管体系的不健全，存在着大量监管漏洞，因而导致先富者中勤劳致富有之、投机致富有之、违法致富有之，从而加大了个人收入分配的不平衡。

1."让一部分人先富起来"缺乏监管导致个人收入分配不平衡

现阶段是以按劳分配为主体，多种分配方式并存的政策体制，简言之便是由计划定工资与由市场决定工资报酬双轨制并行。尤其是在"让一部分人先富起来"的政策鼓励下，按劳分配的低水平与按各种要素分配的高收入之间的巨大差距凸显出来。

——公务员及公益性事业单位多数人得到国家统一"计划"工资，少数人走"市场"获得高收入。公务员与公益性事业单位为社会正常运作的服务部门，日常工作内容烦琐、行为枯燥，其收入水平波动不大，只能按照公务员"计划性"的工资标准获得较低报酬。但是在体制外高收入的诱导下，体制内的不少学术界、政界名人为了"先富起来"，于是通过"走穴""跑场"赚取大大高于工资水平的额外收入。

——经营性事业单位全面实行"计划"+"市场"工资获得高收入。如改革后的公立医院和出版行业实行企业化管理，除了国家拨款项外还可以以市场来配置资源，甚至主要靠市场运营收入维持生存发展需求。工资收入方面以其经营的效益为主，自主决定收入分配。如此便产生了与公务员及非经营性事业单位之间的收入差距。如运动员，常规工资较低，但如果取得了良好的名次被大众熟识，政府、民间给予丰厚的奖励，是市场型收入，这种收入合理但欠缺监管，虽调动了运动员为国争光的积极性，但收入之间的差距也在不断扩大。

——个体私营涉外企业内部按"市场"原则形成个人收入的巨大差距。个体私营涉外企业中的最大特点是收入不稳定，但利润率非常高，同时难以监管与有效治理。个体私营涉外企业主因没有政策框架的约束可以得到更高的报酬，因而，在非公有制经济中，也导致一线工人与股权持有者之间收入的巨大差距。这与国家实现缩小贫富差距、维护社会稳定发展的目标是不相符的。

——一些资本持有者通过投机行为扭曲市场机制而获得巨额收入。由于市场机制扭曲和市场监管体系的不健全，存在着大量监管漏洞，于是有部分资本持有者通过恶意炒房、炒文物等投机行为而获得巨额收入，从而造成了市场（价格）信号的扭曲和失真，致使出现普通民众财富的流失与收入分配不平衡的现象。

2."让一部分地区先富起来"的政策指向导致个人收入分配不平衡

"让一部分地区先富起来"体现的是不平衡发展战略。优先开放开发东部沿海地区，随后的"西部大开发""中部崛起"和"振兴东北老工业基地"战略，将我国大陆人为地划分为经济不平衡发展的四大地带。

占中国经济比重超过50%的东部地区，在历史上便是相对发达的区域，依托长江中下游平原，黄河、珠江冲积平原，地势低平，水土充沛，物产富饶，港口众多，交通发达，孕育了如天津、南京、上海、广州等特大型城市。改革开放后，又依靠优先开放开发政策，较早承接发达国家产业转移，实现了经济的持续高速发展，从而成为个人平均收入最高的地区，并吸引着中西部地区人才的"孔雀东南飞"。

西部地区虽然有得天独厚的自然资源的人文景观，但也存在严重缺水和人口密度小的天然缺陷。自2000年"西部大开发"战略后，受到国家巨额财政补贴和东中部地区的无私援助，基础设施建设取得突破性进展，经济实力大幅提升，城乡居民个人收入处于全国中等水平。

"中部崛起"和"振兴东北老工业基地"虽然也列入了国家发展战略，但并没有得到大幅度的政策倾斜，仍然主要以发展农业为主，多年来未见太大成效，城乡居民个人平均收入目前处于全国最低的水平。

3. "让一部分行业先富起来"缺乏规范导致个人收入分配不平衡

行业间分配不平衡的原因是国家保护政策的差异。一方面，国家对某些行业保护过度，如国家始终维护着金融、石油、烟草等行业的垄断地位，对某些新兴行业如计算机网络等实施过度扶持与保护政策，以致这些行业内人员收入畸高。另一方面，国家对弱势产业与行业保护不足。如农业是弱势产业，是最需要特殊扶持和保护的产业，但我国对农业却保护不足。虽然2007年以来国家对农业给予了诸多的补贴项目，但是农业部门利润率不但达不到平均利润水平，反而一路下滑到2012年的1.35%。① 由于农民收入过低，导致在全国形成2.8亿农民工大军的同时酿成严重的"未来谁来当农民"的世纪之问。

小结：

（1）分配方式多元化和市场机制扭曲的过程，实际上是市场引导各种资源严重错配的过程，个人收入分配不平衡只是其结果的一个表现方面。根据马克思关于市场和平均利润率学说的基本原理，如果完全让市场引导资源配置，其结果必将是资金、人力、物质资源向利润高的部门流动，最需要资源的部门、行业和地区，其资源却错配到利润高的部门、行业和地区。这就是所谓"市场失灵"。

（2）分配方式多元化和市场机制扭曲的过程，主要是国民收入初次分配的体制机制性问题。这说明，个人收入分配不平衡的问题，应当而且完全能够首先在初次分配制度设计和机制完善中得到解决，而不应当等待国家财政再分配去"兼顾公平"。

参考文献：

[1] 马克思. 资本论：第3卷 [M]. 北京：人民出版社，2008.
[2] 张璇. 初次分配中劳动报酬比重变动分析 [J]. 市场周刊，2014（1）.
[3] 吴未双，谢元态. 马克思平均利润率下降规律的中国解释——兼对第一产业长期低洼效应的原因剖析 [M] //中国《资本论》研究（第十二卷）. 成都：西南财经大学出版社，2015.
[4] 胡真. 我国现阶段缩小个人收入分配差距研究 [D]. 青岛：中国海洋大学，2012.
[5] 林霞. 中国特色社会主义个人收入分配制度研究 [D]. 南京：南京师范大学，2012.

① 吴未双，谢元态. 马克思平均利润率下降规律的中国解释——兼对第一产业长期低洼效应的原因剖析 [M] //中国《资本论》研究（第十二卷）. 成都：西南财经大学出版社，2015：227-236.

宅基地"三权分置"的权能困境与权能实现解析[①]

韩文龙[②]　谢　璐[③]

摘　要：宅基地"三权分置"既要从理论上厘清所有权、资格权和使用权权能边界、内涵及相互关系，也要从实践中探索各项权能的实现机制。宅基地"三权分置"面临着所有权主体虚置和处分权缺失、资格权界定和退出机制不健全、使用权流转范围受限等权能困境。落实所有权需要实现所有权主体一元化和所有权主体法律化，还权赋能，给予所有权主体一定的处分权；稳定资格权需要严格界定资格权的取得范围，探索宅基地资格权有偿退出机制；放活使用权应该允许宅基地使用权在单个"农民集体"和多个"农民集体"内部流转、租赁和入股，允许农民在宅基地上建房自住或营商，探索闲置宅基地直接入市的实现机制和风险防范机制。

关键词：三权分置　权能内涵　权能困境　还权赋能

一、引言

长期以来，中国农村居民的宅基地具有保障农民基本居住需求和维护农村社会稳定的功能。随着工业化和城市化的发展，一方面，大量农村居民进城务工，甚至部分农村居民落户城市后农村出现了大量闲置宅基地和农房，造成了资源浪费；同时农民市民化过程中也缺乏相应的制度安排保障其宅基地和农房财产权的实现。另一方面，城市化过程中对土地要素的需求越来越大，城市国有土地供给已经出现了瓶颈。要解决这一个矛盾，就需要改革现行的宅基地产权制度。宅基地产权制度改革是提高土地要素配置效率，解放和发展农村生产力，解决"三农"问题的重要制度变迁。

---

①　项目来源：国家社会科学基金青年项目"农民市民化过程中农地财产权实现机制创新研究"（16CJL004）。

②　韩文龙，男，汉族，甘肃省张掖市人，西南财经大学经济学院副教授，硕士生导师，经济学博士（博士后在读），研究方向：收入分配、农村土地问题和马克思主义经济学等。

③　谢璐，成都理工大学商学院。

当前，宅基地改革的方向是"三权分置"。2018 年 1 月 15 日，国土资源部部长姜大明在全国国土资源工作会议上表示，中国将探索宅基地所有权、资格权、使用权"三权分置"①。紧接着，2018 年中央一号文件又提出"适度放活宅基地和农民房屋使用权"②。这朝着宅基地"三权分置"改革迈出了关键性步伐。宅基地"三权分置"是一项重大的理论和实践创新。从理论上来讲，宅基地"三权分置"丰富和发展了新时代农地"三权分置"改革的理论内涵。从实践意义来讲，宅基地"三权分置"，有利于赋予农民更多的土地财产权利，进一步拓宽其财产性收入渠道；有利于农民工进城工作和落户，加快农民工市民化的进城；有利于盘活农村闲置的土地资源，增加实现乡村振兴战略和工业化、城市化所需要的建设用地资源；有利于增加城市土地供给数量，进一步遏制城市房价过快上涨。

农村土地"三权分置"改革最初涉及的是承包地"三权分置"改革（孔祥智，2017；黄祖辉，2017；尹成杰，2017）。随着实践的发展，宅基地"三权分置"改革也被提上日程（郭晓鸣，2013；刘守英，2017）。在中国，宅基地对于农村居民来说具有特殊性，因为其承载着农民的生活居住、风险保障、归属承继、支持生产、情感寄托及资本化等多重功能（龚宏龄，2017）。但是，随着工业化、城镇化的推进，农村宅基地的基本居住保障性功能正在弱化（张克俊等，2017）。在农民市民化过程中，如何正确处置农民的宅基地，关系到农民的切身利益、基本权利和获得感（朱启臻，2018）。当前，宅基地问题研究主要涉及以下四个方面：①宅基地退出和补偿标准问题，即农民在市民化过程中退出宅基地时如何实现其土地和房屋财产权利（付文凤等，2018）。宅基地退出关系到农民土地财产权的实现问题，这会受到政府意愿、退出制度安排、农民收入、退出意愿和市民化成本等多种因素影响（吴远来等，2014；叶兴庆等，2017；庄开明等，2017；周文，2017）。②宅基地"三权分置"的实现问题（袁铖，2010；董祚继，2017）。宅基地"三权分置"需要通过相关制度设计落实农民集体所有权、保障农民资格权和放活使用权（张占仓，2017），同时需要打破城乡资源流动的障碍（郑风田，2017）。宅基地"三权分置"改革关键是要放活使用权和流转使用权。研究发现，宅基地使用权流转会受到收入结构、是否在城市购买商品房和对相关法律熟悉度等影响（钱龙等，2016）。目前，宅基地使用权流转模式主要有产权转让模式、收益转化模式、土地入市模式和转换入市模式等（顾龙友，2018），宅基地的置换模式主要有置换宅基地模式、置换小产权房模式和置换商品房模式等（上官彩霞等，2017）。这些模式都丰富了宅基地"三权分置"的实践内涵。③探索宅基地的用途管制和有偿使用制度（陈小君等，2010；孔祥智，2016）。放活宅基地使用权，并不是要改变宅基地的用途，而是允许其在合法范围内实现权利价值。④构建共享型的收益分配机制（杨璐璐，2017；杨丽霞等，2018）。宅基地"三权分置"涉及所有权人、资格权人和使用权人，因此在发生宅基地增值收益后如何在不同权利人之间合理分配也是非常值得关注的（易小燕等，2017）。

---

① 中国将探索宅基地"三权分置"[N]. 人民日报（海外版），2018-01-16（01）.
② 2018 年中央一号文件. 全面部署实施乡村振兴战略 [EB/OL]. 新华网，2018-02-04.

从现有的研究来看，受到政策和制度约束，学者们对宅基地"三权分置"的研究并不充分。当前，宅基地"三权分置"改革已经拉开了序幕，但是理论上和实践上宅基地"三权分置"仍然存在一些权能困境。因此以下问题需要进一步深入研究：①当前宅基地"三权"分置的权能困境是什么，即需要厘清宅基地"三权"分置中所有权、资格权和使用权的权利内涵存在的问题，需要处理好不同权利的边界、内容，以及不同权利之间的相互关系。②针对这些权能困境，应该怎样实现落实机制所有权、稳定资格权和放活使用权。

二、所有权的权能困境及权能实现

（一）所有权主体的虚化与处分权缺失

中国农村土地制度坚持的是农民集体所有制，它对促进农村生产力发展和提高合作化水平发挥了重要作用。但是，改革开放以后，随着市场经济体制的建设和完善，以及城市化和工业化的推进，以土地为核心内涵的农村集体所有制所赖以存在的经济社会基础逐渐弱化。在此背景下，农村土地的农民集体所有权也出现了"虚化"，所有权主体出现了"弱化"问题。

农村土地主要包括承包地、宅基地、集体经营性建设用地和集体非经营性建设用地，以及"四荒地"等。宅基地作为农村土地的一种类型，和其他类型的农村土地一样，也存在所有权"虚置"问题。具体体现为所有权主体的虚化和处分权的缺失。

1. 宅基地所有权主体的"虚化"

首先，宅基地所有权主体的"虚化"表现为所有权主体的法律地位缺失。按照现行的《中华人民共和国土地管理法》《中华人民共和国物权法》和《农村宅基地管理办法》等法律法规规定，宅基地的所有权归"农民集体"所有。"农村集体"仅仅是由特定身份和资格的农民组成的农民集合体，并不是民法等法律规定的自然人、法人和非法人组织等权利主体。正因为农民集体没有正式的法律主体地位，在实践中，农村基层行政组织或乡镇政府组织成了农村集体土地所有权的代理人。这种所有权的代理制，必然会产生所有权和控制权的冲突。实践中，宅基地的实际控制权往往落在了村干部或乡镇行政组织手中，就是最好的例证。

其次，宅基地所有权主体的"虚化"表现为所有权主体的多元化。相关法律法规规定"乡镇农民集体""村农民集体"和"村民小组农民集体"都是农村土地所有权的权利主体形式。多种所有权主体并列带来了所有权主体的权利冲突，即不同的所有权主体拥有的权利范围不一样，往往会产生"掐架"和"侵蚀"问题。对于宅基地来说，所有权主体的多元化，也给实际的管理和操作带来了困难。尤其是发生宅基地被征收或其他增值收益机会时，这种所有权主体多元化问题的权能冲突就显现出来了。

再次，宅基地所有权主体的"虚化"表现为所有权主体的弱化。在宅基地所有权主体法律地位缺失和所有权主体多元化的背景下，必然会带来所有权主体的弱化。实践中，乡镇政府、村民委员会和村民小组等代为行使宅基地所有权权能，这必然会导致所有权主体弱化。乡镇政府、村民委员会和村民小组仅仅是传统意义上的行政组织，用行政组织代替具有经济价值功能的所有权，容易产生腐败和权利侵蚀等问题。在实践中也发现，一些地方村民委员会和乡镇政府组织领导干部为了自身利益，不顾农民集体的集体利益，大搞征地和拆迁，违背了农民集体和农户的意愿，侵害了他们的利益。宅基地所有权的代理制也会限制农户正常行使其宅基地使用权。农户在行使宅基地使用权时也会遭到宅基地所有权代理人的强势干预。实际上，现行农村土地管理制度将农地所有权分割给了国家、农民集体和农民三类主体，而农村土地的实际控制权却被赋予了具有行政和政治职能的乡镇和村社行政组织。这种权利分配的不匹配，进一步弱化了"农民集体"的宅基地所有权。

2. 宅基地所有权权利束中缺乏完整处分权

广义的产权是一组权利束，包括所有权、使用权、收益权和处分权等。其中，所有权是产权的核心，而最能体现所有权价值的是收益权和处分权。在市场经济中，拥有所有权的主体一般是拥有对权利客体的收益权和处分权的。但是，在中国农村土地产权制度安排中，所有权主体是没有完整的处分权的。主要原因是，相关制度安排中限制了农村土地所有权主体"农民集体"的处分权，这既与"农民集体"所有权主体的虚化有关，也与国家在农地产权制度安排上对所有权主体权能的弱化有关。如国家通过相关《土地承包法》第十七条和《物权法》第十四条等限制了"农民集体"对土地的处分权。

宅基地作为农村非经营性建设用地，具有成员资格的家庭农户可以向"农民集体"的代理人村行政组织或乡镇行政组织申请，可以免费或少量付费获得。家庭农户仅可以获得宅基地的使用权，而所有权原则上归"农民集体所有"，实际上部分控制权在"农民集体"的代理人村行政组织或乡镇行政组织手中。但是，村行政组织或乡镇行政组织也仅仅获得了部分控制权，其范围仅限制在农民集体内部，比如宅基地的调换、宅基地的分配等。宅基地的最终控制权是掌握在国家手中的。比如《农村宅基地管理办法》就对宅基地的申请、审批和监督等有严格规定。同时，宅基地所有权人是不能在"农民集体"以外处理宅基地的，如宅基地要转变为城市建设用地必须被国家"征用"或"征收"后，土地性质由"农民集体"所有改变为"国有"后才能进入一级土地市场进行买卖。总之，"农民集体"的代理人村行政组织或乡镇行政组织对内有一定的处分权，但是超越"农民集体"以外，其完全丧失了处分权。既然所有权人丧失了宅基地产权中的处分权，那么与处分权相联系的收益权也就很难充分实现。

（二）做实宅基地所有权的可能方向

宅基地所有权权能如何实现？学界有两种不同的观点：一种观点认为应该淡化和弱化农地（包括宅基地）"农民集体"的所有权，突出农地（包括宅基地）的使用权，通过制度安排实现农地使用权或承包权的永佃权化（韩立达等，2017）；另一种观点认为应该坚持现行的宅基地所有权制度框架，通过"集体所有权+农民自治"来实现对宅基地产权的有效治理（桂华等，2014）。笔者认为这两种观点都为中国农村宅基地所有权产权的实现提供了思路。但是考虑社会主义公有制的制度背景，应该在坚持农村集体所有权基础上，进一步做实宅基地所有权。

具体来说，一是实现宅基地所有权主体的一元化。为了防止实践中所有权主体多元化带来权能分散和弱化，需要进一步明确不同"农民集体"的所有权主体，且实现代表唯一性。二是将宅基地所有权主体进一步法律化。在明确所有权主体的基础上，通过立法或修改法律等方式，明确宅基地所有权主体法人资格，给予所有权主体人格化的权利和义务，登记法定代表人，确权颁证，进一步规范和约束所有权主体的行为。目前，新的《民法总则》已经规定将农村集体经济组织列为特殊法人，给予了其民事主体资格，但是代表农地所有权的"农民集体"还没有列入特殊法人，需要进一步研究和完善相关法律。三是还权赋能，给予所有权主体一定的处分权。除了继续规范所有权主体对内的处分权以外，在条件成熟的地区逐渐放开宅基地对外的部分处分权，在符合规划和土地用途管制的基础上，逐步放开城郊或城中村的宅基地直接入市交易机制。

三、资格权的范围界定及权能实现

（一）宅基地资格权的范围界定：取得和退出困境

按照《农村宅基地管理办法》的规定，具有"农民集体"资格权的农户可以以户为单位向村行政组织和乡镇行政组织申请获得一定面积的宅基地用于自建房，且坚持"一户一宅"的原则，禁止多占和面积超标。在"农民集体"内部，宅基地资格权的获取是免费的或者仅仅付少量管理费用。以"农民集体"成员权获得宅基地的资格权，是国家通过法律规定赋予农民的一种特殊权利，其目的是为了保障农户基本的居住性需求，解决农村土地资源配置的公平性问题。

计划经济时期和改革开放初期，农民向外的流动性比较小，主要的流转渠道是升学、当公务员和婚丧嫁娶等，宅基地资格权的重要性不是很突出。因为，一般情况下，农村人口在结婚或分家后，可以自立门户，具有"农民集体"成员权的新农户家庭可以申请新的宅基地；独门独户的老人去世后，其宅基地可以置换给同村的其他农户，或者直接由村集体收回；全家进城工作，由农村户口转为城市户口后，其宅基地也可以由村集体收回。宅基地使用权在"农民集体"内部流动，这时农民的宅基地资格权不具有真正意义上的经济价值，故并不受到重视。不过，这种宅基地模式在计划经济时代和改革开放初期发挥了较好的居住保障性功能和农村社会稳定功能。

伴随着城市化和工业化的推进，农村剩余劳动力大规模向城市和工业部门流动。在城乡二元经济社会结构和城乡二元土地制度下，农村土地的征用和征收使得农民认识到了宅基地资格权和使用权的巨大经济价值，所以农民也越来越重视宅基地的资格权。另外，在农民市民化过程中，已经在城市购买住房和就业的农村居民宅基地的处置成了新的问题。目前，成都市和重庆市等试点宅基地退出和补偿模式，即进城农民工放弃宅基地资格权和使用权时可以获得一定的经济补偿。按照宅基地"三权分置"改革的试点思路，资格权是其重要的权利之一。在新时代，面对新变化，那么农民的宅基地资格权到底是什么权利？笔者认为资格权属于"农民集体"成员权基础上派生出来的一种社会保障权和发展权。从公平角度考虑，这种权利是国家通过相关的法律法规赋予农民的。但是在市场经济中，这种资格权具有了较强的经济价值后，这种资格权开始受到了公平和效率问题的挑战。按照"一户一宅"原则让农民平等的获得宅基地，是法律赋予他们的权利，也是其成员资格的体现；同时，随着土地征收和征用，或者农民市民化过程中宅基地退出后，宅基地的资格权和使用权的经济价值开始突显，人们对经济效率的追求需要找到合适的实现途径。

在市场经济背景下，农民的宅基地资格权取得和退出的内涵发生了新的变化。但是，现行《物权法》和《农村宅基地管理办法》等法律法规规定，农户取得宅基地资格权主要是通过其资格权申请获得，不能通过买卖、承租和赠与等方式获得。现在需要解决的政策问题是农民是否可以将宅基地使用权通过继承、承租等方式流转给其他人，最终发生资格权的变更。这就涉及宅基地资格权在"农民集体"内部的变更和"农民集体"外部的变更。按照现行法律法规的规定，是绝对不允许城市居民在农村买地建房的。但是，一些小产权房的存在实际上就是变相的出让或稀释了部分农民的宅基地资格权。在宅基地"三权分置"的实践探索中，对资格权的范围和开放程度就成为一个重大敏感问题，需要理性对待。因为这涉及农村土地资源新的公平和效率价值取向、短期利益和长期利益的取舍、经济利益和社会风险的平衡问题。笔者认为在城市化过程中，依据农民进城就业和社保保障程度，可以采取渐进方式逐步放开资格权范围。

农民的宅基地资格权退出也是农民市民化过程中面临的新问题。依照现行《物权法》和《农村宅基地管理办法》等法律法规的规定，已获得批准未建房满二年，新迁入其他宅基地、非法骗取和转让等情况发生时需要收回宅基地使用权。现实中，以下情况，如独门独户死亡、全家的农村户口转变为城市户口等都将丧失获取宅基地的资格权。随着农民市民化进程的推进，进城落户的农民是否应该有偿退出宅基地，也成了学界争论的焦点。支持的观点认为，应该给予退出宅基地的农民一定的经济补偿，既可以体现其资格权和使用权的经济价值，也可以为农民进城安家落户提供一定的物质保障（周其仁，2014）；反对的观点认为，农民的宅基地是免费取得的，相当于国家给予的福利，不应该着急让农民进城时退出宅基地（贺雪峰，2016）。一些地方已经在实践宅基地的有偿退出了，比如成都市郊区的宅基地有偿退出模式、重庆市宅基地退出的地票模式等。笔者认为这种退出模式仅仅在大城市郊区才具有较好的实践意义。因为大城市雄厚的财政实力可以支持这样做，也可以通过城市的分工体系解决进城务工农民的就业问题。当前，应该按照中央的相关政策文件扎实推进农村宅基地试点改革，重点应该完善宅基地的取得方式和增强宅基地相关的财权权利，放活宅基地使用权和住房使用权等，但是应该禁止城镇居民到农村买地建房。

（二）落实和保障农民资格权

如何进一步落实和保障农民的资格权，是实现宅基地"三权分置"的关键环节。一是要健全和完善宅基地的申请、审批和监管制度，严格执行"一户一宅"，禁止"一户多宅"等多占和面积超标等违法行为。按照《农村宅基地管理办法》的规定，将县、乡镇和行政村作为落实宅基地监管的责任单位，落实监管责任制。严禁"农民集体"

外部人员尤其是城市居民在农村置办宅基地。二是要"确权颁证",对于新申请宅基地和已经取得宅基地的农户颁发资格权证和农村集体建设用地使用权证,通过确权颁证进一步做实农民资格权和土地使用权。三是要严格禁止农民的宅基地资格权向"农民集体"外部流转、承租和买卖等。宅基地,实际上是国家赋予农民的一项保障基本居住需求的权利。这项权利的实现只能限制在农民集体内部。由于我国城市化率还处于50%左右的水平,且农民在城市里没有获得稳定就业、住房保障和社会保障的情况下,不应该过早取消宅基地资格权的限制。四是要探索建立市民化后农民宅基地资格权的退出机制。在城市化过程中,农村居民进城工作获得了稳定收入,解决了住房、医疗、教育和养老等社会保障问题后,在尊重农民意愿的基础上,探索农民有偿退出宅基地资格权和使用权的退出机制。宅基地有偿退出机制,实际上是国家第二次以土地为标的赋予农民土地财产权,主要是收益权,解决农民市民化过程中的资金问题。但是,宅基地有偿退出机制,应该充分尊重农民意愿,有序进行,不能搞"一刀切"的宅基地退出和农民进城运动,不能诱导农民拿土地财产权换市民身份。

从城市化率比较高的拉美国家的教训可知,农民丧失住房和土地进城后,如果就业和社会保障不能跟上,往往会出现城市贫民窟,后患无穷。相反,从城市化率很高但是60%左右的人口居住在小城镇的德国模式来看,通过产业发展、基础设施提升和公共服务均等化,能够较好地解决农民市民化过程中的土地、住房和就业问题(陈锡文,2016)。总之,市民化过程中的农民是否退出宅基地,放弃其资格权和宅基地使用权,既需要充分尊重农民的意愿,有偿退出也需要因地制宜、循序渐进,也需要综合考虑农民进城后的就业、住房和社会保障状况,防止出现城市贫民窟和其他社会风险积累。

四、放活宅基地使用权的困境及权能实现

(一) 使用权流转与宅基地直接入市困境

相关法律法规对宅基地使用权流转作出了严格限制,如《土地管理办法》第六十三条第四款规定"农村农民出售、出租房屋后,再申请宅基地的,不予批准"①;现行《担保法》规定宅基地使用权不允许抵押;国土资源部颁布的《关于加强农村宅基地管理的意见》规定,严格禁止城市居民在农村购买宅基地建房,禁止为城市居民颁发农村宅基地使用权等②。因此,传统的宅基地流转主要在集体内部通过置换和继承等形式进行。

随着工业化和城市化的发展,在农民市民化过程中,进城务工农民的宅基地闲置成了普遍现象,如何放活宅基地使用权,提高土地资源的利用效率,增加农民的土地财产性收益,成了亟待解决的难题。为此,2007年颁布的《物权法》作出了一些调整,第十三章第一百五十二条规定"宅基地使用权人依法对集体所有的土地享有占有和使用的

---

① 详见:《土地管理办法》第六十三条第四款之规定。
② 详见:国土资源部《关于加强农村宅基地管理的意见》的相关规定。

权利，有权依法利用该土地建造住宅及其附属设施"；第一百五十三条规定"宅基地使用权的取得、行使和转让，适用土地管理法等法律和国家有关规定"①。《物权法》是一部私法，其规定农民对宅基地具有占有和使用的权利，但是其又规定宅基地使用权的取得、行使和转让受到国家土地管理法规的限制。这实际上既在法律上承认了宅基地使用权的合法性，但是又通过部门法和条例限制了农民对宅基地使用权的行使。这可能为放活宅基地使用权提供了法律基础，但是也需要调整相关部门的规制和条例。

按照相关的法律法规的规定，宅基地使用权对外流转的唯一途径是被国家征收或征用，这实际上是宅基地使用权的消灭。为了适应新形势，宅基地使用权的对外流转已经开始了试点，即宅基地直接入市。全国人大常委会已经授权国务院，由国务院印发相关指导意见，在北京市大兴区等 33 个县（市、区）开始农地征收、农村集体经营性建设用地和宅基地直接入市试点。规定试点县（市、区）的农民在符合规划、合法取得和符合用途管制的基础上，可以将农民集体所有的土地使用权租赁、转让和入股，可以直接入市交易，享受"同地同权"和"同权同价"的待遇，同时还调整了宅基地的审批权限，简化了审批流程②。在试点地区还放开了宅基地等农民集体所有土地使用权的转让、租赁和入股，但是仅仅限制在试点地区进行"封闭式"流转，对宅基地入市也持谨慎态度，规定闲置的宅基地可以入市，或者进城农民的宅基地在其自愿原则上有偿退出，不搞强迫。

中央和相关部门已经在逐渐试点和探索落实宅基地所有、保障农户的宅基地资格权和放活宅基地使用权。但是，对宅基地使用权到底放活到什么程度国家还是非常谨慎的。相关的试点意见和领导讲话中多次重申禁止城市居民在农村购买宅基地建庭院和别墅。可见，从现行制度背景来看，放活宅基地使用权仅仅限定在集体内部，允许在集体内部租赁、流转和入股，允许农民在自己宅基地的基础上建设房屋和其他设施，进行住房出租、家庭旅馆等商业性经营；对于宅基地入市，也明确要求要尊重农民的意愿、保障农民的财产权利和保持社会稳定。

（二）放活宅基地使用权的实现机制与风险防范

宅基地"三权分置"中要放活使用权应该是有限制的和适度放活。具体来说是指四个层面的放活：一是逐渐允许宅基地使用权在"农民集体"内部流转、租赁和入股；二是允许农民在合法取得宅基地的基础上，在符合规划的前提下，建设住房和其他设施，用于出租或搞家庭旅游等发展其他产业；三是在尊重进城农民意愿的基础上，探索宅基地有偿退出机制；四是有条件的县（市、区）可以将闲置的宅基地等直接"入市"交易，实现"同地同权"和"同权同价"。

要实现宅基地使用权在四个层面的放活，需要创新实现机制。

（1）修改现行法律法规。如，按照全国人大常委会授权的农村土地改革试点意见

---

① 详见：《物权法》第十三章第一百五十二条之规定。

② 详见：《全国人民代表大会常务委员会关于授权国务院在北京市大兴区等三十三个试点县（市、区）行政区域暂时调整实施有关法律规定的决定》。

的决议，允许宅基地使用权在"农民集体"内部流转、租赁和入股，以及允许农民在合法取得的宅基地上建设住房和其他符合用途规制的设施，进行经营获利，就需要修改《中华人民共和国城市房地产管理法》第九条"城市规划区内的集体所有的土地，经依法征收转为国有土地后，该国有土地的使用权方可有偿出让"①，以及《中华人民共和国土地管理法》第六十三条"农民集体所有的土地的使用权不得出让、转让或者出租用于非农业建设"之规定②。需要修改的法律法规还涉及农地的征收补偿和宅基地的审批权限等规定。

（2）探索宅基地使用权有偿退出的机制。在尊重农民意愿的前提下，在城市获得稳定就业、社会保障和满足居住需求后，允许农民退出其宅基地。传统的做法是进城落户农民直接将宅基地无偿退还给村集体。随着《物权法》赋予农民的宅基地"用益物权"权能，农民进城落户后，可以以宅基地获得一定的物质补偿。但是，这种物质补偿由谁来支付？中国的农村集体经济大多不发达，村集体是没有能力支付的。实践中，主要是由有经济实力的城市给予所辖区农村居民退出宅基地给予一定的补偿，如成都市对郊区宅基地退出的农户每 667 平方米给予 20 万～30 万元不等的补偿，并给予就业和社会保障等相关政策优惠；重庆市通过"地票"制度给予退出宅基地的农户一定的住房补贴等。从长远来看，农民宅基地退出，需要解决两个关键问题，即宅基地退出的补偿标准和资金来源。笔者认为补偿标准可以参考相同区位集体经营性建设用地和国有土地入市的价格进行评估，资金来源可以通过在集体经营性建设用地和国有土地入市时的土地总价中提成，建立宅基地退出补偿基金。

（3）探索宅基地直接入市的机制。宅基地入市主要有成都市温江区的"双放弃"模式、重庆"地票模式"和浙江嘉兴的"两分两换"模式等。从严格意义上来说，这些模式仅是一些宅基地间接入市的尝试。真正意义上的宅基地入市，已经在全国人大常委会和国务院授权的 33 个试点县（市、区）开展，如四川的泸县等。试点地区宅基地直接入市的案例较少，主要原因是宅基地不同于农村集体经营性建设用地，宅基地是农民的保障性用地，入市难度大，风险也大。目前，试点地区仅仅是将闲置宅基地平整后入市交易。所以，宅基地入市需要特别谨慎，既要考虑土地资源利用效率的提高，也要认识和防范宅基地直接入市的风险。

（4）建立相关的风险防范机制。放活宅基地使用权，也面临一定的风险，如宅基地使用权向农民集体以外的城市居民或商业企业流转。首先，现实中，一些城市的郊区或具有独特自然生产资源农村的宅基地已经变相地成了一些富有城镇居民的别墅和花园，改变了宅基地的用途和功能定位。其次，一些地方政府强制或者诱导不能真正落实城市就业和社会保障的农村居民以宅基地换取城市户口，可能有潜在的较大的社会风险。最后，一些村集体和乡镇组织通过宅基地等集体建设用地直接入市，建立了村级和乡镇级土地财政，既不利于实现农民的土地财产权，也不利于农村社会的稳定。因此，需要建立宅基地流转、退出和入市等的风险防范机制。具体来说要严格宅基地流转的范

---

① 详见：《中华人民共和国城市房地产管理法》第九条之规定。

② 详见：《中华人民共和国土地管理法》第六十三条之规定。

围；充分尊重农民意愿，禁止诱导性和强迫性的宅基地退出政策；禁止搞宅基地入市运动，侵害农民利益；建立宅基地入市后的增值收益分配机制，保障地方政府、村集体和农民的合法收益，强制失去农村土地和房屋的进城农民购买完善的医疗和养老等社会保险，防止社会风险发生。

五、宅基地"三权分置"权能的
相互关系及权能冲突的解决

（一）权能的相互关系

创新和实现宅基地"三权分置"，不仅要弄清楚所有权、资格权和使用权的权能内涵，还要厘定三种权能之间的关系。一般认为，所有权是基础权利，其他权利都是派生权利。在宅基地"三权分置"中"农民集体"所有权是基础权利，资格权和使用权是派生权利。所有权对其他权利具有统辖作用，资格权和使用权可能对所有权具有制衡或对抗作用，资格权和使用权之间也具有这种制衡或对抗作用。

理论上，宅基地所有权归"农民集体"所有，现实中往往是村民委员会等代理其行使相关权利。宅基地所有权的代理人通过审核、监督和部分处置等方式行使了所有权。但是，由于所有权主体是虚置的，所有权人缺乏最终处分权，所以所有权对资格权和使用权的统辖作用被弱化了。宅基地的资格权按照"一户一宅"原则被赋予了"集体内部"成员，这种资格权的获取，并不是所有权主体主动赋予的，而是国家相关法律规定属于"农民集体"的成员有权获得宅基地资格权，宅基地所有权主体被动赋予了"农民集体"内部成员一定的资格权。在这样的权利制度制衡下，所有权主体对资格权主体的统辖作用被大大弱化了。现实中，宅基地使用者往往不遵循所有权代理人的规划要求和用途管制要求乱搭乱建，所有权代理人的监督和管理动力和激励机制缺乏的情况下，就会出现类似大量小产权房等问题。宅基地所有权主体对具有资格权的使用权主体也往往缺乏约束，其理由也是所有权对使用权统辖的弱化。当然，在试点宅基地流转和直接入市背景下，强化宅基地所有权对使用权的统辖所用的需求日益凸显。如果农户在宅基地上修建家庭旅馆等，正常行使使用权，所有权主体是否应该干预和怎么干预等都值得进一步研究。从全国宅基地流转和入市试点的实践来看，可能需要进一步开放使用权的使用范围，但是也需要依法进一步严格所有权主体对使用权主体的监管。

在宅基地"三权分置"中要放活使用权，也会进一步影响资格权。如果宅基地是农户自用，资格权和使用权是统一的；如果宅基地资格权归"农民集体"内部成员，但是该成员将使用权流转给了其他人用于家庭旅馆或"农家乐"等，这时资格权和使用权之间就有了冲突。如果宅基地使用权的承租人违规使用了宅基地，资格权人应该怎么干涉？甚至为了共同的利益，资格权人和使用权人同谋改变宅基地用途或造成负外部性，那么由谁来负责监督和管理？此时，需要所有权主体或其代理人发挥监督和管理作用。但是，如果所有权代理人、资格权人和使用权人"共谋"改变宅基地使用用途或造成负外部性,那么谁又来负责监督和管理?此时,需要进一步强化土地管理部门的监督和管理职责。

(二)权能冲突的解决

正因为宅基地"三权分置"中基础权利与派生权利之间具有统辖和制衡的关系,而派生权利之间也具有制衡和对抗等关系,所以要实现宅基地"三权分置"就需要明确界定各项权利的边界,理顺各项权能之间的关系。具体来说,一是要硬化和落实所有权,解决所有权主体虚置和所有权弱化的问题,使得所有权能够真正统辖其他派生权利。二是要清楚厘定资格权的边界和资格范围,以及载明资格权人的权利和义务,形成对资格权人的权利监管。三是要明确界定使用权的范围,尤其是使用权被分割、流转或转租以后,对使用权的范围和用途要进行制度限定,并加强监管。放活宅基地使用权是提高资源使用效率、增加农民财产性收入的创新性的制度安排,但是如果不能对使用权范围进行界定,对使用权用途进行管制和监管的话,可能会出现使用权人侵害其他权利主体利益的情况。

在宅基地"三权分置"中,还要防止使用权主体对所有权主体和资格权主体的侵害。例如,拥有"农民集体"资格权的甲进城就业和居住后,将依法依规获得的宅基地使用权和房屋转租给了乙,乙在此宅基地上修建了一些房屋,用作乡村旅游客房。乙在经营过程中以此房屋为抵押向银行贷款。如果乙经营失败,不能按期还贷款,银行可能会执行抵押协议,要求收回乙在甲宅基地上修建的房屋。按照现行法律的规定,银行是不能收回宅基地使用权的,因为宅基地使用权是基于甲"农民集体"成员身份的资格而获取的。这时,此案就可能会陷入僵局。在此案例中,宅基地使用权流转,发生经营问题后,新使用权人的行为侵害了资格权主体,甚至是所有权主体的利益。如何解决类似的使用权主体对其他权利主体利益的侵害呢?现行的法律法规,如《担保法》是限制宅基地使用权抵押等行为的,但是要逐渐放活宅基地使用权,既要在市场经济中体现使用权的经济价值,又要防范由此带来的风险。笔者认为可以借鉴农地经营权抵押和担保的风险基金模式,探索建立宅基地使用权流转的登记备案制和抵押贷款风险基金等。

六、结语

宅基地"三权分置"是中国农村土地产权制度变革的重要理论和实践探索。因此,既需要从理论上解析权能困境,厘清所有权、资格权和使用权权能的边界、内涵及相互关系,也需要从浙江义乌模式、北京大兴区模式和海南文昌模式等实践中总结经验,探索宅基地"三权分置"的实现机制。当前,宅基地"三权分置"重点在于落实所有权、稳定资格权和放活使用权。要落实所有权需要实现宅基地所有权主体一元化和所有权主体法律化,同时给予所有权主体一定的处分权;要稳定资格权需要严格界定资格权的取

得范围，探索宅基地资格权有偿退出机制；放活使用权应该允许宅基地使用权在单个
"农民集体"和多个"农民集体"内部流转、租赁和入股，允许农民在宅基地上建房自
住或营商，探索闲置宅基地直接入市的实现机制和风险防范机制。

参考文献：

［1］孔祥智. "三权分置"的重点是强化经营权［J］. 中国特色社会主义研究，2017（3）.

［2］黄祖辉. "三权分置"与"长久不变"的政策协同逻辑与现实价值［J］. 改革，2017（10）.

［3］尹成杰. 三权分置：农地制度的重大创新［J］. 农业经济问题，2017（9）.

［4］北京大学国家发展研究院综合课题组. 还权赋能——成都土地制度改革探索的调查研究
［J］. 国际经济评论，2010（2）.

［5］杨继瑞，汪锐，马永坤. 统筹城乡实践的重庆"地票"交易创新探索［J］. 中国农村经济，
2011（11）.

［6］张晓山. 实施乡村振兴战略的几个抓手［J］. 人民论坛，2017（33）.

［7］郭晓鸣，张克俊. 让农民带着"土地财产权"进城［J］. 农业经济问题，2013（7）.

［8］刘守英. 中国土地制度改革：上半程及下半程［J］. 国际经济评论，2017（5）.

［9］龚宏龄. 农户宅基地退出意愿研究——基于宅基地不同持有情况的实证研究［J］. 农业经济
问题，2017（11）.

［10］张克俊，付宗平. 基于功能变迁的宅基地制度改革探索［J］. 社会科学研究，2017（6）.

［11］朱启臻. 宅基地"三权分置"的关键是使用权适度放活［J］. 农村工作通讯，2018（3）.

［12］付文凤，等. 基于机会成本的农村宅基地退出补偿标准研究［J］. 中国人口·资源与环境，
2018（3）.

［13］董祚继. 以"三权分置"为农村宅基地改革突破口［J］. 中国乡村发现，2017（1）.

［14］袁铖. 城乡一体化进程中农村宅基地使用权流转研究［J］. 农业经济问题，2010（11）.

［15］吴远来，梅雨. 宅基地置换实践中政府行为偏差分析［J］. 农业经济问题，2014（11）.

［16］叶兴庆，李荣耀. 进城落户农民"三权"转让的总体思路［J］. 农业经济问题，2017（2）.

［17］庄开明，黄敏. 农村宅基地自愿退出中的要价博弈均衡分析［J］. 经济体制改革，2017（5）.

［18］周文，等. 土地流转、户籍制度改革与中国城市化：理论与模拟［J］. 经济研究，2017（6）.

［19］张海鹏，逄锦聚. 中国土地资本化的政治经济学分析［J］. 政治经济学评论，2016（6）.

［20］张占仓. 中国农业供给侧结构性改革的若干战略思考［J］. 中国农村经济，2017（10）.

［21］郑风田. 振兴乡村必须打破城乡资源流动的障碍［J］. 农村工作通讯，2017（24）.

［22］钱龙，钱文荣，郑思宁. 市民化能力、法律认知与农村宅基地流转——基于温州试验区的
调查与实证［J］. 农业经济问题，2016（5）.

［23］顾龙友. 对农村宅基地制度改革试点实践的思考（下）［J］. 中国土地，2018（1）.

［24］上官彩霞，等. 不同模式下宅基地置换对农民福利的影响研究——以江苏省"万顷良田建
设"为例［J］. 中国软科学，2017（12）.

［25］陈小君，蒋省三. 宅基地使用权制度：规范解析、实践挑战及其立法回应［J］. 管理世界，
2010（10）.

［26］孔祥智. 农业供给侧结构性改革的基本内涵与政策建议［J］. 改革，2016（2）.

［27］杨璐璐. 农村宅基地制度面临的挑战与改革出路——基于产权完善的收益共享机制构建
［J］. 南京社会科学，2017（11）.

［28］杨丽霞，苑韶峰，李胜男. 共享发展视野下农村宅基地入市增值收益的均衡分配［J］. 理论探索，2018（1）.

［29］易小燕，陈印军，袁梦. 基于 Shapley 值法的农村宅基地置换成本收益及分配分析——以江苏省万顷良田建设工程 X 项目区为例［J］. 农业经济问题，2017（2）.

［30］韩立达，王艳西，韩冬. 农地"三权分置"的运行及实现形式研究［J］. 农业经济问题，2017（6）.

［31］桂华，贺雪峰. 宅基地管理与物权法的适用限度［J］. 法学研究，2014，36（4）.

［32］冯双生，张桂文. 宅基地置换中农民权益受损问题及对策研究［J］. 农业经济问题，2013（12）.

［33］周其仁. 土地制度改革有四方面值得关注［J］. 理论学习，2014（10）.

［34］贺雪峰. 不必着急让农民退出宅基地［N］. 第一财经日报，2016-06-23（A11）

［35］陈锡文. 农村宅基地改革的焦点和核心是什么［J］. 中国乡村发现，2016（5）.

［36］张龙耀，王梦珺，刘俊杰. 农民土地承包经营权抵押融资改革分析［J］. 农业经济问题，2015（2）.

"去杠杆"与风险防范[①]

——基于马克思信用理论的分析

刘志国[②]　胡　翔[③]

摘　要："去杠杆"是我国供给侧结构性改革的重要内容之一。"去杠杆"的过程实质上是信用收缩的过程，伴随着较大的金融风险。根据马克思的信用理论，信用在市场经济中具有双重作用：一方面推动商品经济的发展，另一方面，又可能引发货币和信用危机。在信用收缩阶段，企业资本周转困难，虚拟资本价格下降，导致社会信用关系崩溃，从而引发全面的危机。我国"去杠杆"政策使金融风险逐步暴露，实体经济融资困难，债务违约现象增加，银行不良资产比率上升等。为了实现良性去杠杆，我国需要守住不发生系统性金融风险的底线，关注实体经济的货币需求，防止影子银行体系的扩张，其中最关键的是夯实实体经济基础。

关键词："去杠杆"　金融风险　信用

一、引言

在我国经济进入新常态以后，在复杂的国内外经济形势下，经济结构调整成为我国经济的主题。以"三去一降一补"为核心内容的供给侧改革既有利于解决我国经济结构深层次的问题，也有利于校正需求管理政策所带来的偏差[1]。在"去产能、去库存、去杠杆、降成本、补短板"五大政策任务中，"去杠杆"对整个经济体系带来的冲击是全方位的，既关系到实体经济的转型，也涉及金融市场的稳健运行。因此，在供给侧结构性改革推进的过程中，"去杠杆"的影响和具体实现方式必须重点关注。

在财务领域，杠杆一般用长期债务与长期资本的比率来衡量。对企业来说，运用杠杆来进行投资具有双重效应，即投资的风险和投资收益同时增加。资本在追逐利润的动

---

①　本文为国家社科基金项目"马克思货币理论新阐释与当代发展研究"（16BJL005）的阶段性成果。
②　刘志国，南京财经大学经济学院教授。
③　胡翔，南京财经大学经济学院。

机驱使下，不断加杠杆。与此同时，财务风险也越来越大。就整个社会来说，加杠杆的过程是信用创造的过程，债务增加导致信用膨胀，各类资产价格都会出现泡沫化的问题，金融风险不断累积。当我们试图通过"去杠杆"来化解金融风险时，却又不得不承受信用萎缩、资产价格下跌、实体经济融资困难、金融风险暴露甚至爆发金融危机的严峻考验。"去杠杆"可以区分为"良性去杠杆"和"恶性去杠杆"。"良性去杠杆"能够在负债率下降的同时，避免经济增长的严重衰退或恶性通胀；"恶性去杠杆"则是负债率不降反升，或者负债率虽然下降，但成本高昂，如大规模破产违约、严重的经济衰退和恶性通货膨胀等。因此，"去杠杆"通常是一个充满风险挑战的宏观经济调整过程，必须审慎应对。

供给侧结构性改革是学术界研究的热点问题之一，但研究主要偏重于"三去一降一补"总体性分析，如中国人民银行南阳市中心支行课题组分析了"去产能、去库存、去杠杆"过程中的金融风险和传导机理，强调产能过剩、库存过高、杠杆加大对经济结构调整和金融体系的稳健运行都带来负面冲击[2]。任泽平、冯赟也从供给侧改革的角度分析了"去杠杆"的现状、风险与投资机会[3]。有些学者专门分析了"去杠杆"的实质和路径，但关注的重点是金融去杠杆，如汤铎铎和张莹[4]、郭祎[5]、刘世伟和蔡喜洋[6]等。他们从不同角度论述了金融部门去杠杆对实体经济带来的冲击，看到了"去杠杆"可能带来的金融风险。本文利用马克思的货币理论分析我国"去杠杆"政策对金融稳定性的冲击，揭示"去杠杆"与金融风险的内在关联，从而对我国防范金融风险提出政策建议。

二、马克思的货币与货币危机理论

马克思货币理论延续了古典经济学货币内生的观点，强调货币产生并服务于商品流通。当货币充当流通手段时，货币流通和商品流通是同一个交换过程的两个侧面，货币流通本质是以商品流通为基础的，货币的需求取决于商品流通的需要。货币产生后，由于买和卖的分离，商品内在的使用价值与价值、具体劳动与抽象劳动、私人劳动与社会劳动、物的人格化和人格的物化的对立在商品形态变化的对立中取得了发展的运动形式，这种形式包含着危机的可能性，但也仅仅是可能性[7]137。

在简单的商品经济社会，由于交换并不是经常发生的，货币的信用功能并没有得到充分的发展。在资本主义生产方式建立起来以后，日益扩大的商品交换范围使商品买卖与货币的流通出现了分离，促进了信用形式的发展和信用规模的扩大。在马克思看来，商业信用的发展扩大了货币的范围，信用工具成为一种替代性的流通手段。一旦货币充当了支付手段，信用交易使"卖者成为债权人，买者成为债务人……而这种角色还可以不依赖商品流通而出现"[7]159。信用形式作为实际的支付手段，满足了现代经济对流通手段的需求。信用突破了金属货币对资本主义生产方式的制约，没有信用的发展就没有资本主义生产方式。发达的信用体系内生出了替代性的流通手段或支付手段。无论是商业信用，还是银行信用，信用扩张的过程，都意味着债权债务链条的延长，其实质是整个社会不断"加杠杆"的过程。在货币仅能充当流通手段时，个人所有的货币资本决定了交易规模的大小及资本利润。随着资本主义经济信用化程度不断加深，货币的杠杆效应日益放大，交易规模得以成倍扩大，利润也迅速扩大。与此同时，风险也快速积累。

资本主义经济信用规模膨胀的一个重要推动力量是资本平均利润率下降，经济金融化程度不断提高。随着实体资本积累规模的扩大，资本有机构成提高，平均利润率从长期来看存在下降趋势。为提高实体资本的盈利能力，一方面可以通过加大信用杠杆的方式利用社会资本，壮大资本规模。因此，信用和竞争一起构成了资本积累的两个杠杆。另一方面，当实体经济平均利润率下降使产业资本无法获取相应回报时，就会出现资本过剩。这些过剩的产业资本就会"脱实向虚"，形成规模庞大的金融资本。由于这些金融资本并不能生产任何的价值，它的利润最终来源于实体经济所创造的剩余价值。归根到底，利息率不能高于平均利润率，金融资本为获取更高的利润，只能依赖于不断加杠杆的金融化过程，提高负债对自有资本的比率。

在现代经济体系中，虚拟资本作为实体资本的纸质复本，它是信用的典型形式。正是在它的支撑下，金融资本越来越具有相对独立的运动形式。当央行向金融体系注入流动性时，这部分资本就具有了虚拟资本的特征，它不是直接注入实体经济，而是通过不断的资金注入和加杠杆实现金融资本的积累。金融加杠杆使信用规模快速膨胀，在可投资资产较为稀缺的情况下，出现资产价格泡沫化。由于虚拟资本通过自身运动实现积累，它本身并没有创造任何价值，它只是依赖于资产价格的上涨而获取利润，即使最终进入了实体部门，也大幅度抬高了资金使用成本，降低了资金使用效率。

整个社会不断加杠杆的过程导致信用规模膨胀，破坏了一个国家的金融稳定性。金融稳定性是建立在货币需求、货币供给相对稳定可控基础上的，而大量资本脱实向虚、进入影子银行体系动摇了货币当局控制货币供给的理论基础。稳健的经济运行要求保持货币供给和实体经济的适应性。当虚拟经济规模不断壮大、信用杠杆自我积累导致不可持续的时候，就会出现不同程度的金融不稳定，甚至会引发货币危机。我国曾经在2012 年、2013 年两次发生"钱荒"，从表面的形式上看，是货币资金的需求大大超过货币资本的供给而导致的不良市场反应，而实际原因则是货币政策试图收紧货币供给、"去杠杆"行为而导致的货币供求之间的冲突[8]。

马克思认为，经济危机最深刻的根源在于商品经济本身，随着货币的出现，危机发生的可能性进一步加大，"但也仅仅是可能性"。这种可能性要发展为现实，必须有一列社会关系的发展作基础[7]135。随着生产力的进步与资本主义生产方式的发展，商品交换广度和深度日益发展，经济生活中无孔不入的货币和信用关系使危机从可能转化为现实。如果没有信用在社会经济生活中的全面渗透及信用规模的膨胀，货币危机就只是一种理论上的可能性。

货币支付手段的发展和信用的普遍化加深了货币关系对社会经济的冲击。根据马克思的货币理论，支付手段和信用工具的普遍使用是货币内生性供给增加的过程，社会经济的发展建立在广泛发展的债权、债务关系的基础上。一旦实体经济发展遇阻，支付手段和信用工具不再是普遍可接受的，剧烈的"去杠杆"就会造成严重的通货紧缩，从而酿成货币危机。一方面，在货币充当支付手段职能发展起来以后，信用工具开始多样化，且存在着脱离实体经济独立运动的趋势。支付手段和信用工具在商品流通中的普遍使用加剧了货币供求波动带来的金融风险。马克思认为，货币支付手段的职能包含了一个直接的矛盾，即在各种支付互相抵消时，货币只需要是观念上的货币，只需要执行价值尺度的职能。另一方面，必须实际支付时，货币又要充当社会劳动的单个化身，变身为绝对的价值形式。这个矛盾在货币危机发生时暴露得特别明显，尤其是在一系列支付的锁链和抵消支付的制度获得充分发展的地方，"货币就会突然直接地从计算货币的纯粹观念形态变成坚硬的货币"[7]162，此时货币的表现形式是无关紧要的，"不管是用现金支付，还是用银行券这样的信用货币支付，货币荒都是一样的"[7]162。

　　支付手段的出现和信用工具的广泛流通，使真实货币的需求表现出极大的伸缩性。支付的债务链条的断裂使充当支付手段的货币和信用工具突然消失，必然导致商品价值实现困难，信用收缩就会突然发展为经济的全面动荡。马克思认为，"在考察作为支付手段的货币时，我们已经说明，在支付锁链被激烈破坏时，货币对商品来说，由价值的单纯观念的形式变成价值的实物的同时又是绝对的形式……这种破坏部分地是信用动摇以及随之而来的各种情况，如市场商品过剩、商品贬值、生产中断等的结果，部分地又是它们的原因"[9]521。在这里"支付锁链"被破坏的原因是多样的，但归纳起来无非有两个原因：一是实体经济发展的周期性使大量企业无法实现正常的资本流回，二是普遍的信用收缩使债务人无法为债务融资。

　　在现代市场经济中，信用普遍渗透到经济生活的每一个角落，其作用日益突出，其两重性也更加明显。一方面，信用加速了商品流通。在信用出现以后，每一个工厂主和商人都不需要时刻握有巨额的准备资本，也在一定期间内摆脱了对资本现实回流的依赖，即使资本周转暂时遇到困难，也可以通过信用获得市场资金，而不至于使资本周转困难的企业陷入经营困境。另一方面，信用的发展使金融市场的运转具备了相对独立性，社会再生产的不确定性风险增加。由于信用创造机制的复杂性，"以致在资本回流实际上早已只有一部分靠牺牲那些受骗的贷款人，一部分靠牺牲那些受骗的生产者才能实现之后，营业扎实可靠、回流十分顺畅的假象，还能平静地保持下去"[9]548。复杂的信用关系使经济的深层次矛盾得以逐步积累，直至危机突然爆发。

　　实体经济与信用的相关性使二者的周期性保持同步，信用的收缩会造成金融不稳定，甚至引发经济危机。在经济繁荣时期，对借贷资本需求大量增加，而且这种需求在此时也更容易得到满足，加杠杆的行为造就了信用制度在繁荣时期的惊人发展。在经济停滞时期，由于信用对于实体经济的变化较为敏感，"只要再生产过程的正常紧张状态受到破坏，信用就会减少"[9]547。由于信用紧缩，市场被动地强制"去杠杆"造成了"货币紧迫"。在这种情况下，通过信用来获得商品就比较困难，大量的现金支付是产业周期中崩溃之后的那个阶段所特有的现象。在危机期间，支付手段不足，这是不言而喻的。信用工具的匮乏使商品出售困难，再生产过程趋于停滞，工厂停工、原料堆积、制成的产品充斥商品市场。"单靠信用来进行交易的厂商越多，这个时期的情形就越是这样"[9]554。这也表明，信用规模越是膨胀，整个社会杠杆率越高，剧烈的通货紧缩或者"去杠杆"政策所导致的危机程度就越深。

现代市场经济中，再生产过程的全部联系都是以信用为基础的，信用的突然收缩，就会发生危机，而且使危机表现为信用危机和货币危机。信用收缩时，只有现金支付才是可以接受的，对现金的激烈追求必然会出现。正如马克思所说，"在危机中，信用主义会突然转变成货币主义"[9]608。在金融恐慌时期，客观上货币量并没有发生变化，但每个人出于预防性动机，都不让它转化为借贷资本，每个人都抓住它不放，以便应付实际的支付需要。于是，就导致一些公司和金融机构的准备金增加，而大多数公司却真实感受到整个市场都"没有钱"的困境，有些企业资金周转困难而又无法利用市场解决资金不足的问题，就有可能陷入破产的境地。这种信用收缩一旦普遍起作用，就会演变成货币危机。

马克思以汇票为例分析了市场"去杠杆"所导致的信用崩溃与货币危机的发生机制。汇票基本上是代表现实交易的，但是这种现实交易的规模远远超过社会需要的限度，现实商品生产的严重过剩是整个社会危机的基础。商业汇票和信用膨胀掩盖了生产产能过剩的事实，并且使资源的错误配置难以被及时发现和校正，最后酿成危机。汇票作为信用工具，越来越脱离实体经济，"这种汇票中也有惊人的巨大数额，首先，代表那种现在已经败露和垮台的纯粹欺诈营业；其次，代表利用别人的资本进行的已告失败的投机；最后，还代表已经跌价或根本卖不出去的商品资本，或者永远不会实现的资本回流"[9]555。由于汇票本身是虚拟资本的一种形式，当其相当一部分在现实中无法兑付时，大量本来可以充当支付手段的信用工具就突然变成了废纸。当信用货币或信用支付手段大量消失时，货币危机就发生了。

"去杠杆"导致的信用收缩会通过虚拟资本的价格下降而使企业财务状况恶化，危机程度加重。在货币危机发生后，首先，充当支付手段的货币和信用下降，使资产价格下跌，提高了企业的资产负债率，增加了企业的破产风险，进一步加剧了经济波动。在生产性企业的资产结构中，除包括物质资本以外，还包括一部分虚拟资本。信用崩溃首先会使商品资本贬值，使资本难以正常回流。商品资本是潜在的可以转化为货币资本的资产，但是在危机期间，这部分资本的价值会遭受较大损失，不仅存在着价值能否实现的问题，而且即使能够实现也存在着实现的比例问题。其次，信用崩溃使虚拟资本贬值，资产贬值进一步恶化企业的财务与经营状况，企业负债率提高。这是因为虚拟资本本身并没有价值，其价格很大程度上取决于市场流动性的宽松程度。货币与信用膨胀会使各类资产价格出现泡沫化趋势，而发生通货紧缩时，一方面，资产需求下降；另一方面，信用与流通手段的缺乏迫使证券持有者抛售更多的证券以获得货币，资产供给增大。通货紧缩使资产价格从供求两端承受到巨大的贬值压力，当资产价格泡沫完全破灭时，大量的社会财富化为乌有，并引起消费与投资的连锁反应，最后形成严重的危机。股票作为虚拟资本的典型形式，导致其价格下降的因素还有企业的经营状况在危机期间恶化、利润率下降、股票代表的收入下降了。有些企业在信用宽松的时期，靠欺诈还可以维持表面的繁荣，一旦遇到信用紧缩，其股票便成为垃圾证券，使隐藏的风险彻底暴露。

在资本主义生产方式下，对货币量的需求大大高于简单商品经济时代，而且信用工具在很大范围大代替了现实的货币流通。市场"加杠杆"与"去杠杆"的周期性更替导致信用的频繁波动，足以扰乱正常的货币流通秩序，使社会再生产正常进程遭到破坏。马克思认为，"整个信用机构不断地忙于用各种操作、方法和技术设施，把现实的金属流通限制在一个相对地日益缩小的最小限度，这样，整个机构的人为性质以及扰乱正常的进程的机会也会相应地增加"[10]563。由于信用关系在市场经济的普遍发展，我们必须对导致信用收缩的"去杠杆"行为所带来的金融风险予以足够的重视。

三、我国"去杠杆"政策执行过程中的金融风险

（一）"去杠杆"是释放金融风险的必然选择

根据马克思货币与信用理论，信用与货币具有内生性，某种程度上，金融资本可以摆脱实体经济而独立运行，完成自我积累。这个过程是信用膨胀的过程，也是整个经济不断加杠杆的过程。在这个过程中，流动性显得特别宽裕，资产价格飞速上涨，整个经济显现出繁荣景象。但是，所有金融资本都不能创造任何价值，其最终的增值仍然依赖于实体经济，当脆弱的实体经济无法支撑庞大的金融资本时，就会爆发严重的危机。这时，信用大规模收缩，市场强制"去杠杆"会使所有的虚拟资本回归其真实价值，产业资本也因为无法实现正常的资本循环而大量破产。正是在此背景下，为了避免危机的发生，我国政府推行供给侧结构性改革，主动实施"去产能、去库存、去杠杆"政策，"去杠杆"的根本目标即为释放加杠杆所积累的金融风险。

我国实施供给侧结构性改革，推动金融机构和实体经济"去杠杆"，其根本原因在于加杠杆所导致的信用膨胀越来越不可持续。在2008年金融危机发生后，我国为了应对国内外经济形势的变化，实施了宽松的财政和货币政策。在货币供给快速上涨的情况下，政府、企业和家庭部门的债务比率都大幅度增加，我国经济增长模式从投资驱动型增长转变为"债务—投资"驱动型，经济杠杆率显著提高，2008—2017年宏观杠杆率从140%上升到250%以上，其增加幅度超过美国过去30年的杠杆增长幅度。在此过程中，我国出于稳增长、保就业的需要，对低效的大型企业（尤其是国有企业）提供隐性担保、行政补贴，从而使大量过剩产能无法实现市场出清，形成了一批依赖于政府补贴和银行贷款的僵尸企业。

我国经济宏观杠杆率提高使金融风险快速积累，并有所扩散。由于实体经济低迷，大量资金流向房地产、地方融资平台及产能过剩的国有企业，他们以政府信用为背书，通过加杠杆，依靠高负债实现资本循环，产生大量的无效资金需求，对实体经济产生挤出效应，损害了资金的使用效率。汤铎铎和张莹认为，杠杆率的快速提高产生了一系列负面影响：降低了资金使用效率，提高了社会融资成本，影响经济活力；产能过剩行业的银行贷款成为不良贷款，降低了银行资产质量；脆弱的实体经济可能引发的资金链断裂和债务违约，使金融风险从银行蔓延到"影子银行体系"[4]。

我国信用膨胀过程是货币资本脱实向虚、金融风险不断积累的过程。近年来，我国经济快速增长，人们的收入水平也水涨船高，社会财富总量迅速增加。由于我国银行实

际存款利率水平较低，人们逐步放弃了传统的银行存款的理财形式，开始寻求其他的保值增值的方式。就投资渠道而言，我国的资本市场运行极不规范，不仅不能为股东创造价值，而且投资者还要承担政策和市场不确定性带来的双重风险，因而资本市场投资并不是人们投资理财的首要选择，而是选择了利率收入水平相对较高、风险相对较小的理财产品，或者进入房地产市场。由于产能过剩、企业负担较重，产业资本利润率水平低迷，大量非金融企业也将闲置资金或市场募集资金用于银行理财，形成了规模庞大的"影子银行"。"影子银行"为理财产品购买者创造了较高的收入，但是，所有金融资本的收益的源泉都是实体经济所创造的价值。影子银行体系的资金最终会以较高的成本进入实体经济，而实体经济的相对低迷又无法承担较高的利息，最终这些资金只能进入对利率不敏感的部门，如产能过剩的国有部门，或者由各级政府隐形担保的基础设施部门。这一加杠杆的过程势必造成金融风险的不断累积。

加杠杆的本质是债务和信用的扩张，高杠杆必然带来高风险。2008 年金融危机以来，我国持续加杠杆形成的高杠杆率是我国当前金融风险、金融脆弱的总根源。杠杆率过高加重了负债方还本付息的偿债压力，如果没有持续的企业部门经营效率的持续改善必然存在引发金融危机的风险。高杠杆恶化了政府、企业和家庭部门的资产负债表，抬高了外部融资成本和风险溢价，系统性风险加大。

影子银行体系的"繁荣"是信用扩张的结果，也是金融风险不断积累的关键点。影子银行体系能够持续运转的前提是持续不断的低成本资金注入。由于大量资金进入产能过剩行业，或进入利润率低且资本周转周期较长的基础设施部门，货币资本难以实现正常回流，如果没有源源不断的低成本资金注入，银行体系就会出现短期资金困难，信用膨胀的加杠杆过程就缺乏持续的推动力量，不断带来金融体系流动性的紧张，其中影子银行就可能成为金融风险的集中爆发点。当我国政府试图通过"去杠杆"控制金融风险时，宽松货币政策下积累的风险就可能释放出来，原来依赖于"借新债还旧债"的企业和政府融资就会出现各种违约现象，马克思认为，"正是信用制度在繁荣时期的惊人发展，从而，正是对借贷资本的需求在繁荣时期的巨大增加，以及这种需求在繁荣时期容易得到满足，造成了停滞时期的信用紧迫"[9]510。"去杠杆"所导致的信用收缩的金融风险不断蔓延已成为我们必须面对的现实问题。

（二）"去杠杆"政策与隐藏风险的显性化

"去杠杆"最直接的表现形式就是降低一个经济系统的总负债率，从宏观经济方面体现为降低社会总债务占 GDP 的比例，从微观经济方面则体现为非金融企业和金融机构负债率的降低。良性的去杠杆要求在 GDP 保持一定程度增长、金融风险完全可控的前提下，使债务比率有所降低。随着我国供给侧结构性改革的深化，实施稳健的货币政策，我国经济宏观杠杆率增速开始下降，2017 年全年上升 2.7 个百分点至 250.3%，而在增长较快的 2012—2016 年年均提高 13.5 个百分点。2017 年，企业和政府部门杠杆率分别比上年下降 0.7 个和 0.5 个百分点①。

---

① 如无特殊说明，本文中的数据均来自"Wind 金融资讯"。

信用收缩时虚拟经济部门的金融风险首先暴露出来。首先,信用收缩的去杠杆行为造成市场需求下降,不仅使商品资本贬值,而且虚拟资本的价值也会大幅度下降。"商品资本代表可能的货币资本的那种特性,在危机中和一般营业停滞时期,将会大大丧失。虚拟资本,生息的证券,在它们本身是作为货币资本而在证券交易所内流通的时候,也是如此"[9]557。其次,信用收缩使资金短缺者出售证券,虚拟资本供给增多,使其价格加速下跌。虚拟资本的价格"还会由于信用的普遍缺乏而下降,这种缺乏将使证券所有者在市场上大量抛售这种证券,以便获得货币"[9]558。最后,"股票的价格也下降,部分是由于股票所有权要求的收入减少了,部分是由于它们代表的往往是那种带有欺诈性质的企业"[9]558。正如我们在我国资本市场所看到的,随着我国"去杠杆"政策的实施,日益收紧的信用环境使企业经营中隐藏的财务漏洞难以再掩盖,各种财务风险纷纷引爆。由于资本市场资金供求形势的改变,各类金融资产将会进一步贬值,在负债没有有效下降的情况下,"去杠杆"的结果反而可能使负债率上升。

由于实体经济与金融部门的紧密关联,"去杠杆"过程会使实体经济的风险转化为商业银行经营风险。在我国,国有企业主要分布在钢铁、煤炭、房地产、交通、通信、能源等资本密集型行业,其发展需要银行提供大量的信贷支持,加上国有企业在社会主义市场经济中的特殊地位,使国有企业负债率显著高于非国有企业。信贷资源对国有部门的大量投入,必然使这些行业过度扩张,导致产能严重过剩,投资效率降低,出现有效需求不足和供给性结构失衡等问题。由于实体经济中企业负债水平已接近于甚至超过其偿债能力的上限,企业疲于应付债务,无暇顾及技术升级和创新,企业债务风险不断加大。在"去杠杆"政策实施后,资金链断裂和企业信用违约风险大幅上升,企业停产、倒闭概率增加。由于企业债权人主要是以银行为代表的金融机构,违约不仅会导致银行不良资产比率上升,影响银行经营的稳健性,而且也动摇了人们资本市场的信心,从而使资本市场融资功能部分丧失。由于信息不对称,财务状况良好的企业正常融资也陷入困境。在"去杠杆"政策的实践中,我国企业和金融机构债务压力加大,债务违约现象增多,并且渐成扩散趋势。2017年我国有近30只信用债违约;2018年前4个月,已经有20只信用债违约,金额合计160亿元,包括公司债、企业债、中票、私募债、定向工具等债券。其中,盾安集团作为一家上市公司,因为12亿元的债券违约而被暴露出450亿元的债务危机。

"去杠杆"使我国实体经济融资难现象加剧。2018年第一季度,实体经济从金融体系获得的资金为5.58万亿元,其中企业融资额为3.8万亿元,比2017年、2016年同期分别减少了20%和30%。以企业境内股票融资来看,2018年第一季度融资额为1 283亿元,比2017年同期2 596亿元下降50%多,只相当于2016年同期融资额的45%。截至2018年5月,各类债券推迟或取消发行的已经达到304只,涉及金额1 839亿元;年内股票定增预案融资规模上限为1 291亿元,较2017年、2016年同期分别减少532亿元和2 443亿元。由此可以看出,"去杠杆"一方面有利于企业财务管理的规范;另一方面也使企业经营困难,流动资金不足,资金链断裂的可能性增加,金融风险加剧。

四、"去杠杆"过程中的金融风险防范

信用是现代经济的血脉，没有信用就没有现代市场经济。根据马克思的货币与信用理论，一方面，货币是非中性的，信用与货币的过度扩张和收缩都会损害经济发展，信用的周期性与实体经济的周期性是相伴而生的；另一方面，货币与信用又是内生的，中央银行宽松与紧缩的货币政策会因为金融体系中信用与货币创造而将政策效果放大，造成货币与信用的内生性膨胀与收缩。货币政策效果也因为货币与信用的内生性而受到破坏。宽松的货币政策是信用膨胀的基本条件。信用膨胀致使杠杆率过高，不仅降低了资金的使用效率，导致资金误配置，而且使货币资本脱实向虚，通过金融资本的独立运转而获取收益，在信用规模不断放大的同时，金融风险也在不断积累。"去杠杆"的政策虽然可以在一定程度上化解高杠杆带来的风险，但是，稳健偏紧的货币政策会使金融市场信用规模迅速收缩，可能会使货币政策宽松时期的潜在风险不断暴露。因此，我们必须注意到我国"去杠杆"过程中可能触发的重大风险，如影子银行的坍塌、商业银行不良资产比率过高、大量信用债违约、市场信心动摇致使社会融资困难、企业大量破产等。

我国政府已经注意到经济体系中的金融风险问题。在党的十九大报告中，我们党就明确提出要"守住不发生金融系统性风险底线"。在2017年年底召开的中央经济工作会议中，也特别强调在未来三年时间里，需要打好防范化解重大风险攻坚战，重点任务是防控金融风险。"去杠杆"是我国结构性改革的重要内容之一，并不是简单地降低债务比率，关键还在于促进形成金融和实体经济及金融体系内部的良性循环。由于金融风险不断暴露，我国政策也对货币政策思路适时进行了调整，在中央银行发布的《2018年第一季度中国货币政策执行报告》中，将货币政策从"稳增长、去杠杆、防风险"表述为"稳增长、调结构、防风险"。"调结构"悄然代替了"去杠杆"，但这并不意味着我国"去杠杆"的任务已经完成，恰恰表明"去杠杆"依然任重而道远。

为了深化供给侧结构性改革，实现良性"去杠杆"的目标，就不能简单地就金融论金融，甚至把杠杆率作为唯一的政策指标。"去杠杆"的过程是货币与信用紧缩的过程，势必影响到整个市场的资金供应，当资金短缺问题较为严峻时，债务危机、信用危机就会爆发，并引起债务锁链的连锁反应，引发全面的金融风险，这是与"去杠杆"的根本目标相悖的。因此，"去杠杆"的过程必须要守住不发生系统性金融风险的底线。

首先，为了防范"去杠杆"政策可能带来的风险，我国货币政策需要考虑我国金融体系的货币创造能力和信用体系的发展程度。在经济稳定运行时，信用规模扩大，金融体系的货币创造能力较大。一旦危机爆发或者处于货币紧迫状态，金融机构的超额准备金和企业、社会公众的货币需求就会加大，从而导致货币创造能力减弱，信用规模加倍收缩，从而使市场上流动性枯竭。此时实施严格的紧缩性货币政策"去杠杆"，有可能诱发较大程度的"钱荒"，导致货币短缺的危机。因而，在"去杠杆"过程中，央行的货币政策工具应当关注金融市场流动性的变化，把金融稳定、防范风险作为重点而不是把降低杠杆率作为政策目标。"去杠杆"是一个历史过程，激进的"去杠杆"会使金融风险状况恶化。货币政策为了抑制过度投机而收回流动性，会立即表现为实体经济资金困难，运行环境恶化。因此，在"去杠杆"过程中，为了避免紧缩性货币政策对实体经济发展所带来的扰动，在货币政策操作过程中，需要保持稳定性，维持稳定的货币政策预期。适度宽松的货币政策可以为"去杠杆"创造良好的环境。

其次，防范资金空转，关注金融资本独立运转所带来的金融风险。在实体经济不景气的情况下，央行倾向于为经济体系注入流动性，但是在实体经济基本面没有改善的情况下，这些低成本的资金反而会借助于复杂的金融工具在金融体系内部寻求短期收益。资金空转使社会信用规模不断放大，推动了金融加杠杆的进程，而且金融行业的高杠杆、高收益又吸收了全社会的流动性，造成实体经济资金紧张，提高了实体经济部门的融资成本。非金融部门参与金融活动应当得到合理控制。在实体投资回报率低且风险较大的情况下，非金融部门利用借贷资金或资本市场筹集的资金进行金融投资，不仅提升了金融杠杆水平，而且直接削弱了金融杠杆对实体经济支持的基础，加大了整个社会的金融风险。因此，为了推动"去杠杆"，必须加大对金融机构和非金融企业的监管，防止其为了追求高收益而过度加杠杆的冒险行为。

再次，引导资金流向实体经济，促进实体经济的结构性改革。在我国经济进入新常态以后，实体经济出现结构性调整的困难，投资收益率降低，大量资金开始脱离实体经济转向虚拟经济领域，资金通过加杠杆的方式融入金融资本并以自身相对独立的运动获取收益。居民为了追逐投资收益也通过加杠杆的方式把收入投入了房地产市场。大量资金脱实向虚，一方面导致了社会信用规模膨胀，大量投机性资金寻求各种炒作机会；另一方面，实体经济融资困难，转型发展缺乏必要的资金支持。为健全实体经济基础，金融服务应当主动采取措施引导资金流向以满足经济结构调整的需要。

最后，通过供给侧结构性改革，"去产能""补短板""降成本"，大力推动实体经济的发展。金融市场的健康运转依赖于实体经济提供的坚实基础。从我国来看，正是实体经济经营困难才推动了金融加杠杆和资金在影子银行体系内的空转。实体经济经营状况的改善才是"去杠杆"的根本出路。我国实体经济的困境不仅在于资金、土地和劳动力等要素成本的提高，还在于政策和制度环境的不完善。为推动实体经济的发展，需要通过产业政策、税收政策、利率政策等多种手段降低企业运行的制度成本，为实体经济发展创造良好的政策环境，从而提升实体经济的总体效益。在结构性改革过程中，我们还需要看到复杂的国际贸易环境对实体经济所带来的冲击，并采取恰当的货币政策，以利率、汇率、信贷等手段使其冲击最小化。

参考文献：

［1］刘志国，李丹. 供给侧改革与我国经济的有效增长策略［J］. 马克思主义研究，2016（3）.

［2］中国人民银行南阳市中心支行课题组. "去产能、去库存、去杠杆"过程中金融风险及传导机理研究［J］. 金融发展评论，2017（12）.

［3］任泽平，冯赟. 供给侧改革去杠杆的现状、应对、风险与投资机会［J］. 发展研究，2016(3).

［4］汤铎铎，张莹. 实体经济低波动与金融去杠杆［J］. 经济学动态，2017（8）.

［5］郭祎. 金融去杠杆的本质和实现条件［J］. 改革，2018（4）.

［6］刘世伟，蔡喜洋. 金融去杠杆：国际经验与政策选择［J］国际金融.，2018（3）.

［7］马克思恩格斯文集：第5卷［M］. 北京：人民出版社，2009.

［8］刘志国. 资本周转与"钱荒"：马克思主义经济学角度的分析［J］. 经济学家，2014（9）.

［9］马克思恩格斯文集：第7卷［M］. 北京：人民出版社，2009.

［10］马克思恩格斯文集：第6卷［M］. 北京：人民出版社，2009.

［11］马克思恩格斯文集：第8卷［M］. 北京：人民出版社，2009.

中国供给侧结构失衡之谜
与再平衡政策创新研究①

——基于马克思社会再生产理论分析

侯晓东②

摘　要：结构性失衡问题成为后国际金融危机时代阻碍全球经济平衡、可持续发展的关键因素。新常态下我国经济面临"三期叠加"系统性风险和产能过剩、政府债务风险加剧以及经济发展新旧动能转换等结构性失衡问题。党的十九大报告提出以供给侧结构性改革为主线，推动经济发展质量变革、效率变革、动力变革，把提高供给体系质量作为主攻方向，促进我国产业迈向全球价值链中高端。如何通过供给侧结构性改革提高供给体系质量，实现供需结构再平衡？本文在国家"一带一路"倡议的背景下，运用马克思社会资本再生产理论和马克思创新动力理论，立足国内和国际市场，在剖析结构性供给失衡原因与机理和实证分析的基础上，提出供给侧结构性改革政策创新与优化建议。

关键词：供给结构失衡　马克思社会再生产　"一带一路"　新供给

引言

新常态下我国宏观经济运行的突出问题是供给结构与需求结构错位脱节，市场需求引导有效供给作用机理没有充分发挥，供给释放有效需求边际效用递减。随着中等收入群体增加以及消费结构多样化、高端化、服务化的需求升级，原有供给结构体系已不适应市场需求结构变化，低端供给过剩与高端供给不足的矛盾并存。此外，全要素供需结构性失衡造成传统低端要素供给过剩而技术、知识、人力资本等高端要素供给不足，进

---

①　本文系 2017 年湖北省科技计划项目"提升湖北科技创新供给能力的对策研究"（2017ADC022）的阶段性研究成果。

②　侯晓东，1983 年生，男，河南郑州人，河南财经政法大学经济学院，讲师，博士研究生。研究方向：马克思主义政治经济学及技术创新理论。

而造成产业转型升级中的全球价值链低端锁定。从不同行业角度来看，供需结构性失衡主要有三种形式：一是供给大于需求。主要体现在传统产能过剩行业和房地产行业，具体包括钢铁、水泥、焦炭等 14 个行业，这些行业或产业大都处于产业链的中上游。二是供给小于需求。由于制造业创新技术及相关制度供给错位，除了表现为高端产品供给不足、低端产品供给过剩外，随着人口与收入结构变化，教育、家政、养老、医疗保健、农村基本生活服务等社会公共产品与服务供需失衡。此外，从生产要素供给角度来看，要素结构性供给失衡主要表现为劳动力、资本、土地等传统生产要素供给效率低，而高端要素如技术、人力资本、信息服务等要素有效供给不足。三是供需错位。一方面，突出体现在技术含量高、质量好的消费品供给能力弱，致使国内居民国外代购、海淘盛行，进口消费品销量猛增。另一方面，传统中低端消费品供给过剩，如服装、乳业等传统消费行业价格持续下滑，制造业产品附加值处于全球价值链低端。

一、马克思社会再生产理论模型拓展

马克思社会再生产理论作为马克思主义经济学的重要组成部分，以宏观经济总量和结构性供需均衡为研究视角，深入剖析了社会再生产顺利进行的条件与客观规律性。针对我国经济结构性转型新特征、新矛盾、新内容与新任务，本文立足于马克思社会再生产结构平衡思想，尝试对马克思社会再生产理论创新拓展，深入剖析新常态下我国供给侧结构失衡机理。

（一）社会资本再生产两部类模型拓展

马克思社会总资本再生产理论围绕社会总产品实现问题对社会供需结构均衡条件进行分析，探讨了社会再生产结构性供需失衡原因及资本主义再生产与流通的规律性特征。本文对新常态下结构性供给失衡问题的研究，立足于解决结构性供给失衡与经济发展动力转换问题，探讨实现有效供给与宏观经济发展新旧动能转换机理及路径。因此，本文根据具体研究对象与研究目的，在分析论证过程中对马克思社会资本再生产理论进行拓展创新。

1. 社会再生产两部类模型拓展前提条件

马克思社会再生产模型按照使用价值或实物形态把社会总产品分为生产资料和消费资料两部类，按照价值实现形式把社会总产品价值划分为不变资本（c）、可变资本（v）以及剩余价值（m）三部分。在此基础上，与社会总产品实物形态的划分相适应，马克思又把整个社会生产划分为两大部类：第Ⅰ部类是生产资料的生产，即用于生产消费的各种产品的生产；第Ⅱ部类是消费资料的生产，即用于个人消费的各种产品的生产。

社会总产品各个部分的价值补偿和实物替换问题，从本质上说就是社会总产品的实现问题。正是在对两部类实物划分与价值界定的前提下，马克思深入剖析社会再生产实现条件，即社会总产品在两大部类之间实物替换与价值补偿应遵循比例协调与结构均衡原则。基于再生产实现的前提条件，马克思展开分析了简单再生产与扩大再生产情况下社会总产品生产与流通过程，揭示了资本主义生产供需结构性矛盾运动与发展规律。马克思社会再生产两大部类划分及其比例与结构相互依存、相互制约的理论，揭示了生产与消费协调发展规律，是对社会再生产过程最简单、最基本的抽象，是研究社会再生产过程和供需结构性失衡的理论基础，并在社会主义经济发展实践中验证了两部门划分的重要性。

2. 两部类模型必要补充：非物质资料再生产

随着以信息科技、移动互联、智能制造及云计算为特征的第三次科技革命浪潮全面推进，社会产品与服务供给内容与形式具有许多新变化与新特征，涌现出以信息技术、虚拟经济、网络支付以及服务劳务为特征的非物质资料供需体系。基于本文的研究对象与研究内容，依据社会总产品使用价值和最终用途，在马克思社会再生产两部类模型基础上，增加以信息技术、社会服务为主的非物质资料生产内容。具体而言，以信息技术为主的非物质资料生产部类可以细分为三个部分：一是科学技术自主创新供给，包括信息网络技术、航空航天技术、设备与材料技术及生命科学与能源等应用型创新技术；二是公共产品与服务供给，包括金融与货币供给、政府公共服务供给；三是劳动力要素供给，包括体力和脑力。

由此，本文对结构性供给失衡与经济发展动力问题的分析在马克思社会再生产两大部类的基础上创新拓展两大部类生产范围边界。按照社会总产品最终用途把社会再生产分为两大部类：第Ⅰ部类为物质资料生产部类。该部类又可细分为两大层次：第一层次包括生产资料生产和消费资料生产；第二层次生产资料生产又分为生产必要消费资料的生产资料生产部门和生产高端消费资料的生产资料生产部门。第Ⅱ部类为非物质资料生产部类。该部类主要包括信息技术、劳动力与服务劳务高端供给，本部类按照产品用途又可细分为生产资料生产所需的技术、劳动力、服务及劳务供给和消费资料生产所需的技术、劳动力、服务及劳务供给。社会再生产两大部类创新拓展与部类间细分如图1所示。

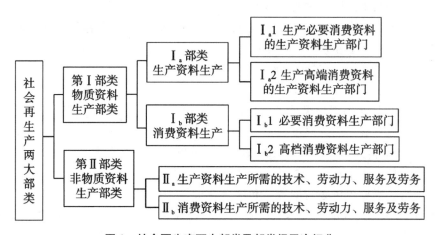

图1　社会再生产两大部类及部类间层次细分

资料来源：根据相关研究文献梳理整理。

　　根据马克思社会再生产实现条件，两大部类之间逻辑内容相互衔接，生产比例相互协调，价值构成与产品供给结构均衡，社会再生产过程也是两部类进行实物替换与价值补偿的过程。为研究新常态下两大部类内部与部类之间结构性供给失衡问题，实现对马克思社会再生产理论由抽象化到其具体化的分析，根据社会再生产两部类产品构成与新常态下产品与行业发展现状及演化趋势，对两大部类产品供给与相对应的行业部门构成进行分类，如表1所示。

表 1　　　　　　　　　　　　　社会再生产两部类产品和行业构成

部类划分	供给产品	涵盖部门或行业
第Ⅰ部类	生产资料（物质资料）	土地、机器、工业制造、采掘、冶金、钢铁、煤炭、石油化工、工业用电和建筑、农用生产资料等
	消费资料（物质资料）	日用工业品、食品加工、民用电力及住宅建设、纺织服装业、种养殖业、高档消费品等
第Ⅱ部类	科学、技术、信息、服务劳动力等（非物质资料）	科学技术、教育文化、金融保险、公共服务、交通运输、医疗卫生、新闻出版、网络营销、虚拟经济等

　　资料来源：根据相关研究文献整理。

（二）两部类产品社会简单再生产实现过程

　　根据以上假设，在不改变马克思社会再生产模型产品价值构成和物质资料划分标准前提下，社会资本简单再生产拓展模型可以表示为：

$$Ⅰ_a \quad 4\,000c+（800v_1+400v_2）+（800m_1+400m_2）= 6\,400$$
$$Ⅰ_b \quad 1\,600c+（400v_1+200v_2）+（400m_1+200m_2）= 2\,800$$
$$Ⅱ \quad\;\; 800c+（200v_1+100v_2）+（200m_1+100m_2）= 1\,400$$

　　（1）简单再生产拓展模型两部类内部交换过程剖析。根据社会再生产顺利进行的条件，两大部类内部需要进行实物替换与价值补偿。首先，由于第Ⅰ_a部类的4\,000c在实物形态上表现为生产资料供给，需要在第Ⅰ_a部类内部进行实物替换与价值补偿，完成生产要素更新。其次，由于第Ⅰ_b部类的（400v_1+400m_1）在使用价值上表现为消费资料供给，只能通过第Ⅰ_b部类内部产品替换而得到补偿。类似地，第Ⅱ部类以信息技术等非物质资料产品形式存在的（100v_2+100m_2），只能通过部类内部交换进行价值补偿与产品更新升级。

　　（2）简单再生产拓展模型两部类之间交换过程剖析。在两部类产品完成部类内部交换的基础上，社会产品需要进一步在两大部类之间进行物质替换与价值补偿。首先，第Ⅰ_a部类生产资料价值（800v_1+400v_2+800m_1+400m_2），在价值形态上表现为本部类新创造的产品价值，为本部类内部提供再生产所需的生产要素供给，然而本部类社会再生产的顺利实现还需要提供必需消费品和信息技术等非物质资料产品。类似地，第Ⅰ_b部类1\,600c的价值形式为不变资本，在实物上却表现为消费资料，而该部类社会再生产需要的却是生产资料供给。最后，第Ⅱ部类以信息技术供给为主的非物质资料产品800c，其价值形态为不变资本，产品形态表现为信息技术等非物质资料。为满足社会再生产所需的物质条件，该分部类需要生产资料有效供给。由此，两个分部类之间的实物替换与价值补偿机制可以表述为：第 I_a 部类的（$800v_1+800m_1$）与第 I_b 部类的 1 600c，实物替换能够实现供需互补，价值补偿符合等价原则，则分部类之间的交换关系可以表示为：

$$I_a（800v_1+800m_1）= I_b（1\ 600c）$$

第 I_a 部类的（$400v_2+400m_2$）与第 II 部类 800c，满足社会简单再生产实物替换与价值补偿条件。部类间的交换关系可以表示为：

$$I_a（400v_2+400m_2）= II（800c）$$

第 I_b 分部类（$200v_2+200m_2$）的消费资料和第 II 部类（$200v_1+200m_1$）的信息技术等非物质资料产品，两部类实物替换具有互补性，价值补偿具有等价性。因此，两部类之间的交换关系可以表示为：

$$I_b（200v_2+200m_2）= II（200v_1+200m_1）$$

综合上述分析，简单再生产两大部类经过部类内部与部类之间的交换，两大部类社会产品即生产资料供给、消费资料供给和以信息技术为主的非物质产品供给在实物上得到替换更新，在价值上得以相互补偿，从而满足马克思社会资本简单再生产条件，两部类简单再生产过程得以顺利进行。

（3）两部类产品社会简单再生产实现条件

基于上述两部类简单再生产实物替换与价值补偿过程，可以得出社会资本简单再生产顺利进行需要满足以下前提条件：

$$I_a（v_1+m_1）= I_b（c）$$
$$I_a（v_2+m_2）= II（c）$$
$$I_b（v_2+m_2）= II（v_1+m_1）$$

即第 I_a 部类用于交换消费资料的可变资本（v）与剩余价值（m）之和，在价值上应和第 I_b 部类的不变资本（c）等价；第 I_a 部类为获得生产中所需的信息技术等非物质资料供给而付出的可变资本与剩余价值之和，在价值上应和第 II 部类的不变资本（c）等价；同理，第 I_b 部类为获得生产中所需的信息技术等非物质资料供给而付出的可变资本与剩余价值之和，应和第 II 部类中用于交换消费品的可变资本（v_1）与剩余价值（m_1）等价。以上条件表明：社会资本简单再生产两大部类之间具有相互依存、相互制约的比例结构关系，即第 I_a 分部类、第 I_b 分部类和第 II 部类之间产品供需与价值补偿必须保持比例结构均衡。基于该结构均衡基本条件，可以进一步推导出社会简单再生产顺利进行所蕴含的引申条件：

$$I_a（c+v+m）= I_a（c）+ I_b（c）+ IIc$$

即第 I_a 部类生产资料产品供给，其产品价值等价于两大部类三个分部类不变资本之和。该等式表明：整个社会所提供的生产资料供给，需要与两大部类再生产过程中对生产资料的总需求保持供需结构均衡。

$$I_b（c+v+m）= I_a（v_1+m_1）+ I_b（v_1+m_1）+ II（v_1+m_1）$$

即第 I_b 部类全部产品的价值等于社会再生产两大部类三个分部类对消费资料需求的价值之和。该等式表明：整个社会消费品的生产供给能力应该和消费品的消费结构相适应，进而实现生产与消费供需结构均衡。

$$\text{II}(c+v+m) = \text{I}_a(v_2+m_2) + \text{I}_b(v_2+m_2) + \text{II}(v_2+m_2)$$

即第 II 部类所提供的非物质资料产品，在价值上需要和两大部类对信息技术、服务劳务等非物质资料产品需求的价值等价，这反映了社会产品再生产需要在产品生产和技术供给之间应保持均衡的比例结构关系，即生产创新技术，技术反作用于生产，通过技术创新促进消费资料和生产资料供给结构升级。

二、社会产品再生产供给结构失衡作用机理剖析

新常态下社会产品和服务结构性供给失衡集中体现在生产要素供给结构失衡、制造业生产资料与产品供给结构失衡、生活资料房地产行业结构性供给失衡、社会公共产品及服务供给结构失衡以及地方财政金融结构性供给失衡。以马克思社会再生产理论为指导，对三部类社会总产品进行产品结构与行业细分，从供给侧视角解决新常态下宏观经济一系列结构性失衡问题具有理论创新性与现实可行性。

社会再生产两部类产品行业细分后的供给结构可表示为：社会再生产过程总产品供给分为两大部类，即第 I 部类：物质资料生产部类，包括生产资料生产分部类和消费资料生产分部类；第 II 部类：以信息技术为主的非物质资料生产部类。依据各部类行业结构性供给失衡程度及行业代表性对两大部类进行行业细分，即第 I_a 部类可以分为生产要素供给和生产资料制造业供给；第 I_b 部类可以划分为消费资料制造业供给和房地产行业供给；第 II 部类可细分为科学技术供给、政府财政与金融供给和公共产品与服务供给。社会总产品供给经过行业细分，分别对应要素链、产业链、地产链、创新链、金融链与债务链，如图 2 所示。

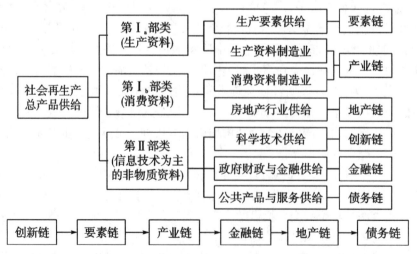

图 2　社会再生产两部类产品结构与行业细分六大链条结构图

资料来源：根据相关参考文献及行业调查数据资料整理。

（一）社会再生产第 I 部类供给结构失衡作用机理

社会再生产的顺利进行需要社会总产品在第 I 部类和第 II 部类内部及部类之间按一定比例结构完成实物替换与价值补偿。基于对第 I 部类和第 II 部类代表性行业的划分，对两部类社会产品供给进行结构新供给失衡机理分析。

1. 分部类内部产品供给结构失衡机理分析

借鉴马克思社会再生产两部类产品替换与价值补偿过程及实现条件，第 I 部类的不变资本 c 和第 II 部类的可变资本及剩余价值（v+m）需要在各部类内部按一定比例结构进行销售交换，实现价值和实物补偿进而维持供求结构平衡。

（1）第 I_a 部类不变资本（c）结构性供给失衡

首先，马克思把第 I 部类细分为两个分部类，即生产生产资料的生产资料部门和生产消费资料的生产资料部门。其中，生产生产资料的生产资料"是用来生产 I_c 的生产资料，而不是用来生产 II_c 的生产资料的，是用来生产生产资料的生产资料，而不是用来生产消费资料的生产资料的"①。与第 II 部类交换的是生产消费资料的生产资料。由此，为了满足两大部类对各自生产资料的需求，在第 I 部类内部，生产生产资料和生产消费资料的生产资料之间，需要保持一定的比例结构关系。其次，关于第 I 部类内部交换的实现过程，又分为两种情形：一部分作为本部门的生产资料，直接进入本生产部门，如煤炭用于煤炭生产、钢材用于钢铁生产。另一部分是在第 I 部类内部流通，经过流通供第 I 部类内其他有关部门生产消费。只要互相需要补偿产品，生产部门之间就应保持一定的比例结构关系，即简单再生产第 I 部类内部比例结构关系：I_c（1）= I_c（2）。

经济新常态下，第 I 部类内部不变资本结构性供给失衡主要表现在生产要素供给与生产资料制造业供给之间供需结构错位。具体体现在：①生产要素低端供给与生产资料制造业要素需求结构性供需错位。制度变革、结构优化和要素升级作为经济增长供给侧三大动力因素，其中要素供给结构升级既是供给结构优化的基础条件，同时也为制度有效供给提供了要素支撑。一方面，要素供给结构升级作为创新驱动的重要环节，为产业结构和产品供给结构转型升级创造条件。另一方面，要素供给结构升级对我国能否顺利跨越"中等收入陷阱"具有重要影响作用。现阶段推进生产要素供给结构升级主要存在以下困境：一是制度供给结构不合理，体现在产权制度、教育制度、土地制度和金融制度不能为生产要素供给升级提供有效的制度环境。二是思想障碍，全要素生产率的提高和高端生产要素供给依赖于人的创新意识提升。三是既得利益障碍，随着要素升级和高端要素供给，将会对传统生产要素及生产部门产生较大利益冲击进而产生全要素供给阻力。②生产资料型制造业供给结构性失衡主要表现为生产资料供给过剩与产品有效供给不足并存。从现阶段我国产能过剩的特点来看，导致当前产能过剩的因素既有结构性的，又有周期性的。其中，产业内低端过剩、高端供给不足的特征表明我国企业创新能力不足；而产业间的过剩与短缺并存，则突出地反映出国内制造业产品供需结构的错位。生产资料制造业结构性供给失衡的原因一是核心技术缺失、高端产品供给不足；二

---

① 马克思. 资本论：第 2 卷 [M]. 北京：人民出版社，2004：559.

是体制性因素导致制造业产品供需错位；三是我国经济进入结构转换期；四是宏观经济低迷引发的周期性产能过剩。由于第 I 部类生产资料结构性供给失衡，不变资本（c）无法通过本部类交换得以实现。

（2）第 I_b 部类可变资本及剩余价值（v_1+m_1）结构性供给失衡

第 I_b 部类的（v_1+m_1）要通过第 I_b 部类内部交换而实现实物替换与价值补偿。根据马克思对第 I_b 部类内部细分，相应产生了两个生产分部类：生产必需品的分部类 I_{b1}；生产奢侈品的分部类 I_{b2}。由第 II 部类内部两个分部类之间交换关系可以得到简单再生产的实现需要同时满足两个条件：

　　I（v+m）= I_b（c）；(2) I_{b2}（v）< I_{b1}（m），即 I_{b2}100v< I_{b1}400m

现阶段第 I_b 部类消费资料供给结构性失衡在消费型制造业与房地产供给方面具体表现为：①消费型制造业由于低端供给过剩、有效供给不足，消费资料供给不能满足民众消费升级需求，从而造成第 I_b 部类的 v_1+m_1 无法在本部类内部实现实物替换与价值补偿，最终导致消费资料结构性供给失衡。②由于体制性障碍和房地产供给结构性失衡，造成现阶段房地产泡沫和房地产库存压力增大并存的供给失衡态势。一方面由于房价过高，对中低收入群体而言住房就成为生活奢侈品，住房刚性需求得不到满足；另一方面是投资性房地产需求旺盛，大量金融投资向房地产倾斜，房地产需求由购买性动机转向投机性动机。由于结构性供给矛盾，该部类房地产供给在本部类内部不能实现物质替换与价值补偿。

2. 分部类之间产品供给结构失衡机理分析

根据马克思两部类简单再生产实现条件的平衡关系等式 I（v_1+m_1）= II_c，以及 II（$c+v_1+m_1$）= I（v_1+m_1）+ II（v_1+m_1），该等式表明在简单再生产条件下，第 II 部类生产的全部消费资料，在数量上应等于两部类全部用于生活消费的社会总产品部分。类似地，等式 I（$c+v_1+m_1$）= I_c + II_c 表示在简单再生产条件下，第 I 部类全部产品总价值，在数量上应等于两部类总产品不变资本之和，社会再生产部类之间不满足上述等式，则表现为结构性供需失衡。如果 I（$c+v_1+m_1$）< I_c + II_c，表示生产资料的消耗不能得到充分补偿，简单再生产不可持续；如果 I（$c+v_1+m_1$）> I_c + II_c，表示社会再生产所生产的生产资料供大于求，生产资料供给过剩。在扩大再生产条件下，I（v_1+m_1）> II_c 是两部类社会再生产的前提条件。

现阶段第 I_a 部类和第 I_b 部类之间结构性供给失衡主要体现为第 I_a 部类生产资料供给不能有效满足两部类对生产资料的需求；第 I_b 部类消费资料供给不能有效满足两部类生产对消费资料的需求。具体表现为随着行业及相关产业转型升级，第 I_a 部类生产要素及生产资料低端供给过剩，高端有效供给短缺。就第 I_b 部类房地产行业供给而言，随着近几年宏观调控及房地产投资增速减缓，一方面，导致与房地产供给有关的第 I_a 部类生产资料供给如钢材、水泥等建材业及其他行业出现产能供给过剩，资本、劳动等传统生产要素出现结构性供给失衡；另一方面，由于第 I_b 部类房地产结构性供给失衡，进而影响到第 I_a 部类相关的生产型制造业如机器设备、装备制造等行业供给。就第 I_a 部类生产要素供给而言，随着第 I_a 部类传统生产要素低效供给，导致第 I_a 部类生产型制造业与第 I_b 部类消费型制造业在产品供给质量、供给结构等方面不能满足两部类民众的生产消费需求。

综上，两分部类之间社会产品在实物替换与价值补偿方面结构性供给失衡体现为传统生产要素低端无效供给；生产性制造业与消费型制造业低端产能供给过剩、高质量产品有效供给不足；房地产行业结构性供给失衡导致民众刚性需求与投资性需求矛盾凸显。两部类生产资料与消费资料结构性供给失衡无法有效满足两部类社会再生产对生产资料及消费资料的需求，简单再生产实现条件平衡关系等式 $I_a (v_1+m_1) = I_b (c)$ 在两部类之间无法实现。

（二）第 I 与第 II 部类之间产品供给结构失衡机理剖析

第 I 部类与第 II 部类之间产品供给结构性失衡主要表现在第 I 部类的生产要素、生产资料型制造业与第 II 部类技术创新供给、财政金融服务供给等方面的供给失衡。两部类之间产品供给结构性失衡在经济新常态下突出体现在技术创新链→要素链→产业链→金融链→地产链→债务链之间的结构性失衡。

1. 我国制造业技术供给短板上的突出表现

改革开放 40 年来，由于以速度为导向的思维等因素的影响，经济结构呈现出严重的失衡状态，经济社会中存在许多短板和不足。从产业的角度看，制约我国经济可持续发展的最突出短板在于制造业自主创新能力供给不足。实体经济尤其是高端制造业供给能力不适应当前消费需求升级新趋势，而企业原创性技术创新能力供给错位是导致制造业等实体经济部门有效供给不足的主要原因。

（1）制造业处于全球产业链中低端，产品供给缺乏国际竞争力

现阶段我国制造业以量为导向的粗放式发展，形成了传统粗放式供给模式，依靠廉价的劳动力、大量的资源投入、缺乏技术创新的低水平模仿，使得中国制造业始终处于全球价值链的中低端，产品质低价廉，缺乏国际竞争力。这在全球经济繁荣、国外需求旺盛的时期，以廉价的方式，依赖出口尚能维系供需的基本平衡。而如果遭遇全球经济不景气，国外需求萎缩、出口乏力的时候，就会出现产品的严重过剩与结构性供给失衡。

（2）制造业产品有效供给滞后消费升级需求

基于本文对社会再生产拓展模型两部类细分，即第 I 部类物质生产资料部类可划分为生产资料生产部类和消费资料生产部类，其中消费资料生产部类又可进一步细分为必要消费资料生产部类和高档消费品生产部类。这一划分方法的现实指导意义一方面强调高档消费品生产供给的必要性，另一方面表明必要消费资料和高档消费品生产要保持合理的比例结构。随着我国居民收入水平的提高和消费理念的变化，消费者需求结构正在从产品链低端向中高端转化，消费方式更加注重产品服务质量的提升。目前我国制造业产品供给存在突出的短板，主要体现在产品质量、品牌维护、精益制造等方面的供给能力滞后于消费者需求结构的变化。高端制造业结构性供给失衡的原因在于关键零配件和高端生产设备精益生产研发能力供给缺失，技术创新驱动产品有效供给的智能制造生态系统尚未形成。

（3）制造业生产要素成本上升，全要素供给结构失衡

制造业传统生产要素价格随着生产要素供给结构的变化呈现持续增长态势，劳动力成本、资金成本、土地成本等直接生产要素成本上升成为制约制造业转型升级的重要成本因素。近年来，由于人口供给结构的变化，剩余劳动力市场供不应求，人口红利逐渐消失导致劳动力成本过快上涨。统计数据显示，我国单位就业人员平均工资2008—2016年年均名义增长率达到12.7%，劳动力成本过快上涨严重制约了国内制造业竞争力；2016年我国一年期基准贷款利率约为5.6%，资金利用成本在主要经济体国家中处于中等偏上水平；此外，企业用地成本快速上涨。2016年全国土地出让价格同比上涨26.9%，一季度工业用地价格环比上涨2.76%，进一步增加了企业经营成本。优化制造业要素供给结构、降低企业经营成本的关键路径在于通过技术创新驱动要素供给升级，提高全要素生产率。

从我国制造业表现出的上述短板可以看出，以制造业为核心的我国实体经济之所以缺乏国际竞争力，关键在于技术自主创新能力不足、制造业技术供给结构性失衡，难以适应国内外市场需求的变化。

2. 自主创新技术结构性供给失衡原因分析

以制造业为主的实体经济部门自主创新能力的提升，面临各种体制机制性障碍，为实现《中国制造2025》所确立的制造强国目标，需要对影响我国制造业自主创新能力的因素及技术结构性供给失衡原因进行剖析。

（1）政府与市场边界不清晰，抑制微观主体创新动力

清晰界定政府与市场在资源配置中的作用边界是激发微观主体创新活力的基本前提。政府对企业发展所需的关键要素供给与市场准入门槛的过度干预一方面将产生交易费用与制度性成本，不满足资源配置帕累托最优原则。另一方面，市场配置资源基础性作用的发挥更有利于促进以大众创业、万众创新为核心内涵的包容性创新，有利于培育企业家创新精神和构建社会创新生态。因此，通过进一步简政放权、放管结合，为企业及个人创新活动提供更为宽松的制度环境和容错机制。通过市场机制激发微观主体创新动力，以生产要素有效供给促进产业结构优化升级，实现创新链、要素链与产业链之间结构性供需均衡和相互支撑。

（2）知识产权及专利制度供给缺位，抑制技术创新动力

微观经济主体技术创新动力的充分发挥需要制度供给支持，知识产权和专利制度能够为供给侧结构性改革提供制度供给和技术供给。知识产权和专利制度供给的必要性体现在：首先，知识产权是衡量制造业创新中心创新能力的重要标准，《中国制造2025》提出整合国家创新资源，突破重点行业与重点领域关键共性技术与关键核心技术，专利、软件著作权将成为衡量企业创新能力的重要指标。其次，知识产权为企业与产业创新融合搭建平台，促进"产、学、研、用"各方协同创新。由于我国知识产权与专利制度在制度设计和具体执行过程中结构性供给缺位，技术自主创新和研发激励机制尚未形成，导致企业与个人的创新成果无法得到产权制度保障，不利于微观经济主体自主创新能力与创新动力的培育。

（3）房地产泡沫及虚拟经济的兴起，抑制实体经济创新动力

由于产业间结构性供需失衡和不同行业投资收益加剧分化，近年来，以房地产和高利贷行业为代表的虚拟经济平均收益率高达 30%，而以制造业为代表的实体经济平均收益率仅为 5%～10%。行业间投资收益率的分化促使金融机构和企业将原本用于产品质量与工艺提升、新产品设计研发及品牌维护等创新活动的社会资金转移到高投资收益率的房地产等虚拟经济行业。以房地产以及高利贷行业为主的多元化投机行为，对制造企业以自主创新能力为核心的可持续发展动力机制产生负面影响。此外，以银行间接融资为主的金融体系偏好对资金需求较大的房地产行业进行贷款，制造业等实体经济部门的创新动力受到抑制。

（4）全球价值链贸易体系对本土企业创新的"俘获效应式"抑制作用

根据马克思国际价值理论可以得出：劳动生产率和相应的资本有机构成高低是决定一国在国际贸易中所处地位与经济利益的关键因素。在参与全球经济和对外贸易过程中，发展中国家本土企业的创新活动受到"俘获效应式"的抑制。具体表现为：从发达国家进口中间产品，会对从事加工贸易企业的创新活动造成抑制效应；而向发达国家的产品出口，则会对一般贸易企业的创新活动造成抑制效应，这种俘获效应主要是由发达国家维护其自身利益而采取的竞争策略造成的。因此，提高国内企业在国际贸易中的竞争力，关键在于提高原创性技术自主创新能力与劳动生产率，以高端制造、智能制造为引领，创新驱动制造业转型升级，以供给侧结构性改革为主线推动产业结构升级和经济发展方式转变。

3. 公共服务结构性供给失衡原因分析

政府财政供给主要包括生产性支出和服务性支出，当前地方政府对生产性投资和服务性支出比例存在结构性失衡。从投资效果来看，基本建设投资对地方财政收入和经济增长的拉动作用明显优于负向作用或是无作用的科教文卫服务性支出。长期以来，由于地方政府以 GDP 的增长作为绩效考核唯一指标，在有限财政的情况下，为盲目追求短期的投资效用和政绩最大化，地方政府更倾向于基本建设和基础设施投资。此外，由于科教文卫等公共服务外部性效应，导致政府参与生产性建设投资积极性明显高于对科教文卫公共服务的投入，这样的"一冷一热"必然导致公共服务供给结构失衡。此外，政府的主要职能就是向社会直接提供纯公共物品和准公共物品，当前我国公共服务供给失衡最突出的表现：一方面医疗、教育、养老等财政投入供给不足；另一方面房地产等生产性支出投资旺盛，库存过剩严重。因此，政府通过财政供给结构的调整补齐民生短板是当务之急。

通过上述分析，第Ⅰ部类与第Ⅱ部类之间产品供给失衡主要体现为技术创新、财政金融公共服务等非物质生产资料，在比例结构上不能满足两部类全部用于生活消费和非物质生产资料的社会总产品需要。第Ⅱ部类技术供给失衡导致以制造业为主的实体经济自主创新能力较低，制造业处于全球价值链的低端环节。地方财政支出供给结构失衡将导致社会公共服务供给不足与政府债务风险。

三、创新驱动两部类社会产品供给结构优化路径

熊彼特认为创新作为生产内生动力，不仅能够提高生产效率，而且能够促进生产要素和生产条件重新整合并作用于生产供给体系，通过要素升级优化生产供给结构，提高生产供给质量和效益①。本文认为，创新是经济可持续发展的主要动力和持久源泉，是推进供给侧结构性改革的内生动力，推进两部类产品供给侧结构性改革需要依靠技术创新驱动。

（一）创新驱动生产要素供给结构转型升级

供给侧是由各种生产要素构成的完整供给体系，供给体系既包括资本要素，也包括劳动力要素，供给侧结构性改革不仅重视要素供给数量，更侧重对要素供给质量与供给结构的优化。根据新古典经济增长模型，如果减少劳动力、技术、知识和资本等要素投入，将影响全要素生产率的增长；如果在增加劳动力和资本投入的同时提高劳动力和资本使用效率，则全要素生产率将会持续提高。因此，要素供给侧结构性改革的实质就是要使劳动和资本投入效率最大化，加快实施人力资本和物质资本深化战略，为创新驱动要素供给结构优化创造制度条件。因此，要素链供给侧结构性改革的最终目标就是通过创新驱动生产要素供给结构升级，实现生产要素供给高端化、绿色化、集约化，提高全要素生产率。

（二）创新驱动制造业产品供给结构升级

基于对全球价值链治理与创新驱动制造业升级路径动态分析，创新驱动制造业转型升级应实现由外源式升级路径向内源式升级转变，具体体现为升级制造链、构建创新链、创新方法链。①升级以模仿创新、集成创新、引进消化吸收再创新的全球制造链。当前，我国的首要任务在于以全球价值链治理为基础，依靠创新驱动优化制造链，降低"路径依赖"和"低端锁定"的风险，实现从价值链的低端向高端的跃迁和攀升。②以嵌入全球价值链（GVC）与自主创新相结合，构建制造创新链。现阶段，我国制造业面临发达国家以技术研发、技术创新与外包为特征的制造业创新链的竞争压力，现实可行的路径在于充分利用新一轮信息技术革命浪潮，推动以"互联网+制造业"、云计算、大数据等智能制造服务终端，以创新链促产业链，通过产业链转型升级积极融入全球价值链。③构建基于GVC为主的制造业内源式创新方法链。制造企业处于GVC的主导地位，是GVC的治理者，与外源模式相比，自主创新内源升级模式具有成本较低、学习能力和应变能力较强、人力资源等优势。数据显示，我国制造业创新要素在总量上与发达国家差距正逐步缩小，创新能力也获得了很大的提高，并逐步由过去复制式、跟随式创新向自主式、引领式创新转型。国家对创新的科研投入力度也逐年增强，并逐步出

① 约瑟夫·熊彼特. 经济发展理论［M］. 何畏，易家详，译. 北京：商务印书馆，2014：序言（9）.

台、完善相关创新、创业扶持、鼓励政策。

综上，创新体系不完善，企业创新动力不足是我国高端产品供给不足的根本原因，实施创新驱动和产业升级应培育良好的创新环境，增强知识产权保护机制，注重培养和引进创新型人才，打破思维定式、促进观念创新；实现创新资金来源多元化，提高企业的创新积极性；改革科研体系，促进"产、学、研、用"一体化，提高研发成果转化率。此外，积极探索和"一带一路"沿线国家和地区的产能合作，消化过剩产能，促进相关产业转型升级，增加有效供给。

参考文献：

［1］洪银兴. 准确认识供给侧结构性改革的目标和任务［J］. 中国工业经济，2016（6）.

［2］张衔. 马克思社会资本再生产模型：一个技术性补充［J］. 当代经济研究，2015（8）.

［3］任保平. 双重结构扭曲下经济结构失衡：理论与经验证据［J］. 南开经济研究，2014（9）.

［4］杨继国. 马克思结构均衡理论与中国供给侧结构性改革［J］. 上海经济研究，2018（1）.

［5］贾康. 我国供给侧改革的背景、理论模型与实施路径［J］. 经济学动态，2017（7）.

［6］简新华. 发展和运用中国特色社会主义政治经济学引领经济新常态［J］经济研究，2016（3）.

［7］卫兴华. 供给侧结构性改革引领新常态［J］. 金融评论，2016（5）.

［8］马克思. 资本论：第2卷［M］. 北京：人民出版社，2004.

［9］马克思. 资本论：第3卷［M］. 北京：人民出版社，2004.

［10］马克思恩格斯全集：第2卷［M］. 北京：人民出版社，2006.

［11］Anil Mital. Arunkumar Pennathur. Advanced technologies and humans in manufacturing workplaces：an interdependent relationship［J］. International Journal of Industrial Ergonomics，2012（33）：295-313.

［12］Carlota Perez. The Double Bubble at the Turn of the Century：Technological Roots and Structural Implications［J］. Cambridge Journal of Economics，2011（4）：779-805.

［13］Holsapple CW. Kiku Jones. Exploring Primary Activities of the Knowledge Chain［J］. Knowledge and Process Management，2011，11（3）：155-174.

现阶段我国收入两极分化的所有制原因研究

武　赛[①]

摘　要：改革开放以来，我国综合国力不断提升，但经济发展不平衡的现象也逐渐暴露，出现了居民收入和社会财富分配的两极分化。党的十九大报告指出，目前我国的主要矛盾已经转化为"人民日益增长的美好生活需要和不平衡不充分的发展之间的矛盾。"引起收入两极分化的原因是多方面的，但根本原因还是在于所有制。随着我国所有制结构改革的深入，多种所有制经济快速发展，所有制结构发生变化，非公有制经济已经成为我国经济增长的重要支柱。根据马克思相关理论，即生产资料所有制决定分配制，生产资料的归属关系决定分配关系的客观规律，可以总结出我国所有制结构的变化与两极分化存在不可分割的联系。因此，只有坚持公有制经济的主体地位，才有可能从根本上消除两极分化，实现共同富裕。

关键词：两极分化　所有制结构　分配理论

一、我国收入分配差距现状

（一）地区收入差异（见表1）

表1　　　　　　　　　我国城镇单位就业人员年平均工资　　　　　　　　单位：元

地区	城镇非私营单位		城镇私营单位	
	2016 年	2017 年	2016 年	2017 年
合计	67 569	74 318	42 833	45 761
东部	77 013	84 809	47 347	50 592
中部	55 299	61 193	35 000	37 723
西部	62 453	68 323	39 047	41 242
东北地区	54 872	59 514	33 184	34 694

---

①　武赛，河北经贸大学商学院硕士研究生。

分析 2016 年、2017 年两年我国城镇分地区就业人员年平均工资发现，无论是非私营单位还是私营单位，东部地区平均工资最高，东北地区平均工资最低。在城镇非私营单位中，工资最高的东部地区分别是东北地区的 1.40 倍、1.42 倍，私营单位工资差距则分别为 1.43 倍、1.46 倍。

（二）城乡收入差距

我国《社会蓝皮书》数据显示，分常住地看，2016 年前三季度城镇居民人均可支配收入为 25 337 元，农村居民人均可支配收入为 8 998 元，同比名义增长 8.4%，扣除价格因素影响后实际增长 6.5%。城乡居民收入差距继续缩小，城镇居民人均可支配收入是农村居民人均可支配收入的 2.82 倍，比上年同期缩小 0.01 倍。2017 年前三季度，全国居民人均可支配收入为 19 342 元，扣除价格因素后实际同比增长 7.5%，增速比上年同期上升 1.2 个百分点。城镇居民人均可支配收入 27 430 元，农村居民人均可支配收入 9 778 元。城乡居民人均收入倍差为 2.81，比上年同期缩小 0.01。

（三）性别收入差距

性别收入差异一般采用女性与男性每小时、每周或每年的平均收入的比值，或者男性和女性的收入差距占男性平均收入的百分比来衡量性别收入差距。《2017 年全球性别差距报告》显示，我国目前的女性和男性的同工薪资比约为 64%，即每小时男性的平均收入是女性的 1.56 倍。可以看出，女性需要承担比男性更多的无偿劳动，才能拿到和男性一样的薪资。而美国、英国、澳大利亚、法国等国的性别收入差距为 15%~25%，意大利、卢森堡、挪威、芬兰等国的性别收入差距最低，基本上在 10% 以下；而日本、韩国、印度、格鲁吉亚、阿塞拜疆、阿根廷等国家的性别收入差距则高达 30% 以上。

（四）行业收入差距

根据国家统计局的数据，2017 年城镇私营单位中平均工资最高的是信息传输、软件和信息技术服务业，为 70 415 元，年平均工资最低的是农、林、牧、渔业，为 34 272 元，最高平均工资为最低的 2.05 倍。而在城镇非私营单位中，信息传输、软件和信息技术服务业就业人员年平均工资仍为最高，为 133 150 元，农、林、牧、渔业最低，为 36 504 元，最高为最低的 3.65 倍。

（五）劳资收入差距

现阶段，我国的市场经济正处于转型期，劳动收入与资本收入之间产生了巨大差距，成为社会收入分配不公平的重要因素，劳资收入差距是其他各种类型收入差距的"源头"。资本有机构成及其增长速度决定了区域之间、城乡之间和行业之间的收入差距在拉大。"三资"企业职工人均收入达到党政机关、科研单位职工人均收入的 3 倍乃至更多，其中企业经理人员工资已达到普通员工的 10 倍以上。私营企业主与雇工的收入差距更为悬殊，达到几十倍甚至上百倍，可以看出劳资收入差距两极分化最为明显。

二、我国所有制结构的演变历程

自新中国成立以来，我国的所有制结构历经了多次变革。中华人民共和国成立初期，我国实行多种经济成分并存的所有制结构，随后由于计划经济的实施，所有制结构迅速转变为高度单一的公有制经济体制，公有制经济在我国快速发展，国有经济比重占比较大。改革开放以来，党中央立足我国基本国情，逐步确立了社会主义初级阶段的基本经济制度，即以公有制为主体、多种所有制经济共同发展的基本经济制度。但随着市场经济不断发展，如今非公有制经济在我国经济结构中的比重不断上升，实力逐步壮大，公有制经济比重却在不断下降。

从主要工业经济指标来看，近几年，国有经济的比重逐年下降。2011 年，国有及国有控股企业的单位数量、总产值、资产总额和利润总额占全部规模以上企业的比重分别为 5.2%、26.3%、42% 和 26.8%；到 2016 年，上述主要经济指标的比重分别为 5.0%、19.8%、38.5%、17.1%，分别下降了 0.2 个、6.5 个、3.5 个和 9.7 个百分点。非国有经济的比重则相应提高。其中，私营经济的单位数量、总产值、资产总额和利润总额占全部规模以上企业的比重，由 2011 年的 55.5%、30%、18.9% 和 29.6%，分别提高到 2016 年的 56.5%、35.9%、22.1% 和 35.4%，分别提高了 1.0 个、5.9 个、3.2 个、5.8 个百分点，可以看出非国有经济尤其是私营经济在国民经济中的比重不断提高。

三、马克思和西方分配理论

（一）马克思分配理论

马克思认为，分配是同生产过程的历史规定的特殊社会形式，以及人们在他们生活的再生产过程中互相所处的关系相适应的，并且是由这些形式和关系产生的，分配关系不过表示生产关系的一个方面。随着历史上生产和交换的方式和方法的产生，同时也产生了产品分配的方式和方法。我们由此可以推断出有什么样的生产方式必然存在什么样的分配方式，分配关系本质上由生产关系决定。生产关系是人们在生产生活过程中所结成的社会关系，主要包括生产资料占有关系和分配关系。马克思认为，分配的结构完全决定于生产的结构，分配本身就是生产的产物，不仅就对象说是如此，而且就形式说也是如此。就对象说，能分配的只是生产的成果，就形式说，参与生产的一定形式决定分配的特定形式，决定参与分配的形式。这说明生产和生产资料的所有制形式，对产品的分配方式起决定性作用。因此，生产资料所有制结构的变化必然会导致财富分配的改变。

在《资本论》第一卷中，马克思曾经明确指出，未来社会将会以劳动时间作为计量个人消费品分配的尺度。这就是按劳分配思想的雏形。按劳分配是社会主义公有制的产物，按劳分配理论是在批判吸收其他理论的基础上，经过不断的完善和发展逐步形成并确立的。马克思认为，社会主义生产资料公有制是按劳分配原则实现的前提条件。因为个人消费品资料的分配应由劳动者提供的劳动量决定，即社会集体中凡是有劳动能力的人都要参加劳动，不参加者就不能领取相应的报酬。生产资料公有制保证了每个劳动者都拥有均等的生产资料所有权。按劳分配制度下的劳动者是生产资料的所有者，并且共同占有生产资料，实现了与生产资料的直接结合。马克思指出，资本的垄断成了与这种垄断一起并在这种垄断之下繁盛起来的桎梏，生产资料的集中和劳动的社会化，达到了同它们的资本主义外壳不能相容的地步，这个外壳就要炸毁了，资本主义私有制的丧钟就要敲响了，剥夺者就要被剥夺了。马克思深刻揭露了资本主义的弊端，提出了生产资料私人占有与社会化大生产这一资本主义制度本身无法克服的矛盾，揭示了资本主义社会产生、发展和必然走向灭亡，无产阶级政权建立的社会主义必然取代资产阶级建立的资本主义，生产资料公有制也必将取代生产资料私有制的客观规律。

（二）西方分配理论

古典经济学家侧重于讨论生产要素间的收入分配。西方学者从要素分配论出发，认为提供要素进而获得要素收入是合理的分配方式。威廉·配第成为近代西方经济学家最先提出劳动决定价值原理的人，并在此基础上提出了劳动价值论的基本命题。此后，亚当·斯密以前者为理论研究基础和财富分配问题的出发点，进一步系统地阐述了劳动价值论，把劳动视为人类财富收入的最根本原因，并得出创造财富可以在劳动的生产过程中实现的结论。而古典学派另一位代表人物大卫·李嘉图批判地继承与发展了斯密的劳动价值论。他一直把收入分配作为研究核心，认为影响社会财富增长的关键因素就是收入分配的状况，指出资本积累来自利润，并主张通过降低地租的方式实现财富增长，增加资本积累。萨伊认为，生产过程可归结为一般的物质资料生产过程，这个过程有三个一般要素：劳动、资本和土地。物质资料生产过程就是通过各种要素协同活动使自然界本身就有的各种物质适宜于用来满足人们需要的过程。三个生产要素的所有者都提供服务，因而都创造效用，都是劳动者。在资本主义私有制下，必然是资本雇佣劳动，资本家获取雇佣工人创造的剩余价值。

以按要素分配的西方经济学分配理论是在私有产权合理合法、私有财产不可侵犯的前提条件下进行的论证。这种离开所有制，就分配谈分配，马克思对此批评说，这是庸俗社会主义。揭露了资产阶级对无产阶级的剥削。西方分配理论主要以要素分配为基础前提，在生产资料私有制下，并未考虑分配的公平问题，而马克思的劳动价值论与分配思想，在继承按要素分配的基础上关注了分配的公平性。

四、缩小贫富差距的对策选择

（一）大力发展公有制经济

我国处于社会主义初级阶段，多种所有制经济共同发展的基本经济制度，也决定了多种分配方式并存的分配制度的存在。各种所有制成分都发挥了不同的作用，以公有制为主体，国民能获取更多剩余收益。但随着经济发展，其他非公有制经济成分逐渐壮大，从而导致所有制结构出现倾斜，那么必然会影响我国财富分配的格局。如果非公有制经济占主体地位，非公有制经济基于的所有制形式必然向私有过渡，财富分配将以私人所有权占有为主，这与资本主义分配方式将具有同样的效果。因此，我们要坚持和发展国有经济，保证公有制经济的主体地位不受威胁，在此条件基础上发展非公有制经济，并同时坚持以按劳分配为主、多种分配方式相结合的分配制度，才可将两极分化制约在可控范围内。

（二）完善分配制度

社会的分配制度直接取决于生产关系，取决于社会主义市场经济的客观要求，取决于基本经济制度。在我国社会主义初级阶段，基本经济制度是以公有制为主体，因此也决定了我国应继续坚持以按劳分配为主体，多种分配方式并存的基本分配制度。同时，应该完善财富分配的税收调节作用，优化现行的税制结构，提高具有收入调节功能的个人所得税比重，完善个人所得税征收方式，提高个人所得税起征点，通过开征遗产税、赠与税等新的税种，全方位调节居民的财富分配，建立起在收入和财产两个层面上调节贫富差距的税制体系。

参考文献：

［1］周新城. 用马克思主义政治经济学基本原理和方法看中国问题［J］. 毛泽东邓小平理论研究，2016（2）.

［2］吴宣恭. 分配不公的主要矛盾、根源和解决途径［J］. 经济学动态，2010（11）.

［3］薛宝贵，何炼成. 我国居民收入不平等问题研究综述［J］. 经济学家，2015（2）.

［4］马克思. 资本论：第1卷［M］. 北京：人民出版社，1975.

［5］托马斯·皮凯蒂. 21世纪资本论［M］. 巴曙松，译. 北京：中信出版社，2015.

［6］徐淑娟. 我国经济发展中的行业收入差距问题研究［D］. 武汉：武汉大学，2013.

［7］金振宇. 我国居民的收入分配及其对消费的影响研究［D］. 长春：吉林大学，2011.

［8］冯静. 我国避免收入两极分化的政策思考［J］. 湖北大学学报（哲学社会科学版），2007（1）.

［9］祝洪娇. 中国现阶段收入分配差距与两极分化问题研究［D］. 北京：中共中央党校，2006.

［10］杨圣明，郝梅瑞. 论我国收入分配中的两极分化问题［J］. 财贸经济，2005（12）.

［11］何干强. 调整好中国的经济结构必须纠正公有制经济被严重削弱的态势——论公有制在调结构中的基础地位［J］. 毛泽东邓小平理论研究，2017（4）.

［12］何干强. 振兴公有制经济刻不容缓［J］. 河北经贸大学学报，2016，37（1）.

［13］萨伊. 政治经济学概论［M］. 陈福生，译. 北京：商务印书馆，1997.

［14］庇古. 福利经济学［M］. 朱泱，张胜纪，译. 北京：商务印书馆，2006.

［15］吴宣恭. 再谈分配不公的主要矛盾和根源——兼答何炼成教授［J］. 当代经济研究，2011（8）.

［16］马克思. 资本论：第1卷［M］. 北京：人民出版社，1975.

收入群体视角下的
中国城镇居民消费率影响因素研究

尹向飞[①]

摘　要：本文基于收入群体视角，利用结构分解方法，将总消费率分解为收入群体比重变动效应等七个效应，并对 2010—2014 年 CFPS 城镇居民家庭数据进行研究，得出如下结论：第一，不管是基于全国数据还是基于东、中、西部地区数据，绝大多数中等收入群体比重变动效应都大于 0；同时中等收入群体消费效应是抑制总消费率下降的主要因素。第二，不管是基于全国数据还是基于东、中、西部地区数据，绝大多数收入群体的收入差距变动效应为负。第三，不管是从平均来看还是从不同年份来看，全国以及东、中、西部地区的中等收入群体和低收入群体的群体组内消费率变动效应大多数为正，而高收入群体大多数为负。本文的研究结论为制定收入分配政策以促进消费提供了理论依据。

关键词：收入群体　消费率　结构分解方法

内需不足尤其是居民消费不足一直困扰着中国经济增长，中国消费率在 1997 年之后主要呈下降变化趋势，因此探索中国居民消费不足的原因并且给出"医治良方"一直是学界和政界关注的焦点。同时改革开放释放了生产力，我国经济 40 余年的高速增长不但使得中国城镇居民收入在量的方面有大幅增长，而且在质的方面也发生了巨大变化，主要体现为近十年中等收入群体和高等收入群体的不断扩大。那么，收入群体变动是如何影响消费率的呢？

对上述问题的研究具有重要的现实意义：①党中央十分重视消费群体变动对消费的影响。2016 年习近平同志在中央财经领导小组第十三次会议上的讲话中指出："如果转方式调结构进程顺利，中等收入群体必然随之扩大。还要看到，中等收入群体不断扩大对扩大消费也是有利的。"②能够提高相关政策的前瞻性、针对性和有效性。我国收入群体正在发生显著变动，并且这种变动在将来相当长的一段时间内一直存在，因此对上述问题进行研究能够顺应我国收入群体变动趋势，提出前瞻性的政策，有助于提高其针

---

① 尹向飞，湖南商学院经济与贸易学院教授。

对性和有效性。

既然对上述问题进行研究具有十分重要的现实意义，那么如何构建模型，从收入群体的视角研究消费率的影响因素就显得尤为迫切。然而通过对消费率等相关文献进行梳理，我们发现相关研究存在如下特征：①研究城市化对消费率的影响，如雷潇雨、龚六堂[1]、范剑平、向书坚[2]、陈昌兵[3]等。雷潇雨、龚六堂肯定了城镇化对消费率的促进作用，但也指出过快的城镇化会阻碍消费率的增长；[1]陈昌兵认为在城市规模化阶段，城镇化对消费率存在负影响，在市民化阶段，城市化促进了消费率的提高[3]；而范剑平、向书坚认为城市化对消费率的影响基本上为0[2]。②研究国民收入分配对消费率的影响，主要观点认为居民收入在 GDP 中所占比重下降会导致消费率的下降[4]-[12]。③研究收入差距对消费率的影响，该方面研究主要集中在城乡收入差距对消费率的影响，主要观点认为收入差距扩大不利于消费率的提升，如臧旭恒、张继海认为收入差距扩大降低了总消费[13]，杨天宇、柳晓霞认为城乡收入差距降低了社会消费倾向等，从而不利于消费率的提高；[14]也有一些学者持不同观点，李广泳、张世晴认为城乡收入差距对消费率的影响在 1994 年前后存在差异，1994 年前存在负影响，1994 年后存在正影响；[15]王宋涛认为城乡收入差距扩大有利于阻止消费率的下降；[4]吴忠群、王虎峰认为消费率和收入差距不存在显著的 Granger 因果关系[16]。④研究人口年龄结构对消费率的影响，代表性的研究者有沈继红[17]、毛中根、孙武福、洪涛[18]、刘铠豪[19]等。⑤研究财政支出对消费率的影响，如易行健、杨碧云认为社会保障性财政支出对消费率存在正影响[20]，而武晓利、晁江锋认为不同类型的财政支出对消费率的影响存在差异，政府转移支付、政府服务性支出能促进居民消费率长期提升，而政府消费性支出导致消费率下降等[21]。⑥也有一些学者对不同收入群体消费及其影响因素进行研究，如田青、高铁梅研究了不同收入群体消费的脆弱性和不确定性[22]；尹向飞、尹碧波研究了医疗、房价和教育对不同收入群体消费的影响[23]；宋则研究了城乡居民三大收入——消费群体特征等[24]。

上述研究丰富了消费理论，为本文的研究提供了很好的借鉴。但是前面 5 类研究没有涉及不同收入群体，而根据马斯洛的需求层次理论，不同收入群体由于收入差异，使得他们的需求层次存在差异，进而同一因素可能对不同收入群体消费存在不同的影响，因此在研究消费的影响因素时，很有必要将收入群体纳入考虑范围。第 6 类研究将收入群体纳入考虑范围，但是收入群体的划分要么根据中国统计局的七等份收入分组方式，要么根据自己的主观意见进行等级划分，更没有涉及收入群体比重的变化对消费率的影响，而后者对于正处于收入群体快速变化的中国消费尤其重要。同时，上述研究主要采用回归等分析方法，研究了消费率或消费的影响因素，较少用到结构分解方法。

为此，本文基于收入群体的视角，构建模型，并对中国城镇居民数据进行分析，研究不同收入群体的收入差距、群体内消费率以及群体比重波动对总消费率的影响。本文的主要贡献如下：首先，本文第一部分构建了一个基于收入群体的消费率影响因素的理论框架，该理论框架不但考虑了收入群体占比、各收入群体收入差距等方面变动对总消费率的影响，而且该理论框架建立在微观数据的基础上，可能更符合实际。其次，本文的实证结果表明，从总体来看，中等收入群体能阻碍消费率的下降，这为我国制定政策提供了理论依据。本文其他部分为：第二部分为收入群体对总消费率的影响机理；第三部分为基于收入群体的总消费率结构分解模型构建；第四部分为基于 CFPS 数据库的中国城镇居民家庭消费率的实证研究；第五部分为结论。

一、收入群体对总消费率的影响机理

首先，同一消费者由于其所处收入群体的变更影响其消费偏好，进而影响他的个人消费率以及总消费率。根据马斯洛的需求层次理论，人类的需求包括生理需求、安全需求、社交需求、尊重需求和自我实现需求五个层次，这五个层次依次由低到高排列，在一般情况下，只有当较低层次需求得到相对满足后，才会向高一层次发展，而这一过程实现的前提是收入提高到某一程度。对国家如此，对个人也是如此，因此收入群体的变更在一定程度上可能会改变其需求层次，影响其消费偏好，从而影响个人消费率以及总消费率。

其次，同一消费者由于其收入变化导致的收入群体变更会影响其选择消费商品的种类，影响其消费率，进而影响总消费率。凯恩斯的消费理论认为，边际消费倾向小于1，并且存在边际消费倾向递减规律，使得随着收入的增加，消费率反而呈下降变化趋势。对于凯恩斯的消费函数理论，很多学者持质疑观点，如 Carroll 的研究表明当收入平稳增加时，消费率相对保持不变；也有一些学者基于消费和收入的变化曲线几乎是平行的这一现实，提出了"消费与收入同步增长之谜"[25]。不少基于微观数据的实证研究表明，消费者的边际消费倾向并不一定随着收入上升而下降，可能的原因在于西方经济学假定商品可以无限分割。当消费商品可以无限分割时，消费函数是涵盖所有商品的连续可导函数，消费者将其收入在所有商品之间进行配置，使其效应最大化，进而导致边际消费倾向递减。而现实生活中，商品不能无限分割，因此只有当人民的收入水平从一个层次增长到另一个层次，即其从较低层次收入群体上升到较高层次的收入群体时，才能使得其选择商品的范围增大，同时根据消费者行为理论，收入群体的变更会促使其模仿新收入群体里面的其他消费者的消费行为进行消费，以证实其群体身份，进而影响总消费率。

再次，中等收入群体和高收入群体扩大有助于增加新型消费品供给，降低新型消费品价格，从而促进消费，进而影响总消费率。高收入群体和中等收入群体的消费结构也更倾向于新型消费品，对于新技术、新产品、新业态的接受能力普遍较高，因此这些群体扩大，有助于企业改进生产技术，降低新型消费品的生产成本以及商品价格，进而促进各收入群体对新型商品的消费，以及消费率的提高。

最后，收入群体的变动通过改变收入差距来影响消费率。尽管相关文献中收入差距对消费率存在怎样的影响尚未达成一致意见，但在收入差距对消费率存在显著影响方面基本上持一致的观点，即收入群体的变动通过改变收入差距来影响消费率。

二、基于收入群体的总消费率结构分解模型构建
及其数据说明

（一）收入群体界定

收入群体的分类主要有两种：一种是国家统计局的五等份分组方法，将所有家庭分为低收入组、中等偏下收入组、中等收入组、中等偏上收入组和高收入组，在该种分组方法中每组所占比重保持不变，都为20%。另一种分组方法是按照收入标准将所有家庭分为高收入组、中等收入组和低收入组，三个收入组占比并不相同。结合本文的需要，本文采用后面一种分组方式，将所有家庭分为低收入群体、高收入群体和中等收入群体。

接下来是采用何种标准将所有家庭分为上述三类收入群体，其中关键是如何界定中等收入群体，因为中等收入群体界定以后，其他两个收入群体就很容易界定。目前国内对中等收入划分的研究很多，但是争议很大。国外对中等收入群体的划分主要有绝对标准模式和相对标准模式两种模式。相对标准模式将收入分布中位数的50%或75%作为中等收入群体的收入下限，1.5倍或2倍为上限，来确定中等收入群体。绝对标准将人均日收入10美元作为中等收入群体下限，50美元或100美元作为上限，来界定中等收入群体。相对标准模式适用于发达国家，而绝对标准模式适用于成长型社会[26]。考虑到我国属于发展中国家，以及我国收入的实际水平，本文将人均日收入按当年汇率折算后在10~50美元的家庭成员界定为中等收入群体，10美元以下的家庭成员界定为低收入群体，50美元以上的家庭成员界定为高收入群体。

（二）模型构建

将所有家庭考虑在内，假定第 t 期低收入群体有 $n_{1,t}$ 人，人均收入和人均消费分别为 $Y_{1,t}$ 元和 $C_{1,t}$ 元。第 t 期中等收入群体有 $n_{2,t}$ 人，人均收入和人均消费分别为 $Y_{2,t}$ 元和 $C_{2,t}$ 元。第 t 期高收入群体有 $n_{3,t}$ 人，人均收入和人均消费分别为 $Y_{3,t}$ 元和 $C_{3,t}$ 元。那么整个社会第 t 期的总收入 $Y_t = \sum_{i=1}^{3} n_{i,t} Y_{i,t}$，总消费为 $C_t = \sum_{i=1}^{3} n_{i,t} C_{i,t}$，总人口为 $n_t = \sum_{i=1}^{3} n_{i,t}$，平均收入为 $\overline{Y}_t = \sum_{i=1}^{3} n_{i,t} Y_{i,t} / n_t$，那么 $Y_t = n_t \overline{Y}_t$。那么整个社会的消费率 $Cr_{i,t}$（简称为总消费率）如下：

$$Cr_t = \frac{\sum_{i=1}^{3} n_{i,t} C_{i,t}}{n_t \overline{Y}_t}$$

$$= \sum_{i=1}^{3} \frac{n_{i,t} C_{i,t}}{n_t \overline{Y}_t}$$

$$= \sum_{i=1}^{3} \frac{n_{i,t}}{n_t} \frac{C_{i,t}}{Y_{i,t}} \frac{Y_{i,t}}{\bar{Y}_t}$$

设 $nr_{i,t} = n_{i,t}/n_t$，它表示第 t 期第 i 个收入群体人口占总人口比重。设 $Cr_{i,t} = C_{i,t}/Y_{i,t}$，它表示第 t 期第 i 个收入群体的消费率。设 $Yr_{i,t} = Y_{i,t}/\bar{Y}_t$，它表示第 t 期第 i 个收入群体收入和整个社会平均收入之间的差距。则有：

$$Cr_t = \sum_{i=1}^{3} nr_{i,t} Cr_{i,t} Yr_{i,t} \tag{1}$$

借鉴结构分解技术方法（即 SDA 方法），总消费率的变动可以分解如下：

$$\Delta Cr_t = Cr_{t+1} - Cr_t$$
$$= \sum_{i=1}^{3} \Delta nr_{i,t} Cr_{i,t} Yr_{i,t} + \sum_{i=1}^{3} nr_{i,t} \Delta Cr_{i,t} Yr_{i,t} + \sum_{i=1}^{3} nr_{i,t} Cr_{i,t} \Delta Yr_{i,t}$$
$$+ \sum_{i=1}^{3} \Delta nr_{i,t} \Delta Cr_{i,t} Yr_{i,t} + \sum_{i=1}^{3} \Delta nr_{i,t} Cr_{i,t} \Delta Yr_{i,t} + \sum_{i=1}^{3} nr_{i,t} \Delta Cr_{i,t} \Delta Yr_{i,t}$$
$$+ \sum_{i=1}^{3} \Delta nr_{i,t} \Delta Cr_{i,t} \Delta Yr_{i,t} \tag{2}$$

其中 $\Delta nr_{i,t} = nr_{i,t+1} - nr_{i,t}$ 表示第 i 个收入群体人数占比变动，因此 $\sum_{i=1}^{3} \Delta nr_{i,t} Cr_{i,t} Yr_{i,t}$ 度量收入群体人数占比变动对总消费率的贡献，本文将其命名为收入群体比重变动效应。$\Delta Cr_{i,t} = Cr_{i,t+1} - Cr_{i,t}$ 表示第 i 个收入群体组内消费率变动，因此 $\sum_{i=1}^{3} nr_{i,t} \Delta Cr_{i,t} Yr_{i,t}$ 度量收入群体组内消费率变动对总消费率的贡献，本文命名为群体组内消费率变动效应。$\Delta Yr_{i,t} = Yr_{i,t+1} - Yr_{i,t}$ 表示第 i 个收入群体收入和整个社会平均收入之间差距的变动，因此 $\sum_{i=1}^{3} nr_{i,t} Cr_{i,t} \Delta Yr_{i,t}$ 度量收入差距变动对总消费率的贡献，本文命名为收入差距变动效应。$\sum_{i=1}^{3} \Delta nr_{i,t} \Delta Cr_{i,t} Yr_{i,t}$ 度量由于群体人数比重和组内消费率同时变动对总消费率的贡献，本文命名为群体占比—组内消费率变动协同效应。同理将 $\sum_{i=1}^{3} \Delta nr_{i,t} Cr_{i,t} \Delta Yr_{i,t}$ 命名为群体占比—收入差距变动协同效应，将 $\sum_{i=1}^{3} nr_{i,t} \Delta Cr_{i,t} \Delta Yr_{i,t}$ 命名为组内消费率—收入差距变动协同效应，将 $\sum_{i=1}^{3} \Delta nr_{i,t} \Delta Cr_{i,t} \Delta Yr_{i,t}$ 命名为群体占比—组内消费率—收入差距变动协同效应，后面四种效应统称为协同效应。

当然，我们也可以度量各收入群体消费对总消费率的贡献，记为 $\Delta CCr_{i,t}$（$i = 1$, 2, 3），具体如下：

$$\Delta CCr_{i,t} = \Delta nr_{i,t} Cr_{i,t} Yr_{i,t} + nr_{i,t} \Delta Cr_{i,t} Yr_{i,t} + nr_{i,t} Cr_{i,t} \Delta Yr_{i,t} + \Delta nr_{i,t} \Delta Cr_{i,t} Yr_{i,t}$$
$$+ \Delta nr_{i,t} Cr_{i,t} \Delta Yr_{i,t} + nr_{i,t} \Delta Cr_{i,t} \Delta Yr_{i,t} + \Delta nr_{i,t} \Delta Cr_{i,t} \Delta Yr_{i,t} \tag{3}$$

将 $\Delta CCr_{1,t}$ 称为低收入群体消费效应，$\Delta CCr_{2,t}$ 称为中等收入群体消费效应，$\Delta CCr_{3,t}$ 称为高收入群体消费效应，显然，总消费率和各收入群体消费效应变动之间的关系如下：

$$\Delta Cr_t = \sum_{i=1}^{3} \Delta CCr_{i,\,t} \tag{4}$$

（三）数据来源与说明

本文的数据来源于北京大学中国社会科学调查中心提供的中国家庭追踪调查 CFPS 数据库。之所以选择该数据库，是因为该数据库的样本来自 25 个省（区、市），162 个县 1 万多户家庭，抽样科学，覆盖面广，样本容量大，数据详细具体，而且准确率高。本文研究时间段为 2010 年、2011 年、2012 年、2014 年，其中 2013 年数据 CFPS 没有提供，因此在本文中没有用到。研究的对象为城镇居民，因此本文选择城镇居民家庭数据。一般情况下，消费总支出应该小于总收入，所以本文将消费率大于 1 的数据排除在样本之外。同时考虑到城镇居民人均消费不可能很低，因此本文将每人年均消费小于 1 000 元的样本也排除在样本之外。删除一些数据缺失的样本，最后得到 2010 年、2011 年、2012 年、2014 年的家庭样本数分别为 2 214 户、2 068 户、2 647 户和 3 054 户。

借鉴贺洋、臧旭恒等学者对消费率、总收入和消费总支出的定义[27]，本文也将消费率定义为消费总支出和总收入之比，消费总支出定义为食品、衣着、居住等 8 项支出之和，总收入为工资性收入、经营性收入、财产性收入、转移性收入和其他收入之和①。

三、实证研究

将相关数据代入公式（1）－（4），通过计算，得出总消费率以及各种效应。下面首先将所有数据纳入研究范围，分析各种效应［根据公式（2）］和各群体消费率变动［根据公式（3）－（4）］对总消费率变动的影响；然后将样本分为东中西部地区，来分析和比较各效应对总消费率变动的影响②。

（一）中国城镇居民家庭各种效应对总消费率变动的影响

根据公式（2）以及相关数据，可以得出诸如群体组内消费率变动效应等七种效应对消费率变动的贡献，具体结果如表 1 所示。

---

① 贺洋，臧旭恒. 家庭资产结构与消费倾向：基于 CFPS 数据的研究［J］. 南方经济，2016（10）.
② 按照地理位置，将本文所研究的 25 个省（市、区）分为东、中、西部三个地区，其中东部省（市）包括北京、福建、广东、河北、辽宁、上海、天津、浙江、山东，中部各省包括安徽、黑龙江、河南、湖北、湖南、吉林、江西、山西，西部省（区）包括贵州、甘肃、广西、内蒙古、四川、云南、陕西。

群体	效应	2011 年	2012 年	2014 年	平均
表 1	**中国城镇居民总消费率的变动及其分解**				单位:%
低收入群体	群体组内消费率变动效应	4.39	-3.78	2.51	1.04
	收入差距变动效应	-0.68	-2.56	-4.14	-2.46
	收入群体比重变动效应	0.08	-4.03	-2.84	-2.26
	组内消费率—收入差距变动协同效应	-0.10	0.28	-0.42	-0.08
	群体占比—组内消费率变动协同效应	0.01	0.44	-0.29	0.06
	群体占比—收入差距变动协同效应	0.00	0.30	0.47	0.26
	群体占比—组内消费率—收入差距变动协同效应	0.00	-0.03	0.05	0.00
	低收入群体消费效应	3.70	-9.37	-4.66	-3.45
中等收入群体	群体组内消费率变动效应	2.37	-1.60	4.26	1.67
	收入差距变动效应	-0.57	-4.54	-3.93	-3.02
	收入群体比重变动效应	-0.21	11.33	6.61	5.91
	组内消费率—收入差距变动协同效应	-0.08	0.42	-0.86	-0.18
	群体占比—组内消费率变动协同效应	-0.03	-1.04	1.45	0.13
	群体占比—收入差距变动协同效应	0.01	-2.94	-1.34	-1.43
	群体占比—组内消费率—收入差距变动协同效应	0.00	0.27	-0.29	-0.01
	中等收入群体消费效应	1.49	1.89	5.88	3.09
高收入群体	群体组内消费率变动效应	0.55	-0.93	-1.11	-0.50
	收入差距变动效应	0.80	-1.44	0.54	-0.04
	收入群体比重变动效应	-0.10	3.70	1.06	1.55
	组内消费率—收入差距变动协同效应	0.24	0.42	-0.22	0.15
	群体占比—组内消费率变动协同效应	-0.03	-1.06	-0.43	-0.51
	群体占比—收入差距变动协同效应	-0.04	-1.66	0.21	-0.50
	群体占比—组内消费率—收入差距变动协同效应	-0.01	0.48	-0.09	0.13
	高收入群体消费效应	1.42	-0.50	-0.05	0.29
所有群体	群体组内消费率变动效应	7.31	-6.30	5.65	2.22
	收入差距变动效应	-0.45	-8.55	-7.54	-5.51
	收入群体比重变动效应	-0.22	11.00	4.82	5.20
	组内消费率—收入差距变动协同效应	0.06	1.11	-1.50	-0.11
	群体占比—组内消费率变动协同效应	-0.05	-1.66	0.73	-0.32
	群体占比—收入差距变动协同效应	-0.04	-4.30	-0.66	-1.66
	群体占比—组内消费率—收入差距变动协同效应	-0.01	0.71	-0.33	0.12
	总消费率的变动	6.60	-7.98	1.17	-0.07

　　首先考虑低收入群体，从表 1 可以看出，2011 年该群体对总消费率的贡献为 3.7%，其主要来源于群体组内消费率变动效应，该群体 2011 年的消费率高于 2010 年，使得群体组内消费率变动效应达到 2.39%。2012 年该群体对总消费率的贡献为 -9.37%，导致贡献为负的主要原因在于该群体的消费率下降、群体占比下降以及收入差距扩大，使得群体组内消费率变动效应达到 -3.78%，收入差距变动效应达到 -2.56%，收入群体比重变动效应达到 -4.03%。2014 年尽管由于低收入群体消费率的上升使得群体组内消费率变动效应达到 2.51%，但是由于收入差距变动效应和收入群体比重变动效应的拖累，使得低收入群体对总消费率的贡献为负，达到 -4.66%。所有年份的收入差距变动效应为负，这说明低收入群体的收入越来越远离平均收入水平，因此要提高总消费率，收入分配政策更应该向低收入群体倾斜。2011—2014 年低收入群体的协同效应都较小。收入群体比重变动效应 2011 年略大于 0，2012 年、2014 年下降较大，这说明存在较大比重的低收入群体上升为中等收入群体或者高收入群体，从而导致该消费群体对总消费率贡献为负，因此在制定政策时，必须考虑收入群体之间的转移。

　　其次考虑中等收入群体，研究期内所有年份的中等收入群体消费效应为正，这说明中等收入群体在抑制总消费率下降方面起着非常重要的作用。2011 年中等收入群体消费效应为 1.49%，其主要来源于该群体组内消费率的提升，该方面的变动效应为 2.37%。2012 年收入群体比重变动效应达到 11.33%，但是群体组内消费率变动效应、收入差距变动效应等四方面出现较大幅度下降，使得中等收入群体消费效应仅仅为 1.89%。2014 年群体组内消费率比 2012 年有了较大幅度的提升，使得组内群体消费率变动效应达到 4.26%，同时中等收入群体占比增长也大大推动总消费率的提升，对总消费率的贡献达到 6.61%，使得中等收入群体消费效应达到 5.88%。2011—2014 年中等收入群体大多数协同效应都较小，对中等收入群体消费效应的影响较小。从平均值来看，中等收入群体消费效应中，收入群体比重变动效应最大，达到 5.91%；群体组内消费变动效应次之；收入差距变动效应最低，并且年年为负，是拖累中等收入群体消费效应的主要因素。

　　接下来考虑高收入群体，高收入群体各种效应的波动程度远远小于其他两个群体。2011 年群体组内消费率变动效应、收入差距变动效应和组内消费率—收入差距变动协同效应为正，其他四个效应为负，但这四个效应下降的总幅度小于前面三个效应上升的幅度，使得 2011 年高收入群体消费效应为 1.42%。2012 年收入群体比重变动效应为 3.70%，但是受群体组内消费率变动效应、收入差距变动效应、群体占比—组内消费率变动协同效应、群体占比—收入差距变动协同效应的拖累，使得该年度的高收入群体消费效应为 -0.5%。2014 年收入差距变动效应、收入群体比重变动效应和群体占比—收入差距变动协同效应为正，其他四项效应为负，但是正负两方面的幅度大致相等，使得 2014 年高收入群体消费效应为 -0.05%。

　　最后将所有群体纳入考虑范围，来分析各效应对总消费率的影响。从表 1 可以看出，2011 年中国城镇居民家庭总消费率比 2010 年上升 6.6%，其主要来源于群体组内消费率变动效应，后者对前者贡献 7.31%，其他的各种效应都比较小，基本上可以忽略。2012 年各种效应波动较大，尽管收入群体比重变动效应呈高速增长趋势，对总消费率的贡献为 11%，但是由于群体组内消费率变动效应、收入差距变动效应、群体占比—收入差距变动协同效应下降幅度较大，下降幅度分别达到 6.3%、8.55% 和 4.3%，使得 2012 年消费率比 2011 年下降 7.98 个百分点。2014 年各种效应都呈小幅波动，总消费率比 2012 年增长 1.17%。从平均值来看，总消费率仅仅平均下降 0.07 百分点，其中贡献最大的为收入群体比重变动效应，贡献 5.20 个百分点，而收入差距变动效应和群体占比—收入差距变动协同效应为阻碍总消费率的主要原因，贡献分别为 −5.51% 和 −1.66%。

（二）东部地区城镇居民家庭各种效应对总消费率变动的影响

根据公式（2）以及东部地区相关数据，可以得出该地区诸如群体组内消费率变动效应等七种效应对消费率变动的贡献，具体结果如表 2 所示。

首先，从表 2 可以看出，对于东部地区低收入群体消费效应，其增长阻力主要来源于收入差距变动效应和收入群体比重变动效应，这说明东部地区低收入群体收入离平均收入越来越远，同时越来越多低收入群体上升为高收入群体或中等收入群体。对于中等收入群体，消费效应的主要推动力为收入群体比重变动效应，该效应除了在 2011 年略有下降外，在 2012 年和 2014 年对总消费率的贡献分别达到 12.57% 和 7.13%；群体组内消费率变动效应平均达到 2.2 个百分点，为推动中等收入群体消费效应的第二推动力；收入差距变动效应和群体占比—收入差距变动协同效应为阻碍中等收入群体消费效应的主要阻力。对于高收入群体，其消费效应的主要推动力仍然是收入群体比重变动效应，但主要障碍转为群体组内消费率变动效应。

表 2　　　　　　　东部地区城镇居民总消费率的变动及其分解　　　　　单位:%

群体	效应	2011 年	2012 年	2014 年	平均
低收入群体	群体组内消费率变动效应	3.94	−2.65	1.80	1.03
	收入差距变动效应	−2.29	−0.68	−4.63	−2.53
	收入群体比重变动效应	0.07	−4.60	−3.36	−2.63
	组内消费率—收入差距变动协同效应	−0.34	0.06	−0.40	−0.22
	群体占比—组内消费率变动协同效应	0.01	0.43	−0.29	0.05
	群体占比—收入差距变动协同效应	−0.01	0.11	0.75	0.28
	群体占比—组内消费率—收入差距变动协同效应	0.00	−0.01	0.06	0.02
	低收入群体消费效应	1.39	−7.33	−6.07	−4.00

表2(续)

群体	效应	2011 年	2012 年	2014 年	平均
中等收入群体	群体组内消费率变动效应	2.82	−0.98	4.75	2.20
	收入差距变动效应	−0.92	−5.00	−5.75	−3.89
	收入群体比重变动效应	−0.28	12.57	7.13	6.47
	组内消费率—收入差距变动协同效应	−0.14	0.24	−1.17	−0.36
	群体占比—组内消费率变动协同效应	−0.04	−0.61	1.45	0.26
	群体占比—收入差距变动协同效应	0.01	−3.13	−1.76	−1.62
	群体占比—组内消费率—收入差距变动协同效应	0.00	0.15	−0.36	−0.07
	中等收入群体消费效应	1.46	3.24	4.29	3.00
高收入群体	群体组内消费率变动效应	0.81	−1.16	−1.72	−0.69
	收入差距变动效应	1.22	−2.26	0.70	−0.12
	收入群体比重变动效应	0.22	3.38	2.14	1.91
	组内消费率—收入差距变动协同效应	0.45	0.51	−0.32	0.21
	群体占比—组内消费率变动协同效应	0.08	−0.76	−1.00	−0.56
	群体占比—收入差距变动协同效应	0.12	−1.48	0.40	−0.32
	群体占比—组内消费率—收入差距变动协同效应	0.04	0.34	−0.19	0.06
	高收入群体消费效应	2.95	−1.45	0.01	0.50
所有群体	群体组内消费率变动效应	7.58	−4.80	4.83	2.54
	收入差距变动效应	−1.98	−7.95	−9.69	−6.54
	收入群体比重变动效应	0.01	11.35	5.91	5.76
	组内消费率—收入差距变动协同效应	−0.02	0.82	−1.90	−0.37
	群体占比—组内消费率变动协同效应	0.05	−0.94	0.16	−0.24
	群体占比—收入差距变动协同效应	0.13	−4.50	−0.61	−1.66
	群体占比—组内消费率—收入差距变动协同效应	0.05	0.48	−0.48	0.01
	总消费率的变动	5.81	−5.54	−1.77	−0.50

　　其次，将东部地区所有群体纳入研究范围，发现收入群体比重变动效应年年为正，平均值达到 5.76%，是推动总消费率增长的主要动力；群体组内消费率变动效应在2011 年、2014 年分别为 7.58% 和 4.83%，但在 2012 年出现较大幅度下降，从平均值来看，是推动总消费率增长的第二动力；而收入差距变动效应年年为负，平均值更是达到了−6.54%，为阻碍总消费率增长的主要阻力；其他效应相对较小，基本上可以忽略。在上述各种效应的共同影响下，2011 年总消费率增长 5.81%，但在 2012 年和 2014 年分别下降 5.54% 和 1.77%，因此东部地区消费率下降的问题值得我们关注。

（三）中部地区各种效应对总消费率变动的影响

根据公式（2）以及中部地区城镇居民家庭相关数据，可以得出该地区诸如群体组内消费率变动效应等七种效应对消费率的贡献，具体结果如表3所示。

首先，从表3可以看出，对于低收入群体，同东部地区一样，中部地区低收入群体收入差距效应和收入群体比重变动效应为阻碍低收入群体消费效应增长的主要阻力，尽管群体组内消费率变动效应出现较大波动，但其平均值为1.06%，为阻碍低收入群体消费效应下降的主要因素。对于中等收入群体，收入群体比重变动效应年年为正，年均增长5.20%，为抑制中等收入群体消费效应下降的主要因素；而收入差距变动效应年年为负，为导致中等收入群体消费效应下降的主要因素；平均而言，2011年、2012年和2014年中等收入群体消费效应分别为2.35%、-1.56%和6.59%，平均增长率为2.46%。对于高收入群体，大多数效应波动幅度比较小，从而使得高收入群体消费效应波动幅度较小。

表3　　　　　　中部地区城镇居民总消费率的变动及其分解　　　　　　单位:%

群体	效应	2011 年	2012 年	2014 年	平均
低收入群体	群体组内消费率变动效应	5.71	-6.39	3.86	1.06
	收入差距变动效应	0.35	-4.00	-3.01	-2.22
	收入群体比重变动效应	-0.29	-2.83	-2.84	-1.99
	组内消费率—收入差距变动协同效应	0.05	0.59	-0.37	0.09
	群体占比—组内消费率变动协同效应	-0.04	0.42	-0.35	0.01
	群体占比—收入差距变动协同效应	0.00	0.26	0.27	0.18
	群体占比—组内消费率—收入差距变动协同效应	0.00	-0.04	0.03	0.00
	低收入群体消费效应	5.77	-11.99	-2.41	-2.88
中等收入群体	群体组内消费率变动效应	2.12	-3.53	2.86	0.48
	收入差距变动效应	-0.66	-3.62	-2.38	-2.22
	收入群体比重变动效应	0.91	8.08	6.62	5.20
	组内消费率—收入差距变动协同效应	-0.11	0.83	-0.49	0.08
	群体占比—组内消费率变动协同效应	0.15	-1.86	1.37	-0.11
	群体占比—收入差距变动协同效应	-0.05	-1.90	-1.14	-1.03
	群体占比—组内消费率—收入差距变动协同效应	-0.01	0.44	-0.24	0.06
	中等收入群体消费效应	2.35	-1.56	6.59	2.46

表3(续)

群体	效应	2011 年	2012 年	2014 年	平均
高收入群体	群体组内消费率变动效应	−0.32	0.30	−0.77	−0.26
	收入差距变动效应	−0.13	−0.03	0.13	−0.01
	收入群体比重变动效应	0.08	0.36	0.21	0.22
	组内消费率—收入差距变动协同效应	0.08	−0.06	−0.08	−0.02
	群体占比—组内消费率变动协同效应	−0.05	0.71	−0.13	0.18
	群体占比—收入差距变动协同效应	−0.02	−0.07	0.02	−0.02
	群体占比—组内消费率—收入差距变动协同效应	0.01	−0.14	−0.01	−0.05
	高收入群体消费效应	−0.34	1.07	−0.63	0.03
所有群体	群体组内消费率变动效应	7.51	−9.62	5.95	1.28
	收入差距变动效应	−0.44	−7.65	−5.27	−4.45
	收入群体比重变动效应	0.70	5.60	3.99	3.43
	组内消费率—收入差距变动协同效应	0.03	1.36	−0.95	0.15
	群体占比—组内消费率变动协同效应	0.05	−0.73	0.89	0.07
	群体占比—收入差距变动协同效应	−0.07	−1.71	−0.85	−0.88
	群体占比—组内消费率—收入差距变动协同效应	0.01	0.26	−0.22	0.01
总消费率的变动		7.78	−12.49	3.55	−0.38

其次，将中部地区所有群体纳入研究范围，发现收入群体比重变动效应年年为正，平均值达到 3.43%，是推动总消费率增长的主要动力；群体组内消费率变动效应在 2011 年、2014 年分别为 7.51% 和 5.95%，但在 2012 年出现较大幅度下降，但从平均值来看，是推动总消费率增长的第二动力；而收入差距变动效应年年为负，平均值为 −4.45%，为阻碍总消费率增长的主要阻力；其他效应相对较小，基本上可以忽略。在上述各种效应的共同影响下，2011 年总消费率增长 7.78%，2014 年为 3.55%，但在 2012 年下降 12.49%，平均增长率为 −0.38%。

（四）西部地区各种效应对总消费率变动的影响

根据公式（2）以及西部地区城镇居民家庭相关数据，可以得出该地区诸如群体组内消费率变动效应等七种效应对消费率的贡献，具体结果如表4所示。

首先，从表4可以看出，对于低收入群体，同东部地区一样，西部地区低收入群体收入差距效应和收入群体比重变动效应为阻碍低收入群体消费效应增长的主要阻力，尽管群体组内消费率变动效应出现较大波动，但其平均值为 1.54%，为阻碍低收入群体消费效应下降的主要因素。对于中等收入群体，收入群体比重变动效应年年为正，年均增长 4.31%，为抑制中等收入群体消费效应下降的主要因素；而收入差距变动效应年年为负，为导致中等收入群体消费效应下降的主要因素；平均而言，2011 年、2012 年和 2014 年中等收入群体消费效应分别为 0.63%、4.54% 和 8.84%，平均增长率为 4.76%。对于高收入群体，大多数效应波动程度比较小，从而使得高收入群体消费效应波动程度较小。

表 4　　　　　　　　　**西部地区城镇居民总消费率的变动及其分解**　　　　　　单位:%

群体	效应	2011 年	2012 年	2014 年	平均
低收入群体	群体组内消费率变动效应	4.78	-3.38	3.20	1.54
	收入差距变动效应	3.94	-10.08	1.16	-1.66
	收入群体比重变动效应	-0.36	-4.12	-1.27	-1.92
	组内消费率—收入差距变动协同效应	0.51	0.75	0.12	0.46
	群体占比—组内消费率变动协同效应	-0.05	0.31	-0.14	0.04
	群体占比—收入差距变动协同效应	-0.04	0.91	-0.05	0.27
	群体占比—组内消费率—收入差距变动协同效应	-0.01	-0.07	-0.01	-0.03
	低收入群体消费效应	8.79	-15.68	3.02	-1.29
中等收入群体	群体组内消费率变动效应	0.22	0.22	4.78	1.74
	收入差距变动效应	-0.89	-1.99	-0.30	-1.06
	收入群体比重变动效应	1.47	8.12	3.35	4.31
	组内消费率—收入差距变动协同效应	-0.03	-0.05	-0.11	-0.06
	群体占比—组内消费率变动协同效应	0.04	0.21	1.23	0.49
	群体占比—收入差距变动协同效应	-0.17	-1.91	-0.08	-0.72
	群体占比—组内消费率—收入差距变动协同效应	0.00	-0.05	-0.03	-0.03
	中等收入群体消费效应	0.63	4.54	8.84	4.67
高收入群体	群体组内消费率变动效应	-0.80	-1.37	1.71	-0.15
	收入差距变动效应	-0.41	-1.36	-0.52	-0.77
	收入群体比重变动效应	4.73	-0.36	-0.58	1.26
	组内消费率—收入差距变动协同效应	0.15	0.50	-0.66	-0.01
	群体占比—组内消费率变动协同效应	-1.66	0.13	-0.74	-0.76
	群体占比—收入差距变动协同效应	-0.86	0.13	0.23	-0.17
	群体占比—组内消费率—收入差距变动协同效应	0.30	-0.05	0.29	0.18
	高收入群体消费效应	1.44	-2.37	-0.29	-0.41
所有群体	群体组内消费率变动效应	4.20	-4.53	9.69	3.12
	收入差距变动效应	2.63	-13.43	0.33	-3.49
	收入群体比重变动效应	5.83	3.64	1.49	3.65
	组内消费率—收入差距变动协同效应	0.63	1.20	-0.65	0.39
	群体占比—组内消费率变动协同效应	-1.67	0.65	0.35	-0.22
	群体占比—收入差距变动协同效应	-1.06	-0.87	0.10	-0.61
	群体占比—组内消费率—收入差距变动协同效应	0.29	-0.17	0.25	0.13
	总消费率的变动	10.86	-13.51	11.58	2.98

其次，将西部地区所有群体纳入研究范围，发现收入群体比重变动效应年年为正，平均值达到 3.65%，是推动总消费率增长的主要动力；群体组内消费率变动效应在 2011 年、2014 年分别为 4.20% 和 9.69%，但在 2012 年出现较大幅度下降，但从平均值来看，是推动总消费率增长的第二动力；而收入差距变动效应在 2012 年出现大幅度下降，使得其平均值为 -3.49%，为阻碍总消费率增长的主要阻力；其他效应相对较小，基本上可以忽略。在上述各种效应的共同影响下，2011 年总消费率增长 10.86%，2014 年为 11.58%，但在 2012 年下降 -13.51%，平均增长率为 2.98%。

（五）东、中、西部地区比较

通过对表 2 至表 4 的数据进行比较，我们得出如下结论：

第一，所有地区的平均群体组内消费率变动效应都为正，其中西部地区以 3.12% 排在第一，东部地区以 2.54% 排在第二，而中部地区以 1.28% 排在最末，这说明中部地区在制定政策时，更应关注相关政策对各收入群体组内消费率的影响。

第二，所有地区的平均收入差距变动效应为负，其中东部地区最小，为 -6.54%；中部地区次之，为 -4.45%，西部地区最高，为 -3.49%。这说明东部地区在制定政策时，更应关注收入差距对消费率的影响。

第三，在研究时间段内，所有地区的收入群体比重变动效应为正。平均收入群体比重变动效应以东部地区最高，达到 5.76%，西部地区为 3.65%，略高于中部地区的 3.43%。更进一步研究发现，收入群体比重变动效应的主要来源为中等收入群体的收入群体比重变动效应，因此中、西部地区在制定政策时，更应该关注中等收入群体的收入群体比重变动效应。

第四，除了东部地区的群体占比—收入差距变动协同效应较低以外，其他所有地区协同效应以及东部地区的其他所有协同效应非常小，而且波动幅度也较小，基本上可以忽略。

第五，从总消费率变动的平均值来看，东部地区最低，仅为 -0.5%，中部地区次之，为 -0.38%，而西部地区 2.98% 为最高。

四、结论及政策建议

本文基于收入群体视角，利用结构分解方法，将总消费率的变动分解为收入群体比重变动效应等七个效应，并对 2010—2014 年 CFPS 城镇居民家庭数据进行研究。主要结论如下：

第一，不管是基于全国数据还是基于东、中、西部地区数据，绝大多数中等收入群体的收入群体占比变动效应都大于 0，为中等收入群体消费效应的主要推动力。除了中部地区 2012 年以外，其他所有地区以及全国的中等收入群体消费效应都大于 0，是抑制总消费率下降的主要因素。

第二，不管是基于全国数据还是基于东、中、西部地区数据，绝大多数收入群体的收入差距变动效应都为负，因此缩小各收入群体之间的收入差距应以提升总消费率为以后收入分配改革的政策着力点。

第三，不管是从平均值来看还是从不同年份来看，全国以及东、中、西部地区的中等收入群体和低收入群体的群体组内消费率变动效应大多数为正，而高收入群体大多数为负。

因此，很有必要对我国的收入分配政策、财税政策进行改革，形成橄榄形分配制度，以形成低收入和高收入相对较少，中等收入占主流的分配结构，进而促进消费的健康、持续发展。同时针对不同地区，政策应该有不同的侧重点，对于东部地区，更应该关注收入的两极分化问题，有针对性地制定收入分配改革政策，降低收入差距；对于中部地区，更应该关注各收入群体的消费率，应该加强宣传，加大补贴力度促进中部地区各收入群体的消费；对于中、西部地区，更应该采取有针对性的收入分配政策，提高这两个地区的中等收入群体占比，以推动消费率的提高。

参考文献：

[1] 雷潇雨，龚六堂. 城镇化对居民消费率的影响：理论模型与实证分析 [J]. 经济研究，2014 (6).

[2] 范剑平，向书坚. 我国城乡人口二元社会结构对居民消费率的影响 [J]. 管理世界，1999 (5).

[3] 陈昌兵. 城市化与投资率和消费率间的关系研究 [J]，经济学动态，2010 (9).

[4] 王宋涛. 中国居民消费率缘何下降？[J]. 财经研究，2014 (6).

[5] 方福前. 中国居民消费需求不足的原因研究 [J]. 中国社会科学，2009 (2).

[6] 段先盛. 中国居民部门消费率的结构分解分析 [J]. 经济学家，2015 (4).

[7] 张全红. 中国低消费率问题探究——1992—2005 年中国资金流量表的分析 [J]. 财贸经济，2009 (10).

[8] 赵坚毅，徐丽艳，戴李元. 中国的消费率持续下降的原因与影响分析 [J]. 经济学家，2011(9).

[9] Kuijs, L. How Will China's Saving-Investment Balance Evolve? [D]. World Bank Working Paper No. 3958, 2006.

[10] Aziz, J. and Cui, L. Explaining China's Low Consumption: The Neglected Role of Household Income [D]. IMF working paper 07/181, 2007.

[11] 臧旭恒，贺洋. 初次分配格局调整与消费潜力释放 [J]. 经济学动态，2015 (1).

[12] 汪伟，郭新强，艾春荣. 融资约束、劳动收入份额下降与中国低消费 [J]. 经济研究，2013(11).

[13] 臧旭恒，张继海. 收入分配对中国城镇居民消费需求影响的实证分析 [J]. 经济理论与经济管理，2005 (6).

[14] 杨天宇，柳晓霞. 满足消费最大化的最优居民收入差距研究 [J]. 经济学家，2008 (1).

[15] 李广泳，张世晴. 人均收入差距对居民消费率的影响研究——基于我国省际动态面板数据和 EG 两步法的实证分析 [J]. 上海经济研究，2015 (2).

[16] 吴忠群，王虎峰. 单纯调整收入差距能提高消费率吗——基于因果检验的分析 [J]. 经济理论与经济管理，2013 (1).

[17] 沈继红. 人口的年龄结构对消费率的影响研究——基于中国省际面板数据的实证分析 [J]. 上海经济研究，2015 (4).

[18] 毛中根，孙武福，洪涛. 中国人口年龄结构与居民消费关系的比较分析 [J]. 人口研究，2013 (3).

［19］刘铠豪. 人口年龄结构变化影响城乡居民消费率的效应差异研究——来自中国省级面板数据的证据［J］. 人口研究，2016（2）.

［20］易行健，杨碧云. 世界各国（地区）居民消费率决定因素的经验检验［J］. 世界经济，2015（1）.

［21］武晓利，晁江锋. 财政支出结构对居民消费率影响及传导机制研究——基于三部门动态随机一般均衡模型的模拟分析［J］. 财经研究，2014（6）.

［22］田青，高铁梅. 转轨时期我国城镇不同收入群体消费行为影响因素分析——兼谈居民消费过度敏感性和不确定性［J］. 南开经济研究，2009（5）.

［23］尹向飞，尹碧波. 收入、房地产、医疗对消费影响的实证研究——基于中国城镇收入等级分组数据［J］. 湘潭大学学报（哲学社会科学版），2012（4）.

［24］宋则. 中国城乡居民三大收入——消费群体及特点分析［J］. 财经科学，2002（1）.

［25］CARROLL CD. Buffer Stock Saving and the Life Cycle Permanent Income Hypothesis［J］. Quarterly Journal of Economics，1997，112（1）.

［26］李春玲. 中等收入标准需要精准界定［EB/OL］. 人民日报，2016-12-07. http://opinion. people.- com.cn/n1/2016/1207/c1003-28929841.html.

［27］贺洋，臧旭恒. 家庭资产结构与消费倾向：基于 CFPS 数据的研究［J］. 南方经济，2016(10).

协同推进统筹城乡发展
与"两型社会"建设研究[①]

袁岳驷[②]

摘　要："两型社会"建设，不可能只是城市的"两型"建设，农村肯定是其中不可或缺的重要组成部分，在"两型社会"的建设中，必须统筹城市与农村两个方面；统筹城乡发展也不可能是人口、资源、环境失衡的、低水平的城乡统筹，应该是经济社会发展与人口资源环境相协调的城乡融合。统筹城乡发展与"两型社会"建设是衡量区域经济社会发展的两个维度，是同一社会相互紧密联系的两个方面，它们互为内容，互为途径，互为必然结果。我们应该站在经济社会发展全局的高度，协同推进城乡统筹发展和"两型社会"建设。

关键词：协同推进　统筹城乡发展　"两型社会"建设

国家在 2007 年成立了"统筹城乡发展"和"两型社会"建设试验区，很多专家和学者对此进行了大量的研究。如石忆邵（2004）、马晓河（2004）袁志刚、解栋栋（2010）、熊小林（2010）、傅蕴英、卢江、康继军（2017）等就统筹城乡发展的作用进行了探讨，林凌（2007）、费利群、滕翠华（2009）、叶裕民（2013）、衡霞（2017）、胡粕（2018）等就如何统筹城乡发展进行了研究，邓玲、王彬彬（2008）等就统筹城乡发展水平的度量进行了分析。乔海曙、王修华（2009）、胡敏红（2009）等就两型社会建设进行了理论探索，苏建平（2009）、游达明、马北玲、胡小清（2012）、李雪松、孙博文、夏怡冰（2014）等对两型社会建设水平和绩效评价的指标体系进行了深入研究，吴焕新、彭万力（2008）、王晓曦、黄国桥（2012）、欧擎宇（2017）等对两型社会建设的对策进行了总结。专门就统筹城乡发展或"两型社会"建设进行的研究很多，但把两者结合起来进行研究的却较少。向萍、欧阳涛（2009）、肖万春（2009）、廖红

①　基金项目：2015 年湖南省哲学社会科学基金课题"湖南省统筹城乡发展与'两型社会'建设的协同推进研究"（15YBB038）。2015 年湖南省情与咨询决策研究课题"湖南省边远农村土地撂荒的治理模式研究"（2015ZZ023）；2017 年湖南省大学生研究性学习和创新性实验计划项目"永州市城乡居民收入差距分析"（700）。
②　袁岳驷，1974 年生，男，湖南科技学院经济与管理学院副教授，博士，日本东洋大学研究员，研究方向：区域经济研究和教学管理工作。

娟、黄华中（2011）等学者就两型社会建设中的统筹城乡发展问题进行了研究，却还鲜有学者就两者的协同推进进行探讨的。

统筹城乡发展试验区的主要目的是尽快形成统筹城乡发展的体制机制，促进城乡经济社会协调发展。"两型社会"建设试验区的根本宗旨是尽快形成能源资源节约和生态环境保护的体制机制，加快转变经济发展方式，推进经济又好又快发展，促进经济社会发展与人口资源环境相协调。两个试验区的侧重点不同，但它们联系非常紧密，其最终目标高度一致。"两型社会"的建设，不可能只是城市的"两型"建设，农村肯定是其中不可或缺的重要组成部分，在"两型社会"的建设中，必须统筹城市与农村两个方面；统筹城乡发展也不可能是人口、资源、环境失衡的、低水平的城乡统筹发展，应该是经济社会发展与人口资源环境相协调的城乡融合。两个试验区的最终目标都要为全国的改革发挥示范和带动作用，实现科学发展与社会和谐。

可见，统筹城乡发展与"两型社会"建设是衡量区域经济社会发展的两个维度，是同一个社会相互紧密联系的两个方面，它们互为内容、互为途径、互为结果。我们应该站在经济社会发展全局的高度，协同推进城乡统筹发展和"两型社会"建设。

一、统筹城乡发展和"两型社会"的内涵

（一）统筹城乡发展的内涵

统筹城乡发展是科学发展观中五个统筹（统筹区域发展、统筹城乡发展、统筹经济社会发展、统筹人和自然和谐发展、统筹国内发展与对外开放）中的一项内容，就是要更加注重农村的发展，解决好"三农"问题，坚决贯彻工业反哺农业、城市支持农村的方针，逐步改变城乡二元经济结构，逐步缩小城乡发展差距，实现农村经济社会全面发展，实行以城带乡、以工促农、城乡互动、协调发展，实现农业和农村经济的可持续发展。

具体来说，统筹城乡发展的内涵包括以下几个方面[1]：①统筹城乡发展的视角是站在国民经济社会全局的高度，把城乡经济社会看作一个整体、一个系统来加以通盘考虑，统一筹划城乡之间的关系，统筹解决城乡之间的问题。②统筹城乡发展的内容包括城乡之间的经济、社会、文化、政治、生态环境等各个方面，其中经济是核心，是重点，而缩小城乡收入差距是统筹城乡发展的重中之重。③统筹城乡发展过程中城乡之间的关系是市场经济条件下的平等关系。在这一过程中，不是要通过限制城市发展来加快农村发展，也不是以城统乡，剥夺农村资源来加快城市发展，而是要在不违背市场经济规律的条件下充分利用各种机制，提高资源配置效率，在实现城乡共同发展、更快发展的同时，充分注重城乡公平，把城乡差距控制在一定范围和限度内，防止城乡差距过大。④统筹城乡发展的目的不是统一城乡，使城乡完全一样，而是使城乡实现公平高效、良性互动、和谐共进地发展，使农村具有城市同等的生活条件，城乡能够共享改革发展成果，最终实现国民经济又快又好发展、城乡关系和谐的城乡一体化社会。

(二)"两型社会"的内涵

经济发展和资源、环境之间的良性互动是促进社会经济可持续发展的重要保证。所谓的"两型社会"指的是"资源节约型社会、环境友好型社会",就是在社会生产、建设、流通和消费的各个领域,在经济和社会发展各个方面,切实保护和合理利用各种资源,提高资源利用率,以尽可能少的资源消耗,获得最大的经济效益和社会效益,实现人与自然和谐发展、经济社会可持续发展。"两型社会"是在对传统经济发展模式反思的基础上建立的,可以解决资源与环境问题的一种有利于资源节约和环境友好的新型经济社会发展模式。

二、统筹城乡发展与"两型社会"建设的内在联系

(一)统筹城乡发展与"两型社会"建设互为内容

"两型社会"的建设,不可能只是城市的"两型社会"建设,肯定包括农村在内。我们所提倡的"两型社会"建设是整个区域的"两型社会"建设,是整个社会的"两型社会"建设。因此,"两型社会"建设必须统筹城市与农村两个方面,统筹考虑城市和农村两者的资源节约、环境友好,统筹城乡发展是"两型社会"建设的重要内容。

统筹城乡发展也不可能是人口、资源、环境失衡的、低水平的城乡统筹发展,应该是经济社会发展与人口资源环境相协调的城乡融合。因此,统筹城乡发展必然要求切实保护、优化配置、合理利用各种资源,提高经济效益和社会效益,以实现高层次、多维度的城乡融合和社会和谐。可见,"两型社会"的内容也包含在统筹城乡发展之中。

(二)统筹城乡发展与"两型社会"建设互为途径

统筹城乡发展是一个内涵非常丰富的概念,既包括城乡的经济建设在内,也包括城乡的社会建设、政治建设、文化建设和生态建设在内。区域的资源与环境的区域经济的水平与发展速度紧密相关,统筹城乡发展不可能不考虑资源节约和环境友好,统筹城乡发展的目标也不可能是人口、资源、环境失衡的、低水平的城乡统筹,应该是经济社会发展与人口资源环境相协调的城乡融合。因此,统筹城乡发展本身就包含了城乡两个区域的资源节约和环境友好,它本身就是推进"两型社会"建设的重要途径,搞好城乡统筹,自然有助于"两型社会"的建设。

"两型社会"建设是经济社会发展到一定阶段时的必然要求,经济要有效率,环境必然友好,生活必须幸福。而这种要求不仅仅只是城市会有,农村同样也会有,只有城市实现"两型"发展的社会,绝对不是科学的"两型社会"建设,绝对不是全面的"两型社会"建设。真正的"两型社会"建设势必包括城市和农村两个方面。因此,"两型社会"的建设,自然有助于推进统筹城乡发展。

（三）统筹城乡发展与"两型社会"建设互为必然结果

随着城乡统筹发展的推进，城乡经济社会差距的缩小，必然会增加对"两型社会"建设的需求，同时，社会也更有条件把主要精力用于对"两型社会"的建设，再者，大家万众一心，推动城乡社会的"两型"建设也会更有效率。因此，随着统筹城乡发展的不断推进，其本身就会促进"两型社会"建设目标的实现。

虽然在初始阶段，可能城市的"两型社会"建设速度快于农村，"两型社会"建设水平优于农村，但是，随着"两型社会"建设的推进，社会对统筹城乡发展的需求更迫切，要求也更高，同时，也更有条件、更有能力去推动统筹城乡发展。势必把城市和农村作为一个整体、一个系统加以通盘考虑，创新体制机制，促进城乡资源合理优化配置和高效利用，使城市和农村环境更为宜居，人们生活更为美好，形成经济社会协调发展和共同繁荣的城乡一体化新格局。因此，随着"两型社会"建设进一步完善，自然就实现了统筹城乡的发展。

可见，"两型社会"建设不可能只是城市的"两型社会"建设，必定是在统筹城乡和农村的基础上的资源节约和环境友好。统筹城乡发展也不会以牺牲资源和环境为代价，而应是在资源节约、环境友好的前提下，处理好人口、经济、社会、文化、生态等各个方面的关系，使城乡经济社会持续稳定协调地发展。

三、统筹城乡发展与"两型社会"建设的结合类型

如图 1 所示，横坐标代表区域统筹城乡发展的水平，纵坐标代表区域"两型社会"建设的水平，根据区域在"两型社会"建设和统筹城乡发展两个方面的水平组合情况，可把区域社会分为四种类型（见图 1）：

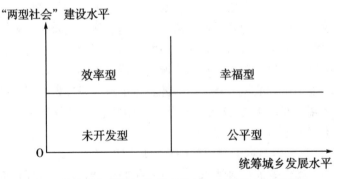

图1　统筹城乡发展与"两型社会"建设的结合类型图

第一种类型为未开发型社会，环境条件差、经济效率低、城乡差距大、社会矛盾多。
第二种类型为效率型社会，环境友好、经济节约、但城乡差距大、社会矛盾多。
第三种类型为公平型社会，资源利用水平低、环境差，但城乡差距小、社会和谐。
第四种类型为幸福型社会，社会和谐，经济有效，环境优美。

四、协同推进统筹城乡发展与"两型社会"建设的对策

根据上述分析，只有在幸福型社会里，统筹城乡发展与"两型社会"建设得到了高水平的协调发展，未开发型、效率型和公平型社会，统筹城乡发展与"两型社会"建设要么不协调，要么层次低，需要采取措施，协同推进，使其向幸福型社会发展。

（一）未开发型社会的协同推进对策

（1）用城乡统筹的理论武装政府。用统筹城乡理论指导政府的城乡机构设置，使城乡居民尽可能地在起点统筹；用统筹城乡理论指导政府的城乡经费投入，使城乡居民尽可能地在过程统筹；用统筹城乡理论指导政府的政策制定，使城乡居民尽可能地在结果统筹。

（2）用"两型社会"建设理论指导生产生活实践。遵循循环经济和绿色环保理念，推行3R原则（Reduce、Reuse、Recycle）[2]，兼顾资源、环境和经济，构建资源节约、环境友好型经济发展模式。重点是减少生产和消费过程中的资源消耗量，从源头节约资源；尽量重复使用消费品，延长消费品的使用寿命；使垃圾、废物成为再生化资源，尽量做好回收利用。加强低碳环保理念的宣传，培养低碳化人才[3]，使之具有低碳生活的意识，养成低碳生活的习惯；提倡低碳技术，鼓励生产低碳化产品和支持提供低碳化服务，让民众过上低碳化生活。

（二）效率型社会的协同推进对策

效率型社会在继续坚持原有"两型社会"建设思路的同时，重点是努力抓好统筹城乡发展。

（1）统筹城乡规划布局，强化城乡统筹的基础和条件。在产业布局、用地规划、基础设施建设等方面，尽量城乡统筹考虑，采用点轴开发模式，优化交通通信网络，增强农村居民平等共享公共服务的基础和条件。

（2）统筹城乡管理制度，强化城乡统筹发展的保障。统筹修改、完善户籍制度、教育制度、土地制度、社会保障制度等各种与生产生活息息相关的制度，确保农村居民平等共享区域经济社会的发展成果。

（三）公平型社会的协同推进对策

公平型社会在继续坚持原有统筹城乡发展政策措施的同时，重点是抓好环境保护和资源节约。

（1）加强环保宣传和环保制度建设，让大家知道资源之可贵和环保之重要，让企业和民众自觉地爱惜资源、节约资源、科学利用资源，同时让大家不会破坏环境，不能破坏环境，也不敢破坏环境。

（2）完善产业政策，优化调整产业结构。推动产业结构有序调整升级，淘汰"高

投入、高能耗、高污染、低效益"的产业，使之向"低投入、低能耗、低污染、高效益"的产业转变。

（3）加强科技投入，加大环境治理力度。以技术创新来引领区域社会建设，加大环保技术、节能技术、治污技术的引进、运用和研发，用先进的"两型"技术改造传统的生产工艺，以尽快实现节能、减排、治污、提效的目标。

参考文献：

［1］袁岳驷. 统筹城乡发展机制的理论与实证研究［M］. 北京：中国商业出版社，2014.

［2］3R 政策［EB/OL］. METI/経済産業省. http://www.meti.go.jp/policy/recycle/index.html. 2017-10-02.

［3］低炭素社会を実現するには?［EB/OL］. 時事オピニオン ｜ 情報・知識＆オピニオン. https://imidas.jp/jijikaitai/f-40-028-08-07-g258.

在脱贫攻坚战决胜期对贫困成因的理论新探

卢映西① 曹 艳②

摘 要: 目前我国正在进行的脱贫攻坚战,可以说力度很大、成绩辉煌、困难不小。实际上,贫困是人类社会的一个悬而未决的千古难题。在生产力高度发达的今天,彻底解决这个难题的物质条件早已具备,问题只是在于对贫困成因能否达成正确的理论认识。只有立足马克思主义经济学的基础之上,彻底清算西方主流经济学稀缺性假设的错误,才能合乎逻辑地推导出"生产过剩→失业→贫困"因果关系链,把千古难题还原为简单问题。

关键词: 贫困 脱贫 稀缺性假设 生产过剩

一、困扰当代世界的"丰裕中的贫困"

自从人类社会产生以来,人类文明不断取得辉煌成就,但一直未能圆满解决贫困这个千古难题。当历史进入社会主义时代,千古难题就成了检验社会主义制度优越性的试金石。

随着我国经济实力、科技实力、国防实力、综合国力跻身世界前列,中国特色社会主义进入了新时代。现在我国已经稳定解决了十几亿人的温饱问题,总体上实现小康,不久将全面建成小康社会。在这全面建成小康社会的决胜期,还有一个关键战役必须打赢,即目前正在进行的脱贫攻坚战。就是说,从现在起,我们必须在两年内彻底解决贫困这个千古难题。

改革开放以来,我国贫困人口大面积脱贫的奇迹举世瞩目。就在这一时期,中国人民生活从短缺走向充裕、从贫困走向小康,现行联合国标准下的7亿多贫困人口成功脱贫,占同期全球减贫人口总数70%以上。在党的十八大之后,又有6 800多万人口稳定脱贫,目前全国农村贫困人口只剩3 000万人左右。最后的攻坚,显然胜利在望。但任

---

① 卢映西,女,江苏扬州人,南京财经大学经济学院副教授,研究方向:政治经济学和经济思想史。

② 曹艳,女,江苏镇江人,南京财经大学经济学院教授,研究方向:政治经济学。

务的艰巨性也不可低估，因为至今，比我国更发达的国家都未能找到根治贫困的有效办法，比如美国。

　　1964 年，当时的美国总统约翰逊（Lyndon B. Johnson）发出了"向贫困无条件开战"的号召，签署了《经济机会法》和《民权法》，开始构建社会安全网，例如建立食品券制度（后改名为"补充营养援助计划"）、普及社区卫生中心、推行启智计划（美国人也知道扶贫先扶智）等。次年仍继续扩展原有措施并推行新的措施，如医疗补助计划、联邦老年人医疗保险制度、颁布《中小学教育法一号》（规定低收入家庭的孩子学费一半由政府支付）等。此后，政府有关扶贫的大动作仍不断出台，如补充安全收入计划（1972）、妇婴和儿童营养计划（1972）、佩尔助学金计划（1972）、所得税减免（1975）、儿童援助项目（1975）、低收入家庭能源援助计划（1981）、儿童健康保险计划（1997）、医疗保险处方药计划（2003）等。美国作为当今世界第一强国，向贫困开战至今已有 50 多年，取得的成效如图 1 所示。

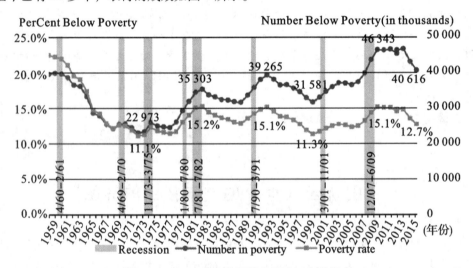

图 1　1959—2016 年美国的贫困人口和贫困率

（贫困率以百分数表示，贫困人口数以千人为单位，如 40 000 代表 4 000 万人）

数据来源：美国国会研究处（Congressional Research Service）。

　　美国对贫困开战，决心很大，力度不小，措施繁多，时间超过半个世纪，但正如图 1 展示的，成效非常有限。近几十年来，美国的贫困率一直在 13% 上下波动，只比1964 年刚开战时低几个百分点，从未降到 11% 以下。由此可知，我国要在 2020 年彻底打赢脱贫攻坚战，做到脱贫"一个都不能少"困难有多大。但美国的经验至少可以给我们一个启示：如果说过去的普遍贫困与生产力水平低密切相关，当今高科技时代消除贫困的困难肯定不在生产力方面。现在中国特色社会主义已经进入新时代，社会主要矛盾已经转化为人民日益增长的美好生活需要和不平衡不充分的发展之间的矛盾，我国社会生产力水平总体上显著提高，社会生产能力在很多方面已进入世界前列。因此，我国社会存在的贫困现象，同样不再能用生产力落后来解释。我们要摒弃把贫困当作发展中的问题的观念，不能再以为这个问题可以通过进一步发展来解决。

要根治贫困，首先要找准贫困现象的成因。在资本主义兴起之前的社会中，生产力普遍低下，贫困的原因比较明显。经过资本主义生产力的大发展，贫困演变成了"丰裕中的贫困"。这个自相矛盾的概念是由凯恩斯提出来的，他认为导致这种矛盾现象的原因是有效需求不足（凯恩斯，1999）。凯恩斯提出的解决办法是政府干预，这个学说风行几十年，取得不少阶段性成果，但正如我们在上述美国经验中所看到的，最终仍不能彻底解决问题。

直到1981年，诺贝尔经济学奖获得者阿马蒂亚·森（Amartya Sen）仍然认为："贫困产生的原因是很难回答的，贫困的直接原因往往比较清楚，无须做太多分析，但其最终原因却是模糊不清的，是一个还远远没有定论的问题。"此后对贫困的终极原因的研究一直没有实质性进展，西方学者似乎更愿意绕开这个问题去构建能够自圆其说的理论体系。

在西方主流经济学的理论体系中，理想的市场经济是一个能够自动实现均衡的经济体制，即所有物品和劳务都能按照市场价格自愿地以货币形式进行交换，有关各方都能从社会上可供利用的资源中获取最大的利益。因此，贫困问题根本无法放入这样"完美"的分析框架中进行讨论，更遑论得到解决。对于这一点，西方主流经济学家其实都很清楚。

例如，诺贝尔经济学奖获得者保罗·萨缪尔森（Paul Samuelson）在其著名的经济学教科书中承认："作为一门科学，经济学并不能答好这类伦理的和规范性的问题：我们的市场收入（如果可以这样说的话）应该有多少份额转移给贫困家庭。这是一个只能由投票箱去回答的政治问题。"

又如，另一部著名经济学教科书的作者、哈佛教授曼昆（Gregory Mankiw），2011年11月在遭到部分学生罢课抗议后，也对这些学生表示理解，说自己非常支持解决贫富差距扩大的问题，但眼下，"我们还不知道最有效的办法是什么"。

随着对资本主义的反思在西方世界蔚然成风，在2012年1月底举行的冬季达沃斯论坛（世界经济论坛）的一次活动中，来自华尔街的著名经济学家史蒂芬·罗奇（Stephen Roach）也阐明了自己的观点。他对经济学无法解释贫富差距问题表示了遗憾，承认"我们善于创造一系列单位来衡量贫富差距的程度，但却没有一套理论或是分析方法来解释造成这一现象的原因"①。

以上情形充分说明：对于贫困这一千古难题，至今，西方主流经济学都无法解释问题的成因，更无法拿出有效的解决办法。在马克思主义理论方面，对"丰裕中的贫困"现象是早有定论的，那是资本主义基本矛盾运动的必然结果，是剥削制度导致了贫富分化，所以要使贫困现象绝迹，必须推翻资本主义制度，建立以公有制、计划经济和按劳分配为基本特点的社会主义制度，最终实现共产主义。可是在当前的社会主义初级阶段，市场经济仍是发展社会生产力的有效手段，我们同样需要探索在市场经济条件下如何消除贫困的问题。如上所述，这个问题在当今世界仍是个未解的难题。因此，我们只

① 史蒂芬·罗奇. 我在达沃斯的奇特遭遇［EB/OL］. FT中文网，2012-02-01. http://www.ftchinese.com/story/001042911.

有另辟蹊径，从根本上改变寻找解决方案的方向，才有可能在人的平等、尊严和相互尊重的基础上，建立一种能够彻底解决问题的、比资本主义制度更优越的消除贫困的新制度。

　　要改变寻找解决方案的方向，可能意味着要颠覆西方传统的、主流的理论框架和成见。在这方面，中国经济学界有着某种独特的优越性，因为我们拥有两种截然不同的理论框架：一种是随着"十月革命"一声炮响在中国逐渐扎下根来的马克思主义经济学，一种是改革开放后引进的西方主流经济学。我们应该在这两种经济学的比较中找到新的启发和灵感，对贫困的成因打一场理论上的攻坚战，以支持国家正在进行的脱贫攻坚战。

二、基本假设的谬误

　　自从欧几里得在其名著《几何原本》中构建出一个近乎完美的逻辑体系以来，学术界逐渐形成一个共识：任何借助逻辑推理建立的理论体系都必须以一组基本假设（公理）为基础，在这个体系中，除基本假设以外的每一个结论都可用基本假设通过形式逻辑推导出来，但基本假设本身是不证自明的。基本假设是一个理论体系所涉领域中无数实践经验的总结，不能在过去和现在的经验中找到反例。如果在未来的经验中出现反例，整个理论体系将被证伪。例如爱因斯坦提出的狭义相对论，其中一个基本假设是"真空中光速不变"，如果将来观测到另一种光速，这个理论的根基就动摇了。

　　现代西方主流经济学看上去似乎是一个非常数学化的理论体系，但只要我们以公理化逻辑体系的基本要求去衡量，马上就会露出许多破绽。例如已有很多文献说明主流经济学的理性人假设在现实世界中的反例俯拾即是，芝加哥大学商业研究生院行为科学与经济学教授理查德·塞勒（Richard Thaler），就是因为以扎实的研究推翻了这个假设，荣获 2017 年诺贝尔经济学奖。本文要阐述的是，作为西方主流经济学的另一个基本假设，稀缺性假设中的问题其实更为致命。

　　稀缺性假设是说，我们只有有限的资源，却要满足无限的欲望。这种说法似乎与我们的生活经验相符，以至于有的经济学教科书能够底气十足地反问："一个简单的智力实验可以证明这点：假如所有社会成员都被要求开出他们在无限收入下所想购买的物品和服务的清单，你认为这些清单还会有结尾吗？"（麦克康耐尔、布鲁伊，2000）由稀缺性假设揭示的"有限的资源—无限的欲望"这一对无法回避的矛盾，决定了整个社会的生产和消费的模式只能是一种"有限—无限"的模式。这个模式的含义就是，我们这个社会只能生产出有限的消费品（包括服务，下同），但人们想要占有和消费的消费品却是无限的。

　　这样的稀缺性假设，以及在这个假设基础上建立起来的经济学，目前仍在全世界大学的经济学课堂上作为主流知识传授着，很少有人能看出这种主流知识中其实包含着一个思维误区。

　　揭示这个误区只需稍作辨析："资源"是属于客观范畴的事物，而"欲望"则属于主观范畴，属于对立范畴的事物怎么能直接比较呢？知道只有同质的事物相比较才有意义，这是接受过马克思主义经济学学术训练的学者们应有的基本素质。至于西方主流经济学，正如我们现在看到的，在基础上就隐含着逻辑混乱，所以毫不奇怪，接下来的许多荒谬观点——例如认为不同商品的效用是可以比较的——居然也被主流学者糊里糊涂地笑纳了。

只有在同质的基础上进行比较，我们才有可能正确地反映客观现实。例如在生产和消费方面，如果两边都限定在主观范畴，用生产欲望与消费欲望相比，我们就会看到，其实人们的生产欲望也是无限的。"大跃进"年代的大炼钢铁和放高产卫星，正是这种无限生产欲望的反映。生产和消费的欲望都是无限的，哪有什么稀缺性？

接下来的问题是，假如把生产和消费两方面都限制在客观范畴进行比较，结果是什么？一方面，因为"能力"这个范畴是客观的，我们就用生产能力与消费能力进行比较。有限的资源决定了生产能力必然也是有限的。另一方面的问题是，人的消费能力能不能无限扩张？下面我们就来解决这个问题：

由常识可知，消费能力的扩张有三大制约因素：生理约束、时间约束和预算（收入）约束。

生理约束最容易理解，正如中国古代的一句格言所说的，"良田万顷，日食一升；广厦千间，夜眠八尺"，对任何一种消费品而言，消费过程中的生理约束都是显而易见的。西方主流经济学的效用递减原理也是以承认消费中的生理约束为前提的。就是说，由于存在生理约束，人们对每一种消费品的消费能力都是有限的。那么，我们是否有能力消费无限多种消费品？这个问题可以用现代西方经济学家已经掌握的正确知识来回答。

诺贝尔经济学奖得主贝克尔早已注意到，消费活动与生产活动一样，都是需要耗费时间的（Gary S. Becker，1965）。但西方主流经济学界显然没有认识到这一事实的理论含义。

萨缪尔森、诺德豪斯合著的著名教科书《经济学》，在谈到时间的替代（trade-off）问题时，这样说道："人们可用于从事不同活动的时间是有限的。"两位作者同样没有意识到，这个重要事实足以颠覆主流经济学的根基。

由贝克尔的观点，任何消费品的消费过程都需要耗费一定时间；由萨缪尔森、诺德豪斯的观点，人们从事消费活动的时间是有限的。于是，合乎逻辑的结论只有一个：人们不可能消费无限多种消费品，即消费能力有一个不可逾越的时间约束。

因此，在消费能力面临的三大约束中，生理约束和时间约束是硬约束，其自然规定性决定了这两种约束是无法通过主观意志或社会制度变革从根本上突破的。预算约束其实是一种制度性约束。在贫富分化的资本主义社会中，预算约束是现实中普遍存在的贫困和消费不足现象的直接原因，这个原因是可以通过制度变革消除的。然而即使每个人都有无限的收入，或者到了共产主义社会，每个人都摆脱了预算约束，由于前两个硬约束的存在，消费能力仍然是有限的。因此我们可以理直气壮地回答上面提到的西方经济学教科书中的问题：人们在无限收入下所想购买的物品和服务的清单肯定是有限的。

至此，我们完全证明了"消费能力不可能无限扩张"这个命题。或者说，我们通过"生产能力"与"消费能力"这对客观范畴的比较，发现真实世界的生产与消费的模式是"有限—有限"，而不是由稀缺性假设推导出来的"有限—无限"。

在我国过去的经济实践中，"大跃进"时期出现过"人有多大胆，地有多大产"之类的错误概念，根本原因在于当时人们混淆了主观与客观的界限，误以为欲望有多大能力也会有多大。现在我们看到，西方主流经济学从稀缺性假设到生产和消费的"有限—无限"模式，走的也是欲望有多大能力也会有多大的路子。"大跃进"时期的错误我们早已纠正，但西方主流经济学同一档次的低级错误至今仍未被充分认识。

为什么会有这么多的主流经济学家在这么长的时间里对如此低级的错误习焉不察？这可能是因为人们在认识客观世界的时候，会经常遭遇误导性干扰。上面我们已经严格论证了消费能力有限，但"无限欲望"论也不完全是捕风捉影。在现代市场经济中，确实有一种物品，人们不但有占有它的无限欲望，也有能力实现无限占有。这种物品就是货币。货币是一般等价物，不是具体的消费品，所以只能被占有而不能被消费。正是对货币的无限欲望，而不是对消费品的无限欲望，构成了资本主义经济发展的基本驱动力，使得资本主义生产规模呈现无限扩张的趋势。也正是生产规模无限扩张的趋势与有限消费能力的矛盾，最终使得经济危机不可避免。这本是马克思主义经济学中的基本常识。对货币的欲望与对一般消费品的欲望，二者虽有本质区别，但也容易混淆，西方学者一不留神就会掉进稀缺性假设的思维误区而不能自拔。

绕开误区就能看得很清楚，现实中生产与消费的模式不是由稀缺性假设臆造出来的"有限—无限"，而是"有限—有限"。换句话说，建立在不合实际的稀缺性假设基础上的西方主流经济学，其实只是一种与现实世界隔膜很深的学问，它研究的基本上都是现实中根本不存在的东西。诺贝尔经济学奖获得者约瑟夫·斯蒂格利茨（Joseph E. Stiglitz）也有类似的发现："看不见的手之所以看不见，是因为这只手并不存在。现在很少有人会认为，银行经理人在追求个人利益时，也促进了全球经济的福祉。"①

事实上，无论在什么社会发展阶段，生产和消费的真实模式都只能是"有限—有限"。马克思在《资本论》中多处强调资本家对货币无止境的追求是资本主义经济的基本驱动力，也提到过社会对消费品的需要是有限的："社会对麻布的需要，像对其他各种东西的需要一样，是有限度的。"这种有限性没有被刻意强调，是因为这本来不是什么复杂问题，而是常识。马克思根本没想到后世会有这么多经济学家被这个常识问题难住。其实只要回到常识就能明白：人的能力是有限的。不论是生产能力还是消费能力，都是有限的。另一个常识是：在主观对客观的认识过程中，在探索真理的过程中，常常会出现谬误。谬误就是对客观事物的歪曲的、错误的反映，是与真理相对立的一个范畴。也就是说，我们可以在认识论中找到一个合适的位置，让西方主流经济学对号入座。这样的经济学当然不可能揭示贫困的真正原因。

---

① 斯蒂格利茨. 我们需要一种新的经济学 [EB/OL]. FT 中文网, 2010-08-23. http://www.ftchinese.com/story/001034219/ce.

三、贫困的最终原因是生产过剩

前面说过，消费能力的生理、时间约束属于具有自然规定性的硬约束，适用于所有社会经济制度。预算约束则是一种制度性约束，在资本主义制度下成为广大人民群众——按曾在西方世界风起云涌的"占领运动"的说法就是"99%"——直接感受到的主要约束。贫富分化的现实，使得广大人民群众消费能力的扩张还远未触及生理、时间约束时就被预算约束束缚住了，生产能力的扩张还远未触及资源约束时就被消费能力束缚住了。其实这个问题马克思早有论述："一切现实的危机的最后原因，总是群众的贫穷和他们的消费受到限制，而与此相对比的是，资本主义生产竭力发展生产力，好像只有社会的绝对的消费能力才是生产力发展的界限。"这个"绝对的消费能力"的界限就是由上述"硬约束"造成的，在资本主义社会中随处可见的相对过剩现象——商品滞销与消费不足共存——则是由制度性的预算约束造成的。

现实中，生产能力可以通过采用更先进的技术和更有效率的生产组织方式轻易实现大幅扩张，但因为有三大约束的存在，消费能力的扩张会困难得多。这种状况，就是马克思主义经济学指出的"生产力按几何级数增长，而市场最多也只是按算术级数扩大"。就是说，在"有限—有限"模式的基础上进一步考察现代市场经济，就会发现由于有扩张难易程度的明显差别，经济中一直存在生产能力大于消费能力的倾向。换言之，社会生产和消费的"有限—有限"模式在现代市场经济中更为准确的实际呈现，是"大—小"模式。生产能力大于消费能力，二者的差距就是生产过剩。简而言之就是：

[生产能力>消费能力] →生产过剩

随着人类文明的进步，生产技术不断更新换代，生产组织的效率越来越高，生产能力大于消费能力不仅是经济运行的常态，而且两者的差距会变得越来越大。

至此，我们通过"有限—有限"模式→"大—小"模式的分析，解释了生产过剩现象何以成为现代经济的常态，实现了与马克思主义经济学的无缝对接。在经济思想史上，对生产过剩研究最为深入的就是马克思主义经济学。相反，现代西方主流经济学则通过稀缺性假设→"有限—无限"模式，把人们引入完全无视现代经济无处不在、无时不有的生产过剩现象的死胡同。也就是说，以对生产过剩的认识为标志，我们看到了马克思主义经济学与西方主流经济学的根本区别：前者直面现实，后者掩盖真相。

那么，生产过剩与前面提出的贫困问题有什么关系呢？有不少学者受到稀缺性假设的影响，以为贫困的原因是生产不足，所以要解决贫困问题先要"做大蛋糕"。问题是，现代社会的蛋糕已经比中世纪大了不知多少倍，为什么贫困现象仍不能根除？如果从生产过剩的角度看这些问题，我们会得出完全不同的解释。

从生产过剩的角度来看，现代市场经济的病根正是生产过剩，而目前的市场经济制度中偏偏缺乏妥善解决生产过剩问题的机制。主流经济学完全无视生产过剩现象的存在，当然既不可能正确地提出问题，更不可能找到解决问题的办法。生产过剩的问题不解决，那么生产能力越大，问题就越严重，最后必然导致经济危机。

经济危机是生产过剩的终极表现形式。在过去信息技术比较落后的时代，在没达到危机程度时，生产过剩往往表现为产品的大量积压，甚至经常发生类似"倒牛奶"那样耸人听闻的事件。现在信息技术的发展日新月异，产品大量积压甚至不得不销毁的事情比以前少了，取而代之的是生产能力闲置的普遍化，即产能过剩。我国社会主义市场经济发展到今天，产能过剩也已经成为政府不得不解决的大问题了。

需要特别注意的是产能过剩的一种特殊形式：失业，即劳动力闲置。西方主流经济学对失业问题多有论述，但无一切中肯綮，原因在于观察问题的角度不对。生产过剩才是失业的真正原因。在这方面，恩格斯早有论述："人口过剩或劳动力过剩是始终与财富过剩、资本过剩和地产过剩联系着的。只有在整个生产力过大的地方，人口才会过多。"

在现代市场经济社会中，针对失业和贫困现象常常用两套不同的措施来处理。失业率上升时，政府可能会出台相关的宏观经济政策对经济运行进行调控以促进就业。应对贫困现象，则主要靠政府财政上的二次分配制度，再以民间的慈善事业为补充。这种情况很容易让人误以为失业与贫困是两个独立的问题。实际上略加分析便知：一个人如果失业了，没了收入来源，必然陷入贫困。反之，如果一个社会能够保证每个有劳动能力的人都找到工作，而且收入足够让自己和家人过上小康生活，贫困自然就消失了。在现代市场经济制度中，除了一小部分富裕人群外，一般人的主要收入来源还是依赖就业。在新时代中国特色社会主义的市场经济中，就业也仍然是最大的民生。所以失业与贫困构成一对因果关系，完整的因果关系链是这样的：

生产过剩→失业→贫困

需要说明的是，目前我国已进入脱贫攻坚战的决战阶段，农村贫困人口尚未脱贫的原因表面上看似乎与失业没有直接关系。农民只要有地可种，在统计上就不算失业，他们贫困的原因，用基层干部的话来说，就是"很多贫困群众并不是不愿意干，而是干错了无法承受失败的损失"[1]。劳动的结果可能是负收入，这种状况还不如失业。造成负收入的根源仍然是生产过剩，是生产过剩使得农产品不容易卖出好价钱。所以导致贫困的"失业"不只是统计上的失业，还要把收入不够高、不够稳定的就业都包括进来。就是说，我们考察就业状况，不但要看数量，还要看质量。在美国，接受食品券救济的家庭中，大约92%的家庭至少有一位成年人是有工作的[2]。党的十九大报告提出了"提高就业质量"的任务，说明我党对就业问题的认识非常到位。

简言之，在现代市场经济制度中，贫困的最终原因是生产过剩，而不是生产不足。只有这样明显反"传统智慧"的原因，才会导致出现"丰裕中的贫困"这种明显矛盾的现象。这是学者们最容易出错的地方，一出错就会陷入关于"做蛋糕"和"分蛋糕"的无谓争论，争了几十年也未能根治贫困。实际上，这个问题在思想史上早就有人认识

---

① 脱贫攻坚 瞄准深度贫困地区 [EB/OL]. 人民网, 2018-04-02.
② No Kid Hungry, 2017. Hunger in Our Schools [EB/OL]. https://nkh-development-s3-bucket.s3.amazonaws.com/sites/default/files/pdfs/HIOS_2017.pdf.

到了。空想社会主义思想家傅立叶说过："在文明时代，贫困是由过剩本身产生的。"只是到了后来，凯恩斯没有说清楚，阿马蒂亚·森觉得模糊不清，西方主流经济学家甚至不知道还有生产过剩这回事！

于是，彻底消除贫困既不能指望"做蛋糕"的办法，因为生产过剩正是"做"出来的；也不能指望"分蛋糕"的办法——这办法西方发达国家尝试过，高税收高福利，治标不治本。治本的办法必须治理病根，科学合理地解决生产过剩问题。如上所述，所谓生产过剩，就是生产能力大于消费能力的问题。要解决这个问题，相当于用一大桶水倒满一只小桶，应该是很容易解决的。由此得出的结论是：只要从资源稀缺的角度转换到生产过剩的角度来观察经济现象，我们就能把一个千古难题转变为一个简单的问题，从而这个问题的解决办法肯定是存在的。这个结论，相当于数学中的存在性定理。从我们过去的实践中已经可以看到，计划经济确实是解决贫困问题的一个有效办法，虽然在今天看来，这个办法的难以克服的缺陷同样是已经被实践检验过的。那么除了这个旧办法是否还有其他办法？如果要对这个问题作否定的回答，就必须证明生产过剩问题的解决办法是独一无二的（类似于数学中的唯一性定理）。显而易见，这个唯一性定理不可能成立，因为用一大桶水倒满一只小桶应该有无数多种办法。在这无数多种办法中找到最理想的一种，即最优化，才是我们要面对的真问题。这个从转换视角到锁定真问题的过程，是西方学界和政界人士从未想到过的，所以他们不可能找到根治贫困的办法。

四、结语

生产过剩是社会生产能力大于消费能力的必然结果，是社会经济运行的常态。从常识上说，生产能力大于消费能力，对于人类社会本来应该是个有利因素。假如是相反的情况，即生产能力小于消费能力，那我们的社会就真的陷入万劫不复的境地了。长期以来，西方主流经济学用一个低级的思维误区把人们引入歧途，从而看不到现实世界生产过剩的真相，误导了一代又一代学者。不过，任何以障眼法掩盖真相的企图都只能是欲盖弥彰。正如我们在本文看到的，生产过剩在不被主流理论承认的情况下只好以扭曲的方式顽强地展示它的存在，成为令人头痛的失业、贫困乃至经济危机的罪魁祸首。生产过剩从有利因素沦为罪魁祸首，正是西方主流经济学的"杰作"。只有彻底抛弃这种错误的经济学，回到马克思主义经济学的正确基础上，探索在市场经济条件下解决生产过剩问题的最优方法，才有可能把罪魁祸首重新还原为有利因素，进而开辟经济理论研究和经济制度变革的新方向，为彻底解决贫困这一千古难题提供中国智慧和中国方案。

参考文献：

［1］凯恩斯. 就业、利息和货币通论［M］. 高鸿业，译. 北京：商务印书馆，1999.
［2］阿马蒂亚·森. 贫困与饥荒［M］. 王宇，王文玉，译. 北京：商务印书馆，2001.
［3］萨缪尔森，诺德豪斯. 经济学［M］. 萧琛，主译. 北京：人民邮电出版社，2008.
［4］麦克康耐尔，布鲁伊. 经济学［M］. 李绍荣，李淑玲，译. 北京：北京大学出版社，2000.

［5］马克思. 资本论：第 1 卷［M］. 北京：人民出版社，2004.

［6］马克思. 资本论：第 3 卷［M］. 北京：人民出版社，2004.

［7］恩格斯. 反杜林论［M］//马克思恩格斯选集：第 3 卷. 北京：人民出版社，1995.

［8］马克思. 资本论：第 1 卷［M］. 北京：人民出版社，2004：序言.

［9］恩格斯. 国民经济学批判大纲［M］//马克思恩格斯文集：第 1 卷. 北京：人民出版社，2009.

［10］Becker, Gary S. A Theory of the Allocation of Time［J］. The Economic Journal, 1965, 75（9）：493-517.

城乡共享绿色生态发展的实践探索

陶开宇①　　熊祥隆②

摘　要：以"五化五实现"切实保障绿水青山绿色发展。以"农渔种养"共生系统实现立体化；以生态治理虫害实现农药减量化；以畜禽粪便资源处理实现清洁化；以城乡垃圾源头减量实现产业化；以水域环境人工湿地实现洁美化。解决经济发展与资源环境之间日益突出的矛盾，助推城乡共享绿色发展。

关键词：城乡生态　绿色发展　垃圾减量　立体种养

习近平总书记提出了"绿水青山就是金山银山"，城乡共享绿色发展模式是社会发展进程中的必然选择。城市与乡村是人类聚集的两种基本形式，二者关系相辅相成，密不可分，具有生态互补性。城市不仅是人口聚居、建筑密集区，也是生产、消费、交换的集中地。与城市的集聚效益相比，农村地区人口呈分散居住，有集镇、村落，以农业产业（自然经济和第一产业）为主，包括各种农场（指稻田、畜牧和水产养殖场）、林场（林业生产区）、园艺和蔬菜生产等，具有特定的自然景观和社会经济条件。

我国城市和农村在市场经济浪潮中都得以迅猛发展，人们的物质生活日益丰富，精神面貌大为改观，但城乡资源与环境的矛盾问题日益突出，对社会可持续发展之路提出严峻挑战。近年来，习近平总书记提出了"青山绿水就是金山银山"的新理念，社会大力推动"资源节约、环境友好型社会"等新实践，这都为本文倡导的城乡共建绿色发展生态模式的探讨提供了极好的理论与实践依据。

一、以稻菜渔种养循环系统实现立体化

当前，稻田蔬菜种植与水生动物养殖相结合的案例比比皆是，稻鱼共生、鱼菜共生

---

①　陶开宇（1973—），女，湖南邵阳人，湖南省经济学学会理事，湖南省普通高等学校哲学社会科学重点研究基地湖南经济改革与发展研究中心骨干成员，湖南商学院副教授，中南大学博士，主要研究方向：经济增长、消费理论与应用、行为经济学。

②　熊祥隆（1972—），男，湖南岳阳人，湖南省经济学学会理事，华容县地税局干部，第一、二、三届洞庭湖发展研究会会员，本科学历，主要研究方向：经济增长理论、生态学。

等范例已经日趋成熟。

（一）稻鱼共生系统

具体就是，在农田中储存一定的水，即可种上需水量较大的水稻和蔬菜，水中生态喂养淡水鱼，如鲫鱼、鲤鱼、白乌鱼等品种。鱼类产生的排泄物能作为肥料促进水稻和蔬菜生长，也滋养了一些浮游生物和微生物；后者为鱼提供食料养分，水稻、蔬菜等也发挥净水植物的功能减少了水域的富营养化，优化了淡水鱼的生存环境。生存环境得以保障，无污染的生态优势自然提高了淡水鱼的品质，促进了水稻的自然生长。通过合理利用水田土地资源、水面资源、生物资源和非生物资源等做法，也提高了土地资源的利用率。

此种养模式是一个相互依赖、相互促进的生态种养系统，鱼在系统中既起到除草翻田、减少病虫害的作用，也充分链接了各类资源，促进了生态环境建设和旅游休闲农业的发展。利用鱼虾除草、施肥、除虫、防病，降低施肥施药数量，从而达到控制农业面源污染的目的，促进生态平衡；通过稻田养鱼产业化，建立现代生态种养园区，带动农家乐、渔家乐的深度发展。稻田养鱼产业技术含量不高，受自然灾害侵袭风险小，增产、增收、富民的效果明显，农民容易接受，产业化发展前景良好。规模化生产、标准化生产和加强市场化建设，推广休闲化种养是稻田养鱼下一步的发展方向。水稻为鱼类提供庇荫场所和有机食物，鱼则发挥松土增肥、吞食害虫等功能，这种生态循环大大减少了系统对外部化学物质的依赖，增加了系统的生物多样性。水稻种在池塘里有很多优越性，其中之一就是病虫害率明显下降。水稻主要怕病虫害，而困扰水稻的病虫害主要有二化螟、卷叶螟和稻飞虱。以浙江大学专家吴殿星教授介绍的芦苇稻新品种为例，其单株平均直径达 9.28mm，高度能达 160cm 以上，比常规稻高很多。二化螟喜欢钻到水稻稻秆根部吸食汁液导致稻秆枯心，而芦苇稻根部在水深至少 1 米的鱼塘里，二化螟没法钻到水里；卷叶螟则有可能掉进水里，沦为沙塘鳢的美食；同样喜欢吸食稻秆汁液的稻飞虱，也没法钻到水里。因此，将水稻种在鱼塘，水稻重要病虫害可能发生的条件都没有了，自然不用喷洒农药。同时，鱼粪又是很好的肥料，可以帮助水稻生长。稻鱼模式下，经济效益良好。现亩产约 195 千克大米，以每千克 10 元计算，就有 2 000 元左右的毛收入。在益阳南县、岳阳华容等地大面积试点"稻虾共生"系统模式，优化农业生态链，改善水土环境，提升了水稻和小龙虾的品质，为农民每亩增加收入约 4 000元。当然具体收益也可能受市场影响，比如小龙虾或鱼等价格下滑时，稻鱼共生系统的经济效益也会随着下降。但水稻为鱼提供小气候、饲料，减少了化肥、农药、饲料等的投入，鱼也可以看作是副产品，这是值得提倡的高附加值种植模式。值得注意的是，稻鱼共生系统中，水产养殖品种应该多样化。除了养殖小龙虾，还可养殖如河蟹、白虾、田螺、泥鳅、黄鳝等多种淡水水产，让稻鱼共生系统养殖方式更灵活，养殖品种更丰富。在养殖小龙虾、田螺等特色品种时值得注意的是，防止小龙虾、田螺携带寄生虫、污染物、浮游生物等，可使用生物防治或无公害方式灭杀有害物、寄生虫等。必须保持养殖环境的清洁卫生，以保证小龙虾等养殖物的饮食安全。

（二）鱼菜共生系统

在大型的水面如池塘、湖泊进行水上培植蔬菜，主要可以选择空心菜、水芹、莼菜、荸荠、水芋头及莲藕等品种。鱼菜共生系统技术相对成熟。如长沙市望城区乌山镇农民傅珍检在对水上种植系统的长期研究中，获得12项相关国家专利技术，并研发了便利种植设备。他认为，水上种菜利用植物的吸收作用、微生物的降解作用、根系的吸附过滤沉淀作用及植物对藻类的抑制作用达到鱼菜共生的双赢效益。一方面，以种植蔬菜来净化水源；另一方面，水中鱼类排泄物所含有机质为其生长提供养分，相辅相成，互惠互利。鱼菜共生模式，与稻鱼共生系统原理上是一致的，不同之处在于稻鱼共生模式更适宜于浅水区域推广，水稻苗生长期适宜在水深为5~10厘米的水田，成长期可一直浸入水中；而鱼菜共生系统就不存在这样的问题，没有水深或水浅的限制。

以这两种主流种养结合模式为例，运用类似的双赢原理，将"稻、菜、鱼、虾、蟹、螺、龟"纳入共生养殖，形成真正的农渔共生种养系统，推广其立体种养、一举三得的经济模式。这对推进科教兴农，发展优质、高效、生态农业具有深远和现实的意义。

二、以生态治理虫害实现农药减量化

20世纪90年代，我国经济由小农经济逐渐转为工业经济，农业生产逐步转为机械型农业。因农业的规模化单一化生产，农田虫害明显增加。为降低人力成本，也为了保障较高产量，人们开始使用各种农药灭虫，却也因此损害了自然生态链，虫害的天敌日益减少。且在人们追求物质生活的过程中，很多有益的昆虫成了人们餐桌上的美食，一些益虫如青蛙、赤小蜂等在农田中越来越难看见，种种原因导致现代农村生态失衡。为了恢复农村绿色生态，也为了保障人们的食品安全，我们需要向生态有机农业、绿色低碳农村发展，有意识地恢复自然生态链，让更多的害虫天敌捕食害虫，如赤眼蜂对战玉米螟、异色瓢虫压制蚜虫、丽蚜小蜂应对烟粉虱，青蛙捕食蚊子、苍蝇、蛾子、稻飞虱等农业害虫。实行原生态的生物防治方法，可以少打农药甚至不打农药，却更有利于保持农作物的正常生长。北京农林科学院天敌昆虫研究室近几年在北京、吉林等地蔬菜和果树上试验以天敌昆虫为核心的生物防治技术，取得明显的防治效果，平均除虫率达到60%以上，用天敌昆虫可替代70%的化学农药的使用量。保护昆虫同样是保护生物多样性，维护大自然的生物链，使得大自然不那么脆弱，能得到可持续发展。

保护昆虫特别是益虫，可以适量地饲养青蛙，以用来捕食害虫，保证农作物的正常生长，这是生态农业的重要环节，生态农业在食品安全中是必不可少的。保护青蛙等益虫，需要政府大力的宣传，也需要相关部门如工商、公安及法院等单位保驾护航，打击捕杀青蛙等非法行为，让益虫能在大自然繁衍生息。在益阳沅江和岳阳华容有一批年轻人从事青蛙养殖，实行生态圈养模式，青蛙肉质鲜嫩，可为人们提供可口的食物。青蛙是益虫，我们应引导养殖户将青蛙作为农田卫士向生态农业转型发展，青蛙投放到生态有机农田，捕食田野害虫，替代农药的使用量，发挥农田卫士在有机生态农业中的经济价值，同时也可产生良好的社会效应。

三、实现畜禽粪便资源处理清洁化

畜牧养殖是农村收入的重要组成部分。随着畜牧养殖业的发展，畜禽的废料排泄物、尸体、羽毛及屠宰下水逐年增多，家厕粪便等有机废物的排放也是令人头痛的问题，传统的处置方式是掩埋、焚烧、冲洗等，这样的处置方式对自然环境造成了污染。特别是养猪养鸡，滋生大量的蚊、蝇、虫等，带有大量的病源危及畜产品卫生质量，同时也影响了人们居住的卫生环境，而且排放的污水对土壤、江河湖泊及地下水系统会造成严重的污染。现今在政府大力的鼓励下，人们将禽畜养殖产生的粪便通过沼气池密闭发酵后，能有效杀灭虫卵病菌，同时产生沼气可转化为沼气能源，利用可再生能源沼气合理配置，以沼渣、沼液为肥源，实行种植业、养殖业相结合的能流、物流的良性循环系统，传统禽畜养殖脏、乱、差的状况得到明显的改观，可以保持农村环境卫生的整洁，并实现整个养殖行业的环境向清洁化转变。

沼气技术经过 20 年的发展已日趋成熟，沼气已成为农村家庭普遍接受的能源方式。用沼气可烧水、做饭、照明、取暖、洗澡等燃气用途，建一个 8 立方米的沼气池，可为 5 口左右的家庭提供沼气燃气方式，每年可节煤 2 000 千克、节电 350~400 度，相当于 500 元左右的价值；沼液回田可减少化肥、农药使用量，节支 400~500 元；与大棚结合可增产 30%左右，增收 1 600 元；与果窖结合增效 600~900 元，年经济效益达 3 100~3 500 元，沼气能源在农村具有较高的经济利用价值。

禽兽粪便资源处理，利用厌氧发酵技术发酵成沼液回田，灭除农田病虫害，已经被证实是可行之策。沼气发酵，提高土壤肥率，改良土壤品质，灭除农田病虫害；沼液养鱼，改善鱼池水质，沼液易被浮游生物吸收促进其生长繁殖，减少溶解氧的消耗，避免泛塘现象发生，减少投放饵料节省成本。沼液发酵施肥还能取得较好地杀伤病原菌和寄生虫卵的效果。其原因有以下几个方面：其一，人粪、畜粪加入沼气池内，经发酵液浸泡后，粪块逐渐消融成糊状，粪渣中 95%以上的寄生虫卵被沉降于池底的沉渣中及池口的粪皮壳上，而使进、出料口的大部分中间层处于较少病原菌污染的情况下，减少了虫卵污染面。其二，沼气池内氨的浓度较高，氨对病原菌和虫卵都有明显的杀伤力，特别对蛔虫卵有明显效果。其三，沼气池的高度厌氧条件不利于好氧菌及兼性厌氧菌的生长活动。沼液化畜禽粪能变废为宝，既能为农业种植提供肥力，又能为居民生活带来能源，更能成为循环经济的有效循环中介，简单易行。沼液可用来施肥、养鱼虾，通过"猪—沼—果、鱼、菜"的模式延长生物链，在农村将各种资源得以循环利用，同时减少各种废弃物的排放，促进农村资源利用与生态环境清洁和谐共生。

四、以城乡垃圾源头减量实现产业化

进行环境治理，是建设新农村和文明城市的重要内容。

（一）实施城乡垃圾分类

垃圾原本是宝贵资源，是没有被重视和被开发的资源，也被称作放错地方的资源。但是垃圾没有被利用好，也是非常头痛的问题。垃圾填埋处理占用大量的土地资源，严重污染土壤和地表水、地下水；垃圾焚烧产生的二噁英等物质严重污染空气。当前垃圾分类至少存在以下问题：一方面，人们的环保意识和垃圾分类积极性不高。由于长期以来垃圾分类宣传不够，人们的生活习惯中普遍缺乏垃圾分类的意识，对于分类的相关知识较为模糊。另一方面，政府环保法规不健全。环保部门在垃圾处理体系上较为落后，政府部门没有制定健全和完善的法规。同时，垃圾分类处理设备不足。由于我国垃圾末端处理设备缺乏，相关的设备制造如垃圾破解处理设备等在国际上还处于落后的地位，从而提高了垃圾处理成本。诸多问题阻碍了垃圾分类的实施与推广。但垃圾分类已经迫在眉睫。2018年，国务院发布《生活垃圾分类制度实施方案》中制定了垃圾分类的规定，到2020年年底基本建立有关法律法规和标准体系，预计垃圾分类率达35%以上；同时还发布第一批农村生活垃圾分类和资源化利用示范和试点的地域，并指出两年实现农村垃圾分类覆盖所有乡镇和80%的行政村。这为我国破解"垃圾围城"提供了契机，提升了垃圾资源化利用的水平，进一步推进资源节约型和环境友好型社会的建设。

因此，我们必须从源头做起，将垃圾进行有效的分类处理，至少分为餐厨垃圾、可回收垃圾、其他垃圾、有害危险物等四类初分类垃圾。其中，餐厨垃圾可以养殖黑水虻，黑水虻也是很好的家禽食物原料，具有丰富的高蛋白，是生态养殖中不可或缺的良好的原料；在可回收垃圾中有纸张、塑料、金属、玻璃等物质，分类收集进入到工厂可再次利用，资源的再次利用是有百益而无一害的事情。在常德津市大旗村实施了"绿色存折"制度，实行"户分类、村收集、乡转运、市处理"农村垃圾处理模式，村里所有农户都参与垃圾分类，办有绿色存折，每户都进行垃圾分类投放，按照垃圾种类、数量计算具体金额登记到"绿色存折"，将垃圾变废为宝，实现生活垃圾资源化利用，也为农村的村容村貌带来明显的改观。

（二）农业废弃物的回收与利用

农业秸秆往往被人们所忽略，特别在秋天收获季节，收割粮食后遗留下的农业秸秆一般被焚烧，造成了严重的空气污染。在2012年，四川成都双流机场被浓雾笼罩，影响到机场航班的正常起降。后查实其原因是附近农民焚烧秸秆所致。秸秆看似是农业垃圾，其实其利用价值很高，用途非常广泛。首先，秸秆可以作为动物食料。稻草、麦秆、玉米秆都能加工成为牛羊养殖的饲料，这也是传统的秸秆利用的良好途径，方便有效。其次，秸秆也是生物质新能源的原料。在岳阳屈原区建立绿色电厂——凯迪生物质发电厂，用秸秆发电；华容县也成立农福来生物质公司，将秸秆加工成生物质颗粒替代煤炭传统燃料，从而降低煤炭所排放硫化物等高污染物带来的空气污染，也减少传统的秸秆焚烧所产生的空气污染，生物质能源可产生良好的社会效应和经济效益，符合"两型社会"的绿色发展要求。最后，秸秆可做成塑料。江苏锦禾高科技公司采用秸秆、稻壳等可再生植物纤维与高分子树脂经特殊工艺复合而成，制成新型环保复合材料，制造出口杯、碗、花盆、垃圾桶等，而且还有多种颜色的产品。秸秆可替代石油，生产1吨含有40%秸秆的塑料相当于替代1.2吨石油原料。同时，秸秆也是绿肥，是用绿色植物体制成的肥料。绿肥是中国传统的重要有机肥料之一，也是一种养分完全的生物肥源。施加绿肥不仅是增辟肥源的有效方法，对改良土壤也有很大的作用。当然，杂草、树叶、鲜嫩灌木等都是绿肥的好原料。进行环境治理，已是"两型社会"、新农村和文明城市建设的重要内容。

（三）果蔬废料利用生态化

人们在食用水果、蔬菜后，产生的瓜果皮和蔬菜残渣一般是被丢弃在垃圾中混合填埋，这样的危害不言而喻。殊不知瓜果皮和蔬菜残渣是蚯蚓非常好的食物，而蚯蚓又具有很高的经济价值和生态价值。

在对生鲜厨余垃圾进行简单的半发酵处理后，可以作为蚯蚓的天然食物来源。由于瓜果皮、蔬菜碎屑半发酵后，有一定的酸性和甜度，而蚯蚓最喜好酸酸甜甜的味道，能分解各类氨、氮、磷等有机物成分，将其转化为利于蚯蚓生长的有机养分，促进蚯蚓的生长发育。有些蚯蚓不喜欢的柑橘类材料，则可以制作为环保洗涤用品，比如环保酵素等。蚯蚓也被喻为伟大的地下工作者，它会默默松土，利用身体中多样化的酶分解消化大量有机垃圾，进而排泄出粪尿回田施肥。这样借助大自然中动物本身的属性来促进农业生产，其意义不亚于一场农业革命。蚯蚓是农田的辛勤的耕作者，农民的好帮手，其具有几大特点：其一，翻土松地。蚯蚓能疏松土壤，增加土壤有机质，并改善土壤结构，还能促进酸性或碱性土壤转化为更适合种植大多数植物的中性土壤，增加磷等速效成分。蚯蚓几乎可以分解除塑料、玻璃之外的大多数垃圾，甚至因为其自身所富有的丰富酵素，可以在一定程度上将部分微毒垃圾进行除毒处理。其二，增强土壤养分，促进植物生长。蚯蚓能疏松土壤，增加土壤有机质，并改善土壤结构，还能促进酸性或碱性土壤转化为更适合种植大多数植物的中性土壤，增加磷等速效成分。蚯蚓可分解、破碎土壤粗有机物，从而提高土壤养分循环速度，蚯蚓的活动能促进土壤氮素矿化提升土壤有效氮的含量；蚯蚓活动对根系生长、植株发育都有促进作用，具有抑制寄生虫、病原菌的作用，还可促进有益菌的分散和改变菌落结构。其三，蚓粪做绿肥回田。蚯蚓的运动和排泄物对改善土壤的质量非常有益，可使土壤的透气性保持良好，使土壤保持健康状态，对农业有重要作用；蚓粪中速效养分高，氮、磷、钾含量分别为1.4%、1%、1%，含腐殖酸46%，含23种氨基酸，相当于老化土壤含量的8倍，这样的高养分可促进植物和微生物生长，而微生物可分泌各种降解酶，增强了土壤的肥率。其四，可做饲料添加剂。由于蚯蚓含有丰富的蛋白质，可用作畜、禽和水产养殖业的饲料添加剂并能取得增产的效果。因此，蚯蚓消化分解废弃物、畜禽粪便等污染物其功效显现了良好的生态价值，蚯蚓的农用功能相比农药和化肥其效率更高，体现出其很高的经济价值。蚯蚓的运动和排泄物对改善土壤的质量非常有益，可使土壤的透气性保持良好，使土壤保持健康状态，这对农业安全生产具有非常重要的作用，也是保障农产品种植提高产量的有效方法。同时，由于蚯蚓含有丰富的蛋白质，因此也可用作畜禽和水产养殖业的饲料，市面上的蚯蚓鸡、蚯蚓蛋、蚯蚓鱼等，都是利用蚯蚓本身的营养成分，取得高效增产养殖效益的。因此，蚯蚓在农业种养等方面均具有较高的经济价值。

蚯蚓的缺点在于：蚯蚓是鼠类、蛇类的食物。农田放养蚯蚓，易引起鼠害和蛇害，因此，需要同时采取预防鼠害、蛇害的有效措施。

（四）餐厨废物的回收与利用

可以借助其他生物的特性来处理厨余垃圾。比如餐厨垃圾的处理过程同样会产生二次废料，餐厨垃圾分离出废油脂、废渣及废水，废油脂通过再加工可以提炼出生物柴油，废水需经过净化处理才能达标排放，而废渣可作为养殖蛆蝇的原料。如长沙市联合餐厨垃圾处理公司在废渣的处理利用上就做出了示范，将餐厨垃圾处理每天所产生的废渣用于养殖蛆蝇，其实现了餐厨垃圾废物的资源化利用，实行了垃圾产业化较为完整的生物链条。另外，餐厨垃圾还可以养殖黑水虻，黑水虻也是很好的家禽食物原料，具有丰富的高蛋白，是生态养殖中不可或缺的良好的原料。

五、以水域环境人工湿地治理实现洁美化

城镇居民产生的生活污水目前可以通过污水处理厂进行有效处理，但是广大农村的生活污水普遍还没有得到完全治理。经过实施研究人工湿地的治理方案比较适合于农村，人工湿地具有投资和运营成本低、处理时间长、治理场地大及维护简单等特点，这与农村实际状况比较吻合。人工湿地技术经过多年的发展，已经成为一项较为成熟的污水处理技术并得到了广泛应用，也产生了良好的环境治理效应及经济效益。人工湿地同时是"海绵城市"工程中的重要环节。海绵城市是指城市在适应环境变化和应对雨水带来的自然灾害等方面具有良好的"弹性"，也可称为"水弹性城市"，下雨时吸水、蓄水、渗水、净水，需要时将蓄存的水"释放"并加以利用，人工湿地具有与海绵城市相类似的特点，因此人工湿地是海绵城市中的重要一环。

人工湿地具有的优势：其一，治污功能较强。水生植物分为挺水性、浮水性和沉水性的植物，具有很强的清除毒物的能力，是毒物的克星。如香蒲、水葫莲、千屈菜、芦苇、野茭白和睡莲等被广泛地用来处理污水。专家测定发现，吸收污水中浓度很高的重金属如镉、铜、锌等效率很高；湿地植物可将约98%的氮和97%的磷净化排除。其二，投入和运行成本较低。人工湿地受到青睐的关键原因，是因为它大大降低了污水处理成本。由于水生植物的应用，比化学治污方法成本低，从运营成本看，人工湿地处理污水的运行成本非常低廉，人工湿地处理污水运行费每吨0.4元，可比常规处理方式降低58%的成本；基建投资也少得多，是传统二级污水处理厂建设成本的60%左右，人工湿

地可大大缓解治理资金不足的问题。其三，地理环境和管理要求不高。人工湿地是一种由人工建造和监督控制的，与沼泽地类似的地面。湿地净化以水生植物为主体，不受地理环境的限制，管理维护方便；不同季节可以变换不同的植物进行种植；采用治污设备要求不是很高，且适合于点多面广的水污染体。其四，能美化城乡景观。水生植物的组合与搭配给人们以视觉享受，整理和美化城乡水环境，将污水处理流程打造成了生态化的自然景观，成为环境治理的一道风景线，实现了科学技术与美学体验的完美结合，达到人与自然和谐的新境地。岳阳城区的南湖对曾经的湖区恶臭水域进行治理，设置了大量的人工湿地、生态浮岛，消除了恶臭四溢的现象，而且美化了南湖景观，成为城市一道美丽的风景线。长沙的洋湖湿地公园所拥有的湿地面积更大，具有消化处理城乡生活污水的功能，其发挥的作用更为强大。

综上所述，以上提到的各种生态功能和项目结合，在当前的城乡各地所体现的生态效应有所差异，在部分地域效果比较明显，具有集聚效应和较好的协同互补效应。城市和乡村绿色发展密不可分，相互间具有生态功能上的互补性。城乡社会的生态功能如果得到合理循环的利用，共谋城乡绿色生态发展模式，共建城乡生态一体化，将推进和共享绿色发展之路，使整个社会得到可持续发展。

城市集聚、工资溢价与高管薪酬

——基于空间面板数据模型及实证模型分析

何文举　梁　琦　刘慧玲①

摘　要： 本文利用 2008—2015 年中国 A 股上市公司和地级市层面数据，采用空间面板数据模型及回归模型进行实证分析并进行检验。空间杜宾模型研究发现：高管薪酬显著地受相邻地区同行薪酬的正向影响，但是更多的还是由公司情况及高管自身水平决定；回归模型分析发现：城市规模和城市的集聚经济正相关，集聚经济对高技能劳动力的工资水平有促进作用，形成工资溢价，不同城市规模产生的集聚经济外部性是产生工资溢价的主要原因；且不同规模城市等级对高管薪酬的影响呈现出阶梯状分布，而这种促进作用得益于大城市厂商的生产率水平更高，大城市为高技能劳动力提供了更好的学习机会，表现为水平效应和增长效应。此外，房屋价格对工资有正向影响，而人均绿地面积的提高及城市居住环境的改善，会使工资水平有所上升。

关键词： 集聚经济　工资溢价　高管薪酬

一、引言及文献综述

城市集聚形成城市群或大城市圈的现象受到学者和社会的广泛关注，而对上市公司来说城市集聚及城市规模会影响上市公司的交易成本、沟通成本以及客户资源等，这与上市公司的利益息息相关，其中上市公司高管薪酬水平问题就是一个备受关注的问题。城市集聚促使人才、科技等各种资源的集中，进而促进企业的发展及规模的扩大，城市集聚能否导致相称的工资溢价是值得探究的问题。

国外已有学者对高管薪酬与工资溢价以及城市集聚与高管薪酬做了相关研究。关于高管薪酬工资溢价的问题，Chen 和 Kleiner（2004）认为，在与互联网有关的企业中，高管的薪酬有 70%～80% 是来自股票的收益，股票价值的高低很大程度上会影响高管薪

---

① 何文举、梁琦、刘慧玲，湖南商学院经济与贸易学院、中山大学管理学院。

酬的水平；Conyon 等（2000）通过对 350 家公司 1985—1995 年的公司绩效进行研究后发现，高管持有股份较多就能够获得较高的薪酬，即高管的持股比例会对自身的薪酬产生一定的影响；BSigler（2011）研究发现，CEO 薪酬与企业净资产收益率存在正相关关系，并且企业规模和高管任期时间是决定企业高管薪酬的重要因素。关于城市集聚与高管薪酬的问题，Francis（2012）研究了在控制生活成本以后城市地理位置与高管薪酬之间的关系，结果表明，上市公司总部位于中心大城市的高管薪酬普遍高于其他城市，并且城市规模越大，该市企业高管薪酬越高。Bouwman（2012）研究指出在控制高管年龄、任期、公司规模和企业业绩之后，公司高管薪酬之间普遍存在争相攀比互相看齐的现象，规模等级相同的城市的高管薪酬存在显著正相关关系；Newton（2015）研究发现，美国大型公司高管薪酬与公司企业绩效相关，高管相对于员工的薪酬比例与企业绩效存在显著的负相关关系；Yonker（2016）研究发现上市公司更倾向于雇佣本地人担任CEO，高管薪酬存在明显的城市集聚现象。

　　国内方面，已有学者对高管薪酬的工资溢价以及高管薪酬与城市集聚的关系做了有关研究。吴波等（2017）基于全国流动人口动态监测数据分析城市规模的工资溢价是否存在，研究发现城市规模的工资溢价存在，稠密市场效应和学习效应是城市规模工资溢价的原因；彭树宏（2016）运用工具变量方法进行研究，结论表明中国 100 万～500万人口的大城市和 500 万以上人口的特大城市存在显著的城市规模工资溢价；田相辉和徐小靓（2015）利用城市宏观数据和劳动力微观个体数据进行中国城市集聚经济的实证研究，结果发现我国城市经济发展中存在显著的集聚经济效应，而且就业密度越高的城市越有能力支付给劳动者高的工资；余运江和高向东（2017）运用新经济地理学理论研究了劳动力转移机制，研究表明劳动力向城市尤其是大城市集聚的机制在于城市集聚所带来的外部性效应；薛胜昔和李培功（2017）实证检验了地理位置对高管薪酬的影响，发现中国高管薪酬存在明显的"羊群效应"和攀比效应，不同城市在调整高管薪酬时都会参考邻近城市的平均水平，并且上市公司注册地在中心城市的高管薪酬会高于其他城市，但他没有研究是什么因素导致了大城市的高管薪酬更高，也没有对其他城市进行规模划分；沈艺峰（2016）指出我国上市公司高管薪酬存在普遍的看齐现象，即向地理上的中间距离、同一或相关行业或中等规模公司看齐。

　　受以上研究的启发，本文将上市公司高管作为城市中高技能劳动力的代表，着重探讨上市公司高管的薪酬决定是否受城市规模的影响，以及这种影响是来源于城市的集聚经济还是劳动力自身的能力选择。由此，本文提出以下两个命题：

　　命题 1：城市规模和城市的集聚经济正相关，集聚经济对高技能劳动力的工资水平有促进作用。

　　命题 2：较高工资水平是对住房价格的一种补偿。

　　本文的主要创新之处表现在以下三个方面：其一，作为高技能劳动力的代表，公司高管为本文分析工资溢价提供了良好的样本，克服了由于劳动力的能力选择（skill-sorting 或者 ability sorting）产生的对城市集聚经济向上估计偏误问题；其二，相比于普通职工，高管凭借自身的能力，在城市之间迁徙的成本较低，可以看作是流动性较高的一类群体，为我们在劳动力自由迁徙的前提下分析工资溢价和城市集聚经济之间的关系提供了新视角；其三，在公司治理理论中引入空间区位因素，拓展了原有研究高管薪酬的最优契约理论框架。

二、实证模型设定、变量说明与数据来源

（一）空间模型理论基础

1. 空间关联性分析

根据"地理学第一定律"，任何事物和其他事情之间都存在相互关系，但近处的东西之间的相关性比远处的东西之间的相关性更强，这种空间上的相互关系就是空间关联性。地理数据由于受空间相互作用的影响，彼此之间不是相互独立的，而是存在一定的相关关系。空间关联性可以分为全局空间关联性和局域空间关联性。全局莫兰指数用来刻画一个地理单元整体上的空间关联性，其计算公式如（1）所示。

$$\text{Moran's Global I} = \frac{\sum_{i=1}^{n}\sum_{j=1}^{n} W_{ij}(Y_i - \bar{Y})(Y_j - \bar{Y})}{S^2 \sum_{i=1}^{n}\sum_{j=1}^{n} W_{ij}} \tag{1}$$

其中，$S^2 = \frac{1}{n}\sum_{i=1}^{n}(Y_i - \bar{Y})^2$，$\bar{Y} = \frac{1}{n}\sum_{i=1}^{n}Y_i$，$n$ 为地区数目，Y_i 为第 i 地区的 PPP 项目投资金额规模，W 为 $n \times n$ 阶矩阵，其元素 W_{ij} 刻画了 i 地区与 j 地区之间的空间关系或其他相互关系，本文采用的是空间上的相邻关系来刻画地区间的空间关系，即如果 i 地区与 j 地区有共同的边界就将其矩阵元素 w_{ij} 设为 1，否则设为 0，对于 $i=j$ 则将 w_{ij} 设为 0。

利用局域莫兰指数可以进一步分析集聚效应的形式，其计算公式如（2）所示。

$$\text{Moran's Local I} = Z_i \sum_{j=1}^{n} W_{ij} Z_j \tag{2}$$

其中，$Z_i = \frac{Y_i - \bar{Y}}{S}$，$S = \sqrt{\frac{1}{n}\sum_{i=1}^{n}(Y_i - \bar{Y})^2}$

莫兰指数的取值范围为 $[-1, 1]$，其中，取值范围为 $[-1, 0)$ 则说明地区之间存在空间负向关联关系，取值范围为 $(0, 1]$ 则说明存在空间正向关联关系，取值范围为 0 则说明变量在各地区间不存在空间关联性。

2. 研究方法

空间计量经济学的模型种类很多，本文主要采用了适用于截面数据的空间常系数回归模型，纳入了空间相关性和空间差异性，主要包括空间滞后模型（Spatial Lag Model，SLM）和空间误差模型（Spatial Error Model，SEM）。

（1）空间滞后模型（SLM）

空间滞后模型主要探讨各变量在地区之间是否存在空间溢出效应，反映了因变量的

影响因素会通过空间传导机制作用于其他地区，其表达式为：

$$Y = \rho Wy + X\beta + \varepsilon \tag{3}$$

其中，Y 为因变量；X 为外生解释变量矩阵；W 为 $n \times n$ 的空间权重矩阵；Wy 为空间之后的因变量；ρ 为空间自回归系数，反映了样本观测值之间的空间依赖关系，即相邻地区的观测值 Wy 对本地区的观测值 y 的影响方向和程度；参数 β 反映了自变量 X 对因变量的 Y 的影响；ε 为随机误差项。

（2）空间误差模型（SEM）

空间依赖性还可能是通过误差项来体现的，空间误差模型的数学表达式为：

$$Y = X\beta + \varepsilon \tag{4}$$

$$\varepsilon = \lambda W\varepsilon + \mu \tag{5}$$

其中，ε 为随机误差项；λ 为空间误差系数，用于衡量样本观测值中的空间依赖关系；参数 β 反映了自变量 X 对因变量 Y 的影响，空间误差模型的空间依赖作用存在于扰动项中，衡量了邻近地区关于因变量的扰动项对本地区因变量的影响程度。

（3）空间杜宾模型（SDM）

因变量可能受到空间上多个方向的影响，利用空间权重矩阵 W 将这种空间上的关联表现出来，因此空间自回归模型的数学表达形式为：

$$Y = \lambda Wy + X\beta + WX\delta + \varepsilon \tag{6}$$

其中，W 为已知的空间权重矩阵（非随机），因变量空间依赖性由参数 λ 来表现，λ 度量空间滞后 Wy 对 y 的影响，称为"空间自回归系数"；而对因变量的影响因素及周边地区的这些因素都会对因变量产生影响。

（二）实证模型

模型理论基础：本文构建两个实证模型，旨在检验城市集聚经济对上市公司高管薪酬的影响，以及高管薪酬与城市房价等因素的关系。

$$\log(w_{i,j,t}) = \alpha + \beta u_i + \sum \gamma_i c_{i,t} + f_i + +, y_t + \eta_{i,j,t} \tag{7}$$

$$\log(w_{i,j,t}) = \alpha + \beta_1 h_{i,t} + \beta_2 a_{i,t} + \sum \gamma_i c_{i,t} + f_i + +, y_t + \eta_{i,j,t} \tag{8}$$

其中，$w_{i,j,t}$ 是被解释变量，为在 j 行业中 i 上市公司第 t 年高管薪酬水平。u_i 为上市公司 i 的总部所在城市规模等级，系数 β 代表城市的集聚经济对高管薪酬的影响，也是本文所关心的核心变量系数，本文猜想城市规模等级越高，相应的 β 应该越大。$h_{i,t}$、$a_{i,t}$ 分别为上市公司所在城市的房价和居住的适宜性，按照 Rosen-Roback 模型的结论，劳动力的工资需要体现对城市房价和适宜性的补偿。$c_{i,t}$ 是一组影响高管薪酬的控制变量，包括高管技能水平（skill）、任期（teunure）、高管年龄（age）、独立董事占比（out）、股权集中度（stock-share）、总经理是否与董事长两职合一（same）、公司规模（scale）、公司生存期（life）、公司绩效（ROA）以及杠杆水平（leverage）。f_i、i_j、y_t 分别是上市公司、行业以及年份的虚拟变量，用以控制不可观测的异质性可能带来的估计偏误和内生性问题，$\eta_{i,j,t}$ 是随机扰动项。

（三）变量说明

本文采用上市公司 CEO 的年末薪酬总额衡量高管的薪酬水平，城市划分依据是：按照国务院印发的《关于调整城市规模划分标准的通知》，新的城市规模划分标准以城区常住人口为统计口径，将城市划分为五类：城区常住人口 50 万以下的城市为小城市；城区常住人口 50 万以上 100 万以下的城市为中等城市；城区常住人口 100 万以上 500 万以下的城市为大城市；城区常住人口 500 万以上 1 000 万以下的城市为特大城市；城区常住人口 1 000 万以上的城市为超大城市。一般认为，城市的适宜性是衡量一个城市整体环境的隐性属性，包括生产的适宜性和居住的适宜性，其中通常用当地 1 月份的平均温度作为生产适宜性的替代变量；在衡量城市居住适宜性的多个维度中，被分配较高权重的分别是"良好的学校""公共安全"和"气候"（Gottlieb，1994），但居住适宜性不是本文研究的重点。鉴于地级市层面数据的可得性，本文用"工业气体排放量"变量反向表示城市的居住适宜性。用地级市单位面积的住宅房屋售价衡量城市的房价。

在控制变量中，按照 Garvey 和 Milbourn（2006）提出的方法，用上市公司净利润对所在行业净利润均值和加权的行业净利润均值进行回归，取得残差作为高管的技能水平。预计技能水平对高管薪酬有正向影响。值得指出的是，引入高管技能旨在控制高管不可观测的个体特征对大城市薪酬水平的自选择效应，即如果留在大城市的高管技能都比较高，导致相比中小城市，大城市的薪酬水平较高，那么用城市集聚对工资溢价进行估计，将产生偏误。股权集中度用第一大股东持股比例衡量，较高的股权集中度和独立董事占比可以纠正过于分散的股权引起对管理者监督不足的问题（Petronic Safieddine，1999）。高管任期用当年时间减去 CEO 任职的初始年份，不满一年的任期按照一年计算。随着高管任期时间的增加，可能对股东施加更多的影响，以制定符合自己利益的薪酬契约（Baker Gompers，2003），在总经理和董事长两职合一的条件下也容易出现这种高管自谋薪酬的情况；高管的年龄作为高管声誉的替代变量，年长高管的声誉较好（Milbourn，2003）；公司规模用年末总资产的对数表示；用会计业绩 ROA 衡量公司业绩，高管薪酬水平和上市公司的业绩密切相关（Jensen and Murphy，1990）；公司生存期用当年时间减去公司上市所在年份；杠杆水平用资产负债率衡量；在稳健性检验中，我们分别使用上市公司董事会前三位高管薪酬（wage2）作为薪酬的替代变量；用市辖区人均绿地面积（green）表示城市居住适宜性。

（四）数据来源及描述性统计

本文中高管薪酬数据及上市公司基本数据来源于国泰安（CSMAR）和万德（wind）数据库，样本涵盖 2008—2015 年在沪深交易所上市的全部 A 股公司。CEO 年末薪酬数据通过确定"总裁""总经理""首席执行官"和"CEO"四个关键词在高管薪酬中进行搜索得到。地级市的基本数据来源于 2007—2015 年《中国城市统计年鉴》及 CEIC 数据库。以 wind 数据库中上市公司所在地为标准，将公司层面的数据与城市层面的数据进行配对。注意在《中国城市统计年鉴》中，分为"全市"和"市辖区"两个统计

中国《资本论》年刊（第十六卷）

口径。其中，"全市"包括城区、郊区和市辖县；"市辖区"包括城区、郊区，不包括市辖县。因为经济活动密度在城区和郊区较高，即城市的集聚经济效应主要存在于市辖区，故本文的研究数据均采用"市辖区"为统计口径。在原始数据的基础上，考虑到异常值的影响，文中对所有上市公司的数据做了1%的缩尾处理，同时剔除了金融、保险行业公司样本，上市公司及地级市基本数据缺失样本，最后得到2008—2015年947家上市公司分布于160个地级市，全部数据的统计描述见表1。①

表1   变量统计描述

变量	观测值个数	平均值	标准差	最小值	中位数	最大值
年末薪酬总额（元）	7 576	1.70E+06	1.80E+06	2.42E+04	1.30E+06	3.10E+07
董事会前三位高管薪酬（元）	7 576	1.90E+06	2.00E+06	3.64E+04	1.40E+06	3.80E+07
地级市单位面积的住宅房屋售价（元）	7 576	9.12	5.89	0.25	7.14	33.94
工业气体排放量（吨）	7 576	85 988.00	88 131.0	92.00	60 868.00	630 000.0
市辖区人均绿地面积（平方米）	7 576	77.21	89.73	0.4	44.36	424.30
任期（年）	7 576	3.83	3.23	1	3.00	25.00
高管年龄（岁）	7 576	51.70	6.73	1	51.00	76.00
高管技能水平	7 576	0.45	0.26	-1.64	0.37	1.25
公司生存期（年）	7 576	12.11	5.12	0	13.00	25.00
独立董事占比（%）	7 576	0.37	0.06	0.09	0.33	0.71
股权集中度（%）	7 576	35.74	15.63	3.62	33.58	89.41
公司绩效	7 576	0.04	0.06	-0.24	0.03	0.24

三、城市集聚与高管薪酬的空间实证分析

（一）我国地级市高管薪酬的空间关联性

全局及局域空间关联性分析能够揭示城市集聚与高管薪酬在空间上的关联性，而要分析空间效应，需要进行全局及局域莫兰指数分析。本文通过 stata14 软件计算全局及局域空间莫兰指数，结果见表2。

———————————

① 以下所有分析皆采用软件 stata13.0 实现。

表2　　　　　　　　　　　　　　全局莫兰指数检验结果

变量	I	E (I)	sd (I)	z	P 值
y	0.046	-0.001	0.008	6.084	0.000

由于本文中的样本量为160个地级市，其相互之间不能完整地反映城市之间的相邻情况。莫兰指数的取值范围为 [-1, 1]，[-1, 0) 对应着空间负相关关系，(0, 1] 对应着空间正相关关系，而零则意味着变量在地区之间不存在空间相关性。由表2可见，空间莫兰指数为0.046，虽然关联性较低但是通过了显著性检验，说明各个地级市的高管薪酬存在显著的正向空间关联性。当然，经济变量存在空间关联性的原因是非常多的，是由于高管薪酬自身存在空间上的相互影响，还是其他变量间存在空间关联性，这需要用相应的空间计量模型进行识别和检验。

（二）空间模型的设定及估计方法

对高管薪酬的空间格局以及莫兰指数的分析表明，各个城市高管薪酬存在空间关联性，但是不能辨识其具体的影响因素及作用机制。要进一步探究影响高管薪酬的因素，以及受相邻地区的高管薪酬及其影响因素的情况，需要进行空间模型的设定及估计。

本文采用空间杜宾模型来分析，因变量为高管薪酬，影响因素有城市划分 (x_1)、地级市单位面积房价 (x_2)、公司规模 (x_3)、高管技能水平 (x_4)、公司绩效 (x_5)、工业气体排放量 (x_6)、公司生存期 (x_7)、任期 (x_8)，具体模型表达式为：

$$Y = \lambda Wy + X_n\beta + WX_n\delta + \varepsilon(n = 1, 2, \cdots, 8) \tag{9}$$

（三）空间杜宾模型回归结果

根据以上模型采用空间杜宾模型进行分析，回归结果见表3。

表3　　　　　　　　　　　空间杜宾模型（SDM）回归结果

变量	系数	标准误差	z 值	P 值	95%的置信区间	
x_1	-5 333.38	181 521.6	-0.03	0.977	-361 109	350 442.4
x_2	30 205.23	10 867.54	2.78	0.005	8 905.244	51 505.21
x_3	-3 001.06	18 376.69	-0.16	0.87	-39 018.7	33 016.58
x_4	895 712.6	281 402.3	3.18	0.001	344 174.4	1 447 251
x_5	1 683 035	981 709	1.71	0.086	-241 079	3 607 149
x_6	-0.421 6	0.433 345	-0.97	0.331	-1.270 94	0.427 743
x_7	76 837.79	22 645.68	3.39	0.001	32 453.08	121 222.5
x_8	101 819.3	17 717.99	5.75	0.000	67 092.71	136 545.9
常数	-317 563	489 541.4	-0.65	0.517	-1 277 047	641 920.1

表3（续）

变量	系数	标准误差	z 值	P 值	95%的置信区间	
y	1.570 124	0.259 529	6.05	0.000	1.061 456	2.078 792
Wx_1	9 124.661	180 262.2	0.05	0.960	-344 183	362 432.1
Wx_2	-18 674.5	8 504.518	-2.2	0.028	-35 343	-2 005.92
Wx_3	-3 515.27	20 474.95	-0.17	0.864	-43 645.4	36 614.9
Wx_4	-694 013	274 468.8	-2.53	0.011	-1 231 962	-156 064
Wx_5	-2 834 293	1 339 456	-2.12	0.034	-5 459 579	-209 007
Wx_6	0.239 25	0.357 01	0.67	0.503	-0.460 48	0.938 977
Wx_7	-26 031.9	29 063.17	-0.9	0.37	-82 994.7	30 930.85
Wx_8	-101 959	21 886.64	-4.66	0.000	-144 856	-59 061.6
ρ	-0.898 48	0.167 497	-5.36	0.000	-1.226 77	-0.570 19
lgt_ theta	-1.354 98	0.345 468	-3.92	0.000	-2.032 09	-0.677 88

根据回归结果进行分析，高管薪酬显著地受相邻地区高管薪酬的正向影响，当相邻地区高管薪酬升高时会促进当地高管薪酬提高。而高管薪酬受当地城市划分、公司规模、工业气体排放量因素影响不显著，同时受当地地级市单位面积房价、高管技能水平、公司绩效、公司生存期、任期因素影响显著，可以说明除了房价这个外部影响因素外，高管薪酬更多的是由公司情况及高管自身水平决定。虽然城市划分对高管薪酬的影响不显著，但值得注意的是，当地城市划分及相邻地区城市划分对高管薪酬的影响方向是不一样的，说明城市集聚对高管薪酬会产生潜在的影响。

四、实证结果

（一）数据对比分析及似然比函数图

为了较为直观地观察高管薪酬和城市规模之间的关系，本文分别研究了不同城市规模的高管薪酬中位数分布情况，不同城市规模单位住房销售价格均值和高管薪酬均值呈线性关系。从图1中可以看出，超大城市、特大城市和大城市中公司高管薪酬的中位数大于中小城市，但是薪酬在中小城市之间并没有显著差异，甚至在部分年间，小城市高管薪酬中位数高于中等城市高管薪酬中位数，出现这种情况可能是中小城市的人口差别不大造成难于划分中等城市和小城市。从图2可见，高房价意味着较高的薪酬补偿水平（特大城市例外），但是，不同城市规模是否会对房价和薪酬之间起促进作用，则需要进一步进行实证检验。

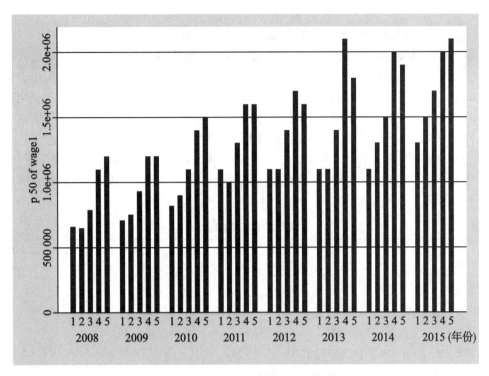

图 1　高管薪酬中位数与城市规模

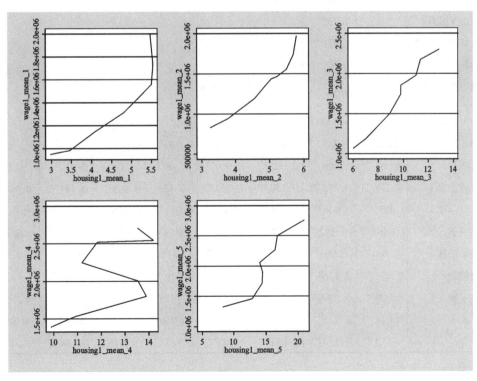

图 2　住宅房屋销售价格均值与高管薪酬均值

（二）全样本与分样本回归分析结论

本文通过引入行业[①]（industry）、时间（year）和公司（firm）三个虚拟变量控制模型可能出现的内生性问题，进行最小二乘虚拟变量回归（LSDV）。没有采用更为常见的面板固定效应模型，是因为保留了上市公司所属城市规模属性这一不随时间变化的变量。同时注意到，虽然面板数据不同个体之间的扰动项互相独立，但是同一个体在不同时期的扰动项之间往往存在自相关问题，因此使用上市公司聚类稳健的标准差进行统计推断，同一截面（上市公司）的观测值允许存在相关性，而不同截面的观测值不相关。本文首先使用 CEO 薪酬作为被解释变量，进行全样本与分样本回归分析城市规模对薪酬水平的影响。回归结果见表 4。

表 4　　　　　　　　　　　　　　城市规模与高管薪酬

变量	全样本（1）	全样本（2）	全样本（3）	小城市（4）	中等城市（5）	大城市（6）	特大城市（7）	超大城市（8）
中等城市	0.041	0.091**						
大城市	0.184***	0.200***						
特大城市	0.287***	0.309***						
超大城市	0.349***	0.367***						
小城市*任期		0.026***						
中等城市*任期		0.013**						
大城市*任期		0.022***						
特大城市*任期		0.021***						
超大城市*任期		0.022***						
地级市单位面积住宅房屋售价		0.036***						
工业气体排放量		-0.000						
任期	0.021***	0.015***	0.019***	0.014**	0.019***	0.024***	0.028***	
高管年龄	0.006***	0.006***	0.005***	0.009**	0.003	0.004***	0.017***	-0.005
高管技能水平	0.272***	0.272***	0.158***	0.234**	0.151	0.245***	0.431***	0.346**
公司生存期	0.006***	0.006***	0.001	-0.009*	0.011***	0.015***	0.004	-0.015***
独立董事占比	-0.395***	-0.392***	-0.376***	0.526	-0.404	-0.724***	-0.275	-0.179
股权集中度	-0.004***	-0.004***	-0.004***	-0.007***	-0.011***	-0.003***	-0.001	-0.000
公司绩效	2.435***	2.436***	2.336***	3.017***	2.019***	2.398***	0.883**	1.917***
公司规模	0.279***	0.279***	0.273***	0.350***	0.271***	0.301***	0.248***	0.269***
杠杆水平	0.015***	0.015***	0.017***	-0.172	-0.250**	0.012***	0.011**	-0.342**
两职合一	0.110***	0.110***	0.081***	0.203***	0.187***	0.048*	0.194***	0.113

[①]　这里行业是根据申万进行分类汇总的。

表4(续)

变量	全样本 (1)	全样本 (2)	全样本 (3)	小城市 (4)	中等城市 (5)	大城市 (6)	特大城市 (7)	超大城市 (8)
常数项	6.943***	6.924***	6.820***	5.505***	8.277***	6.796***	6.951***	8.177***
r_2_a	0.385	0.385	0.430	0.401	0.411	0.403	0.383	0.492
Year	Yes	Yes	Yes	Yes	Yes	Yes	Yes	Yes
Industry	Yes	Yes	Yes	Yes	Yes	Yes	Yes	Yes
Firm	Yes	Yes	Yes	Yes	Yes	Yes	Yes	Yes
N	7 576	7 576	7 576	936	1 160	3 672	1 192	616

注：表中 * 、** 、*** 分别表示 10%、5%、1%的显著性水平。

表4中的第（1）列是全样本的回归结果，中等城市、大城市、特大城市、超大城市均在1%的显著性水平上对高管薪酬存在正向影响，且影响的系数依次递增。这说明在控制了公司治理等层面的变量后，特大城市的高管薪酬相比小城市存在35%的工资溢价，超大城市和大城市之间工资溢价也存在差异，分别为28.7%、18.4%，而中等城市相比小城市工资溢价为4.1%。这初步验证了上文提出的命题——用城市规模表示城市集聚，集聚经济对高技能劳动力的工资水平有促进作用；同时可以看出，不同规模城市等级对高管薪酬的影响呈现出阶梯状分布，超大城市对于薪酬的促进幅度最大，其次是特大城市和大城市，再次是中等城市。为进一步考察高技能劳动力是否由于资源集聚获得工资溢价，第（2）列中分别加入了任期和五个城市规模等级的交叉项，捕捉高管在大城市任职时间对薪酬的累积增量影响。结果发现，无论是超大城市、特大城市、大城市、中等城市还是小城市，与高管任期的交叉项都对薪酬有正向显著影响。这一结果与Glaeser（2009）的研究一致，城市规模和劳动力技能之间存在互补性，大城市本身并不能生产新知识，但是却在客观上促进了信息的流通，高技能劳动力在规模等级较高的城市通过易于获取的学习资源、人脉资源等积累人力资本，更容易受到集聚经济外部性的正向影响。

表4中的第（4）-（8）列是基于不同城市规模等级的分样本回归结果。从中我们希望可以进一步分析在不同规模等级的城市之间，高管技能、任期以及所在公司的绩效水平对薪酬的影响是否相同。对比高管技能的系数可以发现，该变量在超大城市、特大城市、大城市与小城市对薪酬均有显著影响，影响系数在0.23的水平上下波动。也就是说高管薪酬受高管技能水平的正向影响，而这种影响不因城市规模不同而变化，高管技能不存在城市间自我选择问题，表2中的第（1）（2）列的全样本回归并不存在对城市集聚的向上估计偏误问题。任期（tenure）对高管薪酬存在显著的正向影响，说明不同城市规模在高管的选择上对任期和资历都比较重视。比较第（3）-（8）列中ROA的回归系数，该项在特大城市和超大城市分样本中对薪酬有显著正向的影响，特大城市的影响系数为1.917，高于超大城市的影响系数0.883，ROA在其余等级规模的城市中对

薪酬也存在显著的影响，并且大于超大城市的回归系数，说明相对于大城市而言，小城市资产收益率的增加对高管薪酬的影响更明显，很大可能上是因为小城市更倾向于使用 ROA 来衡量高管对企业绩效的贡献，从而 ROA 的提高对高管薪酬的边际增加更明显。

（三）分样本回归结果的综合分析

综合分样本回归的结果，我们可以发现，高管的任期、公司绩效两个因素在 5 个城市规模对高管薪酬水平都有显著正向影响。超大城市、特大城市高管任期对工资溢价的影响显著为正且大于其他城市规模，由此可以认为超大城市、特大城市对工资溢价的"增长效应"大于其他中小城市。此外，由于技能这一变量在各个分样本回归中都是显著的，说明管理者的劳动技能能够显著增加薪酬。综上可见，表 4 的（1）~（2）、第（4）~（8）列的结果支持了本文提出的命题 1：城市规模和城市的集聚经济正相关，集聚经济对高技能劳动力的工资水平有促进作用。这种促进作用得益于大城市厂商的生产率水平更高，大城市为高技能劳动力提供了更好的学习机会，表现为水平效应和增长效应。

表 4 中的（2）的第（3）列是全样本情况下，对房价、城市居住适宜性和薪酬水平之间关系的回归分析。单位住房价格在 1% 的水平上对薪酬有正向显著影响，影响系数为 3.6%。而用城市二氧化硫气体排放量作为城市居住适宜性的替代变量，该变量对薪酬水平在 10% 的水平上不存在显著影响。这一结果支持了本文提出的命题 2：工资水平是对住房价格的一种补偿。即在空间均衡条件下，高管在不同城市间获得相同的间接效用水平，工资的变化需要反映出其居住城市的房价水平。值得指出的是，本文分析所使用的高管薪酬未经过"生活成本指数"处理，一是因为地级市层面的 CPI 数据难以获得，城市的 CPI 指数反映的是与其自身相比当地的通货膨胀情况，也就是 CPI 指数纵向可比，但是不同地级市之间没有横向可比性；二是考虑到 CPI 的统计并没有将当前中国城市居民的住房消费情况纳入统计范畴，而相比住房消费，食品等商品的消费在居民可支配收入中所占份额较小且各城市的差异不是太大，难以反映城市真实的"生活成本"。第（3）列的回归中将住房价格作为解释工资差异的主要解释变量，一方面可以看作工资是对地区间不可贸易的耐用品价格的补偿，另一方面可以将住房价格等同于各城市的生活成本。同样按照这个逻辑，如果将二氧化硫气体排放量也可以看作是在城市居住的生活成本的一个维度，薪酬实际上反映的是不同城市间的居住成本。结合命题 1 可知，大城市的高管薪酬存在工资溢价，可能源于大城市较高的房价水平带来的较低的生活舒适程度，也即大城市较高的生活成本。图 3 和图 4 分别统计了各年度各城市规模等级的单位住房售价均值和工业气体排放量均值，结果也支持了这一论点。需要注意的是，城市房价和城市适宜性对工资溢价的影响同样属于水平效应。

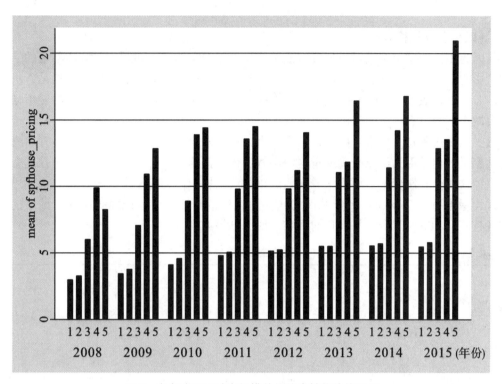

图3　各年度不同城市规模单位住房销售价格均值

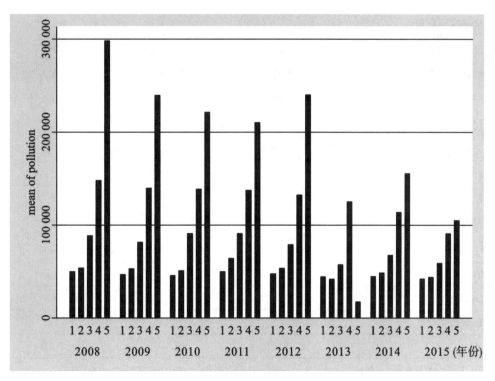

图4　各年度不同城市规模工业气体二氧化硫排放量均值

（四）稳健性检验

因为不同的城市规模等级划分方法可能会引起样本选择的问题，对城市集聚的工资溢价影响估计产生偏误。本文也采用了另一种划分城市等级的标准，具体做法是，将市辖区非农人口数小于 100 万的城市划分为中小城市，大于 100 万小于 500 万的城市划分为大城市，超过 500 万的城市划分为特大城市。以中小城市作为参照系，设置两个虚拟变量：大城市和特大城市。此外，选取上市公司董事会高管前三位薪酬作为高管薪酬的替代变量，但是因为不能准确度量这一高管群体的任期和年龄，因此在回归中控制变量中去掉这两个控制变量。用不区分住宅的单位房屋售价作为衡量房价的替代变量，用城市人均绿地面积（green）衡量城市的居住适宜性，预计人均绿地面积越高，城市的适宜性越高，相应对工资水平有正向影响。回归结果见表 5。

表 5　　　　　　　　　　　　　　稳健性检验结果

	（1）	（2）	（3）
中等城市	0.003		
大城市	0.153 ***		
特大城市	0.231 ***		
超大城市	0.299 ***		
住宅单位面积房价			0.036 ***
人均绿地面积			0.000
高管技能水平	0.328 ***	0.328 ***	0.190 ***
独立董事占比	−0.329 **	−0.327 **	−0.335 ***
股权集中度	−0.005 ***	−0.005 ***	−0.005 ***
公司绩效	2.531 ***	2.535 ***	2.466 ***
公司规模	0.293 ***	0.292 ***	0.281 ***
杠杆水平	0.017 ***	0.017 ***	0.019 ***
两职合一	0.042 **	0.041 **	0.017
常数	7.257 ***	7.271 ***	7.123 ***
r_2_a	0.366	0.365	0.417
Year	Yes	Yes	Yes
Industry	Yes	Yes	Yes
Firm	Yes	Yes	Yes
N	7 576	7 576	7 576

注：括号中数据为聚类文件标准误差；*、** 和 *** 分别表示在 10%、5% 和 1% 的水平上显著。

表3中的第（1）列说明，位于超大城市和特大城市的上市公司董事会高管前三位薪酬总额高于中小城市，城市规模的影响系数显著为正。按照稳健性的划分标准；第（2）列的回归结果表明这一结论也成立，说明表2的结果是稳健的，不同城市规模产生的集聚经济外部性是产生工资溢价的主要原因。此外，从第（3）列的回归结果可以看出，房屋价格越高，对工资有正向影响，而人均绿地面积的提高，城市居住环境改善，相应工资水平将有所上升，这与前文的假设相符。

五、结论与政策建议

本文利用2008—2015年A股上市公司数据和全国160个地级市层面数据进行实证检验，按照2007年年底市辖区非农人口数量，将其划分为超大城市、特大城市、大城市、中等城市和小城市五个城市规模等级。研究发现了作为高技能劳动力的代表，大城市的上市公司高管薪酬水平更高，并且不同等级规模的城市对薪酬水平呈现出阶梯状影响。高管任期、公司绩效两个因素在超大城市和特大城市对薪酬水平有显著的促进作用，城市等级分样本回归结果说明，不存在高技能劳动力在城市之间的"能力自我选择"（ability sorting）问题，排除了用城市集聚解释工资溢价可能出现的向上估计偏误问题。此外，房价水平对薪酬有正向影响，而较低的薪酬水平常常以较高的城市居住适宜性作为补偿，城市房价和城市适宜性对工资溢价的影响同样属于水平效应。作为不同城市间的居住成本的真实反映，大城市的高管薪酬更高不仅源于大城市的生活成本较高，并且不同规模城市等级对高管薪酬的影响呈现出阶梯状分布，超大城市及特大城市高管任期对工资溢价的影响显著为正且大于其他城市规模，超大城市及特大城市对工资溢价的"增长效应"大于其他中小城市。此外，由于技能这一变量在各个分样本回归中都是显著的，说明以高管为代表的高技能劳动力能力的增长能够显著增加薪酬。以上实证结论在用不同城市规模等级划分标准，不同的变量表示高管薪酬、房价、城市适宜性时依然是稳健的。基于这些分析结论，我们提出以下政策建议：

1. 改善城市人口结构，促进高低端劳动力在城市的合理分布

城市竞争力的提升，首先要靠吸引来自国内外的最顶尖的人才，就会体现在城市的人口结构方面。现在中国大城市里的人口结构其实是不合理的，缺少大量从事低端服务业的人。前述分析可知，一个城市的人口，实际上是在不停地移进移出，对于高技能劳动力，全球范围内的各大城市都想留住。这些高技能劳动力选择一个城市会比较四个方面：一是在哪里收入高；二是在哪里生活成本低（包括通勤时间等）；三是哪里的居住适宜性高（包括房价）；四是高薪酬的获取能力能否持续增长。按这个逻辑，一个城市不仅要有高素质劳动力的集聚，而且高端和低端服务业劳动力必须保持合理比例。高技能者的集聚会产生对低技能劳动者的需求，高素质劳动力的集聚有利于知识传播、激发创新能力；而低端服务业劳动力的存在有利于降低该城市的生活成本、提高生活质量，有利于提高城市对高技能劳动力的吸引力。

2. 确定合理的城市人口规模，充分发挥城市的规模经济效应

城市存在的规模经济效应是城市经济增长和提高人力资本回报的源泉，现代新兴产业的发展需要人口达到一定的量级才能发展起来，以信息、知识、科技为核心竞争力的那些产业，在整个人的经济活动当中所占的比重越来越高，信息科技会使得人口密度变得更为重要，而城市可以更好地实现人力资本积累，并通过城市的学习效应和知识外溢效应产生城市对工资溢价的"增长效应"，是推动城市经济持续增长的引擎。我国城市发展需要放宽城市户籍制度的限制，并把城市的公共服务向低收入者倾斜，城市的公共服务提供给低收入者，实际上是有利于提高城市劳动力供给，促进城市人口的集聚，同时可以实现公平的目标。

增加住房土地供给和改善交通效率，降低生活成本、提高城市效率。前述实证得出房价水平对薪酬有正向影响，而较低的薪酬水平常常以较高的城市居住适宜性作为补偿。而按照我国当前的城市土地供给思维方式，减量供应土地，控制住房供给，房价就难以下调；并且城市人口增长带来的交通和环境成本等规模不经济与城市规模经济是相伴相生的，因此还需要持续增加公共交通基础设施的建设来改善交通效率，减少城市交通污染，降低环境成本；充分提供给城市居民更便利的知识交流的场所和途径，减少人和人之间见面成本和时间距离，增进城市学习效应与人缘效应，增长城市活力，提升城市的集成交互创新能力。

参考文献：

[1] 陈信元，等. 地区差异，薪酬管制与高官腐败 [J]. 管理世界，2009 (11).

[2] 踪家峰. 大城市支付了更高的工资吗？[J]. 经济学（季刊），2015 (7).

[3] 方芳，李实. 中国企业高管薪酬差距研究 [J]. 中国社会科学，2015 (8).

[4] 彭树宏. 城市规模与工资溢价 [J]. 当代财经，2016 (3)：3-12.

[5] 沈艺峰，陈旋. 无绩效考核下外部独立董事薪酬的决定 [J]. 南开管理评论，2016 (2).

[6] 田相辉，徐小靓. 为什么流向大城市？——基于城市集聚经济的估计[J]. 党政视野，2015(Z1).

[7] 吴波，陈霄，李标. 城市规模的工资溢价——基于全国流动人口动态监测数据 [J]. 南方经济，2017 (11).

[8] 薛胜昔，李培功. 地理位置与公司高管薪酬——来自中国上市公司的经验证据 [J]. 中央财经大学学报，2017 (1).

[9] 余运江，高向东. 为什么流向大城市：城市集聚与劳动力流动研究进展 [J]. 华东经济管理，2017 (7).

[10] 张军仁. 高管薪酬影响因素权重分析 [J]. 统计决策，2014 (10).

[11] A Ciccone, RE Hall, 1996, "Productivity and the Density of Economic Activity", The American Economic Review, 86, 54-70.

[12] B Francis, I Hasan, Kose John, Maya Waisman, "Urban Agglomeration and CEO Compensation", Bank of Finland Research Discussion Paper No. 17/2012.

[13] Bouwman C. 2012. The Geographyof Executive Compensation [J]. Working Paper, Available At SSRN 2023870.

[14] Carpenter, M. A. and Sanders, W. G 2002. Top Management Team Compensation: The Missing

Link Between CEO Pay and Firm Performance? Strategic Management Journal 23: 367-375.

[15] EL Glaeser, DC Maré, 2001, "Cities and Skills", Journal of Labor Economics, 19, 316-342.

[16] ED Gould, 2007, "Cities, Workers, and Wages: A Structural Analysis of the Urban Wage Premium", The Review of Economic Studies, 74, 477-506.

[17] EL Glaeser, JD Gottlieb, 2009, "The Wealth of Cities: Agglomeration Economies and Spatial Equilibrium in the United States", Journal of Economic Literature, 47 (4), 983-1028.

[18] Firth M, Fung P M Y, 2006, Rui O M. Corporate Performance and CEO Compensation in China [J]. Journal of Corporate Finance, 12 (4) : 693-714.

[19] Glaeser E L, Kolko J, Saiz A. 2001, Consumer city [J]. Journal of economic geography, 1 (1): 27-50.

[20] Glaeser, Edward L., David C Mare. 2001, Cities and Skills. Journal of Labor Economics, (19): 316-42.

[21] GT Garvey, TT Milbourn, 2006, "Asymmetric Benchmarking in Compensation: Executives are Rewarded for Good Luck but not Penalized for Bad", Journal of Financial Economics, 82, 197-225.

[22] G Duranton, D Puga, 2001, "Nursery cities: Urban Diversity, Process Innovation, and the Life cycle of Products", American Economic Review, 91, 1454-1477.

[23] G Duranton, D Puga, 2004, "Micro-Foundations of Urban Agglomeration Economies", Handbook of Regional and Urban Economics, 2063-2117.

[24] LA Bebchuk, JM Fried, 2004. Pay Without Performance: The Unfulfilled Promise of Executive Compensation, Harvard Press.

[25] L Bebchuk, A Cohen, A Ferrell, 2009, "What Matters in Corporate Governance", Review of Financial Studies, 22.

[26] Michael C. Jensen and Kevin J. Murphy, 1990. Performance Pay and Top-Management Incentives [J]. The Journal of Political Econom, 98 (2), 225-264.

[27] M Bertrand, S Mullainathan, 2001, "Are CEOs Rewarded for Luck? The Ones Without Principals Are", The Quarterly of Economics, 118, 1169-1208.

[28] Mei H. Chen, Brian H. Kleiner. 2004, Executive Compensation In Internet-Related Businesses [J]. Management Research News, 27 (8/9): 84-97.

[29] PP Combes, G Duranton, L Gobillon, D Puga, S Roux, 2012, "The productivity advantages of large cities: Distinguishing Agglomeration From Firm Selection", Econometrica, 80, 2543-2594.

[30] PP Combes, G Duranton, L Gobillon, 2008, Spatial wage disparities: Sorting matters [J]. Journal of Urban Economics, 63, 723-742.

[31] PC Melo, DJ Graham, RB Noland, 2009, "A Meta-Analysis of Estimates of Urban Agglomeration Economies", Regional Science and Urban Economics, 39, 332-342.

[32] RW Helsley, WC Strange, 1990, "Matching and Agglomeration Economies in a System of Cities", Regional Science and Urban Economics, 31, 96-112.

[33] Sigler K J. 2011, CEO Compensation and Company Performance [J]. Business & Economics Journal, (BEJ31) : 1-8.

[34] SS Rosenthal, WC Strange, 2003, "Geography, Industrial Organization, and Agglomeration", Review of Economics and Statistics, 85, 377-393.

中国《资本论》年刊（第十六卷）

［35］Yonker S E. 2016, Geographyand The Market For Ceos ［J］. Management ScienceForthcoming, 42-221-238.

［36］SEK Christoffersen, S Sarkissian, 2009, "City size and fund performance", Journal of Financial Economics, 92.

［37］Alex Bryson, John Forth, Minghai Zhou. CEO Incentive Contracts in China: Why Does City Location Matter? NIESR Internal Seminar, 2012.

第六编
地方经济研究

《资本论》对资源型城市以技术进步促经济增长的启示研究

王亚丽[①]

摘　要：马克思在《资本论》中提出的资本有机构成理论蕴含着深刻的技术进步的思想；马克思物质循环理论是循环经济理论最早的思想渊源。在资源型城市经济增长模式弊端日趋明显的今天，重新领会马克思资本有机构成理论和循环经济思想，对于资源型城市转变经济增长方式，依靠技术进步促进经济增长有很强的理论和现实意义。本文通过对马克思资本有机构成理论、物质循环理论的解读，在资源型城市的经济增长方式中引入马克思有关技术进步和循环经济的思想，探讨了技术进步推动资源型城市经济增长的作用机制。

关键词：资本论　资源型城市　技术进步　经济增长

一、《资本论》中的技术进步思想

资本有机构成理论是马克思主义经济理论中与技术进步联系最为紧密的概念之一。资本有机构成概念是用来解释技术进步和社会劳动生产力提高的重要分析工具。资本有机构成理论是马克思的首创，在马克思经济学中占有极其重要的地位，是把握其每一个理论过渡的关键。资本有机构成指由技术构成决定并反映技术构成变化的资本价值构成，用 C∶V 来表示。资本有机构成概念是建立在劳动二重性学说、不变资本和可变资本学说的基础上的，是生产力和生产关系对立运动规律的具体运用。资本有机构成概念是重要的分析工具，它可以用来解释技术进步的作用，说明技术进步引起的劳动力剩余和社会劳动生产力提高的趋势以及在此趋势下一般利润率下降的规律。

郑久平、冉光和（2010）对我国省际 1978—2007 年资本有机构成进行测算，利用

---

　①　王亚丽，1982 年生，女，山西临汾人，山西财经大学政治经济学专业博士生，山西省财政税务专科学校讲师，研究方向：资源型经济转型理论与政策。

面板数据研究了资本有机构成与经济增长的关系，研究发现，资本有机构成并不是越高越好，它对经济增长具有双重作用，在不同的时期，资本有机构成对经济增长产生不同的作用[1]。杨继国（2012）通过数理分析，指出资本有机构成与经济增长不是简单的线性"互相关"关系，较低水平的资本有机构成与经济增长率正相关，资本有机构成达到一个"最优值"后就与经济增长率负相关。因此，最优的资本有机构成才能维持最优的经济增长[2]。

马克思资本有机构成理论在当今资源型城市的经济发展中更加凸显其内在的价值和魅力。随着经济进入较高水平的发展阶段以及科技和信息技术的发展，资源型城市的经济增长有着特殊的时代要求。资本有机构成呈缓慢下降趋势，技术的进步和知识经济的发展客观上推动并要求资源型城市调整要素结构。资源型城市传统的主导要素是自然资源，而劳动要素、资本要素在过度集中于资源型产业的同时，也对技术要素产生挤出作用，限制了技术要素作用的发挥。马克思的资本有机构成理论的意义和内涵，对于资源型城市调整要素结构，逐步将主导要素转为技术要素，以技术要素推动经济增长提供了理论依据和现实指导。从资本有机构成变化的趋势来看，资本有机构成随着资本的积累不断提高，资本有机构成的提高以个别资本的增大为前提，个别资本通过资本积聚和资本集中而迅速增大。马克思对资本积累、资本积聚、资本集中的论述中蕴含着规模经济的思想。马克思论述"大量积聚的并且共同使用的生产资料的价值，一般地说，不会和这些生产资料的规模及其效果成比例的增加"。规模化生产出来的商品以更低的成本优势将费时费工的小生产挤出市场，从而加速了商品经济的发展。这就是马克思论述的大规模集中生产能够战胜分散生产的原因所在。可见，规模经济问题根本上就是研究规模大小和生产节约之间的关系。马克思认为，资本家采用先进的技术和设备是基于节约成本，追求更多利润的考虑，而企业对超额利润的追求则是通过建立在超大规模资本基础上的超低成本来获取[3]。规模经济和技术进步是相互促进的，规模经济促进了技术进步，同时技术进步又是规模经济形成的关键因素[4]。由于规模经济更加细致的分工和学习效应的存在，规模经济能够使长期平均成本下降，带来规模效益。资源配置和产业结构的安排，经济利益与自身能力的获得不是非要凭借外生的资源禀赋所决定的比较优势，即使没有先天的资源优势可以依赖，通过发展规模经济而挖掘出来的专业分工同样能够创造后天比较优势，从而获得经济增长的动力。资源型城市凭借先天的自然资源禀赋可在短时期内迅速获得资本积累，而资本积累又使得发展规模经济成为可能。可见，马克思资本有机构成理论对于资源型城市依靠科技进步促进经济增长有很强的现实指导意义。

二、《资本论》中的循环经济思想

马克思是循环经济思想的先驱者，马克思的物质循环理论是循环经济理论的最早思想渊源。在资源型城市经济增长模式弊端日趋明显的今天，重新领会马克思的循环经济思想，对于资源型城市转变经济增长方式具有重要的理论和现实意义。

（一）马克思物质循环理论的基本内容

马克思物质变化循环理论的内涵体现为自然和社会两个方面，分别指自然界自身的、人与自然界之间的物质变换以及社会的物质变换。马克思在《资本论》中指出："劳动首先是人和自然之间的过程，是人以自身的活动来引起、调整和控制人和自然之间的物质变换的过程。"① 从马克思的论述可以看出，劳动是实现人与自然间物质交换的中介，通过生产活动，自然界的资源被人们所占有、利用，在此过程中，人类向自然界排放出废弃物，而这些废弃物被如何处置和利用直接决定了人与自然的关系，即人和自然之间的物质变换是以自然的承载为限度而发生断裂为时间节点的短期物质变换还是持久和谐的长期物质变换。马克思不仅认识到人与自然之间物质变换的这种关系，而且提出了防止物质变换断裂发生的解决思路。"所谓的生产废料再转化为新的生产要素，是这样一个过程，就是所谓的排泄物再回到生产从而消费的循环中……"可见，马克思这种弥补"物质变换裂缝"的论述蕴含着循环经济的思想[5]。

（二）马克思物质循环理论对资源型城市发展循环经济的指导意义

理论在实践中得到贯彻，才有其意义，循环经济是马克思物质循环理论的实践平台。马克思物质循环理论是在资本主义生产方式下提出的，但是马克思所指的物质变换裂缝的问题在我国社会主义市场经济中同样存在。在中国经济快速增长的过程中，出现了一系列严重的问题，经济结构失衡、环境污染、生态破坏、资源短缺等，经济发展不可持续问题十分突出。探究这些问题的背后，其中一个重要的原因就是经济增长方式的不合理。以破坏自然为代价的经济增长方式已经使人们受到了自然的报复，转变发展观念和发展方式势在必行，而循环经济就是符合可持续发展理念的经济增长方式。因此，循环经济正是马克思物质循环理论的实践平台。

资源型城市将自然资源作为经济增长的主要动力，与自然的关系尤为紧密，面临对自然资源的过度依赖和过度开发，资源型城市发展循环经济的需求则更为迫切。资源型城市对自然资源的利用方式如何，"物质变换"能否实现，直接关系到资源型城市的经济增长，对资源自然的利用优化可促进经济增长的良性循环，避免"物质变换裂缝"；反之，对自然资源的不合理利用会使资源型城市陷入"资源诅咒"。因而，马克思物质循环理论对于资源型城市发展循环经济，促进经济可持续增长具有重要的指导意义。

三、技术进步促进资源型城市经济增长的作用机制

在传统生产力状态下，技术并没有成为一个独立要素，而是通过内生于物和人来间

---

① 马克思. 资本论：第1卷 [M]. 北京：人民出版社，1975：201-202.

接地发挥作用。Solow（1956，1957）通过对美国经济增长的长期研究，资本和劳动力供应的增长不足以解释经济增长，因此，必定存在其他的经济增长的源泉，即技术。而且随着生产力的发展，技术在生产过程和产品中的地位越来越突出，在这种情况下，技术最终作为生产力中的一个独立要素发挥作用。Kaname Akamatsu、筱原三代平、Raymond Vernon 等学者率先在技术进步与经济增长关系方面进行了开创性的研究。但在研究早期，技术进步仍然是外生因素，简化了基于技术进步的经济增长理论的研究分析框架，研究的侧重点在于技术进步对于国家间比较优势格局的影响，而不能从根本上对技术进步影响比较优势变化进而影响经济增长的机制做出具有说服力的解释。后期随着新增长理论的发展，技术进步外生约束的这一瓶颈得以突破，Arrow、Krugman、Redding 等学者建立了技术进步内生化的理论，分别从"干中学"、创新、内生个人专业化等角度将技术进步本身作为一个内生因素在模型中得到了解释[6][7]。随着经济发展阶段由低级向高级的演进，主导生产要素也将沿着自然资源、劳动、资本、技术的轨迹逐渐发生转换，主导要素代表着某一经济发展阶段的特征。当资源型城市主导要素转换为技术要素，则技术进步将极大地促进其经济增长。

（一）技术进步促进资源型城市产业结构优化

《中华人民共和国国民经济和社会发展第十三个五年规划纲要》中，中共中央提出了十个目标任务，目标 3 是调整优化产业结构。本文的分析沿用《中华人民共和国国民经济和社会发展第十三个五年规划纲要》的思路，针对技术进步对产业结构调整的影响加以分析。产业结构不合理是资源型城市的突出问题。从三次产业结构来看，资源型城市普遍呈现"二、三、一"的产业结构，主导产业是第二产业，第二产业中又以资源型产业为主。从发达国家和地区的发展实践来看，"三、二、一"的三次产业结构是较优的产业结构。从不同产业对资源依赖程度的差异来看，资源密集型产业是资源型城市的主导产业，资本密集型和技术密集型产业比重偏低，产业发展对自然资源的依赖性较强，高端装备制造业、高技术产业等发展滞后，新兴的接续替代产业发展由于缺乏配套资金、人才、技术等而举步维艰。通过技术进步优化产业结构是资源型城市经济增长的途径之一。技术进步促进资源型城市产业结构优化的机制主要有：

1. 促进产业结构合理化

产业结构合理化是指实现生产要素的优化配置、产业间协调发展。技术进步能够影响生产函数提高生产要素的相对边际生产率，对其他要素产生替代效应，即使规模收益递减，也可以由提高的生产要素使用率将其抵消，引导生产要素的流向，推动产业结构的合理化。

技术进步是影响产业结构的重要因素，特别是在技术突飞猛进的工业化社会，技术进步对产业结构的作用尤为突出[8]。技术通过与生产的密切结合，新技术转化为直接的生产力，提高了生产力水平，直接或间接地带来三大产业的变化与发展，如图 1 所示，技术进步通过改造传统产业、淘汰落后产业、发展新兴产业促进产业结构的合理化。具体思路为：在缺乏技术创新的条件下，传统资源型产业存在资源利用水平不高、初级产品比重过大、产业链条延伸不足等问题，而通过将技术进步转化为直接的生产力作用于资源型产业，可以在一定程度上解决传统产业中存在的问题。技术进步是产业转型的重要推手，通过技术进步，强化倒逼机制，加快淘汰落后产能，促使过剩产业退出市场，然而，资源领域落后产业不可能一蹴而就，因而应当以技术进步加快新兴产业的发展，将新兴非资源型产业与传统资源型产业融合发展来促进产业结构的合理化。可见，通过技术进步改造传统产业、淘汰落后产业、发展新兴产业是产业结构合理化的重要途径。

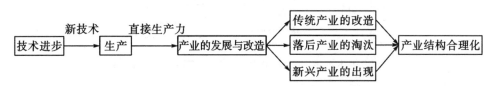

图1　技术进步促进资源型产业结构合理化模式图

2. 促进产业结构高度化

产业结构高度化是指产业结构重心由第一产业依次向第二、第三产业逐次转移的过程，从产业生产要素集约度的角度来看，产业结构高度化是指产业结构重心由资源密集型向劳动密集型、资本密集型、技术密集型逐次转移的过程。资源型城市的产业结构从三次产业结构来看，普遍呈现"二、三、一"的产业结构，从生产要素密集度的角度来看，以资源密集型产业为主，产业结构高度化有很大的空间。

产业结构高度化以产业结构合理化为基础，脱离合理化的高度化只能是一种"虚高度化"。在产业结构合理化的基础上，通过技术进步，可以进一步实现产业结构的高度化。产业结构的变化是通过产业间比较优势的逐步更迭来实现的，最终主导产业的变更是产业结构变动的标志，随着主导产业的升级换代，资源型城市实现了产业结构的高度化[9]。具体来讲，技术进步影响产业结构高度化可从供给和需求两方面来看：从供给方面来看，技术进步通过突破制约条件而为产业发展创造了新的可能性。体现在：①技术进步改善了原有的生产工艺，提高了生产效率，不仅可以扩大原有的生产规模而且提升了生产的质量水平。②技术进步通过改善劳动者受教育的条件和方式而间接地提高了劳动者的素质，使劳动者具备了在产业之间流动所需的技能条件，并且为新兴产业的兴起和发展提供了满足其要求的优质劳动力。③技术进步改变了原有的生产体制、组织和管理，以更有效的组织和管理对利益协调发挥作用，而利益协调也是推动产业结构高度化的一种重要的无形供给。从需求方面来看，技术进步影响产业结构变动的途径体现在：①技术进步开拓派生出新的产业部门，创造出新的需求。②技术进步提升了产品的技术含量，产品的质量更高，不论是国内市场还是国际市场对该产品的需求都会提高，从而以需求量的变化作用于该产品的供给，使产业结构发生变化。[10]如图2所示。

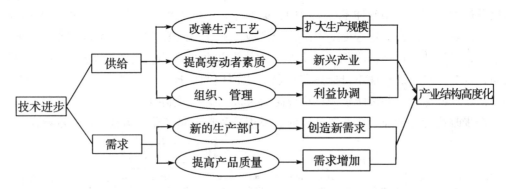

图2　技术进步促进资源型城市产业结构高度化模式图

　　结合资源型城市的具体情况来看，技术进步对供给方面的作用体现为增加了产业结构中资本密集型或技术密集型产业的比重，在一定程度上促进产业结构向"三、二、一"的结构转变；对需求方面的作用体现为新的需求倒逼产业结构的调整，促使资源型城市的产业结构高度化发展，满足市场需求。

　　值得注意的是，产业结构合理化和产业结构高度化是相互联系，相互影响的。产业结构合理化是产业结构高度化的前提条件，如果产业结构不合理，长期处于不均衡状态，则不可能实现产业结构的高度化。而产业结构的合理化也一定是基于一定程度上的产业结构高度化。产业结构合理化是产业结构优化在一定时间段内的表现结果，产业结构高度化则是产业结构优化在长期内的呈现结果，是一个渐进的发展过程。可见，产业结构高度化是产业结构从一种合理化状态上升到更高层次合理化状态的发展过程，可以说产业结构高度化是产业结构合理化的必然结果。[11]

　　3. 促进产业结构生态化

　　从经济学角度看，产业结构生态化是指按照生态经济原理和生态规律构造和谐、高效的产业结构，通过提高产业内、产业间的生态关联程度和协调能力，促进生态要素的合理配置与流动，提高生态要素生产率及其增长率，实现高效的产出和资源环境的持续利用。资源型城市在以自然资源为主导要素发展经济的过程中，不可避免地对生态环境造成了很大的危害，对自然资源掠夺式的开采方式带来了大气污染、水源破坏、地表塌陷等长期的生态环境问题，因而对于资源型城市来说，产业结构生态化尤其值得关注。

　　产业结构生态化不是用放弃经济增长换取生态环境的改善，而是要在经济增长的前提下将生态压力降低到环境可承受范围内，既要保证应有的经济增长水平，也不能对生态环境造成严重破坏，并逐渐恢复和改善生态环境。要做到这一点，技术是关键。产业生态化可依靠高新技术提高资源利用率，减少环境污染，防治生态退化。技术是推动产业生态化的主力军，技术的进步、创新与运用，对于自然环境的保护、环境污染的控制、生态系统的建设发挥着积极的作用。在生产、消费方面进行以保护资源环境为目的的技术创新，重点开发低耗能、高产出、防污染的先进设备，构建政府支持、企业自主、员工积极参与的创新体系，转变经济发展方式，促进产业结构生态化转型，促进生态经济协调发展。[12]

（二）技术进步促进资源型城市循环经济和低碳经济的发展

循环经济倡导的是对资源的循环利用，尽可能节约资源，以"减量化、再利用、资源化"为利用资源的指导原则，尽可能减少使用资源的过程中对自然环境产生的不利影响。低碳经济是指"低能耗、低污染、低排放"的经济发展模式，通过技术进步、新能源开发等手段尽可能地减少传统化石能源的消耗与排放，是与循环经济相伴而生的一种经济形态。

资源型城市与其他城市相比，发展循环经济和低碳经济的需求更为迫切，技术进步为循环经济和低碳经济的发展提供了技术保障，是它们发展的前提条件。表现在：

1. 发展循环经济，技术是关键

循环经济的发展是一个系统化的运作模式，关键在于技术支撑。循环经济不是一个新鲜概念，早在 2003 年，党的十六届三中全会上随着科学发展观的提出而进入了人们的视野，并确立了物质减量化的发展战略，政府提出了从城市、区域、国家层面大力发展循环经济的要求，然而时隔多年，循环经济的发展仍然缓慢，问题很多。首要原因在于循环经济对技术体系的要求非常高，而技术体系攻关难度大，对产业的关联性程度要求高，技术瓶颈难以突破，并且缺乏整合循环经济产业链的专业化人才[13]。循环经济的发展有赖于开采技术、环保产品技术、资源重复利用技术、污染预防技术等技术的支撑，然而在这些方面的技术、装备水平并不高。以山西省为例，煤炭是山西省最主要的资源，但是在煤基清洁能源生产、煤替代能源开发等技术方面，山西省并不具备技术优势。同时，在大型燃煤电厂烟气脱硫、城市垃圾循环利用、生活污水处理等领域甚至没有自己的制造技术，严重制约了山西省煤炭循环经济的发展。

2. 低碳经济是技术的方向和引领，技术是低碳经济的内在驱动力

发展低碳经济是资源型城市实现可持续发展的重要途径。低碳经济模式下的技术呈现出与传统经济模式下的技术所不同的特征。低碳经济致力于改善传统经济发展模式下的严重问题，与粗放型经济发展模式"高排放、高能耗、低效率"的特点截然不同，低碳经济模式具有"低排放、低能耗、高效率"的特点，必然要求技术创新朝着节能、减排、增效的方向发展，那么技术的研发就应该朝着低碳经济这个明确的目标开展。技术水平保持不变或者偏离低碳经济要求的方向，都无法实现低碳经济的目标。因而，低碳经济是技术的方向和引领，技术又是低碳经济的内在驱动力[14]。

四、研究结论

我国资源型城市数量多，分布广，为我国经济社会的发展做出了突出贡献。然而由于缺乏统筹规划和资源衰减，资源型城市在经济发展过程中积累了诸多矛盾和问题。随着经济发展步入新常态，资源型城市的产业结构、生态环境等暴露出越来越多的问题，所产生的一系列后遗症也完全呈现在人们面前，经济出现断崖式下滑，面临转变经济增长方式的紧迫任务。产业结构单一化、重型化，靠山吃山、靠水吃水的路径依赖思想和

行为形成了资源型城市的资源型产业比重过大，从而对第三产业尤其是新兴产业起到了挤出和抑制作用，使其在产业链中处于上游，产业的关联度低。产业结构是影响经济增长的关键因素，通过技术进步优化产业结构是资源型城市经济增长的重要途径，资源型城市与其他城市相比，发展循环经济和低碳经济的需求更为迫切，技术进步为循环经济和低碳经济的发展提供了技术保障，是循环经济和低碳经济发展的前提条件，因而技术进步可为资源型城市经济增长带来更强的推动力。

参考文献：

［1］郑久平，冉光和. 资本有机构成与区域经济增长差异［J］. 软科学，2011（5）：96.

［2］杨继国. 最优资本有机构成与最优经济增长［J］. 经济学研究，2013（2）：39-40.

［3］张雷声. 马克思的资本积累理论及其现实性［J］. 山东社会科学，2017（1）：13-18.

［4］李鹏. 规模经济的制度分析［D］. 厦门：厦门大学，2003：8-11.

［5］刘飞，张忠华. 马克思物质循环理论及其当代价值［J］. 大连干部学刊，2015（11）：20-22.

［6］Arrow，k. J. The Economic Implications of Learning by Doing［J］. Review of Economics Studies，1962，29（3）：155-173.

［7］Redding，S.，1999，Dynamic Comparative Advantage and the Welfare Effects of Trade，Oxford Economic Papers，51（1）：15-39.

［8］王君丽. 资源型地区的产业结构调整与经济增长——基于山西省的实证分析［D］. 太原：山西大学，2014（6）：12-16.

［9］胡春生，莫秀蓉. 资源型城市产业转型的新结构经济学分析框架［J］. 经济问题探索，2015(7).

［10］李婉琳. 技术创新促进资源型地区经济转型研究——以山西省为例［D］. 西安：陕西师范大学，2016：17-20.

［11］谭荣，曲福田. 自然资源合理利用与经济可持续发展［J］. 自然资源学报，2005（6）.

［12］Eichner，Thomas and Rudiger Pethig，Corrective Taxation for Curbing Pollution and Promoting Green Product Design and Recycling Environmental and Resource Economics，Volume25，Number 4，2003.

［13］武瑞梅. 基于低碳技术创新的产业结构优化升级研究［D］. 石家庄：华北电力大学，2013：28-30.

［14］赵卓，肖利平. 发展低碳经济的技术创新瓶颈与对策［J］. 中国科技论坛，2010（6）.

中国特色资源型地区转型道路探析[①]

李玲娥[②]　　郭海霞[③]

摘　要：长期以来，我国资源型地区粗放型的经济发展方式导致产业结构单一、生态环境恶化、安全事故频发。目前资源型地区转型已进入攻坚克难的阶段，亟须寻找和走出一条因地制宜、具有中国特色的资源型地区转型道路。本文在借鉴德国鲁尔区转型经验的基础上，试图探寻中国特色的资源型地区转型战略的新思路。首先，资源型地区转型需要先进的发展理念和发展目标引导，转型的首要任务是重塑可持续发展目标，推行绿色 GDP 核算、实现由"物本主义"向"人本主义"转变是当务之急。其次，资源型地区转型过程中，要特别处理好政府与市场之间的关系，在坚持市场机制发挥资源配置决定性作用的前提下，应充分发挥政府、企业、社会公民等各类经济主体的作用，共同完成资源型地区转型。最后，资源型地区转型路径，包括新型城镇化建设、产业结构转型、社会保障体系建设、生态环境保护及体制机制创新，需要新的理论解释和实践探索。要鼓励社会资本参与基础设施建设和城市功能建设；设计合理机制鼓励和引导社会资本投资社会保障领域；健全资源环境产权制度，增强政府和企业保护环境的责任感；积极推动资源型地区体制机制创新，为资源型地区转型发展营造优良的环境。

关键词：中国特色　资源型地区　转型　战略选择

一、引言

伴随着资源的过度开采引发的恶果不断显现，资源型地区转型问题已逐渐成为一个

①　本文受人社部留学人员科技活动项目择优资助重点项目"资源型地区转型路径的中外比较研究——以山西省与德国鲁尔区为例"、山西省回国留学人员科研资助项目"资源型地区转型的决策体制机制中外比较研究——以山西省与德国鲁尔区为例"和山西省研究生教育改革项目"研究生《资本论》教学改革的理论创新与实践探索"资助。

②　李玲娥，经济学博士，山西财经大学经济学院、山西财经大学中国特色社会主义政治经济学研究中心教授、博士生导师，研究方向：马克思主义经济学、社会主义经济理论。
③　郭海霞，经济学博士，山西财经大学国际贸易学院讲师，研究方向：政治经济学、国际贸易。

国际性议题，也受到我国各级政府的高度重视。党的十九大报告中明确指出，要实施区域协调发展战略，支持资源型地区经济转型发展。国内外学者对此进行了大量的研究，取得了丰硕的成果。国外学者对资源型地区的相关研究始于 20 世纪 30 年代。加拿大经济史学家伊尼斯（Innis）对资源型地区进行了具有开创性意义的研究，其发表的论文《加拿大的毛皮贸易》（1930 年）被视为资源型城镇研究的标志性成果。国外对资源型经济较为系统的研究出现于 20 世纪 60 年代以后，其代表人物有 Bradbury、Lucas、O'faircheallaigh、Marsh、Millward 等。20 世纪 70~80 年代，国外学者对于资源型地区经济转型的关注集中于"荷兰病"的研究。1982 年，Corden 和 Neary 建立了"荷兰病"模型，该模型将经济体分成三个部门：繁荣部门（例如石油行业）、滞后部门（例如农业和制造业）和非贸易部门。研究表明，石油行业的繁荣会引起资源转移效应和消费效应，并由此引发了直接和间接的反工业化现象。Ismail. O. Fasanya 等人（2013）利用1975—2010 年的数据进行时间序列分析，结果显示，石油开采对农业和工业发展存在影响，且对农业的影响程度要大于工业，证明"荷兰病"在尼日利亚是确实存在的。1993 年美国资源经济学家 Richard Auty 首次提出了"资源诅咒"一词，引起学者的广泛关注。关于经济增长与资源禀赋关系实证分析的文章也开始大量出现。Sachs 和 Warner（1995，1997，2001）连发三篇文章，他们选取 95 个发展中国家作为样本，对"资源诅咒"这一假说进行开创性的实证检验。回归结果表明，一国自然资源的丰裕程度与其经济增长之间确实存在负相关关系，当然还有一些学者对此产生质疑，通过实证研究得出了与"资源诅咒"现象完全不同的结论。Anne W. Walker（2013）指出，资源禀赋状况与教育投资呈显著的反比关系。资源充裕的地区用于教育方面的经费支出较少，进而影响到该地区人力资本的发展以及经济增长速度。

　　国内对资源型地区转型的研究主要集中于产业结构优化升级方面。沈镭（1998）把资源型城市产业结构的转换总结为优势替代、优势再造、优势互补、优势延伸和优势挖潜五种模式。张米尔、武春友（2001）指出，对应于资源开发的不同阶段，资源型地区的产业政策也应有所不同，而非千篇一律。张米尔还将资源枯竭型地区产业结构优化分为三种模式：一是将原有主导产业延伸；二是寻找新的主导产业；三是将原有主导产业与新兴主导产业相结合的优化模式。高辉清（2014）认为，资源型城市产业结构优化应以摆脱经济发展对自然资源的高度依赖为目标。因此，在产业结构优化的两种基本模式中，产业延伸模式只是一个中间的过渡模式，产业更新模式才是最终的解决方案。白云朴、李辉（2015）提出了要从注重生态环境保护、加强科技投入和人力资本投入三方面带动资源型地区产业结构优化，并制定了具体的实现路径和运行机制。

　　本文在前人研究的基础上，从资源型地区可持续发展目标、资源型地区转型路径（包括新型城镇化建设、产业结构转型、社会保障体系建设、生态环境保护及体制机制创新）两个方面对中国特色的资源型地区转型战略做出了新的全面阐释。

二、重塑中国资源型地区可持续发展目标

长期以来，受制于传统的发展观和唯 GDP 的政绩观，我国资源型地区忽视经济发展中的社会效益、生态建设和环境保护，忽略了从追求单一经济增长速度目标向追求经济社会环境协同发展目标的转变。因此，资源型地区转型的首要任务是重塑发展目标，树立绿色 GDP 理念，推行绿色 GDP 核算。可考虑在资源—经济—环境综合核算的框架之上，结合资源型地区的实际情况，构建包括自然资源耗减损失、环境污染损失等内容的绿色 GDP 核算框架指标，促使资源型地区在转型过程中走出唯 GDP 增长的困境，重视经济增长速度背后的环境损失，为资源型地区绿色转型奠定基础。

同时，要注重实现从以 GDP 增长为中心的"物本主义"向以人的全面发展为核心的"人本主义"转变。我国资源型地区应该紧紧围绕"以人的全面发展为导向"这一根本指导理念，不仅做到发展依靠人民，更重要的是使全体人民分享到发展的成果。当前，我国资源型地区社会问题的最主要表现是城乡发展差距、贫富差距的扩大。自然资源掠夺式的开发和利用使少部分群体收入增长过快，矿竭城衰导致了大量相关产业职工的下岗失业和生活困难，而现行福利制度的不完善又加剧了这一状况。因此，注重社会公平、缩小贫富差距是资源型地区转型发展必须要面对和解决的问题。

三、中国特色资源型地区转型路径新解

（一）积极推进资源型地区新型城镇化建设

党的十八大召开以来，我国城镇化建设进程加快，资源型地区工业化水平高，其城镇化建设具有自身优势。但也面临着诸多问题，例如，城市功能单一、城镇化水平的"虚高度化"、城镇体系结构的分散化等，这些问题都对整个城市的健康发展产生了消极影响。我们可以借鉴德国鲁尔区转型经验，对工业城市进行功能改造，使之能在符合经济转型规划的同时与城市建设规划相一致，为转型成功打下良好的基础。

1. 加快资源型地区基础设施建设

通常情况下，资源型城市城区道路主要是连接工矿企业的道路，等次较低，给群众的生产生活带来诸多不便。因此，必须以道路建设为重点，多渠道投入资金，特别是重点建设城市道路连接线、城区间快速干道等工程，形成城市间的快速道路交通网络，实现老市区与新城区对接、市区与郊区的对接。与此同时，要加快电网、排渍、燃气等配套设施建设，逐步扩大绿化面积。进一步增强城市功能，优化城镇产业结构和空间结构，建立良好的人居环境，建设现代化的城镇文化和城镇风貌。必须以效益和质量为中心，实现规模效益、集聚效益、城镇化效益的同步推进，实现人口城镇化、产业城镇化、景观城镇化的全面发展，扎实有效地推进城镇的现代化进程。

关于基础设施建设的资金来源，资源型地区可借助战略实施的关键期，积极申请重

中国《资本论》年刊（第十六卷）

点产业、基础设施、社会事业等领域相关政策和资金，加速基础设施建设，优化区位条件。同时还可通过 PPP 模式，即公私合营模式鼓励社会资本参与到城市的基础设施建设中。例如，地方政府可以通过特许经营、投资补助、政府购买服务等多种方式，吸引社会资本参与投资、建设和运营城市基础设施项目。这样一来，政府可以由过去基础设施公共服务的提供者变成一个监管者，从而在保证工程质量的同时，也可以解决基础设施建设过程中资金不足的问题，减轻财政负担。

2. 推进资源型城市功能创新

资源型城市发展过程中经历了自给自足路线作用下的"大而全""小而全"的发展阶段，工矿企业兴办了大量自我服务系统，而企业改革和城市发展迫切需要对这些功能进行整合和调整。要逐步将企业办的学校、医院、广播电视等社会事业和生活服务系统进行剥离和整合，统一纳入城市功能配置体系之中，一方面可减轻企业的负担，另一方面可大大提高城市的整体功能和综合效益。

资源型城市在进行城镇化建设时要特别注意，对老城区改造不能搞简单的就地"复制"，避免形成建筑相似、产业雷同、"千城一面"的城镇化结果。在建设新型城镇化的过程中必须考虑因地制宜，不能搞"一刀切"。著名社会学家费孝通先生曾说的"各美其美，美人之美，美美与共"便是新型城镇化建设的目标。可以借鉴德国鲁尔区城市改造过程中的经验，充分利用政府、企业及市民等社会各种力量，注重城市功能的多样化和个性化建设，整体改造城市面貌，扩展城市功能。德国鲁尔区在城市功能改造中创新形成了"博物馆模式""休闲公园模式""购物旅游相结合的开发模式"等，可供中国资源型地区城镇化建设借鉴参考。中央城镇化工作会议也强调，城镇化是一个自然历史过程，而"自然"的奥秘就藏在"市场主导，政府引导"这一原则之中，让"无形的手"充分施展，让"有形的手"更有效率，实现推进新型城镇化的双剑合璧，使城镇化成为一个顺势而为、水到渠成的发展过程。这轮新型城镇化势必要打破拔苗助长的城镇化方式，走出一条高质量、可持续发展的生态城镇化之路。

3. 促进城镇化与新型工业化进程相协调

资源型地区城镇化进程中城镇化水平"虚高"和发展质量偏低的实际反映出，资源型地区的工业化演进进程是常态与病态并存。要改变这种局面，需要做到：①注重工业化建设中自主创新的作用。通过制度创新、科技创新、管理模式创新等实现工业化的快速发展。②重视制造业对工业化的带动和推动作用。通过延长资源产业的产业链等，积极探索资源产业与制造业的结合空间，将资源产业与制造业紧密结合，提高工业化水平和城镇化的质量。③资源型城市要主动融入"一带一路"建设、对接京津冀协同发展战略，构建开放新格局。在科技人才、新兴产业、文化旅游、能源供应、现代农业等方面开展对外合作，并充分发挥各城市的组织带动作用，增强城镇的辐射能力和辐射效应，切实推进城镇化与新兴工业化的协调发展。

（二）加快资源型地区产业转型

资源型地区的产业大多以矿产资源的开发利用而兴起，为了避免"矿竭城衰"的局面，实现资源型地区的可持续发展，我们必须加快产业结构调整步伐，以产业转型促进地区转型。

1. 促进产业融合，实现传统产业高新化

资源型地区产业转型重要的任务是推进资源主导产业与其他产业的融合。它将打破各种产业原有的边界，导致产业间相互渗透和融合，直至催生出新产业。

推进资源上下游产业纵向融合是提升传统产业高新化的一个重要途径。首先，要积极推动产业链前向一体化融合，使产业延伸到基础产业环节或技术研发环节，加强"产、学、研"整合，引导各类创新主体开展行业或企业共性问题的技术攻关，提升传统产业的技术附加值。其次，要推动产业后向一体化融合，加强产品的深度开发、市场销售等环节，延伸传统产业的产业链条。最后，要依托大企业大集团，积极推动上下游产业链条上企业的兼并、重组和联合，逐渐实现资源型地区由单一资源产业向多元化产业发展，由掠夺性开采和初加工原材料向保护性的精深加工转变。

除纵向融合外，资源型地区应从横向解决地区产业链过窄的问题，在资源产业发展的各个阶段，及时找到和培育新的产业。在信息化技术飞速发展的今天，支持传统资源型产业与物联网、移动互联网、互联网金融、电子商务等技术和服务的融合发展与创新应用，积极培育新业态、新模式是政府和企业应当探索的新路径。此外，积极推动传统主导产业中的旗舰企业实施多元经营战略，做大做强优势品牌。特别要努力在煤化工、装备制造业、新型材料产业、旅游业等产业找到新的经济增长点，确保到资源枯竭时期，资源型地区能寻找到新的接续产业和新兴产业，实现可持续发展。

2. 加快培育战略性新兴产业，实现产业结构合理化

当前，我国钢铁、煤炭等产业存在着严重的产能过剩，资源型地区应积极配合国家"三去一降一补"的政策指令，积极发展战略性新兴产业。可借鉴德国鲁尔区转型经验，因地制宜地实现产业结构多样化。根据不同资源型地区的特点，结合自身传统优势产业，科学遴选战略型新兴产业发展的重点领域、项目和重大工程，特别要选择适合资源型地区自身特色的资源综合利用产业，例如特色农业、高端制造业、矿用新材料、电子信息、新能源、新医药、节能环保等新兴接续和替代产业，并重点选择2~3个行业，集中力量攻坚，下大力气做大做强。科学制定重点培育产业的发展规划，强化政策支持，在后续产品、配套产品上延伸产业链，加快优势产业集聚，最终形成战略性新兴产业集群，促进资源型地区产业的可持续发展。

3. 发挥各类主体的作用，形成产业升级新合力

党的十八大报告中提出，创新是经济结构调整优化的原动力，要把创新摆在国家发展全局的核心位置。当然创新驱动是一个系统工程，它不仅是在技术方面，还包括商业模式创新、管理组织创新等丰富内涵。

资源型地区实现产业结构转型升级，关键在于处理好政府与市场关系，使"有形之手"和"无形之手"各司其职，真正汇聚市场力量，让企业等各类主体主动实践和积极创新。首先，政府要明确自身定位，科学、宏观引导产业结构升级方向，把握产业结构的调控尺度和进程。同时要放松部分管制，为市场、产业发展创造宽松健康的环境。其次，政府应完善市场激励机制、公平竞争机制和利益导向机制，为企业、园区发挥主体作用营造良好的市场环境，激发各类市场主体的活力，共同推动产业结构升级，同时

应统筹规划，合理扶持产业结构升级。最后，产业结构调整是一个循序渐进的过程，在此过程中，政府的决策和行为毕竟要受到主观和客观条件的限制，因此，应强化市场在产业结构转型升级中的作用。市场这只"无形的手"主要通过供求关系的变化发挥作用，进而推动企业技术进步和结构调整。政府应尽量避免行政干预，要依靠优惠政策，诱导和鼓励传统资源型企业发展与产业战略规划相一致的项目。

（三）健全资源型地区社会保障体系

资源型城市在转型发展中一般可能会出现资源型企业关闭破产、关联性产业萧条不振的情形，由此带来群体性贫困、集体性失业和人居环境恶劣等问题。这些问题如果不妥善解决，必定成为影响社会稳定的因素。面对这种状况，作为失业和贫困的救济者，政府责无旁贷。

1. 多渠道筹措社会保障资金

面对资源型地区转型过程中带来的一系列突出的经济、社会问题，国家必须加大财政支付力度，以解决转型过程中破产、关闭企业所面临的企业职工的经济补偿及安置问题，协助清还拖欠企业职工和离退休人员工资、退休金和各项社会保险费用，保证产业转型的顺利进行。此外，应建立省级统筹资金对资源枯竭型城市经济转型给予资金上的重点补贴，提高社会保障的质量。当然，单凭政府一己之力很难填补社会保障资金的空缺，应充分发挥市场在资源配置中的决定性作用，政府应设计合理机制鼓励和引导社会资本投资社会保障领域，如可以考虑发行政府债券和社会保障彩票来解决资源型地区社会保障资金不足的难题。

2. 加强对社会保障的监管力度

社会保险基金是全体受保人的"血汗钱""吃饭钱"。管好、用好保障基金，关系到广大职工的基本生活保障，关系到社会保障工作的成败。当前由于社会保障种类繁多，又属于不同的主管部门和不同的统筹层次，政策上的矛盾和冲突现象也就在所难免。基金管理"多头无序"，各自为政，监管主体间职能重叠交叉、职责不清的现象比较严重，缺乏协调机制和有效监督。因此，建议建立专门的社会保障基金监管机制，针对基金监管中的重要问题进行专业化的管理。着重强化完善事前、事中、事后监督相结合，横向监督与纵向监督相结合，现场监督与非现场监督相结合的监督机制。

3. 着力解决下岗矿区职工培训、就业问题

资源型地区转型过程中必定会出现失业人口剧增的问题，而当失业成为一种社会常态时，不仅会给失业者和失业者的家庭带来巨大的痛苦，更为严重的是成为社会问题，极容易引发群体性事件，造成社会的不稳定。因此，在资源型地区经济转型过程中必须着重考虑如何减轻失业对于社会的负面影响。可以借鉴德国鲁尔区的经验，通过建立不同层次、类型的培训中心，分门别类地对失业员工提供咨询、再就业指导和培训的服务，提高其职业技能，帮助其尽快完成个人职业生涯的转型，并提供相关的转岗津贴帮助职工实现再就业。

（四）建立资源型地区生态环境保护机制

生态环境保护是实现资源型地区可持续发展的关键。破解生态环境难题的实质是要努力寻求经济系统与生态环境系统的一种均衡状态，实现资源绿色开采、循环经济与资源的集约利用、生态环境补偿与修复，避免走以前那种"先污染、后治理"的老路，从根本上改变牺牲生态环境换取经济发展的现状，以实际行动践行党的十九大报告中提出的"人与自然是生命共同体"理念。

1. 健全资源环境产权制度

很久以来，环境领域一直没有明确地提出产权概念，无论是政府还是企业、个人都有一个根深蒂固的观念，即认为对于环境这种无形的公共物品可以免费使用或廉价获取。这就导致为生态环境保护做出贡献的主体和对生态环境造成破坏的主体之间赏罚机制模糊不清。长此以往，必定会使地区政府和企业丧失保护环境的责任感和积极性。因此，应着手对资源环境产权进行科学、清晰的界定。凡是为创造良好的生态环境做出贡献的社会主体，都应该获得相应的资源保护收益；反之，凡是有破坏生态环境行为的社会主体，特别是那些高污染、高耗能的企业，政府都有义务敦促其限期整改，并应责令其做出相应的经济赔偿、追究其行政甚至刑事责任。通过立法界定保护资源环境产权是保护生态环境的首要任务。

2. 建立绿色开采机制

绿色开采是一种保护性开发，通过提高资源开采率和不破坏共生、伴生资源，减少对资源和生态环境的索取量，将对生态环境的破坏降到最小，对物质流进行合理控制，保障生态系统的自我调节和再生能力，通过"控量、减量"，直至达到经济系统与生态系统的稳定协调。

绿色开采机制的建立与完善，关键在于确定绿色开采标准和实施绿色认证制度。绿色指标的确立旨在衡量矿产等自然资源开采过程中资源（包括本体、伴生、共生资源）损害情况以及对生态环境的破坏程度。在制定合理的绿色开采标准以后，需要以绿色标准为基础，建立科学合理的绿色开采章程和制度，对资源型企业的开采行为实施严格的认证制度，未经过绿色开采标准认证的资源型企业便不具备资源开采的资格。

3. 建立生态环境补偿与修复机制

实施生态环境补偿和资源开发后的修复是协调生态环境与社会经济发展、保证生态存量不降低的重要手段。

实施生态环境补偿机制必须注重功能性生态补偿，即强调使受损或遭受破坏的生态环境自我更新能力和自我发展能力得以恢复。生态功能修复是一个漫长的过程，为了保障生态环境补偿工作的质量，必须实现生态补偿动态化，即动态补偿，对生态环境补偿实行过程和实施效果的实时监测，以生态功能的恢复作为生态环境补偿机制实施的目标。

建立修复机制，首先需要明确生态修复目标，改变以往看重覆盖率等数量指标，而忽视生态功能的建设与修复，将其目标锁定为生态功能的建设与修复；其次，实施生态修复治理，需要创新、借鉴先进的生态修复技术。日本在水生态管理和水污染治理技术方面较为先进，利用物理法、化学法和生物/生态法三种技术方法，进行污染水域治理与生态修复，取得了较好的成效，值得我们学习借鉴。最后，需要严格做好修复监管。由于生态修复，尤其是生态系统功能的修复是一项复杂的工程，为了保证生态修复的质量，必须对生态修复实施监管。可依托省（市、县）相关职能部门，针对不同项目设立不同类型的管理子系统，对生态修复工作方面的关系进行协调，并负责组织、实施、监管等工作。

（五）加快资源型地区体制机制创新

资源型地区"资源红利"终将消耗殆尽，为此，深化体制机制改革，将政策优势转化为资源型地区经济社会转型发展的最大红利，是当前推动资源型地区经济转型的重要工作。

1. 转变政府职能，完善考核体系

首先，必须要解决政府自身定位的问题。政府的角色是向导和组织者，创造良好的外部环境，提供必要的条件。政府在资源型地区经济转型发展中，应当主要承担的职能包括：制定地区经济发展规划；确定经济转型的方向、目标和步骤；限制和取缔污染环境、浪费资源的企业；鼓励和支持技术先进、资源利用率高的新型企业发展壮大；制定相应的政策法规，实施倾斜性产业政策和财政政策，扶植新兴产业和潜力产业，逐步提高其在地区经济发展中的地位；等等。

其次，政府在明确自身职责之后要逐步简政放权，把不属于自己的权力还归市场，以此吸引国际资本和国内民间资本，弥补资金的短缺，引进先进技术、管理方法和人才，改善和优化自身的投资环境。

再次，要营造高效廉洁的政务环境，规范和简化办事程序、提高办事效率。可设置负面清单制度，进一步减少行政审批项目，降低优质外资的市场准入门槛。加强政府效能建设，建立行政效能保障机制。

最后，对于地方官员的绩效考核方法应有所改变。测评考核制度是政府工作的重要标杆，也是评价地方干部工作的重要依据，过去官员的绩效考核更看重经济增长率，因此带来很多民生、生态环境等问题。资源型地区的经济转型必须从官员的测评考核制度入手，由原来只注重经济增长转为综合评估，建立包括就业增长、节能降耗、污染治理、民生改善、创造市场活力等在内的评估机制。

2. 创新人才培养、引进机制

在生产力要素中，人是最为活跃的因素，人力资源对生产力发展起着决定性的作用。从根本上讲，资源型地区经济的转型发展，就是把经济发展的着力点由原有的优势自然资源转向人力资本的创造能力上。

首先，政府要高度重视人才培养和引进，把人才培养、引进作为重要的工作内容。要提供优惠的人才引进和安置政策，逐步完善技能人才尤其是高技能人才的引进和安置机制，以感情留人，以必要的物质条件留人；制定相应的政策减免与技能人才培养有关的税费；设立专门的培训基金，不断提高高等教育和继续教育的质量；大力推进技能人才交流平台的建设，实现资源共享，促进技能人才的合理布局，促进技能人才布局的进一步优化。

其次，企业应完善其内部人才培养机制。应根据岗位的要求和员工的实际情况，给员工提供适当的培训机会，并鼓励员工学习与工作相关的知识和技能。另外，随着企业的转型发展、新设备新技术的投入运用，会产生新的培训需要。企业应对培训需要进行科学的分析，选择最优的方法和途径去满足这些需要。建立和完善企业内部人才培训机制，系统地制订人才培训计划，并进行必要的检查和经验总结推广，满足员工学习、晋升的需求。

3. 构建技术创新体系

资源型企业在自主创新、模仿创新或与其他企业、机构的合作创新中可以获取大量的有形技术和无形技术，并在创新过程中使得技术知识得以吸引和扩散，从而提高资源型产业的整体水平。目前从整体上看，资源型企业创新意识、动力普遍不强，科技进步的进程较慢，科研人员断层现象严重。为此，需要从以下几方面努力：

首先，政府要培育更加宽松、自由、健康的产业创新体系。党的十九大报告中强调：创新是引领发展的第一动力。在人才和技术都相对缺乏的资源型地区，政府应释放更多的政策红利来激发创新活力，而不是仅仅是提高单个大企业的创新能力。通过设计合理的制度，包括投融资体制、经营管理体制、技术创新体制等，降低知识类产品的市场交易成本，打造公平有序的创新环境，为创新源的产生与成长提供土壤，进而为产业结构和技术升级提供不竭的技术来源和推动力。此外，由于技术研发具有投入大、周期长、风险高等特点，企业家投资创新意愿不强，企业新产品、新技术的开发就成为无源之水无本之木。而政府能用于支持研发的费用终究是有限的，因此政府可以建立风险分担机制，将创新过程中的不确定性、风险性分散给各个参与者，实现技术创新风险的社会化，激发大众的创新热情。

其次，大力加强"产、学、研"结合，推动各方面科技力量参与技术创新。对重大技术攻关项目，资源型企业在内部建立示范点和试验点，组织科研单位、高校、工厂联合攻关，发挥各自的优势，搞好大协作；对亟须解决的热点、难点技术问题，通过面向全社会的科研院所、高校以技术难题招标的形式解决；对行业的技术开发性项目，逐步采取市场竞争的机制，实行"公开招标，平等竞争，专家评审，择优实施"的机制，使课题从立项开始就瞄准生产应用和市场要求。此外，还要推动企业与科研院所、高校建立优势互补、风险共担、利益共享、共同发展的合作机制。

最后，加大科技成果转化力度，加快技术创新进程。检验企业技术创新成功与否的主要标志是新产品、新技术的市场实现程度，而不仅仅是技术与产品的完善，因而，科技成果转化是技术创新最关键的一环。政府、资源型企业要采取一系列措施，加快新技术、新工艺的应用和推广，尽快实现其商业价值。政府可以搭建不同层次科技成果转化平台，促进专业化对接平台建设；尽快建立技术经纪市场，建设懂专业、懂管理、懂市场的技术经纪人队伍；推动有条件的高等学校设立科技成果转化、技术转移、技术评估专业，培养科技成果转化所需专业人才等。

4. 完善金融创新体制

资源型地区转型是一项庞大的社会系统工程，需要诸多方面的支持，金融作为经济的核心，在支持经济转型中具有不可替代的作用。

首先，要逐步完善政府对金融机构落实信贷政策的考核评价体系和监督机制，引导信贷资金流向符合资源型地区产业结构调整的行业和领域。其次，建立多元化的融资、担保体系。围绕政府确定的主导产业和重点产业，探索设立产业投资基金、私募股权基金等，鼓励和引导民间资金投向政府划定领域的重点工程和转型项目。最后，要重点支持中小企业的发展，特别要大力支持接续替代产业、高新技术产业和现代服务业发展；同时也要完善中小企业的资信调查和信用评估。推动保险业在保障经济转型、改善民生、维护社会稳定方面的改革创新。

此外，要借鉴国际先进经验并运用现代科技手段，逐步建立覆盖所有业务风险的监控、评价和预警系统。引导金融机构从全局的、系统的、长期的视角处理好金融创新和风险防范之间的关系。健全科学的金融预警指标体系，包括资产风险、信贷收支、流动性风险、经营风险等指标体系，通过风险评估模型对金融机构的风险状况进行综合评价。

5. 健全法律法规体系

《全国资源型城市可持续发展规划》中明确指出，要加快推进资源型城市可持续发展立法。加强资源型地区可持续发展立法有利于规范各利益主体的行为，建立健全资源型地区可持续发展长效机制。将国家有关政策法制化，这也是国际上促进资源型地区可持续发展的通行做法。可效仿德国鲁尔区，在治理环境污染、创造良好法律环境、有效界定政府行为等方面立法立规。特别是财政补助的发放和监管方面，更应该早日实现法制化和规范化，这样才能避免由于缺乏长期规划和法律保护而导致资金使用效率低下。如果没有适当的法律法规制度，中央政府对资源型地区的财政援助也不能实现最初的目的。

四、研究结论

本文以探寻中国特色资源型地区转型道路为研究目标，重点在于对资源型地区转型战略做出新的解释和解答。在明确资源型地区可持续发展目标的基础上，将新型城镇化建设、产业结构转型、社会保障体系建设、生态环境保护机制构建及体制机制创新五个方面作为转型路径纳入一个框架进行综合分析。本文认为，资源型地区的转型是一个经济社会发展方式的长期转变过程，需要发展理念和发展目标的引导，因此，首先应该重塑资源型地区可持续发展目标，推行绿色 GDP 核算，实现由"物本主义"向"人本主义"转变。其次，要特别处理好政府与市场之间的关系，在市场机制发挥资源配置决定性调节作用的前提下，充分发挥政府、企业、社会公民等各类经济主体的作用，共同完成资源型地区转型。最后，资源型地区转型路径需要新的理论解释和实践探索，要鼓励社会资本参与到基础设施建设和城市功能建设中；发挥各类主体的作用，推动资源型地区产业转型；设计合理机制鼓励和引导社会资本投资社会保障领域；健全资源环境产权制度，增强政府和企业保护环境的责任感；资源型经济转型离不开体制机制的支撑，应从转变政府职能、构建技术创新体系、完善金融创新体制、健全法律法规体系等方面入手，推动资源型地区体制机制创新，为资源型地区转型发展创造良好的环境。

参考文献：

［1］ Anne W. Walker（2013），Three Essays on Economic Growth and Natural Resources，Morgantown，West Virginia：1-15.

［2］ Innis Harold Adams（1930），The Fur Trade in Canada：An Introduction to Canadian Economic History，Toronto：University of Toronto Press：383-402.

［3］ Ismail，O，Fasanya（2013），"Oil Discovery and Sectoral Performance in Nigeria：An Appraisal of the Dutch Disease"，The IUP Journal of Applied Economics，26（2）：25-40.

［4］ Jeffrey D. Sachs（1995），"Andrew M. Warner，Natural Resource Abundance and Economic Growth"，NBER Working Paper No. 5398.

［5］ Jeffrey D. Sachs，Andrew M. Warner（1997），"Natural Resource Abundance and Economic Growth-Revised Version"，Harvard University.

［6］ Jeffrey D. Sachs，Andrew M. Warner（2001），"The Curse of Natural Resources"，European Economic Review，45：827-838.

［7］ W. Max Corden and J. Peter Neary（1982），"Booming Sector and De-Industrialisation in a Small Open Economy"，The Economic Journal，3（68）：825-848.

［8］白云朴，李辉. 资源型产业结构优化升级影响因素及其实现路径[J]. 科技管理研究，2015(12).

［9］柴丽丽，崔建周. 资源型地区产业转型与技能人才发展研究——以山西为例［J］. 经济问题，2014（11）.

［10］高辉清. 产业延伸更新是资源城市转型的最佳模式［J］. 上海证券报，2014（3）.

［11］郭凤典，吴菊华. 技术创新：资源型产业走出困境的必由之路［J］. 理论月刊，2000（7）.

［12］王岳平. 产业技术升级对产业结构调整的影响［J］. 经济研究参考，2005（40）.

［13］李玲娥，周荣飞. 国外资源型经济可持续发展的做法及启示［J］. 经济纵横，2012（4）.

［14］潘秀丽. 建立山西省生态修复机制的思考［J］. 山西财税，2016（1）.

［15］沈镭，程静. 论矿业城市经济发展中的优势转换战略［J］. 经济地理，1998（2）.

［16］孙永平，叶初升. 自然资源丰裕与产业结构扭曲：影响机制与多维测度［J］. 南京社会科学，2012（6）.

［17］孙毅. 资源型区域绿色转型的理论与实践研究［D］. 长春：东北师范大学，2012.

［18］王必达，介小兵，高云虹，等. 从资源依赖到创新驱动：我国资源枯竭型地区经济转型研究［M］. 北京：经济科学出版社，2014.

［19］王玉珍. 资源型经济及其工业化体系催生：山西与江苏［J］. 改革，2012（12）.

［20］徐向峰，孙康，侯强. 资源枯竭型城市社会保障制度的完善［J］. 长春工业大学学报（社会科学版），2008（3）.

［21］易鹏. 新型城镇化应有效避免千城一面，让人记住"乡愁"［EB/OL］. http://opinion.hexun.

com/2014-07-23/166886684.html.

[22] 张米尔，武春友. 资源型城市产业转型障碍与对策研究 [J]. 经济理论与经济管理，2001(2).

[23] 张米尔. 西部资源型城市的产业转型研究 [J]. 中国软科学，2001 (8).

[24] 翟顺河. 资源型区域城镇化动力、特征与战略取向——基于山西的实证 [J]. 城市规划，2010 (9).

国家级贫困县身份与县级城乡收入差距

王守坤[①]

摘　　要: 本文通过采用截面最小二乘法以及处理效应模型估计, 发现相对于地理发展条件相似的周边非国家级贫困县, 国家级贫困县具有更大的城乡收入差距。在控制民族自治县与省会城市管辖县哑变量、删除县级市样本、删除革命根据地样本等稳健性检验之后, 上述结论同样成立。进一步的作用机制分析显示, 国家级贫困县具有更多的农村人口比例和农村固定资产投资完成额比例, 这就打破了城市化进程对于缩小城乡收入差距的作用链条, 从而扩大了县级城乡收入差距。在政策内涵层面, 政府部门需要采取各种措施增强农村劳动力流动到城市的可能性, 最终使得城乡人民大众都能够更充分地享有国家优惠政策扶植而带来的发展成果。

关键词: 国家级贫困县　城乡收入差距　处理效应模型

一、引言

自 20 世纪 80 年代末以来, 虽然我国的城乡居民收入差距趋势变化存在波动性, 但是一直没有被完全消除。Ravallion 和 Chen 通过对泰尔指数的分解发现, 城乡收入差距对于我国总体收入差距始终具有较高的贡献率, 其在 20 世纪 80 年代为 30%, 在 20 世纪初为 50%, 之后则一直维持在 47%以上[②]。胡志军等通过分解基尼系数也有类似的发现, 即城乡收入差距对我国总体收入差距的贡献率从 1985 年的 50.6%上升到了 2000 年的 60.7%, 在 2001 年后则一直维持在 60%左右[③]。在追求经济增长的同时如果忽略城乡收入差距问题, 最终很有可能不利于经济增长的可持续性和质量提升。

农村人口全面脱贫是 2020 年我国全面建成小康社会的重要任务之一。实际上, 我

---

① 王守坤, 江西财经大学经济学院。

② Ravallion M. and Chen S., "China's (Uneven) Progress Against Poverty," Journal of Development Economics, no. 1, 2007, pp. 1-42.

③ 胡志军, 刘宗明, 龚志民. 中国总体收入基尼系数的估计: 1985—2008 年 [J]. 经济学(季刊), 2011(4).

国扶贫开发始于 20 世纪 80 年代中期，通过近 30 余年的不懈努力，已取得了辉煌成就。这表现在我国农村地区的贫困人口大量减少，逾 7 亿人摘掉了贫困帽子。对于联合国千年发展目标而言，甚至贡献了约 70%的减贫人口①。针对扶贫方式而言，主要包括改善农村基础设施、发展农村特色产业以及增加农村贫困地区的教育投入等措施。在众多扶贫政策中，将满足一定标准的贫困县或县级市（后文统称为县）划定为国家级扶贫重点县，也无疑是一个重要举措。国家对贫困县进行各类优惠政策与财政资金扶持的最终目的是实现人民生活水平的提升，使得城乡居民都可以分享经济发展的成果。贫困县身份认定附带许多显性或隐性的扶持措施，成为国家级贫困县以后，该县就可以在专项贷款、财政转移支付和扶贫补助金等方面获得上级政府尤其是中央政府的倾斜。正因为贫困县身份具有较高的"含金量"，它有时会成为一些落后县不断追逐或不愿放弃的身份，甚至有的县在地方政府网站上发布"特大喜讯"来庆贺被确定为国家级贫困县。

国家扶贫政策使得大量农村居民得以脱贫，直接提高了农村居民的可支配收入。然而，本文关注的是国家扶贫政策效应评估中的另外一个维度，即在众多针对农村地区的扶贫措施作用下，县级城乡收入差距是否也相应缩小了？该问题的答案并非显而易见的。一方面，扶贫政策支持下的农村地区产业发展了，农村居民的可支配收入增加了，农村居民的教育投入也增加了，这的确是缩小城乡收入差距的力量；另一方面，由于大量财政资金和经济资源被用于农村地区，这也很可能在微观上改变部分农村居民进行城乡间流动的决策，从而使得农村居民通过城乡间流动缩小城乡收入差距的逻辑链条不再成立（具体逻辑参见后文第四部分）。由此可见，通过规范的实证分析判断扶贫政策是否相应地缩小了城乡收入差距是必要的。本文将从国家贫困县身份与城乡收入差距的关系角度，评估国家级贫困县政策所产生的经济绩效。我们将回答以下问题，即相比于地理环境等地理发展条件相似的周边其他非国家级贫困县，国家级贫困县身份扩大还是缩小了城乡收入差距？本文将分析时间段设置为县级数据相对完整的 2005—2010 年，且通过截面最小二乘法与处理效应模型（Treatment Effects Model）② 分析发现，相对于地理发展条件相似的周边非国家级贫困县，国家级贫困县具有更大的城乡收入差距。在控制了民族自治县与省会城市管辖县哑变量、删除县级市样本、删除革命根据地样本等稳健性检验之后，上述结论同样成立。进一步的作用机制分析显示，在能够享有各类扶持政策的前提下，国家级贫困县在农村地区配置了更多的经济资源，且具有更多的农村人口比例和农村固定资产投资完成额比例，打破了城市化进程对于缩小城乡收入差距的作用链条，从而扩大了县级城乡收入差距。

本文其他部分结构安排如下：第二部分为模型设置与数据说明；第三部分为回归结果解析及稳健性检验；第四部分为作用机制分析；第五部分是结论。

---

① 汪三贵."六个精准"决胜扶贫攻坚［J］. 时事报告，2015（11）.

② Maddala S., *Limited-dependent and Qualitative Variables in Econometrics*, Cambridge：Cambridge University Press，1983.

二、模型设置与数据说明

（一）模型设置

县级政府是我国政府组织体系的基础，长期以来承担着大量义务教育、医疗卫生以及社会保障等基本公共服务职责[1]。为了识别国家级贫困县身份对于城乡收入差距的影响，本文计量模型的自变量设定为国家级贫困县哑变量，其赋值规则为若一个县属于国家级贫困县，则赋值为 1，否则为 0。由于本文的核心自变量即国家级贫困县身份在样本时间段内不随时间而变化，故为了突出考察国家级贫困县与周边非国家级贫困县的横向差异，我们使用单一年度的截面数据，并采用两类计量模型展开分析。

首先，是采用最小二乘法（OLS）进行截面回归，且将截面数据估计模型设置为如下形式：

$$Gap_i = \alpha + \gamma County_i + \beta X_i + \varepsilon_i \tag{1}$$

上式中，Gap_i 为样本县 i 的因变量，即县级城乡收入差距，在有限的县级数据指标中，我们依据通常的做法选择采用县级城镇职工平均工资与农村居民人均纯收入的比值来衡量。$County_i$ 为依据是否属于国家级贫困县而赋值的哑变量，其系数 γ 正是本文关注的系数估计值，它反映了国家级贫困县与地理发展条件相似的周边非国家级贫困县之间城乡收入差距的横向均值差异。α 为常数项，ε_i 是干扰项。X_i 为控制变量集。我们采用 2001 年确定的国家扶贫开发工作重点县构造核心自变量，国家级贫困县身份均获得于本文数据时间段即 2005—2010 年之前，故而影响因变量 Gap_i 的一些社会经济因素也极有可能是国家级贫困县身份的结果变量（Outcome Variables）。此时，在控制变量集中加入这些结果变量就会吸收国家级贫困县身份本身对于因变量的影响，从而使模型核心自变量系数发生估计偏误[2]。为了避免这类"坏的控制变量"问题（Bad Controls），本文回归模型的控制变量仅包括：①县与中心城市之间的经纬度距离。中心城市定义为两类，分别是县域所属的地级市与所属省域的省会城市。省会城市通常是省内经济中心，较大的经济规模使其对省内各县具有较强的辐射效应。地级市则是一定地域范围内的经济中心，对辖区内的县同样具有溢出效应[3]。如果一个县域远离中心城市，它可能就无法获得中心城市的各种资本、技术和人才溢出效应，无法在发挥自身比较优势的基础上充分参与市场分工，从而不利于该地区的社会经济发展[4]。②县域平均海拔对数值和平均坡度对数值。该两变量体现了县域社会经济发展面临的基本自然环境，同时也是上述距离类地理信息控制变量的进一步补充。③地级市固定效应。我们的核心自变量不随时间改变，如果加入县级固定效应，会使得国家级贫困县哑变量的作用被个体固定效应吸收，

---

①　贾俊雪，郭庆旺，宁静. 财政分权、政府治理结构与县级财政解困［J］. 管理世界，2011（1）.

②　Angrist J. and Pischke J., Mostly Harmless Econometrics, Princeton：Princeton University Press, 2009.

③　宋小宁，陈斌，梁琦. 区位劣势和县域行政管理费增长［J］. 经济研究，2015（3）.

④　Cai H., Treisman D. Does Competition for Capital Discipline Governments? Decentralization, Globalization, and Public Policy［J］. American Economic Review, 2005（3）：817–830.

从而无法估计出国家级贫困县身份对因变量的作用系数。因此，我们加入地级市固定效应以尽量控制不同地级市之间的异质性。

其次，是采用处理效应模型进行截面估计。基于截面 OLS 回归的识别策略若要成立，需要排除"样本选择难题"（Sample Selection Problem）所造成的内生性，即某县不能被一些不可观测的地区特征遗漏因素显著地影响其是否成为国家级贫困县。如果存在某些不可观测的遗漏因素，即其不但影响了一个县是否能够获得国家级贫困身份，而且该因素又与城乡收入差距相联系，那么，此时计量模型估计结果刻画的就是那些与国家级贫困县身份相关联的不可观测遗漏因素的作用，而不是国家级贫困县身份本身的影响。这种内生性问题的存在，使得我们需要采用适用于内生性自变量属于哑变量情形的处理效应模型（Treatment Effects Model）进行计量分析。其形式如下：

$$\begin{cases} Gap_i = \alpha + \gamma County_i + \beta X_i + \varepsilon_i \\ County_i = \gamma + \delta Z_i + u_i \end{cases} \tag{2}$$

上式中，第一个方程与截面数据估计模型完全一致，第二个方程为处理方程（Treatment Equation），其中，Z_i 中包含了影响一个县是否成为国家级贫困县的相关因素。模型（2）中的第二个方程为处理效应模型之中的处理方程（Treatment Equation）。我们知道，处理方程至少需要包含一个外生的且影响核心自变量即内生性哑变量的外生变量，且该外生变量不被同时包含在主回归方程之中。这时，该外生变量实际上是内生性哑变量的工具变量。也就是说，虽然模型（2）中的处理方程要求 Z_i 所包含的变量可以部分地与 X_i 重叠，但是至少需要有一个外生的影响因素如 Z_{1i} 不被包含在 X_{it} 之中。本文中，Z_i 除了继续包含县与中心城市距离对数、平均海拔对数、平均坡度对数以及地级市固定效应外，所包括那个影响国家级贫困县哑变量的工具变量是长征沿线县哑变量。

之所以选择长征沿线县哑变量作为核心自变量即国家级贫困县哑变量的工具变量，一方面是因为该变量与核心自变量存在相关性。长征作为一个具有里程碑意义的历史事件，赋予了所经过地区一种特殊的政治资源禀赋。现有的经验文献已经发现长征提升了长征沿线县成为国家级贫困县的概率[①]，这表现在一些不完全符合相关规则的长征沿线县也被纳入了国家级贫困县名单。然而，值得说明的是，并非所有的长征沿线县都被赋予了国家级贫困县身份，同时，非国家级贫困县中也存在部分长征沿线县。具体而言，在本文样本所涉及的 377 个国家级贫困县中，其中有 100 个属于长征沿线县，占比为26.5%；而 351 个周边非国家级贫困县中，其中也有 82 个属于长征沿线县，占比为23.4%。由此可知，本文所选择的工具变量与内生变量之间并不存在必然的对应关系，二者在赋值方面的充分变化使得该工具变量具有了较好的合理性，即长征沿线县身份可以作为是否成为国家级贫困县身份的一个外生冲击。另一方面，该工具变量的赋值具有

① Park A., Wang S. and Wu G. Regional Poverty Targeting in China [J]. Journal of Public Economics, 2002 (1)：123-153；Rupelle M, Li S. Inequality Persistence and Revolution：What Can We Learn from the Long March in China? [EB/OL]. http://www.parisschoolofeconomics.eu, 2012；刘畅，马光荣. 财政转移支付会产生"粘蝇纸效应"吗？[J]. 经济学报，2015，2 (1).

一定程度的随机性。这是因为长征路线选择事前并没有做任何部署，且行军途中的方向选择也往往是基于军事斗争策略的考虑。红军离开江西革命根据地开始长征的命令于1934 年春季匆忙下达，仅有小部分红军领导人知道该命令，直至长征结束前一个月红军才将陕西定为目的地。同时，长征前期不同红军领导人之间的意见也不统一，这进一步增加了长征路线的不确定性。

（二）数据说明

如前文所言，为了解决遗漏变量引起的内生性问题，本文处理效应模型中的外生变量是依据长征路线而构建的，故我们选择县级样本的范畴限制在涉及长征路线之上的12 个省级行政区。虽然长征路线的形成是在村级地区进行的，但是受制于村级及乡镇数据的可获得性，本文将回归样本限定为县级行政区域，即包括县与县级市（统称为县）。长征经过的县名单根据中国网、人民网等国家权威网站公布的中国工农红军长征路线获得。考虑到县级数据的完整性，本文选定 2005—2010 年的年度截面数据展开分析，涉及的县级原始数据来自《中国县（市）社会经济统计年鉴》和《中国区域经济统计年鉴》。对于地理信息控制变量而言，样本县与中心城市的经纬度距离是根据国家地理信息公共服务平台查询到的经纬度数据进行计算后获得；县域平均海拔和平均坡度原始数据是根据中国科学院资源环境科学数据中心公布的中国海拔高度 DEM（SRTM 90m）空间分布、中国 100 万地貌类型空间分布以及中国县级行政边界数据，采用 ArcGIS 软件进行提取而得。

我国疆域广大，不同地区的经济与社会特征差异明显，若我们将全国范围内所有的非国家级贫困县纳入计量分析，显然会对回归结果带来很大噪音。因此，有必要选择与处理组即国家级贫困县相比地理环境尽量相似的县作为分析对象，从而获得精确估计量。考虑到隶属于同一个地级市的县在较大程度上具有相似的自然地理特征，本文依据至少拥有一个国家级贫困县的原则来筛选地级市，然后这些地级市所管辖的所有县作为回归分析样本。按照上述规则，本文样本共有 728 个县，其中包括 377 个国家级贫困县与 351 个周边非国家级贫困县，共涉及 12 个省级行政区的 95 个地级市。需要说明的是，地级市辖区的行政管理体制与县或县级市具有系统性差异，即县域会拥有远大于市辖区的面积和人口，且其自主管理权远大于市辖区[①]。故本文数据样本不包含地级市辖区。重庆市于 1997 年成为直辖市，本文中隶属于重庆市的县到中心城市的距离分别取其与成都市、重庆市区的经纬度距离。此外，在县域年度价格指数缺失严重的情况下，为了消除价格因素的影响，本文按照通常的做法，将具有货币单位的相关变量均采用地市级 GDP 指数折算为以 2005 年为基期的实际值。值得指出的还有，本文对所有连续型变量也均进行了对数化处理以减少异方差性。各变量的描述性统计见表 1。

---

① 宋小宁，陈斌，梁琦. 区位劣势和县域行政管理费增长 [J]. 经济研究，2015（3）.

中国《资本论》年刊（第十六卷）

表 1 主要变量的描述性统计

变量	单位	样本数	均值	标准差	最小值	最大值
城乡收入差距	—	4 368	3.65	3.37	0.01	37.75
国家级贫困县身份哑变量		728	0.52	0.50	0	1
长征沿线县哑变量	—	728	0.25	0.43	0	1
与省会城市距离对数	千米	728	5.30	0.59	2.32	6.46
与隶属地级市距离对数	千米	728	4.25	1.08	-2.18	22.91
平均海拔对数	米	728	6.74	1.01	2.28	8.41
平均坡度对数	度	728	2.52	0.61	-0.57	3.44

注：所有以货币单位表示的变量均经过地级市 GDP 指数折算。

三、基准回归结果及稳健性检验

（一）基准回归结果

我们所关注的核心自变量是哑变量，其不随样本时间维度发生变化，如果采取面板固定效应估计，会使得国家级贫困县哑变量的作用被个体固定效应吸收，从而无法估计出国家级贫困县身份对于因变量的边际影响。同时，面板随机效应模型也无法采用，这是因为它要求截面个体与所有解释变量无关，否则会产生有偏且非一致的估计结果。显然，面板随机效应模型的假定对于我国发展程度差异较大的不同地区而言太过严格。因此，我们采用截面数据分别进行 OLS 和处理效应模型估计。值得指出的是，与 Heckit两步法相比，采用极大似然法（MLE）估计处理效应模型参数的效率更高，这是因为前者会将第一步估计中的误差带入第二步中，从而导致效率损失。

截面 OLS 和处理效应模型主回归方程的估计结果见表 2 和表 3。表 3 中还报告了判断处理效应模型内生性存在与否的 Wald 检验 P 值，结果显示，各模型均不能拒绝处理效应模型不存在内生性的原假设。为了简化表格，表 3 中没有展示处理效应模型中处理方程的回归结果，但是其系数估计均符合预期，即长征沿线县哑变量在 1% 的显著性水平上为正，这意味着长征沿线县确实更有可能成为国家级贫困县。表 2 和表 3 显示，无论是基于 2005—2010 年的年度截面数据，还是基于样本时间段内的均值而言，核心自变量系数都至少在 1% 的显著性水平上为正值，这意味着相对于周边非国家级贫困县而言，国家级贫困县确实具有更大的城乡收入差距。

表 2 2005—2010 年国家级贫困县身份与县级城乡收入差距（OLS 估计）

变量名称	2005	2006	2007	2008	2009	2010	均值
国家级贫困县哑变量	1.13*** (0.39)	1.29*** (0.36)	1.37*** (0.22)	1.42*** (0.27)	1.53*** (0.26)	0.60*** (0.14)	1.23*** (0.19)

表2（续）

变量名称	2005	2006	2007	2008	2009	2010	均值
与省会城市距离对数	0.36 (0.89)	0.66 (0.51)	0.47 (0.34)	0.38 (0.44)	0.45 (0.46)	0.07 (0.12)	0.65** (0.33)
与隶属地级市距离对数	0.08 (0.11)	-0.03 (0.12)	-0.03 (0.12)	-0.09 (0.12)	-0.22* (0.13)	-0.06 (0.05)	-0.08 (0.08)
平均海拔对数	0.15 (0.48)	0.59 (0.43)	0.79 (0.53)	0.62 (0.52)	-0.22 (0.32)	0.02 (0.15)	0.17 (0.28)
平均坡度对数	0.20 (0.42)	-0.66 (0.49)	-0.50 (0.36)	-0.04 (0.39)	0.35 (0.34)	-0.10 (0.20)	-0.07 (0.26)
地级市固定效应	√	√	√	√	√	√	√
R^2	0.464	0.495	0.702	0.628	0.693	0.639	0.673
样本数	728	728	728	728	728	728	728

注：最后一列因变量为2005—2010年县级城乡收入差距的均值；表格中没有报告常数项；括号中报告的是异方差稳健标准误（Robust Stand Error）；*** 表示满足1%的显著性水平，** 表示5%的显著性水平，* 表示10%的显著性水平，以上均为双尾检验。

表3　　2005—2010年国家级贫困县身份与县级城乡收入差距（处理效应模型估计）

变量名称	2005	2006	2007	2008	2009	2010	均值
国家级贫困县哑变量	1.00*** (0.37)	1.23*** (0.41)	1.34* (0.79)	1.47** (0.58)	4.98*** (0.93)	0.62*** (0.14)	1.20*** (0.30)
与省会城市距离对数	0.38 (0.84)	0.67 (0.46)	0.48 (0.34)	0.37 (0.40)	-0.17 (0.39)	0.06 (0.11)	0.66** (0.31)
与隶属地级市距离对数	0.09 (0.10)	-0.03 (0.12)	-0.02 (0.13)	-0.09 (0.12)	-0.44*** (0.08)	-0.06 (0.04)	-0.08 (0.08)
平均海拔对数	0.14 (0.45)	0.59 (0.40)	0.79 (0.49)	0.62 (0.48)	-0.14 (0.43)	0.02 (0.14)	0.17 (0.26)
平均坡度对数	0.23 (0.40)	-0.64 (0.47)	-0.50 (0.39)	-0.05 (0.40)	-0.61 (0.55)	-0.10 (0.19)	-0.06 (0.26)
地级市固定效应	√	√	√	√	√	√	√
内生性检验P值	0.56	0.80	0.97	0.92	0.58	0.62	0.89
样本数	728	728	728	728	728	728	728

注：最后一列因变量为2005—2010年县级城乡收入差距的均值；表格中没有报告常数项；括号中报告的是异方差稳健标准误（Robust Stand Error）；*** 表示满足1%的显著性水平，** 表示5%的显著性水平，* 表示10%的显著性水平，以上均为双尾检验。

（二）稳健性检验

在基准样本回归基础上，我们进行了如表4所示的稳健性检验，估计结果均显示国家级贫困县哑变量系数仅发生了较小变化，原有结论本质上未发生变化。稳健性检验具体包括：

（1）进一步控制民族自治县与省会城市管辖县哑变量。民族结构是各类历史因素综合作用的结果，而且属于少数民族集聚地区也会得到某些政策扶持。同时，我国经济社会发展资源主要被政府部门调控，且级别越高的地方政府掌握的资源总量越多。因此，一个县是否隶属于省会城市管辖，实际上也意味着其与经济发展资源的经济距离的远近。加入上述两个控制变量之后的回归结果没有改变原有结论。

（2）删除了县级市样本。考虑到普通县与县级市毕竟在行政体制上存在差别，我们删除了基准样本中涉及的71个县级市进行回归，发现所有处理效应模型中国家级贫困县哑变量的显著性均未发生变化。

（3）删除长征首尾革命根据地样本。国家级贫困县可能同时也是革命根据地，尤其是长征首尾的县级政府。如果本文的估计系数包含革命根据地的影响，那么识别出的效果可能就不仅是国家级贫困县的效果，还混杂了革命根据地相关优惠政策的效果。因此，我们删除了属于中央革命根据地和陕甘宁根据地的样本对相关回归进行重新考察。其中，中央革命根据地涉及了江西61个样本，陕甘宁根据地具体包括陕西76个样本、甘肃55个样本和宁夏9个样本。我们将上述长征头和长征尾样本删除后，我们发现核心自变量即国家级贫困县哑变量的估计系数显著性保持了一致，故原有结论同样维持不变。

表4　　　　　　　　　　基于因变量样本期内均值的稳健性检验

变量名称	控制民族自治县与省会管辖县哑变量		删除县级市样本		删除长征首尾革命根据地样本	
	OLS	处理效应模型	OLS	处理效应模型	OLS	处理效应模型
国家级贫困县哑变量	2.30***(0.20)	0.65*(0.38)	2.48***(0.21)	3.32*(1.97)	0.94**(0.39)	0.24**(0.11)
与省会城市距离对数	-0.43(0.34)	-0.58*(0.35)	-0.55(0.39)	-0.50(0.37)	-0.23(0.22)	0.63**(0.29)
与隶属地级市距离对数	-0.27(0.21)	0.03(0.21)	-0.15(0.22)	-0.26(0.43)	-0.07(0.26)	0.11(0.10)
平均海拔对数	0.77*(0.40)	0.98**(0.48)	1.05**(0.41)	1.03**(0.40)	0.25(0.60)	0.29(0.22)
平均坡度对数	-0.71(0.49)	-0.64(0.64)	-1.02**(0.49)	-1.15*(0.67)	0.58(0.63)	0.02(0.24)
民族自治县哑变量	-2.77***(0.89)	-3.43***(1.15)	-3.30***(0.91)	-3.14***(0.91)	-0.32(0.42)	2.17***(0.28)
省会管辖县哑变量	1.50(1.06)	2.06*(1.21)	0.85(1.11)	0.39(1.88)		
地级市固定效应	√	√	√	√	√	√
R^2	0.79	—	0.81	—	0.87	—
内生性检验P值	—	0.35	—	0.73	—	0.29
样本数	728	728	657	657	527	527

注：最后两列中，删除长征首尾革命根据地样本之后，剩余样本中已经不再包含省会管辖县；表格中没有报告常数项；括号中报告的是异方差稳健标准误（Robust Stand Error）；***表示满足1%的显著性水平，**表示5%的显著性水平，*表示10%的显著性水平，以上均为双尾检验。

四、机制分析

我们已经发现，相比于周边非国家级贫困县，国家级贫困县具有更大的城乡收入差距。那么，接下来的问题是，该情形是通过何种渠道发生的。在现有的县级数据统计资料中，按照城镇和农村划分后统计的指标比较有限。依据国家级贫困县政策的扶贫指向，即其重点是针对存在于农村地区的贫困人口，本文选择农村人口数量比例和农村固定资产投资完成额比例作为可能的机制变量，其中，前者是农村人口占总人口的比例，后者是农村固定资产投资完成额占总固定资产投资完成额的比例。当然，虽然上述两个机制变量仅针对农村地区构建，但是因为其属于比例类变量，故实际上也蕴含着城镇地区的相关信息。

接下来，对机制分析的思路是：首先，判断国家级贫困县与机制变量的关系，其次，确认机制变量与城乡收入差距的关系，最后，根据上述步骤综合判断机制分析是否成立。我们分别进行截面 OLS 与处理效应模型估计其结果见表 5。表 5 显示，除了因变量为农村固定资产投资完成额比例时的 OLS 回归中核心自变量系数是不显著正值之外，其他情形下的核心自变量估计系数均显著为正值。这意味着，在我们的县级样本范围内，相对于周边非国家级贫困县，国家级贫困县具有更高的农村人口比例和农村固定资产投资完成额比例。可见，在针对贫困地区的各类扶持优惠政策或财政资金支持的影响下，国家级贫困县将更多的经济资源配置到了农村地区。进一步分析发现，表 6 显示，两个机制变量即农村人口数量比例和农村固定资产投资完成额比例，它们与县级城乡收入差距之间均呈现出了显著的正相关关系，即二者数值越高，城乡收入差距也就越高。

综合表 5 和表 6 的信息可知，国家级贫困县的农村地区虽然可以获得更多的政策扶持，但是该种情形客观上造成了一个负面结果就是城乡收入差距的扩大。许多学者则充分阐释了城市化可以缩小城乡收入差距的理论逻辑①。一般而言，在城市化与工业化的进程中，自然出现的一个趋势是劳动力从农村向城镇转移，且通过这个过程往往可以实现城乡收入差距的缩小。原因在于：一方面，在城市化过程中，农村剩余劳动力转移目的地是生产率更高的城市部门，这本身属于劳动力资源的优化配置。从农村地区转移而来的劳动力数量将增加城市劳动力市场的竞争，降低城市劳动力的平均工资。另一方面，农村劳动力向城市流动之后，农村剩余劳动力的减少会通过提高农村地区的人均资源占有量，比如人均耕地资源，从而可以通过农业规模经营等途径使得农村劳动生产率获得提升。此外，流向城市的劳动力也可能将在城市部门工作积累的资金带回农村，用于农村基础设施投资，改善农村生产生活条件，这也有利于提高农民收入水平②。然

---

① 吕炜，高飞. 城镇化、市民化与城乡收入差距 [J]. 财贸经济，2013（12）；陆铭，向宽虎. 破解效率与平衡的冲突——论中国的区域发展战略 [J]. 经济社会体制比较，2014（4）；陆铭. 求解"不可能三角"：理性、公正与效率 [J]. 探索与争鸣，2015（10）.

② 兀晶，卢海霞. 城镇化、城市偏向对城乡收入差距的影响 [J]. 经济问题，2015（9）.

而，当农村地区可以获得更多的资源扶持时，就可能改变劳动力流动决策的成本和收益相对的大小，从而使得城市化缩小城乡收入差距的逻辑链条不再成立。

表5　　　　　　　　　　　国家级贫困县身份与机制变量的关系

变量名称	农村人口比例		农村固定资产投资完成额比例	
	OLS	处理效应模型	OLS	处理效应模型
国家级贫困县哑变量	0.04 *** (0.01)	0.21 *** (0.03)	0.08 (0.15)	1.68 *** (0.55)
与省会城市距离对数	0.04 ** (0.02)	0.01 (0.02)	0.08 (0.22)	-0.20 (0.25)
与隶属地级市距离对数	-0.04 *** (0.01)	-0.05 *** (0.02)	-0.09 (0.06)	-0.19 *** (0.06)
平均海拔对数	-0.02 (0.02)	-0.01 (0.03)	0.04 (0.26)	0.08 (0.36)
平均坡度对数	0.00 (0.02)	-0.05 * (0.03)	-0.18 (0.26)	-0.62 ** (0.28)
地级市固定效应	√	√	√	√
R²	0.48	—	0.19	—
内生性检验 P 值	—	0.00	—	0.00
样本数	728	728	728	728

注：本表中机制类变量作为因变量参与回归，取样本时间段内的均值；表格中没有报告常数项；括号中报告的是异方差稳健标准误（Robust Stand Error）；*** 表示满足1%的显著性水平，** 表示5%的显著性水平，* 表示10%的显著性水平，以上均为双尾检验。

表6　　　　　　　　　　　机制变量与县级城乡收入差距的关系

变量名称	因变量：县级城乡收入差距均值	
农村人口比例	1.51 ** (0.74)	—
农村固定资产投资完成额比例	—	0.12 * (0.07)
与省会城市距离对数	0.77 *** (0.28)	0.81 *** (0.28)
与隶属地级市距离对数	0.06 (0.08)	0.01 (0.07)
平均海拔对数	0.19 (0.32)	0.18 (0.33)
平均坡度对数	0.24 (0.32)	0.27 (0.32)
地级市固定效应	√	√
R²	0.64	0.64
样本数	728	728

注：本表中机制变量作为自变量参与回归；本表不涉及核心自变量即国家级贫困县身份，不需要采用处理效应模型进行估计，故仅是采用OLS截面估计进行处理；表格中没有报告常数项；括号中报告的是异方差稳健标准误（Robust Stand Error）；*** 表示满足1%的显著性水平，** 表示5%的显著性水平，* 表示10%的显著性水平，以上均为双尾检验。

五、研究结论

国家级贫困县政策是我国精准扶贫工作的重要举措。具有国家级贫困县身份，相当于拥有了获得国家优惠政策支持的重要经济资源。本文从国家贫困县身份与城乡收入差距的关系角度，评估了国家级贫困县政策所产生的经济绩效。研究发现，相对于地理发展条件相似的周边非国家级贫困县，国家级贫困县具有更大的城乡收入差距。为了解决可能存在的遗漏变量引起的内生性问题，我们谨慎地选择了估计样本，尽量多地加入了地理信息类控制变量，也使用了能够减弱哑变量内生性问题的处理效应模型。当然，在控制了民族自治县与省会城市管辖县哑变量、删除县级市样本、删除革命根据地样本等稳健性检验之后，上述结论同样成立。

进一步分析，我们也尝试回答了为什么国家级贫困县具有更大的城乡收入差距。对机制分析的思路是，首先判断国家级贫困县与机制变量的关系，其次确认机制变量与城乡收入差距的关系，最后根据上述步骤综合判断机制分析是否成立。分析显示，在我们的县级样本范围内，相对于周边非国家级贫困县，国家级贫困县具有更高的农村人口比例和农村固定资产投资完成额比例。这意味着在针对贫困地区的各类扶持优惠政策或财政资金支持的影响下，国家级贫困县将更多的经济资源配置到了农村地区。同时，两个机制变量即农村人口数量比例和农村固定资产投资完成额比例，它们与县级城乡收入差距之间均呈现出了显著的正相关关系。最终，可以得出的结论是，国家级贫困县的农村地区虽然可以获得更多的政策扶持，但是该种情形很可能改变劳动力流动决策的成本和收益相对大小，从而使得城市化缩小城乡收入差距的逻辑链条不再成立，即客观上造成了城乡收入差距扩大的负面结果。

本文结论有利于客观地评估对于落后地区优惠扶持政策的经济绩效。单纯地依赖上级政府的优惠扶持政策或财政资金转移支付，并不能自然地实现城乡居民收入差距的缩小。在一定意义上，当城乡人民大众都能够更充分地享有国家优惠政策扶持而带来的发展成果时，经济资源在城乡之间的配置效率才真正达到了最优化。在追求城乡之间平衡发展目标时，我们并不是需要规模或总量意义上的平衡，实际上，在人均意义上实现平衡才能达到城乡居民都能够分享经济发展成果的目标。当然，总量上的城乡间平衡也最难以实现，这是因为经济和人口集聚发展是符合规模经济的总体趋势①。可以说越是经济发达的国家，其经济活动和人口就越向城市的周围集聚。为了实现"在集聚中走向平衡"的城乡发展路径，本文提出以下三点具有可行性的政策措施：

（一）解除限制农村人口流向城镇的诸多限制

对于我国而言，城乡间平衡发展的关键是农村劳动力能够自由流动，并能够转化为真正的市民。然而，基于对城市公共资源和就业岗位的保护，城市地区总是或至少部分

---

① 陆铭，陈钊. 为什么土地和户籍制度需要联动改革［J］. 学术月刊，2009（9）.

地存在户籍歧视的现象。户籍歧视使得农村居民在工资水平、职业培训力度、社会保障、子女教育等方面不能享有与城市人口同等的待遇，进而抑制了农村居民收入增长的可能性。万海远等采用倾向得分匹配与双重差分方法分析发现，户籍歧视使得农村居民个体的收入减少了 3.5%[①]。所以，政府部门应该逐步降低农村居民本地城镇户籍的门槛，在户籍政策方面作出调整，包括逐步建立统一的户口登记制度，允许农村劳动力在一定年限内转变为城市居民；逐步使户籍制度与各种福利待遇相脱钩，使其尽快回归到单纯的人口统计等户籍功能。

（二）政府部门应该更加重视在金融资源获取层面实施造血式扶贫政策

在农村地区努力发展劳动密集型的非农产业，增加农村居民的非农就业机会，是增加农村居民收入的一个有效渠道。然而，在我国城乡之间存在二元分割的大背景下，金融资源存在明显的二元特征。造血式扶贫政策面临的一个首要约束是农村金融资源的短缺，这表现为农村地区的金融资源难以为农村经济发展提供精准有效的资金融通渠道[②]。政府部门应该重视新型农村金融机构的发展，增强其对农村居民进行涉农企业创业的支持力度和对农村社会基础设施建设的投资力度，从根本上提高农村居民的劳动生产率。此外，需要指出的是，贾俊雪等已经证明了小额信贷对贫困农村居民增加收入具有积极的促进作用，可以促使贫困村农户人均纯收入的增速提高 4.1%，而与此同时无偿的资本补贴扶贫形式的影响则较弱[③]。因此，我们可以更加积极地运用小额信贷这一扶贫方式，更加有效地激发贫困农村居民的脱贫主动性和自我发展能力。

（三）政府部门应该推进城乡之间公共服务的适度均等化，建立健全农民工社会保障体系，让社会公共服务在城乡之间的差异得到最大限度的弥补

目前我国的情况是，地方政府往往仅是以土地的城镇化为目标取向，社会服务层面上的真正的市民化转变却难以实现[④]。吕炜和高飞构建了二元结构下市民化措施影响城乡收入差距的一般均衡模型，在此基础上通过数值模拟的方法动态模拟了城乡收入差距的演变路径，研究发现快速推进的城镇化以及能够降低公共服务差异的市民化措施可以缩小城乡收入差距。[⑤] 同时，在城乡教育服务层面，陈斌开等认为我国教育经费投入政策很大程度上导致了城乡公共教育水平差异，进而城乡公共教育支出规模差异对城乡收入差距扩大的贡献率甚至达到了 35%[⑥]。因此，未来需要缩小有无本地户籍的常住人口在享有幼儿园、中小学等基础教育资源方面的权利差距，最终通过各类专项财政转移支付的方式推进城乡间教育资源的适度均等化。

---

① 万海远，李实. 户籍歧视对城乡收入差距的影响 [J]. 经济研究，2013（9）.

② 龙海明，黄烁，谭聪杰，等. 城乡收入差距的区域差异性研究 [J]. 金融研究，2015（3）.

③ 贾俊雪，秦聪，刘勇政，等. "自上而下"与"自下而上"融合的政策设计——基于农村发展扶贫项目的经验分析 [J]. 中国社会科学，2017（9）.

④ 李尚蒲，罗必良. 城乡收入差距与城镇化战略选择 [J]. 农业经济问题，2012（8）.

⑤ 吕炜，高飞. 城镇化、市民化与城乡收入差距 [J]. 财贸经济，2013（12）.

⑥ 陈斌开，张鹏飞，杨汝岱，等. 政府教育投入、人力资本投资与中国城乡收入差距 [J]. 管理世界，2010（1）.

山西省营商环境优化研究

——基于新时代政府与市场关系的视角

张丽丽[①]

摘　要：营商环境对经济发展的积极影响已经得到多数研究的证实，其本质在于构建良好的政府与市场关系。本文从营商环境对经济发展影响的路径出发，通过山西省与中部其他省份的对比分析，发现山西省的税收环境、商务成本环境、基础设施环境等均不具有明显优势，但在科技创新服务方面优势明显。通过剖析营商环境本质，在习近平新时代中国特色社会主义经济思想对于坚持市场在资源配置中的决定性作用以及更好的发挥政府作用的思想指引下，提出加快政务改革、实施特色税收优惠政策、发挥第三方机构监督及评估作用、搭建政府与市场之间良好的沟通合作平台等建议，以期进一步加快山西省营商环境优化，同时为其他地区营商环境建设提供借鉴。

关键词：营商环境　山西省　政府　市场

一、引言

伴随着"逆全球化"背景下国际政治经济格局的变动，新一轮的国际竞争已悄然拉开帷幕。英国脱欧、美国制造业回流等不断释放的贸易保护信号对我国的战略选择提出了挑战。自 2013 年在中央关于全面深化改革的决定中首次提出"建设法制化营商环境"目标，2015 年李克强总理在达沃斯论坛讲话中进一步提出要打造"国际化、市场化、法治化的营商环境"，党的十九大报告中则进一步明确要全面实行准入前国民待遇加负面清单管理制度，大幅放宽市场准入，推动形成对外开放新格局。当前，全国各地都在推动商事制度改革以优化营商环境，毫无疑问，这将释放巨大的市场活力，助推经济更好地发展。

---

① 张丽丽，1993 年生，山西财经大学经济学院理论经济学专业硕士研究生。

二、文献述评

营商环境包括影响企业活动的社会要素、经济要素、政治要素和法律要素等方面（董彪、李仁玉，2016）①，涉及企业从开办、营运到结束的各环节。营商环境的优化，其一，将通过制度软环境的改变，降低制度性交易成本，提高资源的利用效率，减少贸易摩擦，对产权的保护也将推动形成合理的激励机制，促进竞争与合作的有序进行。其二，轨道交通、航空运输及移动互联网等硬环境的改变，也将使得对外贸易与合作更为便利化。而软、硬两方面营商环境的优化，都将通过吸引投资、增加创业等路径进一步促进经济发展。

丁梦（2013）研究发现，市场规模、对外开放程度、产权保护与外商直接投资呈显著正相关，而环境规制则与外商直接投资呈显著负相关。进一步分析外商投资对经济增长的影响，一方面，姚树洁、冯根福（2006）实证表明外商投资将通过推动生产效率和技术进步两方面带动国内经济发展；另一方面，姚树洁、韦开蕾（2007）发现外商投资会带来国际水准的商业管理经验，这对于发展中国家和处于转轨时期的经济显得更为重要。营商环境的改变不仅会吸引外资，国内投资的增加同样不容小觑。世界银行2004年的研究发现，大多数国家营商环境优化之后，国内投资的增加都大幅度超过外商直接投资。营商环境的改善同样还将增加创业活动。董志强、魏下海、汤灿晴（2012）提出良好的营商环境有助于企业更容易地进入和退出市场，更容易实现熊彼特所谓的"创造性破坏"，形成良好的市场竞争机制，进一步推动生产率提高和经济发展②。

从国家层面上来说，营商环境对经济发展产生了重要影响，那么国内不同地区间的经济发展差异是否也可部分程度上从营商环境差异方面得到解释呢？徐现祥、李娜（2005）以新民主主义时期私营工商业发展状况来体现不同地区发展市场经济的软环境，实证表明由制度、政策等导致的基础设施差异是造成不同地区经济差距的重要原因。张淑芹（2015）研究发现国内地方市场分割会造成经济损失，而导致市场分割的根源则在于制度瓶颈，主要体现在地方保护主义、行政体制障碍和区域间的协调障碍方面。武靖州（2017）关注到营商环境不佳导致的生产要素流失及配置低效率是东北地区经济下滑的根本原因，提出营商环境优化的本质在于转变政府职能以形成良好的政府管制环境。

进一步细化到省份层面营商环境的研究，则主要集中在营商环境对企业发展的影响。周瑞芳（2008）认为在中小企业发展困境中，以不公平的营商环境影响最为严重。

---

① 董彪，李仁玉. 我国法治化国际化营商环境建设研究——基于《营商环境报告》的分析 [J]. 商业经济研究，2016（13）：141-143.

② 董志强，魏下海，汤灿晴. 制度软环境与经济发展——基于30个大城市营商环境的经验研究 [J]. 管理世界，2012（4）：9-20.

许可、王瑛（2014）利用世界银行2012年对中国2 700家私营企业的调研数据证实金融准入困难、非正式部门竞争及税负高是当前中国企业面临的主要经济环境问题。唐磊磊（2012）对大连市200家中小企业进行了统计调查、杨涛（2015）对鲁苏浙粤民营企业高管发放300份调查问卷、于茜虹等（2018）对吉林省200家中小企业统计调查，均表明市场环境、政策政务环境、科技创新环境等对中小企业发展有显著影响①。

综合来看，营商环境对于经济增长的积极作用已经得到多数研究的证实，但国家和区域层面的经验，对于细化到省份层面的应用可能会因不同省份的省情差异而导致操作性较差，因此，本文借鉴不同省份营商环境评价经验，在新时代发展背景下聚焦山西省情，通过剖析山西营商环境制约因素，为助推山西资源型经济转型跨越提出建议。

三、山西省营商环境现状分析

2017年山西省GDP增速达7%，实现了自2014年后经济增速首次超过全国平均水平。图1中的数据显示，2015年以来山西省经济总体呈现企稳回升的态势，营商环境逐渐向好。同时，企业作为营商环境的直接受影响者，其数量变化也是对营商环境的直接体现。2017年山西省新登记市场主体387 942户，增长17.6%，市场环境整体较好。但是，从全国来看，山西省的营商环境优势并不突出，与发达地区相比仍有较大差距。

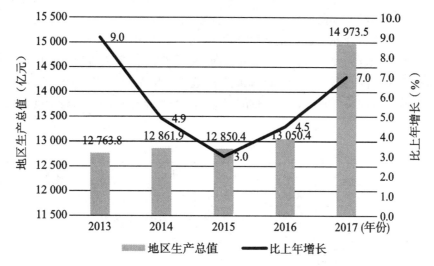

图1　2013—2017年山西省地区生产总值构成及其增长速度

数据来源：山西省2017年国民经济和社会发展统计公报［EB/OL］. http://www.stats-sx.gov.cn/tjsj/tjgb/201803/t20180312_91640.shtml.

在此，我们具体采用粤港澳大湾区研究院于2017年11月10日发布的《2017年中国城市营商环境报告》，以省会城市为代表，对山西和中部其他五个省份进行对比。粤

---

① 于茜虹，廖哲麒. 吉林市中小企业市场营商环境研究［J］. 产业与科技论坛，2018（4）：28-29.

港澳大湾区研究院中国城市营商环境课题组选取全国 35 个城市（包括直辖市、省会城市、副省级城市，西藏由于数据缺乏未进行排名），分六类二级指标进行具体测算。表 1 中的数据显示，太原仅在全国后十位之列，在中部六省中也处于末位。

表 1　　　　　　　　　　　　中部六省省会城市的营商环境排名

各二级指标 （在总指标 中的权重）	软环境 指数 （25%）	市场环境 指数 （20%）	商务成本 环境指数 （15%）	基础设施 环境指数 （15%）	生态环境 指数 （15%）	社会服务 环境指数 （10%）	在全国的 总排名
太原市排名	29	28	18	28	24	2	29
郑州市排名	25	15	2	14	35	9	23
武汉市排名	26	10	11	8	22	11	10
长沙市排名	31	9	21	15	26	19	20
合肥市排名	32	17	7	17	9	28	24
南昌市排名	15	22	3	29	7	18	17

数据来源：《2017 年中国城市营商环境报告》粤港澳大湾区研究院，2017-11-10。

具体分析太原市在各二级指标下的表现。

（一）软环境

软环境主要与企业开办成本、税收负担、财产登记成本、内外资投资增速等密切相关。表 1 中的数据显示，在总指标中所占权重较大的软环境方面，太原市的营商环境完全没有优势。太原市开办一家企业需耗时 55 天（与银川相同），是 35 个城市中耗时最长的，而财产登记也需要 10 道程序，35 个城市中最少的仅需 4 道程序。税收负担与企业收益直接相关，同时影响企业间资源配置，以税收收入在 GDP 中的占比来衡量各地税收负担。从表 2 中可以看出，山西省的税负相对较重。这些都在一定程度上增加了企业的运营成本。

表 2　　　　　　　　　　　　2016 年中部六省税收负担对比

	山西	河南	湖北	湖南	安徽	江西
地方财政税收收入（亿元）	1 036.67	2 158.44	2 122.93	1 551.33	1 857.53	1 471.1
GDP（亿元）	13 050.41	40 471.79	32 665.38	31 551.37	24 407.62	18 499
税收收入占 GDP 的比重(%)	7.94	5.33	6.50	4.92	7.61	7.95

数据来源：各省 2017 年统计年鉴。

（二）市场环境

市场环境主要涉及地区生产总值、进出口水平、居民消费水平等。山西省无论是 GDP 总量，还是 GDP 增速均不具有优势，居民人均可支配收入水平较低，对消费的带动力不强。同时由于地处内陆，吸引外资能力有限。2016 年各省进出口总额数据显示，山西省进出口总额最低（1 100 亿元）且与其他省份差距较大（河南 4 714 亿元、安徽

2 936 亿元、江西 2 638 亿元、湖北 2 600 亿元、湖南 1 741 亿元)①。

(三)商务成本环境

商务成本环境主要是各生产要素的成本,包括房价、劳动力成本价格以及水、电、气价。山西省由于资源禀赋优势,在水、电、气方面价格较为优惠。以城镇单位在岗职工平均工资来衡量各省劳动力价格,2016 年安徽省劳动力成本最高(61 289 元),其次,湖北省(61 113 元)、湖南(60 160 元)、江西(57 470 元)、山西(54 975 元)、河南(50 028 元)②。山西省劳动力成本也相对较低,但是近年来房价的上涨则使得企业经营成本有所增加,在部分程度上减弱了山西省商务成本环境优势。

(四)基础设施环境

基础设施环境主要与航空、公路、管道、货运、移动互联网、公交、出租车轨道交通等设施相关。以总里程(包括铁路、内河航道和公路营运总里程)与各地区域面积进行比较计算路网密度,如表 3 所示。山西省从全国的角度来看并不是综合交通枢纽,与邻近省份相比,其路网便利度并不突出,同时省内交通便利度亦需要加强。

表 3　　　　　　　　2016 年中部六省路网密度对比

	山西	河南	湖北	湖南	安徽	江西
总里程(万千米)	14.79	27.44	27.27	25.45	20.74	17.15
区域总面积(万平方千米)	15.67	16.7	18.59	21.18	13.96	16.69
路网密度(%)	94.38	164.31	146.69	120.16	148.57	102.76

数据来源:各省 2017 年统计年鉴。

(五)生态环境生态环境

生态环境主要通过空气质量、建成区绿化覆盖率、废水等来体现,虽然对企业经营来说并没有软环境、市场环境那样重要,但是良好的生态环境可以吸引企业进驻,尤其是与养老生态产业相关的企业。表 1 和表 4 中的数据显示,山西省生态环境在中部六省中居于中等水平,但是在吸引旅游产业和养老产业进驻方面仍需要多方配套措施的跟进。

表 4　　　　　　　　2016 年中部六省城市绿地和园林对比

	山西	河南	湖北	湖南	安徽	江西
城市绿地面积(公顷)	42 986	95 410	82 242	61 453	98 555	56 768
公园(个)	295	344	374	313	392	408
建成区绿化覆盖率(%)	40.50	39.30	37.60	40.60	41.70	43.60

数据来源:各省 2017 年统计年鉴。

---

① 数据来源:各省 2017 年统计年鉴。
② 数据来源:各省 2017 年统计年鉴。

（六）社会服务环境

表 1 中的数据显示太原市的表现十分亮眼。社会服务环境主要通过医疗、科技、融资、教育、养老五方面的服务来测算。太原市科技研发投入占 GDP 的 3.42%，研发投入强度仅次于北京、西安、武汉、上海，这与山西省深入实施创新驱动发展战略密切相关。在关系企业持续发展的融资服务方面，山西省不断优化利用外资和社会资本的方式，提升了融资服务便利度，逐步破解企业融资难题。同时，山西省在教育人才方面投入巨大，但是表 5 中以学生人数占常住人口的比重来测算的教育服务指数优势并不明显，人才流失现象应及时关注并着手解决。

表 5　　　　　　　　　　2016 年中部六省教育服务指数对比

各类学校在校学生数（万人）	山西	河南	湖北	湖南	安徽	江西
高等学校	75.63	187.48	140.18	122.5	114.5	103.9
中等职业教育	33.79	101.58	37.56	66.09	78.18	36.17
普通高中	75.38	199.6	84.5	110.91	110.7	94.29
普通初中	109.27	415.83	141.49	225.05	194.2	180.28
普通小学	227.09	965.59	346.13	501.81	430.36	422.76
总和（万人）	521.16	1 870.08	749.86	1 026.36	927.94	837.4
年末常住人口	3 682	9 532	5 885	6 822	6 196	4 592
教育服务指数（%）	14.15	19.62	12.74	15.04	14.98	18.24

数据来源：各省 2017 年统计年鉴。

总体来看，山西省的营商环境在中部地区并不具优势，其中以软环境、市场环境、基础设施环境的制约最为严重，商务成本环境、生态环境次之，而社会服务环境最具优势。下面我们对具体制约因素进行具体分析。

四、营商环境对经济影响的实证分析

（一）变量选取与数据来源

具体分析影响营商环境的众多因素对经济的影响，我们选取山西省 1990—2015 年的数据来进行实证分析，数据均来源于各年的山西统计年鉴。以地区生产总值（GDP）作为被解释变量，为避免重要解释变量遗漏，考虑引入消费、投资、进出口作为重要解释变量。考虑企业开办和登记成本在一段时间中的变化不大，选取税负指数作为营商软环境的代表。考虑山西省在水、电、气等价格方面的优惠政策，选取劳动力成本作为商务成本环境的代表。考虑指标间的相关关系选取医疗服务、科技服务、教育服务作为社会服务环境的代表。生态环境受数据可得性限制没有纳入分析。基础设施环境以路网密度作为代表变量。市场环境则通过社会消费、进出口体现。同时借鉴以往文献分析中变量选取的经验，我们对变量作如下设定：

（1）消费（cons），以居民消费金额来表示；

（2）投资（inve），以固定资产投资总额来表示；

（3）进出口（g），以出口总额来表示；

（4）税负指数（tax），以地方财政税收收入占 GDP 的比重来表示；

（5）劳动力成本（lp），以在岗职工平均工资来表示；

（6）医疗服务（medi），以每万名常住人口享有的医院及卫生院的床位数来表示；

（7）科技服务（tech），以一般预算中科学技术支出占 GDP 的比重来表示；

（8）教育服务（edu），以在校学生人数占常住人口的比重来表示；

（9）路网密度（rood），以铁路、内河航道、公路营运总里程占山西区域总面积的比重来表示。

考虑消除价格变动的影响，我们对 GDP、cons、inve、g、财政税收收入、lp、一般预算中的科学技术支出等进行了价格平减（以 1990 年为基期），同时考虑经济意义对 GDP、cons、inve、g、lp 进行对数处理。

（二）计量估计与分析

首先对各解释变量与被解释变量进行初步检验。结果如表 6 所示。

表 6 解释变量初步检验结果

解释变量	方程 1	方程 2	方程 3	方程 4	方程 5
c	7.467*** (34.840)	5.109*** (15.113)	5.467*** (9.213)	15.895*** (19.999)	15.973*** (115.340)
Lncons	1.201*** (45.520)				
Lninve		0.738*** (35.802)			
Lng			0.959*** (19.789)		
tax				12.257 (1.486)	
Lnlp					6.610*** (10.541)
R^2	0.989	0.982	0.942	0.084	0.822

解释变量	方程 6	方程 7	方程 8	方程 9	
c	12.764*** (12.901)	16.259*** (50.578)	14.938*** (7.182)	15.021*** (113.008)	
medi	0.119*** (4.378)				
tech		499.219*** (3.006)			
edu			11.662 (1.012)		
rood				3.824*** (17.120)	
R^2	0.444	0.273	0.041	0.924	

注：括号中的数值为 t 统计值；***、**、* 分别表示在 1%、5%、10%的水平上显著。以下同。

简单回归的结果显示，9个变量中7个显著，只有税负指数和教育服务对 GDP 的影响不显著。通常认为税收与经济增长反向相关，但深入研究发现，税负较高的行业快速发展，其占国民经济的比重增加，同样会带动 GDP 的增长。山西经济结构长期倚重重工业，税负较高的制造业部门产值变动会导致经济增长的波动，税收对经济增长的影响需要通过行业的税负效应、产业结构效应、经济的产出效应等途径发挥作用，同时综合税收对经济增长的正反两方面影响，可以部分解释税负指数对经济增长影响不显著的原因。而教育服务则需要通过教育的专业或形式结构、"干中学"、社会文化环境、社会经济结构等形成人力资本，继而发挥人力资本的知识效应、对产业结构调整的影响、对就业的影响等途径推动经济增长，其作用路径部分程度上减弱了对经济增长的影响。

进一步分析7个显著解释变量对 GDP 的影响，考虑加入重要解释变量消费、投资、进出口进行检验，但引入过多的解释变量容易导致 t 检验显著性下降且有多重共线性的问题，通过对 cons、inve、g 相关性的检验，3个变量显著相关，其中 g 与剩余解释变量没有共线性问题，因此我们考虑只保留 g 作为重要解释变量加入每一个变量的检验中。估计结果如表7所示。

表7　　　　　　　　　　加入重要解释变量后各方程估计结果

解释变量	方程 1	方程 2	方程 3	方程 4
c	8.204 *** (11.190)	5.607 *** (12.13)	5.931 *** (10.112)	9.404 *** (10.738)
Lng	0.703 *** (10.631)	0.854 *** (18.517)	0.909 *** (17.799)	0.556 *** (6.441)
Lnlp	2.185 *** (4.436)			
medi		0.031 *** (3.698)		
tech			87.25 * (1.751)	
rood				1.738 *** (4.948)
R^2	0.970	0.96	0.951	0.973

劳动力成本、医疗服务、路网密度等对 GDP 仍然表现出显著影响，只是科技服务的显著性下降。考虑到时间序列数据存在"虚假相关"可能性，我们对以上4个方程分别进行协整检验，lngdp、lng、medi、tech、rood 均为二阶单整序列。协整检验发现各方程的残差序列均为平稳，因此，可以认为劳动力成本、医疗服务、技术服务、路网密度对经济增长有长期稳定的影响，也是对山西经济增长有明显影响的因素。

五、营商环境优化的实质

构建良好的营商环境本质上是构建良好的政府与市场关系。良好的营商环境并不是完全的新自由主义，并不是认为市场可以完全自发地实现资源的最优配置，并不是只要市场、不要政府，而是强调政府如何构建合适的监管制度以及如何改革以营造更好的市场环境。

对于政府与市场关系的探讨由来已久，而且随着社会整体的发展变化，对于两者的侧重会出现反复。从西方的发展实践来看，在资本原始积累的重商主义时期强调国家干预，在工业迅速发展且贸易在各国间流通的背景下强调亚当·斯密的"看不见的手"，直到20世纪30年代经济危机使得凯恩斯的国家干预理论占了上风，但是八九十年代在经济全球化的不断冲击下强调自由放任的"新自由主义"又迎来了强劲的复兴，而2008年经济危机又使得人们对于市场作用的有效性产生了怀疑。

同样的，回顾我国经济社会的发展实践。中华人民共和国成立后在物资极度匮乏的大背景下推行计划经济，走国家干预路线。随着改革开放后对外贸易的不断发展，市场规律逐渐受到重视，期间经历了有市场的计划经济、有计划的市场经济，直到建立了社会主义市场经济体制，市场在资源配置领域的基础性作用才得到确立。党的十八届三中全会提出"使市场在资源配置中发挥决定性的作用和更好地发挥政府作用"，这进一步拓宽了市场作用的广度和宽度。而在新时代的发展背景下，2017年中央经济会议中习近平进一步提出要"坚持使市场在资源配置中起决定性作用，更好发挥政府作用，坚决扫除经济发展的体制机制障碍"，这将进一步推进政府与市场关系的改革。

总体来看，脱离社会发展的实际单从理论上讨论政府与市场的关系是没有意义的，构建良好的政府与市场的关系其目的正是更好地服务于社会发展的实践。同时将政府与市场简单对立，片面地强调一方作用也是无意义的，我国社会发展的实践证明"官场+市场"理论（2018，周黎安）是实现我国经济增长的关键[1]，受政绩观的影响，地方政府愿意为企业发展提供良好的环境，而激烈的市场竞争作为检验政府政绩的重要参照在一定程度上起到了限制政府"乱作为"并引导政府实现有效政企合作的作用，政府与市场的良性互补助推经济更好发展。值得注意的是，并不是更好地发挥政府主导作用就意味着限制市场作用，而更好地发挥市场作用同样也不需要完全的抑制政府作用，良性互补意味着"有效市场"和"有为政府"的结合，在充分沟通、分工合作的基础上不仅可以实现政府与市场在其影响范围内的作用，还可能进一步拓宽政府与市场的作用边界，打破政府与市场在概念和边界上二分的态势。而这正是打造良好营商环境的本质，实现政府与市场在更广范围、更深层次上的良性互补。

山西省的经济发展有长期倚重重工业的传统，受计划经济时期体制影响较深，政府与市场关系方面多表现为政府主导，市场主体的发展常常依赖于政商关系的处理，市场机制的作用还有很大的发展空间，良好的营商环境的构建对于山西省来说至关重要。

---

① 周黎安."官场+市场"与中国增长故事 [J]. 社会，2018，38（2）：1-45.

六、进一步优化山西省营商环境的政策建议

在民间投资逐渐发展以及国家积极改革以完善市场经济的大背景下，微观经济主体对于制度创新以优化营商环境的需求比任何时候都更加迫切。这对于长期面对资源型经济转型发展问题的山西来说是实现经济转型跨越的重要推动力。

具体而言，山西省在 2017 年 5 月优化营商环境会议上已经提出全力打造"六最"营商环境，在全国率先试行企业承诺制等政策措施。2017 年 11 月发布的《全省税务系统优化税收营商环境服务经济转型发展实施意见》推出 28 条核心措施定位于推动山西省挺进全国营商环境"第一方阵"。然而，根据干部入企活动梳理的企业反馈的问题来看，关于审批事项和政策"空转"的问题仍然十分严重，这也是山西省在中国城市营商环境报告中的表现欠佳的重要原因。由此，综合实证分析结果，为进一步优化山西省营商环境提出以下建议：

（一）加快明显制约营商环境因素的改革，继续发挥优势因素影响

劳动力成本、路网密度对经济增长有明显制约作用，可以推进多领域引进 PPP 模式，加快路网建设。同时，在持续推进创新驱动发展战略以及进一步扩大对外开放的同时，加强引导人才回流以及吸引省外高科技人才入晋发展以优化我省营商社会服务环境。医疗服务、技术服务既对经济增长影响显著，又表现出明显的优势，应保持政策支持，同时大力推广清洁能源使用，提高空气质量、绿化覆盖率以优化我省营商生态环境，吸引科技、康养产业的进驻。

（二）加快政务改革，简化行政审批流程，促进政府职能向服务型转变

企业从创办到营运到退出市场，每一个环节都离不开政府的审批和监管。行政审批作为政府对企业和市场的前置管理，常常可以起到把控风险、减少外部性、防止垄断以及稳定市场等作用，但是行政审批同时存在程序过多、流程过长等弊端，导致企业经营制度性交易成本以及机会成本的增加。目前，山西省已试行投资项目承诺制，探索政府监管新模式，在审批流程和体制机制上进行了转变，更加注重信用在整个监管中的重要性。进一步加快承诺制的规范推行，同时逐步实现政府相关服务的一站式推进，促进服务型政府的职能转变，既有利于供给侧结构性改革的实现，也将在营商环境的优化中起到事半功倍的效果。

（三）实施特色的税收优惠政策

虽然税收对经济的影响不显著，但是税收负担对企业的收益有直接影响，也最容易感知。山西省的税收负担在中部六省中相对较高，缺乏对投资的吸引。同时，针对山西省资源型经济的特点，不仅要借鉴发达地区的税收政策经验，还应有针对性的实施特色的税收优惠政策。比如针对高新技术企业、小微企业、双创企业以及省内转型发展企业

等在土地出让转让税费、困难时期的历史欠缴税费等方面给予更宽松的政策优惠。

（四）市场化管理激活民间资本

山西省在传统投资方式增长乏力，同时在引进外资方面缺乏优势，因此在经济增长动能转换以及市场在资源配置中发挥决定性作用的体制机制下，民间投资对于带动消费、活跃整个山西经济具有重要意义。推进市场化管理，让民间资本在更为公平透明的环境中参与竞争、获取收益，防止国有资本"一股独大"的垄断优势，将有利于发挥民间资本在公共设施建设领域以及解决中小企业融资问题等方面的优势。

（五）构建公平竞争的市场环境，发挥第三方在监督及评估等方面的优势

一方面，要处理好政府与市场的关系，从制度层面、法律层面、执行层面等方面，确保市场主体平等参与竞争、平等享有资源。同时，加强法制政府建设，有利于获得市场主体认同以提高市场主体自律性营造良好的市场环境。另一方面，还需要处理好政府与第三方机构的关系，独立的第三方监督机构有利于更为客观公正及时地发现权力越界、权力寻租等问题，独立的第三方评估机构则有利于更为专业、规范、有效地发现和解决营商环境中的制约因素。

（六）搭建政府与市场之间良好的沟通合作平台

以良好信息沟通为基础，逐步建立起政府与企业之间的信任机制、合作机制，实现政商关系良性发展。政府着眼于如何构建合适的监管制度以及如何改革以为企业发展营造更好的市场环境，企业在制度性成本降低的情形下着眼于生产性活动，良好的市场环境不仅助推经济发展，同时也是政府作为的表现，以此实现良性循环将会迎来经济的长期增长。

营商环境的优化不是一蹴而就的，改革需要逐步推进，理顺政府与市场关系，在此基础上不断推进各项指标的改善。营商环境好的城市其各指标之间差异较小，得益于各方面良好环境产生的协同效应可以有力推动商业活动的开展。因此，优化营商环境在重点（与企业开办直接相关的审批制度、融资制度等）突破之余，还应平衡到各方面的环境的改善，每一方面的机制缺失都将对企业发展造成影响，缩小各指标之间的差距，多管齐下，将有助于发挥良好营商环境产生的协同效应，助力经济转型跨越。

参考文献：

[1] 董彪，李仁玉. 我国法治化国际化营商环境建设研究——基于《营商环境报告》的分析 [J]. 商业经济研究，2016（13）：141-143.

[2] 董志强，魏下海，汤灿晴. 制度软环境与经济发展——基于30个大城市营商环境的经验研究 [J]. 管理世界，2012（4）：9-20.

[3] 于茜虹，廖哲麒. 吉林市中小企业市场营商环境研究 [J]. 产业与科技论坛，2018（4）：28-29.

[4] 周黎安. "官场+市场"与中国增长故事 [J]. 社会，2018，38（2）：1-45.

"稻—鱼"种养结合循环农业模式
经济效应分析

林孝丽[①]

摘　要：从中国南方稻区的实践来看，稻田"稻—鱼"种养结合模式一方面使稻谷产量有所增加，另一方面新增了水产品的产出。从总产值看，种养面积每增长1%，总产值增长5.98%；从收益来看，农户单位种养面积的成本收益率要比常规水稻种植模式的成本收益率高出44.1%，表明在南方稻区推进稻田种养结合循环农业模式具有良好的经济效果。

关键词："稻—鱼"种养结合　循环农业　经济效果

一、研究依据和假说

（一）研究依据

"稻—鱼"种养结合循环农业模式下，由于产出的多样性，对于农户而言是可以获得更高的经济效益的。从产出量来看，水稻产量一般要比常规水稻种植增产9.3%；稻田养鱼总产值达7 146元/公顷（卢升高等，1988）。詹会详（2005）对贵州省的调查表明，养鱼稻田稻谷产量比未养鱼稻田增产2%~6%，平均产鲜鱼1 998千克/公顷，平均增产值27 990元/公顷，平均纯收入15 896.1元/公顷。

从试验研究来看，李月梅（1999）经过试验总结出稻田养鱼比单种水稻多收入834.4元/公顷。稻田养鱼效益增加的主要原因一是投入少；二是可促进水稻个体发育，使稻谷增产；三是鱼的产值增加了收入（见表1）。

曹志强等（2001）的试验研究表明养鱼稻田的总产值均高于对照田，其中正常施肥养鱼总产值达2.15×10^4元/公顷，比对照田总产值1.49×10^4元高出44.2%，纯收入为1.25×10^4元/公顷。刘元生、孟庆红等（2003）的试验研究结果表明养鱼田盈利

---

① 林孝丽，江西农业大学副教授，博士，硕士生导师，研究方向：循环经济与循环农业。

13 398 元/公顷，是对照田盈利 4 181.5 元/公顷的 3.2 倍。

表 1　　　　　　　　　　　　稻田养鱼的经济效益比较　　　　　　　　　　单位：元

	投入		合计	产出		合计	纯收入	增收(%)
	耕种	养鱼		稻谷	鱼			
养　鱼	1 896.13	331.45	2 227.58	6 537.6	792.7	7 330.3	5 102.72	16.4
不养鱼	1 954.06	0	1 954.06	6 242.4	0	6 242.4	4 268.34	

（二）研究假说

"稻—鱼"种养结合循环农业模式下，农户稻田的产值有可能增加。这种模式下一方面化肥、农药的使用减少，因而减少了投入；另一方面需要增加一定人工、设施投入，因此，总投入比常规模式可能有所增加。尽管如此，总产值增加幅度是有可能高出总投入增加幅度的。因此，提出如下假说："稻—鱼"模式改善稻田生产方式和技术经济系统，对稻田总产值有正面影响。

二、研究模型的构建和变量说明

（一）理论模型

从生产来看，水稻产量与生产中投入的要素有关，更重要的是它还和生产方式有密切的依存关系，据此，需要根据 C-D 生产函数为理论，构建 C-D 生产函数模型。其理论模型如下：

$$Y = f(X_{factors}, \ Pf_i) \tag{1}$$

上式中，Y 为水稻的产量；$X_{factors}$ 为水稻生产中需要投入的土地、化肥、农药、劳动力、农机具等要素；Pf_i 为不同的农业生产方式，如循环农业水稻生产方式或是常规水稻生产方式。

（二）实证模型设定

为了分析稻田种养结合模式所产生的经济效益，本研究采用稻田生产总产值这一指标来衡量其经济效益，因此结合 C-D 生产函数理论模型，构建包括要素投入和"稻—鱼"种养结合循环农业模式对稻田单位面积总产值影响的实证模型（Panel data model）进行计量分析。模型的具体形式为：

$$\ln TPV_{it} = \alpha_i + \beta \ln CF_{it} + \delta \ln LB_{it} + \eta \ln CA_{it} + \mu_{it} \tag{2}$$

上式中，$\ln TPV_{it}$ 表示第 i 省份第 t 年稻田生产总产值自然对数；CF_{it}、LB_{it} 分别表示第 i 省份第 t 年的化肥、劳动力；CA_{it} 表示第 i 省份第 t 年稻—鱼种养结合模式稻田面积占总水稻生产稻田面积的比重；μ_{it} 为残差；α_i、β、δ、η 均为待估参数，i、t 为省份和年份。

三、研究数据来源及其处理

本文以南方稻区年平均水稻种植面积为 1 000 公顷的江苏、浙江、安徽、江西、湖北、湖南、广东、广西、四川、云南等 10 个省（区）为研究的目标区域。常规水稻生产和稻—鱼种养结合模式的投入产出数据：总产值、水稻种植面积和"稻—鱼"种养结合模式的面积、化肥、农药、劳动力等要素投入数据主要来自历年中国统计年鉴、中国农村统计年鉴、中国农业统计年鉴和相关文献。

采用稻田生产总产值为被解释变量，其数值是根据南方稻区相关省份稻谷总产量和鱼产量按 2001 年国家规定的稻谷平均收购价和南方地区稻田养鱼的主要品种的平均产地价格来计算的。解释变量中化肥、劳动力是常规水稻生产和"稻—鱼"模式生产都需要投入的要素，其变化对稻田总产值会产生影响。化肥实际使用量是根据化肥使用量和稻田水稻种植面积占农作物播种面积的比重计算而成；劳动力投入是根据农、林、牧渔业从业人员数量与农业总产值占农、林、牧渔业总产值的比重和水稻种植面积占农作物种植面积比重来计算。由于研究目标区域同时内存在常规水稻生产和"稻—鱼"模式生产，前文已述及"稻—鱼"模式下的单位面积产值一般都高于常规水稻生产模式的单位面积产值。因此，为了反映这种模式对稻田生产总产值的影响，采用这种模式生产的稻田面积占总水稻生产的稻田面积的比重来衡量这种循环农业运行模式对单位稻田生产总产值的影响。

四、实证结果分析

（一）实证结果

根据截面数据与时间序列的混合数据，利用 Eviews9.0 软件，采用 OLS 回归模型。为了避免截面异方差和序列线性相关所产生的不利影响，运行时采用截面加权和固定效应模型回归。回归结果如表 2 所示。

表 2　　　　　　　　　　稻—鱼模式对稻田单位面积产值的影响

变　量	系　数	T 统计量
C	−27. 142	−2. 882
Log（CF）	0. 002 *	15. 064
Log（LB）	0. 152 **	5. 167
Log（CA）	5. 981 ***	11. 417
R²	0. 974	
Adj R²	0. 972	
F 统计量	70. 800	

注：*** 、** 、* 分别代表 1%、5% 和 10% 的显著水平。

这样，模型输出结果为：

$$\log(TPV) = -27.142 + 0.002 \times \log(CF) + 0.152 \times \log(LB) + 5.981 \times \log(CA)$$

从表2可知，模型回归的结果总体上良好，R^2为0.974和调整后的R^2为0.972，说明了南方稻区稻田生产总产值的影响因素方程具有97%的解释能力。这意味着"稻—鱼"种养结合循环农业模式因素和化肥、劳动力等要素投入能够对南方稻区稻田产出的97%做出解释。回归模型总体显著性在1%水平上通过检验，F值较大，达到78.800，意味着回归模型中所有影响因素显著地影响着南方稻区稻田生产总产值。其中稻—鱼种养结合模式的稻田面积占水稻种植面积的比重变量的系数为正，表明这种模式对南方稻区稻田总产值有正的影响，从而验证了假说。

（二）结果分析

1. "稻—鱼"种养结合循环农业模式对稻田生产总产值的影响

从结果来看，CA的系数为正的5.981，表明其增加一个百分点，则稻田生产总产值增加5.981个百分点。这是因为这种模式下在不降低稻谷产出的同时，还增加了水产品——鱼的产出，这些产品按照一定的价格计算产值合计数自然就会比常规水稻生产模式下单一农产品-稻谷所形成的产值要高出许多。从南方稻区10个省份2001—2009年的稻田平均单位面积产值和CA变化趋势来看（见图1），CA从2001年的4.89%增加到2009年的5.68%，则稻田平均单位面积产值从2001年的7 474.35元/公顷，增加到2009年的7 825.37元/公顷，增产的效果明显，这与学者的研究结果一致。从政策意义来看，发展如"稻—鱼"种养结合的循环农业，改变农业生产模式，是能够提高农业生产效率，增加农民收入的。

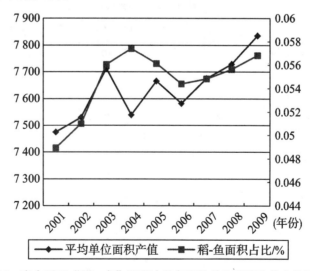

图1　南方稻区"稻—鱼"面积占比与平均单位面积产值变化趋势

2. 控制变量对稻田单位面积产值的影响

从表2可知，化肥投入量、劳动力投入量等因素对南方稻区单位面积产值是有正面影响的，但影响不大。具体来看，化肥投入和劳动力投入变量的系数分别为0.002和

0.152。这表明化肥和劳动力使用虽然能够使稻谷的产量有所增加，但增加的幅度或说能力非常有限，这符合因素边际报酬递减规律。化肥、劳动力要素的这种投入产出关系也暗含着意义：①从生态环境角度来看，化肥使用所带来经济价值目前非常有限，而产生的环境问题则可能更严重，因而石油农业模式需要改变。②中国农村劳动力集中在农业生产领域对农业生产效率的提高是有障碍作用的，提高农业生产劳动生产率的重要途径是尽可能转移农村剩余劳动力。

五、南方稻区实地调查结果分析

实地调查是针对南方稻区"稻—鱼"种养结合模式的入户调查。此次调查共发放500份调查问卷取样，收回486份，其中有效调查问卷481份，占总收回问卷数的98.97%。为了便于比较分析，入户调查分为两部分："稻—鱼"模式生产的农户和常规水稻生产模式的农户，其中"稻—鱼"模式农户的问卷305份，占总问卷的63.41%；常规模式农户的问卷176份，占总问卷的36.59%。由于规模大小对农户投入和收益有影响，故调查样本按一定规模的模式取样，两种模式的最低生产规模为1公顷。调查方式采用调查员入户调查的方式，由调查员根据问卷内容向农户说明，由农户填写。调查样本分布为江苏省取样70个、浙江省取样90个、江西省取样150个，湖南省取样86个、湖北省取样85个，分别占总样本的14.55%、18.71%、31.19%、17.88%和17.67%。根据调查资料，经整理分析，两种模式的农户稻田单位面积纯收入汇总如表3所示。

表3　　　　　　　　　　　不同模式的农户成本收益

项目	常规水稻生产模式	稻—鱼种养结合模式
主产品产量（千克/公顷）	6 527.76	
稻谷产量（千克/公顷）	6 527.76	6 752.61
鱼产量（千克/公顷）		1 692.00
主产品产值（元/公顷）	10 509.69	25 456.74
稻谷产值（元/公顷）	10 509.69	10 871.70
鱼产值（元/公顷）		14 585.04
土地租金（元/公顷）	1 480.50	1 582.50
化肥农药投入（元/公顷）	2 352.72	1 624.05
种子和鱼苗投入（元/公顷）	628.26	2 140.62
人工投入（元/公顷）	2 286.6	3 852.00
设施投入（元/公顷）	12.50	1 628.50
其他支出（元/公顷）	785.25	3 056.45
纯收入（元/公顷）	2 963.86	11 572.62
成本收益率（%）	39.28	83.35

注：稻田副产品产值未计入总产值中；农户的各种补贴未计入收入。

从表 3 可知,"稻—鱼"模式农户的投入为 13 884.12 元/公顷,常规模式农户的投入为 7 545.83 元/公顷。尽管前者高出后者 6 338.29 元/公顷,但前者的产值比后者高出 14 947.05 元/公顷,最终前者农户的纯收入要比后者的纯收入高出 8 608.76 元/公顷,是后者的 3.90 倍。从成本收益率来看,常规农户的成本收益率为 39.28%,"稻—鱼"模式农户的成本收益率为 83.35%,后者比前者高出 44.07 个百分点。据此,可以初步判断在南方稻区以稻—鱼种养结合为主的循环农业模式除减少化肥使用带来生态效益的同时,还能够为农户带来可观的经济效益。

六、研究结论

从宏观的实证和微观的调查分析中可以看出,在南方稻区稻田种养结合的循环农业运行模式具有显著的经济效益。从稻田总产值看,这一模式实施面积每增长 1%,总产值则增长 5.98%;从农户的单位面积纯收入来看,这一模式下农户单位种养面积的纯收入大幅度地高于常规水稻种植模式农户单位面积纯收入,成本收益率高出 44.1%。表明在南方稻区积极推进以稻田种养结合为代表的循环农业运行模式具有积极的经济意义。

参考文献:

[1] 卢升高,黄冲平. 稻田养鱼生态经济效益的初步分析 [J]. 生态学杂志,1988,7 (4):26-29.

[2] 詹会详. 稻田生态渔业与农民增收 [J]. 中国水产,2005 (10).

[3] 刘元生,孟庆红,何腾兵,等. 稻田生态养鱼水质动态与水稻生长及经济效益研究 [J]. 耕作与栽培,2003 (5).

[4] 曹志强,梁知洁,赵艺欣,等. 北方稻田养鱼的共生效应研究 [J]. 应用生态学报,2001 (3).

[5] 李月梅. 稻田养鱼生态效益 [J]. 农业系统科学与综合研究,1999,15 (1).

[6] 蒋艳萍,章家恩,朱可峰. 稻田养鱼的生态效应研究进展 [J]. 仲恺农业技术学院学报,2007,20 (4).

[7] 张清明. 稻田养鱼综合开发模式及其生态经济效应 [J]. 科学养鱼,2000 (1):9-10.

[8] 韩秋华. 资源产业经济学学科现状及前沿问题 [J]. 资源与产业,2007 (2).

新疆城乡居民消费需求变动影响因素分析[①]

张玉玲[②]　林　静[③]

摘　要：本文利用 2000—2016 年时间序列数据，对新疆整体消费市场的状况进行了分析，并与西北五省、全国平均水平进行了比较，发现新疆城镇居民人均消费支出低于全国平均水平；农村居民人均消费支出低于全国及其他地区，结果表明：新疆城乡居民消费能力低，原因是收入较低。为此提出加强社会保障制度的建设与完善；积极推进价格体制改革，完善价格体制建设；提高整体工资收入水平与就业率；加大财政支出力度，优化财政支出结构；加速产业结构优化，促进消费结构升级的政策建议。

关键词：消费需求变动　影响因素　城乡居民

新疆作为一个地处我国西部边陲、多民族聚居的农业大省，自改革开放以来，在积极利用资源、地域优势的基础上，依靠投资、出口贸易使经济得到快速发展，人们的生活水平得到了明显提高，但消费需求的贡献度和全国整体相比仍有很大的差距。

一、新疆消费市场现状

（一）新疆居民消费水平现状

由表 1 得知，2016 年新疆居民收入整体处于中等水平，低于全国平均水平，但略高于西部地区。新疆城镇居民人均可支配收入 28 463.4 元，为全国平均水平的 84.67%，东部的 71.7%，中部的 98.5%，西部的 99.4%，东北部的 97.9%。新疆农村居民人均纯收入 10 183.2 元，为全国平均水平的 82.37%，东部的 65.7%，中部的 86.3%，西部的 102%，东北部的 82.9%。同样低于全国及其他地区（除西部外）。新疆城镇居民人均消费支出 21 228.5 元，低于全国及东部地区的城镇居民人均消费支出，但是高于中

————————

①　本论文依托于新疆维吾尔自治区社科基金项目"基于就业视角的南疆四地州'精准扶贫、精准脱贫'问题研究"（2016.12—2019.12）（2016BJL016）；新疆财经大学研究生科研创新项目"'丝绸之路经济带'背景下新疆消费市场潜力分析"（2017.7—2018.6）（XJUFE2017K013）。

②　张玉玲，1963 年生，女，新疆财经大学经济学院教授，硕士生导师，研究方向：少数民族经济、就业理论。

③　林静，1994 年生，女，蒙古族，新疆财经大学经济学院硕士研究生，政治经济学专业。

部、西部及东北部地区的城镇居民人均消费支出；农村居民人均消费支出 8 277 元，低于全国及其他地区的农村居民人均消费支出，这表明新疆城乡居民的消费能力低。

表 1 　2016 年新疆与全国、东、中、西部及东北部居民消费水平对比 　单位：元

地区	全国	东部	中部	西部	东北部	新疆
城镇居民人均可支配收入	33 616.2	39 651.0	28 879.3	28 609.7	29 045.1	28 463.4
城镇居民人均消费支出	23 078.9	27 619.3	18 973.7	20 026.9	20 769.2	21 228.5
农村居民人均纯收入	12 363.4	15 498.3	11 794.3	9 918.4	12 274.6	10 183.2
农村居民人均消费支出	10 129.8	13 566.3	9 599.9	8 632.2	9 636.1	8 277.0

数据来源：《2017 年中国统计年鉴》《2017 年新疆统计年鉴》。

由表 2 得知，新疆的人均可支配收入与人均消费支出在西北地区都是靠前的，城镇居民人均可支配收入 28 463.4 元，高于西部省区。由此可见，对口援疆工作实施以来，援疆项目推进顺利，已经取得显著成效，为提升新疆消费水平做出了重大贡献。农村居民人均纯收入 10 183.2 元，也高于其他省（区）。新疆城镇居民人均消费支出 21 228.5 元，略高于其他省（区）。新疆农村居民人均消费支出 8 277 元，稍高于甘肃省，低于其他省（区）。从人均可支配收入可以看出新疆的消费能力在西北地区是最强的。由于新疆位处亚欧大陆腹地，幅员辽阔，与其他城市间距较远，交通成本高。

表 2 　　　2016 年西北及其五省（区）城乡居民消费水平对比 　单位：元

地区	西北部	新疆	陕西	甘肃	青海	宁夏
城镇居民人均可支配收入	27 301.5	28 463.4	28 440.1	25 693.5	26 757.4	27 153.0
农村居民人均纯收入	9 310.5	10 183.2	9 396.4	7 456.9	9 664.4	9 851.6
城镇居民人均消费支出	20 270.8	21 228.5	19 368.9	19 539.2	20 853.2	20 364.2
农村居民人均消费支出	8 538.5	8 277.0	8 567.7	7 487.0	9 222.0	9 138.4

数据来源：《2017 年中国统计年鉴》。

（二）新疆消费需求变化

由表 3 和图 1 可知，新疆社会消费品零售总额在 2000—2016 年一直处于增长状态，平均增速在 13% 以上，特别是 2004 年消费品零售总额增长速度高达 33.8%，2014 年之后增长幅度相对较慢，平均增长速度在 10% 以下。该时期新疆 GDP 增速也比较高，2010 年达到 27%，平均增长速度也在 10% 以下。可以得出 2000—2016 年新疆与全国的社会消费零售总额增长幅度和 GDP 增长幅度持平。

表 3 　　　2000—2016 年新疆与全国社会消费品零售总额及 GDP 变化 　单位：亿元

年份	新疆社会消费品		全国平均社会消费品		新疆 GDP		全国平均 GDP	
	零售总额	增速（%）	零售总额	增速（%）	总额	增速（%）	总额	增速（%）
2000	374.50	7.8	1 261.47	14.5	1 363.56	17.2	3 244.41	10.7
2001	406.35	8.5	1 388.88	10.1	1 491.60	9.4	3 588.71	10.6

表3（续）

年份	新疆社会消费品		全国平均社会消费品		新疆GDP		全国平均GDP	
	零售总额	增速（%）	零售总额	增速（%）	总额	增速（%）	总额	增速（%）
2002	442.89	9.0	1 552.77	11.8	1 612.65	8.1	3 944.90	9.9
2003	421.17	-4.9	1 694.07	9.1	1 886.35	17.0	4 461.77	13.1
2004	563.41	33.8	1 919.39	13.3	2 209.09	17.1	5 249.74	17.7
2005	637.78	13.2	2 166.99	12.9	2 604.14	17.9	6 102.90	16.3
2006	727.59	14.1	2 464.84	13.7	3 045.26	16.9	7 135.71	16.9
2007	847.70	16.5	2 877.74	16.8	3 513.16	15.4	8 764.48	22.8
2008	1 025.72	21.0	3 499.60	21.6	4 183.21	19.1	10 320.52	17.8
2009	1 177.50	14.8	4 279.95	22.3	4 277.05	2.2	11 286.55	9.4
2010	1 386.06	17.7	5 064.46	18.3	5 437.47	27.1	13 248.65	17.4
2011	1 662.35	19.9	5 932.86	17.1	6 610.05	21.6	15 678.65	18.3
2012	1 916.10	15.3	6 784.10	14.3	7 505.31	13.5	17 451.26	11.3
2013	2 179.50	13.7	7 671.29	13.1	8 443.81	12.5	19 256.87	10.3
2014	2 436.50	11.8	8 770.84	14.3	9 273.46	9.8	20 876.84	8.4
2015	2 605.96	7.0	9 707.45	10.7	9 324.80	0.6	22 551.90	8.0
2016	2 825.90	8.4	10 719.88	10.4	9 649.70	3.5	24 074.68	6.8

数据来源：《中国统计年鉴》2001—2017年、《新疆统计年鉴》2001—2017年。

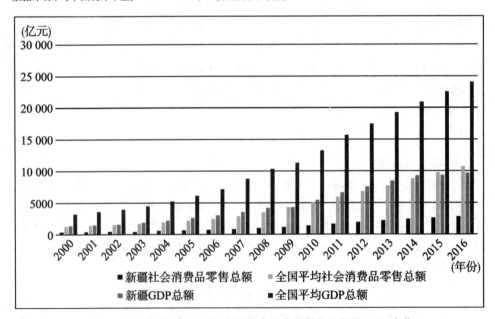

图1　2000—2016年新疆与全国社会消费品零售总额及GDP变化

数据来源：表3。

由表4和图2可知，2000—2016年新疆的人均GDP和人均社会消费品零售总额变化趋势与全国的人均GDP和人均社会消费品零售总额的变化趋势都在逐渐上升。但新疆人均 GDP、人均社会消费品零售总额明显低于全国水平。

表 4　　　　　　　新疆与全国人均 GDP、人均社会消费品零售总额　　　　单位：元

年份	新疆人均GDP	全国人均GDP	比重（%）	新疆人均社会消费品零售总额	全国人均社会消费品零售总额	比重（%）
2000	7 470.00	7 942.00	94.06	2 024.97	3 085.43	65.63
2001	7 913.00	8 717.00	90.78	2 165.83	3 373.53	64.20
2002	8 365.00	9 506.00	88.00	2 324.65	3 747.36	62.03
2003	9 686.00	10 666.00	90.81	2 177.77	4 063.88	53.59
2004	11 199.00	12 487.00	89.69	2 869.99	4 577.42	62.70
2005	13 030.00	14 368.00	90.69	3 172.48	5 137.55	61.75
2006	14 871.00	16 738.00	88.85	3 549.22	5 812.95	61.06
2007	16 950.00	20 505.00	82.66	4 045.93	6 751.74	59.92
2008	19 893.00	24 121.00	82.47	4 813.76	8 169.13	58.93
2009	19 926.00	26 222.00	75.99	5 454.85	9 942.18	54.87
2010	25 034.00	30 876.00	81.08	6 353.47	11 708.35	54.26
2011	30 087.00	36 403.00	82.65	7 526.34	13 650.40	55.14
2012	33 796.00	40 007.00	84.48	8 581.68	15 531.82	55.25
2013	37 553.00	43 852.00	85.64	9 625.49	17 476.77	55.08
2014	40 648.00	47 203.00	86.11	10 600.53	19 878.06	53.33
2015	40 036.00	49 992.00	80.08	11 043.47	21 891.93	50.45
2016	40 240.00	53 974.00	74.55	11 784.40	24 033.69	49.03

数据来源：《中国统计年鉴》2001—2017 年、《新疆统计年鉴》2001—2017 年。

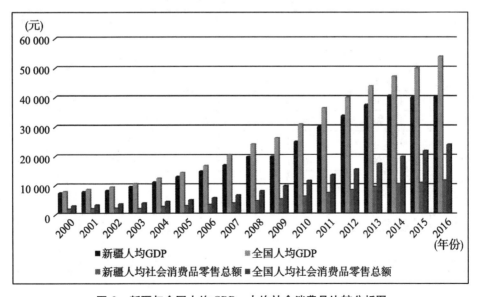

图 2　新疆与全国人均 GDP、人均社会消费品比较分析图

数据来源：表 4。

（三） 新疆消费系数变化

由表 5 与图 3 可知：①新疆消费物价指数一直处于不断上升的过程。在经济良性发展时，消费物价指数一般是伴随着经济的增长而上升，说明新疆经济一直持续发展，居民整体消费能力不断提高。从图 3 可以看出 2000—2016 年由于物价上升，农村的消费率一直维持在较高的水平，即农民需要从收入中拿出更多的钱购买生活消费品，农民的生活压力并未得到很大的改善。城镇的消费率在 2002—2016 年发生显著变化，消费率持续下跌，特别是在 2013 年之后，消费率急速下降。这是因为城镇居民可支配收入的增加远远领先农村居民，增长幅度也是快于物价指数，因此城镇居民对物价上涨不敏感，有足够的收入缓冲物价上涨。②农村居民的消费率在 2000—2013 年基本持平，即农村居民与城镇居民的生活压力差不多。但是在 2013 年之后，两者的消费率出现了明显差距。因为在现阶段经济发展进程中农村居民也有非常强烈的消费需求与消费愿望，但由于收入水平远低于城镇居民，因此农村地区居民消费能力有限，消费水平相应受到制约。③新疆城镇居民与农村居民的恩格尔系数都有下降的趋势。农村居民恩格尔系数的下降趋势明显快于城镇居民，这说明了现阶段农村居民消费结构也在快速发生转变。总的来说，新疆消费结构正在发生改变。物价指数上升，但是恩格尔系数下降了，说明城乡居民的食品消费支出在减少，消费正在转向其他领域。

表 5　　　　　　　　2000—2016 年新疆各项消费指标统计表　　　　　　　单位:%

年份	CPI	消费率（城镇）	消费率（农村）	恩格尔系数（城镇）	恩格尔系数（农村）
2000	100.00	80.20	76.45	36.48	49.96
2001	104.00	76.72	78.95	35.48	50.37
2002	103.40	81.24	75.79	34.10	49.00
2003	103.8	77.81	69.56	36.16	45.53
2004	106.50	76.96	75.28	36.08	45.20
2005	107.20	76.64	77.52	36.36	41.79
2006	108.50	73.79	74.24	35.47	39.90
2007	114.00	76.35	73.86	35.10	39.90
2008	122.10	75.83	76.62	37.30	42.50
2009	112.80	76.10	73.68	36.30	41.60
2010	117.10	74.74	74.48	36.20	40.30
2011	123.00	76.31	80.80	38.32	36.10
2012	126.80	77.52	82.03	37.71	36.05
2013	130.70	76.51	83.87	35.01	33.86
2014	132.80	51.28	84.42	32.38	34.49
2015	133.40	48.97	81.68	31.81	34.06
2016	134.80	74.58	81.26	29.11	31.7

数据来源:《新疆统计年鉴》2001—2017 年。

注：消费率=消费支出/GDP×100%；恩格尔系数=食品支出/家庭或个人消费支出总额×100%

CPI：设 2000 年 CPI=100，实际 CPI=当年的 CPI/2000 年 CPI×100。

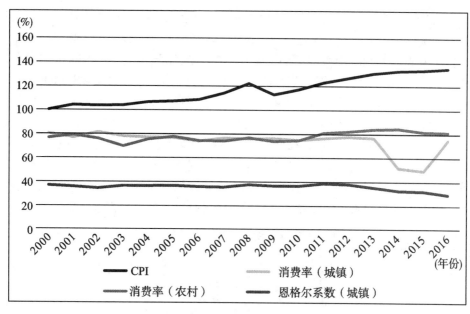

图 3　新疆各消费指标统计变化趋势图

数据来源：表 5。

二、影响新疆城乡居民消费需求的因素

（一）宏观因素的影响分析

1. 社会保障制度因素的影响分析

（1）社会保障水平对消费需求的影响。根据以往文献的研究，用社会保障水平系数来反映社会保障的程度，以一个地区的社会保障总支出占生产总值的比例来表示社会保障水平。即

$$社会保障水平系数 = \frac{社会保障总支出}{GDP} \times 100\%$$

由表 6 可知，2016 年全国的社会保障总支出为 46 888.4 亿元，社会保障系数为 6.3%；2016 年新疆的社会保障支出 1 209.8 亿元，社会保障系数是 12.5%。说明新疆社会保障水平很高，但和发达国家的 30%[①] 相比还是比较低的。

表 6　　　　　　　　　　**2016 年新疆与全国的社会保障水平对比**

地区	社会保障总支出（亿元）	GDP（亿元）	社会保障水平系数（%）
全国	46 888.4	746 315	6.3
新疆	1 209.8	9 649.7	12.5

数据来源：2017 年《中国统计年鉴》。

---

① 王进杰. 新疆消费需求影响因素分析 [D]. 乌鲁木齐：新疆大学，2010.

（2）社会保障覆盖范围对居民消费的影响。社会保障的覆盖范围从城镇职工基本养老保险、城乡居民基本养老保险、失业保险、城镇基本医疗保险、工伤保险五个方面进行分析。由表7可知，2016年新疆城镇职工养老保险覆盖率为26.06%，全国为27.43%，两者基本持平；新疆城乡居民基本养老保险覆盖率为23.14%，全国为36.77%；新疆失业保险覆盖率为12.46%，全国为13.08%；新疆城镇基本医疗保险的覆盖率为38.5%，全国为53.80%，差距明显；新疆工伤保险的覆盖率为13.84%，全国为15.83%。从总体上看，新疆社会保障覆盖范围低于全国平均值，特别是养老保险与医疗保险这两项重要社会保障措施上远落后于全国整体水平，这也说明新疆社会保障制度没有达到其应达到的效果。因此，想要扩大新疆消费需求，必须扩大新疆社会保障覆盖率，居民生活与健康得到保障后才会促使居民有更多的消费需求。

表7　　　　　　　　2016年新疆与全国的社会保障覆盖范围对比　　　　　　单位:%

城镇职工基本养老保险		城乡居民基本养老保险		失业保险		城镇基本医疗保险		工伤保险	
全国	新疆	全国	新疆	全国	新疆	全国	新疆	全国	新疆
27.43	26.06	36.77	23.14	13.08	12.46	53.80	38.50	15.83	13.84

数据来源：2017年《中国统计年鉴》。

2. 新疆产业结构因素影响分析

由表8与图4可知新疆最近十几年各产业的走势情况，2001—2003年新疆三次产业基本符合"三、二、一"的产业构成，二次产业占比较低，无法为经济发展提供动力。2004—2014年刚好是新疆经济快速发展的一个阶段，特别是第二产业作为支撑产业得到迅猛发展，呈现"二、三、一"的产业结构构成符合经济发展规律。2015年以来，新疆为适应经济发展新常态，从供给侧结构性改革方面入手，进行产业结构升级，去产能，让经济能够健康平稳的发展，产业结构又回到了"三、二、一"的经济状态。

表8　　　　　　　　2001—2016年新疆产业结构构成　　　　　　单位:%

年份	产业结构			
	第一产业	第二产业	第三产业	演变
2001	19.3	38.5	42.2	三、二、一
2002	18.9	37.4	43.7	三、二、一
2003	21.9	38.1	40	三、二、一
2004	20.2	41.4	38.4	二、三、一
2005	19.6	44.7	35.7	二、三、一
2006	17.3	47.9	34.8	二、三、一
2007	17.8	46.8	35.4	二、三、一
2008	16.5	49.5	34	二、三、一
2009	17.8	45.1	37.1	二、三、一
2010	19.8	47.7	32.5	二、三、一

表8（续）

年份	产业结构			
	第一产业	第二产业	第三产业	演变
2011	17.2	48.8	34	二、三、一
2012	17.2	45.2	37.6	二、三、一
2013	17	42.3	40.7	二、三、一
2014	16.6	42.6	40.8	二、三、一
2015	16.7	38.6	44.7	三、二、一
2016	17.1	37.8	45.1	三、二、一

数据来源：《新疆统计年鉴》2001—2017年。

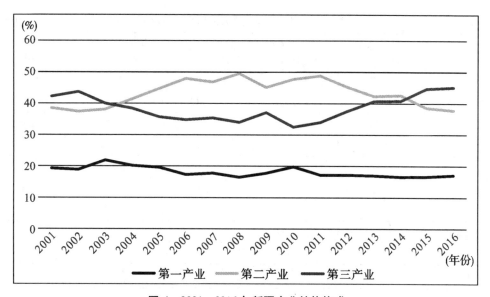

图4　2001—2016年新疆产业结构构成

数据来源：表8。

从现实情况看，某个地区第三产业比重越高，地区生产总值就越高，人均收入和人均消费支出也会普遍高于其他地区（如上海、深圳、香港）。新疆第三产业的比重高于第一产业，但和全国相比，特别是和沿海地区发达城市比，相对来说还是占比非常小，因此对新疆人均收入的增长作用不明显，再次拉动消费的作用也不明显。现阶段新疆产业结构分布不能满足大多数居民的消费需求。进行产业升级是实现收入大幅度提高的重要一步，所以消费结构升级的前提是产业结构的升级，只有产业结构升级成功才能满足人类日益增长的消费需求。因此，要扩大新疆的消费需求，必须对消费结构进行升级，而消费结构的升级必须以产业结构的升级与改革为前提。

3. 新疆人口年龄结构对消费需求的影响

人是产生消费的源泉与主体，通过对以往学者研究的总结，发现消费需求和消费总量与人口年龄结构以及人口规模之间存在显著的影响关系。年龄、性别不同都会对消费需求与消费总量产生影响。

中国《资本论》年刊（第十六卷）

由表9和图5可知，从新疆第二次人口普查到第五次人口普查，青少年的人口数量在第三次人口普查中急剧减少，老年人口数量小幅度上涨，中年人口呈现快速上涨趋势。其中，中年人口比重最大，数量最多；老年人口的数量最少，比重最小，人口老龄化还不算太严重，低于全国平均老年人口比重，因此新疆的老龄化进程是相对较慢的。但是根据图表显示的数据与走势，可以预计新疆未来老龄化会加重。莫迪格里安尼在生命周期理论中指出，不同年龄的人群对消费需求不一样，青少年时期更多的是对物质和教育上的需求，中年时期更多的是对住房、交通、娱乐等方面的需求，老年时期更多的是对医疗保障的需求。中年人群的消费支出是最多的，对一个地区的消费市场影响也是最大的。依据现阶段新疆人口的年龄结构，可以预计新疆在未来的一段时间内，总体消费可能会出现下滑的趋势。

表9   第二次人口普查以来新疆人口年龄构成   单位：万人

年龄	第二次人口普查（1964年）	第三次人口普查（1982年）	第四次人口普查（1990年）	第五次人口普查（2000年）	第六次人口普查（2010年）
0~5岁	121.86	186.7	218.85	165.12	185.03
6~16岁	146.77	330.85	282.12	338.18	261.15
少年人口比重	0.369	0.396	0.331	0.273	0.205
16~64岁	428.73	742.42	955.49	1 256.4	1 593.99
中年人口比重	0.590	0.568	0.630	0.681	0.731
65岁以上	29.65	48.18	59.23	86.25	141.41
老年人口比重	0.041	0.037	0.039	0.047	0.065

数据来源：《新疆统计年鉴》2001—2017年。

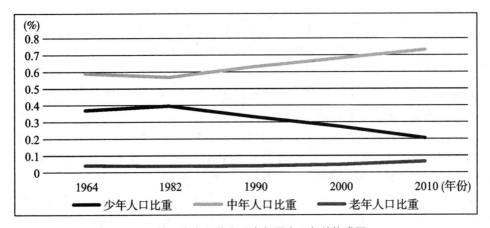

图5   第二次人口普查以来新疆人口年龄构成图

4. 新疆对外贸易与消费市场之间的影响关系

由表10、图6可知，新疆进出口总额、出口额与进口额在2001—2015年整体上是处于上升趋势，进出口总额与出口额的变化趋势基本上保持一致，这说明新疆主要是以出口为主。2001—2008年由于西部大开发的影响，进出口总额与出口额的增长幅度最快；2009—2010 年出现了短暂的下降，主要是因为新疆受到区域内的因素影响；在 2011 年之后新疆的进出口总额与出口额又恢复了快速上涨趋势。

表 10 　　　　　　　　　　　2000—2016 年新疆对外贸易分析表　　　　　　　　单位：万美元

年份	进出口总额	出口额	进口额
2000	226 399	120 408	105 991
2001	177 148	66 849	110 299
2002	269 186	130 849	138 337
2003	477 198	254 221	222 977
2004	563 563	304 658	258 905
2005	794 189	504 024	290 165
2006	910 327	713 923	196 404
2007	1 371 623	1 150 311	221 312
2008	2 221 680	1 929 925	291 755
2009	1 382 771	1 082 325	300 446
2010	1 712 834	1 296 981	415 853
2011	2 282 225	1 682 886	599 339
2012	2 517 075	1 934 686	582 389
2013	2 756 191	2 226 980	529 211
2014	2 766 930	2 348 255	418 675
2015	1 967 789	1 750 600	217 189
2016	1 796 328	1 591 212	205 116

数据来源：《新疆统计年鉴》2001—2017 年。

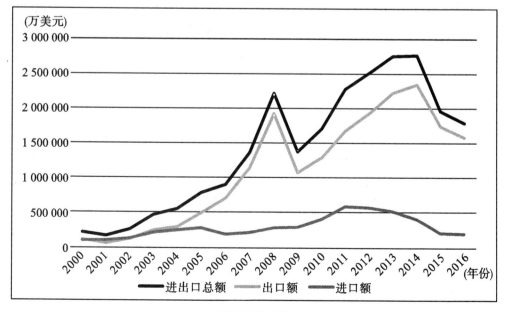

图 6　新疆对外贸易分析图

数据来源：表 10。

　　由表 11 和图 7 可知，2000—2016 年新疆的进出口总额与出口总额呈现波浪式上升，与中亚五国的进出口总额、出口总额、对外贸易的变化趋势保持一致，新疆对中亚五国的贸易总额大概是新疆对外贸易总额的 50% 以上，这说明中亚五国是新疆最重要的对外贸易伙伴。因此，新疆应继续推动与中亚五国及重要地区的合作，让新疆的社会经济在开放与合作的背景下快速发展。以新疆为核心区域，推进通关更加便利，改善通关条件，大力提升服务能力和便利水平。此外，要注重建造外向型优势特色优势产业基地，建设合作平台，创造合作机会，提升开放水平。

表 11　　　　　　　　2000—2016 年新疆与中亚五国对外贸易对比　　　　　单位：万美元

年份	进出口总额	出口总额	进口总额	中亚五国进出口总额	中亚五国出口额	中亚五国进口额	比重（%）
2000	226 399	120 408	105 991	137 292	62 424	74 868	60.64
2001	177 148	66 849	110 299	101 613	27 224	74 389	57.36
2002	269 186	130 849	138 337	155 319	56 917	98 402	57.7
2003	477 198	254 221	222 977	284 825	147 084	137 741	59.69
2004	563 563	304 658	258 905	386 836	218 085	168 751	68.64
2005	794 189	504 024	290 165	601 367	383 219	218 148	75.72
2006	910 327	713 923	196 404	739 970	584 906	155 064	81.29
2007	1 371 623	1 150 311	221 312	1 097 625	942 134	155 491	80.02
2008	2 221 680	1 929 925	291 755	1 881 169	1 669 882	211 367	84.67
2009	1 382 771	1 082 325	300 446	1 119 628	935 003	184 625	80.97
2010	1 712 834	1 296 981	415 853	1 374 240	1 081 669	292 571	80.23
2011	2 282 225	1 682 886	599 339	1 698 415	1 249 304	449 111	74.42
2012	2 517 075	1 934 686	582 389	1 758 333	1 301 431	456 902	69.86
2013	2 756 191	2 226 980	529 211	1 903 671	1 471 882	431 789	69.07
2014	2 766 930	2 348 255	418 675	1 713 642	1 547 796	165 846	61.93
2015	1 967 789	1 750 600	217 189	1 099 713	1 027 577	72 136	55.89
2016	1 796 328	1 591 212	205 116	1 203 230	1 122 042	81 188	66.98

数据来源：《新疆统计年鉴》2001—2017 年。

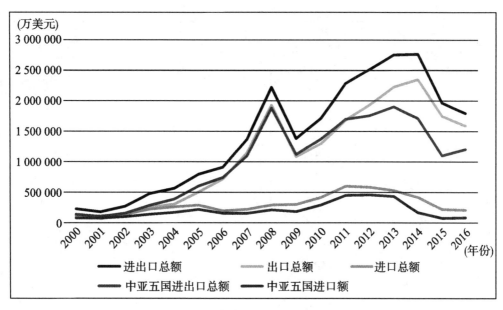

图 7　新疆与中亚五国对外贸易对比

（二）微观因素的影响分析

1. 收入对消费需求的影响分析

由表 12 与图 8 可知，2000—2016 年新疆居民人均可支配收入一直为上升趋势，新疆城镇居民人均可支配收入上升幅度远远大于农村居民人均可支配收入，2016 年新疆城镇居民人均可支配收入为 28 463 元，农村居民人均可支配收入为 10 183 元，表明新疆城镇居民与农村居民人均收入差距非常大。从图 5 的趋势线可以看出，这种差距可能会越来越大。随着人均可支配收入的增加，也能看出新疆城镇与农村居民的人均消费支出也出现快速上涨的趋势，但是人均消费的上涨幅度小于人均消费支出的上涨幅度，而且新疆城镇居民的人均消费支出也远远大于农村居民的人均消费支出，差距有越拉越大的趋势。原因在于新疆城镇居民的人均收入大于农村居民的人均收入，所以城镇居民的消费能力比农村居民的消费能力更强，消费支出就更高。2001—2016 年随着新疆城镇与农村居民的人均收入提升，带来人均消费支出的提升，也使新疆市场的整体消费处在一个快速上涨的阶段，在 2016 年新疆整个消费市场的社会消费品零售总额达到 2 826 亿元。

表 12　　　　　2000—2016 年新疆居民人均收入与社会消费品零售总额　　　　　单位：元

年份	城镇居民人均可支配收入	城镇人均消费性支出	农村居民人均可支配收入	农村人均消费性支出	新疆社会消费品零售总额（亿元）
2000	5 817	1 618	4 665	1 237	375
2001	6 590	5 056	1 710	1 350	406
2002	6 941	5 639	1 863	1 412	443

表12（续）

年份	城镇居民人均可支配收入	城镇人均消费性支出	农村居民人均可支配收入	农村人均消费性支出	新疆社会消费品零售总额（亿元）
2003	7 221	5 619	2 106	1 465	421
2004	7 503	5 774	2 245	1 690	563
2005	8 100	6 208	2 482	1 924	638
2006	9 120	6 730	2 737	2 032	728
2007	10 313	7 874	3 183	2 351	848
2008	11 432	8 669	3 503	2 684	1 026
2009	12 258	9 328	4 005	2 951	1 178
2010	13 644	10 197	4 643	3 458	1 386
2011	15 514	11 839	5 442	4 398	1 662
2012	17 921	13 892	6 394	5 245	1 916
2013	19 874	15 206	7 296	6 119	2 180
2014	23 214	11 904	8 724	7 365	2 437
2015	26 275	12 867	9 425	7 698	2 606
2016	28 463	21 229	10 183	8 277	2 826

数据来源：《中国统计年鉴》2001—2017 年、《新疆统计年鉴》2001—2017 年。

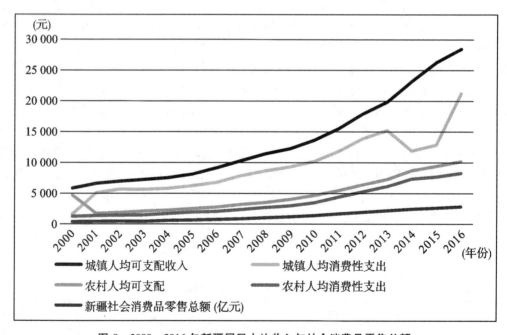

图 8　2000—2016 年新疆居民人均收入与社会消费品零售总额

数据来源：表12。

2. 价格影响分析

由表 13 和图 9 中可知, 2000—2016 年新疆城镇和农村的消费价格一直显示上升的趋势, 这符合良好的经济发展阶段, 区域内生产总值上升一定会引起消费价格上涨。从图 8 可以看出新疆城镇消费价格指数的走势和农村消费价格指数走势基本一致, 这说明城市消费需求的增长幅度与农村消费需求增长幅度一致。随着生产总值增加, 消费价格随之上涨, 同时居民的消费支出也出现上涨。在城市和农村消费价格指数上涨趋势基本相同的情况下, 城镇人均消费支出的增加幅度高于农村居民的人均消费支出的增加幅度。在城镇和农村消费需求增长幅度趋同的情况下, 说明农村和城镇居民都有消费需求, 只是由于农村居民的消费能力低于城镇居民, 阻碍了农村居民的消费意愿。总的来说, 完善的社会保障制度是居民敢于消费、愿意消费的保证; 产业结构的升级是消费结构升级的前提, 消费结构升级能刺激新疆的消费需求; 中年人口的消费支出对消费市场的影响最大, 老龄化进程会降低新疆的消费需求; 新疆对外贸易的增加创造了更多的就业岗位, 促进了经济增长, 扩大了新疆居民的消费需求。

表 13 　　　　　　　2000—2016 年新疆价格消费指数与人均消费支出

年份	城镇消费价格指数	农村消费价格指数	城镇人均消费性支出（元）	农村人均消费性支出（元）
2000	100.00	100.00	4 665	1 237
2001	104.03	103.76	5 056	1 350
2002	102.75	104.76	5 639	1 412
2003	103.39	104.76	5 619	1 465
2004	105.51	109.52	5 774	1 690
2005	106.14	110.78	6 208	1 924
2006	107.20	113.03	6 730	2 032
2007	112.08	121.30	7 874	2 351
2008	120.34	132.83	8 669	2 684
2009	120.55	135.34	9 328	2 951
2010	125.00	143.11	10 197	3 458
2011	131.78	152.88	11 839	4 398
2012	136.23	160.15	13 892	5 245
2013	141.53	166.92	15 206	6 119
2014	144.70	169.67	11 904	7 365
2015	145.34	170.68	12 867	7 698
2016	146.82	171.93	21 229	8 277

数据来源:《中国统计年鉴》2001—2017 年、《新疆统计年鉴》2001—2017 年。

注: CPI: 设 2000 年 CPI=100, 实际 CPI=当年的 CPI/2000 年 CPI×100。

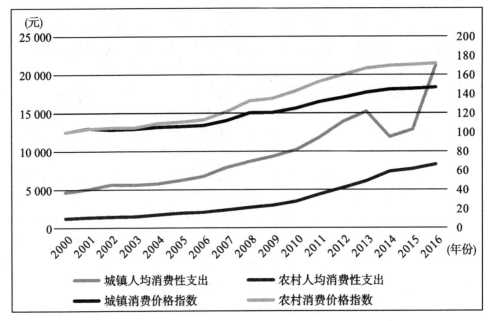

图 9　2000—2016 年新疆价格消费指数与人均消费支出分析

数据来源：表 13。

三、提升新疆城乡居民消费需求的对策

（一）进一步完善各项制度建设

1. 加强社会保障制度的建设与完善

从前文对新疆社会保障制度的影响分析可知，现阶段加强社会保障制度的建设主要是要扩大新疆农村社会保障覆盖的范围与农村居民的人均社会保障水平。要加强各项社会保障制度在农村中的建设。①大力发展农村经济，缩小城乡差距。让人们积极掌握技能，既可以减轻财政负担，还可以获得收入，提高生活质量。②完善农村社会保障法律体系，防止居民对政策曲解、防止不法分子钻漏洞。③继续加大对农村社会保障政策的宣传，增强政策在群众中的接受程度。使农村居民树立正确的保险观，提高参保意识。扩大参保人数，增加基金支出，维护社会稳定。④拓宽农村社会保障资金来源渠道。除政府的支出和个人的缴费，还可以通过基金投资增值等其他渠道获得。⑤适时调整最低生活保障基准线，增大保险基金的基础量。随着经济的发展、物价水平变化适时调整最低生活保障的基准线，防止因农村居民的收入增加而脱贫的假象。⑥在财政支出允许的范围内，适当扩大医疗保障的报销。尽可能让农村居民去大医院就医，增加治愈率，增加农村居民的幸福感。⑦加大力度对"软件"层面进行投入（医生培训、医疗政策宣传等），以此提高硬件措施的使用率，从而改善医疗服务水平。⑧减少农村居民获得保险的成本，例如费用缴纳与结算的便利化。

2. 积极推进价格体制改革，完善价格体制建设

首先，生活必需品占比大、价格弹性大，一定要保持生活必需品价格稳定在合理范围内发展。其次，消费市场的价格监管作用不容忽视，有序的价格秩序，可以促进居民消费需求。最后，加强和改进对垄断行业的价格监管，通过引进竞争机制，提高生产效率，防止高价垄断，避免垄断行业价格的不合理上涨，以促进居民的消费需求。

（二）提高城乡居民的收入水平

1. 提高人口的整体工资收入水平与就业率

提高城乡居民收入，着重要提升中、低阶层居民的收入。新疆职工工资水平相对较低，因此，要提高新疆城镇居民的收入水平就必须提高居民工资水平与就业率。①政府事业单位，通过推进人事制度改革，确立了较合理的工资结构，初步建立了收入分配激励机制，极大地调动了人们的工作积极性。②在提高就业率方面，政府要根据新疆特殊的地理位置与资源条件，立足地区优势，引进东、中部技术与经验，加强新疆在其他行业的发展。③可以通过完善国有企业职工工资的增长机制、建立非公有企业职工工资的增长机制，保证职工工资的正常增长。

2. 加大财政支出力度，优化财政支出结构

财政支出和居民的人均收入水平有着密不可分的关系。人均财政支出增长能够引起城镇居民人均可支配收入和农村居民人均纯收入更快增长，从新疆财政支出方向来看，针对农村的财政支出不够。农村由于建设和经营能力较城镇差的原因，创收有限。因此加强财政支出对农村的力度是至关重要的。具体可以通过加强对农村交通、通信、电网、文化、教育等基础设施的建设。

（三）加速产业结构优化，促进消费结构升级

三个产业都提供大量消费品和服务，其中农业主要是直接提供食品和其他制品的原材料；工业主要提供食品、衣着、家庭设备用品、交通通信等消费的产品及相关设施，工业占总产值的比重反映出一个地区的生产力水平，同时促进消费结构的升级；第三产业的发展提供了文教娱乐服务、家庭及其他服务消费产品，是产业结构升级的推动力，同时也对消费结构的优化升级具有很大的作用。据前文分析得出，新疆第一产业所占比重偏高，第三产业所占比重偏低。我们应该通过减小农业所占比重，提高工业生产效率，增加服务业占总产值的比重来优化新疆的消费结构。

参考文献：

[1] 俞剑，方福前. 中国城乡居民消费结构升级对经济增长的影响 [J]. 中国人民大学学报，2015（5）.

[2] 洪银兴. 消费需求、消费力、消费经济和经济增长 [J]. 中国经济问题，2013（1）.

[3] 苏莱曼·斯拉木. 扩大内需还是持续增收：推动经济增长的政策选择——新疆居民收入和消费数据的经验分析 [J]. 华东经济管理，2016（10）.

[4] 汤向俊，马光辉. 供给侧改革与消费需求扩张 [J]. 经济问题探索，2016（4）.

［5］元惠连，夏庆杰，王志伟. 中国城镇居民消费需求分析［J］. 经济科学，2016（4）.

［6］董碧松，张少杰. 收入分配与经济增长——基于消费需求视角的研究［J］. 经济问题，2009(9).

［7］李俊英. 新疆城镇居民消费结构的实证分析［J］. 新疆社会科学，2003（2）.

［8］尹世杰. 消费需求与经济增长［J］. 消费经济，2004（5）.

［9］加依娜尔·哈木巴尔. 基于扩大内需的新疆城镇居民消费结构变动研究［D］. 乌鲁木齐：新疆财经大学，2011.

［10］支小军，刘永萍. 新疆城镇居民消费与农村居民消费的对比分析[J]. 新疆农垦经济，2005(11).

［11］贾小玫，焦阳. 我国农村居民消费结构变化趋势及影响因素的实证分析［J］. 消费经济，2016（4）.

［12］王雷. 扩大内需的关键是增加农民收入［J］. 四川师范学院学报，2000（5）.

［13］臧旭恒. 如何看消费对我国经济增长的作用［J］. 消费经济，2017（4）.

［14］德娜·吐热汗，陈敬峰，阿不都热合曼. 新疆居民消费模型的研究与分析［J］. 新疆农业大学学报，2006（1）.

［15］党玮. 新疆 GDP 与消费需求动态均衡关系分析［J］. 新疆农垦经济，2005（10）.

第七编 当代资本主义研究

智能化条件下科技进步
对资本与劳动的影响及前景展望

江林昱①   谢元态②

摘　要： 智能化条件下科技进步对资本与劳动关系的影响是当前重大的理论与实践课题。本文首先静态分析智能化条件下科技进步对资本与劳动关系的影响：现代市场经济体制下资本与劳动的关系，智能化条件下科技进步对资本与劳动的影响，智能化条件下科技进步对资本与劳动关系的静态模型分析；其次分析前两次工业革命条件下科技进步对资本与劳动的关系；再次动态分析第三次科技进步条件下智能化对资本与劳动的影响；最后是前景展望：智能化程度提高有助于加速共产主义实现。这是因为：①智能化程度提高，为加速共产主义实现提供技术支撑和技术平台；②智能化的全面普及实现了工业化和信息化协同发展，有助于增加共产主义因素；③智能化程度的提高使经济社会各领域全面加速实现共产主义。

关键词： 资本　劳动　科技进步　智能化

一、前言

我们现代的社会生活体系都是以资本与劳动的关系为核心运转着，资本与劳动是整个世界经济发展不可或缺的两大因素。人类社会发展到不同阶段，资本与劳动之间的相互关系也在逐渐发生相应的变化。而进入 21 世纪以来，科学技术取得了很大的进步，智能化程度越来越高。智能化的发展是人类文明发展到现在乃至到未来的共产主义理想社会的大势所趋。智能化是指通过现代高科技的电子信息技术、计算机互联网技术和其他行业的许多先进技术等结合而成的针对某一方面应用的智能集合。随着科技的发展，智能化甚至可以与人体完美结合，做到真正的人工智能，智能化技术也逐渐遍及生活中

---

①　江林昱，江西农业大学研究生。
②　谢元态，男，1955 年 3 月出生，江西上犹人，江西农业大学经济管理学院教授。

的各个方面。高度发达的智能化条件下，所有的手工劳动都可以用机器代替，整个社会的商品生产形成了一个完整的机器体系，诸如机器人、智能手机和大数据云都是智能化的最新成果。因此，在智能化条件下，资本与劳动之间的关系发生了很大的变化。深刻地认识资本与劳动之间新的关系，可以更好地促进社会的发展，也可以更好地把握如何在智能化条件下加速共产主义的实现。

二、静态分析：智能化条件下科技进步对资本与劳动关系的影响

（一）现代市场经济体制下资本与劳动的关系

在现代市场经济体制下存在的企业都是由很多种独立的要素组成的，但总的来说可以将这些要素分为提供人力资本的所有者和提供物资资本的所有者两大类型。通过人的经济活动进行投资并且通过人的劳动创造出来的社会物质财富就叫作物质资本，它的实物形态主要包括资本家对生产机器设备、工厂投资，以及对出行的道路、机场和各种社会上的基础公共设施建设的社会投资等；通过人们对经济社会活动的投资而带来的对人们的内在方面以及人的技能、素质等方面的提高称为人力资本。因此，我们平时所谈及的资本对劳动的雇佣或者劳动雇佣制度所指的就是资本的所有者即所谓的资本家是企业的主人，资本家通过支付一定量的劳动报酬给劳动者，用资本来换取劳动者的劳动的使用权。在现代市场经济体制下，资本与劳动的雇佣关系首先表现为劳动者的劳动同它的所有者之间在自然形态上的可分离性，导致劳动者的劳动只要被资本家占有就会成为一种抵押品，以至于无法任意地退出企业。在中国这样的现象也是很多的，比如国有企业中的上市公司的经营管理人员的个人收入是与企业的销售业绩"捆绑"起来的。因此，资本在整个社会的生产过程中是处于核心的地位，而非人力资本所有者也就自然地成了企业风险的真正承担者，资本雇佣劳动这个说法也就因此有了一个比较合理的理论支撑。

（二）智能化条件下科技进步对资本与劳动的影响

"资本不是物，而是一定的、社会的、属于一定历史社会形态的生产关系，它体现在一个物上，并赋予这个物以特有的社会性质"——马克思用这句话非常精辟准确地回答了"资本是什么"这个问题。在马克思看来，工人本身的能力因为对机器的长时间使用，对机器形成一种依赖，是对工人的主观能动性的一种隐形剥夺，但是同时也"纵容"了资本家用资本进一步将工人的劳动的控制权牢牢掌握在自己手中。科学技术的进步能够极大地提高劳动生产率，对于科学技术进步以及如今智能化技术追求的热情已是资本家所坚持的一种意识形态。

在智能化盛行的当代，资本家似乎更加坚信所谓的"传统的制造业哲学"，坚定地认为无论以任何方式对企业管理层控制权的加强都必须做到对劳动分工的细化、简化工人的劳动内容以及逐渐剥夺工人身上的劳动技能。"对控制权的关注本身也体现了对工

人的不信任，对工人知识的轻视以及自动化工厂的梦想"。智能化的发展使生产逐步达到了自动化，这也成了资本家通过资本来控制劳动最有效的手段，如果将此上升到技术领域的意识形态，则将其他一切的技术可能性扼杀在摇篮里。在生产企业中的智能机器人取代了大量的普通工人，这就会使得那些不会操作智能机器人的低素质工人被排挤淘汰出劳动市场，这对资本家来说不仅可以降低雇佣工人的成本，从长期来看，相比资本家支付给众多工人的劳动报酬足以抵付现在购买智能机器人的成本，最终资本家仅仅雇佣少量的工人，就可以在比以往更短的劳动时间里生产出比以前更多的商品，这就更明显地暴露出资本家对工人的剩余价值的剥削更加残酷。同时，以往的一些落后的生产方式也会因此逐渐退出历史舞台。

（三）智能化条件下科技进步对资本与劳动关系的静态模型分析（见图1）

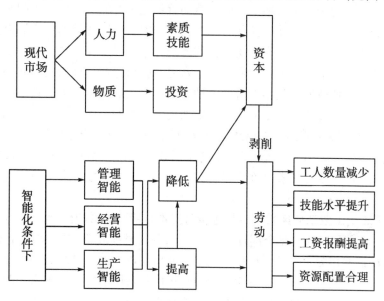

图1　智能化条件下科技进步对资本与劳动关系的静态模型

三、工业革命条件下科技进步对资本与劳动的关系分析

（一）第一次工业革命条件下科技进步对资本与劳动的关系分析

第一次工业革命兴起后，早期科技进步（工人与机器对抗）对资本与劳动的影响是天翻地覆的。资本主义社会发展初期，资本主义制度下资本归资本家私人所有，资本与雇佣劳动的关系是纯粹的剥削与被剥削的关系，在此基础上形成了相应的社会经济制度。

在资本主义社会中，商品生产已经达到了比较高的阶段，并且成为整个社会生产比较普遍的和决定性的形式，生产资料被资本占有。商品生产方式也发生了变化，机器大生产正在逐步取代传统的手工劳动生产方式，随之而来的机器排挤工人的现象也就逐渐在社会上出现，许多工人逐渐被淘汰。

在资本主义社会初期即简单协作时期，这个时期正处于封建主义社会的末期，资本主义商品经济的发展还处于萌芽阶段，很多劳动者在同一资本家的指挥下共同劳动，雇佣工人的协作是在劳动过程中才开始的，这可以看作是一种新兴的生产力。简单协作这种生产模式是属于资本主义生产方式当中的一种基本方式，而且随之发展的一些更为复杂的生产模式都有简单协作的影子，它包含着那些更加复杂的生产模式的萌芽，具体表现为这些复杂生产模式中的一些要素与这些复杂的生产模式并存，而并非单独存在。简单协作这个阶段是资本主义生产的起点，资本对劳动的剥削还处于初始的阶段。

从 16 世纪开始，西欧的一些资本主义国家开始进入工场手工业时期。一开始的那些分散的手工工场是最初的形式，随着社会的进步，后来逐步发展到那种较为集中的手工工场，在这个过程中资本家使那些除了劳动就一无所有的工人得到了初步的解放，为他们提供了劳动工具，工人使用这些劳动工具为资本家生产商品创造价值以换取他们的劳动报酬，最终这些工人就只有出卖自己的劳动力才得以生存，并一步一步地沦为完全出卖劳动力的被雇佣的劳动者，他们与资本家之间就只存在一种彻底的雇佣关系。工场手工业出现以后，使得原本就很廉价的劳动力更进一步地成为资本的隶属品，资本对劳动的控制也使得工人与资本家之间的关系更加发生了改变，工人更进一步地变成了资本家的一种附属物。16 世纪前后新航线的开辟使整个世界的各个方面发生了巨大的改变，同时也由此爆发了"商业上的革命"，加速了封建社会向资本主义社会的转变，同时西欧国家的殖民掠夺，加速了资本在世界上的流动，也更加促使了资本对劳动的剥削。

（二）第二次工业革命条件下科技进步对资本与劳动的影响分析

"工场手工业既不能掌握全部社会生产，也不能根本改造它"。因为它依然是把狭隘的手工劳动技术作为基础的，所以工场手工业出现以后的发展趋势必然是由社会大生产逐渐向机器大工业生产转变。以 18 世纪 60 年代开始爆发的工业革命为起点，再由工业革命最初的蒸汽时代到后来的电气时代，相较于之前的手工生产方式，机器生产不仅能够大幅度地提高劳动生产率，而且还能够最大限度地延长工作日。在资本主义社会制度下的机器生产，一方面，这种本来应当成为为工人缩短工作日的手段却被资本家利用，资本家使它变相地成了一种延长工作日的有力手段；另一方面也使工人的劳动强度在一定程度上得到了提高，这样就进一步使得资本在社会生产中占据了主导地位，劳动被资本统治。这样就导致了工人的作用变得越来越不重要，原本需要多个工人完成的工作，现在只需要一个工人控制多台机器就能轻松完成，而且机器工业大生产在提高劳动强度和生产效率后，同样的工作日时常可以生产出更多的商品，而支付给工人的劳动报酬却没有得到同样比例的提高，所以最终就表现为资本家对工人的剥削加剧，劳动对资本的隶属程度进一步加深。正如马克思曾经说的："在资本主义体系内部，一切提高社会劳动生产力的方法都是靠牺牲工人个人来实现的；一切发展生产的手段都变成统治和剥削生产者的手段。"

资本本身是不能创造出价值的，只有劳动才能创造价值，因此劳动者通过自己的劳动创造的全部劳动成果应该被劳动者享有。但是在资本主义社会，资本家使用资本来对劳动进行控制，通过支付工资给工人来对他们进行雇佣，然后工人在劳动的过程中不断地被资本家无情地剥削，资本家无偿地占有工人通过劳动创造出来的劳动成果，由此就完成了资本对劳动的统治。这在资本主义社会的发展历程中已体现得非常充分。

　　资本家和雇佣工人之间的斗争是由资本与劳动的矛盾引起的，两者也是同时存在的。工业革命在欧洲的爆发从西方国家开始，带领世界进入工业文明时代，随之而来的是各种工业机器的诞生。从最早瓦特改良蒸汽机到后面的各种工业机器，工人在社会生产中扮演的角色越来越被弱化。由此带来的是劳动工人奋起反抗，以工场手工业时期作为开端，随之爆发了一系列的暴动和工人运动，工人与资本家之间的斗争永不停歇地在这个物欲横流的社会如火如荼地进行着。但这只是在采用机器以后，工人才开始反对劳动资料本身，即反对资本的物质存在方式。

　　机器大工业生产时期工人与机器矛盾对抗最为激烈的时候，劳动工人暴力反抗，发生诸如大规模破坏机器等行为。工人为了能够在劳动市场上生存下来，只能通过这种极端的方式来表达他们对机器大工业生产的反对。"劳动资料一旦作为机器出现，就立刻成了工人本身的竞争者。资本借助机器进行的自行增殖，同生存条件被机器破坏的工人的人数成正比。"在生产过程中机器对工人的逐步替代，导致的后果就是出现了机器排挤工人的现象，而机器是作为一种新的劳动资料的形式出现在市场上的，这些机器只是被少数的资本家所掌握使用。随之而来会带来一些问题：一方面，这种机器排挤工人的现象造成大量的工人失业问题，由于雇佣工人的工作大部分被机器代替，所以导致的结果就是工人被这些"新来的"劳动资料扼杀了；另一方面，失业工人由于被机器替代，那些被替代的工人就都被转化为那些劳动力市场上的过剩人口，由此带来的另一个问题就是劳动市场上的这些过剩人口将会趋向饱和，这个时候劳动市场上的劳动供给越来越多，在劳动需求比较固定的情况下，就表现为劳动力的价格即工人的工资会逐步降低。总的来看，资本家支付给工人的劳动报酬相较于之前会变得更少，资本家可以从中获得更多的利润。从另一个角度来说，这也就相当于工人的剩余价值更加残酷地被资本家剥削了，资本对劳动的剥削程度更深了一步。

四、第三次科技进步条件下智能化对资本与劳动的影响

　　工业革命的爆发引领世界来到了工业文明的时代，工业机器在越来越多的行业作为生产工具被应用，已经遍及生产的各个环节。随着科学技术的进一步发展，因为工业机器所带来的对生产效率的提高已不能满足资本家对剩余价值的追逐，所以资本家为了追逐更多的剩余价值，智能化的生产方式逐渐被资本家们青睐。智能化的发展也是世界各国为了达到经济增长目的所逐步发展的结果，是这个社会发展过程中的必然结果。

（一）智能化对资本的影响

在生产的过程中应用智能化技术能够节省生产准备阶段资本的投入，也就是节省生

产成本。随着科学技术的进步，通过对智能化生产力投入的增加，可以在一定程度上使其成为其他各种物质资源投入的替代品，相当于使用资本要素替代其他生产要素。在以往的手工生产过程当中，资本家应用的方法是雇佣大量的工人投入到生产中，劳动所占的比重很高，而资本在投入的量上所占的比重比较低。以现代经济学观点看来，经济增长的过程就是许多的生产要素数量投入及其结构与产出之间的组合作用的结果。从这一点上来讲，智能化的发展就是改变了生产过程中生产要素数量投入及其结构与产出之间的组合关系，这种组合关系的改变就使资本在这个过程中逐渐占据了主导的地位。

自1992年开始，中国的劳动者收入占比一直在50%水平以下，而且一直都呈现出下降的趋势。然后再同其他的国家对比，其他国家的收入占比也都普遍在一个较低的水平上徘徊。日本在1955—1973年曾经出现了经济快速增长的现象，具体地表现就是劳动者收入在全国总收入的占比由1955年的70%左右下降到了1970年的64%左右，到了1973年以后，日本又逐渐出现了劳动者收入占比稳步上升的态势；相似的例子在中国台湾地区也出现过，在台湾经济增长最快的时候，劳动者收入在全国总收入的占比也一度出现下降态势，但是1968年以后又逐步恢复上升，最高的时候达到75%左右。在类似的阶段中，我国居民收入在国民收入中的占比也是偏低的，曾经在1996年是67%左右，但是到了2007年又下降到50%左右，仅仅十年的时间里就下降了17个百分点。

从以上分析可以看出，劳动者收入占比总体偏低，很大的一个原因是因为智能化的发展进步，导致各行业的生产要素需求发生了很大的改变，资本的大量进入挤占了对劳动要素的需求，这是导致劳动者收入占比偏低的重要原因。而从20世纪90年代到今天，科技进步的发展更是有了很大的提高，劳动者收入占比有了进一步下降的趋势。显然，劳动—资本关系的失衡现象逐步加深，这种现象在中国尤为显著。众所周知，中国的加工制造业企业是非常多的，在世界各地都能看到"中国制造"。但是随着智能化发展带来的巨大科技进步，绝大部分加工制造企业都引入智能化的先进设备，生产对劳动者的需求越来越小，因此就出现了工人在劳动力市场上的生存变得越来越困难的现象。诸如"富士康事件"等一些由劳动收入问题而引发的社会冲突，已经在当今社会上造成了不小的负面影响。表现尤其明显的是，在最近几年不断推进城市化的进程中，虽然说工人的工资增长速度保持在一个较高水平，但是从总体水平来看，工人的工资水平还是处在一个偏低的水平，其中，劳务派遣工逐渐成为这个社会当中新的弱势群体。

（二）智能化对劳动的影响

如今世界各国在实现经济增长的过程中所面临的一些情况，与主流经济学家所提出的一些观点和信仰工业革命的人所期望的事情是完全相反的。在智能化技术逐步提高的过程中，工人的技术所起的作用越来越大，资本家在筛选工人的时候更加看重工人的技术。与以往不同的是现在追求劳动的质量，而不仅仅是追求劳动的数量。美国学者布鲁克斯等指出："在现实中，企业发现不可能把数控机器的程序编制与对它的操作完全分离开来，因为在使用中常常需要修改程序。结果，与最初的设想不同，需要有经验的技工去有效地操作机器，以避免严重的故障或出现重大问题。"所以，当管理者在解决某些领域的问题遇到困难的时候，就需要大量的有技术的劳动工人——管理者把遇到的问题交给特定的工人去解决，就能更好地达到目的。智能化发展对劳动的影响主要体现在以下几方面：

（1）要使劳动资料得到发展的一个重要推动力就是科学技术的进步，智能化的发展使劳动资料得到了极大的发展空间。改变劳动方式需要进行多方面的变革，而其中一个极为重要的开端就是更新劳动资料，人类社会最原始的劳动资料是一些非常简易的手工工具，随着社会的发展人们逐渐创造了一些简易的机械器具，到后来工业革命的爆发出现的各种工业机器人，最后发展到现在的智能化机器人。科学技术的进步带来了新的劳动资料，那些更为落后的劳动资料逐步被淘汰，由那些先进高效的智能机器人所取代成为新的劳动资料，极大地提高了整个社会的生产效率。以往都是资本家通过资本来支配大量的廉价劳动力，而现在资本家只需要雇佣少量有技术的劳动力，工人运用技术来操控智能机器人进行生产，从最初简易的铁器、石器手工工具发展到如今的智能化机器，大量的手工劳动者在科学进步的过程中被逐步取代。

（2）智能机器人不能创造价值。人和动物本质上的区别就是看他是否会劳动，智能机器人本质上属于一种劳动资料，本身并不能创造价值，因为智能机器人是通过人类的劳动创造的，在使用智能机器人进行生产的过程中需要人间接或者直接地对其进行操控。随着智能化技术的成熟应用以及智能机器人的广泛使用，资本的有机构成持续提高，由此而导致生产过程中对人的需求越来越小。马克思曾在《资本论》中指出，生产技术的进步，"只改变不变资本和可变资本的量的关系，或者说，只改变总资本中不变部分和可变部分的比例，而不影响不变资本和可变资本的区别"。从价值形成和价值增值的角度分析，资本家雇佣少量的劳动力来操纵智能机器人进行生产活动，而生产过程就表现为价值的转移。一个新产品的诞生，会使机器在工作的过程中不断被磨损消耗，机器所蕴含的价值由此减少了，这部分减少的价值就在生产的过程中转移到所生产出的新产品中，成了新产品的价值构成中的一部分。但是在整个过程中所蕴含的价值总量是不变的。价值不是机器人创造的，而是由人的劳动在生产机器人的过程中所创造的。

（3）智能化技术的发展使工人得到了解放，促进了人的全面自由发展。智能化的应用一方面能够提高劳动生产率，另一方面也解放了工人，使人们获得更多发展自身智力和得到休闲的机会，这样也就离人们实现自由全面发展更近了一步。智能化技术的发展和普遍运用短期内可能会导致一些劳动力市场的消失。与此同时，科学技术的进步和智能化技术的普遍使用又能增加很多更好、更加优质的新就业岗位，从这一点来看也能够对劳动者学习和掌握更多的技能起到推动作用。

由此可见，智能化技术的不断发展推动了生产力各要素——劳动资料、劳动对象以及劳动者自身的发展。同时也把工人从简单、重复的劳动中解放出来，激励工人主动学习更多的技能，进一步促进了人的全面自由发展。但是，智能机器人的出现更多地只是提高了生产过程中的劳动生产效率，劳动者在实际的生产过程中仍处于主体地位。

五、前景展望：智能化程度提高有助于加速实现共产主义

按照马克思主义基本原理，共产主义是没有阶级制度、没有剥削、没有压迫的和谐社会，是实现人类自我解放和人的全面自由发展的理想社会。智能化程度的提高直接有助于人们为加速共产主义的实现提供技术支撑和技术平台。譬如我们现在每天都在使用的智能手机，可以说使我们的生活发生了翻天覆地的变化。通过智能手机能够连接到互联网，在手机上可以查阅世界上形形色色的新闻，也可以足不出户实现商品的购买，甚至去商场购物也可以通过手机，只需动一动手指即可实现支付功能。又如更加先进的智能机器人能够完成人类身体所不能完成的工作，使人得到了极大的解放，更好地实现全面自由的发展。

智能化的全面普及和实现工业化和信息化协同发展有助于增加共产主义因素。工业生产领域的智能化有助于实现优质、高产和低耗，因而智能化是工业化和信息化相互融合的高级阶段。智能化的发展有利于降低投入成本、减少生产能耗，更有利于实现粗放型的生产方式，实现增长速度与结构、质量、效益统一。同时，智能化的发展是实现经济增长的最佳方式。智能化程度的提高，能够创造出更多的新产业和新的就业岗位，实现新的经济增长点。智能化程度的提高在带动传统产业转型升级的同时，也在不断地推动产业结构发生调整。

智能化程度的提高使经济社会各领域全面加速共产主义的实现。在当前信息技术快速发展下的条件下，智能化在三大产业中运用范围不断拓宽，有利于产业结构调整和升级，有利于提高国家经济实力和增强综合竞争力。智能化技术的广泛应用，可以覆盖民生工程的方方面面，如构建智能化社区，实现智能医疗、智能教育、智能交通和智能安保等，从而较好地解决老百姓面对的求医难、读书难、出行不方便等现实问题，大大地提高人们的生活质量。由于智能化技术完全可以覆盖我国经济社会发展的各个领域，因此智能化程度的提高是加速实现共产主义社会的最佳途径。

参考文献：

[1] 马克思恩格斯全集［M］. 北京：人民出版社，1982.

[2] 马克思. 资本论：第1-3卷［M］. 北京：人民出版社，2004.

[3] 贾根良. 第三次工业革命与工业智能化［J］. 中国社会科学，2016（6）.

[4] 刘佳，周新辉. 论共产主义社会的实现条件［J］. 传承，2015（1）.

[5] 张立鹏. 马克思人的全面发展理论及其在当代中国实现条件研究［D］. 苏州：苏州大学，2014.

[6] 尚庆飞. 坚持共产主义理想性与现实性的科学统一——兼论中国特色社会主义的实现路径与未来走向［J］. 南京邮电大学学报（社会科学版），2013（1）.

[7] 贺汉魂. 马克思劳动伦理思想研究［D］. 长沙：湖南师范大学，2012.

[8] 顾习龙，朱炳元. 社会主义市场经济条件下资本与劳动关系探析［J］. 贵州师范大学学报（社会科学版），2011（6）.

［9］张改萍. 智能化生产力对人的自由发展的影响［D］. 广州：华南理工大学，2011.

［10］刘洪银. 当代中国资本和劳动雇佣关系的变迁［J］. 贵州社会科学，2007（10）.

［11］周天勇. 智能化的高科技劳动手段也创造和形成价值［J］. 财经问题研究，2002（1）.

［12］刘光明. 劳动与资本雇佣关系的三次不完全变迁［J］. 创业者，2000（8）.

［13］李怡乐. 技术进步视野中的劳动与资本矛盾关系考察［J］. 甘肃理论学刊，2009（9）.

德国鲁尔区转型规划决策体制机制的
转变及其启示[①]

李玲娥[②]

摘　要：德国鲁尔区在转型过程中，采用了"自上而下"和"自下而上"两种不同的规划决策体制。自1966年开始，鲁尔区实行一种政府集权的、全面的规划决策体制（自上而下模式），1985年至今则转变为分散管理的规划决策体制（自下而上模式）。转型规划决策体制的转变使除政府以外的社会各界都参与到鲁尔区转型规划决策的制定过程中，在鲁尔区的生态修复、城市景观建设等方面取得了很好的成效。这个转变过程表明，在资源型地区转型中，政府决策与市场机制同时发挥重要作用，充分调动和发挥企业、社会民间组织及个人参与转型决策的主动性和积极性，构建决策主体多元化、政府调控与市场调节并重的转型规划决策体制机制新模式，使转型规划能够真正反映市场的需求，提高转型的效率。

关键词：德国鲁尔区　资源型地区　转型　规划　决策体制机制

一、引言

党的十九大报告提出，实施区域协调发展战略，支持资源型地区经济转型发展，为资源型城市加快发展、转型发展、创新发展提供了难得的历史机遇。本文以德国鲁尔区转型决策的体制机制为例，从国外资源型地区转型的角度为我国资源型地区转型提供借鉴。

　① 本文为人社部留学人员科技活动项目择优资助重点项目"资源型地区转型路径的中外比较研究——以山西省与德国鲁尔区为例"（〔2015〕476号）、山西省留学回国人员科研资助项目"资源型地区转型的决策体制机制中外比较研究——以山西省与德国鲁尔区为例"（2015-074）和山西省研究生教育改革项目"研究生《资本论》教学改革的理论创新与实践探索"（20112038）的成果。
　② 李玲娥，经济学博士，山西财经大学经济学院、山西财经大学中国特色社会主义政治经济学研究中心教授、博士生导师，研究方向：马克思主义经济学、社会主义经济理论。

从 20 世纪 60 年代开始，鲁尔区就着手转型，至今已实现了一个典型资源型地区的成功转型。鲁尔区的转型目前还在进行，并没有全部完成。鲁尔区在转型过程中，采用了"自上而下"和"自下而上"两种不同的规划决策体制：自 1966 年开始，鲁尔区实行一种政府集权的、全面的规划决策体制（自上而下模型），1985 年至今则转变为分散管理的规划决策体制（自下而上模型）。转型规划决策体制的转变使除政府以外的社会各界都参与到鲁尔区转型规划和决策的制定过程中，在鲁尔区的生态修复、城市景观建设等方面取得了很好的效果[1]。

关于资源型地区转型规划的决策体制，国外的学者们注意到在资源型地区转型过程中，政府的决策起到了相当大的引导作用。麦克莱、泰勒（2009）指出，澳大利亚采取高关税的贸易保护手段为本国制造业启动和发展创造好的外部环境，从而使制造业在保证澳大利亚避免"资源诅咒"方面发挥了良好的作用[2]。有些学者注意到了政策作用的正反两面性，德国学者 Gernot Grabher（1993）论述了鲁尔区作为典型资源型地区转型的艰难，他提出了政治锁定的概念，阐述了政府作用的负面影响。政治锁定主要指鲁尔区内的煤钢联合体在国家经济中处于重要地位，各级政府、行业组织、产业部门都强有力地支持鲁尔区，政府财政每年给亏损严重的国内煤炭产业巨额资金补贴，支持煤钢联合体进行技术改造，同时却抑制了新兴产业在鲁尔区的发展[3]。此外，国外学者还关注到除政府外其他层面对转型的影响。荷兰学者 Coen van der Gugten（2014）提出应该将社区纳入转型决策过程中，让社区的每个人参与到决策制定的过程中[4]。可见，国外学者不仅分析了转型中政府决策的正反两方面的作用，而且也开始呼吁其他经济主体和规划方法在转型中发挥其作用。

国内学者对于我国资源型地区转型中政府决策的重要性有所研究。伍新木、杨莹（2004）指出，宏观经济政策对资源型城市兴衰具有重要影响。新中国成立初期，"均衡布局"政策和"重工业优先"战略，促使资源型城市迅速发展；经济转轨时期，资源型城市的市场补偿机制和财政转移支付同时缺位，导致这些区域陷入了严重衰退[5]。张毅、梁嘉骅（2005）指出，政府在资源开发型地区结构调整中的干预作用，不仅是国家安全的必要条件，更是实现产业调整的充分条件[6]。赵奋梅（2011）肯定了政府在转型中的主导作用，认为政府作为经济政策的制定者，要加强经济发展的绿色规制，促进产业绿色集约发展；作为产业发展的引导者，政府要引导培育多元化的现代产业体系；作为公共服务的提供者，政府要完善社会公共服务体系，弥补社会民生历史欠账；作为发展环境的创优者，政府要创优生态环境和营商环境，实现经济发展与环境保护的协调推进，增强区域竞争能力[7]。

我国学者也对国外资源型地区转型中政府的作用进行了研究。笔者（2012）在总结美国、北欧国家和澳大利亚资源型经济可持续发展的做法后认为，资源丰富的国家或地区经济能否持续稳定地增长，关键在于政府的政策和制度是否鼓励投资、资源开采以及以"资源潜力"最大化为目的[8]。陈桂生（2014）指出，在德国鲁尔区区域整治发展过程中，各级政府起到了至关重要的作用，形成了联邦、州和鲁尔区政府治理鲁尔的特有模式和路径[9]。刘宏兵（2007）总结了日本的转型发展过程，1962—1991 年，日本共修订了 9 次煤炭政策及整套具体对策，从最初只为保证煤炭供应、维持煤炭产地的经济繁荣，转变到通过不断调整国内煤炭产业结构，将原来依赖国内煤炭生产发展变为依靠国外进口为主的新煤炭政策，一直到 2003 年彻底关闭所有矿井，最终实现转型，成为现代日本的高科技产业区[10]。张冬冬（2009）指出，法国洛林地区在经济转型过程中，争取到了欧盟及法国政府在组织、计划、政策尤其是资金方面的大力支持。法国政府还成立了专门的机构，组建了素质优、能力强、资历深、协调好的领导班子，为产业转型提供了组织保证[11]。

德国鲁尔区自 20 世纪 60 年代开始的转型，从其转型规划决策来看，大体经历了四个阶段。本文讨论分析德国鲁尔区转型规划决策体制的转变过程，从中归纳鲁尔区转型规划体制机制转变所积累的成功经验，以期为我国资源型地区转型规划决策体制机制的创新提供启示，充实和完善我国资源型地区转型的理论研究，为我国资源型地区转型的实践提供理论和决策参考。

二、德国鲁尔区转型规划决策体制机制的转变

自二战以后的重建繁荣和煤钢危机开始，德国鲁尔区启用了众多规划决策方法，不止一次完成开创性的任务，成为一个活生生的实验室。自 1966 年以来，鲁尔区大体经历了四个阶段，从一种政府集权的、全面的规划决策体制转变为自我管理的规划决策体制。前两个阶段，一体化结构性政策（1966—1974 年）和集中化结构性政策（1975—1984 年）是"自上而下"规划决策体制的体现；后两个阶段，结构政策的区域化（1985—1999 年）和区域的自我管理（2000 年至今）则体现了"自下而上"分散管理的规划决策体制[12]。

（一）第一阶段（1966—1974 年），一体化结构性政策

1. 建立区域内和区域间公共交通和高速公路系统，成为转型和区域增长的引擎

鲁尔区原有的交通运输系统就很发达，但是，由于新建企业以及城市住宅区向远郊发展，出现了区内交通负荷不断增大，边缘地区和核心地区交通相脱节的局面。因此，联邦和州政府在 1966 年制订的"鲁尔发展规划"中，把完善交通运输网络和设备现代化作为经济结构转型的首要任务，并提出有计划地对鲁尔区现有的交通线路进行技术改造，发展区内快车线。1969 年鲁尔区架起了高架铁道，解决了铁路公路交叉引起的矛盾，发挥了很高的效能。1975 年波恩—科隆—杜塞尔多夫—多特蒙德和科隆—坞帕塔尔—多特蒙德两条高速公路竣工。这些规划项目的实施极大地改善了鲁尔区的交通运输条件，方便了与全国以及周边各国的经济联系，为鲁尔老工业区改造和经济结构转型创造了有利条件。

2. 开发智力资源，创办大学，发展教育

鲁尔区创办了许多大学，为转型提供了智力支持。20 世纪 60 年代鲁尔区创办了波鸿鲁尔大学、多特蒙德大学等高校。鲁尔区拥有密集的教育机构、研究所和大学，2012 年共有高中、应用型大学和综合性大学 21 所[13]。

目前鲁尔区支柱产业大部分靠知识、科技来驱动，是以知识为基础的产业。因此，公共投资于教育、大学是转型过程的主要推动因素。同时将经济中心和研究中心联系起来，加速了科研成果的应用和转化。

3. 再工业化和吸引外部企业进入

推行再工业化和吸引外部现代化的、有潜力的工业企业和服务业进入鲁尔区发展是第一阶段结构性调整政策的目的。但是，并不鼓励分公司进入鲁尔区发展，造成许多分公司被排斥在外（欧宝公司除外）。实际上，这个阶段结构性政策仅仅取得了有限的成效，企业不确信能够成功，企业落户在鲁尔的倾向递减，最终北威州收回了规划权。

（二）第二阶段（1975—1984 年），集中化结构性政策

为了发挥内生潜力，发展了现存的主要分公司，主要涉及煤、钢和能源工业。由于 20 世纪 70 年代石油价格上升，煤炭开采出人意料地恢复了盈利能力，相反，钢铁工业由于持续过度生产而导致价格降低。然而，由于 70 年代晚期大的钢铁危机引起前所未有的挑战，因此德国想使北威州成为德国能源中心的目的仅部分达到，这是仅凭集中化结构性政策所难以解决的。

（三）第三阶段（1985—1999 年），结构政策的区域化

在第三阶段，有两个新的变化：一是经济的多样化，通过发展创新型的中小企业达到；二是地区导向的结构政策，特别是以新技术、竞争力、环境和社会取向为导向。

1. 技术和经济的多样化

鲁尔区在转型过程中，建立了许多技术中心和启动中心。20 世纪 80 年代，建立了多特蒙德科技园、波鸿科技园，发展电子、生物医药、科研导向的服务业、媒体、信息和通信技术等新领域。

多特蒙德科技园是第一个技术中心，成立于 1985 年，包括 300 家公司、500 个职位，在整个区域甚至区域外被推广。技术中心和启动中心的成功被当作是衡量创新网络发展程度的标志。

鲁尔区在转型中，激励创业，政策支持新企业发展，创办了许多新公司。新公司大多是中小企业，中小企业的优势是灵活性强，它们采用新技术、新形式，成为转型的推动力。

2. 结构政策的区域化

新的区域结构政策优先考虑的不是经济结构，而是城市结构、工业遗产、环境方面和社会福利。焦点是住房和休闲质量，目的是提升城市形象。

结构政策区域化引起以下一些变化：规划决策主体从单一政府变为政府、企业、社会民间组织、个人等多方参与和博弈，各方之间是平等的横向关系；规划形式从统一、整体的全面规划变成为众多的相互关联的小型项目；新的规划决策方法合并各种基金，以观点竞争的形式使外部参与，以此取代正式的官方意见和质量控制；灵活性及社会和生态的可持续性是新规划决策方法的基础，这是价值观最大的变化。

国际建筑展览埃姆舍公园（International Building Exhibition Emscher Park，IBA）

（1989—1999 年）是结构政策区域化的典型代表。鲁尔区有 120 个项目分布在埃姆舍区，分为五个主题：①"埃姆舍景观公园"——发展穿越鲁尔区北部的从西向东的绿色轴；②"埃姆舍系统的生态转换"——重建生态河流系统；③"工作在公园"——工业综合地被回收和转变为工业服务业和科技园；④"新的住房和住宅区"——花园城市的理念；⑤"工业保护和工业文化"——保护、保留和再利用工业历史的遗产建筑。

（四）第四阶段（2000 年至今），区域的自我管理

2004 年，鲁尔区域协会（RVR）成立，RVR 强调区域合作和区域的一致性，有三个新的概念："大都会鲁尔""有权限的范围经济""欧洲文化之都——2010 鲁尔"。

三、德国鲁尔区转型规划决策体制机制转变的启示

（一）政府应发挥正确的导向作用

在德国鲁尔区转型中，政府发挥了非常重要的作用，一方面，如推动交通等基础设施的建设、创办大学教育、对煤钢等传统的资源型产业给予补贴等；另一方面，政府决策也有其反作用，突出表现为政治锁定的形成。政治锁定指地区制度对鲁尔区资源型经济发展的政治支持，主要与基础设施及传统行业有关。20 世纪 70 年代，北威州政府的一些项目直接用于支持煤、铁、钢的混合体，形成了工业与政治管理体制之间的高度合作关系，这种共生关系阻碍了鲁尔区及时的再认识和产业结构转型，使创新瘫痪。

地区制度的政治支持及紧密的企业间联系，这些本来是过去鲁尔工业区发展的原动力，却成了创新的障碍。严格和密切的企业间联系的生产模式嵌入了强烈的个人关系，并受到紧密编织的政治管理体制的支持，它反映了鲁尔对一个特殊经济环境的完美适应，但是这也决定了一个地区对外界的适应性较弱。要打破政治锁定，必须放松工业与政治管理体制之间的紧密联系，抵制政治管理体制的经济诱惑，优化对特殊经济环境的适应。

由此可见，政府坚持正确的导向至关重要。

（二）充分发挥市场机制的作用

在德国鲁尔区转型过程中，虽然政府发挥了重要的指导和推动作用，但是转型的动力归根结底是市场竞争和供求关系的变化使然。我国也应充分发挥市场在资源型地区转型中的原动力作用。进一步健全市场体系，充分发挥价格等市场信号对资源型地区转型的引导和调节作用。目前，市场机制的作用空间还很大，要充分地探索其作用的领域和具体途径。

（三）决策体制机制多样化

鉴于我国目前的情况，在资源型地区转型中，转型规划决策主体除了政府，还应积极动员企业、机构、民间团体、专家及公众等多方参与，应充分发挥这些市场主体及利

益集团的主动性和能动性，鼓励他们积极参与转型规划决策过程，使转型真正符合社会主义市场经济发展的要求，提高转型效率。

四、结论

德国鲁尔区作为一个典型的资源型地区，在其20世纪60年代至今的转型过程中，采用了众多的规划决策方法，并逐步转变其转型规划决策的体制和机制，从一种政府集权的、全面的规划决策体制（自上而下模式），发展为20世纪80年代的区域化结构政策方法，再进而转变为21世纪初至今的区域自我管理（自下而上模式）。这个转变过程表明，在资源型地区转型中，政府决策与市场机制并行，充分调动和发挥各个市场主体和社会民间组织参与转型决策的主动性和积极性，构建决策主体多元化、政府调控与市场调节并重的转型决策体制机制新模式，使转型真正能够反映市场的需求，提高转型的效率。

参考文献：

[1] [12] [13] RVR："Structural policy for the Ruhr"[EB/OL]. 鲁尔区域协会（RVR）网站.

[2] 周建波. 资源型经济何以成功转型——转型成功国家的转型战略和启示[J]. 经济问题, 2013 (4).

[3] Gernot Grabher. The Weakness of Strong Ties—The Lock-in of Regional Development in the Ruhr Area. The Embedded Firm on the Socioeconomics of Industrial Networks, Edited by Gernot Grabher, London and New York, 1993.

[4] Coen van der Gugten. Keynote on Community Involvement, Conference "Restore Mineral Sites for Future Benefits", June 4th 2014, Dortmund, Germany, 2014.

[5] 伍新木, 杨莹. 政府对资源型城市发展的影响和作用[J]. 经济评论, 2004 (3).

[6] 张毅, 梁嘉骅. 从能源与国家安全高度探讨山西建设新型能源基地的思路[J]. 资源·产业, 2005 (4).

[7] 赵奋梅. 资源型经济转型与政府职能转变研究[D]. 太原：山西大学, 2011.

[8] 李玲娥, 周荣飞. 国外资源型经济可持续发展的做法及启示[J]. 经济纵横, 2012 (4).

[9] 陈桂生. 资源型区域经济发展中的政府治理：德国鲁尔区的经验及其启示[J]. 理论导刊, 2014 (1).

[10] 刘宏兵. 对日本煤炭工业消亡的思考[J]. 经济问题, 2004 (12).

[11] 张冬冬. 国外资源型城市产业转型及其对我国的启示[J]. 资源与产业, 2009 (6).

经济危机根源探析①

汤文华②

摘　要： 以资本为纽带、以利润为目标的社会周期性地爆发经济危机是此种社会发展的常态。经济危机发生的直接原因有多种，如生产过剩、"创造性破坏"、货币信贷扩张等，但根本原因是人性失衡——人的欲望膨胀而理性不足，其表现就是人们无休止地追求财富价值的运动。消除经济危机的可能性在于人的理性的发展性，而理性地反思批判性的社会运动——启蒙运动和"后现代性"批判则是消除经济危机的现实性依据。消除经济危机的有效之策是通过教育学习提升个体理性力量和实施"合意"GDP经济发展战略。

关键词： 经济危机　人性失衡　理性反思

一、代表性的经济危机原因论

（1）马克思的资本主义生产方式矛盾论。马克思认为资本主义经济危机的根源在于资本主义生产方式的内在矛盾，即生产的社会化和资本主义私人占有之间的矛盾。一方面，资本主义生产的社会化发展产生了巨大的生产力，这种巨大的生产力生产出只属于少数资本家占有的庞大的财富与商品；另一方面，在资本主义展开的社会再生产过程中，处于不利地位的广大雇佣工人只获取能够勉强糊口的工资。结果，资本主义生产的大量商品不能顺利地售卖出去，资本主义再生产过程中的社会总产品实现问题无法得到解决，这样，资本主义经济危机就不可避免地发生。[1]

（2）熊彼特的经济创新论。熊彼特认为企业家不连续的创新活动或"创造性破坏"是经济危机（波动）生成的根源。熊彼特认为，所谓"创新"就是建立一种新的生产函数，把一种从来没有的关于生产要素和生产条件的新组合引入生产体系，包括五种情况：一是产品创新；二是采用一种新的生产方法；三是开辟一个新市场；四是获得一种

---

①　本文系国家社会科学基金项目（18BJY135）的阶段性成果。
②　汤文华，江西农业大学经管学院。

原料或半成品的新供给来源；五是实行一种新的企业组织形式。熊彼特指出，创新引致了经济繁荣，为创新企业家带来超额利润，结果其他企业纷纷模仿，社会投资与信贷持续增加，生产资料价格上升，国民收入随之增长，经济走向繁荣。然而好景不长，随着模仿在全社会的普及，新产品大量增加，价格下降，创新带来的超额利润也逐渐随之消失，此时社会投资下降，银行信贷紧缩，经济衰退成为必然。[2]

（3）米塞斯的货币信贷扩张说。米塞斯认为银行货币信贷的扩张会造成经济波动与萧条。他指出，银行货币信贷扩张不会立刻引致总体物价水平上涨，因为此时货币量的增加不会在同一时刻平均分配到每个人的手上，新增的货币势必先流入经济体系的信贷领域，之后才逐渐通过信贷进入投资与消费领域。而在货币供应量增加的初期，企业家受利率降低与信贷扩张的利诱，就会增加他们的投资，结果最后导致工资和消费品价格普遍上涨，而这又会进一步刺激企业家扩大投资，这时企业家就需要更多的货币信贷来支持市场的繁荣膨胀。可是，工人及生产者的时间偏好在此过程中并没有显著改变，公众的储蓄不足以支持银行业无休止地通过货币信贷扩张来支撑这种近乎疯狂的繁荣，因此，货币信贷紧缩势必紧随其后，市场崩溃将不可避免。[3]

显然，以上几种典型的经济危机原因论从不同的角度阐释了经济波动的原因，具有一定的合理性。但是，导致经济危机发生的这些原因充其量是些直接的、表层的原因。那么它的根本性原因是什么呢？笔者认为，人性是引致经济危机产生的根源。

二、人性与经济危机

从根本上说，经济危机之所以会发生，乃是人的欲望所造成的，特别是人类社会进入工业文明以来人们对财富价值的无限追求所造成的。"人"是一种复杂的生物，人性也是历史上人们所关注的焦点话题，"认识你自己"，苏格拉底发出深切的呼唤！尽管人性复杂，但古今智者大都同意，欲望是人性的基质，尽管它可能还包含有其他的特性。伯格森认为，人是生命意识之流，欲望之躯。[4]确实，人是一种生命状态，保全生命，维持生命是人的本质特性，所谓"生生不息"就形象生动地描绘了生命的存在状态。而保全与维持生命恰恰体现了人的生命冲动、欲望冲动！弗洛伊德指出："欲望是生命之源，欲望被阻止、被压抑，生命就处于病态当中。"[5]可以说，无欲望即无生命！在漫长的前工业社会，由于人们满足欲望的手段极其有限，如何保存生命就成了人们最主要的欲望。在实现保存生命的欲望中，人类文明缓慢地向前发展。而当历史的巨人挣脱旧时代的阻碍，插上理性与科学的翅膀，阔步迈入工业社会文明时，世界面貌焕然一新！正如马克思所指出的："资产阶级在它的不到一百年的阶级统治中所创造的生产力，比过去一切世代创造的全部生产力还要多，还要大。自然力的征服，机器的采用，化学在工业和农业中的应用，轮船的行驶，铁路的通行，电报的使用，整个大陆的开垦，河川的通航，仿佛用法术从地下呼唤出来的大量人口……过去哪一个世纪料想到在社会劳动里蕴藏有这样的生产力呢？"[6]结果资本主义生产力的伟大发展造就了以"庞大的商品堆积"为特征的一个富裕社会。由此观之，人的欲望造就了一个资本主义新世界，推动了人类文明的大发展。同时，在这一历史进程中，人类欲望也创造了其自身。由于这一历史进程的作用，人们再也不必像在旧时代下一样受制于物质的匮乏，维持生存的压力基本解除了，于是，人的欲望也由保存生命演进为追求财富价值。而在资本主义社会，人的财富价值欲望物化为资本追逐利润的社会化运动。资本的唯一合法性存在就是追逐利润，"赚钱"成了资本主义最响亮的口号！法律、意识形态甚至宗教伦理都为资本主义赚钱的合法性作注脚，整个社会变成了一个欲望汹涌之都。而当资本运动一旦开启，它那逐利性的巨大张力所造成的结果甚至违背人们欲望的负面后果则是不以人们的意志为转移的。资本"如果有10%的利润，它就保证到处被使用；有20%的利润，它就活跃起来；有50%的利润，它就铤而走险；为了100%的利润，它就敢践踏一切人间法律；有300%的利润，它就敢犯任何罪行，甚至冒绞首的危险"[1]871。资本这种近乎横冲直撞、不计后果式的逐利性必然导致投资过度、错乱、信贷膨胀、资金链断裂、生产经营中断……危机将不可避免！由是观之，人性的失衡、人性的不完善性从根本上导致了人类经济危机的发生！

经济危机真的不可避免吗？如果人性能够完善起来，危机是否能够避免呢？答案是肯定的。

三、消除经济危机的可能性

人性真的能够完善起来吗？为此显然有必要对人性进行一番考察。

首先，人性由哪些因素构成？古希腊的苏格拉底认为，人性包括欲望、理智（理性）和激情，当人的这三个部分彼此友好和谐，理智起领导作用，激情和欲望一致赞成由它领导而不反叛，这样的人就是一个完善的、正义的人。同时认为通过教育，人性可以得到改善。[7]苏格拉底的见解具有一定的合理性，尽管这只是一种粗线条的描述。但对于人文社会科学问题的其他研究又何尝不是这样呢？维特根斯坦说得好，世界的意义在于世界之外！[8]我们只要在"我们的世界"追求知识认识问题就可以了，所以苏格拉底的人性论还是有意义的。通过分析历史上的诸多人性论观点和对现实人性的考察，笔者认为，人性主要包括欲望、理智和精神。而欲望又包括食欲、性欲和情欲，表现为饥渴与情爱，人们所谓的"七情六欲"；理智包括推理性、反思性和调节性，表现为逻辑与思维，相当于人们通常所说的理性；精神包括德性、优性和神性，表现为真美善。在漫长的历史进程中，人性是生命在应对"反生命"的伟大斗争中逐步适应周遭环境演化而成的，而且随着环境的改变而继续发展演进。从人的"类"角度看，欲望是人性最基本的特质，具有强大的生命力量，是生命延展的动力。理智（理性）是人性的协调工具，规范着生命合理地运动发展。精神是生命的高级化延展，是人区别于其他物种的本质性体现。就个体而言，人性是失衡的。因为生命是世界上的一种特殊的运动存在状态，而运动是世界的本质，运动的根源又在于系统的失衡性。由此可知，人性也是失衡的，或者说，人性是在失衡中发展的，只不过失衡的程度因人而异罢了。关于人性失衡，量子尺度上，由于量子涨落的缘故[9]，人性各部分的量子纠缠图景不一，这样，人性失衡自然难免。个体性中，人性的三部分到底哪部分更强些，则有不同的表现。有的人可能欲望更强些，有的人可能理智更强些，还有的人可能精神特质更强些，这些人性特质呈现为此消彼涨、涌动不居的状态。正是这种人性的失衡才导致人们行为各异。而由于欲望基质性的作用，目前状态下的人们追逐财富欲望就成为必然的了。理性发挥作用了吗？当然是，但是目前理性并没有足够的力量来平衡强大的人性欲望。但恰恰是因为人性的不平衡性才预示着理性进一步发展的无限可能性。如果哪天人类理性足够强大，经济危机的消除当然是有可能的。当然，这样说并不是要否定在某些历史条件下也有少数人的人格品性是比较和谐完善的，这种人我们往往把他们叫作"圣人""智者"！

那么，人类理性能否发展得更强大呢？这是很有可能的。根据当代物理学研究成果，宇宙是由圈层结构系统所组成的，宏观尺度上，物质的运动遵循广义相对论。换句话说，某圈层系统之所以"那样"运动而不"这样"运动是因为在"那样"的运动状态下才是它自己，否则就不是它自己了。黑格尔曾经说"存在的就是合理的"，确实如此。这点更加适用于人类生命。人类生命一旦出现，它就会沿着一条能够保障它自身的道路演化，如果不是这样，生命就无法延续，尽管在这条道路上可能要付出沉重的代价。而且更值得指出的是，人类不同于其他一般生命体和无生命世界，低等生物和无生命世界只是被动地遵照世界的既有规律运动，而人却能够主动调整自身行为以适应世界，这样才能更容易地保存生命体和繁衍后代。由此，人类理性很有可能会得到进一步发展完善，而不会因为欲望的冲动而毁掉人本身。这里看起来似乎有决定论嫌疑。其实不然。尽管在量子尺度上，世界是偶然性的、不确定的，但由于世界结构的圈层系统性，在这一角度上看世界又是确定的。就是说，世界是偶然性和确定性的统一。打个比方，一个活生生的人，有眼睛有耳朵有鼻子会呼吸，是个生命系统，这显然是个确定性的事物；但是在量子尺度上，这个人又具有不确定性，因为这个人整个身体所包含的量子跟整个宇宙相干涉，人体内外的量子在以光速相变换，这个人每时每刻都不是原来的这个人。一句话，偶然性与确定性相互包含相互依存，关键在于你从哪个角度看问题。

因此，理性能够得到发展改善还是有可能的，人类的经济危机的消除也是有希望的。

四、消除经济危机的现实性

人性失衡导致了经济危机的频繁发生，理性真的可以继续发展完善从而能够对欲望进行平衡吗？现实地看，理性是否具有历史平衡性呢？答案是肯定的。根据上文，理性具有反思批判性。人类历史上理性确实发挥过很强的反思批判性，并在一定程度上引导社会前进，有代表性的事件如启蒙运动和"后现代性"批判就是很好的例证。

可以说，西方启蒙运动在西方社会从中世纪走向资本主义现代文明的过程中发挥了举足轻重的历史作用，而这种作用主要是依赖于人类理性之反思批判性。正是由于启蒙理性反思批判宗教神学与封建压迫，推动人类开启一个自由、民主、平等的新社会。启蒙运动之前，宗教神学与封建主义的双重压迫，个体被压抑到以神为本体的封闭的、等

级森严的"道德世界秩序"之中：有一个神的意志一劳永逸地存在，它规定人可以做
什么、不可以做什么；一个民族、每一个人的价值，是根据他们顺从神的意志的多少来
衡量的。[10] 在这样的世界秩序中，个人没有丝毫的独立和自由。正是启蒙理性对宗教神
学和封建压迫的猛烈抨击，并重估人的存在价值，突出人的个性、自由、民主与平等，
从而开辟了一个世界新图景——资本主义新文明。个体层面，启蒙理性重塑了人的生存
方式。在旧文明秩序中，人们在现实生活中始终受到宗教伦理和封建道德的束缚，人们
的心性无法开启，禁欲主义是旧时人们生活的常态。但在资本主义新文明中，人们的生
命与存在再也不是为了祈求彼岸世界的幸福，而是追求此岸生活的自我价值实现并充分
享受现时生活。社会层面，启蒙理性构筑了以个人主义和社会契约为基础的社会运行机
制。天赋人权、私有财产、社会契约与发财致富是新社会的代名词。这样，启蒙理性通
过反思批判与重构，开启与推动了资本主义新文明的存在与发展。

　　"后现代性"批判也是人类理性反思性发展的现实性依据。自工业革命以来，由人
类欲望膨胀而导致的全球化问题越来越多，其中全球生态问题就是其中之一。笛卡尔一
声"我思故我在"，世界就进入"人为自然立法"的人类中心主义世界。在人类强大欲
望的推动下，资本无休止地追逐利润，把大自然和世间万物都当成发财致富的可利用资
源，经济主义、消费主义成为社会生活的主轴。这种最大限度地开发、消费与排放的人
类中心主义势必导致全球化的生态危机。显然，如果任由贪欲导致的经济扩张主义持续
下去，现代文明必将在全球化生态危机中灭亡。幸运的是，面对全球性生态危机，人类
理性又一次觉醒。突出的表现就是"后现代主义"以极具反叛性的思维和话语力量对
现代性人类中心主义进行历史性的反思与猛烈批判。现代性追求人性解放，崇尚人的主
体性，把"人"看作世界的中心，是世界的主人。后现代主义认为这种人类中心主义
世界观导致了全球性的生态危机，因为它"为现代性肆意统治和掠夺自然的欲望提供了
意识形态上的理由。这种统治、征服、控制、支配自然的欲望是现代精神的中心特征之
一"[11]5 后现代主义进一步认为，我们所生活的世界是一个有机系统，人类只是全球
生态系统的一个物种而已，人与其他物种相互依存统一于整个生态系统之中，"万物并
育而不相害"，世界是万物共同的家园。正如格里芬所言："后现代人世界中将拥有一
种家园感，他们把其他物种看成是具有其自身的经验、价值和目的的存在，并能感受到
他们同这些物种之间的亲情关系。借助这种家园感和亲情感，后现代人用在交往中获得
享受和任其自然的态度这种后现代精神取代了现代人的统治欲和占有欲。"[11]22 "后现代
性"批判在现实性上为现代社会危机的解决提供了可能的希望，这一点当然对经济危机
具有积极意义。

　　实际上，一些学者就认为古希腊人的人格特性就处于比较和谐完善的状态。德国古
典主义代表人物洪堡的观点就具有代表性。洪堡就认为古希腊人具有"和谐、均衡"
的人性价值。洪堡指出，高度和谐一致的人性才是完美无缺的人性，而这种和谐一致的
人性取决于人的各种力量均衡地发挥作用，在这方面，古希腊人比任何其他民族都做得
更好。在希腊人当中，人的各方面的能力得到充分自由的发展，同时又不失其协调的比
例。因此，他们一方面拥有生动活泼的想象力，另一方面又具备理性分析、逻辑判断的
高超能力。在希腊人身上，这两种能力高度和谐地统一起来。任何一种力量单方面发展

起来都是不足取的，力量比例的失调乃是导致一切不完善的根源。无论在什么场合，希腊人首先考虑的是平衡和均势，再崇高伟岸的东西，也只有作为一个和谐整体的组成部分，在他们看来才是有价值的。[12]从这里可以看出，一方面，人性确实可以得到提高和完善，和谐美好的人性并不是高不可攀的；另一方面，通过实践培养和锻炼，实现和谐的人性是有希望的。

五、消除经济危机的有效之策

1. 个体层面，通过教育学习发展提升理性之力量

"理性之所以重要，首先不在于它是哲学的对象或理想，而在于它是人生的需要。哲学家孜孜以求实现理性，不是因为理性能帮助我们构成一个绝对的哲学体系，而是因为'理性的力量在人类的行为中提供指导'。"[13]确实如此，理性的力量在于对个人生活目的和价值的指导，表现为对生活实践的反思与批判。理性的实践反思可以帮助我们检视我们的思想、行动、知识与制度等，在这一过程中，人们才能过上一种合理性的生活。如若不然，没有理性指导的生活将会导致个人私欲过度，甚至导致狂热与盲从。通过教育培育发展理性精神，就是要使得人们过理性的生活，在生活中追求卓越、高尚以及真美善的精神品质。理性的人就是过着合理性生活追求高尚精神品质的人。

通过教育学习提升理性力量关键在于培育人的反思批判性。现代社会教育的大众化普及，使得教育分层分类推进，如从幼儿园一直到大学。一般而言，按照人性特质，大学前教育主要侧重人的通识教育，大学教育则应侧重培育人的理性，而且对于理性培育和养成要大体平衡。但今天绝大多数大学教育偏重于理性的推理性调节性训练，忽视反思批判性理性思维的培育。显然，这种大学教育培养出来的个体无非就是一个按照"技术"路线刻板工作的人。为了扭转这种趋势，当下的大学教育应该转变办学理念，把培育学生的反思批判性提上议事日程，均衡地发展学生的理性。

2. 社会层面，实施"合意"GDP经济发展战略

前工业社会，贫困与饥荒是那个时代的主色调。即使在工业文明肇始前的英国，贫困也是相当的严重。对于12世纪的英国贫困状况，汤普逊就写道："几千几万的无家可归、无依无靠的人，穷困、饥饿、疾病、没有安全；这一切立刻产生了一个迫切的社会经济需要，各种救济方法也是由此而来。对难民和穷人，寺院遂成为救济所、寄宿所了。"[14]由于贫困、疾病与饥荒，穷人处境更加艰难，死亡对于穷人则如影随形。14世纪中叶到15世纪中叶，欧洲经历了一场中世纪最大的人口锐减危机，灾难性死亡和大面积流行病旷日持久地肆虐欧洲，无数村庄被毁，大规模移民频发，欧洲人口减少1/3左右。即使到了16世纪到17世纪中期，英国农村地区的贫困比例也相当高。1560年以前，只拥有一间茅舍和园地的农民只有约11%，1640年以后，他们的数量增加到40%，而没有牲畜的人的比例从5%上升到13%。在纽卡特尔，约有50%的乡村人口为无地的工资劳动力，他们像动物一样地生活，长期吃不饱，居住在东倒西歪的土屋或木屋里，没有家具物件，男人、女人、孩子，一家人都拥挤在大家走来踏去的地上睡觉。[15]英国

是这样，世界其他地方亦然。贫困状况贯穿了人类历史绝大部分时间，只有到了工业文明中后期，情况才有所改观，这时一些社会也已进入到加尔布雷思所说的"丰裕社会""……普通人已经得到愉快生活（像食物、娱乐、个人交通工具和垂钓）的世界，在那儿，一个世纪以前的富人也从没有像那样享受过。变化是这样的巨大，以致个人的许多欲望连他自己也不明白。只有经过广告和推销术的综合报道、精心制作和有意培育，才能成为人们的欲望；而这些广告和推销术业已成为我们的最重要的和最有才能的职业之一。在 19 世纪初年，很少有人需要一位广告家来告诉他所要的是什么。"[16]一句话，进入富裕社会的人们再也不用担忧物质匮乏而忍饥挨饿。不光如此，相反，整个社会都致力于财富的生产与创造，财富得到了惊人的增长，高福利时代也应运而生！

　　然而，社会虽然极大地富裕了，但某些国家推行的政策仍然是基于物质匮乏时代下所实施的"唯 GDP 增长"政策，整个社会调动一切资源与手段进行高强度的生产，甚至为了生产而生产。经济学家和政策制定者几乎都赞同生产增长才是解决贫困的最好方法，现代西方经济理论与宏观政策可以说是增长的理论与政策。一言以蔽之，增长成了社会最重要的事。但是在富裕社会，唯 GDP 增长政策会产生巨大的破坏力，此点前文已述。为了社会长期繁荣发展，必须纠正此种政策的错误，国家社会应该根据当下社会发展的实际情况实施"有意义的"GDP 经济发展战略。此战略的基本要义是，社会只追求合意的而非最快的经济增长速度。在合意经济增长的条件下，社会更加关注人的生活幸福和生存状态，注重环境生态与人的和谐共存共在。唯有社会主流价值转向与重建，才可能真正消除经济危机！

　　当下，中国正在进行社会主义现代化建设。为了避免经济频繁波动甚至大起大落，为了推进经济高质量发展，根据前面的论述，比较合理的方法策略是：一方面，着力提高大学办学质量，平衡培育学生的理性思维，特别是不能忽视培养学生的反思批判性；另一方面，重塑社会财富创造价值，追求合意的 GDP。当前我国政府已提出了绿色发展新理念，已经不再把 GDP 增长当作经济发展的唯一目标，显然这是十分正确的。

六、结语

　　自从人类进入工业化社会以来，周期性地爆发经济危机是工业化社会发展的常态。经济危机周期性爆发的原因可能有多种，但根本性的原因是人性失衡——人的欲望膨胀而理性不足。人的欲望膨胀在经济上的表现就是人们无休止地追求财富价值的社会运动。而消除经济危机的根本之策在于从改善人性入手。人性的可改善性在于人的理性的发展性，而理性的反思批判性的社会运动——启蒙运动和"后现代性"批判则是消除经济危机的现实性依据。目前来看，改善人性，消除经济危机的有效之策是通过教育学习发展提升个体理性之力量和实施"合意"GDP 的经济发展战略。

参考文献：

［1］马克思. 资本论［M］. 北京：人民出版社，2004.

［2］约瑟夫·熊彼特. 经济发展理论［M］. 何畏，易家详，译. 北京：商务印书馆，1990.

［3］路德维希·冯·米塞斯. 人的行动［M］. 余晖，译. 上海：上海人民出版社，2014.

［4］亨利·伯格森. 创造进化论［M］. 肖聿，译. 南京：译林出版社，2011.

［5］弗洛伊德. 精神分析引论［M］. 高觉敷，译. 北京：商务印书馆，1984.

［6］马克思，恩格斯. 共产党宣言［M］. 北京：人民出版社，2018：4.

［7］柏拉图. 理想国［M］. 郭斌和，张竹明，译. 北京：商务印书馆，1986.

［8］维特根斯坦. 逻辑哲学论［M］. 李步楼，贺绍甲，译. 北京：商务印书馆，1996.

［9］布莱恩·考克斯，杰夫·福修. 量子宇宙［M］. 伍义生，等，译. 重庆：重庆出版社，2013.

［10］尼采. 敌基督者［M］. 吴增定，等，译. 北京：生活·读书·新知三联书店，2017.

［11］大卫·雷·格里芬. 后现代精神［M］. 王成兵，译. 北京：中央编译出版社，1998.

［12］威廉·冯·洪堡. 论人类语言结构的差异及其对人类精神发展的影响［M］. 姚小平，译. 北京：商务印书馆，1999.

［13］张汝伦. 历史与实践［M］. 上海：上海人民出版社，1995.

［14］汤普逊. 中世纪经济社会史（上册）［M］. 耿淡如，译. 北京：商务印书馆，1984.

［15］姜守明. 英国前工业社会的贫困问题与社会控制［J］. 史学月刊，1997（2）.

［16］加尔布雷斯. 丰裕社会［M］. 徐世平，译. 上海：上海人民出版社，1965.

第八编
比较与争鸣

是商品还是资本：
对西方主流人力资本理论的批判①

韩　英②

摘　要： 资本主义条件下，工人的劳动力是其所有的商品还是资本？马克思主义经济学和西方人力资本理论给出了不同的答案。通过将劳动力视为资本，人力资本理论将西方主流经济学对物的分析框架扩展到了对人的分析上，从而对困扰西方主流经济学的一系列"经济之谜"做出了貌似合理的解答。然而，从马克思主义经济学的角度来看，这些"经济之谜"都根源于新古典经济学本身逻辑和方法上的重大缺陷。人力资本理论按照新古典经济学的范式去对本身并不存在的问题求解，注定是经不起实践检验的。

关键词： 劳动力商品　人力资本　马克思主义经济学　西方经济学

资本主义条件下，工人的劳动力是其所有的商品还是资本？马克思主义政治经济学和西方主流经济学给出了不同的答案。在马克思主义政治经济学里，劳动力成为商品是货币转化为资本、商品生产所有权规律转化为资本主义占有规律的关键，整个资本主义的生产体系都建立在工人将自己的劳动力作为商品出卖的基础之上。在西方经济学中，人力资本理论的兴起源于新古典经济学在 20 世纪 50 年代无力对资本主义经济发展中出现的一些重大问题做出合理的解释，由此产生了一系列令人困惑的"经济之谜"。"人力资本"概念的提出，恰巧可以在新古典经济学的分析框架下，对一些所谓的"经济之谜"给出貌似合理的解答，从而成为弥补新古典经济学理论缺陷的一个有用的工具。

西方人力资本理论的研究主线有两条，分别是经济增长和收入分配。下面就从这两个方面来考察人力资本理论对西方主流经济学所做的"突出贡献"，并从马克思主义政治经济学的角度对其进行相应的分析与批判。

---

① 本文系国家社会科学基金资助项目（17BJL017）的阶段性研究成果。

② 韩英，经济学博士，山西大学商务学院讲师，主要研究方向：马克思主义经济学与西方经济学的比较研究。

一、人力资本理论对资本主义经济增长之谜的回答

经济增长的巨大成就是资本主义社会相比于过去一切社会的一个重要特征。增长的源泉来自哪里？也成为令资产阶级经济学家十分着迷的一个问题。与古典经济学那种具有广阔包容性的经济增长理论不同，现代经济学的突出特征是将增长理论模型化。其中，由索洛和斯旺创立的新古典增长模型几乎是现代西方经济学所有有关经济增长问题研究的出发点。

索洛—斯旺模型以总量生产函数为基础，在要素比例可变、规模报酬不变等一系列新古典的条件下，采取均衡分析方法，致力于说明资本主义实际经济中稳态或接近稳态增长的普遍存在。索洛为此信心满满地认为："（在资本主义经济中——引者注）刀锋增长永远不会出现。经济体会自我调整以匹配任意给定的劳动增长率，并最终达到稳定的比例性扩张状态。"[1] 索洛—斯旺模型一出现就迅速取代了以凯恩斯经济学为基础、不利于粉饰资本主义经济的哈罗德—多马模型，成了西方正统经济理论的一个重要组成部分。然而，索洛—斯旺模型对于经济增长问题本身并没有给出什么更好的解释，它的意义只在于开创了运用标准新古典经济学的分析工具研究经济增长问题的先河。

不久人们发现，根据索洛—斯旺模型得出来的结论与人们所观察到的经验事实不符，由此造成了不少关于经济增长问题的待解之谜，其中最著名的就是所谓的"索洛余值之谜"（也被称为增长余值之谜）。以索洛建立的总量生产函数 $F(K,L)$ 为基础，产出增长率可以被分解为"资本产出弹性×资本增长率+劳动产出弹性×劳动增长率"。然而，在美国 1909—1949 年长达 40 年的经济统计数据中，索洛发现产出增长率当中，大约只有 1/8 可以归于资本和劳动要素投入的增长率，而剩余的 7/8 都得不到解释[2]。为此，索洛只能将这个"巨大的"余值都归于外生的技术进步，然而这种"从天而降"的解释是不能令人满意的。如果经济学家们接受索洛的这种估测结果，那就意味着一国的国家资源和国民收入之间的联系十分脆弱。如果不能消除二者之间的差值，用来测度投入产出的索洛模型对于研究经济增长来说就只是"一种玩具而不是工具"[3]。问题出在哪里？新古典增长理论迫切需要注入更多的理论活力。

以舒尔茨为代表的西方经济学家们恰逢其时地提出了人力资本理论，该理论致力于在新古典经济学的框架内解开"索洛余值之谜"。舒尔茨认为，增长余值的出现关键在于没有看到劳动力技能结构发生的变化，把资本仅限于实物形态，且固守了资本的同质性假说。正是这个"古典理论所犯的大错误"[4]，使得在统计生产要素投入的时候只考虑了要素数量的变化，没有考虑要素质量的改进，从而导致巨大的增长余值得不到合理的解释。为此，解决的方案是在总量生产函数当中增加反映劳动者知识和技能提高的"人力资本"要素。由于这一要素的边际收益递增，因此随着劳动者素质的不断提高，产出就可以以一个更大的比例增加。也即一旦考虑到"人力资本"这种特殊的生产要素之后，所谓的增长余值就自动消失了。其后的经济学家沿着这样的思路，致力于阐发人力资本积累的微观机制，以及人力资本的溢出机制等，并以索洛—斯旺模型为蓝本，

建立起了各种所谓的内生性增长模型。

通过引入人力资本，貌似解答了增长余值的问题，但实际上这种做法是治标不治本的。① 把劳动要素的质量考虑进去，不过是相当于变相增加了劳动要素的数量，是为了平衡投入和产出增长之间表面的数量关系而耍的一个花招而已。而且，即使使用了这样的"障眼法"，"增长余值"也还是没有被完全遮掩起来。罗默就曾指出"如果发生了这类（人力资本——引者注）积累，衡量劳动投入的正确方法不再是简单的工作时数，而是对由更好的教育或更丰富的工作经验带来的素质变化做了相应调整的工作时数。人们可以……建立起对经素质调整的劳动投入增长的一个估计。至于如何具体进行这一估计，个人有很大的自由度，相应地，对无法解释的剩余所做的估计也有很大的不同。达成一致的观点似乎是：在美国的长期数据中，仍然有一个相当大的增长分量不能用资本的增长或经素质调整的劳动投入的增长加以解释"[5]。

尽管人力资本理论对增长余值的解释并不成功，它却代表了一种解释余值的便捷思路。沿着这条思路，可以将更多的诸如知识、分工、政府投资、R&D 等概念都引入总量生产函数中去，由此引发了对总量生产函数层出不穷的技术改造。虽然越来越多的解释变量被引入了模型当中，总可以提供部分对余值的"解释"。然而，这种做法却越来越让人难以相信模型能够揭示出资本主义经济增长具有的某种一贯的内在机制，而不是不停地在模型中加入各种与经验相关的生产要素。索洛本人后来也开始公开质疑这一做法的合理性，直言"内生增长理论太过富于想象，通过加入一些无须证明的有利假设，然后取出想要的结果，由此就认为已经证明了一些东西"[6]。

二、"增长余值"的马克思主义经济学的解释

马克思也充分肯定了资本主义生产方式的巨大成就。在马克思主义经济学那里，资本主义经济增长，也就是资本主义扩大再生产，其动力来自资本积累，资本积累的源泉则是剩余价值。因此，理解资本主义经济增长的起点是理解剩余价值是如何生产出来的？生产剩余价值的前提是资本家能够在市场上买到一种特殊的商品——劳动力，它的使用价值就是劳动，这种特殊的使用价值可以让它在生产中创造出一个大于自身价值的价值增值来。这部分价值增值被资本家无偿占有，当其中的一部分又转变为追加资本，资本主义扩大再生产才成为可能。

发现工人出卖的是劳动力而不是劳动，这是马克思的伟大之处。也正是这一伟大发现，消除了困扰众多古典经济学家的资本和劳动等价交换与资本价值增值的矛盾②。与

---

① 增长模型的首要问题出在总量生产函数上，新剑桥学派对此有过专门的批评。更为根本的是，西方增长模型是建立在萨伊的"生产三要素理论"基础之上的，把资本和劳动视为同等重要的生产要素，从而否定劳动在生产中的决定性作用。

② 困扰古典经济学的价值增值难题，在新古典经济学那里并没有得到解决，只不过新古典经济学家们用了一个生产函数将这个矛盾掩盖或取消了。生产函数误导人们相信只要在函数的一端代入一定量的投入，就会在函数另一端自动生成一定量价值更大的产出来。

人力资本概念的提出不同，劳动力成为商品不是马克思所做的理论假设，而是资本主义诞生的历史前提，一无所有的自由劳动者的出现同样"是用血和火的文字载入人类编年史的"[7]783。

马克思的劳动力商品理论既可以揭开古典经济学的价值增值之谜，也能破除新古典经济学的"增长余值之谜"。"增长余值"实际上是由建立在雇佣劳动，也即劳动力普遍商品化基础之上的资本主义生产方式的基本规律——剩余价值规律决定的。"增长余值"的出现是资本主义生产方式的必然结果，并非什么难解之谜。

剩余价值规律告诉我们，资本主义生产方式的目的和动机就是追求更多的剩余价值，而达到这一目的的手段就是不断扩大和加强对雇佣劳动的剥削。其中，扩大对雇佣劳动的剥削，即雇佣更多的工人为资本家生产，这是新古典经济学家所能够理解的投入增加、产出也相应增加。然而在扩大剥削范围的同时，加强对已雇佣劳动的剥削带来的正是新古典经济学家所不能理解的产出增长快于投入增长的结果。举一个例子可以看得更清楚：

为了简化分析，假设全社会所有企业的资本有机构成和剩余价值率均相等。

全社会商品价值总额 $w_1 = c + v + m_1$①；假定剩余价值率为100%，资本有机构成为2∶1，则 $c = 2v = 2m_1$②；$v = m_1$③；由①②③得，$w_1 = 4m_1$④。

假定资本家消费了 $\frac{m_1}{4}$，将 $\frac{3m_1}{4}$ 用作资本追加，其中 $\triangle c = \frac{2m_1}{4} = \frac{m_1}{2}$⑤；$\triangle v = \frac{m_1}{4}$⑥；

情况1：保持剥削程度不变，扩大再生产的商品价值总额 $w_2 = c + \triangle c + v + \triangle v + m_2$⑦；其中 $m_2 = v + \triangle v = m_1 + \frac{m_1}{4}$⑧；则商品的价值总额 $w_2 = 2m_1 + \frac{m_1}{2} + m_1 + \frac{m_1}{4} + m_1 + \frac{m_1}{4} = 5m_1$⑨。

此时，产出增长率 $\frac{w_2 - w_1}{w_1} = 25\%$，投入增长率 $\frac{\triangle c + \triangle v}{c + v} = 25\%$

情况2：剥削率提高，$m' = 200\%$，扩大再生产的商品价值总额 $w_3 = c + \triangle c + v + \triangle v + m_3$⑩；其中 $m_3 = 2(v + \triangle v) = 2m_1 + \frac{m_1}{2}$⑪。

则商品的价值总额 $w_3 = 2m_1 + \frac{m_1}{2} + m_1 + \frac{m_1}{4} + 2m_1 + \frac{m_1}{2} = 6m_1 + \frac{m_1}{4}$⑫；

此时，产出增长率 $\frac{w_3 - w_1}{w_1} = 56.25\%$，投入增长率 $\frac{\triangle c + \triangle v}{c + v} = 25\%$。

可见，增长余值的出现不外乎是资本家在扩大剥削的同时，加强了对雇佣劳动剥削的结果。资本家加强剥削的基本途径有两条：一是延长工人工作日的长度（或提高劳动强度），从而绝对地延长了工人的剩余劳动时间；二是通过缩短必要劳动时间，相对地延长了工人的剩余劳动时间。前一种加强剥削的手段比较直观，后一种手段则比较隐蔽。在工资与劳动力价值相等的假定下，缩短必要劳动时间意味着工人再生产劳动力商品所需的必要生活资料的价值下降，而这又是个别资本家追求超额剩余价值，推动全社会劳动生产率提高的结果。"人力资本"概念的出现，反映的主要就是这种相对剩余价值生产的情况。不过此时，工人的劳动力已经作为商品卖给了资本家，成为资本家生产资本的一部分，对于工人而言根本没有半点资本的功能。而且相对剩余价值的生产还使劳动者从"对资本的形式隶属转化为实际隶属，于是劳动的生产力也转化为资本的生产力"[8]。除了上述加强剥削的两条基本途径之外，在资本主义的实际生产中还经常可见资本家把工资强行压低到劳动力价值以下，通过直接掠夺工人必要的消费基金来增加剩余价值；以及资本家在浪费工人的生命和健康的同时，通过狂热地追求生产资料的节约来增加剩余价值等多种手段。

所以，资本主义社会经济增长最根本的推动力，就在于资本要求不断追求和扩大价值增值的本性，而劳动力成为商品则是资本出现的前提。西方经济学家虽然看到诸如生产力的发展、劳动者素质的提高、技术进步乃至制度变迁等众多伴随着经济增长，资本主义经济社会各个方面发生的各种明显变化，却看不到这些变化统统是服务于资本增值需要的。当他们从亘古不变的理性经济人最优选择的角度来为这些变化提供一个统一解释的时候，实际上完全不能说明为什么经济增长是资本主义生产方式相较于以往的显著特征。

西方人力资本理论进入西方主流经济学，不仅是因为它能够给增长余值提供一种貌似合理的解释，更为重要的是它能用西方主流经济学的范式说明个人人力资本投资的动机和机制，这也是西方人力资本理论研究的另一条主线，将人力资本投资和个人收入挂起钩来。

三、人力资本理论对资本主义收入不平等下降之谜的回答

收入分配是经济增长之外最令经济学家们感兴趣的另一研究领域。古典经济学家主要关注的是要素收入分配，也称功能收入分配，即考察各种生产要素的所有者在国民收入中所占的收入份额。李嘉图等古典经济学家通过这种考察主要揭示了资产阶级、无产阶级两大阶级共同与地主阶级之间的矛盾，尽管与此同时也不可避免地揭示出了资产阶级和无产阶级之间的矛盾。不过在古典经济学家看来，前一个矛盾是当时社会的主要矛盾。

随着资本主义生产方式的确立，当后一个矛盾开始上升成为资本主义社会的主要矛盾时，古典经济学就让位于为资产阶级辩护的庸俗经济学了。19世纪90年代，在边际革命的基础上，新古典经济学对要素收入分配提出了新解说——边际生产力理论。通过在生产函数的基础上求解各要素对产出的边际贡献，新古典经济学家认为，在完全竞争的条件下，按照边际产出等于边际收益的利润最大化原则，生产要素所有者的收入就等于生产要素对产出的贡献，而且总产出恰好依要素收入全部分尽，没有剩余。由此困扰古典经济学家的要素所有者之间相互冲突的景象就消失了。各要素所有者按其对产出的贡献取酬，他们相互之间呈现出一种和谐的关系。新古典经济学的这番新解说，加之发

达资本主义国家 19 世纪 50~60 年代出现劳动份额从下降转变为相对稳定①，到 20 世纪 50 年代以后又出现一段时期"稳中有升"的重大变化。偏爱实证的西方经济学家以此认为没必要再去考察不同要素所有者之间整体上的收入分配问题。他们开始转而以个人、家庭或住户作为研究对象，考察最终收入在这些不同个体或群体之间的分布。由此从考察功能性收入分配转向了考察规模性收入分配。

借助于大量可供利用的统计数据和处理大规模数据的手段，规模性收入分配的研究很快活跃起来。其中最有影响力的成果，莫过于库兹涅茨所做的研究。库兹涅茨 20 世纪 50 年代考察了美国等少数发达国家长期家庭收入分配的变化之后，得出结论说，在这些发达国家"随着人均实际收入的显著上升，收入分配的不平等程度在经历了长期稳定之后或趋于下降"[9]。这一"重大"发现后来被人们总结为一条倒 U 形曲线，即著名的库兹涅茨曲线。它对于资本主义发展的前景给出了一个非常乐观的估计，那就是收入不平等会在资本主义发展的高级阶段自动降低②。然而对于如此理想的预言，用边际生产力理论来研究功能性收入分配的新古典经济学不能从理论上予以说明。由此产生了困扰西方主流经济学的收入不平等下降之谜。

库兹涅茨考察的既然是个人收入分配的差异，必然会要求对人与人之间的收入进行比较，新古典经济学的分析框架没有为这种比较留下必要的空间。人力资本理论试图将个人收入的差距归于个人对自身人力资本投资选择的差异。在它看来，新古典分析框架已经为个人选择问题提供了一套成熟的分析工具，要想应用这种分析方法从个人选择出发研究收入分配问题，唯一面临的障碍就是新古典经济学没有考虑到人与人之间的差异，不同劳动者的劳动被认为是同质的。为此，人力资本理论强调个人能力在后天上的差异，并将其看作人力资本投资决策的结果。这样一来就可以用新古典的资源最优配置理论来讨论人对自身的投资，从而将个人能力的差异转换成为一个可以用经济学来分析的问题。

按照西方人力资本理论的另一代表人物——明塞尔的解释，人力资本投资量用受教育或参加培训的年限来表示，进行这种投资就意味着推迟获得收入。由于不同的职业要求的受教育程度或培训年限是不同的，人力资本投资高的人必然要有高的年收入来补偿其投资的成本。每个人在做出职业选择的时候，都要考虑不同职业所要求的人力资本投资的成本和未来的收益。在均衡的条件下，从事不同职业的人，即人力资本投资量不同的人，其终生收入的现在值均相等。[10]

从明塞尔模型中可以看到，明塞尔所做的只不过是把两个假定的未来收入进行贴

---

① 鲍利（Bowley，1920）最早注意到这一现象，凯恩斯（J. M. Keynes，1939）称其为"最令人吃惊但最确切的事实"，卡尔多（Kalsor，1963）也将其视为经济增长的典型事实之一。参见：胡怀国. 功能性收入分配与规模性收入分配：一种解说［J］. 北京：经济学动态，2013（8）：141.

② 实际上，库兹涅茨曲线的实证基础非常薄弱，只是一种纯理论性的推断。库兹涅茨在他的那篇文章中承认这是"5%的经验资料加上95%的分析推测的结果，其中还有些痴心妄想的成分"。皮凯蒂在《21世纪资本论》中更是直言不讳地指出，库兹涅茨曲线的流行在很大程度上是一种政治上的需要，"可以被看作是冷战的产物"。皮凯蒂则以更长期（近300年）发达国家的历史数据为基础，得出了与库兹涅茨正好相反的结论，且被国内外绝大多数学者认同。

现，然后让现值相等，这样只要贴现的时间跨度不同，假定的两个未来收入就肯定是不同的。也即在西方人力资本理论看来，"等待的时间越长自然预期未来的收入就会越高"[11]。至于进行人力资本投资的人在未来能不能找到理想的工作？工作以后的收入能不能符合之前的预期？则统统不在模型的考虑范围之内。由此，明塞尔得出的"确凿"结论是，拥有更多培训年限的人将拥有更高的年收入，或者说对更高年收入的追求将促使人们对自身进行人力资本的投资。库兹涅茨曲线所反映的在资本主义发达阶段个人收入差距的缩小在这里也就被解释为人力资本投资的结果。

至于人们的人力资本投资决策是如何做出的？为什么有的人愿意进行人力资本投资（推迟挣得）以在较短的年限内取得较高的年收入，而不是马上就获得一个虽然较低，却年限更长的收入呢？西方经济学告诉我们这是偏好使然。在明塞尔模型当中，人力资本投资决策是外生的。然而问题是，就现在而言，个人真的可以按照自己的偏好，自由地选择想要从事的职业吗？如此一来，工人之所以成为工人，资本家之所以成为资本家也都成了个人选择的结果。事实上，在西方人力资本理论看来，工人和资本家之间的区别仅在于一个是人力资本家，而另一个是物力资本家而已。正如西方马克思主义学者鲍尔斯和金蒂斯所指出的，"人力资本理论在各种清除阶级作为经济学中心概念的努力中，是最新的，或许也是最后的一步"[12]。

如果我们说人力资本理论的研究是成功的，因为它可以为20世纪50~70年代美国个人收入不平等的下降提供一种解释；然而，在美国从20世纪80年代起收入不平等又显著上升，到现在几乎回到20世纪50年代的水平这一重大经验事实面前[13]，就不得不承认人力资本理论的彻底失败。这是因为，自1960年舒尔茨当选美国经济学会会长发表题为"人力资本投资"的就职演说以来，旋即在经济思想中掀起了一场人力资本投资的革命，加大对人力资本的投资也成为发达资本主义国家全社会的共识，并被积极地付诸实践。① 因此，可以毫不夸张地说，20世纪80年代以来资本主义国家收入不平等程度的上升正是在人力资本理论的指导下所取得的"成就"。

四、工资形式假象的马克思主义经济学的解释

资本主义经济发展的长期事实已经推翻了以库兹涅茨曲线为代表的西方主流经济学关于经济增长可以自动导致收入分配均等化的理论。然而，受各种工资形式的迷惑，还是有不少人对人力资本投资和个人劳动收入提高之间的因果关系深信不疑。如果我们认识到工资的本质，认识到工资是劳动力价值或价格的转化形式，就能够戳穿人力资本投资促进个人收入提高的假象。

在马克思那里，工人出卖劳动力商品收回了必要生活资料的价值，即工资。资本积

---

① 美国1982年专门出台了《岗位培训伙伴关系法》（Job Training Partnership Act, JTPA）来解决劳动者的技能不能满足岗位需要的问题。对这项培训计划的实际长期跟踪调查显示，职业培训并没有使大多数贫困的美国人因此而摆脱贫困。

累过程规定了劳动者工资变动的弹性范围，最低要维持工人的基本生存，最高不能妨碍资本实现价值增值，而且还要保证实现资本主义规模扩大的再生产。在这个有限的变动区间内，工人总体的工资是更接近上限还是更接近下限，会受到工人总体和资本家总体之间力量对比的影响。资本主义生产方式不仅决定了工人为了获得工资，不得不将其劳动力作为商品反复出卖，而且为适应于资本主义生产组织形式变化的需要，工资又有了许多种不同的形式。资本家正是利用这些工资形式所产生的假象，不断地分化工人阶级的团结和削弱其力量，从而达到扩大对剩余价值占有的目的。西方经济学为了帮助资本家掩盖工资的本质，又编造了一套人力资本投资促进劳动收入提高的"理论"，并用这样的一套理论来帮助资本家更好地剥削工人[14]。

先来看看在资产阶级经济学家约翰·瓦茨眼中，让工人成为"自己的雇主"① 的计件工资制。计件工资从表面上来看就是按照生产符合某一质量标准的产品数量的多少来取得相应的报酬。比如，生产一件合格产品的报酬是 1 元，那么一日生产 100 件的工人和一日生产 80 件的工人二者的工资差别是显而易见的。这种工资形式很容易给人一种错觉，让人们误以为工资的高低是由个人生产能力的高低决定的。但问题的关键不是为什么一个工人的日工资是 100 元，而另一个工人的日工资是 80 元。问题的关键在于为什么生产一件产品的报酬是 1 元？这个 1 元显然不是一件产品的价格，那么它又是如何规定的呢？

在决定为一件产品支付给工人 1 元报酬之前，资本家需要完成两件事：第一是根据生活成本确定劳动力商品的日价值，比如 90 元；第二是估计一个正常工人一日生产的产品数量，比如 90 件。这样劳动力商品的日价值除以正常工人一日生产的产品数量，就得到了一件产品的报酬为 1 元。可见计件工资依然是劳动力价值或价格的转化形式。对于资本家而言，他依然是按照工人的劳动力价值来支付工资总额的，两个工人总共付了 180 元，一分也不多。但是对于工人自身而言却误以为工资的多少完全取决于自己的劳动能力。

计件工资制刺激了工人对私人利益的追求，这可以使资本家不多破费一个铜板就让工人实现了自我监督和自我激励，正如马克思所指出的"劳动的质量和强度在这里是由工资形式本身来控制的"[7]606。而且在计件工资制下，看起来工人通过紧张的工作或延长工作时间来追求个人利益的增加，最后的结果却往往是给资本家带来更多好处的同时损害了工人总体的利益。比如在刚才的例子中，第二个工人拼命工作，日产量也达到了100 件，但是这个时候资本家眼中工人正常一日生产的产品数量就不再是 90 件而变成了 100 件。因此第二个工人的工资只能由 80 元增加到 90 元，而第一个工人的工资却要从 100 元下降到 90 元②。这样工人的工资总额仍然是 180 元，却白白为资本家多生产出

①　马克思在《资本论》中提到资产阶级经济学家约翰·瓦茨对计件工资制的看法。参见：马克思恩格斯全集：第 23 卷 [M]. 北京：人民出版社，1972：603. 舒尔茨得意洋洋地宣称"工人已经成为资本家"与约翰·瓦茨关于"工人同时也是雇主"的看法实际上如出一辙。参见：Theodore W. Schultz. Investment in Human Capital [J]. American Economic Association，1961，51（1）：3.

②　这正是马克思指出的"计件工资的下降是与同一时间内所生产的产品件数的增加成比例的"。参见：马克思恩格斯全集：第 23 卷 [M]. 北京：人民出版社，1972：611.

了 20 件产品。当然第一个工人为了不让自己的工资下降也不得不更加拼命地工作，如此循环……对此，就连约翰·瓦茨也不无遗憾地说道："如果在一项工作中所有被雇佣的人都成为合同的参加者，每个人都量力而为，而不是一个人只顾自己的利益，而让他的同伴去从事过度劳动，那么这会是计件工资制的一个重大改进。"[7]606~607 这里，约翰·瓦茨虽然承认计件工资制存在缺陷，不过他将板子打在了"不自量力"的工人身上，而全然无视这是在资本主义雇佣制度下工人想要生活下去的必然选择。

可见，在计件工资制下，尽管每个工人的实际收入会因其技能、体力、精力、耐力等的不同（也即西方经济学家所谓的"人力资本"水平的不同）而不同，但是这绝对不会改变由必要生活资料价值规定的工人的平均工资水平，进而也不会改变资本主义雇佣劳动关系的本质（劳动力商品正是这种关系的载体）。

随着资本主义机器大生产以及团队生产的发展，每个人的产出由于技术原因在多数情况下不能再按件计算了。曾经令资产阶级学者欢欣鼓舞的计件工资制又被令人眼花缭乱的众多新的工资形式取代，这些工资形式最大的共同特点是变传统的"支薪制"为"分享制"①。据说在"分享制"下，劳动者也参与了对剩余的分配，这成为让很多人相信劳动力已经从"商品"变为了"资本"的重要依据②。

对此，十分有必要了解一下分享制的实质。美国分享经济大师马丁·威茨曼③为了帮助读者（资本家——引者注）理解分享制的优越性，在其《分享经济》一书的开头就举了一个他认为"十分理想"的例子。该例假设一家公司平均每人的小时工资是 24 美元，即追加 1 小时劳动的成本 MC＝24 美元。公司的目标是利润最大化。因此，如果 MR>MC 公司就会雇佣新工人，如果 MR<MC 公司就会解雇工人。为了保证资本家的利润，每小时劳动的平均收入是 36 美元。之后威茨曼提出假定工人和公司签署了一项新的劳动合同，规定公司 50 万个雇员每人分享公司人均收入 2/3 的份额，而不再是每人每小时 24 美元的工资，那么这家公司每小时 1 800 万美元的收入（36×500 000）就分成了两部分，其中劳动所得为 1 200 万美元，即 24×500 000，管理所得为 600 万美元。看起来前后两种场合下，每个雇员每小时收入都是 24 美元，管理者所得都是 12 美元，似乎没有什么区别。但是威茨曼很快就颇为得意地指出了其中的"奥秘"所在：对于这家公司而言，在工资制合同下，公司因为 MR＝MC＝24 美元，因此没有扩大就业的必要。然而，在分享制合同下，公司如果新雇佣一个工人，它的 MR＝24 美元，而 MC＝24×2/3＝16 美元。也就是说，如果公司能新雇佣一个工人，那么显然它每小时能净赚 8 美元的利润。之所以如此，是因为该公司 500 001 个雇员每人每小时的收入都下降了 8/500 001 美元，即从 24 美元下降到 23. 999 98 美元。因此在分享制合同下，公司就不会解雇工人，而且如果有可资利用的失业工人，公司还会扩大生产。[15]

从上可见，分享制的实施不是任意的，是以工人之前获得的 24 美元小时工资为参

---

① 根据英国经济学家詹姆斯·米德的研究，分享制的形式包括很多，其中，最普遍的是员工持股计划和利润分享制。参见：詹姆斯·米德. 分享经济的不同形式 [J]. 经济体制改革，1989（1）：114-124.
② 由此在我国 20 世纪 90 年代还引发了一场是"资本雇佣劳动"还是"劳动雇佣资本"的争论。
③ 威茨曼的"分享经济"论，在西方世界引起巨大反响，甚至被推崇为"自凯恩斯理论之后最卓越的经济思想"。

照的，而 24 美元的小时工资又是以保证资本家获得充足的利润为前提的。我们在威茨曼的这个"十分理想"的例子里面看到，所谓的"分享"，压根不是让工人去分享资本家获得的剩余，而是让失业工人从在业工人工资的下降当中"分享"一些活下去的机会。然而，就连这种可怜的"分享"要想成为现实，都必须满足能够为资本家带来更多剩余的前提条件。指望资本家从自己的剩余当中拿出一部分来和工人分享，无异于痴人说梦！

总之，无论是采取计件工资制还是分享制，工人个体劳动收入水平的高低都只是看起来与个人的努力程度正相关，实际上依然不过是劳动力商品价值或价格的转化形式。在采取了这些具有激励作用的工资形式以后，工人不得不"自觉主动"地付出更多的辛劳。总产出的蛋糕越做越大了，工人整体在"蛋糕"当中所占份额的增长却永远落后于资本家所占份额的增长。换言之，形形色色的工资假象，辅之以各种"人力资本投资"的宣扬都不外乎是让资本家加强对工人的剥削，获得更多的剩余价值而已。更为不利的是，受这些工资形式的欺骗和人力资本等资产阶级经济理论的蛊惑，一方面工人们彼此之间展开了激烈的竞争，削弱和分化了工人阶级的团结；另一方面从形式上变劳资之间的对立为合作，让资产阶级的统治力量更稳固也更强大。阶级力量的这种此消彼长，就从一个方面说明了为什么随着分享制和人力资本理论的流行，20 世纪 80 年代以后各国国民收入当中劳动收入份额不升反降了。

五、结语

经济增长和收入分配是西方人力资本理论研究的两条主线。通过把"劳动力"当作"资本"来考虑，可以让在这两大领域中困扰西方主流经济学的"经济之谜"得到表面上的解答。然而实际上，问题的症结并不在于"劳动力"算不算"资本"，而在于新古典经济学本身逻辑和方法上存在着重大缺陷。通过研究发现，正是由于新古典经济学的非科学性使其不能解释资本主义经济社会的现实才产生了诸多的"经济之谜"，人力资本理论按照新古典经济学的范式去对本身并不存在的问题求解，注定是经不起实践检验的。

把工人的劳动力理解为工人所有的"资本"，源于资产阶级经济学的拜物教意识，把"资本"理解为了一种"物"，一种能够自行增值的"神秘物"，而看不到"资本"是一种社会生产关系。资产阶级经济学的这种拜物教意识集中反映了资本主义生产方式的拜物教性质。正是这种独特的拜物教性质，使资本主义生产方式处处成为资本主义生产关系的颠倒反映。[16]

西方主流经济学的特点就在于把资本主义生产方式诸多颠倒的表象和其本质合二为一，看不到二者之间的区别，更看不到现象对本质的扭曲。因此，西方经济学既不能解释资本主义生产方式是怎么来的，也不能说明这种生产方式将走向何方，它所能做的就是给这种生产方式"拍照留念"，把资本主义生产方式"看起来是什么"通过复杂的数学模型呈现出来。然而模型的复杂并不能代表研究的科学。正如马克思所说的："如果事物的表现形式和事物的本质会直接合二为一，一切科学就都成为多余的了。"[17]马克思主义政治经济学的长处就在于把资本主义生产方式这个本身"倒立着的世界"再颠倒过来，从而为我们揭示了支配其运动的资本主义的生产关系。从工人的劳动力究竟是商品还是资本的认识分歧中，就体现出马克思主义经济学和西方经济学的上述根本区别。

参考文献：

[1] Robert M. Solow. A Contribution to the Theory of Economic Growth [J]. Quarterly Journal of Economics, 1956, 70 (1): 73.

[2] Robert M. Solow. Technical Change and the Aggregate Production Function [J]. Review of Economics and Statistics, 1957, 39 (3): 312-320.

[3] 西奥多·舒尔茨. 人力资本投资 [M]. 梁小民，译. 北京：商务印书馆，1990.

[4] John Hicks. Capital and Growth [M]. Oxford University Press, 1965.

[5] 罗伯特·J. 巴罗. 现代经济周期理论 [M]. 方松英，译. 北京：商务印书馆，1997：77-78.

[6] Robert M. Solow. Perspectives on Growth Theory [J]. Journal of Economic Perspectives, 1994, 8 (1): 53.

[7] 马克思恩格斯全集：第23卷 [M]. 北京：人民出版社，1972.

[8] 魏旭，高冠中. 西方主流经济学全要素生产率理论的实践检视与方法论反思 [J]. 毛泽东邓小平理论研究，2017 (7): 49.

[9] Simon Kuznets. Economic Growth and Income Inequality [J]. American Economic Review, 1955, 45 (3): 5.

[10] Jacob Mincer. Investment in Human Capital and Personal Income Distribution [J]. Journal of Political Economy, 1958, 66 (4): 284-285.

[11] 韩英. 资本主义劳动力的属性与人的发展 [J]. 改革与战略，2017 (11): 56.

[12] S. Bowles, H. Gintis. The Problem with Human Capital Theory-A Marxian Critique [J]. American Economic Review, 1975, 65 (2): 74.

[13] Nelson H. Barbosa-Filho. Elasticity of substitution and social conflict: a structuralist note on Piketty's Capital in the Twenty-first Century [J]. Cambridge Journal of Economics, 2016, 40 (4): 1177.

[14] What is human capital? [EB/OL]. https://aeon.co/essays/how-the-cold-war-led-the-cia-to-promote-human-capital-theory

[15] 威茨曼. 分享经济：用分享制代替工资制 [M]. 林青松，等，译. 北京：中国经济出版社，1986.

[16] 许健康.《资本论》的研究对象和资本主义生产方式的商品拜物教性质 [J]. 黑龙江社会科学，2006 (3).

[17] 马克思恩格斯全集：第25卷 [M]. 北京：人民出版社，1974.